2025

교정직 7·9급 시험대비

박상민 Justice

교정학

[단원별 핵심 1000제 형사정책편]

메가 공무원

박영사

차 례

CONTENTS

박상민
JUSTICE 교정학
단원별 핵심천제
[형사정책편]

PART

01

형사정책 일반

CHAPTER 01 범죄

01

형사정책의 개념 및 의의에 관한 설명으로 옳지 않은 것은?

① 형사정책이라는 용어는 포이에르바하(Feuerbach)가 최초 사용하였다.
② 형사정책이라는 용어는 최초 입법·사법·행정을 총괄하는 개념으로 사용되었으나, 오늘날에는 주로 형사입법정책을 의미하는 개념으로 사용되고 있다.
③ 범죄자와 범죄위험이 있는 자를 대상으로 직접 범죄방지를 목적으로 하는 국가의 입법·사법·행정활동을 의미한다고 보는 입장은 협의의 형사정책의 개념이다.
④ 우리나라에서 형사정책이라는 용어는 일본 오까다교수가 저술한 명치법학에서 비롯되었다.

해설 ② 형사정책이라는 용어는 처음에는 주로 형사입법정책이라는 좁은 의미로 사용되었으나, 오늘날에는 국가·지방자치단체 및 사회공공단체가 범죄의 예방·진압을 목적으로 행하는 각종 시책의 전체를 의미하는 것으로 확대 사용되고 있다.

정답 | ②

02

다음 중 범죄학에 대한 설명으로 옳은 것은?

① 범죄학은 범죄와 범죄를 행하는 범죄인 및 범죄대책을 연구대상으로 한다. 다만, 범죄피해자는 범죄학의 직접적 연구대상에서 제외하는 것이 일반적인 행정이다.
② 범죄학(Criminology)이라는 용어는 미국의 범죄학자인 서덜랜드(E.Sutherland)가 처음 사용했다.
③ 서덜랜드는 범죄학을 범죄라는 사회현상의 지식체계로 보고, 범죄의 원인을 실증적으로 연구하는 분야로 한정하였다.
④ 범죄학은 가해자는 물론 피해자도 연구대상으로 한다.

해설 ① 범죄피해자는 제2차 세계대전 이후부터 범죄자와 더불어 범죄학의 주된 연구대상이 되었다.
② 형사정책이라는 말과 구별하여 범죄학이라는 용어를 처음 사용한 학자는 가로팔로라고 알려져 있다. 이에 대해 프랑스 인류학자 토피나르(Paul Topinard)가 처음 사용하였다고 보는 견해도 있다.
③ 서덜랜드는 가로팔로와는 달리 범죄학에 형사법의 입법·집행 및 범죄대책 연구까지 포함하는 광의의 의미의 범죄학이다.

정답 | ④

03

다음은 형사정책의 특성에 관한 설명이다. 옳지 않은 것만으로 묶인 것은?

> ㉠ 형사정책은 범죄로부터 사회를 보호하고, 반사회적 행위로 문란해진 사회질서를 바로잡는다는 목표를 지향한다.
> ㉡ 형사정책은 각종 사회적 문제에 대한 해결책을 제시하므로 과정이 아니라 산출물이다.
> ㉢ 형사정책은 가장 적합한 대안과 행동노선을 선택하는 합리성의 산출물이므로 이해관계를 달리하는 집단 간의 타협 여지가 없다.
> ㉣ 형사정책은 그것을 채택한 조직의 구성원을 강제하거나 제약하는 강행성이 없다.
> ㉤ 형사정책은 그 종국적 결정이 최상위층에서 이루어지는 경향이 있다.

① ㉠, ㉡, ㉢
② ㉠, ㉢, ㉤
③ ㉡, ㉢, ㉣
④ ㉢, ㉣, ㉤

해설 [×] ㉡ 형사정책은 각종 사회적 문제에 대하여 효과적인 해결방안을 찾아가는 일련의 과정이므로 하나의 산출물인 동시에 과정이라고 할 수 있다.
㉢ 형사정책은 이해관계를 달리하는 집단 간의 상호작용을 통한 타협의 산물이다.
㉣ 형사정책은 그것을 채택한 조직의 구성원을 강제하거나 제약한다.
[○] ㉠·㉤

정답 | ③

04

형사정책의 특성이라고 보기 어려운 것은?

① 가치배분성
② 비공식성
③ 강제성
④ 인과성

해설 ② 형사정책은 정부에 의해 공식적인 절차와 방법으로 결정하여 공표하므로 공식적인 성격을 갖는다.
형사정책은 ①·③·④ 외에도 목표 및 수단지향성, 문제해결 지향성, 인과성, 의사결정의 포괄성, 제약성, 결정수준의 상위성, 변동대응성 등의 특성을 갖는다.

정답 | ②

05 ★

형사정책에 대한 설명으로 옳지 않은 것은? 보호7급 20

① 형사정책을 시행함에 있어서도 죄형법정주의는 중요한 의미를 가진다.
② 형사정책을 시행함에 있어서는 공식적인 통계에 나타나지 않는 범죄도 고려의 대상이 된다.
③ 형사정책의 기본원칙으로 법치주의가 요구되는 점에서 형식적 의미의 범죄가 아닌 것은 형사정책의 대상에서 제외된다.
④ 형사정책은 사회학, 통계학 등 다양한 주변 학문의 성과를 기초로 범죄 현상을 분석함으로써 일반적인 범죄방지책을 제시한다.

해설 ③ 형사정책의 대상은 형식적 의미의 범죄에 국한되지 않고 실질적 의미의 범죄도 포함된다.

정답 | ③

06 ★

형사정책의 의의에 대한 설명으로 옳은 것으로만 묶인 것은? 보호7급 12

㉠ 좁은 의미의 국가작용으로서의 형사정책은 범죄방지를 간접적·종속적 목적으로 하는 활동을 의미한다.
㉡ "최선의 사회정책이 가장 좋은 형사정책이다."라는 말은 넓은 의미의 국가작용으로서의 형사정책을 의미한다.
㉢ "범죄학은 영토를 가지지 않은 제왕의 학문이다."라고 한 셀린의 말은 넓은 의미의 형사정책학의 특징을 잘 표현한다.
㉣ "형법은 형사정책의 뛰어 넘을 수 없는 한계이다."라고 한 리스트의 말은 형법에 대한 형사정책의 우위성을 강조한 말이다.

① ㉠, ㉢ ② ㉠, ㉣
③ ㉡, ㉢ ④ ㉡, ㉣

해설 [O] ㉡·㉢
[X] ㉠ 넓은 의미의 형사정책에 관한 설명이다. 넓은 의미의 형사정책은 범죄방지를 간접적·종속적 목적으로 하는 일체의 활동 또는 범죄예방과 관계되는 각종 사회정책을 포괄하는 개념을 의미한다.
㉣ 형법의 해석과 개정에 있어서는 형사정책적 고려가 필요하나, 형사정책적 측면만을 강조하게 되면 책임주의가 무시되므로 형법학과 형사정책학은 상호제한적 성격을 갖는다.

정답 | ③

07

오늘날 형사사법정책의 새로운 방향이 아닌 것은? 교정9급 10

① 소년비행 및 소년범죄에 한 다이버전(diversion)
② 벌금형의 축소 및 단기자유형의 확대
③ 원상회복적 사법(restorative justice)
④ 범죄예방에 대한 공중참가제도

해설 ② 벌금형의 확대 및 단기자유형의 폐지 등이 새로운 방향이라 할 수 있다. 이외에도 사회 내 처우의 확대, 비범죄화 및 비형벌화의 경향, 인도적 처우 및 적극적 일반예방의 강조 등이 새로운 방향으로 논의되고 있다.

정답 | ②

08

형사정책학에 관한 설명으로 틀린 것을 모두 고른 것은?

> ㉠ 협의의 형사정책학이란 범죄에 대한 대책수립을 주된 목적으로 하는 학문분야를 말한다.
> ㉡ 형사정책학은 다양한 주변 학문영역의 도움이 있어야 효율적인 결과를 얻을 수 있다는 점에서 종합과학적 성격을 지닌다.
> ㉢ 형사정책학은 범죄방지를 위한 체계적인 대책수립을 목표로 한다는 점에서 독립과학적 성격을 지닌다.
> ㉣ 형사정책학은 범죄의 원인과 발생과정을 연구한다는 점에서 볼 때에는 규범학과 거리가 있다.

① ㉠, ㉡ ② ㉡, ㉢
③ ㉢, ㉣ ④ 없음

해설 [×] 없음
[○] ㉠·㉡·㉢·㉣

정답 | ④

09

형사정책(학)에 대한 설명으로 옳지 않은 것은? 보호7급 14

① 형사정책은 초기에는 형사입법정책이라는 좁은 의미로 사용되었으나, 점차 범죄의 실태와 원인을 규명하여 이를 방지하려는 일반대책의 개념으로 확대되었다.

② 좁은 의미의 형사정책학은 범죄와 범죄자, 사회적 일탈행위 및 이에 대한 통제방법을 연구하는 경험과학 또는 규범학이 아닌 사실학의 총체를 말한다.

③ 형사정책학은 법학은 물론 심리학, 사회학 등 다양한 주변 학문영역의 성과를 기초로 하나, 단순한 종합과학이 아니라 범죄방지를 위한 체계적인 대책수립을 목표로 하는 독립 과학이다.

④ 형사정책학은 기존 형벌체계가 과연 범죄대책으로서 유효한가에 대한 검증을 함으로써 형법규정의 개정 방향을 선도한다는 점에서 형법학과 형사정책학은 상호의존성을 가진다.

해설 ② 지문은 범죄학에 관한 설명이다. 좁은 의미의 형사정책학은 범죄자와 범죄위험이 있는 자를 대상으로 하는 형벌 또는 이와 유사한 수단으로 직접 범죄방지를 목적으로 하는 국가의 입법·사법·행정활동을 의미한다.

정답 | ②

10

형법과 형사정책 그리고 범죄학의 관계에 관한 설명 중 옳은 것은?

① 리스트(F. v. Liszt)는 형사정책이 범죄대책을 목적으로 하기 때문에 형법의 한계를 넘어설 수 있다고 한다.

② 범죄학은 규범과학이지만, 형사정책은 경험과학이다.

③ 범죄학은 범죄원인을 분석하는 데 있어서 인접학문의 도움 없이 독자적인 기준을 가지고 분석한다.

④ 형사정책과 형법을 통합관계로 보는 입장에서는 법발견이 입법자의 목표를 창조적으로 발전시키고 체계화하는 것이므로 형사정책의 영역이라고 한다.

⑤ 형사정책은 범죄학의 연구결과를 토대로 하는 독자적인 학문영역이지만 종합과학은 아니다.

해설 ① 형법학과 형사정책은 상호제한적 성격을 가지며, 형법이 형사정책의 보조수단이 되어서는 아니 된다. 이러한 관계를 리스트(Liszt)는 "형법은 범죄인의 대헌장인 동시에 형사정책의 뛰어 넘을 수 없는 한계이다"라고 표현하였다.

② 형사정책은 범죄학의 경험적 연구를 토대로 독자적인 규범적 기준에 따라 범죄화·비범죄화 또는 형벌의 개폐를 결정하는 분야라는 점에서 범죄학은 경험과학이지만, 형사정책은 규범과학이다.

③ 범죄원인은 종합적으로 규명되어야 하므로 범죄학은 범죄정신의학·범죄심리학·범죄사회학 등 인접학문의 연구가 응용되어야 된다. 이러한 점에서 범죄학을 '간영역적 과학' 또는 '통합과학'이라고도 한다.

⑤ 형사정책학은 법학은 물론 심리학·정신의학·인류학·교육학·사회학 등 다양한 주변 학문영역의 도움이 있어야 효율적인 결과를 얻을 수 있다는 점에서 종합과학적 성격을 지닌다.

정답 | ④

11

형사정책과 인접학문과의 관계에 대한 설명으로 옳지 않은 것은?

① 형법학과 형사정책은 상호 협조관계에 있으며, 형법은 형사정책의 보조수단이다.
② 형사학은 범죄에 중점을 두는 반면, 형사정책은 범죄의 대책에 중점을 둔다는 점에서 구별된다.
③ 범죄학은 경험과학이지만, 형사정책은 규범과학이다.
④ 법철학은 형사정책의 평가기준을 제시한다는 점에서 상호 밀접한 관계가 있다.

해설 ① 형법의 해석과 개정에 형사정책적 고려는 반드시 수반되어야 하나, 형사정책학과 형법학은 상호제한성을 가지므로 형법이 형사정책학의 보조수단이 될 수는 없다.

정답 | ①

12 ★

다음은 형사정책학 또는 인접학문에 관한 학자들의 주장내용이다. 주장한 사람을 순서대로 바르게 나열한 것은?

㉠ 형법은 범죄인의 대헌장인 동시에 형사정책의 뛰어넘을 수 없는 한계이다. ㉡ 범죄학은 영토를 가지지 않은 제왕의 학문이다. ㉢ 범죄학자는 학문계의 영원한 손님이다.

① 가로팔로(Garofalo), 셀린(Sellin), 리스트(Liszt)
② 리스트(Liszt), 셀린(Sellin), 레크리스(Reckless)
③ 셀린(Sellin), 레크리스(Reckless), 가로팔로(Garofalo)
④ 레크리스(Reckless), 리스트(Liszt), 셀린(Sellin)

해설 ② 형법의 해석과 개정에 있어서는 형사정책적 고려가 필요하나 형사정책적 측면만 강조하면 책임주의가 무시되므로 형법학과 형사정책은 상호제한적 성격을 가지게 된다. 리스트(Liszt)는 양자의 이러한 관계를 두고 “형법은 형사정책의 뛰어넘을 수 없는 한계이다.”라고 표현하였다. 범죄원인은 어느 한 가지 학문영역만으로는 규명될 수 없고 다양한 학문의 연구를 통해 분석되어야 한다. 셀린(Sellin)은 이러한 점에서 “범죄학은 영토를 가지지 않은 제왕의 학문이다”라고 표현하였으며, 레크리스(Reckless)는 “범죄학자는 학문계의 영원한 손님이다”라고 표현하였다.

정답 | ②

13

형사정책의 학문적 성격에 관한 기술 중 옳지 않은 것은? 사법시험 05

① 형사정책은 범죄의 예방과 퇴치라는 가치를 지향하는 정책학의 성격을 띠고 있다.

② 형사정책은 인접학문의 성과를 이용하는 학제적 또는 간학문적 성격을 갖는다.

③ 형사정책은 형법학과 달리 규범학적 성격이 내포되지 않은 학문이다.

④ 리스트는 형법과 형사정책의 관계를 "형법은 형사정책의 극복할 수 없는 한계"라고 표현하였다.

해설 ③ 형사정책은 바람직하지 않은 사회상태를 바람직한 상태로 변화시켜 사회가 당면하고 있는 문제를 해결하려는 문제해결지향적 성격을 지니며, 마땅히 있어야 할 규범을 세우는 규범과학이다. 이런 점에서 존재과학이며 경험과학인 범죄학과 구별된다.

정답 | ③

14 ★

형사정책학의 학문적 성격에 관한 설명으로 옳은 것은?

① 형사정책의 연구대상은 형법학보다 협소하다.

② 형사정책과 형법학은 상호 배타적인 관계에 있다.

③ 형사정책의 연구영역은 사법정책의 연구영역보다 광범위하다.

④ 교정학이 가치과학에 해당한다면 형사정책은 존재과학에 해당한다.

해설 ① 형사정책의 연구대상은 형법학보다 그 범위가 넓다.
② 형사정책과 법학은 상호 의존적 관계에 있다.
④ 교정학이 존재과학에 해당한다면 형사정책은 가치과학에 해당한다.

정답 | ③

15

법과 형사사법에 대한 갈등주의적 관점과 가장 거리가 먼 이론은? 경찰간부 23

① 챔블리스(Chambliss)의 마르크스주의 범죄이론
② 체스니-린드(Chesney-Lind)의 페미니스트 범죄이론
③ 블랙(Black)의 법행동이론
④ 메스너(Messner)와 로젠펠드(Rosenfeld)의 제도적 아노미이론

해설 갈등주의적 관점의 이론은 ①·②·③이다.

④ 메스너와 로젠펠드의 제도적 아노미이론은 아노미이론에 속하며, 범죄와 아메리칸드림에서 제도적 불균형과 이로 인한 규범적 통제 요소의 부재가 일탈행동을 유발하게 된다는 이론으로, 경제적 제도와 비경제적 제도의 영향력 간 차이가 클수록 일탈행동이 빈번해질 수 있다고 보았다.
① 챔블리스의 마르크스주의 범죄이론은 범죄의 주 원인을 자본주의 경제체제의 속성에 따른 불평등한 분배구조로 본다. 갈등주의적 성격의 이론이다.
② 체스니-린드는 가부장제의 형성과 강화를 통해 여성에 대한 억압과 여성의 성에 대한 통제가 어떻게 이루어졌는지에 대한 분석이 필요하다고 주장하였고 갈등주의적 성격의 이론이다.
③ 블랙의 법행동이론은 종적분화·횡적분화·문화·사회조직·대체적 사회통제의 5가지 관점에 의하여 사회적 요인을 분석하였다. 갈등주의적 성격의 이론이다.

정답 | ④

16

범죄학의 학문적 특성으로 옳지 않은 것은?

① 하나의 범죄행위에 대해서 다양한 해석이 가능하다.
② 종합과학적인 성격을 가진다.
③ 범죄를 바라보는 관점이 단일하다.
④ 다양한 학제간의 연구가 이루어진다.

해설 ③ 범죄학은 범죄를 바라보는 관점이 다양하다.

정답 | ③

CHAPTER

02 형사정책의 연구와 필요성

01

다음 범죄연구 사례에서 활용된 연구방법에 관한 설명으로 가장 적절한 것은?

> 범죄학자 甲은 1945년 출생자 중에서 10세부터 18세의 기간 동안 ㅇㅇ시에 거주한 청소년들을 조사하였고, 소수의 비행청소년들이 전체 소년범죄의 절반 이상을 집중적으로 저질렀으며 이들 중 약 45%의 청소년은 30세가 되었을 때 성인 범죄자가 되었다고 주장하였다.

① 유사한 특성을 공유하는 집단을 시간의 흐름에 따라 추적하여 관찰하는 연구방법이다.
② 연구자가 집단의 활동에 참여함으로써 연구대상을 관찰하여 자료를 수집하는 연구방법이다.
③ 연구대상자로 하여금 자신의 비행이나 범죄행동 사실을 스스로 보고하게 하는 연구방법이다.
④ 연구자가 내적 타당성에 관련된 요인을 통제하기 용이한 연구방법이다.

해설 ① 유사한 특성을 공유하는 집단을 시간의 흐름에 따라 추적하여 관찰하는 연구방법, 즉 설문의 내용은 '코호트연구'에 관한 설명이다. 울프강(Wolfgang)과 동료들의 필라델피아 코호트 연구는 1945년 출생자 중에서 10세부터 18세의 기간 동안 필라델피아 시에 거주한 청소년들을 조사한 결과, 전반적으로 연령이 높아질수록 비행청소년의 비율도 증가했는데 가장 비행을 많이 저지르는 연령은 16세였다. 그런데 이러한 비행청소년들의 46%는 한 번만 범죄에 가담한 것으로 나타났다. 반면 소수의 비행청소년들이 전체 범죄의 절반 이상을 집중적으로 저질렀으며, 이러한 청소년들의 약 45% 가량은 30세가 되었을 때 성인 범죄자가 되는 것으로 밝혀졌다. 반면 청소년기에 비행을 저지르지 않은 청소년들의 82%는 성인이 되어도 여전히 비 범죄자군에 속했다.
② 참여적 관찰방법이다.
③ 연구대상자로 하여금 자신의 비행이나 범죄행동 사실을 스스로 보고하게 하는 연구방법은 암수범죄 조사방법 중 하나인 자기보고조사방법이다.
④ 실험연구방법에 대한 설명이다. 내적 타당성이란 연구 결과가 독립변수 때문에 발생한 것이냐에 관한 것을 말한다.

정답 | ①

02

연구방법론에 대한 설명으로 옳지 않은 것은? 교정7급 23

① 실험연구는 연구결과의 외적 타당성을 확보하기에 유용한 연구방법이다.

② 범죄피해조사는 연구대상자로 하여금 범죄피해 경험을 스스로 보고하게 하는 연구방법으로, 암수범죄(Dunkelfeld)를 파악하는 데 용이하다.

③ 사례연구는 연구대상자에 대한 깊이 있는 정밀조사를 목표로 하며, 서덜랜드(Sutherland)의 전문절도범(the professional thief) 연구가 대표적이다.

④ 참여관찰법은 연구자가 스스로 범죄집단에 참여함으로써 연구대상을 관찰하여 자료를 수집하는 연구방법이다.

해설 ① 실험연구는 연구결과의 내적 타당성에 영향을 미치는 요인들을 통제하는 데 가장 유리한 연구방법으로, 연구자가 자극, 환경, 처우시간 등의 실험조건을 스스로 관리할 수 있는 반면, 한정된 데이터의 한계로 인해 외적 타당성 확보가 어려울 수 있다.

정답 | ①

03

범죄측정에 대한 설명으로 옳은 것은? 보호7급 23

① 참여관찰 연구는 조사자의 주관적 편견이 개입할 수 있고, 시간과 비용이 많이 들며 연구결과의 일반화가 어렵다.

② 인구대비 범죄발생건수를 의미하는 범죄율(crime rate)은 각 범죄의 가치를 서로 다르게 평가한다.

③ 자기보고식 조사(self-report survey)는 경미한 범죄보다는 살인 등 중대한 범죄를 측정하는 데 사용된다.

④ 피해 조사(victimization survey)는 개인적 보고에 기반하는 점에서 조사의 객관성과 정확성을 확보할 수 있다.

해설 ② 범죄율은 인구 10만 명당 몇 건의 범죄가 발생했는지를 나타내며 특정기간별 범죄발생을 비교할 수 있다는 점에서 유용한 자료이다. 그러나 중요범죄와 상대적으로 가벼운 범죄가 동등한 범죄로 취급되어 통계화된다는 문제점이 있다.

③ 자기보고식 조사는 경미범죄의 실태파악은 가능하지만, 처벌에 대한 두려움 등으로 강력범죄에 대한 실태 파악은 곤란하다.

④ 피해자조사는 실제 범죄의 피해자로 하여금 범죄의 피해경험을 보고하게 하는 방법으로 가장 많이 쓰인다. 다만 피해자의 기억에 의존하므로 객관적이고 정확한 자료를 수집하기 곤란하다.

정답 | ①

04

범죄학의 연구방법에 관한 설명으로 가장 적절하지 않은 것은? 경행1차 23

① 피해자조사는 암수범죄를 파악하는 데 용이하다.
② 실험연구는 연구결과의 내적 타당성을 확보하기에 유용하다.
③ 사례연구는 특정한 범죄자의 생애를 연구하기에 유용하다.
④ 참여관찰은 연구자의 주관이 개입될 가능성이 낮다.

해설

참여적 관찰법

- 연구자가 스스로 범죄 또는 비행집단 내에 그들과 똑같은 지위 및 자격을 가지고 들어가 그들과 똑같은 조건으로 생활하면서 범죄 동기, 제반 활동 상황, 인식태도, 동료 간 상호작용 등을 직접적으로 관찰·기록하는 방법이다. 체포되지 않은 범죄자들의 일상을 관찰할 수 있는 장점을 지녔다.
- 여타 조사방법들이 행위자의 그 시점에서의 단면만을 살펴보는 데 반하여 이 조사방법은 연구자가 연구대상을 직접 관찰하므로 그 배경이나 지속적 활동이라는 생생한 정보를 얻을 수 있는 장점이 있다.
- 연구자 자신이 범죄행위를 실제로 행하는 윤리적 문제가 발생할 위험이 있다.
- 객관적인 관찰방법의 적용이 어려워 주관적인 편견이 개입되어 사실이 왜곡될 소지가 많다.
- 연구자의 윤리성 문제가 제기될 수 있다.

정답 | ④

05

형사정책학의 연구대상과 연구방법에 대한 설명으로 옳지 않은 것은? 보호7급 22

① 범죄학이나 사회학에서 말하는 일탈행위의 개념은 형법에서 말하는 범죄개념보다 더 넓다.
② 사회에 새롭게 등장한 법익침해행위를 형법전에 편입해야 할 필요성을 인정함에 사용되는 범죄개념은 형식적 범죄개념이다.
③ 헌법재판소의 위헌결정으로 폐지된 간통죄와 같이 기존 형법전의 범죄를 삭제해야 할 필요성을 인정함에 사용되는 범죄개념은 실질적 범죄개념이다.
④ 공식적 범죄통계를 이용하는 연구방법은 두 변수 사이의 2차원 관계 수준의 연구를 넘어서기 어렵다는 비판이 가능하다.

해설 ② 사회에 새롭게 등장한 법익침해행위를 형법전에 편입해야 할 필요성을 인정함에 사용되는 범죄개념은 실질적 범죄개념이다. 형사정책의 중요한 목표의 하나는 현행법상 가벌화되지 않은 반사회적 행위를 신범죄화하는 것과 사회의 변화에 따라 이제는 가벌화할 필요가 없는 행위에 대하여 비범죄화하는 것을 포함한다. 이의 척도가 되는 범죄개념이 실질적 범죄개념이다.

정답 | ②

06

범죄자의 장기적인 범죄경력 연구에 가장 적합한 조사설계는? 해경간부 21

① 횡단적 조사설계 ② 반복횡단 조사설계
③ 패널 조사설계 ④ 코호트 조사설계

해설 ③ 패널 조사설계는 인간생애를 종단적으로 연구하는 것으로, 선별된 표본을 일정한 시간간격을 두고 중복적으로 관찰하여 생애사를 연구하는 설계를 의미하며 범죄자의 장기적인 범죄경력 연구에 가장 적합한 조사설계에 해당한다.

정답 | ③

07

범죄학과 범죄학의 연구방법에 관한 설명으로 가장 적절하지 않은 것은? 경행2차 23

① 서덜랜드(Sutherland)와 크레시(Cressey)에 따르면 범죄학은 범죄에 대한 모든 지식체계로서 범죄의 원인과 법 위반에 대해 대응하는 과정에 관한 연구를 포함한다.
② 범죄학은 법학, 심리학, 사회학 등 다양한 학문과 연계되는 학제적인 학문이다.
③ 경험론적 범죄학 연구방법에는 표본집단조사, 설문조사연구, 통계자료 분석, 실험연구 및 관찰연구가 포함된다.
④ 공식범죄 통계를 통해 확인하기 어려운 암수를 직접 관찰하는 방법으로는 자기보고식 조사와 피해자 조사가 있다.

해설 ④ 간접적 관찰(실문)에 대한 설명이다.
직접적 관찰 암수조사방법 중 직접적 관찰에는 자연적 관찰, 즉 조사자가 암수범죄를 직접 실증적으로 파악하는 방법으로 참여적 관찰과 비참여적 관찰이 있다.

- 참여적 관찰 : 범죄행위에 직접 가담하여 암수범죄를 관찰하는 것을 말한다.
- 비참여적 관찰 : CCTV 등을 설치해 암수범죄를 관찰하는 것을 말한다. 또한 인위적 관찰(실험)이 있는데 인위적인 실험을 통해 암수범죄를 관찰하는 것을 말한다. 위장된 절도범과 관찰자를 보내 상점절도 발각 위험성을 조사한 「블랑켄부르그(Blankenburg)의 실험」이 있다.
- 간접적 관찰(설문조사) : 피해자조사, 자기보고조사, 정보제공자조사 등이 있다.

정답 | ④

08

범죄에 대한 자기보고식 조사의 특성으로 가장 옳은 것은? 해경간부 24

① 숨은 범죄를 파악하는 데 도움이 된다.
② 5년 이상의 오래된 범죄를 조사하는 데 유리하다.
③ 범죄의 원인이 되는 인격, 특성, 가치관, 환경 등을 함께 조사할 수 없다.
④ 경미한 범죄를 조사하는 데 부적합하다.

해설 ① 공식통계상 기록되지 않은 범죄의 암수를 파악하는 데 유용하다.
② 최근의 범죄를 조사한다.
③ 피조사자의 인격, 특성, 가치관, 태도 등을 조사할 수 있다.
④ 중한 범죄 보다는 경미한 범죄를 조사하는 데 적합하다.

정답 | ①

09

공식범죄통계에 대한 설명으로 가장 적절한 것은? 경찰간부 24

① 범죄율은 일정 기간(통상 1년) 동안 특정 지역에서 인구 1,000명당 발생한 범죄 건수를 나타낸다.
② 총 인구가 2022년 20만 명에서 2023년 15만 명으로 감소한 인구소멸 지역인 A시에서 동 기간 범죄건수가 2,000건에서 1,000건으로 줄었다면 범죄율이 50% 감소한 것이다.
③ 우리나라의 공식 범죄통계 중 경찰청 「범죄통계」와 검찰청 「범죄분석」의 범죄발생 건수는 동일하다.
④ 우리나라 경찰의 검거율은 100%를 초과하여 달성되는 경우도 종종 발생한다.

해설 ④ 한 해에 일어난 사건의 범인이 한참 후에 검거되는 경우도 많으므로, 검거율은 100%가 넘을 수도 있다.
① 인구 10만 명당 범죄발생건수를 나타낸다.
② 2022년은 인구 10만 명당 1,000건, 2023년은 인구 10만 명당 666.6건(100,000×1,000÷150,000)으로, 33.36% 감소하였음을 알 수 있다. 다만, 이 문제는 계산문제라기보다 인구변화를 고려하는 범죄율은 50%에 미치지 못함이 핵심이다.
③ 경찰청의 「범죄통계」는 각 지역경찰서에서 입력한 범죄발생 현황을 집계한 전형적인 발생통계이고, 검찰청의 「범죄분석」은 경찰청의 「범죄통계」에 검찰이 인지한 사건을 더한 것으로, 이 역시 발생통계라고 할 수 있다.

정답 | ④

10

범죄 연구방법에 대한 설명으로 가장 옳지 않은 것은? 해경간부 24

① 피해자조사는 암수범죄의 조사방법으로서 많이 활용되는 방법이다.

② 범죄율과 범죄시계는 인구변화율을 반영하여 범죄의 심각성을 인식할 수 있게 한다.

③ 공식범죄통계는 범죄의 일반적인 경향과 특징을 파악할 수 있게 한다.

④ 참여적 관찰법은 체포되지 않은 범죄자들의 일상을 관찰할 수 있게 한다.

해설 ② 범죄시계는 인구성장률을 반영하지 않는다.

정답 | ②

11

다음은 범죄학 연구방법에 관한 내용이다. 가장 적절한 것은? 경찰간부 24

> ㉠ 특정 지역에 거주하며 공통된 특성을 공유하고 있는 집단을 대상으로 상당 시간 동안 관찰하여 수행하는 것이다.
> ㉡ 대부분의 연구방법들은 시계열적 분석이 미흡하고, 범죄경력의 진전 과정이나 범죄율 증감 과정에 대한 분석이 간과되기 쉽다는 단점을 보완하기 위해 고안되었다.
> ㉢ 시간의 흐름에 따라 범죄율이 증감되는 과정의 관찰이 가능하다는 장점이 있으나, 대상자의 자료 수집에 큰 비용과 시간이 소요된다.

① 코호트연구(Cohort Research)

② 참여관찰연구(Participant Observation)

③ 데이터 마이닝(Data Mining)

④ 실험연구(Experimental Study)

해설 ① 코호트연구는 유사한 특성을 공유하는 집단을 시간의 흐름에 따라 추적하여 관찰하는 연구방법으로 종단연구방법의 하나이다.

② 참여관찰연구는 질적 연구로 연구자가 직접 범죄자 집단에 들어가 함께 생활하면서 그들의 생활을 관찰하는 조사방법을 말하며 타당성 확보에 유리하나 주관적이어서 일반화가 곤란하다.

③ 데이터 마이닝이라 함은 최신 연구 기법으로 대규모 데이터 집합에서 패턴, 규칙, 통계적 구조 등의 유용한 정보를 발견하는 과정을 의미하며, 이를 위해 통계학, AI, 딥 러닝 등의 기술과 알고리즘을 사용하여 데이터를 탐색하고 분석한다.

④ 실험연구는 설정된 가정을 검증하기 위하여 제한된 조건하에서 반복적으로 이루어지는 관찰을 의미하며, 연구의 내적 타당성 확보에 유리하다.

정답 | ①

12

형사정책학의 연구방법에 관한 설명으로 옳지 않은 것은?

① 대량관찰은 정부에서 발간하는 공식범죄통계표를 분석하여 사회의 대량적 현상으로서의 범죄의 규모나 추이를 파악하는 방법이다.

② 표본조사는 범죄자의 일부를 표본으로 선정하여 조사하는 방법으로 필요한 자료를 동시에 수집할 수 있다는 장점이 있는 반면, 편중성 없는 표본선정이 쉽지 않다는 단점이 있다.

③ 추행조사는 실험집단과 비교하는 대조집단을 동일한 시간적 범위 내에서 상호 비교하는 방법으로 조사 대상자들의 변화를 관찰할 수 있다는 장점이 있다.

④ 실험적 방법은 설정된 가설을 검증하기 위하여 제한된 조건하에서 반복적으로 이루어지는 관찰방법을 말하며, 보통 새로운 형사제도의 효율성을 미리 점검하는 데 많이 이용된다.

해설 ③ 추행조사는 실험집단과 대조집단을 동일한 시간적 범위 내에서 상호 비교하는 것이 아니라, 일정시점과 일정한 시간이 경과한 다음 시점 간의 추적적인 비교를 하는 방법을 말한다.

정답 | ③

13

범죄통계표 분석에 관한 설명으로 가장 적절하지 않은 것은?

① 범죄통계표 분석은 케틀레(A. Quetelet)에 의해 고안되고 사용되기 시작하였다.

② 특정시점의 범죄발생 동향을 파악하는 데 유용하다.

③ 범죄학적 연구를 위한 통계가 아니라는 점에서 사회과학적 연구를 위한 자료로는 한계가 있다.

④ 오늘날 세계적으로 가장 많이 활용되고 있는 범죄분석방법이다.

해설 ② 범죄통계표는 통상 일년 단위로 작성되므로 특정시점의 범죄발생 동향이라기보다는 일정기간의 범죄발생 동향을 파악하는 데에 유용하다.

정답 | ②

14 ★

형사정책학의 연구방법 중 대량관찰(통계적 관찰)에 관한 설명으로 옳지 않은 것은?

① 범죄자의 외형적 분석이 주류를 이룬다.

② 일정기간의 범죄발생 동향 및 특성의 파악에 용이하다.

③ 범죄의 양적 파악은 물론 질적 파악에도 유리하다.

④ 범죄와 범죄인 사이의 인과적 연결고리를 해명하는 데 한계가 있다.

해설 ③ 대량관찰은 범죄를 양적으로 파악하므로 질적 파악에는 한계가 있다는 단점이 있다.

➤ 대량관찰의 장단점

장점	단점
• 범죄자의 외형적·1회적 분석으로 범죄 당시의 상황파악에 유리 • 일정기간의 범죄발생 동향 및 특성 파악에 유용 • 범죄발생의 계절적·시간적 상황파악에 유리	• 형사사법기관의 독자적 목적을 우선하여 작성된 것이므로 사회과학적 연구자료로는 미흡 • 양적 파악이므로 범죄자의 개인적 특성 파악에 한계 • 범죄통계표에 드러나지 않는 암수범죄 존재 • 범죄와 범죄인 사이의 인과적 연결고리 해명에 한계

정답 | ③

15

다음 중 범죄통계와 거리가 먼 것은? 9급특채 06

① 공식범죄통계를 생산하는 대표적인 기관은 경찰, 검찰, 법원 및 법무연수원 등이다.

② 공식범죄통계는 범죄율과 범죄자의 특성 연구에 이용된다.

③ 일반적으로 범죄율은 인구 10만명당 범죄발생건수를 의미한다.

④ 공식범죄통계 작성 시에는 자기보고식 조사나 피해자조사의 방법이 이용된다.

해설 ④ 자기보고식 조사나 피해자조사는 암수범죄의 조사방법으로 이는 공식적인 범죄통계에 나타나지 않는 범죄행위를 파악하는 데 활용된다. 따라서 공식범죄통계 작성에 이용되는 것이라는 표현은 옳지 않다.

정답 | ④

16

「범죄분석」과 같이 국가기관에서 매년 발행하는 공식통계자료의 특성으로 볼 수 없는 것은?

교정7급 07

① 암수(숨은)범죄를 잘 반영하지 못한다.
② 형사사법기관의 활동에 의해 영향을 받는다.
③ 범죄피해의 구체적 상황과 개인의 특성을 잘 파악할 수 있다.
④ 지역별 범죄발생을 비교할 수 있다.

해설 ③ 「범죄분석」은 대검찰청에서 매년 발행하는 공식통계자료를 말한다. 국가기관에서 매년 발행하는 형사사법기관의 독자적인 목적을 우선시하여 작성되므로 범죄를 양적으로 파악하는 데에는 유용하나, 질적인 파악, 즉 범죄피해의 구체적 상황이나 범죄자의 개인적 특성 등을 파악하는 데에는 한계가 있다.

정답 | ③

17

형사정책학의 연구방법 중 암수범죄가 발생될 여지가 가장 많은 것은?

① 대량관찰
② 표본조사
③ 추행조사
④ 참여적 관찰법

해설 ① 암수범죄란 실제로 범죄가 발생하였으나 수사기관에 인지되지 않았거나, 인지되었더라도 해결되지 않아 공식적인 범죄통계에 나타나지 않는 범죄행위의 총체를 말하는데 대량관찰에 의한 연구는 범죄통계표에 나타나는 범죄만을 연구대상으로 하므로 암수범죄가 발생될 여지가 가장 많다.

정답 | ①

18 ★

범죄피해조사에 관한 설명으로 옳은 것은?

① 조사대상자에게 가해 경험을 묻는 방식으로 조사를 수행한다.
② 피해사실을 보고하는 과정에서 과대 혹은 과소보고가 될 수 있다.
③ 피해조사에 응하는 표본의 규모가 매우 작아 일반화의 오류가 없다.
④ 마약 및 도박과 같이 피해자 없는 범죄의 조사에 적합하다.

해설 ② 범죄피해조사는 전통적인 범죄만이 조사대상이 된다. 화이트칼라 범죄 등 조사대상자를 정하기 어려운 경우가 많아 상당수의 범죄는 조사 자체가 이루어지기 어렵다. 또한 피해사실을 보고하는 과정에서 조사대상자의 명예, 사생활의 보호에 따라 피해 정도의 과대 혹은 과소보고의 문제가 발생할 수 있다.
① 자기보고조사이다.
③ 피해조사에 응하는 표본의 규모가 매우 작아 일반화의 오류가 있다.
④ 마약 및 도박과 같이 피해자 없는 범죄의 조사에 적합하지 않다.

정답 | ②

19

공식통계의 특징으로 보기 어려운 것은? 9급경채 13

① 범죄유형과 범수 등 관련범주를 어떻게 정의하고 분류하는가에 따라 통계자료가 달라진다.
② 구체적인 사례에 대한 질적인 접근이 가능하다.
③ 입력누락과 입력실수 등으로 정확성이 떨어질 수 있다.
④ 공식통계를 보완하기 위해 자기보고식 조사방법 등의 방법이 개발되었다.

해설 ② 공식통계는 범죄를 양적으로 파악한다. 따라서 질적인 파악, 즉 범죄피해의 구체적 상황이나 범죄자의 개인적 특성 등을 파악하는 데에 한계가 있다.

정답 | ②

20

형사정책학의 연구방법에 관한 설명 중 옳은 것으로 묶인 것은? 사법시험 09

㉠ 범죄통계표의 분석방법은 범죄상황을 분석하는 데 기본적인 수단으로 활용되고 있으며, 다양한 숨은 범죄를 포함한 객관적인 범죄상황을 정확히 나타내는 장점이 있다.
㉡ 참여적 관찰방법은 연구자가 직접 범죄자집단에 들어가 함께 생활하면서 그들의 생활을 조사하는 방법을 사용하기 때문에 경험적인 연구결과를 일반화할 수 있는 장점이 있다.
㉢ 추행조사방법은 일정한 범죄자 또는 비범죄자들을 시간적 간격을 두고 추적·조사하여 그들의 인격과 사회적 조건의 변화를 관찰함으로써 그 상호 연결관계를 파악할 수 있다.
㉣ 사례조사방법은 범죄자 개개인에 대해 인격과 환경 등 여러 요소를 종합적으로 분석하여 상호 연결관계를 규명하는 방법이다.
㉤ 표본조사방법은 특정한 범죄에 대해 범죄자 일부를 표본으로 선정하여 그들에 대한 조사결과를 전체 범죄자에게 유추적용하는 방법이다.
㉥ 숨은 범죄의 조사방법으로 사용되는 피해자조사방법은 개인적 법익에 대한 범죄보다는 사회의 전체 범죄를 개략적으로 파악하는 데 유용한 방법이다.

① ㉠, ㉡, ㉢
② ㉡, ㉢, ㉣
③ ㉢, ㉣, ㉤
④ ㉣, ㉤, ㉥
⑤ ㉠, ㉣, ㉥

해설 [O] ㉢·㉣·㉤
[×] ㉠ 범죄통계표의 분석방법은 수사기관이 인지한 사건만을 산술적으로 집계하므로 숨은 범죄, 이른바 암수범죄를 파악할 수 없다는 단점이 있다.
㉡ 참여적 관찰법은 관찰의 대상이 한정되어 다양한 범죄인의 전체적인 파악에 한계가 있으므로 그 결과를 일반화할 수 없다는 단점이 있다.
㉥ 피해자조사방법은 피해자를 개인으로 구체화할 수 있는 범죄의 파악에는 유용하나, (ⅰ) 보편적 법익과 관련되는 범죄, (ⅱ) 피해자가 존재하지 않는 범죄, (ⅲ) 피해자가 밝히기를 꺼려하는 범죄 등을 파악하는 데에는 한계가 있으므로 사회전체의 범죄를 개략적으로 파악하는 데 유용한 방법이라고 보기 어렵다.

정답 | ③

21 ★

형사정책의 연구방법에 대한 설명으로 옳지 않은 것은? 교정7급 14

① 공식범죄통계는 범죄현상을 분석하는 데 기본적인 수단으로 활용되고 있으며, 다양한 숨은 범죄를 포함한 객관적인 범죄상황을 정확히 나타내는 장점이 있다.

② (준)실험적 연구는 새로 도입한 형사사법제도의 효과를 검증하는 데 유용하게 활용된다.

③ 표본조사방법은 특정한 범죄자 모집단의 일부를 표본으로 선정하여 그들에 대한 조사결과를 그 표본이 추출된 모집단에 유추적용하는 방법이다.

④ 추행조사방법은 일정한 범죄자 또는 비범죄자들에 대해 시간적 간격을 두고 추적·조사하여 그들의 특성과 사회적 조건의 변화를 관찰함으로써 범죄와의 상호 연결관계를 파악할 수 있다.

해설 ① 공식범죄통계란 정부에서 발간하는 공식적인 범죄통계표를 통하여 사회의 대량적 현상으로서 범죄의 규모나 추이를 파악하는 조사방법을 말하는데 이 연구방법은 수사기관이 인지한 사건만을 산술적으로 집계하는 결과 범죄통계표에 드러나지 않는 숨은 범죄, 즉 암수범죄를 파악하는 데 한계가 있다는 단점이 있다.

정답 | ①

22

형사정책학의 연구방법 중 참여적 관찰법에 관한 설명으로 옳지 않은 것은?

① 연구자가 직접 범죄자들과 생활하면서 그들과 같은 조건에서 범죄성의 원인이나 기질을 조사하는 방법이다.

② 서덜랜드(S.H. Sutherland)는 "범죄자에 대한 가장 생생한 자료를 수집하는 최선의 방법"이라고 평가하였다.

③ 범죄통계에 의한 방법보다 타당성 면에서 우수하다.

④ 관찰의 범위가 넓고 연구자의 주관적인 편견이 개입될 소지가 없어 범죄자의 전체적 파악이 용이하다.

해설 ④ 참여적 관찰법은 관찰의 대상이 한정되고 연구자의 주관적인 편견이 개입될 여지가 많아 범죄자의 전체적 파악이 곤란하다는 단점이 있다.

➤ **참여적 관찰법의 장단점**

장점	단점
• 범죄인의 생생한 실증자료 채취에 유리 • 일탈자의 일상생활을 자연스럽게 관찰 가능 • 다른 방법보다 비교적 타당성이 높음	• 연구자 스스로 범죄에 가담하므로 처벌문제 대두 • 연구자의 주관적 편견 개입 • 피관찰자들의 인격상태에 관한 객관적인 관찰이 불가능 • 관찰대상이 한정되어 다양한 범죄인의 전체적 파악 곤란 • 조사방법의 성격상 많은 시간이 소요

정답 | ④

23

형사정책학의 연구방법에 관한 설명으로 옳지 않은 것은? 사법시험 09

① 참여적 관찰이란 연구자가 직접 일정한 범죄집단에 들어가 범죄자들과 함께 생활하면서 여러 가지 자료 등을 수집하거나 그들의 생활을 관찰하는 방법을 말한다.

② 추행조사는 일정 수의 범죄자 또는 비범죄자를 일정 기간 계속적으로 추적하면서 사회적 조건의 변화상태를 분석하고, 그 변화상태와 범죄자 또는 범죄와의 연결관계를 살펴보는 방법이다.

③ 실험적 연구는 일반적으로 새로 도입한 형사제도의 유용성을 검증하기 위해 활용된다.

④ 사례조사는 연구의 대상이 되는 실험집단과 그에 대조되는 일정 수의 정상집단, 즉 대조집단을 선정한 후 양 집단을 비교하여 차이점을 규명한다.

⑤ 범죄통계표의 분석은 범죄현상의 경향 파악에 활용된다.

해설 ④ 사례조사는 범죄인 개인을 대상으로 그의 인격·성장과정·사회생활·범죄경력 등과 같은 환경적인 측면들을 종합적으로 분석하여 각 요소 간의 상호관계를 밝힘으로써 범죄의 원인을 해명하는 연구방법을 말한다. ④는 표본조사에 관한 설명에 가깝다.

정답 | ④

24

형사정책학의 연구방법에 관한 설명 중 틀린 것만을 묶은 것은?

> ㉠ 표본조사는 범죄자의 외형적·1회적 분석으로 범죄 당시의 상황을 파악하는 데 유용하다.
> ㉡ 범죄통계표 분석은 실험집단과 대조집단 간의 차이를 쉽게 파악할 수 있다.
> ㉢ 추행조사가 수평적 비교방법이라면, 표본조사는 수직적 비교방법이라고 할 수 있다.
> ㉣ 사례연구는 연구자가 범죄에 가담해야 하므로 법적 문제와 윤리적 문제가 야기될 수 있다.

① ㉠, ㉡
② ㉠, ㉡, ㉣
③ ㉠, ㉢, ㉣
④ ㉠, ㉡, ㉢, ㉣

해설 [×] ㉠ 범죄통계표분석에 관한 설명이다.
㉡ 표본조사에 관한 설명이다.
㉢ 추행조사가 수직적 비교방법이라면, 표본조사는 수평적 비교방법이라고 할 수 있다.
㉣ 참여적 관찰법에 관한 설명이다.
[○] 없음

정답 | ④

25 ★

종단적 연구방법이 아닌 것은?

① 패널연구
② 추세연구
③ 코호트연구
④ 실태연구

해설 ④ 종단적 연구방법이란 같은 집단 또는 개인을 연구대상으로 하여 그 대상의 특성을 일정기간에 걸쳐서 반복적으로 관찰하고 조사하는 연구방법으로 패널연구, 추세연구, 코호트 연구 등이 있다. 실태연구는 종단적 연구방법에 해당하지 않는다.

정답 | ④

26

형사정책의 연구방법에 관한 설명 중 옳은 것은? 사법시험 12

① 표본집단조사는 일반적으로 범죄인군에 해당하는 실험집단과 정상인군에 해당하는 대조집단을 선정하여 양 집단을 비교하는 방법을 취한다.
② 경험과학적 연구에서 실험은 가장 효과적인 방법 중의 하나이지만, 암수범죄의 조사에서 실험적 방법은 금지된다.
③ 사례연구는 범죄와 범죄자에 대한 다각적인 분석결과를 집계한 것으로서 범죄현상에 대한 대량적 관찰을 가능하게 한다.
④ 참여적 관찰법에서는 조사가 대규모로 진행되기 때문에 연구결과를 일반화할 수 있다.
⑤ 자원수형자로 교도소에 들어가 수형자와 함께 기거하면서 그들의 수형생활을 연구하는 것은 추행조사의 일례이다.

해설 ② 암수범죄의 조사방법 중 인위적 관찰법은 의도적으로 범죄상황을 설정하여 관찰하는 방법이므로 암수범죄의 조사에서 실험적 방법이 금지된다는 표현은 옳지 않다.
③ 사례연구는 연구대상을 범죄자 개인으로 한정하는 결과 인적 범위가 협소하므로 범죄현상에 대한 대량적 관찰이 가능하다고 보기 어렵다.
④ 참여적 관찰법은 관찰의 대상이 한정되어 다양한 범죄인의 전체적 파악이 곤란하므로 그 결과를 일반화하기 어렵다.
⑤ 참여적 관찰법에 관한 설명이다.

정답 | ①

27

형사정책학의 연구방법론에 대한 설명으로 옳지 않은 것은? 보호7급 20

① 일반적으로 범죄율이라 함은 범죄통계와 관련하여 인구 100,000명당 범죄발생건수의 비율을 말한다.

② 자기보고조사란 일정한 집단을 대상으로 개개인의 범죄 또는 비행을 스스로 보고하게 함으로써 암수를 측정하는 방법이다.

③ 개별적 사례조사방법이란 연구자가 직접 범죄자 집단에 들어가 함께 생활하면서 그들의 생활을 관찰하는 조사방법을 말한다.

④ 범죄통계에는 필연적으로 암수가 발생하는바, 암수를 조사하는 방법으로는 참여적 관찰, 비참여적 관찰, 인위적 관찰방법 등이 있다.

해설 ③ 참여적 관찰법에 대한 설명이다. 반면에 개별적 사례조사는 범죄자 개인을 대상으로 그의 인격, 성장과정, 범죄경력 등 여러 요소를 종합적으로 분석하여 각 요소간의 상호관계를 규명하는 방법이다.

정답 | ③

28 ★

교정학 및 형사정책의 연구방법에 대한 설명으로 옳은 것은? 교정7급 19

① 범죄(공식)통계표 분석방법은 범죄와 범죄자의 상호 연계관계를 해명하는 데 유용하며, 숨은 범죄를 발견할 수 있다.

② 참여관찰방법은 조사대상에 대한 생생한 실증자료를 얻을 수 있고, 연구결과를 객관화할 수 있다.

③ 실험적 연구방법은 어떤 가설의 타당성을 검증하거나 새로운 사실을 관찰하는 데 유용하며, 인간을 대상으로 하는 연구를 쉽게 할 수 있다.

④ 사례조사방법은 범죄자의 일기, 편지 등 개인의 정보 획득을 바탕으로 대상자의 인격 및 환경의 여러 측면을 분석하고, 그 각각의 상호 연계관계를 밝힐 수 있다.

해설 ① 범죄통계표는 범죄 및 범죄자에 관한 일반적 경향성만을 나타내고 암수범죄는 나타나 있지 않다. 왜냐하면 범죄사례가 빠짐없이 신고되는 것도 아니고 그렇다고 해서 수사기관이 신고되지도 않은 사건을 모조리 적발해 내는 것도 아니므로 어떤 통계도 실제로 발생한 범죄건수보다 적게 집계되기 마련이다.

② 참여적 관찰법은 다른 연구 방법에 비하여 직접적인 자료의 획득이 용이하다는 장점이 있으나, 조사방법이 소규모로 진행되기 때문에 연구결과를 일반화하기 어렵고(대상이 범죄자 개인이기 때문에 집단현상으로서의 범죄의 원인 및 대책에 대하여 원용하는 데에는 한계) 많은 시간이 소요되며 연구자 자신이 범죄행위를 행하는 경우가 발생할 위험이 있으며 관찰자의 주관적인 편견이 개입될 소지가 많아 사실이 왜곡될 염려가 있다.

③ 실험적 관찰방법은 어떤 가설의 타당성을 검증하거나 새로운 사실을 관찰하는 데 유용하지만, 실험여건이나 대상의 확보가 쉽지 않고 자연사실이 아닌 인간을 대상으로 한다는 점에서 실행의 곤란함이 있다.

정답 | ④

29 ★

형사정책 연구방법 중 실험연구에 대한 설명으로 옳지 않은 것은? 교정7급 20

① 인과관계 검증과정을 통제하여 가설을 검증하는 데 유용한 방법이다.
② 실험집단과 통제집단에 대한 사전검사와 사후검사를 통해 종속변수에 미치는 처치의 효과를 검증한다.
③ 집단의 유사성을 확보하기 위해 무작위 할당방법이 주로 활용된다.
④ 외적 타당도에 영향을 미치는 요인들을 통제하는 데 가장 유리한 연구방법이다.

해설

- 내적 타당도
  - 측정된 결과(종속변수)가 실험처치(독립변수)에 의한 영향으로만 나타난 변화가 맞는지에 관한 것이다. 즉 종속변수에 나타난 변화가 독립변수의 영향에 의한 것임을 확신할 수 있는 정도를 나타낸다. 만일 내적 타당도가 낮다면 독립변수의 영향 외에 제3의 변수가 영향을 미쳤다는 것이며, 내적 타당도가 높다면 독립변수만이 종속변수에 영향을 미쳤다고 보면 된다. 내적 타당도를 높이기 위해서는 독립변수와 종속변수의 관계에 영향을 미치는 외생변수를 통제해야 한다.
  - 내적 타당도 저해요인 : 사전검사와 사후검사 사이에 발생하는 통제 불가능한 특수한 사건 또는 우연한 사건 등으로 생기는 변화, 피시험자의 내적인 변화, 사전검사의 경험이 사후검사에 영향을 줌으로써 생기는 변화, 측정도구, 실험대상자의 상실 등
- 외적 타당도
  - 실험결과, 즉 독립변수로 인해 나타난 종속변수의 변화를 다른 상황에서도 적용했을 때 동일한 효과가 나타나는가를 나타내는 타당도이다. 이는 실험의 결과를 일반화할 수 있는가, 즉 '일반화될 수 있는 정도'를 의미한다.
  - 외적 타당도 저해요인 : 사전검사에 대한 반응적 효과, 실험대상자의 선발 편견, 실험절차에 대한 반응적 효과(조사 반응성), 다양한 실험처리의 복합적 영향 등

정답 | ④

CHAPTER 03 범죄의 파악

01

범죄의 개념에 관한 설명으로 옳지 않은 것은?

① 절대적 범죄란 가로팔로(Garofalo)가 말한 자연범을 의미한다.

② 일정한 시대와 국가에 따라 범죄가 달리 정해질 수 있다고 할 때 이 경우 범죄는 상대적 범죄를 의미한다.

③ 오늘날 범죄는 실정법체계에서 인정되는 것에 한하므로 절대적 범죄란 인정되지 않는다.

④ 교정학상의 범죄는 형사정책학상의 범죄보다 개념상 범위가 넓다.

해설 ④ 교정학상의 범죄는 형사정책학상의 범죄보다 개념상 범위가 좁다.

정답 | ④

02

범죄학의 연구방법에 대한 다음 설명 중 가장 적절하지 않은 것은? 경찰간부 23

① 설문조사를 통한 연구는 두 변수 사이의 관계를 넘어서는 다변량 관계를 살펴볼 수 있다는 장점이 있다.

② 양적연구는 질적연구에 비해 연구결과의 외적 타당성을 확보하기 어렵다는 단점이 있다.

③ 실험연구는 연구자가 필요한 조건을 통제함으로써 내적 타당성을 확보하기에 용이하다.

④ 설문조사를 통한 연구는 부정확한 응답의 가능성에 대한 고려가 필요하다.

해설 ② 통계자료등 객관적인 자료를 바탕으로 결론을 도출하는 양적 연구는 직접 관찰한 자료의 질을 바탕으로 결론을 도출하는 질적 연구에 비해 연구결과의 외적 타당성, 즉 일반화가 용이하다.

① 범죄통계를 이용하는 연구방법은 두 변수 사이의 이차원 관계 수준의 연구를 넘어서기 어렵지만 설문조사를 통한 연구방법은 청소년 비행 또는 암수범죄등 공식통계로 파악하기 어려운 주제에 적합하며, 두 변수 사이의 관계를 넘어서는 다변량 관계를 연구할 수 있다는 장점이 있다.

③ 실험연구방법은 연구의 내적 타당성에 영향을 미치는 요인들을 통제하는 데 가장 유리한 연구방법으로서 연구자 자신이 실험조건 중 자극·환경·처우시간 등을 통제함으로써 스스로 관리가 가능하지만 한정된 데이터의 한계에 의하여 외적 타당성 확보는 어려울 수 있다.

④ 설문조사, 즉 간접적 관찰은 기억의 불확실함과 사실의 축소 및 과장의 문제로 인한 행위자, 피해자, 정보제공자의 부정확한 응답의 가능성에 대한 고려가 필요하다.

정답 | ②

03

범죄원인의 연구방법 중 합의론과 갈등론에 관한 설명으로 옳지 않은 것은?

① 합의론에서는 사회가 많은 개인들로 구성된 하나의 유기체라고 본다.

② 뒤르켐이 표현한 이른바 '사회적 사실'은 합의론적 관점에서 이해될 수 있다.

③ 체계의 항상성은 합의론적 관점과 부합한다.

④ 코저(L. Coser)는 갈등관계에서는 어떠한 순기능도 기대하기 어렵다고 보았다.

해설 ④ 코저(L. Coser)에 따르면 갈등관계에는 역기능만 존재하는 것이 아니라, 순기능도 존재한다고 보았다.

정답 | ④

04

범죄 및 범죄원인에 대한 설명으로 옳지 않은 것은? 교정7급 12

① 비결정론은 법률적 질서를 자유의사에 따른 합의의 산물로 보고 법에서 금지하는 행위를 하거나 의무를 태만히 하는 행위 모두를 범죄로 규정하며, 범죄의 원인에 따라 책임소재를 가리고 그에 상응하는 처벌을 부과해야 한다는 견해이다.

② 결정론에 따르면 인간의 사고나 판단은 이미 결정된 행위과정을 정당화하는 것에 불과하므로 자신의 사고나 판단에 따라 자유롭게 행위를 선택할 수 없다고 본다.

③ 미시적 환경론과 거시적 환경론은 개인의 소질보다는 각자가 처해 있는 상황을 주요한 범죄발생원인으로 고려한다는 점에서 유사하다.

④ 갈등이론에 의하면 법률은 사회구성원들이 함께 나누고 있는 가치관이나 규범을 종합한 것으로서, 법률의 성립과 존속은 일정한 가치나 규범의 공유를 상징한다.

해설 ④는 갈등이론이 아니라, 합의론에 관한 설명이다.

정답 | ④

05 ★

법과 범죄에 대한 합의론적 관점에 관한 설명으로 가장 적절한 것은?

① 법은 지배계층을 보호할 수 있는 도구가 된다.
② 법은 대부분의 사회구성원이 공유하는 가치와 규범에 의해 만들어진다.
③ 범죄는 사회가 낙인찍거나 정의하기 때문에 불법적인 행위가 된다.
④ 범죄는 실제 행위의 위해(危害) 여부와는 관계없이 사회세력에 의해 유지된다.

해설 ② 범죄학에서 범죄를 바라보는 관점은 크게 합의론적 관점, 갈등론적 관점, 상호작용론적 관점으로 나눌 수 있다. 합의론적 관점에서는 범죄를 법률의 위반인 동시에 사회의 전체 요소에 모순되는 행위로 규정하고, 갈등론적 관점에서는 피지배집단을 대상으로 지배집단의 지위와 권한을 보호하기 위해 고안된 정치적 개념으로 파악하고 있다. 또한 상호작용론적 관점에서는 범죄를 사회권력을 가진 사람들의 선호 내지는 견해를 반영하는 것으로 보고 있어 언제든 변할 수 있다고 본다.

다시 말해서 합의론적 관점에서는 사회를 수많은 개인들로 구성된 하나의 유기체로 보고, 사회의 구성, 안전 및 질서유지를 위하여 개개인들의 합의를 통하여 규범이 정립되며, 이와 같이 사회구성원의 보편적 인식과 가치관을 바탕으로 한 합의에 의해 형성된 규범이나 규칙에 위반되는 행위를 범죄로 본다. 합의론적 관점에서는 불법행위에 대한 일반적 동의하에 만들어진 법이 범죄를 정의하며, 법은 평등하게 적용된다고 본다.

① 갈등론적 관점이다.
③ 상호작용론적 관점이다.
④ 갈등론적 관점이다. 범죄는 사회구성원 대다수가 동의한 것이 아닌, 힘 있는 집단이 만든 하나의 정의에 불과하다고 한다. 돌레샬(Doleschal)과 클랍뭇(Klapmuts)은 범죄란 실제 행위의 위해 여부와는 아무런 관계도 없는 사회세력에 의해서 유지된다고 보고 있다.

정답 | ②

06

형사정책의 연구대상에 관한 설명으로 옳지 않은 것은? 사법시험 07

① 범죄구성요건으로 규정된 형식적 의미의 범죄뿐만 아니라, 반사회적 법익침해행위로서 실질적 의미의 범죄도 연구대상이다.
② 일반적 기대를 벗어나는 일탈행위인 알코올 음용, 자살기도, 가출 등도 연구대상이다.
③ 특정 개인에 의한 개별현상으로서의 범죄뿐만 아니라 일정 시기, 일정 사회의 산물인 집단현상으로서의 범죄도 연구대상이다.
④ 형사정책적 측면에서 비범죄화해야 한다고 보는 범죄로는 교통범죄, 청소년범죄, 가정폭력 범죄 등이 거론된다.
⑤ 현재의 범죄뿐만 아니라 장래 발생될 것으로 예측되는 범죄도 연구대상이다.

해설 ④ 통상 가정폭력범죄는 비범죄화의 대상으로 거론되고 있지 않다. 우리나라의 경우 종전에는 가정폭력의 대부분을 처벌대상으로 보지 않았으나, 최근에는 가정폭력을 범죄로 간주하고 형사제재를 강화하는 입법추세에 있다.

정답 | ④

07

범죄에 대한 설명으로 옳지 않은 것은? 교정9급 15

① 비범죄화란 지금까지 형법에 범죄로 규정되어 있던 것을 폐지하여 범죄목록에서 삭제하거나 형사처벌의 범위를 축소하는 것으로 그 대상범죄로는 단순도박죄, 낙태죄 등이 제시된다.

② 형식적 의미의 범죄는 법규정과 관계없이 반사회적인 법익침해행위이고, 실질적 의미의 범죄는 형법상 범죄구성요건으로 규정된 행위이다.

③ 신범죄화(신규 범죄화)란 지금까지 존재하지 않던 새로운 형벌구성요건을 창설하는 것으로 환경범죄, 경제범죄, 컴퓨터 범죄 등이 여기에 해당한다.

④ 암수범죄(숨은 범죄)는 실제로 범죄가 발생하였으나 범죄통계에 나타나지 않는 범죄를 의미한다.

해설 ② 실질적 의미의 범죄는 법규정과 관계없이 반사회적인 법익침해행위이고, 형식적 의미의 범죄는 형법상 범죄구성요건으로 규정된 행위이다.

정답 | ②

08

형사정책의 연구대상에 관한 설명 중 옳지 않은 것으로 묶인 것은?

㉠ 일반적으로 형사정책의 연구대상으로는 사회적 병리현상보다 개인적 병리현상이 보다 중시된다.
㉡ 일정한 국가의 법질서와 관련해서 범죄를 정의한다고 볼 때 이러한 범죄개념은 절대적 범죄개념이라고 할 수 있다.
㉢ 범죄란 형벌법규에 따라 처벌되어야 할 행위에 한정된다고 볼 때 이러한 범죄개념은 실질적 의미의 범죄개념이라고 할 수 있다.
㉣ 범죄학적 범죄개념이란 형식적 의미의 범죄를 의미한다.
㉤ 실질적 의미의 범죄는 가로팔로(Garofalo)에 의해 확립된 개념이다.

① ㉠, ㉡
② ㉠, ㉡, ㉢
③ ㉠, ㉡, ㉢, ㉣
④ ㉠, ㉡, ㉢, ㉣, ㉤

해설 [×] ㉠ 형사정책의 대상이 되는 범죄에는 개별현상으로서의 범죄(개인적 병리현상)와 일정한 시기의 사회적 산물인 범죄의 총체를 의미하는 집단현상으로서의 범죄성(사회적 병리현상)이 있는데 일반적으로 형사정책의 연구대상으로는 개인적 병리현상보다 사회적 병리현상이 보다 중시된다.
㉡ 절대적 범죄개념 → 상대적 범죄개념
㉢ 실질적 의미의 범죄개념 → 형식적 의미의 범죄개념
㉣ 형식적 의미의 범죄 → 실질적 의미의 범죄
[○] ㉤

정답 | ③

09

(신규)범죄화에 대한 설명으로 옳지 않은 것은?

① 범죄화란 사회구조의 변화에 따라 종전에는 존재하지 않던 새로운 형벌구성요건을 창설하는 것을 말한다.

② 범죄화는 전통적인 비공식 통제수단의 사회통제기능에 대한 불신에서 비롯된다.

③ 범죄화의 대상으로 논의되는 것으로는 컴퓨터관련 범죄·교통범죄·경제범죄·환경범죄 등이 있다.

④ 범죄화란 형법 또는 특별형법에 새롭게 처벌규정을 신설하는 것을 의미하고, 형벌법규의 확대해석이나 적용범위의 확대는 이에 포함되지 않는다.

해설 ④ 범죄화의 형식에는 입법상의 범죄화의 해석·적용상의 범죄화가 있는데 전자는 형법 또는 특별형법에 범죄유형을 확정하는 것을 말하고 후자는 형벌법규의 해석이나 적용을 함에 있어 종전에는 단속의 대상이 아니었던 사실에 대해서 형벌법규를 적용하는 것을 말한다.

정답 | ④

10

일탈행위의 개념에 관한 설명으로 가장 적절하지 않은 것은?

① 일반적으로 사회적 규범에 의해 용인되지 않는 행위를 의미한다.

② 형법상 범죄개념보다 좁은 개념이다.

③ 형사정책적 의미의 범죄는 일탈을 포함하는 개념이다.

④ 일탈은 일반적으로 승인된 행동이 먼저 존재한다는 것을 전제로 한다는 점에 대해서는 실질적 의미의 범죄개념과 다를 바 없다.

해설 ② 일탈은 형법상 범죄개념보다 넓은 개념으로 모든 규범에 대한 침해는 물론, 규범에 지나치게 순응하는 것조차도 일탈의 범위에 포함된다는 것이 일반적인 견해이다.

정답 | ②

11

범죄와 구별되는 일탈(deviance)에 대한 설명으로 적절하지 않은 것은?

① 특정 사회의 집단적 사회규범이나 행동규칙에 위반된 행위라고 정의할 수 있다.
② 비범죄화정책을 수립할 때 중요한 판단척도가 된다.
③ 낙인이론은 일탈을 정의할 때 규범위반 여부보다 사회적 반응을 중시한다.
④ 법규범은 사회규범의 일부에 불과하므로 일탈이 항상 범죄가 되는 것은 아니다.

해설 ② 비범죄화는 그 사회를 지배하는 국민적 공감대의 추세에 따라 가치기준이 달라질 수 있는 성격을 지닌 범죄유형이 주요 대상이 된다. 따라서 일탈이 비범죄화정책을 수립할 때 중요한 판단척도가 된다고 보기 어렵다.

정답 | ②

12

일탈행위에 관한 설명 중 옳지 않은 것으로 묶인 것은?

> ㉠ 코헨(Cohen)은 부정, 사기, 속임수, 불공평, 비열, 부도덕, 독직 등을 일탈행위의 사례로 들었다.
> ㉡ 일탈행위는 그 개념범위가 광범위하고, 가치지향적인 특징을 지닌다.
> ㉢ 자살, 불손한 행위, 부부의 불화도 일탈행위의 범위에 포함된다.
> ㉣ 형사정책적 의미에서의 범죄에는 사회학적인 일탈이 포함되지 않는다.

① ㉠, ㉡
② ㉡, ㉢
③ ㉠, ㉣
④ ㉡, ㉣

해설 [×] ㉡ 일탈행위는 가치중립적인 특징을 지닌다.
㉣ 형사정책적 의미에서의 범죄에는 사회학적인 일탈이 포함된다는 것이 학설의 지배적인 견해이다.
[○] ㉠·㉢

정답 | ④

13

어떠한 이론이 범죄 또는 형사사법에 관해 적절하게 설명하는지 알기 위해서는 이론들을 특정한 기준에 의해 평가할 필요가 있다. 다음 중 에이커스(Akers)와 셀러스(Sellers)가 제시한 범죄학 이론 평가의 기준으로 가장 거리가 먼 것은? 경찰간부 23

① 검증 가능성
② 시대적 대응성
③ 경험적 타당성
④ 정책적 함의

해설 에이커스와 셀러스의 범죄학이론을 평가하는 기준 범죄학 일반론

㉠ 논리적 일관성 : 범죄학 이론의 설명은 논리적으로 일관적이어야 한다.
㉡ 검증 가능성 : 범죄학은 사회과학의 한 분야로서 때문에 관찰 및 실험에 의해 검증이 가능하여야 한다.
㉢ 경험적 타당성 : 어떤 이론이 주장하는 명제나 가설이 경험적 증거인 설문조사, 실험, 관찰 등에 의해 지지된다면 경험적 타당성이 높은 좋은 이론이라 할 수 있다. (평가기준 중 가장 중요)
㉣ 정책적 함의 : 정책적 함의가 풍부하여 유용성이 있어야 한다. 좋은 범죄학이론은 정책에 적용할 수 있는 다양한 정책함의를 가져야 한다.

정답 | ②

14 ★

암수범죄에 관한 설명 중 옳지 않은 것으로 묶인 것은?

㉠ 실제로 범죄가 발생하였지만, 공식적 범죄통계에 나타나지 않는 범죄행위를 말한다.
㉡ 수사기관에게 인지되지 않은 경우는 암수범죄에 포함되나, 일단 인지된 경우에는 미해결의 상태로 남아 있다 하더라도 암수범죄에 포함되지 않는다.
㉢ 초기에는 범죄와 암수범죄와의 관계가 일정한 비율을 유지하지 못하고 있다는 이유로 그 중요성을 인정받지 못하다가 20세기에 접어들면서 암수율은 일정하며, 규칙적으로 변화한다는 사실이 밝혀지면서 그 중요성이 인식되기에 이르렀다.
㉣ 존스(H. Jones)는 경찰에서 알고 있는 범죄의 약 4배 정도가 암수범죄라고 주장하였다.

① ㉠, ㉡
② ㉡, ㉢
③ ㉠, ㉣
④ ㉢, ㉣

해설 [×] ㉡ 수사기관에 인지된 경우라도 미해결의 상태로 남아 있다면 암수범죄에 포함된다.
㉢ 초기에는 범죄와 암수범죄와의 관계가 일정한 비율을 지닌다고 보아 그 중요성을 인정받지 못하다가, 20세기에 들어서면서 암수율은 항상적인 것이 아니고 불규칙적으로 변화한다는 사실이 밝혀지면서 그 중요성을 인정받게 되었다.

[○] ㉠·㉣

정답 | ②

15

다음은 암수범죄에 관한 학자들의 견해이다. 순서대로 옳게 나열된 것은?

> ㉠ (　　)는(은) 암수범죄의 정확한 이해는 곧 범죄통계의 급소라고 하였다.
> ㉡ (　　)는(은) 암수가 전체 범죄의 85%에 달하며, 특히 성범죄의 90% 이상이 암수범죄에 해당한다고 하였다.
> ㉢ (　　)는(은) 여성범죄의 암수원인은 남성의 기사도정신에서 비롯된 것이라고 하였다.
> ㉣ (　　)는(은) 경찰단계의 통계에서 암수가 가장 적게 나타난다고 보았다.

① 서덜랜드(Sutherland), 엑스너(Exner), 폴락(Polak), 셀린(Sellin)
② 엑스너(Exner), 래디노비츠(Radzinwicz), 폴락(Polak), 셀린(Sellin)
③ 래디노비츠(Radzinwicz), 엑스너(Exner), 폴락(Polak), 셀린(Sellin)
④ 폴락(Polak), 셀린(Sellin), 서덜랜드(Sutherland), 엑스너(Exner)

해설

➤ 암수범죄에 관한 학자들의 견해 요약정리

학자	견해
서덜랜드 (Sutherland)	범죄와 비행에 대한 통계는 모든 사회통계 중 가장 신빙성이 없고 난해한 것이다.
엑스너(Exner)	암수범죄의 정확한 이해는 곧 범죄통계의 급소이다.
래디노비츠 (Radxinowicz)	암수가 전체 범죄의 85%에 달하며, 특히 성범죄의 90% 이상이 암수범죄에 해당한다.
폴락(Polak)	여성범죄의 가장 큰 특징은 은폐성이며, 현존하는 남녀범죄 간의 불평등을 야기하는 현저한 원인의 하나는 기사도 정신이다.
존스(Jones)	암수라고 하는 성질은 그 규모를 바르게 알 수 없지만, 경찰에서 알고 있는 범죄의 약 4배 정도 될 것이다.
셀린(Sellin)	통계상 표시되는 범죄는 형사사법절차의 각 단계가 진행됨에 따라 점점 줄어들며, 법집행 기관의 개입이 가장 적은 경찰단계의 통계에서 암수가 가장 적게 나타난다.

정답 | ②

16

다음 중 암수범죄에 대한 설명으로 가장 옳지 않은 것은? 해경간부 23

① 암수범죄란 실제로 발생하였지만 범죄통계에 포착되지 않은 범죄를 말한다.
② 신고에 따른 불편, 수사기관 출두의 번거로움, 보복의 두려움은 절대적 암수범죄의 발생 원인이다.
③ 수사기관의 낮은 검거율과 채증력, 법집행기관의 자의적 판단은 상대적 암수범죄의 발생원인이다.
④ 피해자가 특정되지 않거나 직접적 피해자만 존재하는 경우, 암수범죄가 발생하기 쉽다.

해설 ④ 피해자가 특정되지 않거나 간접적 피해자만 존재하는 경우, 암수범죄가 발생하기 쉽다.

정답 | ④

17

암수범죄(숨은범죄)에 대한 설명으로 옳지 않은 것은? 보호7급 21

① 수사기관에 의하여 인지되었으나 해결되지 않은 경우를 상대적 암수범죄라고 한다.

② 케틀레(Quetelet)의 정비례 법칙에 의하면, 공식적 범죄통계상의 범죄현상이 실제 범죄현상을 징표한다고 보기는 어렵다.

③ 피해자가 특정되지 않거나 간접적 피해자만 존재하는 경우, 암수범죄가 발생하기 쉽다.

④ 낙인이론이나 비판범죄학에 의하면 범죄화의 차별적 선별성을 암수범죄의 원인으로 설명한다.

해설 ② 케틀레(Quetelet)는 암수범죄와 관련하여 정비례의 법칙을 주장하면서, 명역범죄(공식적으로 인지된 범죄)와 암역범죄 사이에는 변함없는 고정관계가 존재한다고 보고, 명역범죄가 크면 그만큼 암역범죄도 크며, 명역범죄가 작으면 그만큼 암역범죄도 작다고 하였다. 이 공식에 따라 공식적 통계상의 범죄현상은 실제의 범죄현상을 징표하는 의미가 있다고 보았다.

①·④ 타당하다.

③ 절대적 암수범죄는 성매매, 낙태, 도박, 마약수수와 같이 피해자가 없거나 피해자와 가해자의 구별이 어려운 범죄에서 많이 발생하게 된다.

정답 | ②

18 ★

암수범죄(Hidden crime)에 관한 설명 중 옳지 않은 것은? 사법시험 16

① 수사기관이 범죄의 혐의가 명백히 존재함에도 개인적 편견에 따라 차별적 취급을 한 경우 암수범죄로 볼 수 없다.

② 수사기관이 범죄피해자가 아닌 제3자의 신고를 받고 범죄를 인지하여 해결한 경우 암수범죄로 볼 수 없다.

③ 암수범죄는 성매매, 낙태, 도박과 같이 피해자가 없거나 피해자와 가해자의 구별이 어려운 범죄에 많이 발생한다.

④ 피해자를 대상으로 하는 암수조사는 기억의 부정확성으로 인하여 오류가 발생할 수 있다.

⑤ 자기보고조사는 보고자가 자신의 추가범죄사실에 대한 발각이 두려워 사실을 은폐하는 등 진실성에 문제가 있을 수 있다.

해설 ① 암수범죄 발생의 요인으로서 수사기관과 법원과 같은 법집행기관의 자의 내지 재량이 지적되기도 한다. 즉 법집행과정에서 그 주체에 해당하는 경찰, 검찰, 법관 등이 개인적인 편견이나 가치관에 따라 범죄자에 대하여 차별적인 취급을 한 경우 암수범죄로 볼 수 있다.

정답 | ①

19

다음 기술 중 옳지 않은 것은? 사법시험 14

① 서덜랜드(Sutherland)는 범죄자는 원래부터 정상인과 다르기 때문에 범죄를 저지르는 것이 아니라, 타인들과 접촉하는 과정에서 범죄행위를 학습하기 때문에 범죄를 저지른다고 보았다.

② 허쉬(Hirschi)는 사람은 누구나 범죄를 저지를 가능성을 가지고 있으나 가족, 학교, 동료 등의 사회집단과 밀접한 유대를 맺고 있는 사람은 범죄를 저지를 가능성이 낮다고 보았다.

③ 폴락(Pollack)은 통계상 여성의 범죄율이 남성의 범죄율보다 현저히 낮은 이유는 여성이 범죄를 저지를 만한 상황에 이르면 남성이 여성을 대신하여 범죄를 저지르는 기사도정신을 발휘하기 때문이라고 보았다.

④ 범죄경제학의 입장에서 보면 범죄는 비용과 이득이라는 관점에서 개인이 내린 자유로운 의사결정의 결과이다.

⑤ 코헨(Cohen)과 펠손(Felson)의 일상생활이론(Routine Activities Theory)에 의하면 범죄발생여부는 범행동기를 지닌 범죄자, 적절한 범행대상, 범행을 막을 수 있는 사람의 부존재라는 세 가지 변수에 의해 결정된다고 보았다.

해설 ③ 폴락(Pollack)은 여성의 범죄율이 남성의 범죄율보다 현저히 낮은 원인의 하나는 기사도정신이라고 보았는데 여기에서 기사도정신이란 남성이 여성을 대신하여 범죄를 저지르는 것이 아니라, 범죄행위에 대하여 남성의 여성에 대한 일반적 태도, 즉 경찰은 여성을 체포하기를 꺼려하고, 검찰은 여성을 기소하기를 꺼려하며, 재판관이나 배심원은 여성을 유죄로 하기를 꺼려하는 것 등을 의미한다.

정답 | ③

20

암수범죄의 구분에 관한 설명으로 옳지 않은 것을 모두 고른 것은?

> ㉠ 범행이 실제로 행해졌음에도 수사기관이 인지하지 못하여 공식적 범죄통계에서 누락되었다면 이는 상대적 암수범죄에 해당한다.
> ㉡ 형사사법기관의 자의나 재량은 절대적 암수범죄와 관련이 있다.
> ㉢ 유죄판결을 받은 범죄자들이 형사소추기관에 의해 입증된 것보다 더 많은 범죄를 저지른 경우를 범죄경력의 암수라고 한다.
> ㉣ 규범적 암수란 실질적인 범죄개념에 포함되면서 형식적 범죄개념에서 제외되는 행위를 말한다.

① ㉠, ㉡ ② ㉠, ㉢
③ ㉡, ㉢ ④ ㉢, ㉣

해설 [×] ㉠ 절대적 암수범죄에 해당한다. 만약 수사기관에 인지되었으나 해결되지 못하여 공식적 범죄통계에서 누락되었다면 이는 상대적 암수범죄에 해당한다.
㉡ 형사사법기관의 자의나 재량은 상대적 암수범죄와 관련이 있다.
[○] ㉢·㉣

정답 | ①

21

암수범죄의 발생에 대한 설명으로 옳지 않은 것은?

① 법원이 사안의 경미 등을 이유로 무죄판결을 하는 경우는 암수범죄로 볼 수 없다.
② 형사사법기관의 선별적 재량권 행사에 의해서도 암수범죄는 나타날 수 있다.
③ 범죄통계당국의 조사상 누락도 암수범죄 발생의 원인이 된다.
④ 여성범죄나 화이트칼라범죄의 경우 암수발생의 확률이 높다.

해설 ① 법원이 사안의 경미 등을 이유로 무죄판결을 하는 경우에도 암수범죄의 범위에 포함된다.

정답 | ①

22

암수범죄에 관한 설명 중 옳지 않은 것은? 사법시험 12

① 암수범죄란 실제로 발생하였지만, 범죄통계표에 포착되지 않은 범죄를 의미한다.
② 피해자 없는 범죄의 경우에는 암수범죄가 발생하지 않는다.
③ 암수범죄의 조사방법으로 피해자조사가 많이 활용된다.
④ 암수범죄의 발생원인에는 형사사법기관의 선별적인 범죄수사 내지 형사소추도 포함된다.
⑤ 통계조사의 흠결로 인하여 암수범죄가 발생하기도 한다.

해설 ② 암수범죄는 피해자가 없는 경우(매춘·도박 등)에 오히려 발생되기 쉽다.

정답 | ②

23

암수범죄에 대한 설명 중 옳은 것들을 모두 묶은 것은? 사법시험 14

> ㉠ 암수범죄를 파악하기 위해 범죄피해자로 하여금 범죄피해를 보고하게 하는 피해자 조사가 행해지기도 한다.
> ㉡ 살인, 강간 등의 중범죄는 가해자의 자기보고 방식을 통해서 암수범죄를 쉽게 파악해 낼 수 있다.
> ㉢ 피해자 없는 범죄의 경우 암수범죄가 발생할 가능성이 상대적으로 높다.
> ㉣ 화이트칼라 범죄는 피해규모가 크기 때문에 암수범죄가 될 가능성이 상대적으로 낮다.

① ㉠, ㉡
② ㉠, ㉢
③ ㉡, ㉢
④ ㉡, ㉣
⑤ ㉢, ㉣

해설 [O] ㉠·㉢
[×] ㉡ 자기보고방식은 경미한 범죄의 파악에는 도움이 되나, 살인·강간 등 중한 범죄는 은폐될 가능성이 많다.
㉣ 화이트칼라범죄는 직업적 전문지식을 이용하여 계획적이고 은밀하게 이루어지는 경향이 있기 때문에 적발이 용이하지 않고, 범죄통계에 나타나지 않는 암수범죄가 될 가능성이 상대적으로 높다.

정답 | ②

24

암수의 발생원인에 속하지 않는 것은?

① 가석방의 남용
② 수사기관의 범죄 미인지
③ 범인의 미검거
④ 검사의 불기소처분

해설 ① 가석방은 이미 형이 확정되어 형을 집행하는 단계에서 행해지는 것이므로 암수범죄와는 무관하다.

정답 | ①

25

암수의 조사방법 중 간접적 관찰방법이 아닌 것은?

① 자기보고 ② 정보제공자 조사
③ 인위적 관찰 ④ 피해자 조사

해설 ③은 직접적 관찰법에 해당한다. 암수의 조사방법에는 직접적 관찰법과 간접적 관찰법이 있는데 구체적 내용은 다음과 같다.

➤ 암수의 조사방법 분류

직접적 관찰	• 자연적 관찰 • 인위적 관찰	
간접적 관찰	• 자기보고(행위자 조사) • 정보제공자 조사	• 피해자 조사 • 형사사법기관 관계자의 조사

정답 | ③

26

암수범죄에 관한 내용으로 가장 적절하지 않은 것은? 경찰간부 24

① 암수범죄란 실제로 범죄가 발생하였으나 공식적인 통계에는 나타나지 않은 범죄를 말한다.
② 절대적 암수범죄란 수사기관에 의하여 인지되었으나 해결되지 못하여 범죄통계에 반영되지 못한 범죄를 말한다.
③ 공식범죄통계가 갖는 암수범죄의 문제를 극복하기 위해 자기보고식조사나 피해자조사를 활용하기도 한다.
④ 서덜랜드(Sutherland)는 범죄와 비행에 대한 통계에는 암수가 존재하며, 암수는 가변적이므로 모든 사회통계 중에서 가장 신빙성이 없고 난해한 것이라고 하였다.

해설 ②는 상대적 암수범죄에 대한 설명이다.

- 절대적 암수범죄: 수사기관에서 인지조차 하지 못한 범죄를 말한다.
  - 고소, 고발 등 신고가 되지 않은 경우
  - 피해자가 범죄인 것인지 인지조차 하지 못하는 범죄
  - 피해자 없는 범죄, 즉 '가해자 = 피해자'인 범죄(예 마약사용) 또는 '피해자가 동의'한 범죄(예 성매매, 도박 등)에서 자주 발생한다.
  - 피해자가 신고를 기피하는 경우 : 피해자가 수치심이나 사회적 지위의 손상을 염려하여서(예 성범죄), 또는 범죄자에 의한 보복의 두려움이나 수사기관에 대한 불신 때문에 신고를 기피하는 경향이 있다.
- 상대적 암수범죄 : 수사기관에서 인지는 하였으나 해결되지 않은 범죄를 말한다.
  - 수사기관의 검거율 또는 증거채취력과 밀접한 관련이 있다.
  - 법집행과정에서 그 주체(경찰·검찰·법관)의 재량에 의해 발생(선별적 형사소추의 문제)

정답 | ②

27

암수범죄에 관한 설명 중 가장 옳지 않은 것은? 해경간부 24

① 일반적으로 형사사법기관에 인지되지 아니하여 공식통계에 기록되지 않는 범죄를 말한다.
② 우리나라는 암수범죄의 규모를 파악하기 위해 해마다 범죄피해 패널조사를 실시한다.
③ 마약범죄와 같이 범죄자가 피해자이면서 가해자이기도 한 범죄에 많다.
④ 범죄사실이 수사기관에 의해 인지는 됐으나 용의자 신원 미파악 등 미해결된 사건은 상대적 암수범죄로 분류된다.

해설 ② 우리나라는 한국형사정책연구원에서 2년 주기로 전국범죄피해조사를 수행하고 있다.

정답 | ②

28

암수범죄(暗數犯罪)에 대한 설명으로 옳은 것만을 모두 고르면? 교정9급 24

㉠ 암수범죄로 인한 문제는 범죄통계학이 도입된 초기부터 케틀레(A. Quételet) 등에 의해 지적되었다.
㉡ 절대적 암수범죄란 수사기관에 의해서 인지는 되었으나 해결되지 않은 범죄를 의미하는 것으로, 완전범죄가 대표적이다.
㉢ 상대적 암수범죄는 마약범죄와 같이 피해자와 가해자의 구별이 어려운 범죄에서 많이 발생한다.
㉣ 암수범죄는 자기보고식조사, 피해자조사 등의 설문조사방법을 통해 간접적으로 관찰할 수 있다.

① ㉠, ㉡ ② ㉠, ㉣
③ ㉡, ㉢ ④ ㉢, ㉣

해설 ② 옳은 것은 ㉠, ㉣이다.

[O] ㉠ 범죄통계학의 창시자인 케틀레(A. Quételet)는 명역범죄와 암역범죄 사이에는 변함없는 고정관계가 존재하며, 명역범죄가 크면 그만큼 암역범죄도 크며 명역범죄가 작으면 그 만큼 암역범죄도 작다고 하여 정비례의 법칙을 주장하였다. 이에 따라 공식적 통계상의 범죄현상은 실제의 범죄현상을 징표하거나 대표하는 의미가 있다고 하였다.

㉣ 암수조사 방법은 다음과 같다.

직접적 관찰	간접적 관찰(설문조사)
• 자연적 관찰 – 참여적 관찰 : 직접 범죄에 가담해 조사 – 비참여적 관찰 : CCTV 등을 설치해 조사 • 인위적 관찰(실험) : 인위적 실험을 통해 조사	• 피해자 조사 • 자기보고조사 • 정보제공자조사

[×] ㉡ 절대적 암수범죄는 인지 자체가 되지 않은 범죄를 말한다.

㉢ 마약범죄와 같이 피해자 없는 범죄에서는 처음부터 고소·고발이 잘 이루어지지 않아 수사기관이 인지조차 하지 못하는 절대적 암수범죄가 많이 발생한다.

정답 | ②

29

암수범죄에 대한 설명으로 옳지 않은 것은? 보호9급 24

① 피해자의 개인적 사정이나 신고에 따른 불편·불이익뿐만 아니라 수사기관의 자유재량도 암수범죄의 원인이 된다.
② 암수조사의 방법 중 '자기보고식 조사'는 중범죄보다는 경미한 범죄의 현상을 파악하는 데에 유용하다.
③ 암수조사의 방법 중 '피해자 조사'는 암수범죄에 대한 직접적 관찰방법에 해당한다.
④ 암수범죄는 피해자와 가해자의 구별이 어려운 범죄에 비교적 많이 존재한다.

해설 ③ 암수조사의 방법 중 '피해자 조사'는 암수범죄에 대한 간접적 관찰방법에 해당한다.

정답 | ③

30

암수범죄(숨은 범죄)에 관한 설명 중 옳지 않은 것은? 사법시험 06

① 서덜랜드(E. H. Sutherland)는 암수범죄로 인하여 범죄와 비행에 대한 통계가 모든 사회통계 중에서 가장 신빙성이 없다고 하였다.
② 성매매, 도박, 약물범죄 등과 같은 범죄에서 암수범죄가 발생하기 쉽다.
③ 암수범죄는 범죄의 미인지, 범죄의 미신고, 수사기관의 재량적 사건처리 등으로 인하여 발생한다.
④ 범죄통계표를 근거로 암수범죄를 정확하게 파악할 수 있다.
⑤ 암수범죄를 파악하기 위하여 피해자조사, 자기보고조사, 정보제공자조사 등의 방법들이 사용되고 있다.

해설 ④ 암수범죄란 공식적인 범죄통계표에 나타나지 않는 범죄행위의 총체를 말한다.

정답 | ④

31 ★

암수범죄(hidden crime)에 대한 설명 중 옳지 않은 것은? 보호9급 07

① 암수는 고정된 수치가 아니라 일정치 않은 변수로 존재한다.
② 암수범죄의 존재로 인해 가장 많이 비판받는 형벌이론은 절대적 형벌이론이다.
③ 암수범죄의 조사방법으로서 가장 많이 활용되는 것은 피해자조사이다.
④ 셀린(T. Sellin)에 따르면 범죄통계의 가치는 절차의 개입에 의하여 범죄로부터 멀어지면 멀어질수록 증대한다.

해설 ④ 셀린(Sellin)은 범죄통계의 가치는 형사사법절차의 개입단계가 진행될수록 점점 줄어든다고 보고, 개입이 가장 적은 경찰단계의 통계에서 암수가 가장 적게 나타난다고 주장하였다.

정답 | ④

32

암수조사방법 중 자기보고방법(self-report)에 관한 설명으로 옳지 않은 것은?

① 암수범죄를 파악하는 데에 유용하다.
② 일정한 집단을 대상으로 개개인의 범죄를 스스로 보고하게 하는 방식이다.
③ 강력범죄의 암수범죄를 파악하는 데에 유용하다.
④ 다양한 종류의 범죄를 모두 조사하기 곤란하다.

해설 ③ 자기보고방법은 경미한 범죄의 파악에는 도움이 되나, 중한 범죄는 은폐할 가능성이 많아 파악하기 어렵다는 단점이 있다.

➤ 자기보고방법의 장단점

장점	단점
• 대상 집단 전체에서 차지하는 범죄를 정확히 파악 가능 • 공식통계에 나타난 범죄인과 자기보고에 기초한 범죄인의 특성을 비교·연구할 수 있음 • 공식통계에 나타나지 않은 암수범죄 파악에 용이 • 범죄통계상 존재할 수 있는 계급적 편견 파악에 용이 • 피조사자의 범죄에 대한 가치관과 태도 등의 파악에 용이	• 조사에 응하는 사람의 진실성과 성실성에 따라 신빙성이 좌우 • 경미한 범죄를 파악함에는 유리하나, 중한 범죄는 은폐될 가능성이 많음 • 다양한 종류의 범행을 모두 조사하기 곤란 • 지속적이고 전국적인 조사보다는 특정시점과 특정지역에 한정되는 경우가 많아 조사결과를 일반화하기 어려움

정답 | ③

33

암수범죄(숨은 범죄)에 대한 설명으로 옳지 않은 것은? 사법시험 10

① 암수범죄란 실제로 발생하였지만 범죄통계에 포착되지 않은 범죄를 일컫는다.
② 범죄피해자의 신고기피도 암수범죄의 발생원인 중 하나이다.
③ 낙인이론은 특히 법집행과정에서 발생하는 암수의 문제를 강조한다.
④ 현재 일반적으로 사용되는 암수범죄의 조사방법은 피해자조사이다.
⑤ 암수범죄의 비율은 범죄의 유형에 상관없이 비교적 일정하다.

해설 ⑤ 암수범죄의 비율은 범죄의 유형에 따라 달리나타나는데 예를 들면 강력범죄는 검거율이 비교적 높고, 발견이 용이하여 암수율이 낮지만, 낙태·컴퓨터범죄·여성범죄·화이트칼라범죄·성범죄 등은 발견이 쉽지 않아 암수율이 높다.

정답 | ⑤

34

암수의 조사방법 중 피해자 조사에 관한 설명으로 옳지 않은 것은?

① 가장 오래되고, 가장 신뢰할 수 있는 방법으로 평가되고 있다.
② 전국적인 조사가 가능하여 대표성 있는 자료를 수집할 수 있다.
③ 객관적인 자료수집이 가능하다.
④ 전통적인 범죄의 분석에는 용이하나, 화이트칼라범죄나 피해자 없는 범죄를 파악하기에는 한계가 있다.

해설 ③ 피해자 조사방법은 피해자의 기억에 의존하는 결과 피해자의 특성에 따라 달라질 수 있으므로 객관적 자료수집이 곤란하다는 단점이 있다.

➤ **피해자 조사방법의 장단점**

장점	단점
• 보다 정확한 범죄현상 파악에 용이 • 전국적인 조사가 가능하여 대표성 있는 자료수집 가능 • 암수범죄의 규모를 파악하게 하여 공식통계의 문제점을 보완할 수 있음 • 피해원인 분석을 통해 범죄예방자료로 활용 가능 • 자기보고식 조사보다 대표성 있는 자료 수집 가능 • 사회전체의 범죄비용 산출 가능	• 강도·절도 등 전통적인 범죄가 주된 대상이고, 화이트칼라범죄 등은 조사가 곤란하여 모든 범죄 파악에는 한계 • 피해자의 기억에 의존하므로 객관적 자료수집이 곤란 • 추상적 위험범, 피해자를 구체화 할 수 없는 범죄, 피해자 없는 범죄, 피해자가 조사를 거부하는 경우 등에는 조사가 불가능 • 범죄발생의 빈도나 정도 파악에는 용이하나, 범죄원인의 분석자료로 활용하기에는 한계

정답 | ③

35

암수(暗數)범죄의 조사방법의 유형에 관한 설명과 비판이 올바르게 연결된 것은? 사법시험 13

<보기 1>

㉠ 자기보고 조사(행위자 조사)
㉡ 피해자 조사
㉢ 정보제공자 조사

<보기 2>

ⓐ 일정한 집단을 대상으로 개인의 범죄 또는 비행을 스스로 보고하게 하는 방법
ⓑ 피해자에게 자신의 피해 경험을 보고하게 하는 방법
ⓒ 범죄나 비행을 인지하고 있는 제3자에게 그 인지 내용을 보고하게 하는 방법

<보기 3>

㉮ 스스로 범한 범죄를 정확하게 보고할지 의문이어서 조사결과가 부정확할 수 있다.
㉯ 피해자를 특정하기 어려운 환경범죄나 경제범죄 등에서는 정확한 조사결과를 얻기 어렵다.
㉰ 주관적 편견이 개입되고 객관성을 유지하지 못하여 조사대상자에게 감정적으로 동화될 우려가 있다.

① ㉠－ⓑ－㉰
② ㉠－ⓒ－㉮
③ ㉡－ⓑ－㉯
④ ㉠－ⓐ－㉮
⑤ ㉢－ⓐ－㉰

해설 ③ ㉡－ⓑ－㉯는 피해자 조사에 대한 설명과 비판에 해당한다.

정답 | ③·④

36

암수범죄의 대처방안으로 가장 적절하지 않은 것은?

① 범죄신고자 및 증인에 대한 신변보호 및 보상프로그램 마련
② 수사의 과학화
③ 소추기관의 재량권 확대
④ 통계행정체계의 전문화

해설 ③ 암수범죄를 최소화하기 위해서는 수사기관이나 소추기관의 재량권을 축소할 필요가 있다.

정답 | ③

37

암수범죄의 조사에 관한 설명 중 옳은 것은? 사법시험 15

① 상점절도를 숨긴 카메라로 촬영하거나 유리벽을 통해 관찰하는 등의 참여적 관찰방법은 인위적 관찰방법에 속한다.

② 중범죄나 사회적으로 금기시되는 범죄를 조사하는 유일한 방법은 행위자의 자기보고방식이다.

③ 피해자를 개인으로 구체화할 수 없는 국가적·사회적 법익에 관한 범죄의 암수는 피해자 조사를 통해 명확하게 파악할 수 있다.

④ 자기보고, 피해자조사 등은 암수범죄의 직접관찰방법이다.

⑤ 정보제공자 조사는 법집행기관에 알려지지 않은 범죄나 비행을 인지하고 있는 제3자로 하여금 이를 보고하게 하는 방법이다.

해설 ① 인위적 관찰 → 자연적 관찰

② 자기보고방식은 응답자가 익명으로 자신들이 저지른 범죄를 진술하는 방법을 주로 사용하므로 경미한 범죄의 파악에는 도움이 되나, 살인·강간 등 중범죄나 사회적으로 금기시되는 범죄를 조사하는 방법으로는 한계가 있다.

③ 피해자조사는 국가적·사회적 범죄, 추상적 위험범이나 법인 등 피해자를 개인으로 구체화할 수 없는 범죄, 보편적 법익과 관련되는 범죄, 매춘·도박 등 피해자 없는 범죄, 강간죄·강제추행죄 등과 같이 피해자가 밝히기를 꺼려하는 범죄, 살인 등 피해자가 존재하지 않는 범죄나 피해자가 조사를 거부하는 경우에는 조사가 불가능하다는 것이 단점으로 지적되고 있다.

④ 자기보고, 피해자조사 등은 암수범죄의 간접적 관찰방법에 해당한다.

정답 | ⑤

38

범죄학자 甲교수는 A고등학교 학생 약 300명을 대상으로 최근 1년간 불량배들에게 돈을 빼앗긴 경험을 적어내도록 하여 분석하였다. 甲교수가 취한 조사방법은 암수범죄(숨은범죄)의 조사방법 중 어느 것에 해당하는가? 사법시험 07

① 자기보고 조사

② 참여적 관찰

③ 실험

④ 정보제공자 조사

⑤ 피해자 조사

해설 ⑤ 피해자 조사란 범죄피해자에게 자신이 당한 범죄피해 경험을 진술하게 하는 방법으로 1960년대 미국에서 암수범죄에 대한 연구가 시작되면서 함께 도입된 가장 오래된 방법이고, 가장 많이 활용되고 있는 방법이다.

정답 | ⑤

39

甲은 최근 통계자료를 확보하기 위해 A회사 직원 100명을 대상으로 무기명 설문조사를 실시하였는데 甲이 대상자에게 배포한 설문지는 지금껏 살아오면서 자신이 행한 비행을 전부 기재하라는 것이었다. 이러한 조사방법의 특징으로 가장 거리가 먼 것은?

① 공식통계에 나타나지 않은 암수범죄를 파악하는 데 유용하다.
② 조사에 응하는 사람의 진실성에 따라 조사결과의 신빙성이 좌우될 수 있다.
③ 중한 범죄가 은폐될 가능성이 높다.
④ 전통적인 범죄의 조사에는 유용하나, 화이트칼라범죄의 조사는 곤란하다.

해설 위 사례는 암수범죄의 조사방법 중 자기보고에 해당한다. ①·②·③은 자기보고의 특징에 해당하나, ④는 피해자조사의 특징에 해당한다.

정답 | ④

40

비범죄화에 대한 설명으로 옳지 않은 것은? 보호7급 23

① 비범죄화는 형법의 보충적 성격을 강조한다.
② 비범죄화는 형사처벌에 의한 낙인의 부정적 효과를 감소시킨다.
③ 「형법」상 간통죄의 폐지는 비범죄화의 예라고 할 수 없다.
④ 피해자 없는 범죄는 비범죄화의 주요 대상으로 논의된다.

해설 ③ 비범죄화 논의의 대표적 범죄로 간통죄와 낙태죄가 있다.
① 비범죄화는 낙인이론의 산물로 형법의 보충성 성격을 강조한다.
② 비범죄화는 형사처벌에 의한 낙인의 부정적 효과를 감소시킨다.
④ 피해자 없는 범죄는 비범죄화의 주요 대상으로 논의된다(도박, 매춘 등).

정답 | ③

CHAPTER

04 범죄의 사회인구학적 특성

01

여성과 범죄의 관계에 대한 설명 중 옳은 것을 모두 고른 것은?

㉠ 롬브로조(Lombroso)는 여성범죄를 격세유전과 사회적 진화론의 관점에서 파악하고자 하였다.
㉡ 토마스(Thomas)는 여성은 에너지의 파괴나 공격성의 면에서 남성보다 우월하다고 보았다.
㉢ 폴락(Pollack)은 여성은 복수심이 강하여 범죄성에 있어서는 남성에 뒤지지 않는다고 보았다.
㉣ 코위와 슬래터(J. Cowie & E. Slater)는 여성들이 폭력·강도 등에 참여하지 않는 것은 여성의 성염색체와 호르몬 때문이라고 보았다.

① ㉠, ㉡ ② ㉠, ㉡, ㉢ ③ ㉠, ㉢, ㉣ ④ ㉢, ㉣

해설 [○] ㉠·㉢·㉣
[×] ㉡ 토마스에 따르면 남성은 에너지의 파괴, 공격성, 창조성이 있는 반면, 여성은 에너지의 축적, 보수성, 무기력성이라는 속성을 갖는다고 보았다.

정답 | ③

02

우리나라 여성범죄의 특징으로 틀린 설명은?

㉠ 41~50세 때에 여성범죄가 가장 적게 발생한다.
㉡ 전쟁 시에 여성범죄는 남성폭력화의 경향을 보인다.
㉢ 여성범죄유형 중 가장 많은 것은 사기이다.
㉣ 여성범죄는 공범이 없는 단독범이 전체의 50% 이상이다.
㉤ 매우 높은 은폐성과 기회적 성격을 갖는다.
㉥ 남성범죄에 비해 배후가담 등 공범의 형태가 많다.
㉦ 자신과의 관계자들을 피해자로 만드는 경우가 많다.

① 모두 옳음 ② 1개 ③ 2개 ④ 3개

해설 ㉠ 여성범죄는 중년기(40대)에 가장 많이 발생한다.

정답 | ②

03

여성과 범죄에 대한 설명으로 가장 옳지 않은 것은?

① 롬브로조에 따르면 범죄여성은 정상적 여성과는 다른 신체적 특징(몸에 털이 많음)이 있으며 감정적인 면에서도 남성과 더 가깝다고 본다.

② 아들러(Adler)에 따르면 전통적으로 여성범죄율이 낮은 이유는 여성의 사회적 지위가 낮기 때문이라고 본다.

③ 폴락은 범죄의 성별 차이를 설명하기 위해 페미니즘이론, 갈등이론, 통제이론의 요소를 종합하여 권력통제이론을 제시하였다.

④ 달튼(Dalton)은 여성의 신체변화 즉 월경시, 임신직후, 갱년기 등을 기준으로 범죄를 설명하였다.

해설 ③ 폴락은 남녀의 범죄 간의 불평등을 보이는 원인은 이른바 기사도정신에 의한 것이고, 그것이 남성의 여성에 대한 일반적인 태도이기 때문이라고 보았다. 지문은 헤이건(Hagen)의 이론이다.

정답 | ③

04

여성범죄에 관한 롬브로조(Lombroso)의 견해라고 보기 어려운 것을 모두 고른 것은?

㉠ 여성범죄는 정상인과 다른 것은 물론 일반 여성과도 다른 특이한 존재로서의 이중적인 의미를 지닌 '괴물'이다.
㉡ 여성은 냉정하지 못하고, 계산이 빠르지 못하며, 선천적으로 게으른 생물체이다.
㉢ 여성범죄자는 동물에 훨씬 가까운 존재이다.
㉣ 선천적 범죄자의 비율은 남성범죄자보다 낮다.
㉤ 여성의 매춘을 고려하더라도 여성범죄는 남성범죄에 미치지 못한다.

① ㉠, ㉡, ㉢
② ㉠, ㉢, ㉣
③ ㉡, ㉢, ㉣
④ ㉡, ㉣, ㉤

해설 [×] ㉡ 여성은 냉혹하고 계산이 빠른 부도덕한 생물체라고 보았다.
㉣ 선천적 범죄자의 비율은 남성범죄자보다 높다고 보았다.
㉤ 여성의 매춘을 고려한다면 여성범죄가 남성범죄를 훨씬 능가한다고 주장하였다.
[○] ㉠·㉢

정답 | ④

05

여성범죄에 관한 폴락(O. Pollack)의 견해라고 보기 어려운 것은?

① 여성범죄는 일반적으로 비폭력적인 수단을 사용하지만, 일정한 수준을 넘어서면 폭력적으로 변한다.
② 여성은 범죄에 직접 가담하지 않고, 그 배후에 존재한다.
③ 여성범죄의 피해자는 면식이 있는 자로 한정된다.
④ 여성범죄는 격정적·즉흥적인 경우가 많으며, 범죄성 면에서 남성에 미치지 못한다.

해설 ④ 폴락에 따르면 여성은 선천적으로 교활하고, 감정적이며, 복수심도 강하기 때문에 범죄성 면에서 남성에 뒤지지 않는다고 한다.

정답 | ④

06

여성범죄에 관한 설명으로 가장 적절하지 않은 것은? 경행 22

① 아들러(Adler)는 여성해방운동이 여성범죄를 증가시켰다고 주장하였다.
② 폴락(Pollak)의 기사도 가설(chivalry hypothesis)에 따르면 형사사법기관 종사자들이 남성범죄자보다 여성범죄자를 더 관대하게 대하는 태도를 가졌다고 본다.
③ 체스니-린드(Chesney-Lind)는 형사사법체계에서 소년범들의 성별에 따른 차별적 대우가 존재한다고 보았다.
④ 헤이건(Hagan)과 그의 동료들은 테스토스테론(testosterone)이 남성을 여성보다 폭력적으로 만든다고 주장하였다.

해설 ④ 헤이건(Hagan)은 마르크스주의 범죄이론과 페미니스트 범죄이론과 같은 비판적 범죄학을 사회통제이론과 결합한 통합이론을 제시하였다. 그는 부모의 가부장적 양육여부에 의하여 범죄에서의 성별에 따른 차이가 존재한다는 권력통제이론을 주장하였다. 헤이건은 전통적인 남성지배적 가부장적 가정에서는 아들보다 딸이 더 엄격하게 통제되며, 가부장적 가정에서 자란 자녀의 경우는 남녀 간의 비행이나 범죄의 차이가 크지만, 평등주의적 가정에서 자란 자녀는 그 차이가 적다고 주장하였다. 참고로 생물학적 범죄이론에서 남성호르몬인 테스토스테론이 남성의 범죄적 폭력성과 관계가 있다는 주장이 있으나 헤이건(Hagan)의 이론과 관련이 없다.

① 아들러(Adler)의 '신여성범죄자'(new female criminal)에 대한 설명이다. 성평등 가설 또는 여성해방가설이라고 불리는 아들러의 주장은 전반적인 사회발전은 여성의 지위를 향상시켜 점차 남성과 평등해지며, 이 향상된 지위가 합법적인 영역에서의 남녀평등과 함께 비합법적인 영역, 즉 범죄영역에 있어서도 남녀가 범죄의 양과 질에 있어 유사해진다고 보았다.

② 폴락(Pollak)은 「여성의 범죄성」(1950)에서 통계적으로 남성범죄자보다 여성범죄자의 비율이 낮은 이유에 대해서 그는 첫째, 형사사법이 여성에게 관대한 처분을 내리기 때문이라는 기사도 가설(chivalry hypothesis)을 주장하였다. 둘째, 여성은 그들의 범죄를 잘 감추는 능력을 타고나기 때문이라고 주장하였다.

③ 체스니-린드(Chesney-Lind)는 경찰을 비롯해 형사사법시스템에 종사하는 대부분의 사람들은 남성이며 이들이 남성 범죄자와 여성 범죄자를 대하는 태도 및 방식에 있어서 차이가 존재한다고 주장한다. 예를 들어 여자청소년의 비행과 범죄는 남자청소년에 비해 더 엄한 법적 처벌을 받는다고 주장하며 소년범 중 전통적인 성역할을 벗어나는 범죄의 경우 여성 범죄자를 남성 범죄자보다 더 가혹하게 처우하는 경향이 있다고 보았다.

정답 | ④

07

자신의 저서 「신여성 범죄자의 출현」을 통해 1970년대 중반에 나타난 여성해방운동이 여성의 사회적·경제적 지위의 향상을 가져오게 하였으며, 이는 여성범죄의 폭력화와 양적 증가를 가져왔다고 주장한 사람은?

① 토마스(W.L. Thomas)
② 슬래터(E. Slater)
③ 아들러(F. Adler)
④ 폴락(O. Pollack)

해설 ③ 아들러(F. Adler)에 대한 설명이다.

정답 | ③

08

여성범죄의 특징에 관한 설명으로 옳은 것은?

① 문명국일수록 여성범죄율이 낮다.
② 농촌지역이 도시지역보다 여성범죄율이 높다.
③ 대규모·반복적인 경향이 있다.
④ 독살·학대 등 비신체적인 방법에 의하는 경우가 많다.

해설 ① 여성범죄율은 대체로 여성의 사회진출이 많은 문명국일수록 높은 편이다.
② 여성범죄율이 농촌보다는 도시지역에서 높은 편인데 이는 여성의 사회활동의 확대와 상관성이 있는 것으로 보고 있다.
③ 여성범죄는 소규모·반복적인 경향이 있다.

정답 | ④

09

여성범죄의 특성이 아닌 것은?

① 불성실성
② 능동성
③ 은폐성
④ 기회성

해설 ② 여성범죄는 공격적 성향이 없고, 그 배후에 대체로 남성이 있으며, 경제적 곤궁상태에서의 절도, 정신적 궁박상태에서의 영아살해 등 수동적인 경향을 지닌다.

➤ 여성범죄의 질적 특성 요약정리

수동성	공격적 범죄가 적고, 배후에 남성이 있으며, 경제적 곤궁이나 정신적 궁박상태에서 행하는 범죄가 많음
불성실성	사기·장물·간통 등의 범죄가 많고, 폭력적 범죄비율은 매우 낮은 편
은폐성	소규모로 반복하는 경향이 있고, 자신과 밀접한 관계에 있는 사람이 피해자가 많으며, 비신체적 수단을 이용
기회성	생래성이 드물고, 환경의 영향을 받는 기회적 성향을 나타내며, 특히 전쟁기에 증가
저지능성	적극적인 지능범이 적고, 범행 후에는 곧 후회하며, 여성 상호 간에 있어서 더욱 냉정한 경향이 있음

정답 | ②

10

범죄현상에 대한 급진적 페미니즘의 설명으로 가장 적절한 것은? 경찰간부 23

① 임신, 출산, 육아에 있어 여성의 생물학적 특성에서 비롯된 역할로 인해 노동의 성 분업이 이루어졌고, 남성에 대한 여성의 의존도가 높아졌으며, 남성에게 더 많은 범죄기회가 주어졌다.
② 가부장제에서 비롯된 남성우월주의에 대한 믿음과 남성지배－여성종속의 위계구조가 사회 전반으로 확대되면서 여성에 대한 남성의 폭력이 정당화되었다.
③ 자본주의 체제로 인해 남성이 경제권을 장악하고 여성은 가사노동으로 내몰리면서 남성의 경제적 지배를 위협하는 여성의 행동은 범죄로 규정되었다.
④ 사회적·문화적으로 요구되는 전통적 성 역할의 차이로 인해 여성보다 남성이 더 많은 범죄를 저지른다.

해설 ② 급진적 페미니즘에서는 가부장제에 의한 여성억압은 남성의 여성에 대한 공격과 여성의 성에 대한 통제로 나타난 것이라고 주장한다. 급진적 페미니스트들은 여성의 성에 대한 억압과 통제를 분석의 핵심으로 삼는다. 급진적 페미니즘에서는 가부장제의 형성과 강화를 통해 여성에 대한 억압과 여성의 성에 대한 통제가 어떻게 이루어졌는지에 대한 분석이 필요하다고 주장한다.

정답 | ②

11

페미니즘 범죄이론에 대한 설명으로 가장 적절하지 않은 것은? 경찰간부 24

① 자유주의적 페미니즘은 성 불평등의 원인은 법적·제도적 기회의 불평등이므로 여성에게 동등한 기회를 부여하고 선택의 자유를 허용한다면 성 불평등은 해결될 수 있다고 한다.

② 사회주의적 페미니즘은 계급불평등과 함께 가부장제로 인한 성 불평등을 분석해야 한다고 한다.

③ 급진적 페미니즘에 따르면 남성은 생물학적 우월성을 근거로 여성이 자신보다 나약한 존재이기 때문에 통제나 지배를 할 수 있는 대상이라고 인식한다.

④ 페미니즘 범죄이론은 1970년대에 다양한 실증적 연구가 이루어져 1980년대부터 주류 범죄학 이론 중 하나로 완전히 자리매김하였다.

해설 ④ 페미니즘 범죄이론은 여성 범죄학자들이 활발하게 전개하였으나 주류 범죄학이라는 데에는 많은 범죄학자들이 동의하는 부분은 아니다.

① 자유주의적 페미니즘은 성 불평등의 원인은 법적·제도적 기회의 불평등으로 인한 것이므로, 여성에게 기회를 동등하게 부여하고 선택의 자유를 허용한다면 성 불평등은 해결될 수 있다고 주장한다.

② 사회주의적 페미니즘은 마르크스주의적 페미니즘이 사유재산으로 인한 계급 불평등을 지나치게 강조하다 보니 성 불평등이 핵심적으로 부각되지 못했다는 점을 비판하면서 계급 불평등과 함께 가부장제로 인한 성 불평등을 분석해야 한다고 주장한다.

③ 급진적 페미니즘은 가부장제에 의한 여성억압은 남성의 여성에 대한 공격과 여성의 성에 대한 통제로 나타난 것이라고 주장한다. 여성은 임신과 출산을 위한 기간에는 자신과 아이의 생존을 위해 남성에게 의존적일 수밖에 없으며, 이것이 남성으로 하여금 쉽게 여성을 지배하고 통제하도록 만들었다고 한다.

정답 | ④

12

다음은 범죄학자 A의 여성범죄의 원인에 대한 내용이다. 이를 주장한 범죄학자 A는 누구인가?

경찰간부 24

> ㉠ 자신의 저서 「여성의 범죄성(The Criminality of Women)」에서 여성의 범죄는 대개 사적인 영역에서 발생하며 잘 들키지 않는다고 주장하였다.
> ㉡ 여성범죄가 감추어져 있는 것이지 실제로는 남성의 범죄와 비슷한 양을 가지고 있을 것이라고 추정하였다.
> ㉢ 여성은 그들의 범죄를 잘 감추는 능력을 타고났다고 보았으며, 범죄를 교사하여 자신은 체포되지 않거나, 들키지 않는 방법으로 범죄를 행하는 특성이 있다고 하였다.

① 프로이트(Freud)
② 폴락(Pollak)
③ 롬브로조(Lombroso)
④ 애들러(Adler)

해설 ② 폴락(Pollak)에 대한 설명이다.
① 프로이드(Freud)는 여성범죄인은 남성에 대한 자연적인 시기심을 억제할 수 없어서 규범으로부터 일탈한 것으로 간주하고 있다. 따라서 여성범죄인을 병약자처럼 취급하여 여성범죄인 교정의 기초가 되고 있다.
③ 롬브로조(Lombroso)는 여성은 남성에 비해 수동적이며 범죄성이 약하지만 경건함, 모성애, 저지능, 약함 등 여성의 전형적인 특질이 부족한 소수의 여성범죄 집단이 있다고 주장하였다.
④ 아들러(Adler)는 전통적으로 여성범죄율이 낮은 이유를 여성의 사회경제적 지위가 낮기 때문이라고 보고, 여성의 사회적 역할이 변하고 생활형태가 남성의 생활상과 유사해지면서 여성의 범죄활동도 남성의 그것과 닮아간다고 주장하였다.

정답 | ②

13

환경과 범죄현상에 대한 설명으로 가장 적절하지 않은 것은?

① 급격한 도시화는 인구의 이동이나 집중으로 인해 그 지역의 사회관계의 혼란을 초래하고, 지역사회의 연도를 어렵게 하여 범죄의 증가를 초래할 수 있다고 한다.
② 케틀레(A. Quetelet)는 인신범죄는 따뜻한 지방에서, 재산범죄는 추운 지방에서 상대적으로 많이 발생한다고 한다.
③ 경기와 범죄는 상관관계가 없다는 주장도 있지만, 일반적으로 불황기에는 호황기에 비해 재산범죄가 많이 발생한다고 한다.
④ 전체주의 사회에서는 소수집단의 공격성 때문에 다수집단의 구성원이 대량 희생되어 모든 범죄가 전체적으로 감소하게 된다고 한다.

해설 ④ 전체주의 사회에서도 범죄가 감소되는 것은 아니다.

정답 | ④

14

빈곤과 범죄에 관한 설명 중 옳지 않은 것은?

① 버어트(Burt), 봉거(Bonger) 등은 절대적 빈곤과 범죄는 비례한다고 주장하였으나, 글룩(Glueck)부부는 빈곤과 범죄의 상관성을 부정하였다.

② 최근 우리나라 범죄통계에 따르면 하류계층의 범죄가 전체의 과반수를 차지하고 있다.

③ 상대적 빈곤이란 토비(J. Toby)가 주장한 개념으로 타인과의 접촉에서 느끼는 선망의 감정을 말한다.

④ 상대적 빈곤에 의한 범죄는 곤궁범에 대비하여 복지범죄라고도 한다.

해설 ① 버어트·글룩부부·봉거 등은 절대적 빈곤과 범죄의 비례성을 긍정하였으나, 힐리와 브론너(Healy & Bronner)는 양자의 상관성을 부정하였다.

정답 | ①

15

부유지역과 빈곤지역에서의 범죄율을 비교하여 상대적 빈곤이 범죄의 원인이라고 주장한 학자는?

① 서덜랜드(Sutherland)

② 케틀레(Quetelet)

③ 쉐프(Scheff)

④ 랑게(Lange)

해설 ② 상대적 빈곤론을 주장한 학자는 케틀레(Quetelet), 토비(Toby), 스토우퍼(Stouffer), 머튼(Merton) 등이다. 이들은 빈곤의 영향은 단지 하류계층에 국한된 현상이 아니라 어떤 계층이든지 느낄 수 있는 것이기 때문에 광범위한 사회계층에 적용하는 문제라고 지적한다. 이에 반해 글룩(Glueck)부부는 절대적 빈곤과 범죄가 비례한다고 주장한다.

정답 | ②

16

다음은 룬덴(Lunden)의 지역사회와 범죄발생에 대한 설명이다. 가장 옳지 않은 것은?

① 산업사회와 도시는 전통사회와 농촌보다 범죄발생률이 높다. 즉 생활양식이 전통적 농촌사회에서 도시의 산업화적 생활로 변화함으로써 범죄가 증가한다는 것이다.

② 이질적 문화를 가진 사회는 동질적 문화를 가진 사회보다 범죄율이 높다.

③ 심리적 고립감, 무규범의 정도가 높은 사회는 사회적 통합성과 유대가 높은 사회보다 범죄율이 높다.

④ 빈곤한 사회는 풍요로운 사회보다 범죄율이 높다.

해설 ④ 룬덴(Lunden)에 따르면 물질적으로 풍요로운 사회가 오히려 빈곤한 사회보다 범죄율이 높다고 본다.

정답 | ④

17

경제환경과 범죄에 대한 학자들의 주장으로 옳은 것을 모두 고른 것은?

㉠ 마이어(Mayer)는 곡물가격과 범죄의 상관성을 입증하고자 하였다.
㉡ 독일의 렝거(Renger)는 실질임금과 범죄와의 상관성을 처음으로 언급하고, 실질임금의 증감과 절도범죄는 반비례 관계에 있다고 주장하였다.
㉢ 엑스너(Exner)는 화폐가치와 범죄의 상관성을 입증하고자 하였다.
㉣ 버어트(Burt)는 절대적 빈곤과 범죄는 비례한다고 주장하였다.

① ㉠, ㉡ ② ㉠, ㉢, ㉣
③ ㉠, ㉡, ㉢ ④ ㉠, ㉡, ㉢, ㉣

해설 [O] ㉠·㉡·㉢·㉣
[×] 없음

정답 | ④

18

경제와 범죄의 관계에 대한 설명 중 타당하지 않은 것은?

① Lombroso류의 생물학적 범죄관도 환경과 범죄의 관계를 적극적으로 이해하는 점에서 차이가 없다.
② 네덜란드의 Van Kan은 자본주의사회를 범죄의 온상으로 보고, 오로지 빈곤의 범죄결정력에 주목하였다.
③ 범죄와 경제조건의 관계를 연구하는 데에는 경제발전·경제변동과 범죄의 관계를 고찰하는 간접적 방법이 선호된다.
④ 프랑스의 리용학파는 경제상태에 대한 범죄의존성을 중시하여 범죄를 경기불황의 산물로 보았다.
⑤ 경제의 제반 조건이 범죄발생, 종류 및 증감에 미치는 영향에 관하여는 통계학적 연구가 중요시된다.

해설 ① 롬브로조를 비롯한 페리·가로팔로 등 범죄인류학파는 범죄원인이 유전적인 신체적 특징에 기인된 것이라는 결정론적 입장을 취하므로 ①은 옳은 표현이 아니다.

정답 | ①

19

경제환경과 범죄에 관한 설명 중 옳지 않은 것으로 묶인 것은?

㉠ 일반적으로 재산범죄는 소득과 정비례하고, 물가와 반비례한다.
㉡ 일반적으로 호황기에는 종업원이나 젊은층의 사기·횡령·배임이 증가하고, 불황기에는 기업주나 고연령층의 사기·횡령·배임이 증가한다.
㉢ 서덜랜드(Sutherland)는 대인범죄는 호경기에는 감소하고, 불경기에는 증가한다고 보았다.
㉣ 상대적 빈곤이론에 따르면 빈곤한 사회의 빈곤계층보다 풍족한 사회의 소수집단인 빈곤계층이 빈곤을 참기 어렵다고 한다.

① ㉠, ㉡
② ㉠, ㉢
③ ㉡, ㉢
④ ㉢, ㉣

해설 [×] ㉠ 일반적으로 재산범죄는 소득이 높을수록 감소하고(반비례관계), 물가가 올라갈수록 증가한다(정비례관계).
㉢ 서덜랜드는 경기순환과 대인범죄는 규칙적인 상관관계가 없다고 보았다.

정답 | ②

20

경제환경과 범죄에 관한 설명 중 옳지 않은 것은?

① 글룩(Glueck)부부는 절대적 빈곤과 범죄가 비례한다고 주장한다.
② 봉거(W. Bonger)는 자본주의의 경쟁적·착취적 특성이 불가피하게 범죄를 야기한다고 한다.
③ 엑스너(F. Exner)는 불경기와 범죄는 상관관계가 없다고 주장한다.
④ 토비(J. Toby)는 자신이 속한 사회에서 스스로 느끼고 경험하는 상대적 결핍감이 범죄 원인이 된다고 한다.
⑤ 렝거(E. Ranger)는 실질임금에 대한 범죄의 의존성을 지적한다.

해설 ③ 불황기에 범죄가 증가한다는 상관성을 인정한 사람은 셀린, 엑스너 등이며, 그와는 달리 경기가 좋을 때에 오히려 범죄가 증가한다는 주장을 한 사람은 클레이, 워어즈 등이 있다. 반면에 서덜랜드는 불경기와 범죄의 상관관계를 밝히는 것은 불가능하다고 하였다.

정답 | ③

21

다음 경제환경과 범죄에 관한 설명 중 틀린 것은? 5급승진 06

① 급격한 화폐가치의 하락은 범죄와는 무관하다.
② 자본주의사회를 범죄의 온상으로 보는 관점도 있다.
③ 곡가변동과 절도범의 상관성이 있다는 주장도 있다.
④ 호황기에는 주로 사치성 범죄와 종업원 및 젊은 층의 범죄가 증가하는 경향이 있다.
⑤ 인플레이션기에는 물건 자체에 대한 재산범죄가 증가하는 경향이 있다.

해설 ① 급격한 화폐가치의 하락은 인플레이션을 유발하게 되어 국민경제가 동요하게 되고, 이로 인해 범죄가 유발되는데 이 경우 특히 재산범죄가 현저히 증가하고, 풍속범죄나 대인범죄는 감소된다고 한다.
② 비판범죄학에 대한 설명이다.
③ 곡물가격 변동에 따른 범죄의 증감 여부에 관한 연구로는 마이어(Mayer)·뢰스너(Roesner)·라빠르그(Lafargue)·라카사뉴(Lacassgue)·오노(小野) 등의 연구가 있는데 특히 마이어(Mayer)는 1835년부터 1861년까지 독일의 바이에른주에서 곡물가격이 6페니 상승할 때마다 인구 10만명당 1명의 절도범이 증가하였고, 6페니 하락할 때마다 1명의 절도범이 감소하였음을 알아내고, 곡물가격과 범죄의 상관성을 입증하고자 하였다.

정답 | ①

22

전쟁의 범죄억제적 요소로 보기 어려운 것은?

① 가장(家長)의 참전
② 배급제 실시 등 통제적 생활방식
③ 적국에 대한 적개심
④ 술·마약 등의 생산 감소

해설 ① 가장의 전쟁참가는 가족의 생계유지 곤란, 자녀의 교육 부재 등으로 가정의 붕괴를 가져와 범죄를 조장하는 요소로 작용한다.

정답 | ①

23

엑스너(Exner)가 주장한 전쟁시기별 범죄현상과 관계없는 것은?

① 제1차세계대전 시기의 오스트리아를 연구대상으로 삼았다.
② 감격기에는 범죄발생이 평상시보다 감소한다.
③ 의무이행기에는 소년범죄만 다소 증가하고, 특이한 변화가 없다.
④ 피폐기에는 부녀와 소년범죄가 다소 감소하는 대신 재산범죄가 급증한다.

해설 ④ 엑스너는 전쟁발발부터 종전까지를 감격기－의무이행기－피폐기－붕괴기로 나누고, 시기별로 특징적 범죄현상이 나타난다고 주장하였는데 피폐기에는 전쟁의 장기화에 따라 승전의 신념이 흔들리고 인내심도 약화되어 청소년과 여성의 범죄가 크게 증가하고, 후기에는 폭력범죄도 증가한다고 주장하였다.

➤ 엑스너의 전쟁시기별 범죄현상

전쟁 시기	범죄 현상
전쟁초기(감격기)	국민 대다수가 긴장감으로 사기가 고양되어 범죄발생이 평화시보다 현저하게 감소
의무수행기	전쟁수행 의무감으로 곤궁을 극복하는 시기로 의무감이 희박한 소년범죄만이 다소 증가
피로이완기(피폐기)	장기전에 따른 물자결핍과 패전에 대한 불안감 등으로 인내력이 약화되어 모든 범죄가 증가
붕괴기	정치적·군사적·경제적 파탄과 기존 가치관의 붕괴로 범죄가 폭발적으로 증가

정답 | ④

24

도시화와 범죄에 관한 설명으로 적절하지 않은 것을 모두 고른 것은?

㉠ 지역의 도시화란 농촌이 도시의 외관과 기능을 닮아가는 것을 말하고, 개인의 도시화란 농촌사람이 도시사람의 생활패턴을 닮아가는 것을 말한다.
㉡ 도시의 복잡한 생활을 확실하게 제재할 수 있는 규정의 미비는 도시의 범죄율을 높이는 이유가 되고 있다.
㉢ 도시의 문화적 이질성과 갈등은 범죄유발요인이 되고 있다.
㉣ 도시의 자유로운 인간결합은 범죄행위의 확산을 촉진하고, 정당한 사회규범을 집단적으로 거부할 가능성을 제공한다.

① ㉠, ㉡　② ㉠, ㉣
③ ㉡, ㉢　④ ㉢, ㉣

해설 [×] ㉠ 일반적으로 도시화란 도시의 주변지역이 점차 도시권을 형성하여 도시 자체가 팽창하는 것을 말하고, 개인의 도시화란 개인이 도시로 전입하여 도시인으로 생활하게 되는 것을 말한다.
㉡ 도시의 범죄율이 높은 이유를 도시의 복잡한 생활을 제재하는 규정의 과다에서 찾는 것이 일반적이다.
[○] ㉢·㉣

정답 | ①

25

매스미디어와 범죄와의 관계에 대한 설명으로 옳지 않은 것을 모두 고른 것은?

㉠ 클레퍼(Klapper), 레윈(Lewon), 트래셔(Trasher) 등은 매스미디어가 폭력을 미화하고, 범죄수법을 자세히 묘사하여 직접적인 범죄유발요인이 된다고 주장하였다.
㉡ 슈람(Suhramn), 쿤칙(Kunczik) 등은 매스미디어가 건전한 정신발달을 저해하고, 범죄를 미화하는 가치관을 형성시킨다는 장기효과이론을 주장하였다.
㉢ 매스미디어의 강화작용이란 범죄행위의 시청으로 범죄에 대한 거부작용이 이전보다 더욱 강화된다는 것을 말한다.
㉣ 매스미디어의 습관성가설이란 범죄행위의 잦은 시청으로 범죄미화의 가치관이 형성되어 범죄를 저지르게 된다는 것을 말한다.

① ㉠, ㉡　② ㉠, ㉢　③ ㉡, ㉢　④ ㉢, ㉣

해설 [×] ㉠ 클레퍼(Klapper), 레윈(Lewon), 트래셔(Trasher) 등은 매스미디어가 사회적 환경의 일부에 불과하므로 범죄의 증가와 무관하다고 주장하였다. 매스미디어가 폭력을 미화하고, 범죄수법을 자세히 묘사하여 직접적인 범죄유발요인이 된다고 주장한 학자들은 캇츠(Katz), 버코비츠(Berkowitz), 윌슨(Wilson) 등이다.
㉢ 매스미디어의 강화 작용이란 범죄행위의 시청으로 이전의 범죄성향이 더욱 강화되는 것을 말하며, 매스미디어의 역기능에 해당한다.
[○] ㉡·㉣

정답 | ②

26

매스컴과 범죄의 관계에 관한 설명 중 옳지 않은 것은? 사법시험 12

① 자극성가설에 의하면 매스컴이 묘사하는 범죄실행장면이 모방심리를 자극함으로써 범죄를 유발한다고 한다.

② 카타르시스가설에 의하면 일반인들이 매스컴의 범죄장면을 보고 스스로 카타르시스를 얻기 위해 범죄행위에 나설 수 있기 때문에 매스컴이 범죄를 유발한다고 한다.

③ 습관성가설에 의하면 매스컴의 폭력장면에 장기적으로 노출되다 보면 폭력에 무감각해지고 범죄를 미화하는 가치관이 형성되므로 범죄가 유발된다고 본다.

④ 억제가설에 의하면 매스컴의 범죄묘사는 폭력피해에 대한 책임감과 보복에 대한 공포심을 불러일으켜 일반인들의 공격적 성향을 억제한다고 한다.

⑤ 텔레비전이 가족의 대화를 단절시키고 구성원을 고립시킴으로써 범죄를 유발한다는 주장도 제기된다.

해설 ② 카타르시스가설이란 시청자는 매스미디어에서 방영되는 폭력장면들을 보며 대리만족을 하게 되어 카타르시스를 경험함으로써 공격적 성향을 자제하게 된다는 이론이다.

정답 | ②

27

매스컴의 간접효과를 강조한 학자는?

① Katz ② Suhramn ③ Stanley

④ Trasher ⑤ Wilson

해설 ② 매스미디어의 간접효과(장기효과)란 매스미디어가 건전한 정신발달을 저해하고 범죄를 미화하여 범죄를 동경하도록 가치관을 변화시키거나, 폭력 등의 묘사에 대한 인상이 누적적으로 쌓여져 이에 대한 배출구를 필요로 하게 된다는 이론으로 슈람(Suhramn)·쿤칙(Kunczik) 등에 의해 주장되었다.

➤ 매스미디어의 단기효과와 장기효과

단기효과이론 (직접효과이론)	• 캇츠(Katz)·버코비츠(Berkowitz), 윌슨(Wilson) 등이 주장 • 매스미디어는 폭력을 미화하고, 범죄수법을 자세히 묘사하여 범죄에 대한 죄의식을 없게 하는 등 직접적인 범죄유발요인이 된다는 이론
장기효과이론 (간접효과이론)	• 슈람(Suhramn), 쿤칙(Kunczik) 등이 주장 • 매스미디어는 건전한 정신발달을 저해하고 범죄를 미화하여 범죄를 동경하도록 가치관을 변화시킴으로써 범죄에 대한 무비판적·무감각적 성향을 가지게 한다는 이론

정답 | ②

28

매스컴의 역기능으로 볼 수 없는 것은?

① 민감화 작용 ② 강화작용 ③ 모방효과 ④ 습관성 가설

해설 ① 매스컴이 범죄에 강한 역반응을 불러일으켜 범죄에 대한 모방을 거부하게 하고, 범죄자에 대한 사회적 비난을 가하게 하여 유시행동을 방지하게 하는 기능으로 매스컴의 순기능에 해당한다.
② 매스컴이 이전의 범죄성향을 더욱 강하게 한다는 것을 말한다.
③ 매스컴이 범죄성향을 모방하게 한다는 것을 말한다.
④ 매스컴이 범죄미화의 가치관을 형성시켜 범죄를 유발한다는 것을 말한다.

➤ 매스미디어의 순기능과 역기능

매스컴의 순기능	민감화 작용	범죄인의 비행을 폭로함으로써 사회적 비난이 가해져 유사행동 방지에 기여
	정화작용	범죄현상을 보도함으로써 사람들의 본능적 범죄충동을 정화하고 억제
	카타르시스 작용	폭력행위시청을 통한 대리만족으로 공격적 성향을 자제
	억제작용	범죄인의 불행한 결말을 보게 됨으로써 공포심이 유발되어 범죄접근을 자제
매스컴의 역기능	모방효과	범죄행위의 시청으로 유사 범죄행위를 저지름
	강화작용	범죄행위의 시청으로 이전의 범죄성향이 더욱 강화됨
	둔감화 작용	범죄행위의 잦은 시청으로 범죄에 둔감하게 되어 죄책감 없이 범죄를 저지름
	습관성 가설	범죄행위의 잦은 시청으로 범죄 미화의 가치관이 형성되어 범죄를 저지름

정답 | ①

29 ★

영화나 TV에서 폭력적인 장면이 시청자의 공격적 성향을 자제 또는 억제시킨다는 매스컴의 범죄 순기능을 강조하는 이론과 시청자에게 단기적 또는 장기적 범죄유발요인이 된다는 매스컴의 범죄 역기능을 강조하는 기능이 있다. 각 이론에 해당하는 것으로 옳게 묶인 것은? 사법시험 09

	범죄순기능이론	범죄역기능이론
①	자극성가설 – 억제가설	집단갈등가설 – 습관성가설
②	자극성가설 – 억제가설	카타르시스가설 – 문화갈등가설
③	카타르시스가설 – 억제가설	자극성가설 – 습관성가설
④	카타르시스가설 – 집단갈등가설	자극성가설 – 억제가설
⑤	자극성가설 – 습관성가설	억제가설 – 카타르시스가설

해설 ③ 카타르시스가설이란 시청자가 매스컴에서 방영되는 폭력장면들을 보며 대리만족을 하게 되어 공격적 성향을 자제하게 된다는 이론이며, 억제가설이란 범죄인의 불행한 결말을 보게 되어 범죄접근을 자제하게 된다는 이론이다. 자극성가설이란 매스컴이 폭력을 미화하고 범죄수법을 자세히 묘사하여 직접적인 범죄유발요인이 된다는 이론이며, 습관성가설이란 범죄행위의 잦은 시청으로 범죄미화의 가치관이 형성되어 범죄를 저지르게 된다는 이론이다.

정답 | ③

30

매스컴이 범죄인의 비행을 폭로하여 사회적 비난이 가해지도록 함으로써 유사행동 방지에 기여하였다면 이는 매스컴의 어떤 기능이라고 볼 수 있는가?

① 민감화작용
② 정화작용
③ 억제작용
④ 강화작용

해설 ②는 범죄현상의 보도로 사람들의 본능적 범죄충동을 정화하는 것을 말한다.
③은 범죄인의 불행한 결말을 보게 됨으로써 공포심이 유발되어 범죄접근을 자제하게 된다는 것을 말한다.
④는 범죄행위의 시청으로 이전의 범죄성향이 더욱 강화된다는 것을 말한다.

정답 | ①

박상민

JUSTICE 교정학

단원별 핵심천제

[형사정책편]

PART

02

범죄원인론 일반

CHAPTER

01 고전주의 범죄학

01 ★

범죄원인에 대한 고전학파이론이 대두된 배경을 적시한 것 중 틀린 것은 모두 몇 개인가?

6급승진 07

㉠ 인간의 본래적인 모습은 항상 기쁨을 극대화하고, 고통을 최소화하려는 경향을 갖는다.
㉡ 인간과 사회와의 관계는 계약관계이다.
㉢ 생물학, 물리학, 화학 등 자연과학의 발전이 배경이 되었다.
㉣ 행위를 통제할 수 있는 근본적인 도구는 고통에 의한 공포감이다.
㉤ 사회는 개인을 처벌할 수 있는 권리가 있으며, 이러한 권리는 형벌집행을 전담하는 국가기구에 위임될 수 있다.
㉥ 인간의 의지란 심리적으로 실재하는 것으로 인식되어야 한다.
㉦ 환경의 변화에 적응하는 생명체는 생존할 수 있다는 적자생존의 원칙이 제기되었다.

① 2개
② 3개
③ 4개
④ 5개

해설 [×] ㉢·㉦은 실증주의학파가 대두하게 된 시대적 배경에 해당한다.
[○] ㉠·㉡·㉣·㉤·㉥

정답 | ①

02

범죄학에 관한 고전주의와 실증주의에 대한 설명으로 옳지 않은 것은? 교정9급 24

① 고전주의는 형벌이 범죄결과의 정도에 상응하여야 한다고 주장한 반면, 실증주의는 부정기형과 사회 내 처우를 중요시하였다.

② 고전주의는 인간은 누구나 자유의지를 지닌 존재이기 때문에 평등하고, 범죄인이나 비범죄인은 본질적으로 다르지 않다고 인식하였다.

③ 19세기의 과학적 증거로 현상을 논증하려는 학문 사조는 실증주의 범죄학의 등장에 영향을 끼쳤다.

④ 실증주의는 적법절차모델(Due Process Model)에 바탕을 둔 합리적 형사사법제도 구축에 크게 기여하였다.

해설 ④ 적법절차모델(Due Process Model)의 기반은 실증주의가 아닌 고전주의며 처우 모델 중 정의모델이다. 이 모델은 기존의 의료모델이나 개선모델을 비판하고 공정한 처벌을 통하여 사법정의를 확보하고 동시에 범죄자의 인권보호를 위하여 적법절차를 중시하는 모델이다. 실증주의는 의사결정론에 기반한 의료모델(medical model)이나 개선모델(adjust model) 등에 영향을 주었다.

정답 | ④

03

고전주의 범죄학의 일반적 특징으로서 가장 옳지 않은 것은? 해경간부 24

① 범죄자 개인이 아니라 형법 및 형사사법 체계의 개혁에 초점을 두었다.

② 사람은 욕구충족이나 문제해결을 위한 방법으로 범죄를 선택할 수 있는 자유의지를 가지고 있다고 본다.

③ 범죄를 그것에 따른 위험과 이득을 합리적으로 계산하여 선택한 결과적 행위로 본다.

④ 법률이 공정하고 정의로운지 의문을 제기하고 법관의 법 해석상 자율권을 인정한다.

해설 ④ 법관의 재량권 인정을 거부하고 형법 적용의 도구로 보았다. 즉, 범죄에 대한 형벌은 법률로서만 정할 수 있고, 형사사건에서 법관은 형법을 해석할 권한이 없다.

정답 | ④

04

고전주의에 대한 설명으로 맞는 것은? 5급승진 07

① 관찰과 실험 ② 자유의지에 대한 믿음 ③ 자연과학의 발전
④ 통계의 활용 ⑤ 의사결정론

해설 ② 고전주의는 인간이 스스로의 행동을 규율하고 통제할 수 있는 자유의사를 가진 합리적 존재인 동시에 일탈할 잠재성을 지닌 존재라고 보고 있다(비결정론·성악설).
①·③·④·⑤는 실증주의에 관한 설명이다.

정답 | ②

05

고전주의의 토대를 이루는 사상적 배경으로 옳지 않은 것은 모두 몇 개인가?

㉠ 모든 인간은 항상 기쁨을 극대화하고, 고통을 최소화하려는 경향을 갖는다.
㉡ 인간은 합리적 존재인 동시에 일탈의 잠재성을 가진 존재이다.
㉢ 형벌이 인간의 행위를 통제하는 영향력은 크지 않다.
㉣ 사회는 개인을 처벌할 권리를 가지지 않는다.
㉤ 형벌은 잔혹해서는 아니 되며, 범죄의 예방적 기능을 할 정도로 합리적이어야 한다.
㉥ 범죄는 사회계약에 대한 위반이다.
㉦ 법률은 가능한 한 많을수록 좋다.
㉧ 형벌은 교화를 위해 사용되어서는 아니 된다.

① 2개 ② 3개 ③ 4개 ④ 5개

해설 [×] ㉢ 형벌은 인간의 의지가 행위를 통제하도록 영향력을 행사한다고 본다.
㉣ 사회는 개인을 처벌할 수 있는 권리가 있다고 본다.
㉦ 법률은 가능한 한 적은 것이 좋다고 본다.
[○] ㉠·㉡·㉤·㉥·㉧

고전학파의 사상적 기초 요약정리

- 모든 인간은 공리적이고 쾌락적이다.
- 인간은 자유의사를 가진 합리적 존재이다.
- 형벌은 인간의 의지가 행위를 통제하도록 영향력을 행사한다.
- 사회는 개인을 처벌할 권리가 있으며, 이런 권리는 형벌집행을 전담하는 국가기구에 위임될 수 있다.
- 형벌은 잔혹해서는 아니 되며, 범죄의 예방적 기능을 할 정도로 합리적이어야 한다.
- 금지행위에 대해서는 형법전에 의해 처벌체계가 구성되어야 한다.
- 범죄는 사회계약에 대한 위반이다.
- 형벌은 범죄로 침해받은 권익과 적절한 비율을 이루어야 하고, 형벌이 교화를 위해 사용되어서도 아니 된다.
- 형벌의 엄격성·확실성·신속성이 더 많이 보장될 때 범죄행위를 보다 잘 통제할 수 있다.
- 법률은 가능한 한 적은 것이 좋고, 그 실행은 적법절차에 의해 이루어져야 한다.

정답 | ②

06

고전주의 이론에 관한 설명 중 옳지 않은 것은? 사법시험 05

① 효과적인 범죄예방대책은 형벌을 부과하여 사람들로 하여금 범죄를 선택하지 못하게 하는 것이다.
② 범죄를 예방하기 위해서는 행위자의 특성을 고려한 형벌을 부과하여야 한다.
③ 미국 범죄사회학이론 중 억제이론(Deterrence Theory)의 이론적 기초가 되었다.
④ 베카리아(C. Beccaria)는 범죄를 처벌하는 것보다 범죄를 예방하는 것이 더욱 중요하다고 하였다.
⑤ 고전주의 이론가들이 관심을 둔 사항은 형벌제도의 개혁이었다.

해설 ② 고전주의는 범죄가 법익을 침해하는 정도에 따라 그에 비례하는 형벌이 부과되어야 한다는 죄형균형주의의 입장에 있으며, 형벌은 다른 사람이 범죄를 저지르지 않도록 예방하는 데 있다는 일반예방주의를 강조한다. 행위자의 특성에 따른 형벌부과는 실증주의 범죄이론의 특성이다.

정답 | ②

07 ★

다음은 고전주의학파와 실증주의학파에 관한 내용이다. 같은 학파에 해당하는 내용만으로 옳게 묶인 것은? 사법시험 09

㉠ 인간을 자유의사를 가진 이성적 존재로 보았다.
㉡ 계몽주의, 공리주의에 사상적 기초를 두었다.
㉢ 범죄와 형벌의 균형을 중요시 하였다.
㉣ 형벌을 보안처분으로 대체할 것을 주장하였다.
㉤ 인간행위보다 인간 자체에 초점을 두었다.

① ㉠, ㉡, ㉢
② ㉠, ㉡, ㉣
③ ㉠, ㉣, ㉤
④ ㉡, ㉢, ㉤
⑤ ㉢, ㉣, ㉤

해설 ㉠·㉡·㉢은 고전주의학파의 사상적 기초에 관한 설명이다.

정답 | ①

08

베카리아의 주장 또는 그의 사상에 관한 설명으로 옳지 않은 것은 모두 몇 개인가?

㉠ 형벌은 자유를 남용하는 사람들로부터 사회구성원 전체의 자유를 지키기 위해서 존재해야 한다.
㉡ 범죄에 합당한 형벌을 모색하기 위해서는 가능한 한 법관에게 많은 법 해석의 재량권이 주어져야 한다.
㉢ 범죄를 예방하기 위해서는 법을 문서로 확정하여야 한다.
㉣ 형벌이 그 목적을 달성하기 위하여는 형벌로 인한 고통이 범죄로부터 얻는 이익을 약간 넘어서는 정도가 되어야 한다고 주장하였다.
㉤ 사형은 일반예방에 필요한 한도를 넘으므로 불필요한 제도라고 보고, 사형폐지론을 주장하였다.
㉥ 「범죄와 형벌」을 통하여 당시의 형사사법제도를 비판하였다.
㉦ 잔혹한 형의 집행보다는 예외 없는 처벌이 범죄예방에 효과적이라고 주장하였다.
㉧ 인도주의적 입장에서 범죄자에 대한 사면을 적극 활용해야 한다고 주장하였다.
㉨ 범죄자와 피해자 사이에 계급의 차이가 있는 경우에는 배심원의 절반은 피해자 계급, 나머지 절반은 범죄자 계급으로 구성해야 한다고 주장하였다.

① 2개 ② 3개
③ 4개 ④ 5개

해설 [×] ㉡ 베카리아는 입법자는 판사가 이미 설정되어 있는 범위를 넘어 범죄자들에게 형벌을 부과할 수 없도록 입법해야 한다고 주장하였다(판사의 자의적 법해석 금지).
㉧ 베카리아는 형사제도의 무질서와 법에 대한 존중심을 훼손한다는 이유를 들어 사면을 반대하였다.
[○] ㉠·㉢·㉣·㉤·㉥·㉦·㉨

정답 | ①

09

베카리아(Beccaria)의 형벌이론에 대한 설명으로 옳지 않은 것은?

① 가혹한 형벌은 오히려 범죄를 유발한다고 하였다.
② 죄형법정주의를 주장하였다.
③ 1791년 프랑스 형법의 기초로 사용되었다.
④ 확실하고 신속한 형벌이 범죄억제효과가 크다고 하였다.
⑤ 사형도 사회계약에는 포함된다고 하였다.

해설 ⑤ 베카리아는 사형이 사회계약의 취지에 부합되지 않으므로 폐지되어야 한다고 주장하였다.

정답 | ⑤

10

베카리아(Beccaria)의 주장내용이라고 보기 어려운 것은?

① 형벌의 확실성과 일률성 확보를 위하여 형벌은 법률로 정해야 하며, 형벌의 정도는 범죄방지의 목적에 필요한 최소한도에 그쳐야 한다.

② 범죄는 상이한 정도의 해악을 나타내기 때문에 형벌의 엄격성도 다양하게 이루어져야 한다.

③ 형벌의 목적은 범죄인에게 고통을 주어 재범을 방지함에 있다.

④ 형벌과 범죄 사이에는 적절한 비례관계가 유지되어야 한다.

해설 ③ 베카리아는 형벌의 근본목적이 범죄인에게 고통을 주기 위한 것이 아니라, 사회 일반인이 범죄를 저지르지 않도록 예방하는 데 있다고 보았다(일반예방주의).

정답 | ③

11

다음 설명과 가장 관련이 깊은 학자는? 경행1차 23

> 형벌의 목적은 오직 범죄자가 시민들에게 새로운 해악을 입힐 가능성을 방지하고, 타인들이 유사한 행위를 할 가능성을 억제시키는 것이다. 따라서 형벌 및 형 집행의 수단은 범죄와 형벌 간의 비례관계를 유지하면서 인간의 정신에 가장 효과적이고 지속적인 인상을 만들어 내는 동시에, 수형자의 신체에는 가장 적은 고통을 주는 것이다.

① 베카리아(Beccaria) ② 롬브로소(Lombroso)

③ 쉘던(Sheldon) ④ 에이커스(Akers)

해설 ① 18C 고전학파의 선구자이자, 형법개혁운동의 개척자인 베카리아에 대한 설명이다. 베카리아의 기본 사고는 프랑스 구체제(앙시앙레짐)에 대한 비판이었으며 1764년 저서인 「범죄와 형벌」의 배경이 된 기본 사상은 프랑스의 휴머니즘과 스코틀랜드의 인간학이다.

베카리아(Beccaria)

- 모든 사회행위의 근저에는 공리적 가치가 있어야 한다는 공리주의 사회철학을 기초로 하면 범죄는 사회에 해를 끼치는 행위에만 국한해야 한다고 주장하였다.
- 사회계약설에 의해 사형제도의 폐지를 주장하였다.
- 신분에 따른 차별적 형법적용은 폐지되어야 하고 범죄와 형벌의 양은 균등해야 한다고 주장하였다.
- 처벌의 신속한 집행은 범죄예방에 효과가 있으며, 범죄행위는 처벌에 대한 두려움에 의해 억제될 수 있다고 주장하였다.
- 사형폐지, 고문금지와 더불어 범죄를 처벌하는 것보다 예방이 중요하다고 보았으며, 인간은 자신의 행동을 선택할 자유의지를 갖는다고 주장하였다.
- 형벌의 신분성은 배제되어야 한다고 주장하였다. 즉, 형벌의 목적이 사회에 대한 해악의 방지라면, 그것은 신분여하를 막론하고 적용되어야 한다는 것이다.

정답 | ①

12

베카리아(Beccaria)의 주장으로 옳지 않은 것은? 보호9급 24

① 형벌의 목적은 범죄를 억제하는 것이다.

② 범죄를 억제하는 효과를 높이기 위해서는 처벌의 신속성뿐만 아니라 처벌의 확실성도 필요하다.

③ 형벌이 그 목적을 달성하기 위해서는 형벌로 인한 고통이 범죄로부터 얻는 이익을 약간 넘어서는 정도가 되어야 한다.

④ 인도주의의 실천을 위하여 사형제도는 폐지되어야 하고 사면제도가 활용되어야 한다.

해설 ④ 베카리아(Beccaria)는 사형은 예방 목적의 필요한 한도를 넘는 불필요한 제도로서 폐지되어야 한다고 하고 사면제도의 폐지를 주장하였다.

정답 | ④

13

베카리아(Beccaria)가 「범죄와 형벌」에서 주장한 내용에 관한 설명 중 옳지 않은 것은? 사법시험 08

① 범죄와 형벌은 상당한 비례성이 있어야 한다.

② 일반예방 내지 범죄방지를 위해서는 국민이 이해하기 쉽도록 법률이 간결하고 명확해야 한다.

③ 범죄를 예방하기 위해서는 가혹한 처벌보다 신속하고 확실한 처벌이 더욱 효과적이다.

④ 사형을 폐지하고 구금형으로 대체해야 한다.

⑤ 배심원에 의한 평결을 배제하고, 법관의 합리적 판단을 존중해야 한다.

해설 ⑤ 베카리아는 재판은 대등하게 구성된 배심원에 의해 심리되어야 하며, 법관은 입법자가 아니므로 법률을 해석할 권한이 없다고 주장하였다.

정답 | ⑤

14

베카리아(Beccaria)의 사상에 관한 설명 중 옳지 않은 것은? 사법시험 13

① 형벌은 범죄에 비례하지 않으면 안 되며 법률에 의해 규정되어야 한다.

② 사형은 예방 목적의 필요한 한도를 넘는 불필요한 제도로서 폐지되어야 한다.

③ 처벌은 공개적이어야 하고 신속하며 필요한 것이어야 한다.

④ 범죄를 예방할 수 있는 가장 확실한 장치는 처벌의 가혹성에 있다.

⑤ 범죄와 처벌 사이의 시간적 간격이 짧을수록 범죄 예방에 더욱 효과적이다.

해설 ④ 베카리아는 엄격하고 잔혹한 형의 집행보다 확실하고 예외 없는 처벌이 범죄예방 효과 면에서 더욱 효율적이며, 형벌이 비록 관대하더라도 확실히 처벌될 가능성만 있다면 범죄는 그만큼 감소된다고 주장하였다. 즉 범죄를 효과적으로 억제하는 방법은 형벌의 가혹성이 아니라 형벌의 확실성에 있다고 보았다.

정답 | ④

15

다음 중 그 연결이 바르지 못한 것은?

① 베카리아(Baccaria) – 형벌의 계량화

② 벤담(J. Bentham) – 파놉티콘형 교도소 제안

③ 포이에르바하(Feuerbach) – 심리강제설

④ 프라이(E. Fry) – 여성수형자의 처우개선을 위한 영국부인회 조직

해설 ① 형벌의 계량화는 벤담이 주장한 것으로 그는 '행복지수계산법'이란 공식을 제안하여 범죄로 인한 이득·고통·완화상황 등을 계량화하고, 이를 상쇄하기에 적합한 형벌을 부과할 것을 주장하였다.

정답 | ①

16

벤담(J. Bentham)의 주장내용으로 옳지 않은 것은?

① 범죄행위는 생물학적 원인보다 사회적 원인에 더 좌우된다.

② 법은 범죄행위에 대한 응보가 아니라, 범죄행위의 예방으로 기능하여야 한다.

③ 죄와 형벌은 균형을 이루어야 한다.

④ 형벌은 일반예방목적에 의해 정당화 될 수 없다.

해설 ④ 벤담은 형벌이 일반예방목적에 의해 정당화될 수 있다고 보았다.

정답 | ④

17

형법학과 형사정책에 대한 설명으로 옳지 않은 것은? 보호7급 22

① 19세기 말 리스트(Liszt)는 '형법에서의 목적사상'을 주장하여 형이상학적 형법학이 아니라 현실과 연계된 새로운 형사정책 사상을 강조하였다.

② 형법학과 형사정책학은 상호의존적이며 동시에 상호제약적인 성격을 가지며, 리스트(Liszt)는 '형법은 형사정책의 극복할 수 없는 한계'라고 주장하였다.

③ 포이에르바흐(Feuerbach)는 형사정책을 '입법을 지도하는 국가적 예지'로 이해하고, 형사정책은 정책적 목적을 유지하기 위한 형법의 보조수단으로서 의미가 있다고 주장하였다.

④ 공리주의적 형벌목적을 강조한 벤담(Bentham)에 의하면, 형벌은 특별예방목적에 의해 정당화될 수 있고, 사회방위는 형벌의 부수적 목적에 지나지 않는다.

해설 ④ 공리주의를 주장한 벤담은 최대다수의 최대행복의 원리를 바탕으로 범죄를 설명하면서, 처벌의 비례성과 형벌의 일반예방을 통해 성취될 수 있는 최대다수의 행복을 강조하였으며, 범죄를 공동체에 대한 해악으로 간주하고, 형벌은 응보의 목적보다는 예방을 목적으로 행사되어야 한다는 입장이었다.

정답 | ④

18

벤담(J. Bentham)이 제시하였던 이른바 '정당화될 수 없는 형벌'이 아닌 것은?

① 근거 없는 형벌
② 신체적 고통을 주는 형벌
③ 고가(高價)의 형벌
④ 불필요한 형벌

해설 벤담은 형벌을 인위적인 고통이라고 보고, 그보다 더 큰 해악의 제거가 보증될 때 형벌이 정당화 될 수 있다고 보았으며, 정당화 될 수 없는 형벌로 ①·③·④ 외에 유효성이 없는 형벌을 제시하였다.

➤ 벤담이 제시한 정당화 될 수 없는 형벌의 종류

근거 없는 형벌	범죄행위 자체에 해악성이 없는 경우
실효성이 없는 형벌	형벌에 의해서도 범죄행위를 저지할 수 없는 경우
고가(高價)의 형벌	형벌의 해악이 범죄의 해악을 넘어서는 경우
불필요한 형벌	다른 방법으로 범죄방지가 가능한 경우

정답 | ②

19

벤담(J. Bentham)의 주장내용이 아닌 것을 모두 고른 것은?

㉠ 고대 그리스의 쾌락주의 윤리관에 사상적 기초를 두고 있다.
㉡ 범죄는 형법의 불완전이 아니라 범죄인을 생성하는 사회의 불완전에서 비롯된 것이므로 형법개정이 해법이 될 수 없다.
㉢ 형벌은 그보다 더 큰 해악의 제거가 보증될 때에만 정당화 될 수 있다.
㉣ 범죄예방을 위해 필요하다면 아무리 많은 비용이라도 감수해야 한다.
㉤ 그 동기의 결과가 타인에게 해악을 끼치는 것이 아니라면 쾌락추구나 고통회피라는 동기도 나쁜 것만은 아니다.

① ㉠, ㉡
② ㉠, ㉢
③ ㉡, ㉣
④ ㉣, ㉤

해설 [×] ㉡ 벤담은 1789년 그의 저서 「도덕과 입법의 원칙」을 통해 법의 목적은 사회공유의 행복을 창조하고 보장해 주는 것이라고 주장하고, 범죄는 형법의 불완전에서 비롯된 것이므로 범죄 없는 사회의 실현을 위해서는 무엇보다 형법개정이 필요하다고 주장하였다.
㉣ 범죄예방에는 가능한 한 적은 비용을 사용해야 한다고 주장하였다.
[○] ㉠·㉢·㉤

정답 | ③

20

벤담(Bentham)의 주장에 관한 설명 중 옳지 않은 것은? 사법시험 15

① 법의 목적은 최대다수의 최대행복을 보장하는 것이라고 주장하였다.
② 형벌은 범죄자의 재사회화를 목표로 하는 특별예방에 주된 목적이 있다고 보아 형벌대용물사상을 주장하였다.
③ 최소비용으로 최대의 감시효과를 거둘 수 있는 파놉티콘(Panopticon)이라는 감옥 형태를 구상하였다.
④ 범죄자에 대한 적개심에 따라 강도가 달라질 수 있는 채찍질처럼, 감정에 따라 불공정하게 형벌이 부과되는 것을 경계하였다.
⑤ 범죄를 상상(관념)적 범죄와 실제적 범죄로 구별하려고 하였다.

해설 ② 형벌대용물사상을 주장한 사람은 페리(Ferri)이다.

정답 | ②

21

다음은 벤담(Bentham)의 주장을 소개한 것이다. 괄호 안에 들어갈 말을 모두 올바르게 고른 것은? 사법시험 10

> 법의 목적은 최대 다수의 최대 행복을 보장하여 주는 것이고, 형벌부과의 목적은 (A)이며, 이를 위해 가장 적은 비용을 사용해야 한다고 보았다. 그리고 범죄로 인한 이익, 고통 등을 고려하여 적절한 형벌이 부과되도록 형벌을 (B)해야 한다고 주장하였다. 범죄란 악을 낳는 것, 즉 (C)이어야 한다고 보면서 그렇지 아니한 관념적(상상적) 범죄와 엄격히 구별하였다. 또한 최소 비용으로 최대의 감시효과를 거둘 수 있는 (D)이라는 감옥형태를 구상하였다.

㉠ 응보	㉡ 범죄예방	㉢ 다양화
㉣ 계량화	㉤ 실제적 범죄	㉥ 형식적 범죄
㉦ 파놉티콘	㉧ 파빌리온	

	A	B	C	D
①	㉠	㉣	㉤	㉦
②	㉡	㉣	㉥	㉧
③	㉠	㉢	㉥	㉦
④	㉡	㉣	㉤	㉦
⑤	㉠	㉢	㉤	㉧

정답 | ④

22

포이에르바하(Feuerbach)의 형사법사상으로 보기 어려운 것은?

① 칸트의 관념철학과 자연법론이 사상적 토대를 이루고 있다.
② 심리적 강제를 통해 범죄를 방지해야 한다는 이른바 '심리강제설'을 주장하였다.
③ 형벌의 일반예방적 기능을 위하여 엄격한 형벌의 필요성을 주장하였다.
④ 형사정책이라는 용어를 최초로 사용하였다

해설 ③ 포이에르바하는 '법률 없이는 형벌 없다'는 죄형법정주의를 주장하고, 국가의 자의적 형벌권행사와 잔혹한 형벌 집행을 비판하였다.

정답 | ③

23

자신의 저서 「입법과 영아살해」를 통해 사생아 방지를 위한 미혼모 처벌규정이 사생아를 방지하는 것이 아니라, 오히려 영아살해의 기회를 제공한다고 보고, 범죄방지의 비결은 엄한 법규에 있는 것이 아니라, 인간애에 기초한 민심의 순화에 있다고 주장한 사람은?

① 페스탈로치(J.H. Pestalozzi)
② 벤담(J. Bentham)
③ 포이에르바하(L. Feuerbach)
④ 존 하워드(J. Howard)

해설 ① 페스탈로치는 제도를 통한 금지보다는 내부적인 교육이 범죄방지에 효과적이라고 보고, 특히 범죄예방을 위한 사회교육의 중요성을 강조하였다.

정답 | ①

24

비인도적 행형실태를 비판하고 감옥개량운동을 전개한 사람은?

① 베카리아(C. Beccaria)
② 존 하워드(J. Howard)
③ 리차드 위스타(R. Wister)
④ 클리포드 쇼(C. Shaw)

해설 ② 영국의 존 하워드는 5차례에 걸쳐 유럽의 300여 감옥을 직접 살펴보고, 자기가 체험한 것을 기초로 1777년 그의 저서 「감옥상태론」을 통해 수형자의 인권보장과 건강유지, 연령층과 성별에 따른 분리수용, 통풍과 채광이 잘되는 구금시설 확보, 교도소 내의 노동조건 개선을 주장하는 등 감옥개량운동을 전개하였다.

정답 | ②

25 ★

존 하워드(J. Howard)가 감옥개량을 위해 주장한 내용과 가장 거리가 먼 것은?

① 감옥은 징벌장소가 아닌 개선장소로 기능하여야 한다.
② 수형자는 야간에는 독거수용하여야 하며, 상호 간의 접촉은 차단되어야 한다.
③ 수형자에게는 어떠한 경우에도 강제노동을 부과할 수 없다.
④ 감옥에는 반드시 종교시설을 갖추어야 한다.

해설 ③ 하워드는 범죄원인의 대부분이 음주와 나태에서 비롯된다고 보고 수형자에게 적절한 노동을 부과해야 한다고 주장하였다. 즉 하워드는 강제노동의 필요성을 인정하였다.

존 하워드의 감옥개혁을 위한 주장

- 감옥은 안전하고 위생적이어야 하므로 계곡이나 강 근처에 건축할 것
- 과밀수용의 금지 및 분리수용
- 수형자 상호 간의 접촉차단 및 야간 독거수용
- 수형성적에 따른 형기단축제도를 도입하여 수형자의 자력개선을 촉진할 것
- 범죄는 음주와 나태에서 비롯되므로 이를 방지하기 위하여 수형자에게 적절한 노동을 부과할 것
- 감옥 내에 교회당을 설치하고, 성서나 기도서를 비치할 것
- 교회사들은 수형자와의 면담을 통해 탈선자를 훈계하고, 환자를 위로하며, 신의 섭리와 자비를 깨우치도록 할 것
- 훌륭한 관리자의 선임과 교도관의 독직행위 금지
- 교도관을 공적으로 임명하고, 충분한 보수를 지급하며, 교회당에 참석시킬 것
- 감옥의 관리자나 교도관은 국가로부터 봉급을 받는 일종의 공무원으로 전환할 것
- 의회나 행정당국은 감옥의 시찰관을 선임하고, 시찰관은 일주일에 한 번씩 요일을 바꾸어 감옥을 시찰할 것
- 시찰관은 무보수의 명예직으로 할 것

정답 | ③

26

감옥개량운동을 전개한 존 하워드(J. Howard)의 주장이 아닌 것은? 9급특채 07

① 수형자의 인권보장과 건강을 유지시켜야 한다.

② 수형자의 연령층과 성별에 따라서 분리수용하여야 한다.

③ 통풍과 채광이 잘되는 구금시설을 확보하고, 교도소 내의 노동조건을 개선시켜야 한다.

④ 수형자는 사회성을 유지하기 위하여 혼거하여야 한다.

해설 ④ 존 하워드는 독거제를 실시할 것과 상호 간의 접촉을 차단할 것을 주장하였다.

정답 | ④

27

범죄학자의 저서 및 주장내용을 바르게 연결한 것은? 교정9급 10

㉠ 감옥개량운동의 선구자로 감옥개혁을 주장하였다. ㉡ 범죄와 형벌 사이에는 비례성이 있어야 한다. ㉢ 감옥은 단순한 징벌장소가 아닌 개선장소가 되어야 한다. ㉣ 자연범설을 주장하면서 적응의 법칙을 강조하였다. ㉤ 범죄예방의 가장 좋은 방법의 하나는 잔혹한 형의 집행보다 확실하고 예외 없는 처벌이다. ㉥ 사형집행으로 죽는 죄수보다 감옥 내 질병으로 죽는 죄수가 많다는 것은 곤란한 일이다. ㉦ 근대범죄학의 아버지로 불리며 생래적 범죄인설을 주장하였다. ㉧ 잔혹한 누범자에 대하여 사형을 인정하였다.

① 베카리아(Beccaria) – 범죄와 형벌 – ㉡, ㉢, ㉤

② 하워드(Howard) – 감옥의 상태 – ㉠, ㉢, ㉥

③ 가로팔로(Garofalo) – 범죄사회학 – ㉡, ㉣, ㉥

④ 롬브로조 – 범죄인론 – ㉢, ㉦, ㉧

해설 ② 하워드는 자신의 저서 「감옥의 상태」를 통해 ㉠·㉢·㉥을 주장하였다. ㉡은 베카리아, ㉣은 가로팔로, ㉤은 베카리아, ㉦·㉧은 롬브로조의 주장내용이다.

정답 | ②

28

고전학파의 감옥개량에 관한 사상이나 노력으로 옳지 않은 것은?

① 하워드는 감옥의 시찰관은 국가로부터 지급받는 보수 외에 어떤 사적 이익도 받아서는 안 된다고 주장하였다.

② 프라이는 '뉴게이트 여성향상협회'를 조직하여 여성수형자의 처우개선을 위해 노력하였다.

③ 프라이는 중노동이 수형자의 개선을 위한 적절한 수단이라고 보았다.

④ 미국의 감옥개량운동은 종교적 사회단체에 의해 주도되었다.

해설 ① 하워드는 감옥을 시찰하는 관리는 국가나 단체로부터 어떤 보수도 받아서는 아니 되는 무보수의 명예직이어야 한다고 주장하였다.

정답 | ①

29

벤담(J. Bentham)의 감옥개량에 관한 주장과 가장 거리가 먼 것은?

① 감옥의 중요한 기능은 수형자의 상호접촉 금지와 범죄감염 예방이라고 보았다.

② 가장 이상적인 감옥형태로 '파놉티콘형'을 제안하였다.

③ 야간에는 한 감옥에 8명씩 거처하는 것이 바람직하다고 보았다.

④ 감옥운영은 정부의 간섭하에 놓여야 하며, 시장메커니즘에 맡겨서는 안 된다고 주장하였다.

해설 ④ 벤담은 감옥운영에 있어 정부의 간섭을 배제하고, 시장메커니즘에 맡겨 운영하는 이른바 도급제식 경영방식을 주장하였다.

정답 | ④

30 ★

다음은 고전학파 범죄이론에 대한 평가이다. 옳지 않은 것만으로 묶인 것은?

> ㉠ 인본주의를 바탕으로 합목적적인 형사사법제도의 토대를 구축하였다.
> ㉡ 일반예방주의 개념을 제공하였다.
> ㉢ 사실적 탐구를 통한 범죄원인 분석에 치중하였으며, 이론의 현실성 면에서 탁월하다.
> ㉣ 법의 획일적인 집행을 지양하고, 법률의 공정성과 정의성을 강조하였다.

① ㉠, ㉡　　② ㉡, ㉢
③ ㉠, ㉣　　④ ㉢, ㉣

해설 [×] ㉢ 고전학파는 범죄원인에 대한 사실적 탐구를 등한시 하였으며, 이론이 지나치게 사변적이고 비현실적이라는 비판이 있다.
㉣ 고전학파는 사회의 불공정성을 고려하지 않는 사회계약론에 근거하고 있으므로 법률의 공정성과 정의성을 문제삼지 않고, 법의 획일적인 집행만을 강조하였다.
[○] ㉠·㉡

➤ **고전학파의 평가**

공헌	• 인본주의를 바탕으로 합목적적인 형사사법제도의 토대를 구축 • 범죄행위를 신의 영역에서 현실세계로 전환시켜 과학적 범죄학의 출발을 가능하게 함 • 일반예방주의 개념을 제공 • 처벌의 자의성과 가혹성을 비판하고 처벌의 형평성을 중시
비판	• 범죄의 외부적 영향에 대한 고려가 미흡 • 범죄원인에 대한 사실적 탐구가 부족했으며, 이론 자체가 다분히 사변적이고 비현실적 • 형사사법행정의 능률성만 강조할 뿐 개별화된 형사사법정의 구현에는 소홀 • 판사의 자유재량과 부정기형을 제한하는 형벌규정은 판사를 형사사법행정의 도구로 전락시킴 • 인간행위의 동기를 지나치게 단순하게 파악 • 신속하고 확실한 처벌이 범죄를 억제한다는 주장에 대한 경험적 연구의 부족

정답 | ④

31

베까리아(C. Becaria)의 형사사법제도 개혁에 대한 주장으로 옳지 않은 것만을 모두 고르면?

교정7급 19

> ㉠ 형벌은 성문의 법률에 의해 규정되어야 하고, 법조문은 누구나 알 수 있게 쉬운 말로 작성되어야 한다.
> ㉡ 범죄는 사회에 대한 침해이며, 침해의 정도와 형벌 간에는 적절한 비례관계가 유지되어야 한다.
> ㉢ 처벌의 공정성과 확실성이 요구되며, 범죄행위와 처벌 간의 시간적 근접성은 중요하지 않다.
> ㉣ 형벌의 목적은 범죄예방을 통한 사회안전의 확보가 아니라 범죄자에 대한 엄중한 처벌에 있다.

① ㉠, ㉡ ② ㉠, ㉣ ③ ㉡, ㉢ ④ ㉢, ㉣

해설 ㉢ 형벌은 범죄 후 신속하게 과해질수록 그것이 정당하고 유용하므로 미결구금은 가능한 한 단축되어야 하며 그 참혹성은 완화시켜야 한다. 처벌이 신속할수록 사람들의 마음속에서 범죄와 처벌이란 두 가지 생각 간의 관계가 더욱 공고해지고 지속될 수 있기 때문이다.

㉣ 죄는 처벌하는 것보다 범죄를 예방하는 것이 더욱 바람직하다. 형벌의 근본 목적은 범죄인을 괴롭히는 것이 아니라 범죄인이 또 다시 사회에 해를 끼치지 않도록, 또 다른 사람이 범죄를 저지르지 않도록 예방하는 것이다.

정답 | ④

32

〈보기 1〉에 제시된 설명과 〈보기 2〉에 제시된 학자를 옳게 짝지은 것은? 교정9급 18

> <보기1>
> ㉠ 감옥개량의 선구자로 인도적인 감옥개혁을 주장하였다.
> ㉡ 「범죄와 형벌」을 집필하고 죄형법정주의를 강조하였다.
> ㉢ 파놉티콘(Panopticon)이라는 감옥형태를 구상하였다.
> ㉣ 범죄포화의 법칙을 주장하였다.

> <보기2>
> A. 베까리아(Beccaria) B. 하워드(Howard)
> C. 벤담(Bentham) D. 페리(Ferri)

	㉠	㉡	㉢	㉣
①	A	B	C	D
②	C	A	B	D
③	B	A	C	D
④	B	A	D	C

해설 ㉠ 존 하워드, ㉡ 베까리아, ㉢ 벤담, ㉣ 페리

정답 | ③

33

범죄원인론 중 고전주의학파에 대한 설명으로 옳은 것만을 모두 고르면? 교정9급 19

ㄱ 인간은 자유의사를 가진 합리적인 존재이다.
ㄴ 인간은 처벌에 대한 두려움 때문에 범죄를 선택하는 것이 억제된다.
ㄷ 범죄는 주로 생물학적·심리학적·환경적 원인에 의해 일어난다.
ㄹ 범죄를 효과적으로 제지하기 위해서는 처벌이 엄격·확실하고, 집행이 신속해야 한다.
ㅁ 인간에 대한 과학적 분석을 통해 범죄원인을 규명하고자 하였다.

① ㄱ, ㄴ, ㄷ
② ㄱ, ㄴ, ㄹ
③ ㄴ, ㄷ, ㄹ
④ ㄷ, ㄹ, ㅁ

해설 ㄱ·ㄴ·ㄹ 고전주의학파의 견해
ㄷ·ㅁ 실증주의학파의 견해

➤ 고전학파와 실증학파 비교

구분	고전학파	실증학파
전제	비결정론	결정론
범죄원인	자유의사	사회적·심리적·신체적 요인
관점	범죄행위	범죄자
수단	사법제도	과학적인 방법
목적	일반예방	특별예방

정답 | ②

34

범죄 문제에 대한 고전학파의 특징에 대비되는 실증주의 학파의 특징으로 옳지 않은 것은? 교정7급 19

① 범죄행위를 연구하는데 있어서 경험적이고 과학적인 접근을 강조한다.
② 범죄행위는 인간이 통제할 수 없는 영향력에 의해서 결정된다고 주장한다.
③ 범죄행위의 사회적 책임보다는 위법행위를 한 개인의 책임을 강조한다.
④ 범죄행위를 유발하는 범죄원인을 제거하는 것이 범죄통제에 효과적이라고 본다.

해설 ③ 고전학파의 범죄는 자유의지(이성)에 따른 범죄행위기에 개인에 대한 책임 및 처벌을 강조한다. 그에 비해서 실증학파는 개인은 소질이나 환경에 의해서 어쩔 수 없이 범죄를 저지를 수밖에 없는 존재(의사결정론)로 생각하기에, 개인의 책임보다는 사회적 책임을 강조한다.

정답 | ③

35

고전학파 범죄이론에 대한 설명으로 옳지 않은 것은? 보호7급 21

① 사회계약설에 입각한 성문형법전의 제정이 필요하다고 주장하였다.
② 파놉티콘(Panopticon) 교도소를 구상하여 이상적인 교도행정을 추구하였다.
③ 인간의 합리적인 이성을 신뢰하지 않고 범죄원인을 개인의 소질과 환경에 있다고 하는 결정론을 주장하였다.
④ 심리에 미치는 강제로서 형벌을 부과해야 한다고 하는 심리강제설을 주장하였다.

해설 ③ 실증주의학파의 내용이다.
① 사회계약설, 죄형법정주의는 고전학파의 내용에 해당한다.
② 벤담(Bentham)은 파놉티콘형 감옥형태를 구상하였다.
④ 포이에르바하(Feuerbach)는 심리강제설을 주장하였다.

정답 | ③

36

억제이론에 대한 설명으로 가장 옳지 않은 것은? 해경간부 24

① 억제이론은 처벌의 신속성, 확실성, 엄격성의 효과를 강조한다.
② 형벌의 특수적 억제효과란 범죄를 저지른 사람에 대한 처벌이 일반시민들로 하여금 처벌에 대한 두려움을 불러일으켜서 결과적으로 범죄가 억제되는 효과를 말한다.
③ 범죄자에 대한 처벌의 억제효과는 범죄자의 자기통제력 수준에 따라 달라질 수 있다.
④ 억제이론의 기초가 되는 것은 인간의 공리주의적 합리성이다.

해설 ② 형벌의 일반적 억제효과란 범죄를 저지른 사람에 대한 처벌이 일반시민들로 하여금 처벌에 대한 두려움을 불러일으켜서 결과적으로 범죄가 억제되는 효과를 말한다.

➤ 억제이론

예방	일반예방	특정법 위반자에 대한 처벌이 일반대중의 법위반 방지
	특별예방	처벌받은 범죄자의 법률위반을 줄이는 과정
억제효과	확실성	범죄의 결과로 처벌을 경험할 가능성 내지는 확률
	엄중성	벌금의 양이나 형기와 같은 형벌의 정도 내지는 강도
	신속성	범죄행위와 처벌경험의 시간적 간격

정답 | ②

37

범죄학의 발전과정을 시간 순서대로 나열한 것 중 가장 적절한 것은? 경찰간부 24

㉠ 계몽주의와 고전학파	㉡ 도시생태와 시카고학파
㉢ 과학적 탐구와 실증학파	㉣ 신고전주의 범죄학
㉤ 비판주의 범죄학	

① ㉠－㉢－㉡－㉤－㉣
② ㉢－㉠－㉡－㉤－㉣
③ ㉠－㉢－㉡－㉣－㉤
④ ㉠－㉢－㉤－㉡－㉣

해설 ① 범죄학의 발전과정은 ㉠－㉢－㉡－㉤－㉣ 순이다.

㉠ 고전학파 : 18C 중반, 초자연주의적인 중세의 형사사법의 자의적 집행과 잔혹한 처벌에 대한 반성을 계기로 출발하였다.

㉢ 실증학파 : 19세기 자연과학의 발전이 이루어졌고, 인간(행위)에 대한 과학적 탐구의 필요성으로 철학적 논의가 아닌 객관적인 증거와 관찰을 통한 연구를 주장하며 범죄의 원인도 인간 행위에 대한 체계적인 연구로 해결이 가능하다고 보았다.

㉡ 시카고학파 : 1920~1930년대 미국 시카고 대학의 범죄사회학파로 시카고 지역의 범죄 원인을 규명하였다.

㉤ 비판범죄학 : 1960~1970년대 유럽과 미국의 정치적 위기와 저항적 사회운동에서 학문발전, 일탈의 문제를 자본주의 사회의 모순에 대한 총체적 해명 속에서 이해하고자 하였다.

㉣ 신고전주의 범죄학(현대고전주의) : 1970년대 후반 실증주의 범죄학의 효과에 대한 비판적 시각으로 발전하였다.

정답 | ①

CHAPTER 02 실증주의 범죄학

01

실증주의 범죄이론의 시대적 배경이라고 보기 어려운 것은?

① 자연과학의 비약적 발전
② 산업화와 도시화의 형성
③ 다윈의 진화론
④ 인도주의사상의 사회적 만연

해설 ④는 고전학파의 사상적 배경에 해당한다.

정답 | ④

02

실증주의 범죄학파에 관한 설명으로 가장 적절하지 않은 것은? 경행 22

① 범죄행위보다는 범죄자 개인에게 중점을 두어 범죄요인을 제거하는 것이 범죄통제에 효과적이라고 보았다.
② 야만적인 형사사법제도를 개편하여 효율적인 범죄예방을 위한 형벌제도 개혁에 힘썼다.
③ 범죄의 원인 규명과 해결을 위해서 과학적 연구방법의 중요성을 강조하였다.
④ 학문적 지식은 이상 또는 신념에 의해 습득되는 것이 아니라, 직접적인 관찰을 통해서 얻어진다고 보았다.

해설 ② 야만적 시대에 과거의 야만적인 형사사법제도를 개편하여 효율적인 범죄예방을 위한 형벌제도 개혁에 힘쓴 것은 고전주의 범죄학파이다. 고전학파는 합리적인 형사사법제도를 통해 범죄자의 형벌로 인한 고통이 범죄로 인한 이익보다 크도록 하였을 때 범죄행위들이 억제될 수 있다고 본다. 고전학파는 범죄에 상응하는 일정한 형벌이 존재하고 엄중하게 집행된다면 범죄가 예방될 수 있다는 형이상학적 관념으로 법과 제도의 개혁에 관심을 기울였다.

정답 | ②

03 ★

다음은 실증주의학파의 사상적 배경이다. 옳지 않은 것만으로 묶인 것은?

> ㉠ 범죄행위나 범죄인보다는 인간의 권리보장이나 범죄예방과 같은 법적 또는 제도적 문제에 연구의 초점을 두었다.
> ㉡ 인간행위는 소질에 의해서 결정되며, 사회적 요인은 거의 영향을 미치지 않는다고 보았다.
> ㉢ 고전주의가 인간의 자유의지를 강조했다면, 실증주의는 인간행동에 대해 결정론적 시각으로 접근하였다.
> ㉣ 고전학파가 인도주의적이라면, 실증주의는 과학적이라고 볼 수 있다.

① ㉠, ㉡ ② ㉡, ㉢
③ ㉠, ㉣ ④ ㉢, ㉣

해설 [×] ㉠ 실증주의학파는 인간의 권리보장이나 범죄예방과 같은 법적 또는 제도적 문제 대신에 범죄행위 자체 또는 범죄인에게 중점을 두었다.
㉡ 인간행위는 소질뿐만 아니라, 외부적 요인에 의해서도 통제되고 결정된다고 보았다.
[○] ㉢·㉣

실증주의학파의 사상적 기초 요약정리
- 법적 또는 제도적인 문제 대신에 범죄행위 자체의 성격과 범죄인에게 초점을 맞춘 과학적 연구방법을 사용하였다.
- 인간행위는 주로 소질 또는 경제·사회·물리적 환경 등 외부적 요인에 의해 통제되고 결정된다.
- 범죄인은 비범죄인과 본질적으로 다르므로 처벌이 아니라, 처우(교화개선)를 하여야 한다.
- 인간행동에 대해 결정론적 시각으로 접근하였다.
- 고전학파가 인도적이라면 실증주의는 과학적이다.
- 고전학파가 범죄행위 자체에 관심을 가졌다면 실증주의는 개별 범죄자에게 관심을 가졌다.

정답 | ①

04

실증주의 범죄이론가들의 주장과 가장 거리가 먼 것은?

① 범죄인에 대한 처벌보다 처우를 강조 ② 형사처분의 다양화
③ 범죄와 형벌 사이의 균형 강조 ④ 환경과 소질에 따른 범죄원인의 분석

해설 ③은 고전학파의 주장이다. 고전학파의 태두인 베카리아(C. Beccaria)는 형벌의 양은 사회의 평화와 안전을 보존하기 위해서 필요한 정도를 넘어서는 아니 되며, 범죄가 사회에 미치는 해악을 상쇄할 정도의 형벌만을 부과할 것을 주장하여 범죄와 형벌의 균형을 강조하였다.

정답 | ③

05

실증주의 범죄학파의 기본입장에 대한 설명으로 가장 적절한 것은? 경찰간부 23

① 인간을 자유로운 의사에 따라 합리적으로 결정하여 행동할 수 있는 이성적 존재로 인식한다.

② 합의의 결과물인 실정법에 반하는 행위를 범죄로 규정하고, 범죄에 상응하는 제재(처벌)를 부과하여야 한다고 본다.

③ 일반시민에 대한 형벌의 위하효과를 통해 범죄예방을 추구한다.

④ 인간의 행동은 개인적 기질과 다양한 환경요인에 의하여 통제되고 결정된다고 본다.

해설 ④ 실증주의 학파는 인간은 이성적 판단에 따라 행동하는 자율적 존재가 아닌 인간의 행위는 이미 결정된 대로 행동하는 것으로 보는 입장으로, 인간의 행위는 개인의 개별적 소질과 그 주변의 환경에 따라 결정된다고 보았다.

① 실증주의 학파의 의사결정론에 따르면 인간의 사고나 판단은 이미 결정된 행위 과정을 정당화하는 것에 불과하므로 자신의 사고나 판단에 따라 자유롭게 행위를 선택할 수 없다고 본다. 설문은 고전학파의 의사자유론에 대한 설명이다.

② 실증주의 학파는 인간에 대한 과학적 분석을 통해 범죄원인을 규명하고자 하였으며, 범죄원인을 규명해서 범죄자에 따라 형벌의 개별화를 해야 한다고 주장하였다. 설문은 고전학파에 대한 설명이다.

③ 실증주의 학파는 범죄행위를 유발하는 범죄원인을 제거하는 것이 범죄통제에 효과적이라고 보며, 법·제도적 문제 대신에 범죄인의 개선 자체에 중점을 둔 교정이 있어야 범죄예방이 가능하다고 본다. 설문은 고전학파에 대한 설명이다.

정답 | ④

06

롬브로조(C. Lombroso)의 범죄이론에 관한 설명으로 옳지 않은 것은?

① 세대의 진행에 따라 신체적·정신적 조건이 퇴화한다는 프랑스의 정신의학자 모렐(Morel)의 '변질이론'에 격세유전이론을 결합하여 생래적 범죄인론을 주장하였다.

② 생래적 범죄인은 격세유전을 통해 범죄를 저지를 운명을 지닌 사람이기 때문에 예방이나 교정이 불가능하다고 보았으며, 초범이라도 무기형에 처해야 한다고 주장하였다.

③ 렌츠(A. Lenz), 젤리히(E. Seeling), 크레취머(E. Kretschmer) 등 독일·오스트리아학파와 로렝(Laurent), 마스네(Massenet) 등의 리용학파도 실증적 조사를 통해 소질적 요인에 의한 범죄원인을 확인하고, 롬브로조의 주장을 지지하였다.

④ 영국의 고링(C. Goring)은 누범자 3,000명을 대상으로 조사한 결과 격정범·우발범과 누범 사이에 형태상 차이는 없으며, 범죄자에 특유한 정형성은 찾을 수 없다고 주장함으로써 롬브로조의 이론을 반박하였다.

해설 ③ 렌츠(A. Lenz)·젤리히(E. Seeling)·크레취머(E. Kretschmer)등 독일·오스트리아학파는 신롬브로조학파를 형성하여 범죄생물학적 접근을 시도하는 등 롬브로조의 주장을 지지하였으나, 로렝(Laurent)·마스네(Massenet) 등의 리용학파는 실증적 조사를 통하여 소질적 요인에 의해 범죄자로 되는지의 여부는 과학적으로 검증이 불가능하며, 소질보다는 환경이 범죄인에게 영향을 미치는 요소라고 주장하는 등 롬브로조의 이론을 반박하였다.

정답 | ③

07

롬브로조의 이론에 대한 설명으로 관계없는 것은?

① 비행을 인간관계의 갈등의 결과로 보는 견해이다.

② 범죄자는 원시인에 유사하며, 이들은 격세유전에 의하여 출생한다.

③ 범죄자의 두개골과 신체 각 부위를 측정했다.

④ 생래적 범죄인과 신체적 특징과의 관계에 주목하였다.

해설 ①은 미국 범죄사회학파의 주장이다.

②·③·④ 실증주의학파의 대표적 학자인 롬브로조는 이탈리아 죄수들의 신체적 특징을 군인들과 비교·관찰하여 범죄자들의 타고난 생물학적 퇴행성 또는 격세유전적 특징이 이들의 행위에 중요한 영향을 미친다는 것을 발견하고, 생래적 범죄인론을 주장하였다.

정답 | ①

08

롬브로조(C. Lombroso)의 범죄이론과 부합하지 않는 것은?

① 생래적 범죄인은 원시인의 체격과 정신능력을 가지고 있으므로 시민사회에 적응하기 어렵다고 보았다.

② 생래적 범죄인의 신체적 특징으로 체모의 부족, 긴 팔, 예민한 미각 등을 들었다.

③ 사회방위와 범죄자의 개선을 형벌의 목적으로 보았다.

④ 매춘은 성범죄를 감소시키는 역할을 한다고 하여 범죄성을 부정하였다.

해설 ④ 롬브로조는 매춘의 범죄성을 인정하였다.

정답 | ④

09

롬브로조의 범죄이론에 관한 설명으로 틀린 것을 모두 고른 것은?

> ㉠ 생래적 범죄인의 사회적 특징으로 주색·도박의 탐닉 등을 들었다.
> ㉡ 초기에는 선천성 범죄자가 전 범죄자의 40% 내외라고 주장하였다가 나중에는 70% 내외라고 수정하였다.
> ㉢ 형벌은 범행의 동기나 범죄자의 인격을 고려하지 말고, 범죄의 경중에 따라 획일적으로 정해야 한다고 주장하였다.
> ㉣ 소년범죄자에게는 체벌이 바람직하다고 보았다.

① ㉠, ㉡　　② ㉡, ㉢
③ ㉠, ㉣　　④ ㉢, ㉣

해설 [×] ㉡ 롬브로조는 초기에는 선천성 범죄자가 전 범죄자의 70% 내외라고 주장하였다가 나중에는 40% 내외라고 수정하였다.
㉢ 형벌은 범행의 동기나 범죄자의 인격을 고려하여 탄력적으로 정해야 한다고 주장하였다.
[○] ㉠·㉣

정답 | ②

10

페리(E. Ferri)의 범죄이론에 관한 설명으로 옳지 않은 것은?

① 마르크스의 유물론, 스펜서의 사회관, 다윈의 진화론 등을 이론적 기초로 하고 있다.
② 범죄의 원인으로 인류학적 요인, 물리적 요인, 사회적 요인을 들고 그 중 특히 사회적 요인을 중시하였다.
③ 범죄에 대한 사회방위는 형벌보다 사회정책에 의존해야 한다는 이른바 형벌대용물사상을 전개하였다.
④ 인간의 행위는 환경에 영향을 받지만 결국은 자기의지에 의한다고 주장하여 고전주의의 입장을 벗어나지 못하였다.

해설 ④ 페리는 고전주의의 비결정론을 비판하고, 인간행위는 환경에 따라 영향을 받을 수밖에 없다고 주장하여 철저한 결정론의 입장을 취하였다.

정답 | ④

11 ★

다음 중 범죄 원인 중 페리가 가장 중요시한 것은?

① 생산과 분배　　② 교육정도

③ 계절　　④ 성별

해설 ① 범죄의 원인은 개인적 원인, 사회적 원인, 자연적 원인으로 나눌 수 있다. 페리는 사회적 원인을 가장 중요시하였다.

개인적 요인	연령, 성별, 교육정도, 사회적 계급
사회적 요인	인구, 관습, 종교, 정치, 생산과 분배, 치안, 교육환경
자연적 요인	기후, 계절

정답 | ①

12

이탈리아 실증학파인 페리(E. Ferri)의 입장으로 볼 수 없는 것은?

① 기회적 범죄인을 중시하였다.

② 이른바 '페리초안'이라고 불리는 이탈리아 형법초안은 보안처분 이원주의에 입각하고 있다.

③ 자본주의사회의 모순이 범죄의 증가를 초래한다고 보았다.

④ 사회악의 해소를 위해서는 예방적 사회개혁조치가 필요하다고 보았다.

해설 ② 페리가 1921년에 기안한 이른바 '페리초안'은 보안처분 일원주의에 입각하고 있었다.

정답 | ②

13

이탈리아의 초기 실증주의 학파와 관련된 내용으로 옳지 않은 것은? 사법시험 04

① 범죄를 유발하는 요인으로는 물리적, 인류학적, 사회적 요인이 있는데, 이 세 가지 요인이 존재하는 사회에는 이에 상응하는 일정량의 범죄가 반드시 발생한다고 하였다.

② 생물학적 퇴행성이 범죄의 원인이라고 주장하였다.

③ 구체적인 증거와 논의에 대한 검증을 요구하는 과학적 연구방법론을 강조하였다.

④ 사회계약론과 쾌락주의에 근거하여 범죄와 형벌을 설명하였다.

⑤ 자연범과 법정범을 구분하고, 자연범은 동정심(pity)과 정직성(probity)을 침해하는 속성을 가진다고 하였다.

해설 ④ 사회계약론과 쾌락주의에 근거하여 범죄와 형벌을 설명한 것은 고전주의학파이다.

정답 | ④

14

다음 중 범죄인류학파(이탈리아 실증주의학파)에 대한 설명으로 가장 옳지 않은 것은? 해경간부 23

① 롬브로조(Lombroso)는 자유의지에 따라 이성적으로 행동하는 인간을 전제로 하여 범죄의 원인을 자연과학적 방법으로 분석하였다.

② 페리(Ferri)는 범죄포화의 법칙을 주장하였으며 사회적·경제적·정치적 요소도 범죄의 원인이라고 주장하였다.

③ 가로팔로(Garofalo)는 범죄의 원인으로 심리적 측면을 중시하여 이타적 정서가 미발달한 사람일수록 범죄를 저지르는 경향이 있다고 하였다.

④ 생래적 범죄인에 대한 대책으로 롬브로조(Lombroso)는 사형을 찬성하였지만 페리(Ferri)는 사형을 반대하였다.

해설 ① 실증학파는 자연과학적 방법을 도입하여 범죄원인을 실증적으로 분석하였다. 자유의지에 따라 이성적으로 행동하는 인간을 전제로 한 것은 고전학파이다.

정답 | ①

15

범죄를 일종의 사회현상으로 보고 "책임과 형벌 없는 형법전"을 주장한 학자는?

① 페리

② 리스트

③ 가로팔로

④ 베카리아

해설 ① 1921년 페리는 이탈리아 형법초안을 기안하였는데 여기에서는 응보형의 개념이 배제되고, 범죄자의 위험성에 상응하는 보안처분 내지 사회방위처분 일원주의가 관철되어 '제재'라는 말로 일원화되었다. 이로 인해 그 초안은 '책임과 형벌이 없는 형법전'이라 불리게 되었다.

정답 | ①

16

페리(E. Ferri)가 범죄예방목적으로 주장한 사회개혁의 내용과 가장 거리가 먼 것은?

① 무역자유화

② 출산장려

③ 혼인의 자유

④ 거리조명등의 개선

해설 ② 페리는 범죄예방을 위해서는 출산을 억제할 필요가 있다고 주장하였다. 페리가 범죄예방목적으로 주장한 사회개혁의 내용은 ①·③·④ 외에도 이혼의 자유, 시장독점금지, 노동자 주택공급, 서민을 위한 은행설치, 무기제작의 국가적 규제, 기아보호소의 설치 등이 있다.

정답 | ②

17

페리(Ferri)가 주장한 이른바 예방적 사회개혁조치 중 사기와 문서위조에 대한 대책은?

① 이민의 자유 인정
② 조세의 경감
③ 언론과 사상의 자유 확대
④ 무역의 자유화

해설 ② 페리는 예방적 사회개혁조치의 일환으로 실업에 기인한 곤궁범죄에 대해서는 이민의 자유 인정을, 사기와 문서 위조에 대해서는 조세의 경감을, 정치범죄에 대해서는 언론과 사상의 자유 확대를 제시하였다.

정답 | ②

18 ★

페리(Ferri)의 범죄이론 중 옳지 않은 것을 모두 고른 것은?

㉠ 마르크스의 유물론, 스펜서의 사회관, 다윈의 진화론, 롬브로조의 생래적 범죄인설을 결합하여 범죄사회학을 창시하였다.
㉡ 일정한 양과 일정한 온도의 물에서는 일정량의 화학물질이 용해되는 것처럼 사회에서도 일정량의 범죄가 발생하며, 기본범죄를 초과하여 범죄가 발생되는 현상은 나타나지 않는다고 보았다.
㉢ 도의적 책임과 더불어 사회적 책임을 강조하였다.
㉣ 범죄에 대한 사회의 방위는 사회정책보다는 형벌에 의해야 한다고 주장하였다.

① ㉠, ㉡
② ㉠, ㉡, ㉣
③ ㉡, ㉢
④ ㉡, ㉢, ㉣

해설 [×] ㉡ 페리는 용해액의 온도를 높임으로써 화학상 과포화의 현상이 나타나듯 범죄에서도 사회물리적 예외조건에 따라 기본범죄에 수반하여 부수적 범죄들이 증가하는 것과 같은 과포화현상이 나타나게 된다고 보았다(범죄 과포화의 원칙).
㉢ 도의적 책임을 부정하고, 사회적 책임을 강조하였다.
㉣ 범죄에 대한 사회의 방위는 형벌보다 사회정책에 의존해야 한다고 주장하였다.
[○] ㉠

정답 | ④

19

롬브로조(Lombroso)와 비교할 때 페리(Ferri)의 연구에 관한 설명 중 옳지 않은 것은? 사법시험 13

① 롬브로조와 마찬가지로 범죄에 관한 인간관으로서 결정론적 입장을 취하였다.
② 롬브로조와는 달리 범죄원인을 인류학적 요인, 물리적 요인, 사회적 요인으로 확장하였다.
③ 롬브로조와 마찬가지로 실증적 연구방법을 취하였다.
④ 롬브로조와 마찬가지로 범죄자들을 몇 가지로 유형화하고 각 유형별로 별개의 범죄대책을 제시하였다.
⑤ 롬브로조와는 달리 범죄발생의 사회적 요인을 중시하여 생래적 범죄인의 존재를 부정하였다.

해설 ⑤ 페리는 범죄발생의 사회적 요인을 중시하였으나, 그가 창시한 범죄사회학은 롬브로조의 생래적 범죄인설을 포함하고 있으므로 생래적 범죄인의 존재를 부정하였다는 표현은 옳지 않다.

정답 | ⑤

20

가로팔로(R. Garofalo)의 범죄이론에 관한 설명으로 옳지 않은 것은?

① 범죄자를 자연범과 법정범으로 구별하고, 자연범은 애타적 정조가 결여된 자로서 자연범만이 진정한 범죄자라고 보았다.
② 롬브로조와 달리 범죄자의 외형적 특징보다는 내면적·심리적인 특징에 관심을 가졌고, 페리와 달리 범죄자의 내면적 특징을 생래적인 것으로 보아 사형제도를 인정하였다.
③ 자연범은 생래적인 것이므로 인위적으로 도태하여야 하지만, 법정범과 과실범은 정기구금을 하거나 처벌할 필요가 없다고 주장하였다.
④ 자연범은 어떠한 사회정책이나 제도도 효과가 없기 때문에 처리방법은 동일하여야 한다고 하여 형벌에 있어 객관주의 입장을 취하였다.

해설 ④ 가로팔로는 자연범은 그 정도 여하에 따라 처리방법이 달라야 한다는 주관주의 형벌론을 취하였다.

정답 | ④

21

〈보기 2〉는 〈보기 1〉에 열거한 학자들이 제시한 견해들이다. 옳게 연결된 것은? 사법시험 07

<보기 1>

Ⅰ. 롬브로조(C. Lombroso) Ⅱ. 가로팔로(R. Garofalo)
Ⅲ. 페리(E. Ferri)

<보기 2>

ⓐ 인간의 근본적 품성인 연민이나 정직성의 결여로 저질러지는 살인·절도와 같은 자연범은 생래적인 것이므로 사형이나 유형에 처해야 한다.
ⓑ 생물학적 퇴행성 때문에 범죄를 저지를 수밖에 없는 생래적 범죄인은 교정의 효과를 거의 기대할 수 없으므로 영구격리 또는 도태처분을 해야 한다.
ⓒ 범죄를 일으키는 원인으로 물리적 요인, 인류학적 요인, 사회적 요인이 있는데 어느 사회에서나 이 세 가지 요인에 상응하는 일정량의 범죄가 발생한다.

① Ⅰ－ⓐ
② Ⅰ－ⓑ
③ Ⅱ－ⓑ
④ Ⅱ－ⓒ
⑤ Ⅲ－ⓐ

해설 ② 롬브로조는 철저한 사회방위와 범죄자의 개선을 목적으로 하는 형벌이론을 전개하였는데 생래적 범죄인은 범죄의 예방이나 교정이 불가능하므로 영구적 격리나 도태처분만이 효율적 대처방법이라고 주장하였다.

정답 | ②

22

라카사뉴(A Lacassagne)에 관한 설명으로 가장 거리가 먼 것은?

① 제1회 국제범죄인류학회의에서 롬브로조를 비판하고, 범죄인류학파와 결별한 후 범죄사회학을 주창하였으며, 리용학파를 창설하였다.
② 사회는 그 각각에 상응하는 범죄를 갖게 마련이라고 보았다.
③ 사형에 관해서는 인도주의에 위반된다는 이유를 들어 폐지론의 입장을 취하였다.
④ 범죄자의 정신적·신체적 이상은 '빈곤이라는 질병'에서 유래한다고 주장하였다.

해설 ③ 라카사뉴(A Lacassagne)는 해당 국가의 인도적 문제와 감정·철학 등에 따라 사형이 허용될 수 있다고 함으로써 사형존치론의 입장을 취하였다.

정답 | ③

23 ★

(ㄱ)~(ㄷ)에 들어갈 학자를 올바르게 조합한 것은? 사법시험 15

> (ㄱ)은(는) 범죄를 자연범과 법정범으로 구별하고 자연범은 연민과 성실이라는 사회의 근본적인 감정을 침해하는 행위라고 보았다. (ㄴ)은(는) "사회환경은 범죄의 배양기이며 범죄자는 미생물에 해당한다."라는 말로써 사회환경이 범죄에 미치는 영향을 강조하였다. (ㄷ)은(는) 어느 사회든지 일정량의 범죄는 있을 수밖에 없다는 범죄정상설을 주장하였다.

① 가로팔로(Garofalo), 라까사뉴(Lacassagne), 뒤르켐(Durkheim)
② 가로팔로(Garofalo), 라까사뉴(Lacassagne), 리스트(Liszt)
③ 롬브로조(Lombroso), 타르드(Tarde), 뒤르켐(Durkheim)
④ 페리(Ferri), 케틀레(Quetelet), 리스트(Liszt)
⑤ 페리(Ferri), 타르드(Tarde), 케틀레(Quetelet)

정답 | ①

24

"사회환경은 범죄의 배양기이며 범죄자는 미생물에 불과하므로 벌해야 할 것은 범죄자가 아니라 사회이다"라고 주장하고, 사회환경이 범죄에 미치는 영향을 강조한 학자는?

① 라카사뉴(A. Lacassagne)
② 페리(E. Ferri)
③ 벤담(J. Bentham)
④ 가로팔로(R. Garofalo)

해설 ① 라카사뉴(A Lacassagne)는 롬브로조의 생물학적 결정론을 비판하고, 사회환경, 특히 경제상황을 강조한 학자로서 프랑스의 통계자료를 이용하여 범죄가 많았던 시기에 물가가 높고 실업이 많았던 것을 밝혀내고, 행위자 각자의 특성보다 사람들이 처해 있는 사회환경이 범죄현상에 직접적으로 작용한다고 주장하였다.

정답 | ①

25

프랑스의 환경학파인 타르드(Tarde)의 이론으로 보기 어려운 것은?

① 모방의 법칙이란 타르드가 사회심리학적 연구를 기초로 개인의 특성과 사회와의 접촉과정을 분석하여 범죄현상을 해명하기 위해 주장한 이론이다.

② 거리의 법칙이란 모방은 타인과 얼마나 밀접하게 접촉하고 있는가에 반비례한다는 것을 말한다.

③ 방향의 법칙이란 사회적 지위가 우월한 자를 중심으로 모방이 이루어진다는 것을 말한다.

④ 삽입의 법칙이란 모방 → 유행 → 관습의 형태로 변화·발전되어 간다는 것을 말한다.

해설 ② 거리의 법칙이란 모방은 타인과 얼마나 밀접하게 접촉하고 있는가에 비례한다는 것을 말한다. 타르드가 주장한 모방의 법칙을 정리하면 다음과 같다.

➤ 타르드의 모방의 법칙

제1법칙 (거리의 법칙)	• 사람들은 서로를 모방하며, 모방정도는 타인과의 접촉정도에 비례 • 거리란 심리학적 의미의 거리와 기하학적 의미의 거리를 포함 • 도시에서는 모방의 빈도가 높고 빠름(유행), 시골에서는 모방의 빈도가 덜하고 느림(관습)
제2법칙 (방향의 법칙)	• 열등한 사람이 우월한 사람을 모방 • 하층계급은 상층계급의 범죄를 모방하고, 시골에서는 도시의 범죄를 모방
제3법칙 (삽입의 법칙)	• 새로운 유행이 기존의 유행을 대체 • 모방 → 유행 → 관습의 패턴으로 확대·진전

정답 | ②

26 ★

타르드(Tarde)가 주장한 모방의 법칙과 관계가 없는 것은?

① 모방은 사회적 지위가 우월한 자를 중심으로 이루어진다.

② 삽입의 원칙으로서 모방은 유행 → 모방 → 관습의 형태로 변화한다.

③ 이 이론의 비판자는 Durkheim과 Bonger이다.

④ 이에 따르면 범죄는 귀족에서 민중으로, 도시에서 농촌으로 구체화되어 간다.

⑤ Tarde는 "범죄인을 제외한 모든 사람에게 죄가 있다"고 주장한다.

해설 ② 삽입의 법칙이란 모방은 모방 → 유행 → 관습의 형태로 변화·발전되어 간다는 것을 말한다.

정답 | ②

27

타르드(Tarde)의 모방설에 대한 설명으로 옳은 것은? 사법시험 10

① 범죄자는 태어날 때부터 범죄성을 지닌다는 가정을 통계적 방법으로 입증하고자 하였다.
② 모방의 제1법칙(거리의 법칙)에 의하면 모방의 강도는 거리에 비례하고, 접촉의 긴밀도에 반비례한다.
③ 모방의 제2법칙(방향의 법칙)으로는 농촌에서 일어난 범죄를 도시지역에서 모방하는 경우를 설명할 수 없다.
④ 신종범죄가 출현하는 원인도 모방설에 의하여 잘 설명할 수 있다.
⑤ 모방설은 낙인이론에 큰 영향을 미친 것으로 설명되고 있다.

해설 ③ 모방의 제2법칙(방향의 법칙)이란 열등한 사람이 우월한 사람을 모방한다는 것으로 하층계급은 상층계급에서 행해지는 범죄를 모방하고, 시골에서는 도시에서 발생되는 범죄를 모방하게 된다고 한다. 따라서 이 법칙에 따르면 농촌에서 일어난 범죄를 도시지역에서 모방하는 경우를 설명할 수 없게 된다.
① 프랑스의 사회학자이며 범죄학자였던 타르드는 롬브로조의 생래적 범죄인설을 비판하고, 마르크스주의적 세계관에 입각하여 범죄의 원인을 자본주의 경제질서의 제도적 모순에 있다고 보았으며, "범죄인을 제외한 모든 사람에게 죄가 있다"고 하여 범죄를 사회적 산물로 보았다.
② 타르드의 제1법칙(거리의 법칙)에 따르면 사람들은 서로를 모방하는 경향이 있으며, 그 정도는 거리에 반비례하고, 타인과 얼마나 밀접하게 접촉하고 있는가에 비례한다.
④ 타르드는 모든 사회적 현상이 모방이듯이 범죄행위도 모방에 의해 이루어진다고 보았으므로 이러한 주장에 따르면 신종범죄를 모방설로 설명하기 곤란하다.
⑤ 모방설은 후일 미국의 범죄사회학이론의 출발점이 된 학습이론에 많은 영향을 주었다.

정답 | ③

28

타르드(Tarde)가 주장한 모방의 법칙에 관한 설명 중 옳지 않은 것은? 사법시험 12

① 롬브로조(Lombroso)의 생래적 범죄인설을 부정하고, 범죄행위도 타인의 행위를 모방함으로써 발생한다고 본다.
② 거리의 법칙에 의하면 모방은 시골보다는 도시지역에서 쉽게 발생한다.
③ 방향의 법칙에 의하면 원래 하류계층이 저지르던 범죄를 다른 계층들이 모방함으로써 모든 사회계층으로 전파된다.
④ 삽입의 법칙에 의하면 처음에는 단순한 모방이 유행이 되고, 유행은 관습으로 변화·발전된다.
⑤ 총기에 의한 살인이 증가하면서 칼을 사용한 살인이 줄어드는 현상은 새로운 유행이 기존의 유행을 대체하기 때문이라고 보았다.

해설 ③ 방향의 법칙이란 모방은 일반적으로 열등한 사람이 우월한 사람을 모방하는 경향이 있다는 것을 말하며, 이에 따르면 하층계급은 상층계급에서 행해지는 범죄를 모방하고, 시골에서는 도시에서 발생되는 범죄를 모방한다.
② 타르드는 모방은 도시에서 가장 빈번하고 빠르게 변화한다고 보았으며, 이를 '유행'이라고 하였다. 반면, 시골에서는 모방의 빈도가 덜하고 천천히 변화한다고 보았으며, 이를 '관습'이라고 하였다.

정답 | ③

29

다음 학자와 그의 주장이 바르게 연결된 것은? 교정9급 13

① 리스트(Liszt) – 죄는 범죄인을 제외한 모든 사람에게 있다.

② 케틀레(Quetelet) – 사회환경은 범죄의 배양기이며, 범죄자는 미생물에 해당할 뿐이므로 벌해야 할 것은 범죄자가 아니라 사회이다.

③ 타르드(Tarde) – 모든 사회현상이 모방이듯이 범죄행위도 모방으로 이루어진다.

④ 라카사뉴(Lacassagne) – 사회는 범죄를 예비하고, 범죄자는 그것을 실천하는 도구에 불과하다.

해설 ①은 타르드(Tarde)의 주장이다.
②는 라카사뉴(Lacassagne)의 주장이다.
④는 케틀레(Quetelet)의 주장이다.

정답 | ③

30

프랑스학파인 뒤르켐(E. Durkheim)의 주장논지와 거리가 먼 것은?

① 자살은 사회의 문화구조적 모순에서 비롯된 것이지 인간의 왜곡된 이성이 낳은 결과는 아니라고 하였다.

② 범죄발생 원인을 '사회적 상황'으로 보고, 사회적 상황을 사회적 통합수준과 도덕적 통합수준의 두 가지 측면에서 파악하였다.

③ 현대사회는 사회통제력의 약화로 무규범상태, 즉 아노미상태가 되고 있으며, 이런 상태가 범죄유발의 원인이 된다고 하였다.

④ 아노미상태를 극복하려면 형벌기능은 악으로부터 사회를 지키려는 전통적 사회연대감을 보호하는 기능으로 전환할 필요가 있다고 하였다.

해설 ④ 뒤르켐은 형벌기능은 전통적 사회연대감 보호기능으로부터 개인의 사회화기능으로 전환할 필요가 있다고 하고, 범죄자의 재사회화에 중점을 두어야 한다고 주장하였다.

정답 | ④

31

뒤르켐(E. Durkheim)에 대한 설명으로 옳지 않은 것은? 교정7급 07

① 범죄는 사회에 유해한 행위라고 보았다.

② 아노미(Anomie)이론을 처음으로 주창하였다.

③ 범죄는 모든 사회가 피할 수 없는 정상적 현상으로 보았다.

④ 구조기능주의 관점에서 범죄의 원인을 설명한 학자이며, 범죄필요설을 바탕으로 범죄정상이론을 주창하였다.

해설 ① 뒤르켐(Durkheim)은 범죄는 사회의 도덕적 각성과 법제의 정상적인 발전계기가 된다는 점에서 유용하며(범죄필요설), 범죄에 대한 제재와 비난을 통해 사람들이 사회공통의식을 체험하게 됨으로써 범죄가 사회의 유지·존속에 중요한 역할을 담당한다고 보았다(범죄기능설).

정답 | ①

32

기업가가 경영악화를 비관하여 자신의 고층사무실에서 투신자살하였다면 이는 뒤르켐(Durkheim)의 자살유형 중 어디에 해당되는가?

① 아노미적 자살 ② 이기적 자살

③ 이타적 자살 ④ 운명적 자살

해설 ① 뒤르켐은 자살의 유형을 아노미적 자살, 이기적 자살, 이타적 자살(일부학자들은 운명적 지살도 포함시키고 있다)로 분류하였는데 이 중 아노미적 자살이란 경제적 파산이나 이혼 후의 갈등에 의한 자살과 같이 기존규범의 상실이나 규범의 혼란에서 발생되는 자살을 말한다.

➤ 뒤르켐의 자살유형

아노미적 자살	사회통합력 약화에 따라 기존규범의 규제능력 상실로 발생하는 자살(파산 등에 의한 자살)
이기적 자살	사회적 지위와 규범해체 간의 관계에서 발생하는 자살(분노에 의한 자살)
이타적 자살	사회통합이 높은 곳에서 사회적 의무수행을 위해 발생하는 자살(자살특공대의 자폭)

정답 | ①

33

뒤르켐(E. Durkheim)의 범죄이론과 가장 거리가 먼 것은?

① 범죄는 회피할 수 없는 사회적 현상이다.
② 범죄는 사회의 유지 및 존속에 중요한 역할을 담당한다.
③ 범죄는 도덕적 각성을 위해 유용하다.
④ 범죄는 사회진보의 장애요소가 된다.

해설 ④ 뒤르켐은 전통적 행동양식의 틀을 깨는 어느 정도까지의 범죄행위는 사회의 진보를 위해 필요하다고 주장하였다. 뒤르켐은 어느 사회이든 일정한 범죄는 존재하며, 그것은 지극히 정상적인 현상이라고 주장하고, 범죄의 필요성·유용성·개혁성을 강조하였다.

정답 | ④

34

다음 중 E. Durkheim의 견해에 관한 설명 중 옳은 것은? 사법시험 05

① 자살은 인간의 왜곡된 이성이 낳은 결과라고 하였다.
② 모든 사회와 시대에서 공통적으로 적용될 수 있는 객관적인 범죄란 존재하지 않으며, 특정 사회에서 형벌의 집행대상으로 정의된 행위가 범죄라고 보았다.
③ 범죄가 사회유지를 위해 중요한 기능은 하지만 정상적인 현상은 아니라고 하였다.
④ 범죄의 본질을 개인감정의 침해로 보고 있다.
⑤ 자살은 호경기 때보다 불경기 때 가장 높다고 하였다.

해설 ① 뒤르켐은 1897년 그의 저서 「자살론」을 통해 자살을 개인적 측면으로 설명하던 종래의 태도를 비판하고, 자살은 인간의 왜곡된 이성이 낳은 결과가 아니라, 사회의 문화구조적 모순에서 비롯된 것이라고 주장하였다.
③ 어느 사회에서든지 일정량의 범죄는 있을 수밖에 없다는 범죄정상설을 주장하였다.
④ 범죄의 본질을 집단감정(집합의식, 법 등)의 침해로 보았고, 범죄발생의 원인을 개인감정의 침해가 아닌 사회적 상황으로 보았다.
⑤ 아노미적 자살은 불경기와 호경기 때 높게 나타나는데 이 시기에는 목표와 수단 간의 괴리를 더 많이 경험하게 됨으로써 스트레스가 증가하게 되고, 높은 스트레스는 자살로 이어진다고 보았다.

정답 | ②

35

다음은 뒤르켐(E. Durkheim)의 주장내용이다. 옳지 않은 것만으로 묶인 것은?

> ㉠ 사회가 발전할수록 형벌은 보상적 형태에서 억압적 형태로 변화한다.
> ㉡ 형벌기능은 범죄로부터 사회를 지키려는 전통적인 사회연대감 보호기능으로부터 개인의 사회화기능으로 전환해야 한다.
> ㉢ 범죄대책의 중점은 범죄인에 대한 비난보다는 상담·지도·치료를 통한 재사회화에 두어야 한다.
> ㉣ 형벌의 목적이 억압에서 원상회복으로 전환됨에 따라 처벌은 강화될 것이다.

① ㉠, ㉡
② ㉡, ㉢
③ ㉠, ㉣
④ ㉢, ㉣

해설 [×] ㉠ 사회가 발전할수록 형벌은 억압적 형태에서 보상적 형태로 변화한다고 보았다.
㉣ 형벌의 목적이 억압에서 원상회복으로 전환됨에 따라 처벌은 완화될 것이라고 보았다.
[○] ㉡·㉢

정답 | ③

36

뒤르켐(E. Durkheim)이 주장한 이론에 관한 설명 중 옳은 것으로만 묶은 것은? 사법시험 11

> ㉠ 사회적 통합력의 저하 또는 도덕적 권위의 훼손은 범죄발생의 원인이 된다.
> ㉡ 어느 사회든지 일정량의 범죄는 있을 수밖에 없다는 범죄정상설을 주장한다.
> ㉢ 인간은 사회생활을 하는 중에 다른 사람의 행위를 모방하는데 범죄행위도 그 한 예이다.
> ㉣ 사회환경은 범죄의 배양기이며 범죄자는 미생물에 불과하므로 벌해야 할 것은 범죄자가 아니라 사회이다.
> ㉤ 범죄는 이에 대한 제재와 비난을 통해 사회의 공동의식을 사람들이 체험할 수 있게 함으로써 사회의 유지존속에 있어서 중요한 역할을 담당한다고 한다.

① ㉠, ㉡, ㉣
② ㉠, ㉡, ㉤
③ ㉠, ㉣, ㉤
④ ㉡, ㉢, ㉣
⑤ ㉢, ㉣, ㉤

해설 [○] ㉠·㉡·㉤
[×] ㉢은 타르드(Garbriel Tarde)의 주장내용이다.
㉣은 라카사뉴(A. Lacassagne)의 주장내용이다.

정답 | ②

37

뒤르켐(E. Durkheim)의 범죄이론에 대한 설명으로 옳지 않은 것은? 5급승진 15

① 어느 사회든지 일정량의 범죄는 있을 수밖에 없다는 범죄정상설을 주장하였다.
② 모든 사회와 시대에 공통적으로 적용될 수 있는 객관적 범죄가 존재한다고 주장하였다.
③ 사회의 도덕적 권위가 무너져 사회구성원들이 '지향적인 삶의 기준을 상실한 무규범상태'를 아노미라고 불렀다.
④ 뒤르켐은 범죄가 사회적 문제로 일어나는 것임을 강조하였음에도, 그에 대응할 수 있는 사회정책을 제시하지 못했다는 비판을 받기도 하였다.
⑤ 범죄발생의 주된 원인으로 사회적 상황을 고려하였다.

해설 ② 뒤르켐은 모든 사회와 시대에서 공통적으로 적용될 수 있는 객관적인 범죄란 존재하지 않으며, 특정사회에서 형벌의 집행대상으로 정의된 행위가 바로 범죄라고 보았다.

정답 | ②

38 ★

범죄원인에 관한 아래의 주장들과 관계가 없는 사람은? 사법시험 14

㉠ 어느 사회든지 일정량의 범죄는 있을 수밖에 없으며, 범죄는 사회의 유지와 존속을 위하여 일정한 순기능을 지닌다.
㉡ 사회는 범죄를 예비하고, 범죄자는 그것을 실천하는 도구에 불과하다.
㉢ 모든 사회적 현상은 모방의 결과이며, 범죄도 다른 사람의 범죄를 모방한 것이다.
㉣ 사회환경은 범죄의 배양기이며 범죄자는 미생물에 해당하므로 벌해야 할 것은 범죄자가 아니라 사회이다.

① 리스트(Liszt)
② 라카사뉴(Lacassagne)
③ 케틀레(Quetelet)
④ 뒤르켐(Durkheim)
⑤ 타르드(Tarde)

해설 ㉠은 뒤르켐, ㉡은 케틀레, ㉢은 타르드, ㉣은 라카사뉴의 이론에 각각 해당한다.

정답 | ①

39

프랑스의 초기 실증주의 범죄학과 관련이 없는 것은? 사법시험 06

① 범죄정상설 ② 모방의 법칙
③ 자연범설 ④ 사회환경설
⑤ 범죄기능설

해설 ③ 자연범설은 이탈리아 실증학파인 가로팔로(R. Garofalo)의 범죄이론이다. 가로팔로는 법률규정에 관계없이 누구나 당연히 범죄로 인정하는 행위를 자연범이라고 하고, 법률이 범죄로 규정하였기 때문에 범죄로 인정되는 행위를 법정범이라고 하여 양자를 구분하였다.
①·⑤는 뒤르켐(E. Durkheim), ②는 타르드(Garbriel Tarde), ④는 라카사뉴(A. Lacassagne)의 범죄이론으로 이들은 모두 초기 프랑스 실증주의학파에 속한다.

정답 | ③

40

프랑스 초기 실증주의(환경학파)에 관한 설명으로 가장 거리가 먼 것은?

① 범죄는 정상적 행위와 동일한 학습의 결과라는 사실을 최초로 지적하였다.
② 도시는 재산범죄, 농촌은 인신범죄의 특징을 가지고 있다고 지적하여 도시직업인 범죄개념을 제시하였다.
③ 경제상태와 범죄와의 상관성을 무시하였다.
④ 생물학의 업적인 유전법칙이나 사회적 도태이론을 간과하였다.

해설 ③ 프랑스 환경학파는 경제상태에 대한 범죄의존성을 중시하여 범죄를 경제불황의 산물로 보았다.

정답 | ③

41

독일의 사회학파인 리스트(F. von Liszt)의 형벌이론과 거리가 먼 것은?

① 형벌의 목적은 일반인을 경계하여 범죄에 대한 두려움을 가지게 하는 데 있다고 보았다.
② 범죄를 회피할 수 없는 사회현상으로 보았다.
③ 행위자의 반사회적 태도 또는 위험성을 중심으로 범죄인을 처우할 것을 주장하여 형벌의 개별화를 강조하였다.
④ 범죄에 대한 응보형은 범죄자의 특별예방을 위한 목적형으로 전환되어야 한다고 주장하였다.

해설 ① 리스트는 형벌의 목적을 범죄자의 반사회적 성격을 개선하여 사회에 복귀시키는 데에 있다고 보았다.

정답 | ①

42

리스트(Frans von Liszt)와 가장 관계가 없는 것은?

① 형법에 있어서 목적사상
② 형법은 범죄인에 대한 마그나카르타이다.
③ 범죄인의 법적 보장을 위해 부정기형을 배척
④ 특별예방주의를 강조

해설 ③ 리스트는 교육형주의에 따라 (ⅰ) 부정기형의 채택, (ⅱ) 6주 이하의 단기자유형의 폐지, (ⅲ) 집행유예, 벌금형, 누진제도 등의 합리화, (ⅳ) 강제노역, (ⅴ) 소년범에 대한 특별한 처우 등을 주장하였다.

정답 | ③

43

리스트(F. von Liszt)의 범죄 및 형벌이론과 가장 거리가 먼 것은?

① 소년범죄자는 장차 성인범죄자로 발전할 가능성이 높으므로 소년범죄자와 성인범죄자의 처우에 차등을 둘 필요가 없다고 보았다.
② 범죄방지대책으로 강제노역을 인정하였다.
③ 범죄원인으로 사회적 원인을 중시하였다.
④ 처벌해야 할 것은 행위가 아니라 행위자라고 보았다.

해설 ① 리스트는 소년범죄자에 대한 특별처우를 주장하였다.

정답 | ①

44

범죄의 원인에 대하여 소질과 환경을 모두 고려하면서도 사회적 원인을 중요시하고, "최선의 사회정책이 최상의 형사정책"이라고 말한 사람은 누구인가? 9급특채 06

① 롬브로조(C. Lombroso)
② 페리(E. Ferri)
③ 칸트(I. Kant)
④ 리스트(Franz. v. Liszt)

정답 | ④

45 ★

다음 중 독일의 형사학자인 리스트(Franz. v. Liszt)가 주장한 형사정책관련 내용으로 옳지 않은 것을 모두 고른 것은? 교정7급 06

> ㉠ 개인의 인권보장을 강조한 반면, 사회방위는 경시하였다.
> ㉡ 마르부르크(Marburg) 강령(Programm)을 통하여 목적형사상을 주창하였다.
> ㉢ 부정기형의 채택
> ㉣ 누진제도의 합리화
> ㉤ 최초의 단기자유형 폐지
> ㉥ 형벌과 보안처분의 분리

① ㉠, ㉥　　② ㉡, ㉢
③ ㉣, ㉤　　④ ㉠, ㉤

해설 [×] ㉠ 리스트는 형벌의 개별화를 통한 사회방위와 인권보장을 동시에 강조하여 "형법전은 범죄인의 마그나 카르타이며 형사정책의 넘을 수 없는 한계"라고 주장하였다.
㉥ 리스트는 형벌만으로 특별예방의 목적을 달성할 수 없는 경우에는 개선을 위한 보안처분이 필요하다고 주장하였으므로 형벌과 보안처분의 분리라는 표현은 옳지 않다.
[○] ㉡·㉢·㉣·㉤

정답 | ①

46

리스트(F. von Liszt)에 관한 설명 중 옳지 않은 것은? 사법시험 06

① 범죄원인은 범죄인을 제외한 모든 사람에게 있다고 보았으며, 범죄원인에 있어서 심리적 요인을 중시하였다.
② 하멜(Hamel) 등과 함께 국제형사학협회(I. K. V)를 창설하였다.
③ 범죄학과 형법학이 통합되어 총체적 형법학으로 발전되어야 한다고 주장하였다.
④ 개선이 가능한 범죄자는 개선을, 개선이 필요 없는 범죄자는 위하를, 개선이 불가능한 범죄자는 격리(무해화)를 하여야 한다.
⑤ 부정기형의 채택, 단기자유형의 폐지, 집행유예·벌금형·누진제도의 합리화, 소년범죄에 대한 특별처우를 해야 한다.

해설 ① 리스트는 범죄원인으로 소질과 환경을 모두 고려하면서도 특히 범죄의 사회적 원인을 중시하여 "최고의 형사정책은 최고의 사회정책"이라고 주장하였다.

정답 | ①

47

리스트(Liszt)의 형사정책이론에 관한 설명 중 옳은 것은? 사법시험 15

① 형벌의 목적으로 특별예방사상을 처음으로 주장함으로써 형벌 예고를 통해 일반인의 범죄충동을 억제하는 것이 형벌의 가장 중요한 기능이라고 보았다.
② '처벌되어야 할 것은 행위자가 아니고 행위'라는 명제를 제시하였다.
③ 개선이 불가능한 범죄자를 사회로부터 격리수용하는 무해화 조치도 필요하다고 주장하였다.
④ 부정기형의 폐지, 단기자유형의 활용, 강제노역의 폐지 등을 주장하였다.
⑤ 형벌의 주된 목적을 응보로 이해하였다.

해설 ① 리스트가 특별예방사상을 주장한 인물이라는 내용은 옳은 표현이나, 형벌 예고를 통해 일반인의 범죄충동을 억제하는 것은 일반예방사상에 관한 설명이므로 지문의 후반부 내용은 틀린 표현이다.
② 리스트는 처벌해야 할 것은 "행위가 아니라 행위자"라고 함으로써 고전학파의 행위주의를 비판하고, 행위자주의를 표방하였다.
④ 리스트는 교육형 주의의 입장에서 범죄방지대책으로 부정기형의 채택, 단기자유형의 폐지, 강제노역을 인정할 것을 주장하였다.
⑤ 리스트는 형벌의 목적이 범죄자의 반사회적·범죄적 성격을 개선하여 사회에 복귀시키는 데에 있다고 보았다.

정답 | ③

48

아샤펜부르크(Aschaffenburg)에 관한 설명 중 옳지 않은 것만으로 묶인 것은?

㉠ 범죄대책으로 음주제한, 단종, 우생혼을 강조하였다. ㉡ 형벌대책으로 응보형주의와 사회방위론을 주장하였다. ㉢ 재판대책으로 판사에 대한 의학·심리학 등 특수교육의 필요성을 강조하였다. ㉣ 수형자처우대책으로 단기자유형의 폐지, 누범자에 대한 상대적 부정기형 채용을 주장하였다.

① ㉠, ㉡
② ㉠, ㉢
③ ㉡, ㉢
④ ㉡, ㉣

해설 [×] ㉡ 아샤펜부르크는 형벌대책으로 응보형주의를 폐지하고 교육형주의로 전환할 것과 사회방위론을 주장하였다.
㉣ 수형자처우대책으로 누범자에 대한 절대적 부정기형의 채용을 주장하였다.
[○] ㉠·㉢

정답 | ④

49

다음은 독일 사회학파의 범죄이론이다. 옳지 않은 것만으로 묶인 것은?

㉠ 독일사회학파는 소질과 환경을 모두 중시하였다.
㉡ 리스트(Liszt)는 연구의 중심을 형사정책에서 실정 형법으로 전환시켰다.
㉢ 아샤펜부르크(Aschaffenburg)는 수형자처우대책으로 작업임금제 도입, 누진처우제도의 폐지를 주장하였다.
㉣ 프린스(Prince)는 생래적 범죄인설을 배척하고, 범죄의 사회학적 원인에 의하여 범죄인을 분류하였다.
㉤ 엑스너(Exner)는 범인성 인격은 유전적 소질과 성장환경적 요소의 복합적 작용으로 형성된다고 주장하였다.

① ㉠, ㉡
② ㉡, ㉢
③ ㉢, ㉣
④ ㉣, ㉤

해설 [×] ㉡ 리스트는 연구의 중심을 실정 형법에서 형사정책으로 전환시켰다.
㉢ 아샤펜부르크는 수형자처우대책으로 누진처우제도의 강화를 주장하였다.
[○] ㉠·㉣·㉤

정답 | ②

50

오스트리아 범죄학파로서 1912년 유럽 최초로 그라츠(Graz)에 범죄수사학연구소를 설립하고, 범죄수사학잡지를 창간하는 등 범죄수사학분야의 창시자가 된 사람은?

① 그로쓰(H. Gross)
② 엑스너(F. Exner)
③ 렌츠(A. Lenz)
④ 젤리히(E. Seelig)

해설 ① 오스트리아의 형법학자였던 그로쓰는 리스트의 전형법사상을 계승하여 독자적인 범죄학 영역을 발전시켰는데, 그의 주된 연구대상은 범죄수사학이었다.

정답 | ①

51

범죄원인과 관련하여 실증주의 학파에 대한 설명으로 옳지 않은 것은? 교정9급 21

① 페리(Ferri)는 범죄자의 통제 밖에 있는 힘이 범죄성의 원인이므로 범죄자에게 그들의 행위에 대해 개인적으로나 도덕적으로 책임을 물어서는 안된다고 주장했다.

② 범죄의 연구에 있어서 체계적이고 객관적인 방법을 추구하여야 한다고 하였다.

③ 인간은 자신의 행동을 합리적, 경제적으로 계산하여 결정하기 때문에 자의적이고 불명확한 법률은 이러한 합리적 계산을 불가능하게 하여 범죄억제에 좋지 않다고 보았다.

④ 범죄는 개인의 의지에 의해 선택한 규범침해가 아니라, 과학적으로 분석가능한 개인적·사회적 원인에 의해 발생하는 것이라 하였다.

해설 ③ 실증주의는 인간은 자신이 희망하는 사항이나 이성적 판단에 따라 행동하는 자율적 존재가 아니라 이미 행위하도록 결정된 대로 행동하는 존재로 보는 입장으로 인간의 행위는 개인의 특수한 소질조건과 그 주변의 환경조건에 따라 결정된다고 이해한다.

정답 | ③

52

범죄인의 의의에 관한 설명으로 가장 적절하지 않은 것은?

① 형사정책의 대상이 되는 범죄인은 형사책임의 주체에 한하지 않는다.

② 범죄적 경향을 나타내는 반사회적 인격의 소유자는 형사정책의 대상이 되는 범죄인에 포함된다.

③ 잠재적인 일탈자는 형사정책적 의미의 범죄인에 포함된다.

④ 형사정책상 범죄인의 범위에는 범죄행위의 주체가 되는 자연인뿐만 아니라 법인도 포함된다.

해설 ④ 형사정책상 범죄인의 범위에는 범죄행위의 주체가 되는 자연인만을 의미한다. 따라서 법인은 형사정책상 범죄인의 범위에 포함되지 않는다.

정답 | ④

53 ★

롬브로조의 범죄인분류방법 중 틀린 것은?

① 생래적 범죄인 ② 정신병범죄인
③ 기회범죄인 ④ 과실범죄인

해설 ④는 롬브로조의 범죄인분류에 포함되지 않는다.

➤ 롬브로조의 범죄인분류

구분		내용
생래적 범죄인		선천적으로 범죄자적인 생물학적 구조를 타고난 범죄인
정신병범죄인		정신병이 원인이 되어 범행하는 자
격정범죄인		선천적으로 범죄소질을 가진 것은 아니나, 우발적으로 범행하는 자
기회범죄인	사이비범죄인	범죄의 위험성은 없으나, 자신의 생존이나 명예를 위해 범행할 수 있는 자
	준범죄인	생래적 범죄인과는 구별되나, 다소 선천적 원인이 있는 자
관습(상습)범죄인		좋지 못한 환경으로 인해 상습적으로 범행하는 자
잠재적 범죄인		음주 등 다른 이유로 격한 감정이 생기면 범죄인의 특성이 나타나는 자

정답 | ④

54

롬브로조의 범죄인분류방법 중 범죄의 위험성은 없으나, 자신의 생존이나 명예를 지키기 위하여 범행할 수 있는 자는?

① 준범죄인 ② 사이비범죄인
③ 잠재적 범죄인 ④ 기회범죄인

정답 | ②

55

이탈리아학파에 관한 설명 중 옳지 않은 것은? 사법시험 11

① 이탈리아학파는 자연과학적 방법을 도입하여 범죄원인을 실증적으로 분석하였다.

② 롬브로조(C. Lombroso)는 생래적 범죄인에 대해서 무기형을 과해야 하고, 사형을 과해서는 안 된다고 주장하였다.

③ 페리(E. Ferri)는 마르크스 유물사관, 스펜서의 발전사관, 다윈의 진화론 등의 영향을 받았다.

④ 페리(E. Ferri)는 형벌대용물사상과 범죄포화의 법칙을 주장하였다.

⑤ 가로팔로(R. Garofalo)는 범죄원인으로서 심리학적 측면을 중시하였다.

해설 ② 롬브로조는 생래적 범죄인에 대해서는 초범은 무기형에, 누범은 사형에 처해야 한다고 주장하였다.

정답 | ②

56 ★

E. Ferri의 범죄인분류 중 옳지 않은 것은?

① 상습범죄인 ② 격정범죄인

③ 폭력범죄인 ④ 생래적 범죄인

해설 ①·②·④ 페리는 생물학적 범죄원인에 집착한 롬브로조를 비판하고, 범죄사회학적 입장에서 범죄인을 생래적 범죄인·정신병범죄인·격정범죄인·기회범죄인·상습범죄인 등 5종으로 분류하였다.

➤ 페리의 범죄인분류

생래적 범죄인	선천적으로 개선이 불가능한 범죄인으로 무기한 격리 또는 유형에 처함
정신병범죄인	정신병에 의해 범행하는 자로서 정신병원에 수용
격정범죄인	돌발적 격정으로 범행하는 자로서 손해배상이나 강제이주
기회(우발)범죄인	정도가 중한 자는 훈련치료, 가벼운 자는 격정범과 같이 처벌
관습(상습)범죄인	개선가능성 있는 자는 훈련 조치, 개선불능한 자는 무기한 격리

정답 | ③

57 ★

가로팔로(R. Garofalo)의 범죄인분류와 그 처우방법이 바르게 연결되지 않은 것은?

① 모살범죄인－사형

② 풍속범－정기구금

③ 재산범죄인－본능적·상습적이면 무기유형

④ 과실범－불처벌

해설 ② 가로팔로는 성범죄를 저지르는 풍속범의 경우에는 성적 편향이 고쳐질 때까지 부정기자유형에 처할 것을 주장하였다.

➤ 가로팔로의 범죄인분류

자연범	모살범죄인	개선 불가능한 자는 사형
	폭력범죄인	본능적인 살상범은 무기유형, 기타 폭력범죄인은 부정기자유형
	재산범죄인	본능적·상습적인 자는 무기유형, 소년은 시설에 수용하여 훈련, 성인은 강제노역
	풍속범죄인	부정기자유형
법정범		정기구금형
과실범		처벌 불필요

정답 | ②

58 ★

아샤펜부르크(G. Aschaffenburg)가 분류한 범죄인유형에 해당하지 않는 것은?

① 우발범죄인

② 풍속범죄인

③ 관습범죄인

④ 예모범죄인

해설 ①·③·④ 아샤펜부르크는 심리학적 입장에서 범죄의 원인을 개인적 원인과 일반적 원인으로 나누고, 범죄인을 우발범죄인·격정범죄인·기회범죄인·예모범죄인·누범범죄인·관습범죄인·직업범죄인 등 7종으로 분류하였다.

➤ 아샤펜부르크의 범죄인분류

우발범죄인	공공의 법적 안정성을 해칠 의도는 없으나, 사회방위의 관점에서 적당한 대책이 필요한 자
격정범죄인	해를 끼치려는 의도는 적으나, 위험성이 있으므로 일정한 조치가 필요한 자
기회범죄인	감정적 흥분 때문이 아니고, 우연한 기회가 동기로 되어 범죄를 하는 자
예모(豫謀)범죄인	모든 기회를 노리고 찾으려는 자로 고도의 공공위험성이 있는 자
누범범죄인	범죄를 반복하는 자로 여기에서의 누범은 전과 유무를 불문한 심리학적 개념이다.
관습범죄인	형벌을 불명예로 보지 않고, 범죄에 익숙하여 나태와 무기력으로 살아가는 자
직업범죄인	적극적 범죄 욕구를 가진 자로 환경보다는 이상성격이 그 원인이 되는 경우가 많음

정답 | ②

59

가로팔로(R. Garofalo)의 범죄인분류 중 자연범에 해당되지 않는 것은?

① 모살범죄인 ② 폭력범죄인
③ 재산범죄인 ④ 과실범죄인

해설 가로팔로는 범죄인을 자연범, 법정범, 과실범으로 분류하고, 자연범의 유형으로 ①·②·③ 외에 풍속범죄인을 들었다.

정답 | ④

60 ★

리스트(F. von Liszt)의 범죄인분류에 관한 설명으로 옳지 않은 것은?

① 형벌의 목적과 관련하여 범죄자를 세 집단으로 분류하였다.
② 형벌의 목적달성방법을 개선·위협·무해화(無害化)의 세 가지로 나누고, 행위자의 유형에 따라 세 가지를 각각 달리 적용해야 한다고 주장하였다.
③ 성욕범죄인은 개선불가능자로 분류하고, 목적달성방법으로 무해화조치를 제시하였다.
④ 명예·지배욕범죄인은 기회범으로 분류하고, 목적달성방법으로 위협을 제시하였다.

해설 리스트는 범죄인을 개선불가능자·개선가능자·기회범 등 세 가지로 크게 나누고, 목적달성방법으로 개선불가능자는 무해화조치, 개선가능자는 개선조치, 기회범은 위협이 적당하다고 하였다.
③ 리스트는 성욕범죄인을 동정범죄인·긴급범죄인·격정범죄인 등과 더불어 개선가능자로 분류하고, 목적달성방법으로 개선조치를 제시하였다.

➤ 리스트의 범죄인분류

개선불가능자	법익침해 의식이 없거나 희박한 범죄인	〈무해화조치〉 • 종신형에 의한 무해화조치가 필요 • 개선불가능한 자에 대한 범죄학적·형사정책적 연구는 매우 중요
개선가능자	동정범죄인	〈개선조치〉 • 개선을 위한 형벌 부과 • 다만 단기자유형은 불합리한 결과를 초래하므로 피해야 함
	긴급범죄인	
	성욕범죄인	
	격정범죄인	
기회범	명예·지배욕범죄인	〈위협〉 • 위하의 목적으로 형벌 부과 • 다만 형벌은 벌금정도가 적합하고, 단기자유형은 피해야 함
	이념범죄인	
	이욕·쾌락욕범죄인	

정답 | ③

61

아샤펜부르크(G. Aschaffenburg)의 범죄인분류 중 예모범죄인에 대한 설명으로 옳은 것은?

① 부주의한 범죄자로 법적 안정성을 해칠 정도는 아니지만, 사회방위조치가 필요한 자
② 우연한 기회가 범행동기가 되어 범행을 한 자
③ 범행기회를 노리는 자로 고도의 공공위험성을 가진 자
④ 범죄 자체를 직업적으로 생각하는 특수한 개인적 소질을 가진 자

해설 ①은 우발범죄인, ②는 기회범죄인, ④는 직업범죄인에 대한 설명이다.

정답 | ③

62

형사정책의 연구대상인 범죄와 범죄인분류에 관한 설명 중 옳은 것은? 사법시험 11

① 그룰레(H. Gruhle)는 범죄인을 자연범과 법정범으로 구분한다.
② 젤리히(E. Seelig)는 성격학, 유전생물학, 범죄심리학, 범죄사회학, 형사정책학 등을 기준으로 범죄인을 분류한다.
③ 슈툼플(F. Stumpfl)은 범죄인의 인격적 특성과 행동양식을 종합하여 범죄인을 8가지 유형으로 분류한다.
④ 아샤펜부르크(G. Aschaffenburg)는 개인적 요인과 환경적 요인을 고려하여 범죄인을 7가지 유형으로 분류한다.
⑤ 국제형사학협회(IKV)는 범죄인을 기회범과 상태범으로 분류한다.

해설 ① 범죄를 자연범과 법정범으로 구분한 학자는 가로팔로(R. Garofalo)이다.
② 젤리히는 범죄인의 인격적 특성과 행동양식을 종합하여 범죄인의 유형을 8종으로 분류하였다.
③ 슈툼플 → 젤리히
⑤ 국제형사학협회는 범죄인을 기회범죄인, 사회생활능력이 약화된 범죄인, 합법적 사회생활을 기대할 수 없는 범죄인으로 분류한다.

정답 | ④

63

범죄인분류에 관한 설명으로 틀린 것을 모두 고른 것은?

㉠ 롬브로조는 관습범죄인의 경우 유형에 처할 것을 주장하였다.
㉡ 페리는 관습범죄인의 경우 개선가능성이 있는 자라도 무기한 격리할 것을 주장하였다.
㉢ 가로팔로는 풍속범죄인의 경우 부정기자유형에 처할 것을 주장하였다.
㉣ 리스트는 개선가능한 자의 경우 무해화조치를 취할 것을 주장하였다.

① ㉠, ㉡
② ㉡, ㉢
③ ㉡, ㉣
④ ㉠, ㉡, ㉢

해설 [×] ㉡ 페리는 관습범죄인의 경우 개선가능성이 있는 자는 훈련조치를, 개선불능한 자는 무기한 격리할 필요가 있다고 주장하였다.
㉣ 리스트는 개선가능한 자는 개선조치를, 개선불가능한 자는 무해화조치를 취할 것을 주장하였다.
[○] ㉠·㉢

정답 | ③

64

범죄인의 성격적 태도나 장래 징후를 기준으로 범죄인을 중범죄인 · 경범죄인 · 조발성 범죄인 · 지발성 범죄인으로 분류한 사람은?

① 슈툼플(F. Stumpfl)
② 엑스너(F. Exner)
③ 구룰레(H.W. Gruhle)
④ 마이호퍼(W. Maihofer)

해설 ② 성격학적 원인, 유전 생물학적 원인, 범죄심리학적 원인, 체질학적 원인, 범죄사회학적 원인, 형사정책적 원인 등의 관점을 다원적으로 이용하여 범죄인을 분류하였다.
③ 범죄를 일으키는 동기를 심리학적으로 분석하여 경향범죄인, 박약범죄인, 격정범죄인, 명예(확신)범죄인, 빈곤범죄인 등으로 분류하였다.
④ 재사회화이념에 따라 속죄용의 있는 기회범인, 속죄용의 없는 기회범인, 개선가능한 상태범, 개선불가능한 상태범으로 분류하였다.

정답 | ①

65

슈툼플(F. Stumpfl)은 범죄시기에 따라 조발성 범죄인과 지발성 범죄인으로 분류하였는데 이 경우 양자 구별의 기준으로 삼은 연령은?

① 18세 ② 20세
③ 23세 ④ 25세

해설 ④ 독일의 슈툼플은 25세 이전에 처음 범죄를 저지르는 자를 조발성 범죄인, 25세 이후에 처음 범죄를 저지르는 자를 지발성 범죄인으로 분류하였다.

➤ 슈툼플의 범죄인분류

범죄인 성격에 따른 분류	경범죄인	외적·내적 갈등으로 가벼운 범죄를 저지르는 자
	중범죄인	외적·내적 갈등 없이 소질에 의해 범죄를 저지르는 자
범죄시기에 따른 분류	조발성범죄인	25세 이전에 처음 범죄를 저지르는 자
	지발성범죄인	25세 이후에 처음 범죄를 저지르는 자

정답 | ④

66

다원적 관점에서 범죄인을 분류한 학자는?

① 슈툼플(F. Stumpfl) ② 마이호퍼(W. Maihofer)
③ 젤리히(E. Seelig) ④ 엑스너(F. Exner)

해설 ④ 엑스너는 여러 가지 관점에서 범죄인을 분류하였는데 (i) 유전생물학적 분류, (ii) 범죄심리학적 분류, (iii) 성격학적 분류, (iv) 체질학적 분류, (v) 범죄사회학적 분류, (vi) 형사정책학적 분류가 그것이다.

정답 | ④

67 ★

범죄인분류에 관한 설명으로 거리가 먼 것은? 교정7급 00

① 롬브로조(Lombroso)는 생래적 범죄인, 정신병범죄인, 격정범죄인, 기회범죄인 등 6종으 분류하였다.

② 가로팔로(Garofalo)는 범죄인을 크게 자연범과 법정범으로 분류하였다.

③ 아샤펜부르크(Aschaffenburg)는 우발범죄인, 격정범죄인, 기회범죄인, 예모범죄인 등 7종으로 분류하였다.

④ 우리나라는 우발범죄인, 상습범죄인, 소년범죄인, 직업범죄인, 사상범죄인으로 분류하고 있다.

해설 ④ 우리나라는 형사실무상 양형과 범죄인처우를 위하여 범죄인을 우발범, 상습범, 심신장애범, 소년범, 사상범으로 분류하고 있다.

정답 | ④

CHAPTER

03 고전주의와 실증주의 범죄학의 비교

01

범죄학에서 고전주의와 실증주의에 관한 설명으로 옳지 않은 것은? 사법시험 07

① 고전주의가 범죄행위에 초점을 둔다면, 실증주의는 개별적 범죄인에 초점을 둔다.
② 고전주의가 계몽주의 사조의 영향을 받았다면, 실증주의는 자연과학 발전의 영향을 받았다.
③ 실증주의가 인간행동에 대해 결정론적으로 해석을 한다면, 고전주의는 자유의지를 강조하는 편이다.
④ 고전주의는 행위자의 위험성을 형벌부과의 기초로 한다.
⑤ 실증주의에 입각한 범죄예방이 기대에 미치지 못하자 고전주의가 추구했던 범죄억제를 재조명하려는 신고전주의가 나타났다.

해설 ④ 범행의 동기나 범죄자의 인격을 고려하여 탄력적으로 형벌을 정해야 한다고 보는 입장은 실증주의이며, 특히 가로팔로는 행위자의 위험성에 상응한 형벌부과를 주장하였다.

정답 | ④

02 ★

다음 설명 중 그 내용이 가장 옳지 않은 것은? 해경간부 23

① 일상활동이론(Routine Activity Theory)은 범죄발생의 3요소 중 가해자의 범행 동기를 가장 중요한 요소로 제시한다.
② 합리적 선택이론(Rational Choice Theory)에 따르면, 범죄자는 범행 여부에 대한 의사결정을 함에 있어 처벌의 가능성과 강도뿐 아니라 다양한 개인적, 상황적 요인을 포괄적으로 고려한다.
③ 신고전주의 범죄학의 등장은 실증주의 범죄학 및 관련 정책의 효과에 대한 비판적 시각과 관련이 있다.
④ 합리적 선택이론(Rational Choice Theory)은 사람들이 이윤을 극대화하고 손실을 최소화하기 위한 결정을 한다는 경제학의 기대효용원리에 기초하고 있다.

해설 ① 코헨(Cohen)과 펠슨(Felson)의 일상활동이론은 범죄자가 아니라 피해자를 둘러싸고 있는 범행의 조건을 강조하는 이론으로, 약탈적 범죄의 설명을 위하여 시작하였으며, 그러한 범죄가 발생하기 위해서는 범행을 동기화한 사람(범행동기를 가진 잠재적 범죄자), 적절한 범행대상(합당한 표적), 범행을 막을 수 있는 사람의 부존재(보호할 수 있는 능력의 부재)의 세 가지 요소가 시간과 공간적으로 융합되어야 한다고 가정한다. 이 이론은 잠재적 범죄자는 이미 정해진 것으로 간주하고, 나머지 두 요소에 초점을 맞춘다.

정답 | ①

03

신고전주의 범죄학에 대한 다음 설명 중 그 내용이 가장 적절하지 않은 것은? 경찰간부 23

① 합리적 선택이론(Rational Choice Theory)은 사람들이 이윤을 극대화하고 손실을 최소화하기 위한 결정을 한다는 경제학의 기대효용원리에 기초하고 있다.

② 합리적 선택이론에 따르면, 범죄자는 범행 여부에 대한 의사결정을 함에 있어 처벌의 가능성과 강도뿐 아니라 다양한 개인적, 상황적 요인을 포괄적으로 고려한다.

③ 일상활동이론(Routine Activity Theory)은 범죄 발생의 3요소 중 가해자의 범행 동기를 가장 중요한 요소로 제시한다.

④ 신고전주의 범죄학의 등장은 실증주의 범죄학 및 관련 정책의 효과에 대한 비판적 시각과 관련이 있다.

해설 ③ 일상활동이론은 범행의 조건에 관한 이론으로서 범행을 촉발하는 요인으로 범행을 동기화한 사람, 적절한 범행 대상, 범행을 막을 수 있는 사람의 부존재를 들고 있으며, 이 범죄의 세 가지 요소중 적절한 범행 대상, 범행을 막을 수 있는 사람의 부존재가 중요하다고 본다.

① 클라크(Clarke)와 코니쉬(Cornish)의 합리적 선택이론은 경제이론에서의 기대효용의 법칙을 범죄학에 적용하여 인간은 범죄로 인하여 얻게 될 효용과 손실의 크기를 비교하여 범행여부를 결정한다고 본다. 이는 고전 범죄학에서 이해하는 인간본성에 대한 가정과 일치한다.

② 합리적 선택이론에 따르면 범죄를 위한 결정이나 중단은 처벌 가능성과 처벌의 강도는 물론 일체의 범죄비용을 고려한 기대효과와 보상을 바탕으로 의사결정이 이루어진다. 범행결정은 돈의 필요, 스릴, 복수 등의 개인적 요인 및 범행대상의 보호수준과 경찰활동 등의 상황적 요인을 모두 고려하며, 사회적 관계라든가 개인특성과 능력 및 환경요인의 영향을 받는다.

④ 실증주의 범죄학은 범죄의 원인을 생물학적, 심리학적, 사회학적 요인에 기반하여 설명하고, 이를 바탕으로 범죄자 교화와 치료를 주장하며, 경제적 기회와 사회복지에 집중하는 다수의 범죄예방정책을 펼쳤으나 이 시기에 범죄율은 지속적으로 증가하는 결과를 보이자 그에 대한 비판으로 신고전주의 범죄학이 등장하였다.

정답 | ③

04

다음 중 고전학파 범죄이론에 대한 설명으로 가장 옳지 않은 것은? 해경간부 23

① 고전학파는 범죄의 원인보다 형벌 제도의 개혁에 더 많은 관심을 기울였다.

② 고전주의 범죄학은 계몽주의 시대사조 속에서 중세 형사사법 시스템을 비판하며 태동하였고, 근대 형사사법 개혁의 근간이 되는 이론적 토대를 제공하였다.

③ 파놉티콘(Panopticon) 교도소를 구상하여 이상적인 교도행정을 추구하였다.

④ 인간의 합리적인 이성을 신뢰하지 않고 범죄원인을 개인의 소질과 환경에 있다고 하는 결정론을 주장하였다.

해설 ④ 실증주의 학파에 대한 설명이다. 인간의 자유의지를 중시한 고전학파는 비결정론적 입장이며, 인간을 자유의지를 가진 합리적·이성적 존재로 본다.

정답 | ④

05

괄호 안에 들어갈 내용이 순서대로 올바르게 나열된 것은?

> ㉠ 고전학파가 (　)의 감소를 연구의 주요대상으로 하였다면, 실증주의는 (　)의 감소까지 연구범위에 포함시켰다.
> ㉡ 가로팔로는 (　)이고, 롬브로조는 (　)이며, 페리는 (　)이다.

① 잔혹한 형벌, 범죄, 인류학적, 생물학적, 사회학적
② 잔혹한 형벌, 범죄, 생물학적, 인류학적, 사회학적
③ 범죄, 잔혹한 형벌, 인류학적, 생물학적, 사회학적
④ 범죄, 잔혹한 형벌, 사회학적, 인류학적, 생물학적

정답 | ①

06

범죄에 관하여 고전주의학파와 실증주의학파로 나눌 때, 다음 설명 중 동일한 학파의 주장으로만 묶은 것은? 교정7급 15

> ㉠ 효과적인 범죄예방은 형벌을 통해 사람들이 범죄를 포기하게 만드는 것이다.
> ㉡ 법·제도적 문제 대신에 범죄인의 개선 자체에 중점을 둔 교정이 있어야 범죄예방이 가능하다.
> ㉢ 형이상학적인 설명보다는 체계화된 인과관계 검증과정과 과거경험이 더 중요하다.
> ㉣ 형벌은 계몽주의, 공리주의에 사상적 기초를 두고 이루어져야 한다.
> ㉤ 인간은 기본적으로 자유의지를 가진 합리적·이성적 존재이다.

① ㉠, ㉡, ㉤　　② ㉠, ㉣, ㉤
③ ㉡, ㉢, ㉣　　④ ㉡, ㉢, ㉤

해설 ② ㉠·㉣·㉤은 고전주의학파의 주장에 해당하고, ㉡·㉢은 실증주의학파의 주장에 해당한다.

정답 | ②

07

범죄원인의 해명방법에 관한 설명 중 옳지 않은 것은?

① 소질과 환경 중에서 어느 하나에만 중점을 두어 범죄의 원인을 설명하는 입장은 일원론적 관점이다.
② 범죄의 원인을 여러 범인들의 복합관계로 파악하는 입장은 다원론적 관점이다.
③ 다원론적 관점은 1920년대 미국의 Show & Mckay의 연구에서 출발한다.
④ 범인성 요소들의 복합관계를 일반명제화하여 모든 범죄에 공통된 설명모델을 제시하려는 입장을 일반론이라 한다.
⑤ 다원인자론은 인자와 원인과의 구별이 명확하지 않아 혼동을 가져온다는 지적이 있다.

해설 ③ 다원론적 관점(다원인자론)은 1920년대 소년비행예측에 사용된 이론으로 범죄의 발생은 하나의 원인이 아닌 생물학적·사회학적·심리학적 원인이 복합적으로 작용된 결과라고 보는 견해를 말하며, 힐리(W. Healy)·글룩부부(S. Glueck & E. Glueck) 등의 연구에서 출발한다.

정답 | ③

08

범죄 및 범죄원인에 대한 설명으로 옳지 않은 것은?

① 결정론에 따르면 인간의 사고나 판단은 이미 결정된 행위과정을 표출하는 것에 불과하므로 자신의 사고나 판단에 따라 자유롭게 행위를 선택할 수 없다고 본다.
② 합의론은 법률적 질서를 자유의사에 따른 합의의 산물로 보고 법에서 금지하는 행위를 하거나 의무를 태만히 하는 행위 모두를 범죄로 규정하며, 범죄의 원인에 따라 책임소재를 가리고 그에 상응하는 처벌을 부과해야 한다고 본다.
③ 미시적 환경론과 거시적 환경론은 개인의 소질보다는 각자가 처해 있는 상황을 주요한 범죄 발생 원인으로 고려한다는 점에서 공통된다.
④ 갈등이론에 의하면 범죄란 사회권력을 가진 사람들의 견해를 반영하는 것으로 범죄자는 사회적 규범을 위반하여 일탈자로 낙인찍힌 것을 말한다.

해설 ④ 상호작용론적 관점에서 따른 범죄개념이다.

정답 | ④

09

범죄원인 연구의 접근방법에 관한 설명 중 틀린 것으로 묶인 것은?

> ㉠ 페리(Ferri)는 정치·경제·인구밀도·가족조직·종교 등과 같은 사회적·문화적 요인을 중시한 반면, 기후·계절·온도와 같은 물리적·풍토적 자연환경은 무시하였다.
> ㉡ 다원론의 대표적 학자로는 버어트(Burt), 힐리(Healy), 글룩부부(S. Glueck & E. Glueck) 등이 있다.
> ㉢ 인간의 선택에 대한 책임을 강조하고, 범죄자를 도덕적 장애자로 취급하는 것은 결정론의 입장이다.
> ㉣ 범죄자는 사회적 병약자로서 이들에 대해서는 처벌보다는 치료와 처우가 효과적이라는 것은 비결정론의 입장이다.
> ㉤ 각 부분요소들은 각각 맡은 바 기능을 담당하고, 상호 유기적인 협력관계를 맺고 있다는 것은 합의론적 관점에 해당한다.

① ㉠, ㉡, ㉢ ② ㉠, ㉢, ㉣
③ ㉡, ㉣, ㉤ ④ ㉢, ㉣, ㉤

해설 [×] ㉠ 페리는 사회적·문화적 요인과 더불어 물리적·풍토적 환경도 중시하였다.
㉢ 비결정론의 입장이다.
㉣ 결정론의 입장이다.
[○] ㉡·㉤

정답 | ②

10

범죄발생원인으로서의 소질과 환경에 대한 설명으로 옳은 것은? 사법시험 14

① 고전학파는 소질과 환경이 모두 범죄원인으로 작용하지만 소질이 훨씬 강하게 작용한다고 보았다.
② 범죄발생원인으로서 소질의 내용에는 유전, 신체, 빈곤, 가정해체 등이 포함된다.
③ 에이커스(Akers)는 범죄발생은 개인의 소질이 아니라 자본주의의 모순으로 인해 자연적으로 발생하는 사회현상이라고 보고, 노동자계급의 범죄를 적응범죄와 대항범죄로 구분하였다.
④ 크리스찬센(Christiansen)은 쌍생아 연구를 통해 유전적 소질이 범죄원인으로 작용하는지를 탐구하였다.
⑤ 볼드(Vold)는 집단갈등론을 통해 범죄유전인자를 가진 가족사이의 갈등이 중요한 범죄원인이 된다고 보았다.

해설 ① 범죄원인으로 소질을 강조한 것은 고전학파가 아니라 실증주의학파이다.
② 범죄발생원인으로서의 소질설은 범죄인 개인의 생리적·정신적인 내부적 특질이 범죄발생의 주요원인이라고 보는 입장이므로 유전과 신체는 소질의 내용에 포함될 수 있으나, 빈곤, 가정해체 등은 소질에 포함될 수 없다.
③ 노동자계급의 범죄를 적응범죄와 대항범죄로 구분한 학자는 퀴니(R. Quinney)이다.
⑤ 볼드(G.B. Vold)는 1958년 그의 저서 「이론범죄학」을 통해 사회적 동물인 인간의 행위는 집단적 행위개념으로 볼 때 가장 잘 이해할 수 있다고 보고, 집단 간의 이해관계 대립이 범죄의 원인이라고 주장하였다.

정답 | ④

11

범죄원인의 연구방법에 관한 설명으로 가장 적절하지 않은 것은?

① 형사정책을 강구함에 있어서는 일원론보다 다원론이 용이하다.
② 고전주의는 비결정론적 입장에 있다.
③ 결정론에서는 자신의 사고나 판단에 많은 의미를 부여하지 않는다.
④ 합의론에서는 어떤 공통의 합의 기준이 없으면 사회의 성립이 어렵다고 본다.

해설 ① 다원론적 입장을 취하게 되면 범죄의 원인이 다각적으로 분석되어 결과적으로 형사정책방안을 강구하기 어렵게 된다는 지적이 있다.

정답 | ①

12

다음 그림에 관한 설명으로 가장 적절하지 않은 것은? 경행1차 23

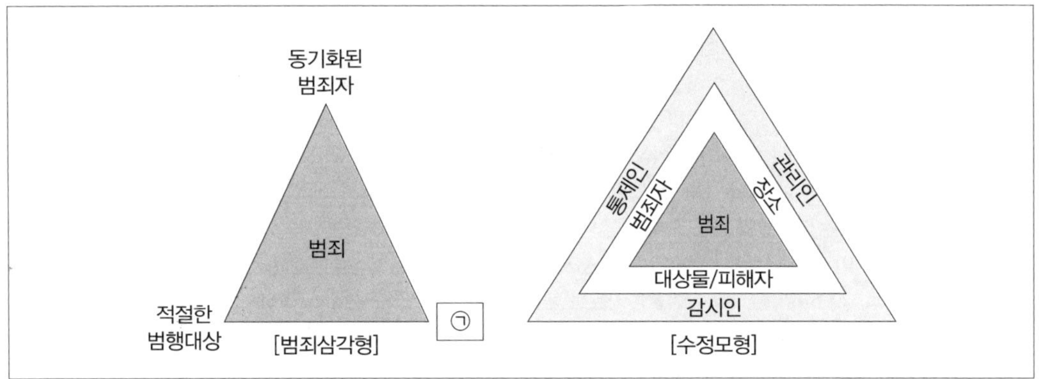

① 범죄삼각형은 일상활동이론(Routine Activity Theory)의 3요소가 시·공간에서 수렴했을 때 범죄가 발생한다는 것을 도식화한 것이다.
② 두 모형은 범죄문제 해결 및 예방을 위한 환경설계를 통한 범죄예방(CPTED) 및 상황적 범죄예방기법과 밀접한 관련이 있다.
③ ㉠에 대한 구체적 범죄예방기법으로는 소유물에 대한 표시, 출입문 잠금장치 및 방범창 설치, 금고의 활용 등이 있다.
④ 수정모형은 ㉠의 개념을 보다 구체화한 것으로 동기화된 범죄자를 사적으로 통제할 수 있는 통제인(handler), 장소와 시설을 관리할 수 있는 관리인(manager), 범행대상을 공·사적으로 보호할 수 있는 감시인(guardian)으로서의 역할을 강조하였다.

해설 ③ ㉠은 감시의 부재이며, 펠슨은 감시인 또는 보호자는 경찰이나 민간경비원 등의 공식 감시인을 의미하는 것이 아니라, 그 존재나 근접성 자체가 범죄를 좌절시킬 수 있는 사람들을 의미하는 것으로 의도하지 않더라도 사람들이 친지나 친구 또는 모르는 사람들로부터 보호받게 되는 측면을 의미한다고 설명하였다. 즉 일상활동이론은 비공식적 통제체계에서의 자연스러운 범죄예방과 억제를 중요시한다. 일상활동이론(routine activity theory)은 1970년대 미국의 범죄증가율을 설명하기 위하여 코헨과 펠슨(Cohen & Felson, 1979)이 제안하였고 범죄율을 설명함에 있어서 미시적이고도 거시적인 접근을 시도한다. 첫 번째 그림은 미시적 차원에서 코헨과 펠슨은 시간, 공간, 대상물, 사람을 기본요소로 범죄에 대한 일상활동이론을 발전시켰으며, 핵심은 범죄삼각형이라는 세 가지 요소를 전제로 한다. 두 번째 그림에서 에크(Eck)는 동기화된 범죄자, 범행에 적합한 대상, 사람이나 재산에 대한 감시의 부재라는 3요소에 통제인(handler)이 추가된 네 가지 요소를 기반으로 범죄삼각형 또는 문제삼각형을 고안하였다.

일상활동이론은 비공식적 통제체계에서의 자연스러운 범죄예방과 억제를 중요시하는 것이다. 일반적으로 우리는 경찰이나 경비원을 감시나 보호의 주체로 생각하는 경향이 있지만 친구, 가족 그리고 지나가는 일반시민들이 범죄예방을 위한 감시자의 역할을 잘할 수 있다는 것이다. 그렇지만 일상활동이론의 타당성은 범죄에 대한 공식적 통제체계와 비공식적 통제체계 중 어느 것이 범죄예방에 더 영향을 미치는가에 있다기 보다는 이론이 제시하는 세 가지 핵심요소의 효과가 경험적으로 얼마나 지지되는가에 달려 있다고 봐야한다(Akers & Sellers). 거시적인 차원에서의 일상활동이론은 거대 사회와 지역사회의 어떠한 특징이 미시적 차원에서 세 가지 핵심요소의 결합을 통한 범죄발생을 더 용이하게 한다고 설명한다. 일상활동이론은 미국의 범죄율 상승의 원인을 상품과 서비스에서의 테크놀로지의 변화는 물론 사람들의 활동범주가 가족과 가정을 벗어나 확대되는 사회분위기에서 찾고자 하였다(Felson, 2008). 코헨과 펠슨(Cohen & Felson, 1979)은 제2차 세계대전 이후 직업이나 여가에서의 일상활동의 변화로 사람들이 특정한 장소와 시간에 모이는 상황이 조성되었고 이러한 일상활동의 변화가 범죄대상이 될 가능성을 증가시키고 재산을 감시할 능력을 감소시켰다고 설명하였다. 예를 들자면, 제2차 세계대전 이후에 주거침입절도와 자동차절도가 급증한 것은 전쟁 이후 경제활동의 활성화를 위해 맞벌이 부부가 늘어나면서 비어있는 집과 출퇴근용 자동차의 증가가 불가피했던 당시의 사회상황과 맞물려 이해할 수 있겠다. 거대사회와 지역사회의 변화가 범죄기회를 양산하여 특정 범죄를 증가시킨 것으로 설명될 수 있는 것이다. 스마트폰과 개인용 컴퓨터의 일반화가 보이스피싱이나 사이버범죄를 증가시킨 것도 이러한 맥락에서 이해될 수 있겠다. 일상활동이론의 범죄삼각형은 범죄가 발생하는 세 가지 요소를 구체화하였는데, 이후 이러한 세 가지 요건에 영향을 줄 수 있는 통제인의 개념이 추가되면서 범죄통제 메커니즘에 도움이 되는 시사점이 제시되었다. "부모는 아이들의 행동에 좋은 영향을 줄 수 있지만 떨어져 있을 때는 이러한 역할을 효과적으로 수행할 수 없다. 이러한 측면에서 부모와 같은 통제인(handler)의 개념이 일상활동이론의 네 번째 요소로 추가되었다"(Felson, 2008). 초창기의 일상활동이론은 통제이론 관련 요소는 전혀 고려하지 않았지만 이론이 발전해옴에 따라 통제(control)를 일상활동이론 자체의 요소로 수용하게 되었다. 그렇지만 "통제"의 개념이 일상활동이론에 내재된 것이라기보다는 사람들을 감시할 누군가의 존재나 부존재 여부를 강조하고자 추가된 것이다. 에크(Eck, 2003)는 동기화된 범죄자, 범행에 적합한 대상 그리고 사람이나 재산에 대한 감시의 부재라는 3요소에 통제인(handler)이 추가된 네 가지 요소를 기반으로 범죄삼각형(crime triangle) 또는 문제삼각형(problemtriangle)을 고안하였다.

범죄삼각형은 두 개의 삼각형으로 구성되었다. 안쪽의 삼각형은 일반적으로 발생하는 범죄의 세 요소인 잠재적인 범죄자, 범죄의 대상물과 피해자 그리고 범행에 용이한 장소로 구성되어 있다(Eck, 2003). 동기화된 범죄자가 범행을 수행하기 위해서는 적합한 상황에서 범죄대상을 찾아야 가능한 것이다. 바깥쪽 삼각형은 "통제인"으로 추가된 세 감시주체들로서 통제인(handler), 감시인(guardian), 관리인(manager)으로 구체화 되었다. 통제인은 잠재적 범죄자에게 영향력을 행사하고 통제할 수 있는, 예를 들자면 청소년의 경우 부모형제나 선생님이 해당할 수 있겠다. 감시인은 대상물이나 피해자를 감시하고 보호할 수 있는, 예를 들자면 이웃이나 지나가는 사람들이 될 수 있다. 관리인은 장소를 관리하는 역할을 할 수 있는, 예를 들자면 편의점의 경우 편의점 주인이나 종업원이 될 수 있다. 이 감시주체들이 무능하거나 없는 상황에서 범행의 발생이 용이하게 되는데, 범죄자가 통제자의 영향력에서 벗어나 감시인이 없는 피해자나 대상물을 관리인의 눈길이 없는 장소에서 만나게 되면 범죄가 발생하는 것이다. 이러한 에크(Eck, 2008) 및 클락과 에크(Clarke& Eck, 2005) 등 학자들의 노력으로 일상활동이론은 초창기의 모습보다 발전된 모형을 갖게 되었다(Felson, 2008).

정답 | ③

13

다음 그림은 에크(Eck)가 제시한 범죄의 삼각형이다. 이에 대한 설명으로 가장 적절하지 않은 것은?

경찰간부 23

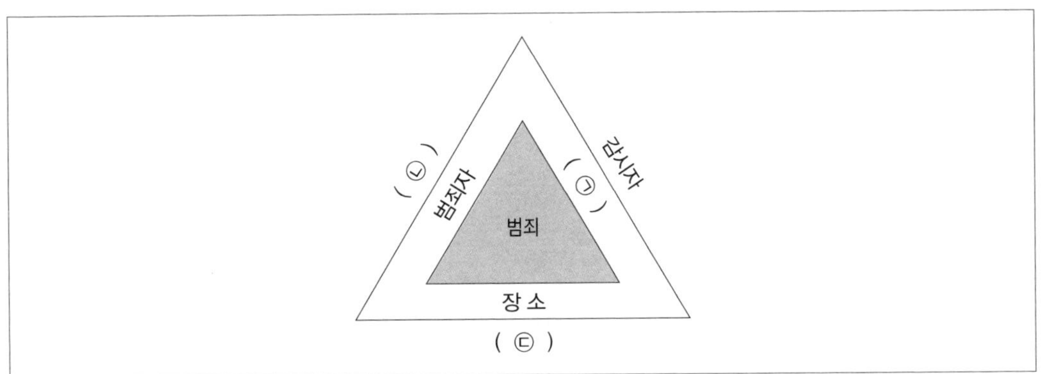

① 내부의 삼각형은 일상활동이론의 범죄발생 3요소를 의미한다.
② ㉠은 적절한 범행대상 목표물로 범죄자가 갖거나 통제하고 싶은 어떤 대상을 의미한다.
③ ㉡은 보호자(Guardians)로서 범죄자와의 사적 유대관계를 통해 법위반을 억제한다.
④ ㉢은 관리자(Managers)로 상점점원, 학교 교사, 시설의 경비원이나 안내원 등이 포함된다.

해설 ③ ㉡은 통제인으로 잠재적 범죄자에게 영향력을 행사하고 통제할 수 있는, 예를 들어 청소년의 경우 부모형제나 선생님이 이에 해당할 수 있겠다.

① 범죄삼각형은 두 개의 삼각형으로 구성되었다. 안쪽의 삼각형은 일반적으로 발생하는 범죄의 세 요소인 잠재적인 범죄자, 범죄의 대상물과 피해자, 범행에 용이한 장소로 구성되어 있다. 동기화된 범죄자가 범행을 수행하기 위해서는 적합한 상황에서 범죄대상을 찾아야 가능한 것이다. 바깥쪽 삼각형은 "통제인"으로 추가된 세 감시주체들로서 통제인, 감시인, 관리인으로 구체화되었다.

② ㉠은 범죄의 대상물과 피해자이다.

④ ㉢은 관리인으로 장소를 관리하는 역할을 할 수 있는, 예를 들어 상점인 경우 상점 주인이나 직원이 될 수 있다.

정답 | ③

박상민

JUSTICE 교정학

단원별 핵심천제

[형사정책편]

PART

03

생물학적 범죄원인론

01

범죄의 원인으로 소질을 중시하는 입장과 가장 거리가 먼 것은?

① 롬브로조(C. Lombroso)의 생래적 범죄인설에서 비롯된다.
② 범죄자 개인의 내부적 특질이 범죄발생의 주요원인이라고 본다.
③ 소질의 범위에는 선천적 요소만이 포함되고, 후천적 요소는 포함되지 않는다.
④ 소질은 유전자의 작용뿐만 아니라, 모의 질병·음주·흡연 등 수태 시 모태의 외부적 조건에 의해서도 형성된다.

해설 ③ 소질을 중시하는 입장에 따르면 소질에는 선천적 요소뿐만 아니라, 후천적 요소도 포함된다고 본다.

정답 | ③

02

다음은 범죄원인론에 관한 설명이다. ㉠·㉡의 학자를 가장 적절하게 연결한 것은? 경행2차 23

- (㉠)은 범죄자 집단과 비범죄자 집단을 비교·분석한 결과, 범죄의 원인이 신체적 차이에 있는 것이 아니라 유전학적 열등성에 있다고 주장하면서 롬브로조(Lombroso)의 연구를 비판하였다.
- (㉡)는 도덕적 발달단계를 범죄에 적용하였으며, 도덕적 발달단계를 3가지 수준인 전관습적, 관습적, 후관습적 수준으로 나누고 각 수준마다 2단계씩 총 6단계로 나누었다.

① ㉠ 후튼(Hooton) ㉡ 피아제(Piaget)
② ㉠ 고링(Goring) ㉡ 콜버그(Kohlberg)
③ ㉠ 후튼(Hooton) ㉡ 콜버그(Kohlberg)
④ ㉠ 고링(Goring) ㉡ 피아제(Piaget)

해설 ② ㉠ 후튼(Hooton), ㉡ 콜버그(Kohlberg)에 대한 설명이다.
㉠ 고링(Goring)은 범죄인이 비범죄인보다 일반적으로 신장과 체중이 다소 미달될 뿐 신체적으로 일반인과 구별되는 특징을 발견할 수 없었다고 주장하고, 롬브로조가 주장하는 범죄인 분류는 현실적으로 활용이 부적절하다고 비판하였으나, 범죄성의 유전성에 대해서는 긍정하는 입장을 취하였다.
㉡ 콜버그(Kohlberg)는 행위의 옳고 그름에 대한 이해와 그에 따른 행동의 발달로 3가지 수준(전인습, 인습, 후인습)의 6가지 단계에 관한 사회화 과정을 주장하였고, 대부분의 비행청소년은 1~2단계에 속한다고 보았다.

정답 | ②

03 ★

생물학적 범죄이론에 관한 내용으로 가장 적절한 것은? 경행 22

① 셀던(Sheldon)은 인간의 체형을 중배엽형(mesomorph), 내배엽형(endomorph), 외배엽형(ectomorph)으로 구분하고, 이 중 외배엽형은 활동적이고, 공격적이며, 폭력적 면모를 가진다고 주장하였다.

② 고링(Goring)은 수형자와 일반사회인에 대한 비교 연구를 통해 유전보다는 환경의 역할이 결정적이라고 주장하였다.

③ 초남성(supermale)으로 불리는 XXY 성염색체를 가진 남성은 보통 남성보다 공격성이 더 강한 것으로 알려져 있다.

④ 범죄성 유전에 대한 가계도 연구는 쥬크(Juke)가(家)와 칼리카크(Kallikak)가(家)에 대한 연구가 대표적이다.

해설 ④ 범죄성 유전에 대한 가계도 연구는 덕데일의 쥬크(Juke)가(家) 연구와 고다드의 칼리카크(Kallikak)가(家)에 대한 연구가 대표적이다. 범죄자 집안의 선대 사람들의 범죄 경력을 조사하여 범죄성의 유전을 입증한 연구이다.

① 셀던(Sheldon)의 분류 중 활동적이고, 공격적이며, 폭력적 면모를 가진다고 주장 것은 중배엽형(근육형)으로 중배엽형은 가슴과 어깨근육이 발달한 근육형 인간으로 활동적이고 공격적인 성향을 띠며 외배엽형은 세장형으로 피부와 신경체계가 발달하였으며 여위고 섬세하며 작은 몸집으로, 성격은 예민하고 내향적인 기질을 가지고 있다. 내배엽형 인간은 배가 나오고 둥그스름한 체형에 살이 찌기 쉬운 체질이고 성격적으로는 느긋하며 외향적이다.

② 고링(Goring)은 롬브로조의 이론에 반론을 제기하며 범죄란 신체적 변이형태와 관계된 것이 아니라 유전에 의해 전수되는 것이며, 각자가 처해있는 사회적 환경이나 자연적 환경의 결과가 아니라고 주장하였다.

③ 보통의 남성보다 공격성이 더 강한 것으로 알려져 있는 초남성(supermale)이란 XYY의 성염색체를 가진 남성을 말하며 지능이 낮고, 성적인 조숙, 조발성, 뇌파측정에서 간질환자의 뇌파와 유사한 이상파를 보이는 자로 폭력적이고 강한 범죄성향을 가지며 공격성이 강하여 교정교화는 불가능하다고 보고 있다.

정답 | ④

04

생물학적 범죄원인론에 대한 설명으로 틀린 것은?

① 행위자 개인의 기본적 특성인 소질을 강조한다.

② 다윈의 진화론으로부터 영향을 받았다.

③ 크레취머와 셀던은 체형과 정신적인 기질의 일치 정도를 연구함으로써 생물학적 범죄원인론을 발전시켰다.

④ 롬브로조는 생물학적·실증적인 인간관과 범죄관념에 따라 비결정론을 전제로 범죄를 연구하였다.

해설 ④ 롬브로조를 포함한 실증주의자들은 생물학·심리학·사회학 등을 활용한 과학적인 방법으로 인간행위는 주로 소질 또는 경제·사회·물리적 환경 등 외부적 요인에 의해 통제되고 결정된다고 보았다(결정론).

정답 | ④

05

다음 중 생물학적 범죄원인론에 대한 설명으로 가장 옳지 않은 것은? 해경간부 23

① 크레취머(Kretschmer)는 사람의 체형을 세장형, 운동형, 비만형으로 나누고 각 체형과 범죄유형의 상관관계를 연구하였다.

② 제이콥스(Jacobs)에 의하면 XYY형의 사람은 남성성을 나타내는 염색체 이상으로 신장이 크고, 정상인들에 비하여 수용시설에 구금되는 비율이 높다고 하였다.

③ 랑게(Lange)는 이란성 쌍둥이가 일란성 쌍둥이에 비해 쌍둥이가 함께 범죄를 저지를 가능성이 높다고 하였다.

④ 덕데일(Dugdale)은 범죄는 유전의 결과라는 견해를 밝힌 대표적인 학자이다.

해설 ③ 랑게(Lange)는 일란성 쌍둥이가 이란성 쌍둥이에 비해 쌍둥이가 함께 범죄를 저지를 가능성이 높다고 하였다.

정답 | ③

06

유전적 결함(유전부인)과 범죄와의 관계에 대한 설명으로 옳지 않은 것은?

① 유전부인(遺傳負因)이란 선조의 유전자조건 중 범죄원인이 될 만한 특성을 보이는 나쁜 유전자조건을 말한다.

② 유전부인(遺傳負因)이 부모에게 있는 경우를 직접부인(直接負因), 부모의 형제에게 있는 경우를 간접부인(間接負因)이라 한다.

③ 유전부인(遺傳負因)과 범죄와의 상관성을 연구한 학자로는 슈툼플(F. Stumpfl)·글룩부부(S. Glueck & E. Glueck) 등이 있다.

④ 영국의 고링(C. Goring)은 수형자와 일반사회인에 대한 비교연구를 통해 환경보다는 유전의 역할이 더욱 결정적이라고 주장하였다.

해설 ② 유전부인이 부모에게 있는 경우를 직접부인(直接負因), 조부모에게 있는 경우를 간접부인(間接負因), 부모의 형제에게 있는 경우를 방계부인(傍系負因)이라 한다.

정답 | ②

07 ★

유전과 범죄에 관한 설명으로 틀린 것을 모두 고른 것은?

> ㉠ 고링(Goring)은 일찍 부모의 영향권을 벗어난 사람들이 더 늦게 벗어난 사람보다 고질적 범죄인이 될 비율이 높다고 보았다.
> ㉡ 리들(Riedl)은 어머니보다 아버지의 유전적 결함이 범죄에 보다 많은 영향을 미친다고 보았다.
> ㉢ 글룩부부(S. Glueck & E. Glueck)는 범죄발생이 유전적 결함보다는 성장환경에 더 많이 좌우된다고 보았다.
> ㉣ 닥데일(Dugdale)은 유전성은 환경의 불변성과 무관하다고 주장하여 환경적 요인이 범죄에 미치는 영향을 부정하였다.

① ㉠, ㉡ ② ㉠, ㉢
③ ㉡, ㉢ ④ ㉢, ㉣

해설 [×] ㉢ 글룩부부는 범죄발생과 유전적 결함과는 밀접한 관계가 있다고 보았다.
㉣ 닥데일은 유전성은 환경의 불변성에 의존하며, 환경의 변화는 생애의 전체 변화를 낳을 수 있다고 하여 유전적 요인 외에도 환경의 중요성을 강조하였다.
[○] ㉠·㉡

정답 | ④

08 ★

범죄인 가계(家系)연구에 관한 설명 중 옳지 않은 것은?

① 범죄인 가계란 범죄인의 계보를 연구한 결과 범죄인·이상성격자·부랑자 등이 많이 배출되는 가계를 말한다.
② 범죄인 가계의 연구는 범죄성이 유전되는 것을 가계도(家系圖)에 의해서 증명하려는 연구 방법으로 쥬크(Juke)가와 칼리카크(Kallikak)가에 대한 연구가 대표적이다.
③ 범죄인 가계연구는 환경적 영향을 전혀 고려하지 않았고, 특정 가계에 대한 지엽적 연구에 불과하여 일반성을 인정할 수 없다는 비판이 있다.
④ 서덜랜드(Sutherland)는 조나단 에드워드(Jonathan Edward)가의 연구를 통해 범죄의 유전성을 입증하였다.

해설 ④ 서덜랜드(Sutherland)는 조나단 에드워드(Jonathan Edward)가의 연구를 통해 선조 중에는 살인범이 있었으나, 후손 중에는 살인범이 전혀 없었다는 점을 들어 범죄의 유전성을 부정하였다.

정답 | ④

09

고다드(H. Goddard)의 범죄연구에 대한 설명으로 옳은 것은? 교정7급 06

① 매스컴과 범죄의 무관성을 주장하였다.

② 인신범죄는 따뜻한 지방에서, 재산범죄는 추운지방에서 보다 많이 발생한다고 하였다.

③ 범죄자의 정신박약이나 지능과의 관계에 대하여 연구하였다.

④ 상습범죄자에 대한 조사에서 비행소년의 학업태만 등은 '범죄의 유치원'이라고 하였다.

해설 ③ 고다드(Goddard)는 범죄인 가계연구를 한 학자로서 칼리카크가(家)(The Kallikak) 연구가 대표적이다.

① 클레퍼(J.T. Klapper)·리커티(E.A. Ricutti)·레원(H.S. Lewon) 등 미국의 사회학자들에 따르면 매스미디어는 비인격적 관계에서 제시되는 사회적 환경의 일부에 불과하므로 범죄의 증가와 무관하며, 범죄발생은 개인적 인격, 가정, 집단관계 등 복합적 요소에 따라 좌우된다고 보았다.

② 케틀레(A. Quetelet)는 대인범죄는 따뜻한 지방인 유럽의 남부에 많고, 재산범죄는 추운 지방인 북부(특히 추운 계절)에 많다고 하였다.

④ 미국의 정신의학자인 힐리와 브론너(Healy & Bronner)는 여러 원인이 복합적으로 작용하여 동태적·발전적으로 소년비행에 이르게 되는 과정을 설명하였으며, 특히 '학업태만은 범죄의 유치원'이라고 하였다.

➤ **범죄인 가계연구**

쥬크가(家) 연구	맥스 쥬크의 7대에 걸친 조상 709명을 조사한 결과 매춘부 24.5%, 알코올중독자 18.5%, 중범죄자 10.5%, 정신병자 8.6% 등으로 조사되었고, 이들의 행동유형 또한 대체로 탐욕적, 향락적, 책임감과 정의관념 희박, 노동기피 등 특이현상이 나타났다.
칼리카크가(家) 연구	마틴 칼리카크가 정신박약자인 여인과의 사이에서 출생한 자손에게는 정신박약자 29.3%, 알코올중독자가 4.9%, 기타 범죄자 등이 다수 배출된 반면, 청교도 신앙을 가진 여인과의 사이에서 출생한 자손은 대체로 건전한 시민이었다.

정답 | ③

10

생물사회학적 범죄연구 사례에 대한 내용이다. 해당되는 연구는 무엇인가? 경찰간부 23

> 마틴은 기독교 집안에서 자란 청년으로 미국 독립전쟁에 참전 후 귀가하던 도중 하룻밤 묵게 된 여관에서 지적장애를 가진 여성 종업원과 성관계를 맺었다. 그 후 자신의 고향에 돌아와 기독교인 여성과 결혼한 후 건실한 가정을 꾸리고 살았다.
> 연구자는 이 두 여성으로부터 태어난 마틴의 4대째 후손들까지를 조사하였는데, 이후에 결혼한 여성에게서 태어난 후손들 중에는 법률가, 성직자, 의사 등 사회적으로 성공한 사람들이 많았고 범죄자는 한 명도 없었다. 그에 비해 지적장애를 가진 여성 종업원으로부터 태어난 후손들은 절반 이상이 지적장애인이나 범죄자였다. 연구자는 이러한 연구결과를 토대로 부모의 범죄성향이 전적으로 유전에 의해 자식에게 대물림된다고 주장하였다. 하지만 이러한 연구결과만으로는 자식이 부모의 범죄성향을 닮은 이유가 순전히 유전에 의한 것인지 아니면 부모가 자식에게 제공한 환경의 영향 때문인지에 대해 명확한 해답을 제시할 수 없다는 비판을 받는다.

① 덕데일(Dugdale)의 쥬크(Juke)가문에 관한 연구
② 고다드(Goddard)의 칼리카크(Kallikak)가문에 관한 연구
③ 서덜랜드(Sutherland)의 조나단 에드워드(Jonathan Edward)가문에 관한 연구
④ 제이콥스(Jacobs)와 스트롱(Strong)의 연구

해설 ② 고다드(Goddard)는 미국 독립전쟁 당시 마틴 칼리카크라는 남자와 그의 후손들에 대한 가계를 조사하여 유전과 범죄의 관계를 찾을 수 있었다.

① 덕데일(Dugdale)은 1700년대 중반에 미국에 살았던 쥬크라는 여자 범죄자의 후손들을 조사한 결과 상당수가 전과자, 포주, 창녀, 극빈자였다는 사실을 밝혀내어 범죄는 유전과 관계되는 것으로 결론지었다.

③ 서덜랜드(Sutherland)는 조나단 에드워드(Jonathan Edward)가의 연구를 통해 선조 중에는 살인범이 있었으나 후손 중에는 살인범이 전혀 없다는 점을 들어 범죄의 유전성을 부정하였다.

④ 제이콥스(Jacobs)와 스트롱(Strong)의 연구는 성염색체에 대한 연구로, 인간의 성염색체는 그 형태·구성·개수 등에 있어서 이상이 나타날 수 있고 이로 인하여 성격적 결함을 초래할 수 있으며 이것이 범죄성과 어떠한 상관관계를 갖는가에 대한 연구이다.

정답 | ②

11

양자(養子)연구를 통하여 범죄와 유전과의 관계를 연구한 학자가 아닌 것은?

① 슐징거(Schulsinger)
② 크로우(Crowe)
③ 허칭스(Hutchings)
④ 제이콥스(Jacobs)

해설 ④ 제이콥스(Jacobs)는 성염색체의 이상과 범죄와의 관계를 연구한 사람이다.

정답 | ④

12 ★

쌍둥이 연구에 관한 설명 중 옳지 않은 것은? 사법시험 13

① 쌍둥이 연구는 일란성 쌍둥이와 이란성 쌍둥이의 범죄일치율을 비교해 봄으로써 유전전 소질이 범죄에 미치는 영향을 알 수 있다는 전제에서 출발하였다.

② 랑에(Lange)는 13쌍의 일란성 쌍둥이와 17쌍의 이란성 쌍둥이를 대상으로 연구한 결과, 일란성 쌍둥이에서 쌍둥이 모두가 범죄를 저지른 비율이 이란성 쌍둥이에서 쌍둥이 모두가 범죄를 저지른 비율보다 높다는 것을 확인하였다.

③ 크리스찬센(Christiansen)은 랑에의 연구가 가진 한계를 극복하기 위해 광범위한 표본을 대상으로 연구하였고, 그 연구결과에 의하면 일란성 쌍둥이 모두가 범죄를 저지른 비율보다 이란성 쌍둥이 모두가 범죄를 저지른 비율이 오히려 높다는 결과를 얻었다.

④ 달가드(Dalgard)와 크링글렌(Kringlen)은 쌍둥이 연구에서 유전적 요인 이외에 양육 과정의 차이도 함께 고려하여 연구하였다.

⑤ 쌍둥이 연구는 일란성과 이란성의 분류 방법의 문제, 표본의 대표성, 공식적인 범죄기록에 의한 일치율 조사 등에 문제가 있다는 비판이 있다.

해설 ③ 크리스찬센은 1881년부터 1910년까지 덴마크에서 태어난 약 6,000여 쌍에 이르는 모든 쌍생아를 조사하여 1968년 그 결과를 발표하였는데 일란성 쌍생아 중 모두가 범죄를 저지른 비율은 35.8%였던 반면, 이란성 쌍생아 중 모두가 범죄를 지지른 비율은 12.3%에 불과하다는 사실을 밝혀냈다.

정답 | ③

13

다음 중 범죄성향은 유전된다는 주장을 뒷받침해 줄 수 없는 연구결과는? 교정9급 07

① 초범자 집단보다 누범자 집단 부모들의 범죄성향이 더 높다.

② 이란성 쌍둥이 집단보다 일란성 쌍둥이 집단의 범죄일치율이 더 높다.

③ 일반가정보다 결손가정 청소년들의 범죄율이 더 높다.

④ 일반인보다는 범죄인 가계의 범죄율이 더 높다.

해설 ③ 결손가정출신 청소년의 범죄율이 일반가정출신 청소년의 범죄율보다 더 높다는 것은 유전적 요인이 아니라, 개인환경적 요인에 의한 것이다.

정답 | ③

14

범죄원인규명이론 중 성염색체 연구에 관한 설명으로 옳지 않은 것은?

① 성염색체 이상이 성격적 결함을 초래하여 범죄로 연결될 수 있다는 것이다.

② 성염색체 이상 중 특히 XYY형과 XXY형의 성염색체를 가진 사람들에게서 범죄적 현상이 나타난다고 한다.

③ 범죄와의 관계에서 특히 문제되는 성염색체의 유형은 XXY형의 남성으로 이들에게는 단신, 성적 미숙, 피학적인 특징이 나타난다고 한다.

④ XXY형 성염색체를 가진 남성은 무정자증, 여성형 유방 등의 신체적 특징을 가지며, 성범죄·조포범죄·절도죄 등을 저지르는 경우가 많다고 한다.

해설 ③ 범죄와의 관계에서 특히 문제되는 성염색체의 유형은 XYY형의 남성이며, 이들에게는 장신, 많은 여드름, 성적 조숙, 공격적이며 가학적, 정신적 불안 등의 특징이 나타난다고 한다.

➤ 성염색체 연구

구분	내용
XYY형 성염색체 (초남성 증후군)	• 남성적 특징인 Y염색체의 수가 하나 더 많은 경우로서 범죄적으로 문제되는 유형 • 남성인 경우 저지능, 장신, 성적 조숙, 공격적, 가학적, 정신적 불안의 특징을 가짐 • 돌연변이에 의한 것으로 보므로 유전성이 없는 것이 특징 • 성범죄, 방화, 살인 등의 강력범죄를 저지르는 경우가 많음
XXY형 성염색체 (여성적 남성 증후군, 크라인펠터 증후군)	• 여성적 특징인 X염색체의 수가 증가하는 경우로서 특히 XXY형(여성적 남성)이 범죄적으로 문제되는 유형 • XXY형 성염색체를 가진 남성들은 고환의 왜소, 무정자증, 여성형 유방, 장신 등의 신체적 특징과 저지능, 반사회적 경향, 정신적 미숙 등의 인격적 특징을 가짐 • 동성애·성범죄·절도죄 등을 저지르는 경우가 많으나, 범죄학적으로 위험시 되지는 않음

정답 | ③

15 ★

형사정책에 관한 학자와 그 이론의 연결이 옳지 않은 것은? 사법시험 05

㉠ 롬브로조(C. Lombroso)	ⓐ 형법에 있어 목적사상(개선, 위하, 무해화)
㉡ 페리(E. Ferri)	ⓑ 범죄인류학, 생래적 범죄인
㉢ 제이콥스(P.P. Jacobs)	ⓒ 쌍생아 연구
㉣ 랑게(J. Lange)	ⓓ 범죄사회학, 범죄포화법칙
㉤ 셀던(W.H. Sheldon)	ⓔ 체형이론
㉥ 리스트(F. von Liszt)	ⓕ 성염색체 이론

① ㉠－ⓑ ② ㉡－ⓓ ③ ㉢－ⓔ

④ ㉣－ⓒ ⑤ ㉥－ⓐ

해설 ③ 제이콥스는 성염색체와 범죄와의 관계를 연구한 사람이며, 체형이론을 연구한 사람은 크레취머, 셀던 등이다.

정답 | ③

16

신체적 특징과 범죄와의 관계에 대한 설명으로 틀린 것을 모두 고른 것은?

㉠ 갈(Gall)은 롬브로조(Lombroso)의 영향을 받아 두개골의 모양과 안면의 모습은 범죄와의 관련성을 갖는다고 주장하였다.
㉡ 롬브로조(Lombroso)는 범죄연구에서 연역적인 연구방법을 사용하여 최초의 과학주의적 연구로 평가되고 있다.
㉢ 후튼(Hooton)은 범죄인에게서 일반인과 구별되는 특징을 발견할 수 없다고 주장하여 롬브로조의 견해에 비판적인 입장을 취하였다.
㉣ 고링(Goring)은 열등성의 근본원인은 환경과는 무관하며, 유전이 가장 중요하다고 주장하여 롬브로조의 견해에 동조하는 입장을 취하였다.

① ㉠, ㉡
② ㉠, ㉡, ㉢
③ ㉠, ㉢, ㉣
④ ㉠, ㉡, ㉢, ㉣

해설 [×] ㉠ 롬브로조는 갈의 영향을 받았다.
㉡ 연역적 → 귀납적
㉢ 후튼 → 고링
㉣ 고링 → 후튼
[○] 없음

정답 | ④

17 ★

다음 중 크레취머(E. Kretschmer)의 체형유형에 해당되지 않는 것은?

① 비만형
② 공격형
③ 투사형
④ 세장형

해설 ①·③·④ 크레취머는 범죄사례에 대한 통계적 분석을 기초로 일정한 체격형은 그와 병행하는 기질을 나타내며, 그에 상응하는 정신병질 및 정신병이 존재한다고 하여 체형과 범죄의 관련성을 주장하고, 사람의 체형을 키가 크고 마른 세장형, 근육이 잘 발달된 투사형, 키가 크고 뚱뚱한 비만형으로 구분하였다.

➤ 크레취머의 체형연구

체형	기질형	정신병형	특징	범죄 유형
세장형	분열기질	정신분열증	비사교적·내성적·변덕	조발성·절도
투사형	점착기질	간질	집착·완고·인내심 부족	대인범죄·성범죄
비만형	순환기질	조울증	사교적·다정다감	누범성·자발성·사기

정답 | ②

18

생물학적 범죄이론에 대한 설명으로 옳지 않은 것은? 보호7급 23

① 입양아 연구는 쌍생아 연구를 보충하여 범죄에 대한 유전의 영향을 조사할 수 있지만, 입양 환경의 유사성을 보장할 수 없기 때문에 연구결과를 일반화하기 어렵다.

② 가계연구는 범죄에 대한 유전과 환경의 영향을 분리할 수 없는 단점을 갖는다.

③ 롬브로조(Lombroso)는 격세유전이라는 생물학적 퇴행성에 근거하여 생래성 범죄인을 설명하였다.

④ 셀던(Sheldon)은 크고 근육질의 체형을 가진 자를 외배엽형(ectomorph)으로 분류하고 비행행위에 더 많이 관여하는 경향이 있다고 주장하였다.

해설 ④ 셀던(Sheldon)은 크고 근육질의 체형을 가진 자를 중배엽형으로 분류하고 비행행위에 더 많이 관여하는 경향이 있다고 주장하였다.

참고 셀던의 체형분류(3가지 유형)

- 내배엽형 : 소화기관(내장긴장형) = 비만형, 온순·외향적 성격
- 중배엽형 : 근육, 뼈(신체긴장형) = 운동형, 활동적·공격적 성격
- 외배엽형 : 피부, 신경계(두뇌긴장형) = 세장형, 예민·내향적 성격

① 입양부모가 최소 중산층 이상이 되어야 입양심사를 통과하기 때문에 입양부모들이 제공하는 환경이 전체 모집단의 환경을 대표한다고 볼 수 없기 때문에 그 연구결과를 모집단에 일반화하기 어려운 단점이 있다.

정답 | ④

19

생물학적 범죄원인론에 대한 설명으로 가장 적절하지 않은 것은? 경찰간부 24

① 셀던(Sheldon)은 소년교정시설에 수용된 청소년과 일반 청소년의 신체적 특징을 비교 조사하여 범죄자는 독특한 체형을 지니며, 이러한 체형이 반사회적 행동의 원인이라고 주장하였다.

② 랑게(Lange)는 이란성 쌍생아보다 일란성 쌍생아가 범죄적 일치성이 높아 범죄는 개인의 타고난 유전적 소질에 의한 것이라고 주장하였다.

③ 허칭스와 메드닉(Hutchings & Mednick)은 입양아 연구결과 양아버지의 영향이 생물학적 아버지의 영향보다 크다고 하였다.

④ 글룩(Glueck) 부부는 체형이 행위에 영향을 주어 간접적으로 비행을 유발하는 다양한 요인 중 하나라고 하였다.

해설 ③ 생물학적 아버지의 영향이 더 크다.

① 셀던(Sheldon)은 1939년부터 10년간 메사추세츠주 소년원에 수용된 200명의 소년과 범죄경험이 없는 대학생 200명의 신체유형을 측정하여 비교분석하였다. 비행소년집단은 중배엽형, 즉 근육이나 골격의 발달이 높았고 외배엽형, 즉 신경계는 낮았으며 내배엽형, 즉 소화기 등의 발달 상태는 보통이었다. 반면 일반 대학생의 경우 중배엽형 수치는 매우 낮고, 반면 외배엽형의 수치는 주목할 정도로 높은 수치였다.

② 랑게(Lange)는 정신의학자(독일)로 범죄생물학에 쌍생아연구를 도입하였으며, 일란성 쌍생아의 범죄일치율이 높게 나타나서 범죄는 개인이 타고난 유전적 소질에 의해 저지르게 된다고 주장한다. 랑게는 일란성 13쌍과 이란성 17쌍 모두 30쌍의 쌍생아를 대상으로 연구한 결과, 일란성 쌍생아의 경우 13쌍 중에서 10쌍이, 이란성의 경우 2쌍만이 양쪽 모두 범죄를 저질러, 일란성 쌍생아에서 쌍생아 모두가 범죄를 저지른 비율이 이란성 쌍생아에서 쌍생아 모두가 범죄를 저지른 비율보다 높다는 것을 확인하여, '범죄란 개인이 타고난 유전적 소질에 의해 저질러지는 것'으로 이해하였다.

③ 허칭스와 메드닉(Hutchings & Mednick)은 초기 입양아 연구들의 문제점을 개선하기 위하여 친아버지(= 유전)와 양아버지(= 환경)의 범죄율을 비교하여 입양아의 범죄율을 조사하였다. 이 연구결과는 생물학적 부모에 의한 유전의 영향(20%)이 입양부모에 의한 환경의 영향(14.7%)보다 더 크다는 사실을 밝혔고 더불어 생물학적 부모와 입양부모가 모두 범죄경력이 있을 때, 즉 유전과 환경의 영향이 중첩될 때 범죄성향이 가장 증가(25%)한다는 사실도 보여주었다.

※ 입양아의 범죄율이 높게 나타난 순서 : 친아버지·양아버지 모두 범죄 > 친아버지만 범죄 > 양아버지만 범죄

④ 글룩(Glueck) 부부는 500명의 비행소년과 이들과 부합되는 일반소년 500명을 비교하여 비행의 관련성을 검증하였다. 그 결과 60.1%의 비행소년이 신체긴장형이었던 반면, 일반소년은 30.7%만이 신체긴장형이라는 사실을 발견하였다. 연구결과를 인과적 견지에서 해석하기보다는 체형이 비행을 유발시킬 수 있는 요소로 해석하면서, 범죄유발 환경하에 사는 신체긴장형이 비행의 잠재성이 더욱 크다고 주장하였다. 즉 체형이 비행의 직접적인 원인이라기보다는 단순히 외형이 그 사람의 행위에 영향을 미치며, 비행을 유발시키는 많은 요인 가운데 체형은 그중 하나에 불과하다는 것이다.

정답 | ③

20

생물학적 범죄원인론에 관한 설명으로 가장 적절하지 않은 것은? 경행1차 23

① 롬브로소(Lombroso)는 범죄인은 일반인에 비해 얼굴이나 두개골 등 신체 전반에 걸쳐 생물학적 열등성이 존재한다는 생래적 범죄인(born criminals)을 주장하였다.

② 크레취머(Kretschmer)는 인간의 체형을 크게 세장형(asthenic), 근육형(athletic), 비만형(pyknic) 등으로 분류한 후 각각의 신체특징별 성격과 범죄유형을 연구하였다.

③ 덕데일(Dugdale)은 범죄에 대한 유전성을 밝히기 위해 쥬크(Juke) 가문에 대한 가계도 연구를 실시하였다.

④ 허칭스(Hutchings)와 메드닉(Mednick)은 환경적 요인을 통제하지 못한 가계도 연구의 한계를 보완하기 위하여 쌍생아를 대상으로 범죄와 유전과의 관계를 연구하였다.

해설 ④ 허칭스(Hutchings)와 메드닉(Mednick)은 입양아를 대상으로 범죄와 유전과의 관계를 연구하였다.

허칭스와 매드닉(Hutchings & Mednick)의 연구

- 양부모와 생부모의 범죄성의 상관관계에 따른 양자의 범죄율 : 생부와 양부 모두 범죄자 > 생부만 범죄자 > 양부만 범죄자 > 생부와 양부 모두 비범죄자
- 양부모와 생부모의 범죄성 연구 결과는 친부의 범죄성이 양부의 범죄성보다 높은 경우 양자가 범죄자가 되기 쉬우므로 범죄성은 유전 때문에 나타난다.

정답 | ④

21

사람의 체형을 내배엽·중배엽·외배엽으로 구분하고, 체형에 상응하는 기질유형 및 범죄유형을 분석한 사람은?

① 크레취머(E. Kretschmer)
② 크리스찬센(K.O. Christiansen)
③ 크로우(R.R. Crowe)
④ 셀던(W.H. Sheldon)

해설 ④ 미국의 셀던은 사람의 체형을 구성하는 세 가지 기본요소를 내배엽·중배엽·외배엽으로 구분하고, 체형에 상응하는 기질유형 및 특징을 분석하였는데 비행소년들은 일반적으로 중배엽형이 가장 우세하고, 내배엽형은 중간 정도, 외배엽형은 거의 없다고 주장하였다.

①도 체형에 따른 범죄유형을 분석하였으나, 사람의 체형을 세장형·투사형·비만형으로 구분하였다.

②는 쌍생아 연구를 통해 범죄와 소질의 관계를 분석하였고, ③은 양자연구로 범죄와 소질의 관계를 분석하였다.

➤ 셀던의 체형연구

체형	기질형	특징	범죄 유형
외배엽형(세장형)	두뇌긴장형	내성적·민감·비사교적	우발성 범죄
중배엽형(투사형)	신체긴장형	활동적·공격적·권력지향	비행소년 범죄
내배엽형(비만형)	내장긴장형	온화·활달·사교적	배신적 범죄

정답 | ④

22

범죄의 유전적 원인에 관한 기술 중 올바르지 않은 것은?

① 유전적 신체기능의 비정상이 범죄원인이 될 수 있다는 연구가 일반적 범죄성이 될 수 있다는 연구가 일반적 범죄성향이 유전된다는 연구보다 설득력이 높은 연구로 평가된다.

② 페리는 범죄인의 범죄성이 격세유전의 특성을 보인다고 주장하였다.

③ 범죄가계 연구의 가장 큰 문제점은 범죄자가 이미 많이 출현한 가계를 중심으로 통계조사를 한다는 점이다.

④ 쌍생아 연구는 범죄에서 유전의 영향을 어느 정도 밝혀주었지만, 쌍생아가 대부분 같은 환경에서 자란다는 점을 간과하고 있다.

해설 ② 롬브로조가 범죄성의 격세유전 특성을 주장하였다.

정답 | ②

23

범죄원인론에 관한 설명 중 괄호 안에 들어갈 이름으로 옳은 것은? 사법시험 06

- (A)은(는) 범죄통계적 분석에 기초하여 운동형(투사형), 세장형, 비만형 등으로 구분하고 체형에 따른 범죄특성을 설명하였다.
- (B)은(는) 정신병원에 수용된 환자들을 연구대상으로 하여 이들의 염색체를 조사한 결과 XYY형은 다른 정상인들에 비하여 수용시설에 구금되는 정도가 높다고 하였다.
- (C)은(는) 부모의 범죄성과 자식의 범죄성이 관련이 있다는 연구결과에 근거하여 범죄성은 유전에 의해 전수되는 것으로 보았다.
- (D)은(는) 크레펠린(E. Kraepelin)의 정신병질자 분류유형보다 더 세분된 10가지 유형으로 정신병질적 성격유형을 구분하였다.

㉠ 제이콥스(P. Jacobs) ㉡ 크레취머(E. Kretschmer)
㉢ 셀던(W.H. Sheldon) ㉣ 고링(C. Goring)
㉤ 슈나이더(K. Schneider)

	A	B	C	D
①	㉠	㉢	㉤	㉣
②	㉡	㉠	㉣	㉤
③	㉡	㉠	㉢	㉤
④	㉡	㉢	㉣	㉤
⑤	㉢	㉡	㉠	㉤

해설 ㉣ 고링은 범죄인이 비범죄인보다 일반적으로 신장과 체중이 다소 미달될 뿐 신체적으로 일반인과 구별되는 특징을 발견할 수 없었다고 주장하고, 롬브로조가 주장하는 범죄인분류는 현실적으로 활용이 부적절하다고 비판하였으나, 범죄성의 유전성에 대해서는 긍정하는 입장을 취하였으므로 학습에 주의를 요한다.

정답 | ②

24

다음 중 쌍생아 연구를 수행한 연구자가 아니 사람은?

㉠ 랑게(Lange)	㉡ 크리스티안센(Christiansen)
㉢ 갈튼(Galton)	㉣ 슐싱어(Schulsinger)
㉤ 크로우(Crow)	

① ㉠, ㉣　　② ㉢, ㉣　　③ ㉡, ㉤　　④ ㉣, ㉤

해설 ㉣ 슐싱어는 입양아연구를 수행했다.
㉤ 크로우는 어머니가 범죄자였던 양자들의 상태를 조사하여 상관성을 입증하였다.

정답 | ④

25

현대사회의 사회 생물학에 대한 설명으로 타당하지 않은 것은?

① 범죄의 원인으로 유전자의 영향보다는 환경의 영향을 더 강조한다.
② 환경과 경험이 행동에 영향을 미친다고 믿기는 하지만, 대부분의 행위는 사람의 생물학적 원인에 의해 통제된다고 본다.
③ 사회생물학자들은 유전자를 모든 인간 운명을 통제하는 생명의 궁극적인 단위라고 본다.
④ 사회생물학은 생물학적 조건과 유전적 조건이 어떻게 사회적 행동의 학습과 인지에 영향을 미치는지 강조한다는 점에서 행동에 대한 기존 이론과 차별된다.

해설 ④ 현대의 특성이론가들은 단일한 생물학적 속성이나 심리학적 속성이 모든 범죄성을 적절하게 설명할 수 있다고 보지는 않는다. 다만 범죄인은 신체적·정신적으로 독특하며, 따라서 각자의 행동에 대해 개별적인 원인이 있을 것이라고 본다.

정답 | ④

26

생물사회학에 대한 설명으로 타당하지 않은 것은?

① 생화학에 중점을 두는 견해에 따르면 폭력은 음식, 비타민 섭취, 호르몬 불균형, 음식 알레르기의 결과로 본다.

② 생물사회학에 따르면 비합리적인 폭력을 설명하는데 용이하지 않다.

③ 수은, 철, 망간 등을 지나치게 섭취하면 지적 장애와 주의력결핍 과잉행동장애(ADHD) 등의 신경학적 기능장애를 일으킬 수 있다고 한다.

④ 남성 스테로이드 호르몬인 테스토스테론은 인생의 주기 동안 감소하는데 이를 통해 폭력범죄율이 시간이 흐를수록 낮아지는지 설명할 수 있다.

해설 ② 생물사회학에 따르면 비합리적인 폭력을 설명하는데 용이하다.

정답 | ②

27 ★

다음 중 현대적 생물사회학에 대한 설명으로 타당하지 않은 것은?

① 여성의 생리 주기가 시작될 때 과다한 양의 여성 호르몬이 분비되고, 이것이 반사회적이고 공격적인 행동에 영향을 미친다는 월경전 증후군이 티틀에 의해 연구되었다.

② 뇌 알레르기와 신경알레기 문제는 반사회적 행동과 연결되는 조건인 아동의 과잉행동과도 연결되어 있다고 본다.

③ 저혈당증이란 혈중 포도당이 정상적이고 효율적인 뇌 기능에 필요한 수준 이하로 내려갈 때 나타나며, 이때 뇌의 대사는 둔화되고 기능이 손상된다.

④ 진화범죄학자들은 인간의 행위도 다른 동물처럼 자연선택이라는 진화과정을 통해 형성되어가는 것이며, 범죄성도 자연선택에 따른 적응의 방식으로 이어진다고 본다.

해설 ① 여성의 생리 주기가 시작될 때 과다한 양의 여성 호르몬이 분비되고, 이것이 반사회적이고 공격적인 행동에 영향을 미친다는 월경전 증후군이 달튼에 의해 연구되었다.

정답 | ①

28

다음 생물학적 범죄원인과 관련된 설명 중 가장 타당하지 않은 것은?

① 납중독과 범죄와의 상관성을 연구한 이론도 있다.

② 화학적 거세는 성범죄자의 성욕을 억제시켜 재범을 방지하기 위한 방법이다. 우리나라도 현재 시행하고 있다.

③ 지능검사 등을 통해 지능이 낮게 측정되었다면 범죄와 직접적 관련이 있다고 볼 수 있다는 견해는 일반적으로 받아들여지고 있다.

④ 매드닉(Sarnoff A. Mednick)은 범죄를 범하기 쉬운 사람은 각성(arousal)이 느리거나 자극에 대한 반응이 둔감한 자율신경계를 가지고 있다고 주장한다.

해설 ③ 지능과 범죄의 상관성은 일반적인 검증이 이루어지지 않았다.

정답 | ③

29

생물학적 범죄원인론에 관한 설명 중 괄호 안에 들어갈 학자의 이름이 옳게 묶인 것은? 사법시험 08

(A)은(는) 범죄자들 가운데 일부는 선천적 기질로 인해 범죄를 저지르며, 그들은 진화론적으로 퇴행한 것으로서 격세유전을 통해 야만적 속성이 유전된 돌연변이적 존재라고 하였다. 그러나 (B)은(는) 범죄는 신체적인 변이와 관련된 것이 아니라 유전학적 열등성에 기인한 것이라고 주장함으로써 (A)을(를) 비판하였다. 한편 (C)은(는) 체형을 비만형·운동형· 쇠약형으로 나누고, 각각의 범죄율과 범죄유형을 조사한 바 있다.

㉠ 롬브로조(Lombroso)	㉡ 고링(Goring)
㉢ 고다드(Goddard)	㉣ 후튼(Hooton)
㉤ 셀든(Sheldon)	㉥ 크레취머(Kretschmer)

	A	B	C
①	㉠	㉡	㉣
②	㉠	㉡	㉥
③	㉠	㉢	㉤
④	㉠	㉣	㉥
⑤	㉡	㉣	㉤

정답 | ②

30 ★

다음 설명 중 옳은 것을 모두 고른 것은? 5급승진 07

㉠ 롬브로조(Lombroso)는 진화론을 무시하였다. ㉡ 후튼(Hooton)은 롬브로조의 이론에 반대하였다. ㉢ 프로이트(Freud)는 이드, 에고, 슈퍼에고 이론 및 XXY, XYY이론에 대해 연구하였다. ㉣ 메드닉(Mednick)은 MMPI를 개발하였다. ㉤ 글룩(Glueck)부부는 비행소년의 성격심리특징을 찾고자 하였다. ㉥ 크레취머(Kretschmer)는 신체구조와 성격의 연구를 통해 범죄의 상관성을 설명하고자 하였다.

① ㉠, ㉡ ② ㉡, ㉢ ③ ㉢, ㉣
④ ㉣, ㉤ ⑤ ㉤, ㉥

해설 [○] ㉤·㉥
[×] ㉠ 롬브로조는 다윈의 진화론에서 많은 영향을 받았다.
㉡ 후튼은 롬브로조의 이론에 찬성하였다.
㉢ XXY형, XYY형 등 성염색체 연구는 제이콥스(Jacobs)·위트킨(Witken) 등에 의해 이루어졌다.
㉣ 메드닉(Mednick)은 뇌파와 범죄와의 관련성을 연구한 학자이며, MMPI(Minnesota Muliphasic Personality Inventory : 미네소타 다면적 인성검사)는 1940년에 미국의 하더웨이와 맥킨리(S. Hathaway & J. Mckinley)에 의해 개발되었다.

정답 | ⑤

31 ★

생물학적 범죄원인론에 관련된 설명 중 옳지 않은 것은? 사법시험 14

① 랑게(Lange)는 일란성 쌍생아들이 이란성 쌍생아들보다 범죄일치율(두 명 모두 범죄를 저지른 비율)이 현저히 높다는 점을 근거로 유전적 소질이 범죄에 영향을 미친다고 주장하였다.
② 제이콥스(Jakobs)는 염색체 구조와 범죄의 관계를 조사하여, 남성성을 나타내는 Y염색체가 일반 남성보다 많은 XYY형 남성은 폭력적이며 강한 범죄성향을 가진다고 주장하였다.
③ 고링(Goring)은 신체적 특징과 범죄의 관계를 분석하여, 범죄자가 일반인과 현저히 구별되는 신체적 특징을 지녔다는 롬브로조의 주장을 지지하였다.
④ 크레취머(Kretschmer)는 사람의 체형을 세장형, 운동형, 비만형으로 나누고 각 체형과 범죄유형의 상관관계를 연구하였다.
⑤ 글룩부부(S. Glueck & E. Glueck)의 연구에 따르면 범죄를 저지르는 경향이 가장 높은체형은 중배엽형이다.

해설 ③ 고링은 범죄인이 비범죄인보다 일반적으로 신장과 체중이 다소 미달될 뿐 신체적으로 일반인과 구별되는 특징을 발견할 수 없었다고 주장하고, 롬브로조가 주장하는 범죄인분류는 현실적으로 활용이 부적절하며, 생래적 범죄인은 어떠한 방법을 통해서도 판별해낼 수 없는 비경험적인 개념이라고 비판하였다.

정답 | ③

32

생물학적 범죄원인론에 대한 설명으로 옳지 않은 것은? 보호7급 16

① 랑게(Lange)는 일란성 쌍둥이가 이란성 쌍둥이에 비해 쌍둥이가 함께 범죄를 저지를 가능성이 높다고 하였다.

② 허칭스(Hutchings)와 메드닉(Mednick)의 연구결과에 의하면 입양아는 생부와 양부 둘 중 한 편만 범죄인인 경우가 생부와 양부 모두가 범죄인인 경우보다 범죄인이 될 가능성이 낮다고 하였다.

③ 크레취머(Kretschmer)는 사람의 체형 중 비만형이 범죄확률이 높은데 특히 절도범이 많다고 하였다.

④ 제이콥스(Jacobs)에 의하면 XYY형의 사람은 남성성을 나타내는 염색체 이상으로 신장이 크고 지능이 낮으며 정상인들에 비하여 수용시설에 구금되는 비율이 높다고 하였다.

해설 ③ 크레취머에 의하면 비만형은 범죄할 확률은 적은데, 범죄한다면 주로 사기범이 많고 폭력범도 종종 있다고 한다. 반면에 세장형은 사기범이나 절도범이 많고 누범률이 높다고 한다.

정답 | ③

33 ★

범죄생물학에 관한 설명 중 옳지 않은 것은? 사법시험 15

① 제이콥스(Jakobs)는 남성성이 과잉인 XYY형 염색체를 가진 사람들이 폭력적이고 강한 범죄성향을 가진다고 보았다.

② 아이센크(Eysenck)는 내성적인 사람의 경우 대뇌에 가해지는 자극이 낮기 때문에 충동적, 낙관적, 사교적, 공격적이 된다고 보았다.

③ 달가드(Dalgard)와 크린글렌(Kringlen)은 쌍둥이연구를 통해 범죄 발생에서 유전적 요소는 중요하지 않다고 주장하였다.

④ 코르테(Cortes)는 신체적으로 중배엽형의 사람일수록 범죄성향이 높다고 주장하였다.

⑤ 폴링(Pauling)은 영양결핍으로 인한 지각장애와 영양부족·저혈당증에 수반되는 과활동반응에서 범죄원인을 찾았다.

해설 ② 아이센크(Eysenck)는 자율신경계의 특징에 따라 사람들의 성격을 내성적인 사람과 외향적인 사람의 두 부류로 대분하고, 외향적인 사람은 대뇌에 가해지는 자극이 낮기 때문에 항상 자극을 갈망하여 성격 자체도 충동적·낙관적·사교적·공격적이 된다고 본 반면, 내성적인 사람은 대뇌에 가해지는 자극이 강하고 오랫동안 지속되기 때문에 자극을 회피하는 경향이 강하여 성격 자체도 신중하고 조심스러우며, 비관적이 된다고 보았다.

정답 | ②

34

범죄와 생물학적 특성 연구에 대한 학자들의 주장으로 옳지 않은 것은? 교정9급 21

① 덕데일(Dugdale)은 범죄는 유전의 결과라는 견해를 밝힌 대표적인 학자이다.

② 랑게(Lange)는 일란성쌍생아가 이란성쌍생아보다 유사한 행동경향을 보인다고 하였다.

③ 달가드(Dalgard)와 크린글렌(Kringlen)은 쌍생아 연구에서 환경적 요인이 고려될 때도 유전적 요인의 중요성은 변함없다고 하였다.

④ 허칭스(Hutchings)와 메드닉(Mednick)은 입양아 연구에서 양부모보다 생부모의 범죄성이 아이의 범죄성에 더 큰 영향을 준다고 하였다.

해설 ③ 달가드와 크린글렌(Dalgard & Kringlen)은 쌍둥이 연구에서 유전적 요인 이외에 환경적 요인(양육 과정의 차이)도 함께 고려하여 연구하였으며, 실제 양육과정별 분석상 일치율 차이가 없어 '범죄발생에 있어 유전적인 요소는 중요하지 않다.'고 주장하였다.

정답 | ③

35

범죄행위에 영향을 미치는 뇌와 신경전달물질에 관한 설명으로 가장 적절하지 않은 것은?

경찰간부 23

① 뇌의 변연계에 존재하는 편도체는 공포 및 분노와 관련되어 있다.

② 뇌의 전두엽은 욕구, 충동, 감정 관련 신경정보를 억제하거나 사회적 맥락에 맞게 조절, 제어, 표출하게 하는 집행기능을 수행한다.

③ 세로토닌 수치가 너무 높을 경우 충동, 욕구, 분노 등이 제대로 통제되지 않을 수 있다.

④ 도파민 시스템은 보상 및 쾌락과 관련되어 있다.

해설 ③ 세로토닌 시스템은 사람의 충동성이나 욕구를 조절하고 억제하는 역할을 담당한다. 세로토닌이 너무 적은 경우 충동성, 욕구, 분노 등이 제대로 통제되지 않아 폭력, 자살, 알코올 중독 등이 유발되기도 한다.

① 뇌는 크게 뇌간, 변연계, 그리고 대뇌피질의 3층 구조로 구성되어 있다. 척추위에 위치한 뇌간은 호흡, 순환, 생식 등 기초적인 생존관련 기능을 담당하고, 뇌의 가운데 부분에 위치한 변연계에는 편도체, 시상하부, 해마 등이 존재하며 주로 본능적 욕구, 충동, 감정을 담당한다. 그 중 편도체는 공포와 분노기능을 담당하기 때문에 범죄와 직접적 관련성이 높다. 뇌의 바깥쪽에 위치한 대뇌피질은 기억, 언어, 집중, 의식 등 고차원적 사고기능을 담당하고 그 중 특히 전두엽은 변연계에서 대뇌피질 방향으로 투사(project)된 욕구, 충동, 감정 관련 신경정보를 억제하거나 사회적 맥락에 맞게 조절, 제어, 표출하게 하는 소위 집행기능을 수행한다.

② 뇌의 바깥쪽에 위치한 대뇌피질은 기억, 언어, 집중, 의식 등 고차원적 사고 기능을 담당하고 그 중 전두엽은 변연계에서 대뇌피질 방향으로 투사된 욕구, 충동, 감정 관련 신경정보를 억제하거나 사회적 맥락에 맞게 조절, 제어, 표출하게 하는 집행기능을 수행한다.

④ 신경전달물질 도파민은 운동능력, 집중력, 문제해결능력을 매개한다. 특히 뇌에 존재하는 도파민 시스템은 보상과 쾌락을 담당하는 역할을 한다. 특정 행위나 자극이 도파민을 증가시키는 경우 즉각적인 만족과 쾌락을 느끼게 되므로 사람들은 관련 행위나 자극을 지속적으로 추구하게 된다. 비정상적 도파민 신경전달은 충동적 행위 및 폭력범죄와 깊은 연관성을 지닌다.

정답 | ③

36

공격성과 관련된 신경전달물질 중 다음 〈보기〉의 설명이 지칭하는 것은? 해경간부 24

> <보기>
>
> 정신치료감호소에 있는 폭력범죄자들의 경우 이것의 수치가 높을수록 과도한 공격성을 보였으나, 반대로 폭력범죄자들에게 낮은 수치가 발견되기도 하였다. 결국 높고 낮은 수치 모두 도구적 공격성과 관계가 있다.

① 노르에피네프린(Norepinephrine)

② 세로토닌(Serotonin)

③ 도파민(Dopamine)

④ 모노아민(Monoamine)

해설 ① 노르에피네프린(Norepinephrine)에 대한 설명이다.

정답 | ①

박상민

JUSTICE 교정학

단원별 핵심천제

[형사정책편]

PART

04

심리학적 범죄원인론

01

심리학적 범죄원인 및 대책에 관한 다음 설명 중 옳지 않은 것은?

① 프로이트(Freud)는 콤플렉스에 기한 잠재적 죄악감과 망상이 범죄를 유발한다고 보았다.
② 융(Jung)은 내향적인 사람이 범죄에 친화적이고, 외향적인 사람은 사회규범 등에 대한 학습능력이 높으므로 상습범죄자가 되기 어렵다고 보았다.
③ 아들러(Adler)는 신체적 결함뿐만 아니라 사회적 소외도 콤플렉스의 원인이 된다고 봄으로써 범죄원인을 개인심리적 영역에서 사회적 영역으로 확대하였다.
④ 에이크혼(Aichhorn)은 비행소년에 대해서는 권위나 제재가 아닌 애정에 의한 교정이 필요하다고 주장하였다.

해설 ② 융은 인간의 태도를 외향성과 내향성으로 분류하고, 외향적인 자가 범죄에 친화적인 반면, 내향적인 자는 주의가 깊고 사회규범 등에 대한 학습능력이 높으므로 상습범죄자가 되기 어렵다고 보았다.

정답 | ②

02

프로이트(Freud)의 정신분석이론에 대한 설명으로 가장 적절한 것은? 경찰간부 24

① 프로이트에 따르면 인성 구조에서 이드(Id)는 쾌락원칙, 에고(Ego)는 도덕원칙을 따른다.
② 슈퍼에고(Superego)는 양심과 이상 같은 긍정적 요소이므로 미발달한 경우는 문제이지만 과다하게 발달하는 경우는 문제가 되지 않는다.
③ 프로이트는 인간 발달의 성 심리적 단계를 구순기(Oral Stage), 항문기(Anal Stage), 남근기(Phallic Stage), 잠복기(Latent Stage), 생식기(Genital Stage) 순으로 제시하였다.
④ 남근기에 여자아이는 아버지에게 성적 감정을 가지게 되는데 이를 오이디푸스 콤플렉스라고 한다.

해설 ③ 프로이트는 인간 발달의 성 심리적 단계를 구순기(Oral Stage), 항문기(Anal Stage), 남근기(Phallic Stage), 잠복기(Latent Stage), 생식기(Genital Stage) 순으로 제시하였다.

① 이드(Id)는 타인의 권리를 배려하지 않는 즉각적인 만족을 요구하는 쾌락의 원칙을 따르고, 에고(Ego)는 사회적 기준에 따라 무엇이 관습적이며 실질적인가를 고려하는 현실원리를 따른다. 슈퍼에고(Superego)는 인성의 도덕적 관점으로서 행위에 대한 판단을 맡는다.

② 프로이드는 슈퍼에고(초자아)가 지나치게 발달하면 항상 죄책감, 불안을 느껴 범죄를 저지르고 처벌을 받아 죄의식 해소와 심리적 안정을 느낀다고 보았다.

※ 프로이트와 상반된 견해 : 범죄 원인은 '슈퍼에고'의 미발달
아이히호른(Aichhorn) : 소년비행의 원인은 (슈퍼에고에 의해) 통제되지 않은 '이드'(본능)에 있어 양심의 가책 없이 비행을 저지르게 된다.

④ 일렉트라 콤플렉스에 대한 설명이다.

정답 | ③

03

심리학적 원인론과 관련된 설명으로 가장 옳지 않은 것은?

① 습관화는 모든 형태의 학습 중 가장 간단한 형태이며, 어떤 자극에 대해 반복적으로 노출되어 친숙하게 되면 그 자극에 대해 반응하는 경향이 감소하는 현상을 말한다.

② 패스팅거의 본능이론은 보상이 따를 만한 행위를 일부러 하지 않고, 좋지 않은 결과로 여겨지는 선택을 하는 경우를 설명하고자 하는 이론이다.

③ 피아제는 사람의 도덕성 또는 인지능력은 일정한 단계에 따라 발전하며, 인지구조는 개인과 환경과의 상호작용을 통해 발달한다고 보았다.

④ 사이코패스는 반사회적 성향을 갖게 된 자를 말한다.

해설 ② 본능이론이 아닌 인지부조화이론에 대한 설명이다. 인지부조화이론에 따르면 어느 정도의 일탈을 허용하는 것이 범죄예방에 효율적이라고 본다.

➤ 패스팅거의 인지부조화 감소 방법

부인	정보의 출처를 무시하고 과소평가하여 문제의 존재자체를 부인한다.
변경	기존의 사고를 변경하여 일관성을 가지려고 한다.
재구성	자신의 사고를 변경하거나 문제 자체의 중요성을 과소평가한다.
조사	상대방의 입장에서 오류를 발견하고 출처를 의심한다.
분리	상충관계에 있는 태도를 각각 분리한다.
합리화	불일치를 수용할 수 없는 변명거리나, 자신의 행동이나 의견을 정당화할 수 있는 이유를 찾는다.

정답 | ②

04

다음 설명 중 옳지 않은 것은?

① 융은 분석심리학에서 무의식을 개인적 무의식과 집단적 무의식을 구별하여 무의식의 세계를 확장하였다.
② 콜버그는 도덕발달이론을 통해 피아제의 이론을 확장하였고, 도덕적 딜레마 상황에서 인간의 행동을 분석하였다.
③ 아들러는 인간은 열등감을 극복하기 위해 노력하는 존재라고 보며, 위 이론에 의하면 폭력은 열등감 콤플렉스의 극복과정이라 할 수 있다.
④ 융은 원형들 중 가장 강하고 잠재적으로 매우 위험한 속성을 가진 것을 아니마라고 하며, 아니마가 억압되거나 배출이 어려운 경우 비참한 결과를 초래한다.

해설 ④ 융(Jung)은 분석심리학에서 무의식을 개인적 무의식과 집단적 무의식으로 구분하여 무의식의 세계를 확장하였으며, 이를 위해 페르소나(persona), 그림자(shadow), 아니마(anima)와 아니무스(animus) 등 개념을 사용하였다. 이 내용은 그림자(shadow)에 대한 내용으로 프로이트의 원초아(id)에 해당하며 인간의 기본적인 동물적 본성을 포함하는 원형으로, 매우 위험한 속성을 가진다고 보았다. 그림자가 자아와 조화를 이루면 위험에 효과적으로 대응할 수 있다.

페르소나(persona)	타인과의 관계에서 내보이는 공적인 얼굴로써 진정한 내면의 나와 분리될 경우에 자신의 본성을 상실하며, 과도한 페르소나는 자신이나 타인에게 해를 끼치고 범죄에 휘말릴 수도 있다.
그림자(shadow)	프로이트의 원초아(id)에 해당하며 인간의 기본적인 동물적 본성을 포함하는 원형으로, 매우 위험한 속성을 가진다고 보았다. 그림자가 자아와 조화를 이루면 위험에 효과적으로 대응할 수 있다.
아니마(anima)	남성의 여성적인 심상으로, 남성들이 여성적인 행동을 하는 것을 의미한다.
아니무스(animus)	여성의 남성적인 심상으로, 여성들의 공격적인 행동을 의미한다.

정답 | ④

05 ★

다음 심리학적 범죄원인과 관련된 설명 중 옳지 않은 것은?

① 사이코패스가 저지르는 범죄를 설명하는 데 적합한 이론은 성격(인성)이론이다.
② 정신병으로 인한 범죄자 중에서 가장 많이 발견되는 증상은 정신분열증이다.
③ 프로이트는 인간의 퍼스낼러티가 3가지의 힘으로 구성된다고 주장하였는데, 초자아(superego)는 생물학적·심리학적 욕구·충동·자극을 대표하는 무의식적 개념이다.
④ 성적 충동이 강한 사람이 이러한 성향을 누드를 그린다거나 매우 관능적인 춤을 추는 행 위 등을 통해 사회가 인정하는 방법으로 표출하는 방어기제는 '승화'이다.

해설 ③ 설문은 본능(id)에 대한 설명이다.

정답 | ③

06

사이코패스에 대한 설명으로 옳지 않은 것은? 보호7급 23

① 감정·정서적 측면에서 타인에 대한 공감능력이 부족하며 죄의식이나 후회의 감정이 결여되어 있다.
② 헤어(Hare)의 사이코패스 체크리스트 수정본(PCL－R)은 0~2점의 3점 척도로 평가되는 총 25개 문항으로 구성된다.
③ 모든 사이코패스가 형사사법제도 안에서 범죄행위가 드러나는 형태로 걸러지는 것은 아니다.
④ 공감, 양심, 대인관계의 능력 등에 대한 전통적 치료프로그램의 효과를 거의 기대하기 어렵다.

해설 ② 사이코패스 진단방법인 PCL－R은 심리학자 로버트 헤어(Robert D. Hare)가 PCL을 수정하여 개발한 것으로, 20개 항목에 40점을 최고점으로 하여 최고점에 근접할수록 사이코패스적 성향이 높다고 판단한다. 오늘날 PCL－R은 연구와 임상 부문에서 가장 빈번하게 사용되는 사이코패스 진단방법이다. 총 20문항으로 각 항목별 점수는 0~2점이다.

정답 | ②

07

사이코패스(정신병질)에 대한 설명 중 가장 옳은 것은? 해경간부 24

① 미국 정신의학회의 DSM에서는 이를 반사회적 성격장애와 구별한다.
② 유전적·생물학적 요인보다 후천적·환경적 요인이 더 크게 작용한다.
③ 가장 많이 사용되는 진단도구는 슈나이더(Schneider)가 개발한 PCL－R이다.
④ 무정성 정신병질자는 롬브로조(Lombroso)가 말한 생래적 범죄인에 가깝다.

해설 ④ 슈나이더(Schneider)의 10분법 중 무정성 정신병질자는 사이코패스적인 성격 특징을 가진다.
① 사이코패스 개념은 반사회적 성격장애의 하위개념에 포함된다.
② 후천적·환경적 요인보다는 유전적·생물학적 요인이 더 크게 작용한다.
③ 슈나이더가 아닌 로버트 헤어가 개발하였다.

정답 | ④

08

심리학적 범죄이론에 대한 설명으로 옳지 않은 것은? 보호7급 23

① 프로이트(Freud) 이론에 의하면, 성 심리의 단계적 발전 중에 필요한 욕구가 충족되지 못함으로써 야기된 긴장이 사회적으로 수용되지 못할 때 범죄행위를 유발하는 것으로 설명할 수 있다.

② 아이젠크(Eysenck)는 저지능이 저조한 학업성취를 가져오고, 학업에서의 실패와 무능은 비행 및 범죄와 높은 관련성을 갖는다고 하였다.

③ 고다드(Goddard)는 적어도 비행청소년의 50%가 정신적 결함을 갖고 있다고 하였다.

④ 콜버그(Kohlberg)의 도덕발달이론에 의하면, 인간의 도덕발달과정은 전관습적(pre-conventional), 관습적(conventional), 후관습적(post-conventional)이라는 3개의 수준으로 구분되고, 각 수준은 2개의 단계로 나뉜다.

해설 ② 낮은 지능이 저조한 학업성취를 가져오고, 학업에서의 실패와 무능은 비행 및 범죄와 높은 관련성을 갖는다고 본 사람은 허쉬와 힌델링이다. 아이젠크는 성격이론에서 자율신경계의 특징에 따라 사람들의 성격을 내성적인 사람과 외향적인 사람의 두 부류로 분류하였다. 내성적인 사람은 처벌에 대한 불안감을 크게 느끼고 이를 회피하는 성향이 강하기 때문에 규범에 어긋난 행동을 하는 정도가 약하고, 반면에 외향적인 사람은 처벌에 대한 불안감을 대체로 덜 느끼고 기본적으로 새로운 자극을 항상 추구하기 때문에 그만큼 반사회적 행위를 저지를 가능성이 크다고 보았다.

④ 콜버그(Kohlberg)는 대부분의 일반청소년들은 3~4단계에 속하는 반면, 대부분의 비행청소년들은 1~2단계에 속한다고 보고 있으며, 더 높은 도덕적 판단수준이 내재화되도록 성장한 청소년은 비행행위를 저지르지 않게 된다고 주장하였다.

정답 | ②

09

사회학습이론 및 행동주의이론을 바탕으로 하여 이루어진 실제 실험에 대한 설명으로 가장 거리가 먼 것은? 경찰간부 24

① 조건자극(종소리)이 무조건 자극(먹이) 없이도 개의 행동반응(침 흘림)을 유발할 수 있음을 증명하여 자극과 반응을 통한 학습의 원리를 처음으로 제시하였다.

② 피실험체(생쥐)가 우연한 기회(지렛대 누르기)에 긍정적인 보상(먹이)이 주어지는 것을 경험하고 지렛대 누르기를 반복하게 되는 것을 통해 행동의 강화를 증명하였다.

③ 성인 모델이 인형을 대상으로 하는 폭력적·비폭력적 행동을 아동이 화면으로 시청한 후에 성인 모델의 행동방식을 그대로 모방하는 경향을 관찰하였다.

④ 가상의 교도소에 교도관과 수용자 역할을 할 지원자를 모집하여 각자의 행동변화를 관찰하였다.

해설 ④ 스탠퍼드 감옥 실험에 대한 설명으로, 짐바르도 교수가 1971년에 한 심리학 실험이다. 감옥이라는 환경이 인간의 반응과 행동에 어떤 영향을 미치는지 관찰하기 위하여 진행되었다.

① 파블로프의 고전적 조건형성실험을 통해 조건자극(종소리)이 무조건 자극(먹이) 없이도 개의 행동반응(침 흘림)을 유발할 수 있음을 증명함으로써 자극과 반응을 통한 학습의 원리를 처음으로 제시하였다.

② 스키너의 조작적 조건형성 실험을 통한 강화학습이다.

③ 반두라의 보보인형실험에 대한 설명이다. 그는 이 실험을 통해 아동의 공격적인 행동이 모방학습을 통해 이루어질 수 있다는 증거를 보여줌으로써 단순히 보상과 처벌에 의해 행동이 학습된다는 기존 자극-행동주의 학습이론을 비판하였다(메스컴과 범죄이론의 근거).

정답 | ④

10

심리학적 범죄이론에 관한 평가로 가장 적절하지 않은 것은? 경행1차 23

① 프로이트(Freud)의 정신분석이론은 범죄자의 현재 상황보다 초기 아동기의 경험을 지나치게 강조한다는 비판을 받는다.

② 스키너(Skinner)의 행동이론은 외적 자극의 영향보다는 인지·심리 등 내적 요인을 지나치게 강조하였다는 비판을 받는다.

③ 콜버그(Kohlberg)의 도덕발달이론은 도덕적 판단과 도덕적 행위 간의 불일치가 문제점으로 지적되고 있다.

④ 아이젠크(Eysenck)의 성격이론은 극단적인 범행동기를 파악하는 데 유용하지만, 그렇지 않은 범죄자의 범행원인 파악은 어려운 것으로 평가된다.

해설 ② 스키너는 고전적 조건형성과 도구적 조건형성을 철저하게 구분할 것을 주장하였다. 인간행동에 대한 환경의 결정력을 지나치게 강조하여 인간의 내적·정신적 영향력을 배제하였고, 인간을 조작이 가능한 대상으로 취급하고 인간의 모든 행동이 조작화를 통해 수정 가능하다고 보는 시각 때문에 인간의 자유의지와 존엄성을 무시하고 인간을 지나치게 단순화, 객관화하는 것이라는 비판을 받고 있다.

정답 | ②

11

성격과 범죄 관련성을 검사하는 방법 중 다음 〈보기〉의 설명이 지칭하는 것은? 해경간부 24

> <보기>
> 비행성이 있는 성격과 그렇지 않은 성격을 구분하기 위한 수단으로 개발됐다. 세계적으로 많이 쓰이고 있는 14세 이상 정상인 대상의 성격 측정 지필검사다.

① MBTI 검사
② CPI 검사
③ 과제통각검사
④ 로르샤흐검사

해설 ② CPI 검사는 1956년 캘리포니아 버클리대학의 고프(Gough)가 개발한 18개 척도의 성격검사도구로, MMPI가 신경증이나 정신병과 같은 정서적 문제를 진단하기 위한 것인데 비하여, CPI는 정상적인 사람의 심리적 특성을 이해하기 위한 것이라고 할 수 있다.

정답 | ②

12

프로이트의 성욕설을 비판하고, 인간심리를 작용하는 원동력은 '힘의 의지'라고 주장한 사람은?

① 버어트(C. Burt)
② 랑게(J. Lange)
③ 아들러(Adler)
④ 뒤르켐(E. Durkheim)

해설 ③ 오스트리아의 심리학자인 아들러는 프로이트의 성욕설을 비판하고, 인간의 심층심리에 작용하는 원동력은 성욕이 아니라 '힘의 의지'라고 주장하였다.

정답 | ③

13

심리학적 원인론에 대한 설명으로 옳은 것으로 연결된 것은?

㉠ 생물학적 원인론과는 달리 환경을 중시하는 이론이고, 외인적 원인론에 속한다.
㉡ 두뇌의 구조와 기능장애를 연구하는 분야와 관련이 깊다.
㉢ 사람의 정신적인 이상성을 범죄의 원인으로 보고, 범죄방지수단으로 처벌보다는 치료에 의한 범죄인처우를 강조한다.
㉣ 개인의 정신작용의 특이성 때문에 범죄가 발생하는 것으로 본다.

① ㉠, ㉢
② ㉡, ㉢
③ ㉢, ㉣
④ ㉠, ㉣

해설 ㉠ 심리학적 원인론은 개인의 정신(심리) 상태와 범죄와의 관계를 중시하는 이론이고, 내인성 원인론에 속한다.
㉡ 두뇌의 구조와 기능에 관해 연구하는 분야는 생물학적 원인론에 해당한다.

정답 | ③

14

심리학적 범죄인론 중 인지이론과 관련이 가장 적은 것은?

① 도덕발달
② 행동주의학습이론
③ 정보처리능력
④ 지능

해설 ② 행동학습은 유기체를 자극에 대해 수동적으로 반응하는 존재라고 본다.

정답 | ②

15

다음 설명 중 옳지 않은 것은? 사법시험 15

① 프로이트(Freud)는 의식을 에고(Ego)라고 하고, 무의식을 이드(Id)와 슈퍼에고(Superego)로 나누었다.
② 정신분석학은 개인이 콤플렉스에 기한 잠재적인 죄책감과 망상을 극복할 수 없는 경우에 범죄로 나아갈 수 있다고 보았다.
③ 에이크혼(Aichhorn)에 따르면 비행소년은 슈퍼에고(Superego)의 과잉발달로 이드(Id)가 통제되지 않아 양심의 가책 없이 비행을 하게 된다고 보았다.
④ 슈나이더(Schneider)는 정신병질유형 중에서 과장성(자기현시성) 정신병질자는 고등사기범이 되기 쉽다고 보았다.
⑤ 정신분석학은 초기 아동기의 경험과 성적 욕구를 지나치게 강조한다는 비판을 받는다.

해설 ③ 에이크혼(Aichhorn)은 비행소년은 슈퍼에고가 제대로 발달하지 않았기 때문에 비행을 하게 된다고 보았다. 반면, 프로이트(Freud)는 과잉발달된 슈퍼에고로 인하여 범죄를 저지를 수 있다고 보았다.

정답 | ③

16 ★

프로이트(Freud)의 정신분석학에 관한 설명 중 옳지 않은 것은?

① 모든 인간은 공격적, 파괴적, 반사회적 충동이나 본능을 가지고 있다고 가정하고 있다.
② 프로이트는 심리적 세계를 'id. ego. super ego' 등 세 가지의 동질적인 체제로 구성된다고 보았다.
③ 리비도(Libido, 성욕. 성격)의 발달을 5단계로 구분하였고, 리비도는 3세 이전 '잠복기'에 형성되며 이 시기에 리비도가 정상적으로 형성되지 못하면 범죄를 저지를 확률이 높아진다고 주장하였다.
④ 프로이트의 이론은 초기 아동기 경험과 성적 욕구를 지나치게 강조했을 뿐 아니라, 검증할 수 없는 이론이라고 비판을 받았다.

해설 ③ 프로이트는 리비도의 발달을 구강기·항문기·남근기(음핵기)·잠복기·성기기 등 5단계로 구분하였으며, 리비도는 남근기에 형성된다고 보았다. 이 시기에 리비도가 적절하게 형성되지 못하면 범죄를 저지를 확률이 높아진다고 주장하였다.

정답 | ③

17 ★

심리학적 원인론에 대한 설명으로 가장 옳지 않은 것은?

① 반두라에 의하면 사회학습이론의 학습과정에서 관찰을 통해 학습한 정보를 기억하는 단계에 해당하는 것은 '집중단계'이다.
② 콜버그는 도덕성은 개인이 자신의 욕망에 집착하지 않고 타인의 입장을 이해하며, 사회 속에서 적응해 가는 행동경향이라고 본다.
③ "조작적 조건화"란 어떤 반응에 대해서 선택적으로 보상을 하고 그 반응이 일어날 확률을 감소시키거나 증가시키는 방법을 말한다.
④ 고전적 조건형성에서의 행동은 외부의 자극에 의해 촉발되지만, 도구적 조건형성에서 유기체는 외적 상황의 영향을 덜 받는다고 주장하였다.

해설 ① 집중이 아닌 인지에 대한 설명이다.

➤ 반두라의 사회학습이론에서의 학습과정

집중 단계	관찰을 통한 학습이 이루어지기 위해 행동·상황이 관찰자의 주의를 끌어야 하는 단계
인지 단계	관찰을 통해 학습한 정보를 기억하는 단계로, 학습한 정보가 내적으로 보유·강화되는 단계
재생 단계	저장된 기억을 재생하는 단계로, 학습한 내용과 관찰자의 행동이 일치하도록 자기 수정이 이루어지는 단계
동기화 단계	학습한 내용대로 행동에 옮기기 전에 기대감을 갖게 만드는 단계

정답 | ①

18 ★

심리학적 범죄이론에 관한 내용으로 가장 적절하지 않은 것은?

① 프로이트(Freud)의 인성구조 중 이드(Id)는 모든 행동의 기초를 이루는 생물학적 심리학적 욕구와 충동 자극 등을 대표하는 것으로서 즉각적인 만족을 요구하는 쾌락원리(pleasure principle)를 따른다.

② 스키너(Skinner)는 실험상자(Skinner box) 지렛대 실험에서 쥐의 행동이 보상과 처벌에 따라 변화하는 것을 확인하였고, 이를 통해 인간의 행위 역시 조절할 수 있다고 보았다.

③ 슈나이더(Schneider)의 정신병질에 대한 10가지 분류 중 무정성 정신병질자는 동정심이나 수치심 등 인간의 고등감정이 결여되었으며, 토막살인범이나 범죄단체조직원 등에서 많이 나타나는 유형이다.

④ 콜버그(Kohlberg)의 도덕발달이론에 관한 경험적 연구결과에 따르면 대부분의 범죄자는 도덕발달 6단계 중 중간단계인 3－4단계에 속하는 것으로 보았다.

해설 ④ 콜버그(Kohlberg)는 행위의 옳고 그름에 대한 이해와 그에 상응하는 행동은 세 가지 수준의 여섯 가지 과정(사회화)을 통해 발달한다. 도덕발달단계를 전인습수준(1－2단계), 인습수준(3－4단계), 후인습수준(5－6단계)으로 나누고, 대부분의 일반청소년들은 3~4단계에 속하는 반면, 대부분의 비행청소년들은 1~2단계에 속한다고 보았다.

① 프로이트(Freud)의 인성구조이론의 기본 원리에 관한 설명이다. 프로이트의 인성구조 중 이드(Id)는 생물학적·심리학적 충동의 커다란 축적체를 가리키는 것으로서 모든 행동의 밑바탕에 놓여 있는 동기들을 의미하며, 모든 행동의 기초를 이루는 생물학적·심리학적 욕구와 충동 자극 등을 대표하는 것으로서 태어날 때부터 존재하는 무의식적 개념이고, 타인의 권리를 배려치 않는 즉각적인 만족을 요구하는 쾌락의 원칙을 따른다.

② 스키너는 어떤 특정 상황에서 행동을 취하게 되면 그것에 따른 결과물이 제공되며 이 결과가 보상으로 인식될 때 강화가 이루어지고 행동을 반복하게 되는 강화학습이 이루어진다고 하였다. 스키너(Skinner)가 쥐의 행동을 관찰한 조작적 조건반사 작용에 관한 실험으로, 쥐가 실험상자 안에서 지렛대를 눌렀을 때 음식 한 덩어리가 나오는 것을 통한 조작적 조건반사에 관한 연구가 인간의 행위에도 적용될 수 있다는 것이다.

③ 슈나이더(Schneider)의 정신병질 10분법 중 사이코패스범죄자 등 무정성(無情性)에 대한 설명이다. 무정성 정신병질자는 동정심·수치심·회오 등 인간의 고등감정이 결여되어 냉혹·잔인하고, 복수심이 강하고 완고하며 교활하다. 범죄학상 가장 문제시되는 유형이다.

콜버그(Kohlberg)의 도덕발달이론

- 1수준 : 전인습적 도덕성(비행소년)
  - 1단계 : 처벌받지 않을 행동, 처벌과 복종단계
  - 2단계 : 일반적으로 이익이 되는 행동, 쾌락주의
- 2수준 : 인습적 도덕성(일반청소년)
  - 3단계 : 타인의 인정을 받고 비난받지 않을 행동, 대인관계 조화
  - 4단계 : 법과 질서에 의해 엄격히 규정된 행동
- 3수준 : 후인습적 도덕성
  - 5단계 : 법은 대중의 복리를 위한 사회계약이라는 입장에 근거하여 판단
  - 6단계 : 보편적인 윤리원칙에 입각해서 판단

정답 | ④

19 ★

슈나이더(Schneider)의 정신병질에 대한 10가지 분류에 관해 기술한 것이다. 가장 적절하지 않은 것은?

경찰간부 23

① 의지박약성 – 모든 환경에 저항을 상실하여 우왕좌왕하고, 지능이 낮은 성격적 특징을 가지고 있으며, 인내심과 저항력이 빈약하다. 상습범, 누범에서 이러한 정신병질이 많이 발견된다.

② 기분이변성 – 기분 동요가 많아서 예측이 곤란하고, 폭발성과 유사하나 정도가 낮은 특징을 가지고 있다. 방화범, 상해범에서 이러한 정신병질이 많이 발견된다.

③ 무력성 – 심신의 부조화 상태를 호소하여 타인의 동정을 바라고 신경질적인 특징을 보이나, 범죄와의 관련성은 적다.

④ 발양성 – 자신의 운명과 능력에 대해 과도하게 비관적이며, 경솔하고 불안정한 특징을 보인다. 현실가능성이 없는 약속을 남발하기도 한다. 상습사기범과 무전취식자 등에서 이러한 정신병질이 많이 발견된다.

해설 ④ 발양성 정신병질자는 자신의 운명과 능력에 대해 지나치게 낙관적이며, 이로 인해 경솔하고 불안정한 특징을 보인다. 상습사기범이 되기 쉽다. 무전취식자가 많고 특히 상습누범자가 많다.

정답 | ④

20

다음 중 슈나이더(Schneider)의 정신병질에 대한 10가지 분류에 대한 설명으로 가장 옳지 않은 것은?

해경간부 23

① 의지박약성 – 모든 환경에 저항을 상실하여 우왕좌왕하고, 지능이 낮은 성격적 특징을 가지고 있으며, 인내심과 저항력이 빈약하다. 상습범, 누범에서 이러한 정신병질이 많이 발견된다.

② 기분이변성 – 기분 동요가 많아서 예측이 곤란하고, 폭발성과 유사하나 정도가 낮은 특징을 가지고 있다. 방화범, 상해범에서 이러한 정신병질이 많이 발견된다.

③ 무력성 – 심신의 부조화 상태를 호소하여 타인의 동정을 바라고 신경질적인 특징을 보이며, 범죄와의 관련성이 높다.

④ 발양성 – 자신의 운명과 능력에 대해 과도하게 낙관적이며, 경솔하고 불안정한 특징을 보인다. 상습사기범과 무전취식자 등에서 이러한 정신병질이 많이 발견된다.

해설 ③ 무력성, 자신결핍성, 우울성 정신병질자는 범죄와의 관련성이 적다.

정답 | ③

21

심리학적 범죄이론에 대한 내용으로 가장 적절하지 않은 것은? 경찰간부 23

① 심리학적 범죄이론에는 범죄자의 정신을 중심으로 범죄의 원인을 규명하려는 '정신분석이론', 범죄자의 행위가 과거의 학습 경험을 통해 발달한다고 파악하는 '행동이론', 범죄자의 개인적 추론 과정이 행동에 미치는 영향을 바탕으로 범죄원인을 밝히고자 하는 '인지이론', 각 개인의 성격적 결함에서 비행성을 찾으려는 '인성(성격)이론' 등이 있다.

② 아이젠크(Eysenck)는 신경계적 특징과 범죄행동 및 성격특성 간의 관련성을 정신병적 경향성(Psychoticism), 외향성(Extroversion), 신경증(Neuroticism) 등 성격의 3가지 차원에서 설명하였다.

③ 헤어(Hare)는 사이코패스에 대한 표준화된 진단표(PCL－R)를 개발하였으며, 오늘날 사이코패스 검사 도구로 광범위하게 사용되고 있다.

④ 슈나이더(Schneider)는 대부분의 범죄자가 정신병질자이므로 정신치료에 초점을 맞추어야 한다고 주장하였다.

해설 ④ 슈나이더는 범죄자 중 일부가 특정 정신병질과 관계가 있다고 주장하였고 정신병질적 성격유형을 10가지 유형으로 분류하였는데, 이 중 무력성, 자신결핍증, 우울증은 일반적으로 범죄와는 관계가 적다.

① 심리학적 범죄이론에는 범죄자의 정신을 중심으로 범죄의 원인을 규명하려는 정신의학적 또는 정신분석적 접근, 인간의 인격 특성의 차이에서 범인성을 찾으려는 인성(성격)이론, 범죄자의 인지발달 정도에 따라 범죄자를 밝히고자 하는 인지발달이론, 범죄를 범죄자의 과거학습경험의 자연적인 발전으로 파악하는 학습 및 행동이론, 심리학적 관점뿐만 아니라 생물학적 관점도 동시에 고려하는 심리생물학적 접근 등이 있다.

② 아이젠크(Eysenck)는 범죄행동과 성격특성 간의 관련성을 체계적으로 설명하였다. 범죄행동에 대해 외향성, 신경증, 정신병, 즉 이 3가지 요인의 결합이 환경적 조건과는 독립적으로 범죄행동을 유발시킬 수 있다고 하였다.

- 외향성
  외향성을 개인의 조건화 능력을 결정짓는 중요한 성격차원으로 간주하고, 대뇌의 피각질성 수준으로 내·외향성을 판단하였으며, 외향성은 사회적·물리적 환경의 외적인 자극에 관심이 많은 성향을 가지고 있다.
- 신경증
  충동적 속성에 의해 증폭기제로 작용하기 때문에 범죄행동과 관련이 있으며, 정서적으로 불안정한 성향을 가지고 있다.
- 정신병
  정신병환자와 정신병질자들의 특징을 잘 나타내 주는 성격특성이며, 정신병적 취약성과 반사회적 성향을 가지고 있고, 공격적이고 자기중심적이며, 차갑고 비정한 성향을 가지고 있다.

③ 로버트 헤어(Hare)가 개발한 사이코패스에 대한 표준화된 진단표(PCL－R) 20개의 문항으로 범죄적 사이코패스의 정서적·대인적·행동적·사회적 일탈 측면을 평가하는 가장 많이 사용하는 사이코패스 측정 도구이다.

정답 | ④

22 ★

아이젠크의 성격 위계모형에서 습관적 반응 수준에 해당하는 것은?

① 제1수준
② 제2수준
③ 제3수준
④ 제4수준

해설 아이젠크는 성격을 환경에 대한 개인의 독특한 적응에 영향을 끼치는 인격·기질·지성·신체요소들이 안정되고 영속적으로 조직화된 것으로 본다.

➤ 아이젠크의 성격의 위계모형

제1수준	구체적 반응 수준으로 단일한 행위나 인지로 이루어진다.
제2수준	습관적 반응 수준으로 습관적 행위나 인지들로 이루어진다.
제3수준	상이한 습관적 행위들 간의 유의미한 상관으로 정의한다.
제4수준	유형수준 특질들 간 관찰된 상관으로 정의된다.

정답 | ②

23

아이젠크(Eysenck)의 인성이론에 관한 설명 중 옳은 것은?

㉠ 사람을 외향성과 내향성으로 구분하였고, 범죄자는 대체로 외향적 성격이 높다고 주장하였다.
㉡ 내향인은 사회적 금지사항을 더욱 쉽게 학습하며 결과 행동이 억제되어 있어, 학습에서 내향인은 처벌의 영향을 더 많이 받는다. 반면, 외향인은 사교적이고 흥미로운 것을 추구함에 따라 처벌보다는 보상에 의한 영향을 더욱 많이 받는다.
㉢ 성격의 3차원 모델은 정신병적 성향(P), 외향적 성향(E), 신경증 성향(N)을 의미하며, 'P－E－N 모델'이라고도 한다.
㉣ 신경증 성향은 정서적 안정성과 불안정성을 측정하며, 신체적인 통증의 호소를 하는 경우가 빈번하고 많다.

① ㉠
② ㉠, ㉡
③ ㉠, ㉡, ㉢
④ ㉠, ㉡, ㉢, ㉣

해설 아이젠크는 성격이란 환경에 대한 개인의 독특한 적응에 영향을 미치는 인격, 기질, 신체요소들이 안정되고 영속적으로 조직화된 것으로 전제하고 인성이론을 제시하였다.

정답 | ④

24 ★

정신분석이론의 비판 및 공헌점으로 옳지 않은 것은?

① 성적인 발달 등 심리학적 요인들을 지나치게 강조한다는 비판이 있다.

② 정신분석학적 연구는 임상적인 사례연구에 심하게 의존하기 때문에 일반화하기 힘들다.

③ 초기 아동기의 경험보다는 현재의 경험을 중시하기 때문에 범죄인이 현재 경험하는 문화와 환경적 요인을 중요한 범죄발생의 원인으로 파악하고 있다.

④ 범죄자의 성장배경, 가족생활, 인성력, 태도 등에 대한 심리분석탐구를 통해 범죄인의 현재 상태, 즉 문화적 환경적 요인을 명확히 파악한다.

해설 ④ 정신분석이론은 현재 상황보다는 어린 시절 왜곡된 성의식을 지나치게 강조하는 경향이 있으며 현재의 문화적, 환경적 요인을 무시하고 **오로지** 심리학적 분석에만 초점을 맞춘다는 비판을 받고 있다.

정답 | ③·④

25

다음 인지발달이론에 대한 설명으로 가장 적절하지 않은 것은?

① 인지이론은 자기 통제력의 부재, 즉 충동성을 범죄행동의 중요한 요인으로 파악한다.

② 범죄행동 패턴에서 왜 사람들이 성숙해지고 추론능력이 발달하면서 범죄성향이 줄어드는지를 잘 설명한다.

③ 피아제(Piaget)에 의해 제시된 도덕성 발달단계를 범죄에 응용한 콜버그(Kohlberg)의 이론도 인지이론에 해당한다.

④ 인지이론의 기본적 가설은 범죄자는 일반인들과는 다른 성격적 특질을 지니고 있다는 것이다.

해설 ④ 지문은 성격이론(인성이론)에 대한 설명이다. 성격이론의 기본적 가설은 비행이나 범죄자는 비정상적이고 특정한 범죄적 성격을 지니고 있거나 법을 준수하는 사람과는 다른 성격적 특질을 지니고 있다는 것이다. 이러한 성격을 가진 사람은 타인에 대한 동정심이 없으며, 후회나 죄의식을 가지지 못하는 반사회적 성격장애자일 가능성이 높다고 본다.

정답 | ④

26

심리학적 원인론에 대한 설명으로 옳지 않은 것은?

① 인지발달단계는 감각운동기(0~2세), 전조작기(2~7세), 구체적 조작기(7~11세), 형식적 조작기(11~15세)로 진행되며, 언어가 급격히 발달하고 상징적 사고능력이 증가하는 시기는 전조작기이다.

② 피아제는 인지발달과정에서 인지한 것을 의미 있게 만드는 방식을 '조절'이라고 한다.

③ 반두라는 개인은 직접적인 경험이 아닌 관찰을 통해서도 학습할 수 있으며, 성격은 타인의 행동을 관찰하고, 관찰된 행동을 시행한 후 얻어지는 결과에 따라 형성된다고 본다.

④ 스키너는 자신의 행동에 대한 직접적인 강화물에 의해 강화가 이루어져 학습을 하게 된다고 본다.

해설 ② 인지한 것을 유의미하게 만드는 방법은 조직이다.

➤ **피아제의 인지발달**

도식(Scheme)	개인이 가지고 있는 반복될 수 있는 행동의 유형이나 인지구조로서 조직과 적응의 과정을 통해 형성된다.
동화(Assimilation)	자신이 이미 가지고 있는 도식 속에 외부의 대상을 받아들이는 인지과정이다.
조절(Adjust)	동화가 부적합할 때 도식을 바꾸어 가는 과정이다.
조직(Organization)	인지한 것을 유의미하게 만드는 방법이다.

정답 | ②

27

심리학적 이론들에 대한 설명으로 적절하지 않은 것은?

① 정확한 결과를 담보하는 연구방법론이 도입되면서 경험적 타당성이 인정되고 있다.

② 주로 범죄자의 교정분야에 활발하게 활용되고 있다.

③ 사회구조적, 사회경제적 차이가 개인의 범죄행위에 어떤 영향을 미치는지에 대한 문제를 설명하지 못한다.

④ 최근의 연구결과에 따르면 범죄와 심리적 관계 간에는 별 관계가 없다는 견해도 있다.

해설 ① 심리학적 연구의 가장 큰 단점 중 하나가 경험적 타당성 검증이 쉽지 않다는 것이다.

정답 | ①

28

인성이론과 관련된 설명으로 타당하지 않은 것은?

① 방법론상의 문제로 표본이 무작위로 추출되지 않아 대표성과 신뢰성에 문제가 있다.
② 아이젠크는 비행소년과 일반소년을 대상으로 로르샤흐 검사를 통해 성격적 특성에 대한 검사를 실시하였다.
③ 왈도와 디니츠는 MMPI검사를 이용하여 '범죄자의 성격 프로파일'을 분석하였고 비행자와 일반인은 인격 특성상 구별된다고 주장하였다.
④ 워렌은 인간관계의 성숙 정도의 발전 수준을 분석하여 비행청소년의 유형을 제시하였다.

해설 ② 글룩부부에 대한 설명이다.

정답 | ②

29

다음 이론이 설명하는 내용과 가장 관련이 적은 것은? 국가7급 10

> 범죄는 내적 장애의 표출이다. 범죄자에게는 충동성, 공격성, 도덕성 부족, 낮은 자존감 등과 같은 특성을 발견할 수 있다.

① 심리학적 성격이론, 자기통제이론 등이 이에 해당한다.
② 범죄행위에 대한 개인의 자유의지를 부정하는 편이다.
③ 범죄인 교정을 위해 범인성에 대한 치료적 접근이 필요하다.
④ 범죄 원인 규명을 위해 개개인의 특성보다 범죄자가 처한 사회적 상황에 관심을 갖는다.

해설 ①·②·③은 정신의학적·정신병리적 범죄원인에 관한 설명이다. ④는 사회적 범죄원인론에 관한 설명이다.

정답 | ④

30

어떤 사람이 수치심·동정심·명예감정 등 인간특유의 도덕감정이 결여되어 있고, 잔인·냉혹하여 자신이 목표한 바를 이루기 위해서 수단을 가지지 않는다면 이는 슈나이더(K. Schneider)의 10분법 유형 중 어디에 해당되는가?

① 발양형　　② 열광형
③ 폭발형　　④ 무정형

해설 슈나이더(K. Schneider)의 10분법 유형에 따르면 ① 발양형은 낙천적이나 경솔하고 무책임한 경향이 있으며, 감정제어능력이 현저히 부족하다.
② 열광형은 자신의 소신을 중요시하며, 그에 따라 행동하는 성격의 소유자로 투쟁적인 기질이 강하다.
③ 폭발형은 사소한 일로 흥분하고, 폭언·폭행을 일삼으며, 음주 시에 그 경향이 특히 현저하게 나타난다.

➤ 슈나이더의 정신병질에 관한 10분법

구분	증상 및 범죄적 특성
발양형	• 낙천적인 반면, 경솔하고 정서적 안정이 없으며, 감정을 제어하는 능력이 현저히 부족 • 상습범이나 누범 중에 많고, 사기범이나 절도범 중에서 많이 발견
열광형 (광신형)	• 특정 가치나 관념에 집착하여 자신의 주장을 고집하고, 소신대로만 행동 • 정치범·종교적 확신범 등에게서 많이 발견
과장형 (자기 현시형)	• 타인의 주목과 관심을 끌기 위해 과대한 행동이나 공상적인 허언을 일삼음 • 사기범 중에서 많이 발견
폭발형	• 사소한 자극에도 지나친 반응을 보이고, 폭언·폭행을 하며, 음주 시 그런 경향이 현저함 • 살인·상해·폭행·손괴 등 충동적 범죄를 저지르며, 자살가능성 높음
기분 이변형	• 기분이 쉽게 변화하며, 그 기분의 동요를 예측하기 곤란 • 충동적으로 절도·방화·상해 등의 범죄를 저지르며, 방랑·폭음·낭비를 함
무정(無情)형	• 수치심·명예감정 등 인간 특유의 도덕감정이 결여되어 있어 잔인하고 냉혹함 • 살인·강도·강간 등 강력범죄를 저지르며, 조직범·누범 등에게서 많이 발견
의지 박약형	• 의지가 약하고, 주변에 좌우되며, 나쁜 습성이나 환경에 빠지면 헤어나지 못함 • 누범·상습범·알코올이나 마약중독자·창녀 중에서 많이 발견
우울형	• 염세적·회의적 인간관에 사로잡혀 우울하게 지내며, 자책하는 성향 • 자살가능성은 비교적 높으나, 범죄와는 거의 관련이 없음
자신 결핍형 (자기 불확실형)	• 자기의 능력부족을 의식하여 하고 싶은 행동도 주저하고, 주변사정에 민감 • 강박신경증에 걸리기 쉬우나, 범죄와는 거의 관련이 없음
무력(無力)형	• 무력감에 빠져 심신의 부조화상태를 호소하며, 타인의 관심이나 동정을 기대 • 신경질적 증상이 있으나, 범죄와는 거의 관련이 없음

정답 | ④

31

정신병질과 범죄적 특성에 관한 슈나이더(K. Schneider)의 분류로 바르지 못한 것은?

① 발양형 – 상습범 · 누범

② 과장형 – 정치범 · 종교적 확신범

③ 폭발형 – 손괴 · 상해 · 폭행

④ 무정형 – 살인 · 강도 · 강간

해설 ② 슈나이더(K. Schneider)의 분류에 따르면 과장형은 타인의 주목을 끌기 위해 과대한 행동을 보이는 자로 사기범 중에서 많이 발견된다고 한다. 정치범이나 종교적 확신범은 슈나이더의 분류방법 중 열광형에 해당한다.

정답 | ②

32

정신병과 범죄와의 관계를 설명한 것 중 옳지 않은 것은?

① 망상적 정신분열증이 범죄와 가장 관련성 높다.

② 정신적 결함을 가진 사람은 다른 일반인들보다 범죄를 저지를 가능성이 월등하게 높다.

③ 조울증과 범죄와의 관계에서 '조'상태에서는 자극에 민감하기 때문에 격노성 · 투쟁성으로 인한 대인범죄를 범하는 경우가 많다.

④ 피해망상증의 경우, 다른 사람이 자신의 생존을 위협한다고 생각하기 때문에 자신이 먼저 그 사람을 해치울 수밖에 없다고 판단하여 범죄를 저지르는 경향이 있다.

해설 ② 정신질환을 앓고 있는 사람들의 범죄율이 일반인들보다 범죄율이 높다는 과학적 증거는 없으며 오히려 일반인들보다 범죄율이 낮다고 주장하는 학자들도 있다.

정답 | ②

33

슈나이더(K. Schneider)가 분류한 10종의 정신병질 유형 중 대체로 범죄와 연결될 가능성이 희박한 것들로 묶어놓은 것은?

① 무력형·우울형·자신 결핍형
② 무력형·우울형·과장형
③ 우울형·자신 결핍형·과장형
④ 자신 결핍형·기분 이변형·우울형

해설 ① 슈나이더(K. Schneider)가 분류한 10종의 정신병질 유형 중 무력형은 심신부조화상태를 호소하며 동정을 바라는 자이고, 우울형은 염세적·회의적 세계관을 가진 자이며, 자신결핍형은 결단력이나 자기통제력이 약한 자로 이들 유형은 모두 범죄와의 관련성이 적은 것으로 보고 있다.

정답 | ①

34

슈나이더(K. Schneider)가 구분한 정신병질 중 감정변화가 심하여 행동예측이 곤란하고 방화범과 상해범에서 많이 나타나는 유형은? 사법시험 07

① 기분 이변성 정신병질자
② 무정성 정신병질자
③ 자기 현시욕성 정신병질자
④ 폭발성 정신병질자
⑤ 발양성 정신병질자

해설 ① 기분 이변성 정신병질자는 불명확한 동기로 감정의 변화가 심하여 그 행동예측이 곤란한 정신병질의 유형으로 충동적으로 절도·방화·상해 등의 범죄를 저지르는 경우가 많다.

정답 | ①

35

슈나이더(K. Schneider)의 정신병질자의 유형에 관한 설명 중 옳지 않은 것은? 교정7급 07

① 발양성 정신병질자는 분별력 없이 떠벌리는 성격의 소유자로서 흉악범이 되는 경우는 적고, 가벼운 절도, 상습사기, 모욕죄 등의 상습범과 누범이 되는 경우는 많다.

② 무정성 정신병질자는 자신의 정신과 행동을 아무 생각 없이 끌고 가는 심신부조화의 유형으로서 비교적 범죄와 관련이 적은 유형으로 알려져 있다.

③ 자신 결핍성 정신병질자는 내적 열등감과 불확실성을 특징으로 하는 유형으로서 내적 갈등으로 인하여 살인, 방화, 상해 등의 범죄를 저지르는 경우도 있으나, 그 가능성은 낮다.

④ 자기 현시성(과장성) 정신병질자는 자신을 과대평가하면서 자기를 의미 있는 인물로 받아들이게 하기 위하여 반사회적 행위를 하는 경우가 있는 유형으로서 주로 사기성 범죄자가 이에 속한다.

해설 ② 무정형 정신병질자는 수치심·동정심·명예감정 등 인간 특유의 도덕감정이 결여되어 있어 잔인·냉혹하며, 자신의 욕망에 따라 수단방법을 가리지 않고 행동하므로 범죄와 관련이 많은 유형으로 알려져 있다. 특히 살인·강도·강간 등 강력범죄를 저지르며, 조직범·누범 등에게서 많이 발견된다.

정답 | ②

36

슈나이더(K. Schneider)의 개별 정신병질의 유형과 그 범죄경향에 관한 연결 중 옳은 것을 모두 묶은 것은? 사법시험 11

㉠ 무력성 – 충동적 살상범, 폭행범, 손괴범
㉡ 기분 이변성 – 방화범, 상해범
㉢ 발양성 – 상습사기범, 무전취식자
㉣ 의지 박약성 – 상습누범자, 성매매여성, 마약중독자
㉤ 자기 현시성(과장성) – 종교적 광신자, 정치적 확신범
㉥ 우울성 – 자살자, 살인범

① ㉠, ㉡, ㉢, ㉣
② ㉡, ㉢, ㉣, ㉤
③ ㉡, ㉢, ㉣, ㉥
④ ㉡, ㉣, ㉤
⑤ ㉢, ㉣, ㉥

해설 [O] ㉡·㉢·㉣·㉥
[×] ㉠은 폭발형의 범죄경향에 해당하고, ㉤은 열광형의 범죄경향에 해당한다.

정답 | ③

박상민

JUSTICE 교정학

단원별 핵심천제

[형사정책편]

PART

05

사회학적 범죄원인론

01 ★

거시적 환경론과 관계가 없는 것은? 교정7급 06

① 사회해체론
② 문화전달론
③ 긴장이론
④ 중화기술이론

해설 ④ 미시적 환경론은 개인적 생활환경을 보다 강조하고, 거시적 환경론은 보다 광범위한 사회적 환경을 강조한다는 점에서 구별된다. 미시적 환경론으로는 (사회)생물학적 범죄이론 · 심리학적 범죄이론 · 사회통제이론 · 낙인이론 등이 있고, 거시적 환경론으로는 사회갈등적 범죄이론 · 사회구조적 범죄이론 · 비판범죄학 등이 있다. 중화기술이론은 사회통제이론에 속하므로 미시적 환경론에 해당한다.

정답 | ④

02

사회해체론(social disorganization theory)에 관한 설명으로 옳지 않은 것은? 사법시험 07

① 생물학적 · 심리학적 범죄원인론에 비해 사회적 환경을 중요시한다.
② 비판범죄학의 갈등론적 관점을 취한다.
③ 지배적 사회관계가 와해되었지만 아직까지 새로운 관계가 형성되어 있지 않은 틈새지역은 범죄유발환경이 된다.
④ 열악한 환경에 따른 지역사회의 통제력 약화도 범죄유발요인이 된다.
⑤ 인구이동이 많은 지역에서 흔히 볼 수 있는 주민이동과 주민이질성은 사회해체의 원인이 된다.

해설 ② 사회해체론은 갈등론적 관점이 아니라 문화전달이론에 속한다.

정답 | ②

03

사회해체론에 대한 설명으로 옳지 않은 것은? 교정9급 07

① 사회해체이론의 중요한 업적은 행위자 개인의 특성이 아니라 도시의 생태를 범죄나 비행의 발생원인으로 파악한 것이다.

② 비행이 사회해체에 기인하기 때문에 비행예방을 위해서는 개별 비행자의 처우보다 도시생활환경에 영향을 미치는 사회의 조직화가 필요하다고 본다.

③ 사회해체이론은 주로 경찰이나 법원의 공식기록에 의존하였기 때문에 그 연구결과의 정확성은 문제되지 않는다.

④ 사회통제이론, 아노미이론, 차별적 접촉이론, 문화갈등이론 등의 이론적 발전에 기초를 제공한 것으로 평가된다.

해설 ③ 사회해체이론 중 범죄지역에 관한 이론, 즉 동심원이론이나 문화전달이론 등은 모두 미국형사사법기관의 공식적 통계에 지나치게 의존하여 암수범죄의 문제가 있으며, 그 연구결과의 정확성을 신뢰하기 어렵다는 비판이 있다.

정답 | ③

04

다음 중 통제이론에 대한 설명으로 가장 옳은 것은? 해경간부 23

① 통제이론은 "개인이 왜 범죄로 나아가지 않게 되는가"의 측면이 아니라 "개인이 왜 범죄를 하게 되는가"의 측면에 초점을 맞춘다.

② 나이(Nye)는 범죄 통제방법 중 비공식적인 직접통제가 가장 효율적인 방법이라고 주장하였다.

③ 레크리스(W. Reckless)는 외부적 통제요소와 내부적 통제요소 중 어느 한 가지만 제대로 작동되어도 범죄는 방지될 수 있다고 보았다.

④ 맛차(Matza)와 사이크스(Sykes)가 주장한 중화기술 중 '가해의 부정'은 자신의 행위로 피해를 입은 사람은 그러한 피해를 입어도 마땅하다고 합리화하는 기술이다.

해설 ① 사회통제이론은 "사람들이 왜 범죄를 저지르는가?"보다는 "왜 많은 사람들이 범죄를 저지르지 않는가?"에 초점을 맞춘다.
② 비공식적 간접 통제이다.
④ 피해자의 부정이다.

정답 | ③

05

사회해체이론(social disorganization theory)에 대한 설명으로 옳지 않은 것은? 보호7급 20

① 화이트칼라 범죄 등 기업범죄를 설명하는 데에 유용하다.

② 범죄는 개인적인 차이에 의한 것이라기보다는 환경적 요인들을 범죄의 근원적 원인으로 본다.

③ 지역사회의 생태학적 변화가 범죄의 발생에 중요한 역할을 한다고 보는 것이다.

④ 범죄의 발생이 비공식적인 감시기능의 약화에서 비롯되는 것으로 설명하기도 한다.

해설 ① 지문은 서덜랜드의 차별적 접촉이론에 관한 설명이다. 사회해체이론은 급격한 도시화·산업화는 지역사회에 기초한 통제의 붕괴를 낳게 되고, 이는 사회해체로 이어져 범죄나 비행이 유발된다는 이론으로, 퇴행변이지역(틈새지역)에서의 하류계층의 높은 범죄율을 설명하는 데에 유용하다.

정답 | ①

06 ★

사회해체이론에 관한 설명으로 옳지 않은 것은?

① 사회해체론은 구조기능주의에 바탕을 두고 있으며 시카고 지역 프로젝트(Chicago area project)의 배경이 되었다.

② 쇼와 맥케이는 버제스의 동심원이론을 범죄 및 비행분석에 적용시켜 새로운 범죄생태론을 연구하였다.

③ 사회해체론은 사회해체로 인한 이웃의 생태학적 환경이 높은 범죄율을 야기하는 주장으로 사회생태학이론에 속한다.

④ 샘슨은 집합효율성이론을 주장하고, '장소가 아니라 사람 바꾸기'의 범죄 대책을 권고한다.

해설 ④ 샘슨은 범죄원인을 개인에서 찾은 것이 아니므로 '사람이 아니라 지역(장소)바꾸기'를 범죄대책으로 강조하였다.

정답 | ④

07

다음은 '범죄 통제이론'을 설명한 것이다. 가장 적절하지 않은 것은?

① '억제이론'은 인간의 합리적 판단이 범죄 행동에도 적용된다고 보아서 폭력과 같은 충동적 범죄에는 적용에 한계가 있다.
② '치료 및 갱생이론'은 결정론적 인간관에 입각하여 특별예방효과에 중점을 둔다.
③ '일상활동이론'의 범죄발생 3요소는 '동기가 부여된 잠재적 범죄자', '적절한 대상', '범행의 기술'이다.
④ 로버트 샘슨은 지역주민 간의 상호신뢰 또는 연대감과 범죄에 대한 적극적인 개입을 강조하는 '집합효율성이론'을 주장하였다.

해설 ③ '일상활동이론'의 범죄발생 3요소는 동기가 부여된 잠재적 범죄자, 적절한 대상, 보호의 부재이다.

정답 | ③

08 ★

다음 중 사회해체이론(Social Disorganization Theory)에 대한 설명으로 가장 옳지 않은 것은?

해경간부 23

① 지역사회의 생태학적 변화가 범죄의 발생에 중요한 역할을 한다고 보는 것이다.
② 범죄는 개인적인 차이에 의한 것이라기보다는 환경적 요인들을 범죄의 근원적 원인으로 본다.
③ 범죄의 발생이 비공식적인 감시기능의 약화에서 비롯되는 것으로 설명하기도 한다.
④ 버식(Bursik)과 웹(Webb)은 사회해체 원인을 주민의 비이동성과 동질성으로 보았다.

해설 ④ 버식과 웹은 쇼와 맥케이의 이론이 지역사회의 해체가 어떻게 범죄발생과 관련되는지를 명확하게 설명하지 못했다고 비판하며 사회해체론의 입장을 지역사회의 안정성의 관점에서 바라보았다. 지역사회해체를 지역사회의 무능력, 즉 지역사회가 주민들에게 공통된 가치체계를 실현하지 못하고 지역주민들이 공통적으로 겪는 문제를 해결할 수 없는 상태라고 정의하고, 사회해체의 원인을 주민의 이동성과 주민의 이질성으로 보았다.

정답 | ④

09

사회해체이론(Social Disorganization Theory)에 관한 설명으로 가장 적절하지 않은 것은? 경행 22

① 쇼(Shaw)와 맥케이(McKay)는 지역사회의 특성과 청소년 비행 간의 관계를 검증하였다.
② 지역사회의 생태학적 변화를 범죄 발생의 주요 원인으로 본다.
③ 초기 시카고학파의 학자들은 지역사회수준의 연구결과를 개인의 행동에 적용하는 생태학적 오류(ecological fallacy) 문제를 해결하였다는 평가를 받는다.
④ 집합효율성(collective efficacy)이란 공통의 선을 유지하기 위한 지역주민들 사이의 사회적 응집력을 의미하며, 상호신뢰와 유대 및 사회통제에 대한 공통된 기대를 포함하는 개념이다.

해설 ③ 초기 시카고학파 학자이론에 대하여 로빈슨(Robinson)은 개인적 상관관계와 생태학적 상관관계를 구분하면서 생태학적 오류의 문제점을 지적하였다. 쇼와 맥케이를 포함한 다수의 학자들이 개인의 특성에 대해 파악하고자 하는 목적을 가지고 있었음에도 개인적 상관관계에 근거하지 않고 오히려 생태학적 상관관계에 근거해 자신들의 주장을 입증하려 하였다. 즉 초기 시카고학파의 학자들의 연구는 방법론적으로 공식통계에 지나치게 의존하고 있어 연구결과에 대한 정확성에 대한 비판이 있고, 지역사회수준의 연구결과를 개인의 행동에 적용하는 과정에서 연구결과와는 다른 제3의 원인에 의한 것일 수도 있다는 비판을 받는다.
① 쇼와 맥케이는 다양한 자료들을 근거해 지역사회의 특성과 청소년비행률 사이에 강한 상관관계가 있음을 검증하였다.
② 지역사회를 지탱하고 보호하던 공동체적 전통이 사라지고 도덕적 가치가 약화되며 이를 틈타 비행과 범죄자가 늘어난다고 본다.
④ 샘슨(Sampson)은 집합효율성이라는 용어를 통해 범죄를 설명하고자 했는데, 집합효율성이란 공공장소에서 질서를 유지할 수 있는 능력을 말한다.

정답 | ③

10 ★

시카고학파인 쇼(Shaw)와 맥케이(McKay)가 수행한 연구의 결과로 가장 적절하지 않은 것은?

경찰간부 23

① 지역 거주민의 인종과 민족이 바뀌었을 때 해당 지역의 범죄율도 함께 변했다.
② 시카고 시(市)의 전이지대(transition zone)에서 범죄율이 가장 높게 나타났다.
③ 새로운 이민자가 지속적으로 유입되면서 지역사회의 사회해체 상태가 초래되었다.
④ 범죄지역에서는 전통적 규범과 가치가 주민들의 행동을 제대로 통제하지 못했다.

해설 ① 지역 거주민의 인종과 민족이 바뀌었을 때 해당 지역의 범죄율은 차이가 없었다. 전이지역 내 구성원의 인종이나 국적이 바뀌었음에도 불구하고 계속적으로 높은 범죄율을 보이는 것은 개별적으로 누가 거주하든지 관계없이 지역의 특성과 범죄발생과는 중요한 연관이 있다는 것이다. 즉 범죄 및 비행은 지대와 관련된 것이지 행위자의 특성이나 사회전체의 경제적 수준 등과는 관계없다는 것이다. 결과적으로 쇼와 맥케이는 높은 범죄율의 원인이 특정 인종이나 민족과 같은 개인적 특성과 관련된 것이 아니라 지역적 특성과 관련되어 있다고 보았다.

정답 | ①

11

시카고학파의 이론에 관한 설명 중 타당한 것은?

① 시카고의 범죄다발지역은 거주민이 달라지더라도 계속 범죄율이 높다고 하면서, 이는 그 지역의 특수한 환경이 범죄를 발생시키는 것이며, 그러한 환경은 전달된다고 보았다.

② 1920년대부터 미국 시카고 대학을 중심으로 하여 생태학적으로 범죄를 설명한 시카고학파는 범죄를 사회환경과 개인의 소질에 의한 것이라고 보아 종합적인 범죄원인을 연구하였다.

③ 버제스(Burgess)는 도심지역과 도심과 인접하면서 주거지역에서 상업지역으로 바뀐 '전이지역'의 범죄발생률이 높고, 도심에서 멀어질수록 범죄율도 높아진다고 하였다.

④ 사회해체론자들은 공식적인 사회통제조직의 기능상실을 범죄의 주된 원인으로 본다.

해설 ② 시카고학파는 범죄 원인을 사회환경에 있다고 보았다.

③ 버제스는 사회생태학을 완성한 사회학자로서 동심원 지대이론을 정립하여 사회해체이론의 기초를 제공했다. 도심에서 멀어질수록 범죄율이 낮아진다고 하였다.

④ 사회해체론에서 범죄유발환경으로 중시했던 것은 사회해체이다. 사회해체의 가장 대표적 특징은 비공식적 통제기능의 상실 내지 약화이다.

정답 | ①

12

쇼(Shaw)와 맥케이(McKay)의 사회해체이론(Social Disorganization Theory)에 관한 설명으로 가장 적절하지 않은 것은? 경행2차 23

① 특정 지역에서의 범죄가 다른 지역에 비해서 많이 발생하는 이유를 규명하고자 하였다.

② 지역 거주민의 인종과 민족의 변화가 해당 지역의 범죄율을 좌우하는 핵심요인으로 나타났다.

③ 전이지역(transitional zone)은 타 지역에 비해 범죄율이 상대적으로 높게 나타났다.

④ 사회해체의 요소로 낮은 경제적 지위, 민족적 이질성, 거주 불안정성 등을 제시하였다.

해설 ② 거주민의 인종과 민족이 바뀌었을 때 해당 지역의 범죄율은 차이가 없었다. 전이지역 내 구성원의 인종이나 국적이 바뀌었음에도 불구하고 계속적으로 높은 범죄율을 보이는 것은 개별적으로 누가 거주하든지 관계없이 지역의 특성과 범죄발생과는 중요한 연관이 있다는 것이다. 즉 범죄 및 비행은 지대와 관련된 것이지 행위자의 특성이나 사회전체의 경제적 수준 등과는 관계없다는 것이다. 결과적으로 쇼와 맥케이는 높은 범죄율의 원인이 특정 인종이나 민족과 같은 개인적 특성과 관련된 것이 아니라 지역적 특성과 관련되어 있다고 보았다.

정답 | ②

13

사회해체이론에 대한 설명으로 가장 적절하지 않은 것은? 경찰간부 24

① 사회해체(Social Disorganization)란 지역사회가 공동체의 문제해결을 위한 능력이 상실된 상태를 의미한다.
② 초기 사회해체이론은 사회해체의 개념을 명확히 측정하고 다수의 실증연구를 제시했다.
③ 사회해체이론에 기반한 대표적 정책은 시카고지역프로젝트(Chicago Area Project)가 있다.
④ 집합효율성이론, 환경범죄학, 깨진 유리창 이론은 사회해체이론을 계승·발전한 것이다.

해설 ② 초기 사회해체이론가인 쇼와 맥케이는 사회해체의 개념을 명확히 하지 못했다.
① 지역사회가 공통으로 겪는 문제를 자체적으로 해결할 수 있는 능력을 상실한 상태를 사회해체라고 한다.
③ 비행의 원인이 사회해체에 기인한 것이기 때문에 개별비행자의 처우는 비효과적이며, 따라서 도시생활환경에 영향을 미치는 지역사회의 조직화가 필요하고, 그 예가 시카고지역프로젝트이다.
④ 윌슨(Wilson)과 켈링(Kelling)의 깨진 유리창 이론, 샘슨(Sampson)의 집합효율성이론, 환경범죄학 등은 사회해체이론을 계승·발전시킨 것이다.

정답 | ②

14

다음 글에서 설명하는 이론은? 교정7급 23 | 보호7급 23

> 공동체의 사회통제에 대한 노력이 무뎌질 때 범죄율은 상승하고 지역의 응집력은 약해진다. 이에 지역사회 범죄를 줄이기 위해서는 이웃 간의 유대강화와 같은 비공식적 사회통제가 중요하며, 특히 주민들의 사회적 참여는 비공식적 사회통제와 밀접하게 관련되어 있다.

① 샘슨(Sampson)의 집합효율성(collective efficacy)
② 쇼(Shaw)와 맥케이(Mckay)의 사회해체(social disorganization)
③ 머튼(Merton)의 긴장(strain)
④ 뒤르켐(Durkheim)의 아노미(anomie)

해설 ① 샘슨의 집합효율성이론(collective efficacy theory)에 대한 설명이다.

샘슨의 집합효율성

- 빈곤은 그 자체로는 범죄와 관련이 없지만, 거주지 안정성이 낮은 곳에서의 빈곤은 폭력범죄율과 높은 상관관계가 있다.
- 지역사회가 자체의 공동가치를 실현할 수 있는 능력을 상실한 상태가 바로 사회해체이다.
- 적은 사회자본으로 인한 익명성이 근린의 범죄와 폭력을 증가시킨다. 준법정신이 투철한 사람들은 범죄와 폭력의 증가에 따라 타 지역으로 이주하게 되고, 범죄와 폭력으로 만연한 근린은 지역사회의 와해가 더욱 촉진된다.
- 집합효율성이란 '거리, 보도, 공원 등과 같은 공공장소에서 질서를 유지할 수 있는 능력'을 의미한다.
- 근린의 거주민들이 당국에 불만을 토로하거나 지역감시프로그램을 조직하는 것과 같이 질서유지를 위한 명확한 행동을 할 때 나타난다.
- 거주민들은 '근린의 결속과 상호신뢰'가 '근린의 사회통제를 위해 개입하려는 그들의 공유된 기대'와 연계될 때에만 범죄를 줄이고자 행동한다.

정답 | ①

15

동심원이론에서 버제스(E.W. Burgess)가 범죄학적으로 가장 문제된다고 보았던 지대는?

① 업무중심지대
② 퇴화지대(변이지대)
③ 노동자계층지대
④ 중간계급지대

해설 ② 퇴화지대(변이지대)는 업무중심지대를 둘러싸고 있는 지역으로 도시의 확대발전에 따라 중심부 사람들이 교외 지역으로 이전하여 퇴화과정에 있는 빈민가를 말하는데 버제스는 이 지대를 각종 실패자가 군집하여 범죄가 만연한 곳이라고 보았다.

①은 도심의 중심부를 말하고, ③은 저소득 노동자들이 거주하는 지역을 말하며, ④는 주거지대를 말한다.

➤ **버제스의 동심원이론 요약**

제1지대(업무중심지대)	도시의 중심부에 위치하는 상공업 기타 각종 직업의 중심적 업무지역
제2지대(변이지대)	불량조건들이 산재하고, 일종의 빈민가를 형성하여 범죄학적으로 가장 문제되는 지역
제3지대(노동자 주거지대)	저소득의 노동자들이 많이 거주하는 지역으로 2~3세대가 한 건물에서 공동거주
제4지대(주거지대)	중류층 거주지대로 단일가구주택으로 구성
제5지대(통근자지대)	통근자 주거지대로 교외지역에 위치

정답 | ②

16

버제스(E.W. Burgess)가 지대유형의 형성에 가장 관련 있다고 본 것은?

① 지가(地價)
② 거주민의 직업
③ 교통수단
④ 산업구조

해설 ① 버제스는 이른바 동심원이론에서 지대를 5개 성층으로 구별하고, 그러한 지대의 유형은 지가(地價)와 관련 있다고 보았다.

정답 | ①

17

미국 시카고학파에 관한 설명으로 옳지 않은 것은?

① 범죄연구방법으로 공식통계를 주로 이용하였다.
② 생태학적 연구를 통해 사회해체현상을 분석하였다.
③ 도시는 방사상의 형태로 팽창하는 경향이 있다는 동심원이론을 제시하였다.
④ 범죄에 친화적인 지역으로 도시 중심부를 지목하였다.

해설 ④ 버제스는 동심원이론을 통해 범죄에 친화적인 지역으로 지리적·사회적 중간지대,즉 변이지대(제2지대)를 지목하였다.

정답 | ④

18

사회해체론에 관한 설명 중 옳지 않은 것만으로 묶인 것은?

㉠ 산업화·도시화로 인한 가치규범의 갈등으로 사회해체가 나타나고, 이는 사회통제력의 약화라는 결과로 이어져 범죄와 비행이 유발된다는 것이 이론의 핵심이다.
㉡ 버제스(E.W. Burgess)는 도시는 중심부에서 방사상으로 서서히 외곽으로 이동하며 팽창하는 경향이 있다는 동심원이론을 주장하였다.
㉢ 버제스의 동심원이론에 따르면 범죄학적으로 가장 문제되는 지역은 환상지대(loop)이다.
㉣ 쇼와 맥케이(Shaw & Mckay)는 도시의 중심부에서 멀어질수록 범죄가 규칙적으로 증가한다고 주장하고, 이러한 범죄증가의 대표적 지역을 '틈새지역'이라고 불렀다.
㉤ 샘슨(Sampson)은 범죄지역의 속성으로 '낮은 자본론'을 거론하고, 범죄자나 비행자들이 지역거주자 사이의 관계성이 부족하고 지역자치활동이 활발하지 못한 변이지역을 차지하게 된다고 주장하였다.

① ㉠, ㉡ ② ㉡, ㉢
③ ㉢, ㉣ ④ ㉣, ㉤

해설 [×] ㉢ 버제스의 동심원이론에 등장하는 환상지대(loop)란 도시의 중심부에 위치하는 상공업 기타 각종 직업의 중심적 업무지역을 말한다. 버제스가 범죄학적으로 가장 문제되는 지역으로 지적한 곳은 제2지대(변이지대)이다.
㉣ 쇼와 맥케이는 대체로 도시의 중심부에서 멀어질수록 범죄도 거의 규칙적으로 감소한다고 보았다.
[○] ㉠·㉡

정답 | ③

19 ★

하위문화이론(Subcultural Theory)에 관한 설명이다. 이와 관련된 〈보기 1〉의 설명과 〈보기 2〉의 학자를 가장 적절하게 연결한 것은? 9급경채 22

<보기 1>

(가) 하류계층의 비행은 범죄적(criminal), 갈등적(conflict), 은둔(도피)적(retreatist) 유형으로 구분된다.
(나) 하류계층의 청소년들은 중류사회의 성공목표를 합법적으로 성취할 수 없기 때문에 지위좌절(status frustration)이라고 하는 문화갈등을 경험하게 된다.
(다) 하류계층 비행청소년들의 비행하위문화는 비실리적(nonutilitarian), 악의적(malicious), 부정적(negativistic)이라는 특성을 보인다.
(라) 비행과 기회(Delinquency and Opportunity)라는 저서를 통해 불법적인 기회에 대한 접근이 불평등하게 분포되어 있다고 주장하였다.
(마) 신체적 강건함, 싸움능력 등을 중시하는 강인함(toughness)이 하류계층의 주된 관심 중 하나라고 주장한다.

<보기 2>

㉠ 코헨(Cohen) ㉡ 클로워드(Cloward)와 올린(Ohlin) ㉢ 밀러(Miller)

	(가)	(나)	(다)	(라)	(마)
①	㉠	㉡	㉢	㉢	㉡
②	㉡	㉠	㉠	㉡	㉢
③	㉡	㉡	㉠	㉢	㉠
④	㉡	㉠	㉡	㉠	㉢

해설 ② (가)－㉡, (나)－㉠, (다)－㉠, (라)－㉡, (마)－㉢이다.

(가) 클로워드와 올린의 차별적 기회이론으로 합법적 수단, 비합법적 수단, 폭력의 수용 여부에 따라 하류계층의 비행이나 범죄는 범죄적, 갈등적, 도피적 유형으로 구분된다. 차별적 기회구조이론의 비행하위문화의 유형에 대한 설명이다.

(나) 코헨의 비행하위문화이론으로 코헨은 사회가 중류계층의 기준 위주로 평가되기 때문에 하류계급 청소년들은 학교 교육과정에서 부적응과 지위좌절을 경험하면서 하류계층의 청소년들은 중류사회의 성공목표를 합법적으로 성취할 수 없기 때문에 지위좌절이라고 하는 문화갈등을 경험하게 되고, 지위좌절을 겪는 하위계층 청소년들은 지위문제를 해결하기 위해 나름대로 해결책을 강구한다. 비행하위문화는 이러한 가치관으로 인해 기존의 규범을 무시하고 비행을 저지르기가 쉽다는 것이다.

(다) 코헨의 비행하위문화이론으로 비행소년집단에서 관찰되는 비행하위문화는 반항성(악의성), 비공리성(비실리성), 거부감(부정성), 단기적인 쾌락의 추구, 집단자율의 강조 등의 특징이 있다고 보았다.

(라) 머튼(Merton)은 성공 목표 달성을 위한 합법적 수단에 대한 접근이 계급에 따라 차별적으로 주어진다는 점만을 고려하여, 불법적 수단에는 누구나 접근할 수 있는 것처럼 가정했지만, 클로워드와 올린은 이 부분을 비판하며, 성공을 위한 불법적 수단에 대한 접근 역시 모두에게 동등하게 주어지는 것은 아니라고 하였다. 즉 '차별 기회'를 합법적 수단뿐만 아니라 불법적 수단에 대해서도 고려해야 한다는 것이다. 클라워드와 올린은 1964년 저서 「비행과 기회」에서 비합법적 기회구조의 불평등한 분포를 주장하였다.

(마) 밀러의 하위계층계급문화이론으로 하위계층 청소년들은 하위계층문화의 '주요 관심사'에 따라 학습하고 행동하며, 비행청소년들은 특히 이를 과장된 방법으로 표현하고 행위로 나타낸다. 하위계층의 주요 관심사(관심의 초점)에는 Trouble(말썽·걱정·사고치기), Toughness(강인·완강), Smartness(교활·영악·영리함), Excitement(흥분·자극·스릴), Fatalism(운명·숙명), Autonomy(자율·자립) 등이 있다.

정답 | ②

20

비행적 하위문화이론에 관한 설명으로 가장 적절한 것은?

① 코헨(Cohen)이 자신의 저서 「비행소년」을 통해 주장한 비행적 하위문화란 전통적 문화를 인정하면서 비행집단이 자신의 행위를 합리화하려는 자기변명의 문화를 말한다.

② 중하류계층의 범죄를 설명하기 위한 이론이다.

③ 소년비행은 집단화현상을 보이며, 경제적 이익을 추구한다고 전제한다.

④ 사회계급 간에는 가치규범이나 생활양식 등에 중요한 차이가 있다고 본다.

해설 ① 비행적 하위문화란 전통적 문화에 저항하는 비행집단의 사고와 행동양식을 총칭하는 것이다.
② 하류계층의 범죄를 설명하기 위한 이론이다.
③ 소년비행은 집단화현상을 보이며, 경제적인 이익과 무관하게 이루어진다고 보았다.

정답 | ④

21

다음 중 밀러(Miller)의 하류계층 하위문화이론에 대한 설명으로 가장 옳지 않은 것은? 해경간부 23

① 하류계층의 비행이 반항도 혁신도 아닌 그들만의 독특한 관심의 초점을 따르는 동조행위라고 보았다.

② 하류계층의 비행을 중류층에 대한 반발에서 비롯된 것이라는 코헨(Cohen)의 주장에 반대하고 그들만의 독특한 하류계층문화 자체가 집단비행을 발생시킨다고 보았다.

③ 하류계층의 문화를 범죄적 하위문화, 갈등적 하위문화, 도피적 하위문화로 분류하였다.

④ 하류계층의 대체문화가 갖는 상이한 가치는 지배계층의 문화와 갈등을 초래하며, 지배집단의 문화와 가치에 반하는 행위들이 지배계층에 의해 범죄적·일탈적 행위로 간주된다고 주장하였다.

해설 ③ 하류계층의 문화를 범죄적 하위문화, 갈등적 하위문화, 도피적 하위문화로 분류한 것은 클로워드(Cloward)와 올린(Ohlin)의 차별적 기회구조이론(differential opportunity theory)이다.

정답 | ③

22

각각의 항목에 대한 학설 대립을 잘못 설명한 것은?

① 아노미의 발생원인 : 뒤르켐(Durheim)은 아노미란 현재의 사회구조가 구성원 개인의 욕구나 욕망에 대한 통제력을 유지할 수 없을 때 발생한다고 본 반면, 머튼(Merton)은 문화적 목표와 이를 달성하기 위한 제도적 수단 사이에 간극이 있을 때 구조적 긴장이 생기고, 여기에서 아노미가 발생한다고 보았다.

② 하위문화의 성격 : 밀러(Miller)가 하위문화란 중상류층의 보편적인 문화에 대항하고 반항하기 위하여 형성된 것이라고 생각한 반면, 코헨(Cohen)은 하위문화를 하위계층의 고유문화로 보았다.

③ 범죄피해 발생원인 : 생활양식·노출이론(Lifestyle－Exposure Theory)이 사회계층별 '범죄자 접촉기회'와 '범죄위험에의 노출'이라는 구조적 요소를 중시한 반면, 일상활동이론(Routine Activity Theory)은 '범죄대상으로서의 매력'이나 '감시의 부재'와 같은 상황적 요소를 중시한다.

④ 범행학습과정 : 서덜랜드(Sutherland)의 차별적 접촉이론은 범행의 학습은 주로 친밀한 사적 집단 안에서 이루어진다고 보았으나, 글레이저(Glaser)의 차별적 동일시이론은 범죄를 학습할 수 있는 대상이 텔레비전이나 영화의 주인공처럼 관념상의 인간으로까지 확장될 수 있다고 보았다.

⑤ 이차적 일탈로의 발전 : 슈어(Schur)에 의하면 이차적 일탈로의 발전은 레머트(Lemert)의 주장처럼 정형화된 발전단계를 거치는 것이 아니라, 그 사람이 사회적 반응에 어떻게 반응하느냐에 따라 외부적 낙인이 자아정체성에 영향을 미칠 수도 있고, 미치지 않을 수도 있다.

해설 ② 밀러는 하위문화를 지배계층의 문화에 대립해 있는 하층계급의 고유문화로 본 반면, 코헨은 하위문화를 중류계층의 가치와 규범에 대한 반동적인 문화의 성격을 지닌다고 보았다.

정답 | ②

23 ★

아노미의 개념에 관한 설명으로 옳지 않은 것은? .

① 아노미(Anomie)란 용어는 뒤르켐(Durkheim)이 처음 사용하였다.

② 뒤르켐(Durkheim)은 아노미를 무규범상태를 의미하는 개념으로 사용한 반면, 머튼(Merton)은 문화적 목표와 제도적 수단의 불일치상태를 의미하는 개념으로 사용하였다.

③ 뒤르켐(Durkheim)은 사회일상적 상황에서 아노미상태가 발생할 수 있다고 본 반면, 머튼(Merton)은 사회적 변혁기에 아노미상태가 발생할 수 있다고 보았다.

④ 뒤르켐(Durkheim)은 자살을 설명하는 개념으로 아노미를 사용하기도 하였다.

해설 ③ 뒤르켐은 사회적 변혁기에 아노미상태가 발생할 수 있다고 본 반면, 머튼은 사회일상적 상황에서 아노미상태가 발생할 수 있다고 보았다.

구분	뒤르켐(Durkheim)의 아노미	머튼(Merton)의 아노미
의의	무규범상태	문화적 목표와 제도적 수단의 불일치상태
발생시기	사회적 변혁기	사회일상적 상황
아노미상태	현재의 사회구조가 개인의 욕구에 대한 통제력을 유지할 수 없는 상태	문화적 목표와 제도적 수단의 차등화에 의한 긴장의 산물

정답 | ③

24

아노미이론에 대한 설명으로 옳지 않은 것은?

① 뒤르켐(Durkheim)과 머튼(Merton)의 이론이 대표적이다.
② 문화적 목표와 제도화된 수단 간의 괴리 내지 갈등을 강조한다.
③ 개혁형(innovation)에는 통상적인 재산범죄자들이 포함된다.
④ 동조형(conformity) 및 의례형(ritualism)은 아노미상태에 있지 않은 적응유형을 대표한다.

해설 ④ 머튼은 문화적 목표와 제도적 수단 간의 불일치에서 발생되는 사회적 긴장상태를 아노미상태라고 보았는데 이러한 상황에 적응하는 개인의 적응유형 중 동조형은 문화적 목표와 제도적 수단이 일치하므로 아노미상태라고 볼 수 없으나, 의례형은 문화적 목표를 포기하고, 제도적 수단만을 인정하는 유형으로 양자가 불일치상태에 있으므로 아노미상태라고 보아야 한다.

정답 | ④

25

다음은 아노미이론에 대한 설명이다. 옳은 것은?

① 아노미이론은 머튼이 기초를 제공하고 뒤르켐이 체계화하였다. 뒤르켐에 의하면 인간의 욕구란 상대적인 것이라고 본다.
② 아노미현상은 법규범이 너무 과도하여 법이 지배하는 상태를 말한다.
③ 머튼은 사람들이 추구하는 목표는 생래적인 것이기는 하지만 그 사회의 문화적 성격에 의해서 더 큰 영향을 받으며, 이를 달성할 수 있는 수단은 한정적이라고 보았다.
④ 머튼은 뒤르켐과는 달리 규범의 부재가 아노미를 야기하는 것이 아니라 사회적 목표와 제도화된 수단의 부조화로 인해 아노미가 초래된다고 주장했다.

해설 ① 아노미라는 개념은 뒤르켐이 무규범 상황을 설명하기 위해 처음 사용하였고, 머튼은 이를 받아들여 범죄이론에 적용하였다.
② 뒤르켐이 개념화한 아노미현상은 무규범·무질서·무규제 상태 또는 전통적 규범과 새로운 규범의 혼재상태를 말한다.
③ 머튼은 사람들이 추구하는 목표는 생래적인 것이 아니라 그 사회의 문화적 성격에 의해서 영향을 받으며, 이를 달성할 수 있는 수단은 한정적이라고 보았다.

정답 | ④

26 ★

머튼(Merton)이 주장한 아노미이론에서 문화적 목표는 수용하지만 제도화된 수단은 거부하는 적응유형은? 교정9급 14

① 동조형(conformity) ② 혁신형(innovation)
③ 의례형(ritualism) ④ 반역형(rebellion)

해설 ② 머튼은 사회인의 공동목표인 문화적 목표와 이 목표를 달성하게 하는 합법적 수단 사이에 간극이 있을 때 구조적 긴장과 불협화음이 생기고 여기에서 사회무질서인 아노미상태가 발생된다고 주장하고, 이로 인해 발생하는 기능장애상태에 적응하는 개개인의 적응유형을 5가지로 분류하였는데 주어진 설문은 혁신형에 해당한다.

개인의 적응양식	문화적 목표	제도적 수단	특징
동조형(순응형)	+	+	합법수단으로 문화적 목표를 달성하려는 유형(정상인)
혁신형(개혁형)	+	−	금지된 수단으로 문화적 목표를 달성하려는 유형(일반범죄인)
의례형(의식형)	−	+	합법수단으로 살아가는 유형(샐러리맨·하급관료).
도피형(퇴행형)	−	−	문화적 목표와 제도적 수단 모두를 포기하는 유형(알코올·마약중독자)
반항형(전복형)	±	±	기존의 목표·수단을 거부하고, 새로운 목표·수단을 추구하는 유형(확신범)

※ +(수용), −(거부), ±(기존의 지배적인 가치를 거부하고, 새로운 가치에 복종 또는 대체)

정답 | ②

27

다음 중 머튼(Merton)의 아노미이론에 대한 설명으로 가장 옳지 않은 것은? 해경간부 23

① '순응형(Conformity)'은 문화적 목표와 제도화된 수단을 모두 승인하는 적응방식으로 반사회적인 행위유형이 아니다.
② '퇴행형(Retreatism)'은 문화적 목표와 제도화된 수단을 모두 부정하고 사회활동을 거부하는 적응방식으로 만성적 알코올 중독자, 약물 중독자, 부랑자 등이 이에 해당한다.
③ '순응형(Conformity)'은 안정적인 사회에서 가장 보편적인 행위유형으로서 문화적인 목표와 제도화된 수단을 부분적으로만 수용할 때 나타난다.
④ '혁신형(Innovation)'은 문화적인 목표에 집착하여 부당한 수단을 통해서라도 성공을 달성하려는 행위유형으로 이욕적 범죄가 대표적이다.

해설 ③ 순응형(동조형)의 적응 양식을 택한 개인은 문화적으로 설정된 목표와 이를 달성하기 위한 제도적 수단 모두를 받아들인다.

정답 | ③

28

다음의 내용을 주장한 학자는 누구인가? 경찰간부 24

> ㉠ 사회적 규범해체의 원인은 이기주의와 아노미(Anomie)이다.
> ㉡ 어느 사회나 일정량의 범죄는 발생할 수 밖에 없는 지극히 자연스러운 사회적 현상이다.
> ㉢ 현재의 사회규범에 저항하는 범죄는 사회의 변화와 새로운 규범의 창설을 가능하게 한다.
> ㉣ 형벌은 개인의 피해에 대한 보복이 아니라 범죄예방이라는 목표를 지향하는 제도이다.

① 따르드(Tarde)
② 머튼(Merton)
③ 케틀레(Quetelet)
④ 뒤르켐(Durkheim)

해설 ④ 뒤르켐(Durkheim)은 개인과 사회와의 관계에 대하여 사회가 인간을 만들고 규제하는 측면을 강조하면서 사회적 규범해체의 원인을 이기주의와 아노미로 파악하였으며, 범죄정상설, 범죄기능설, 형법발전론, 자살론 등을 제시하였다.

➤ **뒤르켐 vs 머튼의 이론 비교**

구분	뒤르켐	머튼
인간의 욕구	생래적(= 선천적)·무한함	사회문화적 목표
인간의 본성	성악설(이기적인 존재)	성선설(노력하는 존재)
문제의 발단	급격한 사회변동	불평등한 사회구조
아노미	사회의 무규범 상태	목표와 수단 간 불일치 상황
범죄 원인	통제받던 개인적 욕구 분출	목표를 위한 수단 → 범죄

정답 | ④

29

다음은 마약범죄에 가담한 다양한 형태의 사람들에 대한 내용이다. 머튼(Merton)의 아노미이론 관점에서 가장 적절한 것은? 경찰간부 24

> ㉠ 전과자 甲은 마약범죄 총책으로 해외에 본거지를 두고 조직을 운영하면서 범죄수익으로 해외 부동산 개발투자를 하고 있다.
> ㉡ 대학생 乙은 주식투자 실패로 대출금을 갚기 위해 고수익 아르바이트를 찾던 중 마약배송을 하게 되었다.
> ㉢ 공무원 丙은 경제적 문제로 배우자와 이혼을 한 이후 틈틈이 불법약물로 스트레스를 풀고 있다.
> ㉣ 가정주부 丁은 한때 마약중독에 빠졌으나, 현재는 재활치료에 전념하면서 사회복귀를 위해 준비하고 있다.

① 甲 – 순응형(Conformity)
② 乙 – 혁신형(Innovation)
③ 丙 – 의례형(Ritualism)
④ 丁 – 은둔형(Retreatism)

해설 甲과 乙은 혁신형, 丙은 도피형, 丁은 순응형(동조형)에 가깝다.

정답 | ②

30

일반긴장이론(General Strain Theory)에서 애그뉴(Agnew)가 주장하는 세 가지 긴장 원인 유형의 예에 해당하지 않는 것은? 경행2차 23

① 수년 동안 부모의 학대와 방임을 경험한 사람
② 가장 친한 친구의 죽음을 경험한 사람
③ 학교 시험에서 기대한 점수를 받지 못해 속상한 사람
④ 반사회적이고 공격적인 성향을 가진 사람

해설 ④는 관련이 없다. 애그뉴(Agnew)는 긴장(=스트레스)을 느끼는 개인과 범죄율 간 관련성을 설명하였다.
① 부정적 자극의 발생
② 긍정적 자극의 소멸
③ 목표 달성의 실패

➤ 머튼 vs 애그뉴의 이론 비교

머튼	애그뉴
사회계층의 차이 → 범죄율	긴장을 느끼는 개인적 차이 → 범죄율
경제적 하위계층의 범죄율 높음	긴장/스트레스가 많은 개인의 범죄율 높음 (모든 사회계층에 적용 가능)

정답 | ④

31

아노미이론(anomie theory)에 관한 설명으로 옳지 않은 것은? 사법시험 04

① 뒤르켐(Durkheim)은 처음으로 범죄원인론에 아노미 개념을 도입하여, 급속한 변화를 겪는 사회에서는 도덕적 규제의 감소와 사회연대감의 약화로 인하여 범죄가 증가한다고 주장하였다.
② 머튼(Merton)은 아노미의 발생원인을 문화적 목표와 제도화된 수단 간의 괴리에서 찾았다.
③ 머튼(Merton)은 아노미상태에서 개인의 적응방식을 동조형, 혁신형, 의례형, 도피형, 반역형으로 나누고, 그 중 혁신형이 범죄와 가장 깊은 관련이 있다고 보았다.
④ 머튼(Merton)은 아노미상태에서 각 개인의 적응방식이 다른 이유에 대하여 구체적인 논의를 하지 않았다.
⑤ 머튼(Merton)의 아노미이론은 최근 들어 증가하는 중산층이나 상류층의 범죄를 설명하는 데에도 무리없이 적용될 수 있는 이론적 보편성을 가지고 있다.

해설 ⑤ 머튼(Merton)의 아노미이론은 하류계층의 높은 범죄율을 설명하는 데 유리하나, 중·상류층의 범죄 등에 대한 설명이 곤란하다는 비판이 있다.

정답 | ⑤

32

다음 범죄원인론에 관한 설명 중 옳지 않은 것은? 사법시험 15

① 레크리스(Reckless)는 압력(pressures), 유인(pulls), 배출(pushes) 요인이 범행을 유발한다고 보았다.

② 허쉬(Hirschi)는 개인이 사회와 유대관계를 맺는 방법으로 애착(attachment), 전념(commitment), 믿음(belief), 참여(involvement)를 제시하였다.

③ 맛짜(Matza)와 사이크스(Sykes)는 범죄자가 피해자 혹은 사회일반에 책임을 전가하거나 더 높은 가치에 의지하는 등 범죄행위를 정당화하는 방법을 '중화(Neutralization)기술'이라고 하였다.

④ 머튼(Merton)은 사람들이 사회적 긴장에 반응하는 방식 중 '혁신형'은 문화적 목표와 사회적 수단을 모두 자신의 의지에 따라 새로운 것으로 대체하려는 특성을 갖는다고 하였다.

⑤ 서덜랜드(Sutherland)의 '차별적 접촉(Differential Association)이론'은 범죄자와 비범죄자의 차이는 접촉유형의 차이에서 생긴다고 보았다.

해설 ④ 기존의 문화적 목표와 사회적 수단 모두를 거부하고, 새로운 목표와 수단을 추구하는 적응양식은 혁신형이 아니라, 반항형(전복형)이다.

정답 | ④

33

범죄원인론에 대한 설명으로 가장 적절하지 않은 것은?

① 범인성 소질은 부모로부터 자식에 전해지는 선천적인 유전물질과 후천적 발전요소(체질과 성격의 이상, 연령, 지능 등) 등에 의하여 형성된다.

② 범죄를 부추기는 가치관으로의 사회화나 범죄에 대한 구조적·문화적 유인에 대한 자기통제의 상실을 범죄의 원인으로 보는 이론은 문화적 전파이론이다.

③ Shaw & Macay의 '사회해체' 개념에 대비해 Hirshi는 이를 '사회적 분화'라는 개념으로 설명하며 개인의 학습을 '사회적 학습'이라고 규정하였다.

④ Miller는 범죄는 하위문화의 가치와 규범이 정상적으로 반영된 것이라고 하였다.

해설 ③ '사회해체' 개념에 대비해 이를 '사회적 분화'라는 개념으로 설명하며 개인의 학습을 '사회적 학습'이라고 규정한 사람은 서덜랜드(Sutherland)이다.

정답 | ③

34

머튼(Merton)이 주장한 아노미의 발생원인과 가장 거리가 먼 것은? 경찰간부 23

① 물질적 성공만을 과도하게 강조하는 문화
② 성공을 위한 제도화된 기회의 부족
③ 급격한 사회변동과 위기
④ 공평한 성공기회에 대한 평등주의적 이념

해설 ③ 머튼(Merton)은 아노미상황으로 인한 사회적 긴장은 문화적 목표를 지나치게 강조하면서 반면에 사회의 구조적 특성에 의해 특정집단의 사람들이 제도화된 수단으로 문화적 목표를 성취할 수 있는 기회가 제한되었을 때에 발생한다고 하였다. 그에 반하여 뒤르켐은 급격한 사회변동으로 인한 기존 규범력의 상실과 혼란을 아노미라 하였다.

정답 | ③

35

머튼(Merton)의 긴장이론(Strain Theory)에 대한 설명으로 옳지 않은 것은? 교정9급 11

① 사회 내에 문화적으로 널리 받아들여진 가치와 목적, 그리고 그것을 실현하고자 사용하는 수단 사이에 존재하는 괴리가 아노미적 상황을 이끌어낸다고 보았다.
② 특정 사회 내의 다양한 문화와 추구하는 목표의 다양성을 무시하고 있다.
③ 다섯 가지 적응유형 중에서 혁신형(Innovation)이 범죄의 가능성이 제일 높은 유형이라고 보았다.
④ 하층계급을 포함한 모든 계층이 경험할 수 있는 긴장을 범죄의 주요원인으로 제시하였다

해설 ④ 머튼의 이론은 사회의 모든 계층에서 부의 성취를 추구하는 반면, 대부분의 하류계층에게는 문화적 목표를 달성할 합법적 수단이 제한되어 있으므로 하류계층은 비합법적 수단을 통해서라도 문화적 목표를 달성하고자 한다는 가정에서 출발하며, 머튼은 전통적인 범죄의 대부분이 하류계층에 의해 실행된다는 것을 설명하고자 하였다. 이러한 머튼의 이론에 대해서는 상류층의 일탈행위에 대한 설명이 곤란하다는 비판이 제기되었다(적용대상의 한계).

정답 | ④

36 ★

머튼(Merton)의 아노미이론에 관한 설명 중 옳은 것은? 사법시험 13

① 머튼은 무규범상태를 의미하는 아노미(Anomie)라는 개념을 처음 사용하였다.
② 이 이론은 낙인이론으로 분류된다.
③ 문화적 목표를 달성할 수 있는 제도화된 수단이 제한되었을 때 개인의 적응방식에 따라 비행이 발생할 수 있다.
④ 아노미 상황에서 개인의 적응방식 중 동조(conformity)도 반사회적 적응방식의 일종이다.
⑤ 하류계층의 범죄뿐만 아니라 상류계층의 범죄를 설명할 때에도 보편적 유용성을 지닌 일반 이론이다.

해설 ① 아노미(Anomie)라는 개념을 처음 사용한 사람은 프랑스의 사회학자 뒤르켐(Durkheim)이다.
② 머튼의 아노미이론은 낙인이론이 아니라, 사회구조이론으로 분류된다.
④ 아노미상황에서 개인의 적응양식 중 동조(conformity)는 문화적 목표를 제도화된 수단에 의해 달성하려는 적응양식으로 반사회적 행위유형이 아니며, 일탈행동과 무관하다.
⑤ 머튼의 아노미이론은 하류계층의 높은 범죄율을 설명하는 데에는 유리하다, 중상류층의 일탈행위를 설명하기 어렵다는 비판이 있다.

정답 | ③

37

"모로 가도 서울만 가면 된다"와 같이 목표를 지나치게 강조하는 반면에 이를 추구하는 수단을 경시하는 인식에 대한 설명과 부합하는 범죄원인론은? 사법시험 08

① 사회유대이론
② 낙인이론
③ 일상활동이론
④ 아노미이론
⑤ 생활양식이론

해설 ④ 이 문제는 머튼의 아노미이론 중 혁신형(개혁형)의 유형에 해당한다.

정답 | ④

38

머튼(Merton)의 아노미이론에 관한 설명 중 옳지 않은 것만으로 묶인 것은?

> ㉠ 머튼은 전통적인 범죄의 대부분이 중류계층에 의해 행해진다고 보았다.
> ㉡ 문화적 목표와 수단에 관한 개인별 적응양식의 차이는 개인적 속성의 차이에 기인한다고 보았다.
> ㉢ 머튼은 자신의 이론이 부유층범죄를 설명하지 못한다는 비판에 대해 피드백효과(feedback effect)라는 가설로 반론을 전개하였다.
> ㉣ 모든 인간이 일률적으로 물질적 성공을 목표로 하는 것은 아니라는 비판이 있다.

① ㉠, ㉡　　② ㉡, ㉢
③ ㉠, ㉢　　④ ㉢, ㉣

해설 [×] ㉠ 머튼은 아노미이론을 통해 전통적인 범죄의 대부분이 하류계층에 의해 실행된다는 것을 설명하고자 하였다.
㉡ 문화적 목표와 수단에 관한 개인별 적응양식의 차이는 개인적인 속성이 아니라, 사회적 문화구조에 의해 결정된다고 보았다.
[○] ㉢ 아노미의 피드백효과(feedback effect)란 문화적 목표는 만족할수록 그 정도가 높아져서 더욱 많은 것을 추구하게 된다는 것을 말한다.

정답 | ①

39 ★

머튼(Merton)의 아노미이론에 대한 설명으로 옳지 않은 것은? 교정9급 22

① 부(富)의 성취는 미국사회에 널리 퍼진 문화적 목표이다.
② 목표달성을 위한 합법적 수단에 대한 접근은 하류계층에게 더 제한되어 있다.
③ 합법적 수단이 제한된 하류계층 사람들은 비합법적인 수단을 통해서라도 목표를 달성하려고 한다.
④ 하류계층뿐만 아니라 상류계층의 범죄를 설명하는 데 유용하다.

해설 ④ 머튼의 아노미이론은 목표달성과 무관한 폭력범(격정범) 및 중상류층 범죄(화이트칼라 범죄 등)에 대한 설명이 곤란하다.
※ 아노미 이론의 3가지 기본명제
(1) 부자가 되기를 바라는 가치는 모든 사람들이 다 가지고 있다.
(2) 많은 하류계층 사람들은 목표를 달성할 수 있는 합법적 수단이 거부되어 있다.
(3) 목표와 수단이 괴리되면 비합법적 수단을 강구해서라도 성공하려고 노력한다.

정답 | ④

40

머튼(Merton)의 아노미이론에 대한 평가로 옳지 않은 것은?

① 하류계층의 범죄 중 재산범의 설명에는 유용하나, 중류층 내지 상류층의 범죄를 설명하기 곤란하다.
② 하류계층의 높은 범죄율을 설명하는 데에 용이하다.
③ 사회구조적 목표달성뿐만 아니라, 개인적 쾌락을 위한 소년비행의 원인도 잘 설명해 주고 있다.
④ 문화적 목표와 제도화된 수단 사이의 괴리현상에서 사람들마다 적응방식이 다른 이유를 설명하지 못한다.

해설 ③ 머튼은 일탈의 원인을 문화와 사회구조 속에서 파악하려고 한 결과 집단 또는 개인 간의 상호작용이 일탈행위에 미치는 영향이나 사회적 목표달성이 아닌 개인적 쾌락을 위한 소년비행의 원인을 설명하지 못한다는 비판을 받고 있다.

정답 | ③

41

각각의 범죄원인론에 대한 비판을 잘못 연결한 것은? 사법시험 12

① 베카리아(Beccaria)의 고전학파이론－형벌중심의 범죄원인론으로서 범죄를 유발하는 외부적 영향에 대한 고려가 부족하다.
② 머튼(Merton)의 아노미이론－범죄통계에서 범죄자가 하류계층에 가장 많은 이유를 설명하지 못한다.
③ 코헨(Cohen)의 비행하위문화이론－하위계층의 비행소년들이 자신의 행동을 후회하는 이유를 설명하지 못한다.
④ 레크리스(Reckless)의 자아관념이론－긍정적 자아개념이 어떻게 생성되는가를 설명하지 못한다.
⑤ 낙인이론－인간이 사회적인 반작용 없이도 범죄자가 될 수 있다는 점을 간과하였으며, 특히 초범의 범죄원인을 설명하지 못한다.

해설 ② 머튼의 아노미이론은 사회의 모든 계층에서 부의 성취를 추구하는 반면, 대부분의 하류계층에게는 문화적 목표를 달성할 합법적 수단이 제한되어 있으므로 하류계층은 비합법적 수단을 통해서라도 문화적 목표를 달성하고자 한다는 가정에서 출발하며, 전통적인 범죄의 대부분이 하류계층에 의해 실행된다는 것을 설명하고자 하였다.

정답 | ②

42

범죄원인론 중 고전학파에 대한 설명으로 가장 적절하지 않은 것은? 경찰간부 23

① 고전학파는 범죄의 원인보다 형벌 제도의 개혁에 더 많은 관심을 기울였다.

② 고전주의 범죄학은 계몽주의 시대사조 속에서 중세 형사사법 시스템을 비판하며 태동하였고, 근대 형사사법 개혁의 근간이 되는 이론적 토대를 제공하였다.

③ 고전주의 범죄학은 범죄를 설명함에 있어 인간이 자유의지(free－will)에 입각한 합리적 존재라는 기본 가정을 바탕으로 한다.

④ 고전주의 범죄학은 처벌이 아닌 개별적 처우를 통한 교화개선을 가장 효과적인 범죄예방 대책으로 본다.

해설 ④ 실증학파에 대한 설명이다. 고전주의는 범죄를 효과적으로 제지하기 위해서는 처벌이 엄격·확실하고, 집행이 신속해야 하고, 효과적인 범죄예방은 형벌을 통해 사람들이 범죄를 포기하게 만드는 것이라 주장한다.

정답 | ④

43

범죄원인론에 관한 설명 중 옳은 것은? 사법시험 13

① 쇼(Shaw)와 맥케이(Mckay)는 미국 시카고 시의 범죄발생률을 조사하면서 이 지역에 거주하는 주민의 인종, 국적과 그 지역의 특성이 범죄 발생과 매우 중요한 관련성이 있다고 보았다.

② 허쉬(Hirschi)는 쇼와 맥케이의 이론이 지역사회의 해체가 어떻게 범죄 발생과 관련되는지를 명확하게 설명하지 못했다고 비판하면서, 사회해체의 원인을 주민이동과 주민이질성의 양 측면에서 파악하였다.

③ 터크(Turk)는 범죄자들이 표류상태에 빠져드는 과정에서 범죄행위를 정당화하고 이를 옹호하는 방법으로 책임의 부정, 가해의 부정, 피해자의 부정, 비난자에 대한 비난, 충성심에의 호소 등을 들었다.

④ 코헨(Cohen)은 중산층의 가치나 규범을 중심으로 형성된 사회의 중심문화와 빈곤계층 출신소년들이 익숙한 생활 사이에서 긴장이나 갈등이 발생하며 이러한 긴장관계를 해소하려는 시도에서 비행하위문화가 형성된다고 보았다.

⑤ 클로워드(Cloward)와 올린(Ohlin)은 개인이 사회와 유대를 맺는 방법인 애착(attachment), 전념(commitment), 참여(involvement), 믿음(belief)의 정도에 따라 비행을 저지를지 여부가 결정된다고 보았다.

해설 ① 쇼와 맥케이는 생태적 변화과정을 이용하여 버제스의 지대연구를 범죄 및 비행분석에 적용시켰으며, 범죄 및 비행의 발생은 행위자의 특성이나 사회전체의 경제수준 등의 산물이 아니라 지대와 관련 있다는 범죄생태이론을 전개하였다.

② 버식과 웹(Bursik & Webb)의 지역사회 무능력이론에 관한 설명이다.

③ 사이크스와 맛차(G. Sykes & D. Matza)의 중화기술이론에 관한 설명이다.

⑤ 허쉬(T. Hirschi)의 사회통제이론에 관한 설명이다.

정답 | ④

44

다음 개념을 모두 포괄하는 범죄이론은? 보호7급 22

- 울프강(Wolfgang)의 폭력사용의 정당화
- 코헨(Cohen)의 지위좌절
- 밀러(Miller)의 주요 관심(focal concerns)

① 갈등이론
② 환경범죄이론
③ 하위문화이론
④ 정신분석이론

해설 ③ 울프강(Wolfgang)의 폭력하위문화이론, 코헨(Cohen)의 비행하위문화이론, 밀러(Miller)의 하위계층문화이론은 모두 '하위문화이론(Subcultural Theory)'에 해당한다.

정답 | ③

45

코헨(Cohen)의 비행하위문화이론에 대한 비판으로 가장 적절하지 않은 것은? 경찰간부 24

① 청소년비행의 원인을 자본주의 체제에 책임을 전가함으로써 사회구성원 간의 상호작용 과정에서 주로 발생하는 대부분의 비행행위를 객관적으로 설명하지 못한다.
② 상당수의 청소년비행은 비행하위문화에 속한 청소년들에 의해 집단적으로 발생하기 보다는 청소년 각자의 개인적 이유때문에 발생한다.
③ 하류층의 청소년 중에서 비행을 저지르지 않는 청소년들이 많다는 사실을 간과하였다.
④ 비행하위문화이론은 중산층 또는 상류층 청소년이 저지르는 비행에 대해서는 잘 설명하지 못한다.

해설 ① 자본주의 체제에 책임을 전가함으로써 사회구성원 간의 상호작용 과정에서 주로 발생하는 비행행위를 객관적으로 설명하지 못하는 이론은 비판범죄학에 대한 비판이다.

정답 | ①

46

밀러(Miller)의 하류계층문화이론(Lower Class Culture Theory)에 대한 설명으로 옳지 않은 것은?

보호7급 23

① 밀러는 하류계층의 문화를 고유의 전통과 역사를 가진 독자적 문화로 보았다.

② 하류계층의 여섯 가지 주요한 관심의 초점은 사고치기(trouble), 강인함(toughness), 영악함(smartness), 흥분추구(excitement), 운명(fate), 자율성(autonomy)이다.

③ 중류계층의 관점에서 볼 때, 하류계층 문화는 중류계층 문화의 가치와 갈등을 초래하여 범죄적·일탈적 행위로 간주된다.

④ 범죄와 비행은 중류계층에 대한 저항으로서 하류계층 문화 자체에서 발생한다.

해설 ④ 코헨의 견해이다. 코헨의 비행하위문화이론으로 코헨은 사회가 중류계층의 기준 위주로 평가되기 때문에 하류계급 청소년들은 학교 교육과정에서 부적응과 지위좌절을 경험하면서 하류계층의 청소년들은 중류사회의 성공목표를 합법적으로 성취할 수 없기 때문에 지위좌절이라고 하는 문화갈등을 경험하게 되고, 지위좌절을 겪는 하위계층 청소년들은 지위문제를 해결하기 위해 나름대로 해결책을 강구한다고 본다. 그러나 밀러는 하류계층의 비행을 중류층에 대한 반발에서 비롯된 것이라는 코헨(Cohen)의 주장에 반대하고 그들만의 독특한 하류계층 문화 자체가 집단비행을 발생시킨다고 본다.

정답 | ④

47

다음 〈보기〉 중 밀러(Miller)가 하층계급 사람들의 중심적인 관심사항(focal concerns)으로 제시한 항목들만으로 묶인 것은?

해경간부 24

<보기>		
㉠ 자율성(Autonomy)	㉡ 악의성(Maliciousness)	㉢ 운명주의(Fatalism)
㉣ 부정성(Negativism)	㉤ 쾌락주의(Hedonism)	㉥ 자극(Excitement)
㉦ 영악함(Smartness)	㉧ 강인함(Toughness)	㉨ 비실리성(Non-utility)

① ㉠, ㉡, ㉦, ㉨　② ㉠, ㉢, ㉥, ㉧　③ ㉢, ㉤, ㉥, ㉨　④ ㉢, ㉤, ㉦, ㉧

해설
- 밀러의 하위계층의 주요 관심사 : ㉠, ㉢, ㉥, ㉦, ㉧
- 코헨의 비행하위문화의 특징 : ㉡, ㉣, ㉤, ㉨
- 밀러(Miller)는 하위계층의 주요 관심사(관심의 초점)로 말썽·걱정·사고치기(Trouble), 강인·완강(Toughness), 교활·영악·영리함(Smartness), 흥분·자극·스릴(Excitement), 운명·숙명(Fatalism), 자율·자립(Autonomy)을 들고 있다.
- 코헨(Cohen)은 비행하위문화의 특징으로 비공리성(비실리성, nonutilitarian), 악의성(malice), 부정성(거부주의, negativistic), 변덕, 단기적 쾌락주의, 집단자율성의 강조 경향을 들고 있다.

정답 | ②

48

밀러(Miller)가 주장한 하위계층문화이론(Lower Class Culture Theory)의 '관심의 초점(focal concerns)'에 관한 설명으로 가장 적절하지 않은 것은? 경행1차 23

① 말썽부리기(trouble) – 싸움이나 폭주 등 문제행동을 유발할수록 또래들로부터 인정받기 때문에 말썽을 일으키는 것
② 강인함(toughness) – 감성적으로 정에 이끌리는 태도보다는 힘의 과시나 남자다움을 중시하는 것
③ 영악함(smartness) – 사기나 도박 등과 같이 남을 속임으로써 영리함을 인정받는 것
④ 운명주의(fatalism) – 자기 마음대로 자신의 일을 처리하는 것으로, 경찰이나 부모 등 어느 누구로부터의 통제나 간섭을 기피하는 것

해설 ④는 자율·자립(Autonomy)에 대한 설명이다.

밀러(Miller)가 주장한 하위계층문화이론은 하류 계층에서는 다음의 6가지 가치에 관심을 가지면서, 자신의 세계에서 일정한 지위를 차지하고 계층의 문화적 분위기에 순응하는 과정에서 범죄를 저지르게 된다는 것이다.

- 사고치기(말썽부리기)
  - 하류 계층에서는 싸움, 음주, 문란한 성생활 등과 같은 사고를 얼마나 유발하고 법이나 법집행기관 등과의 발생이 오히려 영웅적이거나 정상적이며 성공적인 것으로 간주되는 것이다.
  - 남자 청소년들에게 있어 문제를 만드는 중요한 수단은 싸움과 성일탈행위이다. 뿐만 아니라 하류계층 소년들은 갱단에 들어가는 것이 나름대로 어떤 지위를 얻는 수단이 된다.
- 강건함
  - 신체적 강건함, 싸움 능력 또는 용감함 등을 중시하는 것이다.
  - 하류계층의 청소년들은 공부에만 열중하고 인정에 얽매이는 것은 남자답지 못한 것이라고 간주한다.
  - 하류계층은 대부분 어머니가 살림을 꾸려가는 가정인 경우가 많다. 아버지는 이혼, 알코올 중독, 바쁜 직장생활 등으로 인해 자식과 함께할 시간이 부족하다. 아버지가 부재인 소년들은 자신이 싸움을 잘해서 남성다움을 대신 보상받으려는 행동을 한다.
- 기만성
  - 속고 속이는 세상에서 남이 나를 속이기 전에 내가 먼저 남을 속일 수 있어야 한다는 것을 강조한다. 그 예로 도박·사기 등이 있다.
  - 싸움을 통하지 않고 얻을수록 더욱 교활함을 인정받게 된다. 그래서 하류계층의 소년들은 어려서부터 남을 속이는 기술을 배운다.
- 흥분추구
  - 스릴과 위험을 추구하고 싸움이나 도박 등의 쾌감과 모험을 즐기는 속성을 뜻한다.
  - 흥분추구에는 음주와 도박 등이 포함된다.
  - 하류계층의 청소년들은 술집에서 술을 마시거나, 싸움 등을 흥미를 유발하는 방법으로 사용한다.
- 운명주의
  - 인생은 자신이 어찌할 수 없는 것으로 생각하며, 자신의 미래는 운명에 달려 있다는 것이다.
  - 하류계층의 청소년들은 교육과 같은 합법적인 노력을 통해 성공하려는 시도를 일찌감치 포기한다. 따라서 이들은 범죄행위를 저지르는 데 주저하지 않는다.
- 자율성
  - 다른 사람으로부터 간섭받는 것을 혐오하고 외부로부터의 통제나 간섭을 받기 싫어하는 속성을 뜻한다.
  - 하류계층의 소년들은 자신이 독립적인 존재가 되고 싶어 한다. 그래서 "나는 나를 돌봐줄 사람이 필요없다. 내가 날 돌볼 수 있다."라는 말을 자주 사용한다.

정답 | ④

49

범죄학자와 그 견해에 관한 설명으로 가장 적절하지 않은 것은? 경행2차 23

① 코헨(Cohen)은 하류계층의 비행이 중류계층의 가치와 규범에 대한 저항이라고 설명하였다.

② 클로워드(Cloward)와 올린(Ohlin)은 머튼(Merton)의 아노미이론(Anomie Theory)과 사이크스(Sykes)와 맛차(Matza)의 중화이론(Neutralization Theory)을 확장하여 범죄원인을 설명하였다.

③ 밀러(Miller)는 하류계층에 중류계층의 문화와는 구별되는 독자적인 문화가 있다고 설명하였다.

④ 울프강(Wolfgang)과 페라쿠티(Ferracuti)는 폭력사용이 사회적으로 용인되는 폭력하위문화가 존재한다고 설명하였다.

해설 ② 클로워드(Cloward)와 올린(Ohlin)은 일탈에 이르는 압력의 근원에 초점을 맞춘 머튼의 아노미이론과 쇼와 맥케이의 문화전달론 그리고 비행을 학습의 결과로 파악하는 서덜랜드의 차별적 접촉이론으로 하위문화가 형성되는 과정을 설명하였다.

➤ 차별적 기회이론에 반영된 각 이론의 내용(=범죄에 영향을 준 요인들)

머튼의 아노미이론	서덜랜드의 학습이론 (차별적 접촉이론)	쇼 & 맥케이의 문화전달론
문화적 목표(수용) + 합법적 수단	비행/범죄도 '접촉'을 통해 '학습'되는 것	비행/범죄를 접촉할 수 있는 '지역'
'혁신형'의 적응 방식	접촉 → 학습	지역사회의 열악한 여건

정답 | ②

50

울프강(Wolfgang)과 페라쿠티(Ferracuti)의 폭력적 하위문화이론을 설명한 것으로 가장 옳지 않은 것은? 해경간부 24

① 폭력적 하위문화에서 폭력은 불법적인 행동으로 간주되지 않는다.

② 폭력적 하위문화에서 폭력적 태도는 차별적 접촉을 통하여 형성된다.

③ 폭력적 하위문화라도 모든 상황에서 폭력을 사용하지는 않는다.

④ 폭력적 하위문화는 주류문화와 항상 갈등상태를 형성한다.

해설 ④ 지역 내 하위문화에 동조(순응)하는 과정에서 자연스럽게 '폭력'을 행사하여 폭력과 관련하는 비행·범죄를 저지를 가능성이 크다. 폭력적 하위문화는 주류문화와 항상 갈등상태를 형성하는 것은 아니며, 폭력적 하위문화라도 모든 상황에서 폭력을 사용하지는 않는다.

울프강(Wolfgang) & 페라쿠티(Ferracuti)의 '폭력하위문화이론'

- 밀러의 이론처럼 사회마다 특유의 문화가 형성되어 있는데 구성원들의 행동에 그 문화가 영향을 준다는 주장이다.
- 미국 일부 지역의 상대적으로 높은 강력범죄율(특히 살인) 원인 연구가 배경이다.
- 해당 지역의 문화를 조사하여 특정 상황에서 문제해결을 위한 '상호작용'의 수단으로 '폭력'의 사용이 일상생활인 '하위문화'를 형성한다고 보았다.

정답 | ④

51 ★

코헨(Cohen)의 비행하위문화이론과 관련된 설명 중 옳지 않은 것은? 사법시험 14

① 하위문화(subculture)란 지배집단의 문화와는 별도로 특정한 집단에서 강조되는 가치나 규범체계를 의미한다.

② 하위문화이론에 속하는 여러 견해들의 공통점은 특정한 집단이 지배집단의 문화와는 상이한 가치나 규범체계에 따라 행동하며, 그 결과가 범죄와 비행이라고 보는 것이다.

③ 코헨은 하위계층 청소년들 사이에서 반사회적 가치나 태도를 옹호하는 비행문화가 형성되는 과정을 규명하였다.

④ 비행하위문화이론은 중산층 또는 상류계층 청소년의 비행이나 범죄를 잘 설명하지 못한다.

⑤ 코헨은 비행하위문화의 특징으로 사고치기(trouble), 강인함(toughness), 기만성(smartness), 흥분추구(excitement), 운명주의(fatalism), 자율성(autonomy) 등을 들었다.

해설 ⑤는 밀러(W.B. Miller)의 하층계급문화이론의 내용이다.

정답 | ⑤

52

다음 중 코헨(Cohen)이 주장한 비행하위문화의 특징으로 가장 옳지 않은 것은? 해경간부 23

① 부정성(Negativism)

② 악의성(Malice)

③ 자율성(Autonomy)

④ 비합리성(Non-utilitarianism)

해설 ③ 자율성(autonomy)은 밀러(Miller)의 하위계층의 주요 관심사에 해당한다.
코헨(Cohen)이 주장한 비행하위문화의 특징은 비공리성(비합리성), 악의성, 부정성, 변덕, 단기적 쾌락주의, 집단 자율성 등이 있다.

정답 | ③

53 ★

코헨(Cohen)이 1955년에 발표한 비행하위문화이론에 대한 설명으로 가장 적절하지 않은 것은?

경찰간부 23

① 주로 사회학습이론의 틀을 빌어 비행하위문화의 형성과정 및 유래를 제시한다.

② 하층 비행청소년들의 비행하위문화가 비실리적이고, 악의적이며, 부정적인 특성을 갖는다고 하였다.

③ 중간계급의 문화에 잘 적응하지 못하는 하층 청소년들이 하위문화 형성을 통해 문제를 해결하고자 하는 과정을 문화적 혁신이라고 하였다.

④ 경제적 목표와 수단 사이의 괴리가 긴장을 유발하는 것이 아니라 중간계급의 문화적 가치에 대한 부적응이 긴장을 유발한다고 하였다.

해설 ① 코헨(Cohen)은 하류층 남자 청소년들에게서 발견되는 비행적인 하위문화의 형성과정을 아노미이론으로 설명한다.

② 코헨(Cohen)은 하층 비행청소년들의 비행하위문화는 비실리적이고, 악의적이며, 부정적인 특성을 갖는다고 하였다.

③ 지위 좌절을 겪는 하층의 청소년들은 그들의 지위문제를 해결하기 위해 나름대로 해결책을 강구한다. 동일한 적응의 문제를 겪는 하층 청소년들은 서로 상호작용하면서 그들만의 새로운 문화를 형성함으로써 그들의 집단을 통해 지위문제를 해결한다는 것이다. 코헨은 이를 문화적 혁신이라고 표현하였다.

④ 중산층의 가치나 규범을 중심으로 형성된 사회의 중심문화와 빈곤계층 출신소년들이 익숙한 생활 사이에 긴장이나 갈등이 발생하며 이러한 긴장관계를 해결하려는 시도에서 비행하위문화가 형성되며 비행이 발생한다고 보았다.

정답 | ①

54

하위문화이론에 관한 설명 중 옳지 않은 것은?

사법시험 05

① 하위문화란 일반 사회구성원이 공유하는 문화와는 별도로 특정 집단에서 강조되는 특수한 가치 또는 규범체계를 말한다.

② 밀러(W.B. Miller)는 하위계층 청소년들의 '관심의 초점(focal concerns)'이 중산층 문화의 그것과는 다르기 때문에 범죄에 빠져들기 쉽다고 보았다.

③ 코헨(A. Cohen)은 하위계층 청소년들 간에 형성된 하위문화가 중산층의 문화에 대해 대항적 성격을 띠고 있다고 본다.

④ 밀러(W.B. Miller)나 코헨(A. Cohen)의 하위문화이론으로는 중산층 출신 청소년의 범죄를 설명하기 곤란하다.

⑤ 코헨(A. Cohen)은 비행적 하위문화를 범죄적 하위문화, 갈등적 하위문화, 도피적 하위문화라는 3가지 기본형태로 분류하였다.

해설 ⑤는 차별적(분화적) 기회구조이론의 주창자인 클로워드(R. Cloward)와 올린(L.E. Ohlin)의 비행적 하위문화의 유형이다.

정답 | ⑤

55

클로워드(Cloward)와 올린(Ohlin)의 차별적 기회구조이론에 관한 설명으로 옳지 않은 것은?

① 머튼의 아노미이론과 서덜랜드의 분화적 접촉이론을 종합한 이론이다.
② 하층계급소년들이 추구하는 문화적 목표와 그것을 달성할 기회 사이의 불균형을 '처치 불만'이라고 표현하였다.
③ 청소년의 비행을 중산계층의 가치나 규범에 대한 부정적인 표현으로 보았다.
④ 미국 존슨정부의 비행예방정책에 기여하였다.

해설 ③ 클로워드와 올린은 코헨과는 달리 청소년비행을 중산계층의 가치에 대한 부정적 표현이라고 보지 않고 사회적 지위나 복지를 이루려는 목표를 합법적으로 달성할 수 없을 때 발생되는 것이라고 보았다.

정답 | ③

56 ★

클로워드(Cloward)와 올린(Ohlin)은 청소년비행을 비행하위문화의 영향으로 파악하는 데 아래에 해당하는 하위문화는? 사법시험 07

> 범죄가 조직화되지 않았지만 과시적 폭력이 빈번하다. 이러한 지역에서는 폭력성이 일종의 지위와 성공을 성취하는 수단이 된다. 성인들의 범죄가 조직되지 않아 불법적 기회마저 거의 가질 수 없는 지역에서 발견된다.

① 갈등적 하위문화 ② 도피적 하위문화
③ 합법적 하위문화 ④ 범죄적 하위문화
⑤ 의례적 하위문화

해설 ① 클로워드와 올린은 청소년비행을 비행하위문화의 영향이라고 보고, 그 유형을 범죄적 하위문화, 갈등적 하위문화, 도피적 하위문화 등 세 가지로 분류하였다. 위 지문은 갈등적 하위문화에 대한 설명이다.

하위문화 유형	유형별 특징
범죄적 하위문화 (개혁형)	합법적 기회는 없고, 비합법적 기회와는 접촉이 가능하여 범행이 장려되고, 불법이 생활화되는 하위문화유형(안정적 하류계층에서 발생, 재산범죄가 많음)
갈등적 하위문화 (공격성)	합법적 기회뿐만 아니라, 비합법적 기회에도 접근하지 않고, 자신의 욕구불만을 폭력으로 표현하는 투쟁적인 하위문화유형(과시적 폭력, 무분별한 갱전쟁이 빈번한 발생)
도피적 하위문화 (도피형)	문화적 목표가치는 인정하지만, 이를 달성하기 위한 수단이 모두 봉쇄되어 있고, 이를 해소할 폭력도 사용하지 못하는 자포자기 집단의 하위문화유형(알코올이나 약물중독자)

정답 | ①

57

문화적 비행이론(cultural deviance theory)에 대한 설명으로 옳지 않은 것은? 보호7급 20

① 밀러(Miller)는 권위적 존재로부터 벗어나고 다른 사람으로부터 간섭을 받는 것을 혐오하는 자율성(autonomy)이 하위계층의 주된 관심 중 하나라고 한다.

② 코헨(Cohen)은 비행하위문화가 비합리성을 추구하기 때문에 공리성, 합리성을 중요시하는 중심문화와 구별된다고 한다.

③ 코헨(Cohen)의 비행하위문화이론은 중산계층이나 상류계층 출신이 저지르는 비행이나 범죄를 설명하지 못하는 한계가 있다.

④ 클로워드(Cloward)와 올린(Ohlin)의 범죄적 하위문화는 합법적인 기회구조와 비합법적인 기회구조 모두가 차단된 상황에서 폭력을 수용한 경우에 나타나는 하위문화이다.

해설 ④ 갈등적 하위문화에 대한 설명이다. 범죄적 하위문화는 합법적 기회는 없고 비합법적 기회와는 접촉이 가능하여 범행이 장려되고 불법이 생활화되는 하위문화유형이다.

정답 | ④

58

범죄사회학이론 가운데에는 일정한 하위문화 때문에 범죄를 범한다고 하는 범죄적 하위문화론이 있다. 이에 대한 설명으로 옳지 않은 것은? 교정7급 07

① 범죄적 하위문화론은 모두 범죄행위를 특정한 하위문화의 자연적 결과로 인식하는 점에서는 동일하지만, 범죄적 하위문화의 구체적 성격이나 그 형성과정에 대해서는 다양한 입장을 개진하고 있다.

② 범죄적 하위문화란 사회의 다양한 하위문화 가운데 규범의 준수를 경시하거나 반사회적 행동양식을 옹호하는 것을 말한다.

③ 청소년비행의 원인을 거시적으로 접근하고 있으며, 사회구조적으로 범죄대책을 제시하고 있다.

④ 클로워드(Cloward)와 올린(Ohlin)의 비행적 하위문화 중 범죄적 하위문화란 폭력범죄와 갱 등에서 흔히 나타나는 유형을 말한다.

해설 ④는 클로워드와 올린의 비행적 하위문화유형 중 갈등적 하위문화에 대한 설명이다. 갈등적 하위문화는 합법적 기회뿐만 아니라 비합법적 기회에도 접근하지 않고, 자신들의 욕구불만을 폭력으로 표현하는 투쟁적인 하위문화유형을 말한다.

정답 | ④

59

클로워드(Cloward)와 올린(Onlin)의 차별적 기회구조이론의 내용과 다른 것은? 사법시험 10

① 아노미현상을 비행적 하위문화의 촉발요인으로 본다는 점에서 머튼(Merton)의 영향을 받았다.
② 성공이나 출세를 위하여 합법적 수단을 사용할 수 없는 사람들은 바로 비합법적 수단을 사용할 것이라는 머튼(Merton)의 가정에 동의하지 않는다.
③ 범죄적 하위문화는 청소년 범죄자에게 성공적인 역할모형이 될 수 있는 조직화된 성인범죄자들의 활동이 존재하는 지역에서 나타난다.
④ 성인들의 범죄가 조직화되지 않아 청소년들이 비합법적 수단에 접근할 수 없는 지역에서는 갈등적 하위문화가 형성되는데 범죄기술을 전수할 기회가 없기 때문에 이 지역의 청소년들은 비폭력적이며 절도와 같은 재산범죄를 주로 저지른다.
⑤ 문화적 목표를 추구하는 데 필요한 합법적인 수단을 이용하기도 어렵고, 비합법적인 기회도 결여된 사람들은 이중실패자로 분류되며, 이들은 주로 마약과 음주 등을 통하여 도피적인 생활양식에 빠져든다.

해설 ④ 클로워드와 올린의 비행적 하위문화유형 중 갈등적 하위문화란 합법적 기회뿐만 아니라 비합법적 기회에도 접근하지 않고, 자신들의 욕구불만을 폭력으로 표현하는 투쟁적인 하위문화유형을 말하며, 이러한 유형에서는 범죄조직에 대한 통제가 확고하지 않은 관계로 과시적인 폭력과 무분별한 갱전쟁 등이 빈번하게 발생된다.

정답 | ④

60

차별적 기회구조이론(Defferential Opportunity Theory)에 관한 설명 중 옳지 않은 것은?

사법시험 12

① 클로워드(Cloward)와 올린(Ohlin)이 제시한 이론이다.
② 머튼(Merton)의 아노미이론과 서덜랜드(Sutherland)의 차별적 접촉이론의 영향을 받았다.
③ 불법적 수단에 대한 접근기회의 차이가 그 지역의 비행적 하위문화의 성격 및 비행의 종류에 영향을 미친다고 한다.
④ 합법적 수단을 사용할 수 없는 사람들은 곧바로 불법적 수단을 사용할 것이라는 머튼(Merton)의 가정을 계승하고 있다.
⑤ 비행적 하위문화로 '범죄적 하위문화', '갈등적 하위문화', '도피적 하위문화' 등 세 가지를 제시하고, 범죄적 가치나 지식을 습득할 기회가 가장 많은 문화는 '범죄적 하위문화'라고 주장하였다.

해설 ④ 클로워드와 올린은 성공이나 출세를 위하여 합법적 수단을 사용할 수 없는 사람들은 바로 비합법적 수단을 사용할 것이라는 머튼의 가정에 동의하지 않았다.

정답 | ④

61 ★

사회적 학습이론(Social Learning Theory)에 관한 설명으로 가장 거리가 먼 것은?

① 버제스(Bungess)와 에이커스(Akers)가 대표적 학자이다.
② 범죄행위의 결과로 보상이 이루어지고 처벌이 회피될 때 그 행위가 강화된다.
③ 차별적 강화이론 또는 분화적 접촉강화이론이라고도 한다.
④ 사회적 강화나 자극을 강조하는 반면, 비사회적 강화나 자극의 범죄관련성은 철저히 부정한다.

해설 ④ 사회적 학습이론이 사회적 강화나 자극을 강조하고 있는 것은 분명하나, 비사회적 강화나 자극을 부정한 것은 아니다. 다시 말하면 비사회적 강화나 자극보다 사회적 강화나 자극을 보다 강조한다.

정답 | ④

62

타르드(Tarde)가 주장한 모방의 법칙에 관한 설명으로 가장 적절하지 않은 것은? 경행2차 23

① 타르드는 사회란 곧 모방이라고 할 정도로 모든 사회적 현상을 모방의 결과로 보았고, 범죄행위 역시 모방된다고 보았다.
② 모방의 법칙은 학습이론(Learning Theory)에 영향을 미쳤다.
③ 거리의 법칙에 따르면 모방의 강도는 사람 간의 거리에 비례하고 사람과 얼마나 밀접하게 접촉하고 있는가에 반비례한다.
④ 방향의 법칙에 따르면 대개 열등한 사람이 우월한 사람을 모방하는 방향으로 진행된다.

해설 ③ 타르드의 제1법칙(거리의 법칙)에 따르면 사람들은 서로를 모방하는 경향이 있으며, 그 정도는 거리에 반비례하고, 타인과 얼마나 밀접하게 접촉하고 있는가에 비례한다.

- 거리의 법칙
  - 모방은 '사람 간 거리'가 가까워질수록 더 강하게 일어난다.
  - 모방은 친밀도(=심리적 거리)에 비례한다.
- 방향의 법칙
  - 모방은 사회적 지위가 우월한 자를 중심으로 시작된다.
  - 예 사회의 상위계층 → 하위계층으로, 도시 → 농촌으로
- 삽입의 법칙
  - '모방 → 유행 → 관습'으로 변화·발전한다. (무한진행)
  - 범죄행위도 정상적인 행위와 마찬가지로 모방을 통한 (학습의) 결과라는 사실을 최초로 지적하였다(이후 미국의 학습이론에 영향을 줌).

정답 | ③

63

행태이론(Behavior Theory)에 대한 설명으로 옳지 않은 것은? 보호7급 23

① 버제스(Burgess)와 에이커스(Akers)의 차별적 강화이론에 의하면, 범죄행동은 고전적 조건형성의 원리에 따라 학습된다.

② 범죄행위는 어떤 행위에 대한 보상 혹은 처벌의 경험에 따라 학습된 것이다.

③ 행태이론은 범죄의 원인을 설명하면서 개인의 인지능력을 과소평가한다.

④ 반두라(Bandura)는 직접적인 자극이나 상호작용이 없어도 미디어 등을 통해 간접적으로 범죄학습이 이루어질 수 있다는 이론적 근거를 제시하였다.

해설 ① 차별적 강화이론에 의하면, 범죄행동은 조작적 조건형성의 원리에 따라 학습된다. 즉, 스키너(Skinner)의 조작적 조건화로 재구성한 것이 차별적 접촉강화이론이다.

② 행동주의 학습이론가들은 범죄행위는 어떤 행위에 대한 보상 또는 처벌의 경험에 따라서 범죄가 학습되는 것이지, 비정상적이거나 도덕적으로 미성숙한 심리상태로 인해 범죄행위에 가담하는 것이 아니라고 주장한다.

③ 범죄자의 정신적, 인지적, 성격적 문제가 범죄행위를 유발한다는 결정론에 기초하는 것과 달리 행동주의 학습이론가들은 범죄자의 행위는 다른 사람들의 반응 또는 자극에 의해 변화한다고 본다. 특히 행동만 강조하고 개인의 인지과정을 무시했다는 점, 인간의 자유의지를 무시하고 인간을 외부 통제자에 의해 조종되는 존재로 보았다는 점에서 비판을 받는다.

④ 사회적 학습이론(social learning theory)에서 반두라는 보보인형실험을 통해 TV 등 미디어를 통한 공격성 학습원리를 증명하였다. 이 실험은 폭력과 같은 행동이 관찰자에게 제공되는 어떠한 강화자극이 없더라도 관찰과 모방을 통해 학습될 수 있음을 증명하였다는 의의를 가진다(대리강화). 미디어 등을 통한 간접적인 범죄학습이 가능하다는 점을 제시하였다.

정답 | ①

64

범죄원인에 관한 학자들의 견해로 가장 적절하지 않은 것은? 경찰간부 24

① 반두라(Bandura)는 사람들이 폭력행위를 할 수 있는 능력을 가지고 태어나는 것이 아니라, 삶의 경험을 통해서 공격적 행동을 학습하는 것이며, 학습행동이 범죄와 깊은 관련성이 있다고 보았다.

② 아들러(Adler)는 열등감을 갖는 사람들은 열등감을 보상받기 위해 탁월함을 보여주려고 노력한다고 주장하면서 열등 콤플렉스(Inferiority Complex)라는 용어로 설명하였다.

③ 글레이저(Glaser)는 단순히 범죄적 집단이나 가치에 접촉함으로써 범죄를 저지르는 것이 아니라, 그것을 자기와 동일시하는 단계에 이르러야 범죄를 저지른다고 보았다.

④ 볼비(Bowlby)는 아동이 한 행동에 대하여 칭찬이나 보상을 하면 그 행동이 강화되지만 처벌이나 제재를 하면 그러한 행동이 억제된다고 하였다.

해설 ④ 차별적 강화이론에 대한 설명이다. 볼비(Bowlby)의 애착이론은 어린 시절 어머니가 없는 경우에는 아이들이 기초적인 애착관계를 형성할 수 없기 때문에 불균형적인 인성구조를 갖게 되고, 이후에 범죄와 같은 반사회적 행위에 빠져든다고 보아서 모성의 영향을 강조하였다.

정답 | ④

65

서덜랜드(Sutherland)의 차별적 접촉이론에 대한 설명으로 옳지 않은 것은? 보호7급 22

① 차별접촉은 빈도, 기간, 우선순위 그리고 강도(强度) 등에 의하여 차이가 발생한다고 주장한다.
② 범죄학습이 신문·영화 등 비대면적인 접촉수단으로부터도 큰 영향을 받는다는 점을 간과하고 있다.
③ 범죄원인으로는 접촉의 경험이 가장 큰 역할을 한다고 보아, 나쁜 친구들을 사귀면 범죄를 저지를 것이라는 단순한 등식을 제시했다.
④ 범죄인과 가장 접촉이 많은 경찰·법관·형집행관들이 범죄인이 될 확률이 높지 않다는 비판이 있다.

해설 ③ 법률위반에 대한 호의적인 정의가 법률위반에 대한 비호의적인 정의보다 클 때 개인은 범죄를 저지르게 된다. 즉 사람들이 법률을 위반해도 무방하다는 생각을 학습한 정도가 법률을 위반하면 안 된다는 생각을 학습한 정도보다 클 때에 범죄를 저지르게 된다는 것이다. 이처럼 차별적 접촉이론은 나쁜 친구들을 사귀면 범죄를 저지를 것이라는 식의 단순한 등식이 아니라 불법적인 생각과 접촉한 정도와 준법적인 생각과 접촉한 정도와의 차이가 범죄유발의 중요한 요인이라고 본다.

정답 | ③

66

버제스와 에이커스(Burgess & Akers)의 차별강화이론에 대한 설명으로 가장 적절하지 않은 것은?

경찰간부 24

① 범죄행위에 대해 처벌이 이루어지지 않아 범죄행위가 지속·강화된다면 이것은 부정적 처벌이다.
② 범죄행동은 행위의 결과로 얻게 되는 보상과 처벌에 의해 영향을 받게 된다.
③ 범죄행위에 대한 보상이 제공됨으로써 범죄행위가 지속·강화된다면 이것은 긍정적 강화이다.
④ 차별접촉이론과 심리학적 학습이론을 접목하였다.

해설 ① 설문은 부정적 강화에 대한 설명이다. 참고로 긍정적 강화는 보상이 있을 경우에 범죄행위가 지속·강화된다. 어떤 아이가 착한 일을 했음에도 불구하고 보상이 주어지지 않는다면 향후 그 행위를 지속할 가능성이 낮아지는데, 이를 부정적 처벌이라 한다.

② 차별적 강화이론은 범죄행위의 결과로서 보상이 취득되고 처벌이 회피될 때 그 행위는 강화되는 반면, 보상이 상실되고 처벌이 강화되면 그 행위는 약화된다고 설명한다.

③ 어린 아이가 어떤 행위에 대하여 부모로부터 보상을 받았다면 그 행위를 지속할 가능성이 높아진다. 행위에 대한 보상이 주어지는 경우를 긍정적 강화라 한다.

④ 심리학의 행동주의 학습이론을 서덜랜드의 상징적 상호작용론에 기초한 차별접촉의 원리를 스키너의 조작적 조건화로 재구성한 것이 차별적 접촉강화이론이다.

정답 | ①

67

다음은 범죄이론가 – 주요 개념 – 주요 정책함의를 연결한 것이다. 빈칸의 내용을 적절하게 짝지은 것은?

경찰간부 24

범죄이론가	주요 개념	주요 정책함의
서덜랜드 (Sutherland)	(가)	또래집단 예방 및 개입 프로그램
(나)	재통합적 수치심 (Reintegrative Shaming)	회복적 사법
레머트(Lemert), 베커(Becker)	낙인 (Labeling)	(다)

(가)	㉠ 사회학습 (Social Learning)	㉡ 차별접촉 /교제 (Differential Association)	㉢ 사회유대 (Social Bond)
(나)	ⓐ 패터노스터 (Paternoster)	ⓑ 브레이스웨이트 (Braithwaite)	ⓒ 헤어 (Hare)
(다)	㉮ 치료적 처우	㉯ 직업기술훈련	㉰ 전환처우

① ㉠ – ⓐ – ㉰ ② ㉡ – ⓒ – ㉯
③ ㉢ – ⓐ – ㉮ ④ ㉡ – ⓑ – ㉰

해설 ④ ㉡ – ⓑ – ㉰가 옳다.

- 서덜랜드 – 차별접촉 – 또래집단 예방 및 개입 프로그램
- 브레이스웨이트 – 재통합적 수치심 – 회복적 사법
- 레머트와 베커 – 낙인 – 전환처우

정답 | ④

68

다음 중 미시적 관점에 해당하는 이론을 모두 고른 것은? 경행1차 23

㉠ 뒤르켐(Durkheim)의 아노미이론(Anomie Theory) ㉡ 서덜랜드(Sutherland)의 차별접촉이론(Differential Association Theory) ㉢ 애그뉴(Agnew)의 일반긴장이론(General Strain Theory) ㉣ 메스너와 로젠펠드(Messner & Rosenfeld)의 제도적 아노미이론(Institutional Anomie Theory)

① ㉠, ㉡ ② ㉡, ㉢
③ ㉠, ㉢ ④ ㉢, ㉣

해설 ② 미시적 관점에 해당하는 이론은 ㉡·㉢이다.

㉡ 서덜랜드(Sutherland)의 차별접촉이론은 개인의 범죄성은 개인의 차별적 접촉에서 그 원인을 찾고 있는 미시적 관점이다.

㉢ 애그뉴(Agnew)의 일반긴장이론은 스트레스와 긴장을 느끼는 개인이 범죄를 저지르기 쉬운 이유를 설명하는 이론으로 미시적 관점에 해당한다.

㉠ 아노미이론은 거시적 이론이다.

㉣ 메스너(Messner)와 로젠펠드(Rosenfeld)는 「범죄와 아메리칸 드림」(1994)에서 머튼의 아노미이론이 갖고 있던 거시적 관점을 그대로 계승하여 발전시켰다.

정답 | ②

69

학습이론가들과 그들의 핵심 주장을 가장 옳지 않게 연결한 것은? 해경간부 24

① 서덜랜드(Sutherland) – 범죄행위는 의사소통 과정에서 다른 사람과 상호작용하는 가운데 학습된다.
② 글레이저(Glaser) – 사람들은 물리적 접촉을 통해서 뿐만 아니라, 주관적 애착을 통해서도 영향을 받는다.
③ 버제스(Robert L. Burgess) – 범죄로부터 얻을 만족에 대한 기대감이 부정적 기대감을 상회할 때 범행하기 쉽다.
④ 레크리스(Reckless) – 동일한 비행적 접촉 환경 속에서도 사람들이 다른 반응을 하는 이유는 자아관념의 차이 때문이다.

해설 버제스는 동심원이론을 주장하였고, ③은 글레이저의 차별적 기대이론에 대한 설명이다. 글레이저는 사람이 범죄로부터의 만족감에 대한 기대감이 사회적 유대, 차별적 학습 그리고 기회의 인식의 결과로 이들 요소들로부터의 부정적 기대감을 상회할 경우에 범행하고자 한다고 주장하였다.

정답 | ③

70 ★

학습이론에 대한 설명으로 옳지 않은 것은? 보호7급 21

① 타르드(Tarde)는 인간은 다른 사람들과 접촉하면서 관념을 학습하며, 행위는 자신이 학습한 관념으로부터 유래한다고 주장하였다.

② 서덜랜드(Sutherland)의 차별적 접촉이론(differential association theory)은 범죄자도 정상인과 다름없는 성격과 사고방식을 갖는다고 보는 데에서 출발한다.

③ 글레이저(Glaser)의 차별적 동일시이론(differential identification theory)은 자신과 동일시하려는 대상이나 자신의 행동을 평가하는 준거집단의 성격보다는 직접적인 대면접촉이 범죄학습 과정에서 더욱 중요하게 작용한다고 본다.

④ 조작적 조건화의 논리를 반영한 사회적 학습이론은 사회적 상호작용과 더불어 물리적 만족감(굶주림, 갈망, 성적욕구 등의 해소)과 같은 비사회적 사항에 의해서도 범죄행위가 학습될 수 있다고 본다.

해설 ③ 글레이저(Glaser)의 차별적 동일시이론은 서덜랜드의 '접촉' 대신 '동일시'라는 개념을 사용함으로써 범죄학습의 대상을 친밀한 집단뿐만 아니라, TV나 영화 등 공간적으로 멀리 떨어져 있는 준거집단이나 준거인까지도 학습의 대상으로 고려함으로써 학습이론의 범위를 보다 탄력적이고 광범위하게 확장하였다. 즉 범죄를 학습할 수 있는 대상이 텔레비전이나 영화의 주인공처럼 관념상의 인간으로까지 확장될 수 있다고 보았다. 즉 사람은 범죄적 행동양식과 직접 접촉하지 않더라도 TV나 영화 속에 등장하는 주인공과 자신의 이상형을 일치시키면 관념적 동일화를 거쳐 범죄를 학습할 수 있다는 것이다.

정답 | ③

71

범죄행위는 학습된다는 학습이론과 관계가 없는 것은? 사법시험 13

① 타르드(Tarde)의 모방의 법칙

② 셀린(Sellin)의 문화갈등이론

③ 글레이저(Glaser)의 차별적 동일시이론

④ 서덜랜드(Sutherland)의 차별적 접촉이론

⑤ 버제스(Burgess)와 에이커스(Akers)의 사회학습이론

해설 ①·③·④·⑤는 학습, 즉 문화전달에 중점을 두는 이론이나, ②는 문화갈등에 중점을 두는 이론이다. 즉 셀린은 법은 그 사회의 다양한 구성원들의 합의를 대변하는 것이 아니라, 지배적인 문화의 행위규범을 반영하는 것이라고 주장하고, 전체사회의 규범과 부분사회의 규범 간에 갈등이 생기기 쉽고, 이러한 종류의 문화갈등이 증대되면 그것이 개인의 인격해체를 일으켜 범죄를 유발시킨다고 보았다.

정답 | ②

72

다음은 사회학적 범죄이론 가운데 학습이론에 관한 설명들이다. 옳지 않은 내용들만으로 묶인 것은?

사법시험 05

> ㉠ 준법행위와 마찬가지로 범죄행위도 주위로부터 학습된다는 이론이다.
> ㉡ 타르드(Garbriel Tarde)는 모방의 법칙을 주장하면서 그 내용 중 하나로 모방은 가까운 사람들 사이에 강하게 일어난다는 삽입의 법칙을 주장하였다.
> ㉢ 서덜랜드(E.H. Sutherland)는 차별적 접촉이론(differential association theory)을 주장하면서 그 내용 중 하나로 어떤 사람이 범죄자가 되는 것은 법률위반을 긍정적으로 생각하는 정도가 부정적으로 생각하는 정도보다 크기 때문이라고 하였다
> ㉣ 글레이저(D. Glaser)의 차별적 동일시 이론(differential identification theory)은 공간적으로 멀리 떨어져 있는 준거집단도 학습의 대상으로 고려했다는 점에서 차별적 접촉이론과 차이가 있다.
> ㉤ 버제스(R. Burgess)와 에이커스(R. Akers)의 사회적 학습이론(social learning theory)은 사회적 상호작용만을 중시하고, 개인의 욕구와 같은 비사회적 사정들을 배제시킨 이론이라는 점에 특징이 있다.

① ㉠, ㉡, ㉢　② ㉠, ㉡, ㉣　③ ㉡, ㉢
④ ㉡, ㉤　⑤ ㉢, ㉣, ㉤

해설 [×] ㉡ 타르드의 모방의 법칙 중 '거리의 법칙'에 관한 설명이다.
㉤ 버제스와 에이커스의 사회적 학습이론은 사회적 상호작용을 중시하고 있기는 하나, 비사회적 사정들을 완전히 배제하고 있는 것은 아니다.
[○] ㉠·㉢·㉣

정답 | ④

73

서덜랜드(Sutherland)의 비행적 사회화과정에 대한 설명으로 옳지 않은 것은?

① 일탈행위는 학습의 산물이다.
② 일탈행위의 학습은 가족·친지·동료 등 가까운 사집단에 의해서 이루어지며, 라디오·TV·신문·잡지 등과 같은 비인격적 매체와는 관련이 없다.
③ 범죄행위의 학습 메커니즘은 일반적인 행위의 학습 메커니즘과 같다.
④ 서덜랜드가 학습내용으로 중요시한 것은 추상적인 관념이 아니라, 구체적인 행위양태이다.

해설 ④ 서덜랜드에 의하면 학습되는 내용은 구체적인 행위양태가 아니라, 범행기술·범행동기·범행의욕·합리화·태도 등 추상적 관념이다.

정답 | ④

74 ★

Sutherland의 분화적 접촉이론에 관한 설명 가운데 옳지 않은 것은?

① 범죄와 비범죄는 필요와 가치에 있어서 아무런 차이가 없다.
② 범죄와 비범죄는 단순히 모방되는 것이 아니라, 그 이상의 의미인 학습에 기인한다.
③ 범행의 학습은 범행수법이 아니라 범행동기나 목적에 관하여 이루어진다.
④ 학습은 빈도, 기간, 시기, 강도 등에 의하여 영향을 받는다.
⑤ 법 위반의 태도에 접촉하는 일이 합법적 태도에 접촉하는 경우보다 강하면 비행자가 된다.

해설 ③ 일탈행위의 학습은 범행동기나 목적뿐만 아니라 범행수법도 포함된다. 서덜랜드는 인간의 본성이 어떤 집단과 차별적 접촉을 갖느냐에 따라 특정집단의 행동양식을 학습하게 된다고 주장하고, 범죄학습이 이루어지는 사회심리 과정을 다음과 같은 9개의 명제로 설명하였다.

➤ **서덜랜드가 주장한 비행적 사회화 과정의 9개 명제**

제1명제	범죄행위는 학습의 결과이다.
제2명제	범죄행위는 타인과의 접촉을 수행하는 과정에서 커뮤니케이션을 통하여 학습된다.
제3명제	범죄행위의 학습은 가까운 사집단(가족, 친지 등) 내에서, 이루어지며, 비인격 매체(TV, 신문 등)와는 관련이 없다.
제4명제	범죄행위의 학습은 범죄수법뿐만 아니라, 범죄행위에 유리한 동기·충동·태도·합리화 등도 포함한다.
제5명제	동기와 욕구의 구체적 관리법은 법규범에 대한 호의적 또는 거부적 정의들로부터 학습된다.
제6명제	범죄자가 되는 것은 법률위반을 긍정적으로 생각하는 정도가 부정적으로 생각하는 정도보다 크기 때문이다.
제7명제	접촉의 빈도가 많을수록, 기간이 길수록, 시기가 빠를수록 강도가 강할수록 학습효과가 높아진다.
제8명제	범죄행위의 학습과정은 여타 행위의 학습과정과 동일한 메커니즘을 이룬다.
제9명제	범죄행위는 일반적 욕구나 가치관의 표현이지만, 일반적 욕구와 가치관으로 범죄행위를 설명할 수 없다.

정답 | ③

75

다음 중 범죄원인에 대한 사회과정이론(Social Process Theory)의 설명으로 가장 옳지 않은 것은?

해경간부 12

① 낮은 사회적 지위 때문에 목표 달성에 실패할수록 범죄를 저지를 가능성이 커진다.
② 법 위반에 대한 우호적 정의를 학습할수록 범죄를 저지를 가능성이 커진다.
③ 아동기에 형성된 자기통제력이 낮을수록 범죄를 저지를 가능성이 커진다.
④ 부모와의 정서적 유대관계가 약할수록 범죄를 저지를 가능성이 커진다.

해설 ① 사회구조적 이론에 속하는 머튼의 아노미이론
② 서덜랜드의 차별적 접촉이론
③ 자기통제이론
④ 허쉬의 사회연대이론

정답 | ①

76

범죄원인에 대한 사회과정이론(Social Process Theory)의 설명으로 가장 적절하지 않은 것은?

경찰간부 23

① 법 위반에 대한 우호적 정의를 학습할수록 범죄를 저지를 가능성이 커진다.
② 아동기에 형성된 자기통제력이 낮을수록 범죄를 저지를 가능성이 커진다.
③ 부모와의 정서적 유대관계가 약할수록 범죄를 저지를 가능성이 커진다.
④ 낮은 사회적 지위 때문에 목표 달성에 실패할수록 범죄를 저지를 가능성이 커진다.

해설 사회과정이론(Social Process Theory)은 어떻게 사람들이 범죄자가 되는지를 설명하고자 하는 이론(미시)으로 개인이 범죄자가 되는 과정을 설명하고자 한다. 사회과정이론은 크게 학습이론, 통제이론, 낙인이론으로 나눌 수 있다.
④ 사회구조적 이론에 속하는 머튼의 아노미이론(거시적)에 대한 설명이다.
① 사회학습이론 중 서덜랜드의 차별적 접촉이론에 대한 설명이다.
②·③ 사회통제이론 중 허쉬의 자기통제이론에 대한 설명이다.

정답 | ④

77

서덜랜드(E.H. Sutherland)의 차별적 접촉이론(Differential Association Theory)에 관한 설명 중 옳지 않은 것은?

사법시험 06

① 범죄행위는 학습된다.
② 범죄행위 학습의 중요한 부분들은 친밀한 관계를 맺고 있는 집단들에게서 일어난다.
③ 범죄행위는 일반적 욕구나 가치관의 표현이지만, 일반적 욕구나 가치관으로만 범죄행위를 설명할 수 없다.
④ 범죄행위를 학습할 때에 학습되는 내용은 범죄기술, 범죄행위에 유리한 동기, 충동, 합리화방법, 태도 등이다.
⑤ 범죄자와 비범죄자 간의 차이는 접촉유형의 차이가 아니라, 학습과정의 차이이다.

해설 ⑤ 서덜랜드는 범죄행위의 학습과정은 일상생활 속에서 이루어지는 여타 행위의 학습과정과 동일한 메커니즘을 이루므로 범죄인과 비범죄인 간에는 접촉유형에 차이가 있을 뿐 학습과정에는 아무런 차이가 없다고 보았다.

정답 | ⑤

78

범죄원인에 관한 이론과 그에 대한 비판으로 옳지 않은 것만으로 묶인 것은? 사법시험 09

> ㉠ 차별접촉이론 : 과실범과 격정범 등의 범죄는 설명하기 쉬우나, 청소년비행은 설명하기 어렵다.
> ㉡ 문화갈등이론 : 이민사회의 다양한 문화를 전제로 한 이론이기 때문에 범죄원인론으로 보편화하는 데에는 한계가 있다.
> ㉢ 범죄정상이론 : 범죄를 옹호한다는 비판이 있다.
> ㉣ 머튼(R. Merton)의 아노미이론 : 과실범, 격정범 및 상류계층의 경미한 재산범죄 등을 설명할 수 없다.
> ㉤ 낙인이론 : 일탈의 생성에 있어서 행위자의 속성을 너무 강조한다.

① ㉠, ㉡
② ㉠, ㉤
③ ㉡, ㉢
④ ㉢, ㉣
⑤ ㉣, ㉤

해설 [×] ㉠ 차별접촉이론에 대해서는 과실범·격정범 등 학습과정 없이 이루어지는 충동적 범죄에는 적용하기 어렵다는 비판이 있다.
㉤ 낙인이론은 일탈자와 사회 간의 상호작용을 지나치게 강조하는 결과 행위자의 주체적 속성을 소홀히 하고 있다는 비판이 있다.
[○] ㉡·㉢·㉣

정답 | ②

79

서덜랜드(Sutherland)의 차별접촉이론(Differential AssociationTheory)에 관한 설명으로 가장 적절하지 않은 것은? 9급경채 22

① 기존 생물학적 범죄이론에서 강조한 개인의 범인성을 부정한다.
② 범죄행위를 학습할 때 학습은 범죄기술, 구체적 동기나 욕구, 합리화, 태도 등을 포함한다.
③ 범죄행위의 학습은 타인과의 의사소통과정에서 이루어지는 상호작용의 산물이다.
④ 갓프레드슨(Gottfredson)과 허쉬(Hirschi)의 자기통제이론과 달리 하류계층의 반사회적 행동을 설명하는데 국한된다.

해설 ④ 갓프레드슨과 허쉬의 자기통제이론은 하위문화이론과 달리 문제행동에서부터 재산, 폭력범죄를 포함한 모든 유형의 범죄를 설명하며, 모든 연령층과 모든 국가, 문화권에도 적용되는 이론이다. 서덜랜드의 차별접촉이론도 하류계층의 반사회적 행동뿐만 아니라 상류계층의 범죄에 대하여도 설명이 가능하다. 즉 서덜랜드는 차별적 접촉이론을 통하여 범죄행위에 대한 일반론을 전개함으로써 살인, 상해, 절도 등 전통적인 범죄뿐만 아니라 현대 사회에서 문제시되고 있는 화이트칼라 범죄에 대하여도 설명할 수 있다.
① 서덜랜드의 차별접촉이론은 범죄가 기본적으로 인적 교류를 통한 차별접촉의 결과물이라 가정하며, 기존 생물학적 범죄학과 심리학적 범죄학이 강조한 개인의 범인성을 부정한다.
② 차별적 접촉의 원리 중 제4명제에 대한 설명이다.
③ 차별적 접촉의 원리 중 제2명제에 대한 설명이다.

정답 | ④

80 ★

차별적 접촉이론(Differential Association Theory)에 따른 범죄학습과정에 관한 설명으로 옳지 않은 것을 모두 고른 것은?

> ㉠ 범죄는 생물학적·심리학적 결함에서 비롯된 것이다.
> ㉡ 범죄의 학습은 직접적인 교제나 접촉뿐만 아니라 원거리 대상에 의해서도 가능하다.
> ㉢ 범죄의 학습대상은 범죄수법이 주류를 이루며, 범죄충동이나 범죄의 합리화방법 등은 학습대상에 포함되지 않는다.
> ㉣ 법의 위반을 호의적으로 해석하는 '정의들(definitions)'의 접촉이 법의 위반을 부정적으로 해석하는 '정의들(definitions)'보다 강할 때 특정 개인이 범죄자가 된다.

① ㉠, ㉡　　② ㉠, ㉡, ㉢　　③ ㉠, ㉢, ㉣　　④ ㉠, ㉡, ㉢, ㉣

해설 [×] ㉠ 범죄는 생물학적·심리학적 결함이 아니라, 학습의 결과라고 본다.
㉡ 범죄의 학습은 가까운 사집단 내에서 이루어지며, 라디오·TV 등과 같은 비인격적 매체나 원거리 대상과는 무관하다고 본다.
㉢ 범죄의 학습대상은 범죄수법뿐만 아니라 범죄행위에 유리한 동기, 충동, 태도, 합리화 등 구체적 방향까지 포함된다고 본다.
[○] ㉣

정답 | ②

81

서덜랜드(Sutherland)의 차별접촉이론(Differential Association Theory)에서 제시하는 명제로 가장 적절하지 않은 것은?

경찰간부 23

① 범죄행위의 학습과정은 일반적 학습과정의 기제와 다르다.
② 범죄행위는 타인과의 의사소통에서 이루어지는 상호작용으로 학습된다.
③ 차별적 접촉은 교제의 빈도, 기간, 우선성, 강도에 있어 다양할 수 있다.
④ 범죄행위는 일반적인 욕구와 가치관으로 설명될 수 없다.

해설 ① 범죄적 또는 비범죄적 유형과의 접촉에 의한 범죄행위의 학습과정은 다른 일반적 학습과정과 같고 접촉유형의 차이다.
② 범죄행위는 의사소통과정에 있는 다른 사람과의 상호작용에서 학습된다
③ 차별적 접촉은 교제의 빈도, 기간, 우선순위, 강도에 있어 다양할 수 있다
④ 범죄행위는 일반적 욕구와 가치의 표현이지만, 비범죄적 행위도 똑같은 욕구와 가치의 표현이므로 일반적 욕구와 가치로는 범죄행위를 설명할 수 없다.

정답 | ①

82

차별적 접촉이론(Differential Association Theory)을 가장 잘 설명하고 있는 주장은? 사법시험 08

① 나쁜 친구를 사귀면 범죄자가 되기 쉽다.
② 문제아로 찍히면 비행을 하기 쉽다.
③ 성염색체에 이상이 있으면 범죄자가 된다.
④ 좋은 자아관념을 가진 사람은 범죄적 환경 속에서도 범죄에 빠져들지 않는다.
⑤ 부모와의 애정적 유대가 약하면 범죄자가 되기 쉽다.

해설 ① 차별적 접촉이론이란 개인의 법의 대한 태도는 소속집단 내에서 개인 사이의 접촉에 의한 상호작용에서 차등적으로 학습하게 된다는 것을 말하므로 ①의 사례가 이 이론에 가장 가깝다.

정답 | ①

83

서덜랜드(Sutherland)의 차별적 접촉이론(Differential Association Theory)에 관한 설명 중 옳지 않은 것만으로 묶인 것은?

㉠ 쇼와 맥케이의 연구결과가 이론적 토대가 되었다.
㉡ 인간의 본성은 백지와 같아서 어떤 부류와 어떻게 접촉하느냐에 따라 스스로의 행동양식이 정해진다는 이른바 '백지설'을 이론의 기초로 삼고 있다.
㉢ 범죄의 사회적 환경을 중시하였다.
㉣ 전통적인 범죄행위의 원인분석에는 도움이 되나, 화이트칼라범죄를 설명하는 것은 곤란하다는 비판이 있다.
㉤ 소질적 범죄자의 범죄행위를 설명하는 데 유용하다.

① ㉠, ㉡
② ㉡, ㉢
③ ㉢, ㉣
④ ㉣, ㉤

해설 [×] ㉣ 차별적 접촉이론에 따르면 화이트칼라범죄는 화이트칼라범죄를 부정적으로 정의하는 정직한 기업인들보다 화이트칼라범죄를 긍정적으로 정의하는 부정직한 화이트칼라범죄인들과 더 많은 접촉을 가졌기 때문에 그 범죄행위를 학습한 결과라고 보므로 차별적 접촉이론이 화이트칼라범죄를 설명하기 곤란하다는 표현은 옳지 않다.
㉤ 소질적 범죄자는 범죄와의 접촉경험이 없더라도 범죄를 저지를 수 있으므로 차별적 접촉이론으로 설명하기 곤란하다는 비판이 있다.
[○] ㉠·㉡·㉢

정답 | ④

84

서덜랜드(Sutherland)의 차별적 접촉이론(differential association theory)의 9가지 명제로 옳지 않은 것은? 교정7급 21

① 범죄행위의 학습은 다른 사람들과의 의사소통과정을 통하여 이루어진다.
② 법 위반에 대한 비우호적 정의에 비해 우호적 정의를 더 많이 학습한 사람은 비행을 하게 된다.
③ 범죄행위가 학습될 때 범죄의 기술, 동기, 충동, 합리화, 태도 등도 함께 학습된다.
④ 금전적 욕구, 좌절 등 범죄의 욕구와 가치관이 범죄행위와 비범죄행위를 구별해 주는 변수가 된다.

해설 ④ 범죄행위도 욕구와 가치의 표현이라는 점에서 일반적인 행위와 같지만, 일반적인 욕구나 가치관으로는 범죄행위를 설명할 수 없다. 욕구는 비범죄의 원인이 될 수도 있다(공무원이 되려고 범죄를 저지르지 않고 공부하는 예를 들 수 있음).

정답 | ④

85

서덜랜드(Sutherland)의 차별적 접촉이론에 대한 설명으로 옳은 것은? 교정7급 18

① 범죄행위의 학습 과정과 정상 행위의 학습 과정은 동일하다.
② 범죄행위는 유전적인 요인뿐만 아니라 태도, 동기, 범행 수법의 학습 결과이다.
③ 법에 대한 개인의 태도는 개인이 처한 경제적 위치와 차별 경험에서 비롯된다.
④ 타인과 직접 접촉이 아닌 매체를 통한 특정 인물의 동일시에 의해서도 범죄행위는 학습된다.

해설 ① 서덜랜드는 범죄는 심리적 원인에 기한 것이 아니라 사회적 상호작용을 통해서 학습되는 정상적인 것으로 보았다.
② 범죄행위는 유전적인 요인과는 관계가 없다고 본다.
③ 법에 대한 개인의 태도와 관련하여 경제적 위치가 아닌 법 위반에 대한 관념을 중시하였다.
④ 타인과 직접 접촉이 아닌 매체를 통한 특정 인물의 동일시에 의해서도 범죄행위는 학습된다는 점을 강조한 이론은 글레이저의 차별적 동일화이론이다.

정답 | ①

86

서덜랜드(Sutherland)의 차별적 접촉이론의 내용이 아닌 것은? 사법시험 12

① 범죄행위 학습의 중요한 부분은 친밀한 관계를 맺고 있는 집단 안에서 일어난다.
② 범죄행위의 학습내용에는 범행기술뿐만 아니라 동기, 합리화, 태도 등도 포함된다.
③ 사람은 자신이 직접 만나본 적이 없더라도 특정 인물과 자신을 동일시하면서 자아를 형성하고, 이것이 그의 행동선택에 영향을 미친다.
④ 어떤 사람이 범죄자가 되는 것은 법률위반을 긍정적으로 생각하는 정도가 부정적으로 생각하는 정도보다 크기 때문이다.
⑤ 범죄행위는 일반적인 욕구나 가치관의 표현이지만, 동일한 욕구와 가치관이 비범죄적 행동을 통해 표현될 수도 있다.

해설 ③ 서덜랜드는 범죄행위의 학습은 가까운 사집단(가족·친지·동료 등) 내에서 이루어지며, 2차적 공식기관이나 라디오, TV, 영화, 신문, 잡지 등과 같은 비인격적 매체와는 관련이 없다고 보았다.

정답 | ③

87

서덜랜드(Sutherland)의 차별적 접촉이론에 관한 비판과 가장 거리가 먼 것은?

① 과실범 또는 격정범 등과 같은 범죄에 적용하기 어렵다.
② 사회구조적 측면에 사로잡혀 개인의 인식 측면을 간과하고 있다.
③ 접촉의 강도·빈도·기간 등의 측정이 곤란하여 결과적으로 이론의 검증이 어렵다.
④ 소질적 범죄경향을 가진 사람은 접촉과 관계없이도 범죄를 저지를 수 있다.

해설 ② 차별적 접촉이론은 개인의 인식을 주로 다루고 있는 관계로 사회구조적 측면을 간과하고 있다는 비판이 있다.

➤ 차별적 접촉이론의 평가

공헌	• 전통적 범죄행위뿐만 아니라, 화이트칼라범죄행위의 설명에도 유용 • 집단현상으로서의 범죄행위 설명에 유용 • 범죄인의 개선방법으로 집단관계요법치료를 제시
비판	• 범죄 호의적 집단과 자주 접촉한다고 해서 모두 범죄인이 되는 것은 아님 • 소질적 범죄자는 범죄와의 접촉경험이 없어도 범죄를 저지름 • 범죄학습은 TV, 라디오, 신문 등 비인격적 매체와의 접촉에 의해서도 영향을 받음 • 범죄인과의 접촉이 많은 법관, 경찰, 형집행관들이 범죄인이 될 확률이 높아야 함에도 그렇지 않음 • 충동적 범죄를 설명하기 곤란 • 개인의 인식을 기초로 하고 있으므로 사회구조적 측면을 간과

정답 | ②

88 ★

다음과 같이 서덜랜드의 차별적 접촉이론을 비판하고, 이를 수정·보완한 이론은? 교정9급 07

> 범죄학습의 주요 부분은 친밀한 개인집단 안에서 일어나며, 이러한 학습은 친밀한 집단과의 직접적인 접촉을 통해서만 가능하다고 주장하여 대중매체와 같은 간접적인 접촉을 통한 학습방법의 가능성을 간과하였다.

① 차별적 기회구조론(Differential Opportunity Theory)
② 차별적 동일시이론(Differential Identification Theory)
③ 자기관념이론(Self－Concept Theory)
④ 중화기술이론(Techniques of Neutralization Theory)

해설 ② 차별적 동일시이론은 글레이저(D. Glaser)가 1956년 그의 논문 「범죄이론과 행동표상」에서 차별적 접촉이론의 결함을 보완하여 전개한 이론으로 서덜랜드가 사용한 '접촉'이라는 개념 대신에 '동일시'라는 개념을 사용함으로써 범죄학습의 대상을 친밀한 집단뿐만 아니라 TV나 영화 등 공간적으로 멀리 떨어져 있는 준거집단까지 확대하였다는 점에서 차별적 접촉이론과 구별된다.

정답 | ②

89

차별적 접촉이론, 차별적 동일시이론 및 차별적 강화이론에 대한 설명으로 옳지 않은 것은?

보호7급 18

① 서덜랜드(Sutherland)의 차별적 접촉이론은 범죄자의 학습과정과 비범죄자의 학습과정에 차이가 있다는 데에서 출발한다.
② 서덜랜드(Sutherland)의 차별적 접촉이론에 따르면 범죄행위는 타인과의 의사소통을 통한 상호작용으로 학습된다.
③ 글레이저(Glaser)의 차별적 동일시이론에 따르면 범죄자와의 직접적인 접촉이 없이도 범죄행위의 학습이 가능하다.
④ 버제스(Burgess)와 에이커스(Akers)의 차별적 강화이론도 차별적 접촉이론과 마찬가지로 범죄행위의 학습에 기초하고 있다.

해설 ① 범죄행위의 학습과정은 다른 행위의 학습과정과 동일한 메커니즘을 가진다. 범죄자와 준법자와의 차이는 접촉양상에 있을 뿐 학습이 진행되는 과정에는 아무런 차이가 없다.

정답 | ①

90

차별적 동일화이론(Differential Identification Theory)에 관한 설명 중 옳지 않은 것만으로 묶인 것은?

> ㉠ 범죄성의 학습은 직접적인 교제나 접촉에 의해서가 아니라, 원거리 대상에 의해 이루어진다고 본다.
> ㉡ 범죄문화에 접촉하면서도 범죄를 행하지 않는 이유를 설명하고자 한다.
> ㉢ 합리화 → 동일화 → 범죄행위의 과정을 거친다고 본다.
> ㉣ 격정범이나 소질에 의한 범죄를 설명하기 곤란하다.

① ㉠, ㉡　　② ㉡, ㉢
③ ㉠, ㉢　　④ ㉢, ㉣

해설 [×] ㉠ 범죄성의 학습은 직접적인 교제나 접촉뿐만 아니라, 원거리 대상에 의해서도 이루어진다고 본다. 즉 직접적인 교재나 접촉도 범죄성 학습의 수단으로 본다.
㉢ 동일화 → 합리화 → 범죄행위의 과정을 거친다고 본다.
[○] ㉡·㉣

정답 | ③

91

다음은 사회통제이론에 관한 설명이다. 옳지 않은 것은?

① 라이스(A. Reiss)는 개인의 자기통제력과 범죄와의 관계를 처음으로 지적한 초기 통제이론가이다.
② 나이(Nye)는 가정에서의 비공식적 비행통제보다 공식적 비행통제가 보다 효과적이라고 보았다.
③ 레크리스(Reckless)는 범죄나 비행의 통제요인으로 내적 통제요인과 외적 통제요인을 제시하였다.
④ 맛차(Matza)는 대부분의 소년범죄가 일과성에 불과하다고 보았다.

해설 ② 나이는 가정에서의 비공식적 간접통제가 특히 중요하다고 보고, 청소년의 욕구가 가정 안에서 충족될수록 가정 밖에서의 일탈을 막을 수 있다고 보았다.

정답 | ②

92

사회학적 범죄원인론 중 통제이론을 주장한 학자만을 모두 고르면? 교정9급 22

ㄱ. 서덜랜드(Sutherland)	ㄴ. 나이(Nye)	ㄷ. 애그뉴(Agnew)
ㄹ. 라이스(Reiss)	ㅁ. 베커(Becker)	

① ㄱ, ㄷ ② ㄴ, ㄹ ③ ㄴ, ㄷ, ㄹ ④ ㄷ, ㄹ, ㅁ

해설 ② 통제이론을 주장한 학자는 나이와 라이스이며 서덜랜드는 차별적 접촉이론, 애그뉴는 일반긴장이론, 베커는 낙인이론이이다.

라이스(A. Reiss)의 개인통제이론

- 의의 : 라이스는 개인의 자기통제력과 범죄와의 관계를 최초로 연구한 통제이론가로, 「개인적·사회적 통제 실패로 인한 일탈」(1951)에서 소년비행의 원인을 개인의 자기통제력 미비와 사회통제력 부족 2가지 측면에서 파악하였다.
- 비행의 원인
  - 자기통제력 미비 : 사회규범에 동조하면서 원하는 일을 할 수 있는 능력을 갖추지 못하면 비행에 빠진다.
  - 사회통제력 부족 : 학교 등 사회화기관이 소년들을 제대로 순응시키지 못하면 비행성향 분출을 통제할 수 없어 비행에 빠진다.

나이(Nye)의 사회통제이론

- 내용 : 나이는 라이스의 견해를 발전시켜 비행을 예방할 수 있는 사회통제방법을 분류하였다.
- 사회통제방법
  - 직접통제 : 처벌 등 억압적인 수단을 사용해 비행을 예방하는 방법을 말한다.
    - ~ 공식통제 : 경찰이나 국가의 사법기관이 담당하는 통제를 말한다.
    - ~ 비공식통제 : 가정이나 학교에서 담당하는 통제를 말한다(질책 등).
  - 간접통제 : 부모나 주위사람들을 위해 스스로 비행을 자제하는 것을 말한다.
  - 내부적 통제 : 양심이나 죄의식 때문에 스스로 비행을 자제하는 것을 말한다.

  ※ 나이(Nye)는 비공식적 간접통제를 소년비행을 예방할 수 있는 가장 효율적인 방법이라 하였다.

정답 | ②

93

범죄통제이론에 대한 설명 중 가장 적절하지 않은 것은?

① 합리적 선택이론, 일상활동이론, 범죄패턴이론은 사회학적 이론 중 사회발전이론에 속한 내용으로 분류된다.

② 일상활동이론은 범죄의 요소를 동기가 부여된 잠재적 범죄자, 적절한 대상, 보호자(감시자)의 부재 등 3가지로 규정하고 범죄발생의 요소를 고려하여 범죄에 대응하여야 한다는 입장이다.

③ 범죄패턴이론은 범죄에는 여가활동장소, 이동경로, 이동수단 등 일정한 장소적 패턴이 있다고 주장하며 지리적 프로파일링을 통한 범행지역의 예측활성화에 기여해야 한다는 입장이다.

④ 합리적 선택이론은 범죄행위는 비용과 이익을 고려하여 합리적으로 선택하는 것으로 범죄자의 입장에서 선택할 수 있는 기회를 미리 진단하여 예방하여야 한다는 입장이다.

해설 ① 합리적 선택이론, 일상활동이론, 범죄패턴이론은 범죄예방이론 중 상황적 범죄예방이론으로 분류된다.

정답 | ①

94

초기 통제이론들에 대한 다음 설명 중 가장 적절하지 않은 것은? 경찰간부 23

① 나이(Nye)는 가정을 사회통제의 가장 중요한 근본이라고 주장하였다.

② 리스(Reiss)는 개인이 스스로 욕구를 참아내는 능력인 개인적 통제력의 개념을 제시하였다.

③ 레크리스(Reckless)의 봉쇄이론(Containment Theory)은 청소년 비행의 요인으로 내적배출요인과 외적유인요인이 있다고 하였다.

④ 토비(Toby)의 통제이론은 범죄를 통제하는 기제로서 자아의 역할을 특히 강조하였다.

해설 ④ 자아의 역할을 특히 강조하는 이론은 레크리스(Reckless)의 봉쇄이론이며 토비(J. Toby)는 경제환경과 범죄에 대해 이야기 하면서 자신이 속한 사회에서 스스로 느끼고 경험하는 상대적 결핍감이 범죄원인이 된다고 하였다.

① 나이(Nye)는 가정을 사회통제의 가장 중요한 근본임을 강조하였다. 그는 대부분의 청소년비행이 불충분한 사회통제의 결과라고 보았다. 그는 비행자들은 부모에게 거부당하거나 인정받지 못하였고, 비행을 저지르지 않은 청소년들은 부모의 훈육과 부모와 시간을 보내는 것에 긍정적인 태도를 갖고 있다는 설문조사의 결과를 제시하며 청소년비행에서 가정의 중요성을 강조하였다.

② 리스(Reiss)는 청소년범죄의 원인이 청소년 개인의 통제력에 있다고 보았고, 그것을 사회의 규범을 위반하는 욕구를 절제하는 능력이라고 보았다. 그는 소년비행의 원인을 개인통제력의 미비와 사회통제력의 부족으로 파악하였다.

③ 레크리스(Reckless)의 봉쇄이론은 내부적·외부적 통제개념에 기초하여 범죄유발요인과 범죄차단요인으로 나누고, 만약 범죄를 이끄는 힘이 차단하는 힘보다 강하면 범죄나 비행을 저지르게 되고, 차단하는 힘이 강하면 비록 이끄는 힘이 있더라도 범죄나 비행을 자제한다는 이론이다. 범죄나 비행을 유발하는 요인으로 내적 배출요인, 외적 유인요인, 외적 압력요인으로 나누었고, 범죄나 비행을 차단하는 요인으로 내적 통제, 외적 통제로 나누었다.

정답 | ④

95

통제이론에 대한 설명으로 옳지 않은 것은? 교정7급 20

① 라이스(A. Reiss) : 소년비행의 원인을 낮은 자기통제력에서 찾았다.

② 레크리스(W. Reckless) : 청소년이 범죄환경의 압력을 극복한 것은 강한 자아상 때문이다.

③ 허쉬(T. Hirschi) : 범죄행위의 시작이 사회와의 유대약화에 있다고 보았다.

④ 애그뉴(R. Agnew) : 범죄는 사회적으로 용인된 기술을 학습하여 얻은 자기합리화의 결과이다.

해설 ④ 사이크스(Sykes)와 맛차(Matza)의 중화기술이론에 대한 설명으로 애그뉴(Agnew)의 일반긴장이론은 스트레스와 긴장을 느끼는 개인이 범죄를 저지르기 쉬운 이유를 설명하는 이론으로, 긴장의 개인적 영향을 밝히는데 도움을 주었으며 하류계층의 범죄를 주로 설명하는 머튼의 아노미이론과 달리 상류계층의 범죄의 원인도 설명이 가능한 이론이다.

① 라이스의 개인통제이론

② 레크리스의 봉쇄이론

③ 허쉬의 사회통제(유대)이론

정답 | ④

96

통제이론(Control Theories)에 관한 설명으로 가장 적절하지 않은 것은? 경행1차 23

① 레크리스(Reckless)는 긍정적 자아관념이 청소년을 범죄환경의 압력과 유인으로부터 보호한다고 주장하였다.

② 나이(Nye)는 직접통제가 공식적 제재를 통해 행사될 수 있음을 인정하면서도, 가정에서의 비공식적 간접통제를 강조하였다.

③ 맛차(Matza)는 비행청소년들이 비행가치를 받아들여 비행이 나쁘지 않다고 생각하기 때문에 비행을 저지른다고 보았다.

④ 갓프레드슨(Gottfredson)과 허쉬(Hirschi)는 낮은 수준의 자기통제력이 범죄행동의 주요 원인이라고 보았다.

해설 ③ 맛차와 사이크스는 비행자의 규범의식이나 가치관이 중화(마비)되어 비행을 하게 된다고 주장하였다. 즉, 자신의 비행에 대한 타인의 비난을 의식적으로 합리화(정당화·중화)시키면 죄책감이나 수치심이 없어져 비행을 하게 된다는 이론이다. 이는 교육과 불법적 기회를 제한하면 범죄가 통제될 수 있다는 상황적 결정론에 입각한 것이다. 즉, 맛차(Matza)는 비행자와 일반인 사이에는 인습가치와 태도, 도덕적 신념에서 차이가 없다고 본다. 대부분 비행자와 범죄자들은 준법적이고 관습적인 가치와 태도를 견지하지만, 사회통제가 약화하였을 때 중화가치기술을 배워서 비합법적인 행위와 관습적 행위 사이를 왔다 갔다하는 표류를 한다.

- 비행소년도 자유의지와 책임이 어느 정도 존재함을 인정한다.
- 규범위반에 대한 합리화(중화)를 통한 내적 통제 약화를 범죄의 원인으로 본다.
- 비행소년도 대부분 일상적이고 준법적인 생활을 하며 특별한 경우에 한하여 위법적인 행위를 한다.
- 범죄행위를 비난하고 견제하는 규범(법·윤리) 자체는 부인하지 않는다.
- 내적 통제에 중점을 두고, 사회심리학적 측면에서 접근하였다.
- 중화기술이론은 맛차의 표류이론과 맛차와 사이크스의 잠재가치론으로 발전하였다.

정답 | ③

97 ★

다음 중 범죄원인에 대한 설명으로 가장 옳은 것은? 해경간부 23

① 퀴니(Quinney)는 대항범죄(Crime of resistance)의 예로 살인을 들고 있다.

② 부모 등 가족구성원이 실망할 것을 우려해서 비행을 그만두는 것은 사회유대의 형성 방법으로서 애착(Attachment)에 의한 것으로 설명할 수 있다.

③ 중화기술이론에서 세상은 모두 타락했고, 경찰도 부패했다고 범죄자가 말하는 것은 책임의 부정에 해당한다.

④ 레크리스(W. Reckless)는 범죄를 유발하는 압력요인으로 불안감을 들고 있다.

해설 ① 퀴니(Quinney)는 노동자 계급(피지배 집단)의 범죄를 적응범죄와 대항범죄로 구분하였다 대항범죄의 예로 시위, 파업 등을 들고 있다. 살인은 적응범죄이다.

③ 중화기술의 유형 중 비난자에 대한 비난이다.

④ 범죄나 비행을 유발하는 요인으로 압력요인, 유인요인, 배출요인으로 구분하고, 압력요인으로 열악한 생활조건, 가족갈등, 열등한 신분적 지위, 성공기회의 박탈 등을 들고 있으며, 유인요인으로 나쁜 친구들, 배출요인으로 불안감, 불만감, 긴장감, 증오심, 공격성, 즉흥성, 반역성 등을 들고 있다.

정답 | ②

98

범죄원인론에 관한 설명과 그에 해당하는 이론이 올바르게 연결된 것은? 사법시험 15

㉠ 범죄는 하나의 단일문화가 독특한 행위규범을 갖는 여러 개의 상이한 하위문화로 분화될 때, 사람들이 자신이 속한 문화의 행위규범을 따르다 보면 발생할 수 있다.
㉡ 지역사회의 전통적인 기관들이 주민들의 행동을 규제하지 못하고, 지역사회의 공통문제를 자체적으로 해결할 수 있는 능력을 상실하면 범죄율이 높아진다.
㉢ 인간은 범죄성을 본질적으로 지니고 있기 때문에 그대로 두면 누구든지 범죄를 저지를 것이라는 가정에서 출발한다.

ⓐ 사회해체이론 ⓑ 통제이론 ⓒ 문화갈등이론

① ㉠－ⓐ, ㉡－ⓑ, ㉢－ⓒ
② ㉠－ⓑ, ㉡－ⓐ, ㉢－ⓒ
③ ㉠－ⓑ, ㉡－ⓒ, ㉢－ⓐ
④ ㉠－ⓒ, ㉡－ⓐ, ㉢－ⓑ
⑤ ㉠－ⓒ, ㉡－ⓑ, ㉢－ⓐ

정답 | ④

99

애그뉴(R. Agnew)의 일반긴장이론에서 좌절, 우울, 분노 등 부정적 감정을 일으켜서 긴장을 유발하는 원인이 바르게 연결된 것은?

㉠ 목표달성의 실패	㉡ 부정적 자극의 소멸
㉢ 기대와 성취 사이의 괴리	㉣ 긍정적 자극의 소멸

① ㉠, ㉢, ㉣　　② ㉠, ㉡, ㉣
③ ㉡, ㉢, ㉣　　④ ㉠, ㉣

해설 ① 애그뉴(Agnew)는 일반긴장의 원인을 긍정적 목표(목적)달성의 실패, 기대와 성취의 불일치, 긍정적 자극의 소멸, 부정적 자극에의 직면로 보았다.

정답 | ①

100 ★

애그뉴(Agnew)의 일반긴장이론(General Strain Theory)에 관한 설명 중 옳은 것은 모두 몇 개인가?

9급경채 22

㉠ 모든 사회인구학적 집단의 범죄행위와 비행행위를 설명하는 일반이론 중 하나이다.
㉡ 개인적인 스트레스와 긴장이 범죄의 유발요인이므로 미시적 수준의 범죄이론으로 볼 수 있다.
㉢ 긴장 원인의 복잡성과 부정적 감정의 상황들을 밝혀내어 결국 아노미이론을 축소시켰다.
㉣ 부정적 자극의 발생(presentation of negative stimuli)은 일상생활에서 자신이 통제할 수 없는 부정적 사건의 발생을 의미하며, 부모의 사망, 이혼 등이 대표적 사례이다.

① 0개　② 1개　③ 2개　④ 3개

해설 옳은 것은 ㉠·㉡이다.

[O] ㉠ 애그뉴(Agnew)의 일반긴장이론은 머튼(Merton)의 아노미이론을 확대한 일반이론이다.
애그뉴의 일반긴장이론은 머튼의 아노미이론에 그 이론적 뿌리를 두고 있지만, 머튼의 이론과 달리 계층과 상관없는 긴장의 개인적, 사회심리학적 원인을 다루고 있다. 따라서 일반긴장이론은 하류계층의 범죄 행위가 아닌 사회의 모든 구성요소의 범죄 행위에 대한 일반적 설명을 제공하고 있다.
㉡ 애그뉴의 일반긴장이론은 거시이론인 머튼의 아노미이론과 달리 스트레스와 긴장을 느끼는 개인이 범죄를 저지르기 쉬운 이유를 미시적 관점에서 설명하는 이론으로, 긴장은 스트레스와 같은 의미로 보아도 무방하다.

[×] ㉢ 애그뉴의 일반긴장이론은 기존 긴장이론이 제시한 긴장의 원인에 더해서 부정적인 사회 관계나 환경과 관련된 긴장을 포함하여 '일반'긴장으로 개념 범주를 크게 확장하였다.
㉣ 애그뉴는 긴장의 원인으로 ⅰ) 목표달성의 실패, ⅱ) 긍정적 자극의 소멸, ⅲ) 부정적 자극의 발생을 들고 있다. 부정적 자극의 발생은 부모의 학대, 선생님의 체벌이나 친구의 괴롭힘 등 고통스럽거나 갈등적인 상황의 경험을 의미한다.
설문은 긍정적 자극의 소멸에 대한 설명이다. 즉 긍정적 자극의 소멸은 부모의 사망, 친구와의 이별 등 자신에게 긍정적인 영향을 미치는 요소들을 상실하는 경험을 의미한다.

정답 | ③

101

나이(F. Nye)가 주장한 사회통제의 수단 중 자신의 잘못이 주변사람에게 실망을 줄 것이라는 점을 자각시켜 비행을 예방하는 것은?

① 직접 통제　　② 간접 통제
③ 내적 통제　　④ 비공식통제

해설 ①은 억압적인 수단과 처벌을 부과하여 비행을 예방하는 것을 말하고, ③은 내면적 자각을 통해 비행을 자제시키는 것을 말하며, ④는 가정·학교 등에서 청소년비행을 통제하는 것을 말한다.

정답 | ②

102

다음은 네 가지의 사회적 범죄원인론의 내용을 설명한 것이다. 이와 관련이 없는 것은? 교정7급 08

㉠ 사람들이 법률을 위반해도 무방하다는 관념을 학습한 정도가 법률을 위반하면 안 된다는 관념을 학습한 정도보다 클 때에 범죄를 저지르게 된다.
㉡ 중산층의 가치나 규범을 중심으로 형성된 사회의 중심문화와 빈곤계층 출신 소년들에게 익숙한 생활 사이에는 긴장이나 갈등이 발생하며, 이러한 긴장관계를 해결하려는 시도에서 비행문화가 형성되어 이로 인해 범죄가 발생한다.
㉢ 조직적인 범죄활동이 많은 지역에서는 범죄기술을 배우거나 범죄조직에 가담할 기회가 많으므로 범죄가 발생할 가능성이 큰 반면, 조직적인 범죄활동이 없는 지역에서는 비합법적인 수단을 취할 수 있는 기회가 제한되어 있으므로 범죄가 발생할 가능성이 적다.
㉣ 사람들은 누구든지 비행으로 이끄는 힘과 이를 차단하는 힘을 받게 되는데 만일 이끄는 힘이 차단하는 힘보다 강하게 되면 그 사람은 범죄나 비행을 저지르게 되는 반면, 차단하는 힘이 강하게 되면 비록 이끄는 힘이 있더라도 범죄나 비행을 자제하게 된다.

① 문화갈등이론(Culture Conflict Theory)
② 차별적 기회구조이론(Differential Opportunity Theory)
③ 봉쇄이론(Containment Theory)
④ 비행하위문화이론(Delinquent Subculture Theory)
⑤ 차별적 접촉이론(Differential Association Theory)

해설 위 지문의 범죄이론을 순서대로 나열하면 ㉠은 차별적 접촉이론, ㉡은 비행하위문화이론, ㉢은 차별적 기회구조이론, ㉣은 봉쇄이론에 관한 설명이다.

정답 | ①

103

레크리스(Reckless)에 의해 주장된 것으로 범죄로 이끄는 범죄유발요인보다 범죄억제요소가 더 강할 경우 범죄로 나아가지 않는다는 이론은?

① 중화기술이론(Theory of Techniques of Neutralization)

② 차별적 동일화이론(Different Identification Theory)

③ 비행하위문화이론(Delinquent Subculture Theory)

④ 견제이론(Containment Theory)

해설 ① 맛차(Matza)와 사이크스(Sykes)가 주장한 것으로 범죄 내지 비행은 행위자가 이미 내면적으로 형성된 규범의식이나 가치관이 중화기술에 의해 마비되면서 발생한다는 이론이다.

② 글레이저(D. Glaser)가 주장한 것으로 사람은 자신의 범죄행위를 수용할 수 있을 것 같은 실제 혹은 가상의 누군가와 자신을 동일화하는 과정에서 범죄를 행한다는 이론이다.

③ 코헨(A.K. Cohen)이 주장한 것으로 하층계급의 문화권에서 성장한 소년들은 중류계층의 가치와 규범에 대한 반동으로 그들 특유의 비행적 하위문화를 형성하고, 이것이 청소년 범죄의 원인이 된다는 이론이다.

정답 | ④

104

나이(F. Nye)가 사회통제의 수단으로 제시한 방법을 옳게 묶은 것은?

① 직접 통제, 간접 통제, 내적 통제

② 직접 통제, 간접 통제, 외적 통제

③ 직접 통제, 내적 통제, 외적 통제

④ 간접 통제, 공식 통제, 외적 통제

해설 ① 나이는 자기통제력과 범죄와의 관계를 처음으로 지적한 라이스(A. Reiss)의 견해를 발전시켜 청소년비행예방을 위한 사회통제방법으로 직접 통제, 간접 통제, 내적 통제, 공식 통제, 비공식 통제를 제시하였다.

사회통제유형	유형별 특징
직접 통제	비행 시 처벌이나 위협을 하고, 순응 시 보상하는 것
간접 통제	자신의 비행이 부모나 친한 사람들에게 고통과 실망을 줄 것을 의식해서 비행을 자제하는 것
내적 통제	양심이나 죄의식 때문에 비행을 자제하는 것
공식 통제	형사사법기관이 담당하는 것
비공식 통제	가정이나 학교가 담당하는 것

정답 | ①

105 ★

레크리스(Reckless)가 주장한 견제(봉쇄)이론에 대한 설명으로 옳지 않은 것은?

① 자기관념이론을 더욱 발전시킨 이론으로 내부적·외부적 통제개념에 기초하고 있다.

② 범죄나 비행을 유발하는 힘으로 압력요인(pressures)·유인요인(pulls)·배출요인(pushes)을 제시하였다.

③ 범죄나 비행을 차단하는 힘으로 내적 봉쇄요인(inner containment)과 외적 봉쇄요(external containment)을 제시하였다.

④ 내적 봉쇄요인과 외적 봉쇄요인의 어느 한 가지만으로는 범죄나 비행을 효과적으로 예방하기 어렵다고 보았다.

해설 ④ 레크리스는 내적 봉쇄요인과 외적 봉쇄요인 중 어느 한 가지라도 제대로 작용하면 범죄나 비행을 예방할 수 있다고 보았다. 레크리스가 주장한 범죄유발요인과 범죄통제요인을 정리하면 다음과 같다.

구분		유형별 특징
범죄유발요인	압력요인	사람들을 불만족한 상태에 들게 하는 요인(열악한 사회조건, 가족갈등 등)
	유인요인	정상적인 생활로부터 이탈하도록 하는 요인(나쁜 친구, 불건전한 대중매체 등)
	배출요인	범죄를 저지르도록 하는 생물학적·심리학적 요인(불안감, 불만감, 증오심, 공격성 등)
범죄통제요인	내적 통제	내부적인 범죄차단요소(자기통제력, 긍정적 자아개념, 강한 책임감 등)
	외적 통제	외부적인 범죄차단요소(효과적인 관리와 규율, 가족과 지역사회의 유대감 등)

정답 | ④

106

레크리스(W. Reckless)의 봉쇄이론(견제이론, containment theory)에 관한 설명으로 옳지 않은 것은? 사법시험 07

① 범죄나 비행으로 이끄는 힘이 있더라도 차단하는 힘이 강하면 범죄나 비행이 통제된다.

② 나쁜 친구는 범죄나 비행으로 이끄는 유인요인이 될 수 있다.

③ 좌절감에 대한 내성은 범죄나 비행을 차단하는 내적 봉쇄요인에 해당한다.

④ 자기통제력은 범죄나 비행을 차단하는 외적 봉쇄요인에 해당한다.

⑤ 외적 봉쇄요인이 약하더라도 내적 봉쇄요인이 강하면 범죄나 비행이 통제될 수 있다.

해설 ④ 자기통제력은 내적 통제(봉쇄)요인에 해당한다.

정답 | ④

107 ★

다음의 설명에 해당하는 이론은? 교정7급 10

> 이 이론은 차별적 접촉이론(differential association theory)이 각각의 개인들의 차별적 반응에 대한 문제를 도외시하고 있다는 비판을 한다. 즉 "왜 범죄적 문화와 접촉한 사람 중에서 어떤 사람은 범죄에 빠지지 않는가"라는 질문을 한다. 이 이론에 따르면 비행다발지역의 청소년들 중에서 다수가 비행에 가담하지 않는 것은 자신에 대한 좋은 이미지를 통해 비행에의 유혹이나 압력을 단절시키기 때문이다.

① 봉쇄이론(containment theory)
② 사회학습이론(social learning theory)
③ 중화이론(neuturalization theory)
④ 억제이론(deterrence theory)

해설 ① 봉쇄이론이란 레크리스(W. Reckless)가 자기관념이론을 더욱 발전시켜 주장한 것으로 강력한 내면적 통제와 그것을 보강하는 외부적 통제가 사회적·법적 행위규범의 위반에 대한 하나의 절연체를 구성한다는 이론을 말한다. 이 이론에 따르면 모든 사람들에게는 범죄로 이끄는 범죄유발요인과 범죄를 억제하는 범죄억제요인이 부여되어 있는데 전자가 후자보다 강하면 범죄를 저지르게 되고, 후자가 전자보다 강하면 범죄를 자제하게 된다고 한다.

정답 | ①

108

봉쇄이론(견제이론)의 범죄유발요인 중 배출요인과 가장 거리가 먼 것은?

① 불안감
② 내적 긴장감
③ 증오심
④ 가족갈등

해설 ④ 봉쇄이론의 범죄유발요인으로는 압력요인, 유인요인, 배출요인 등 세 가지가 있는데 가족갈등은 압력요인에 해당한다.

정답 | ④

109

다음 학자들의 범죄이론에 관한 내용 중 옳지 않은 것은? 사법시험 13

① 레크리스(Reckless)는 범죄를 법제정 과정에 참여하여 자기의 이익을 반영하지 못한 집단의 구성원이 일상생활 속에서 법을 위반하며 자기의 이익을 추구하는 행위라고 주장하였다.

② 헨티히(Hentig)는 피해자를 일반적 피해자 유형, 심리학적 피해자 유형으로 구분하고, 피해자도 범죄 발생의 원인이 될 수 있다고 주장하였다.

③ 서덜랜드(Sutherland)는 범죄행위는 다른 사람들과의 상호작용과정에서 의사소통을 통해 학습되며, 범죄행위 학습의 중요한 부분은 친밀한 관계를 맺고 있는 집단들에서 일어난다고 주장하였다.

④ 레머트(Lemert)는 범죄를 포함한 일탈행위를 일차적 일탈과 이차적 일탈로 구분하고, 이차적 일탈은 일차적 일탈에 대한 사회적 반응으로 야기된 문제들에 대한 행위자의 반응에 의해 발생하는 것이라고 주장하였다.

⑤ 케틀레(Quetelet)는 기후, 연령분포, 계절 등 사회환경적 요인들이 범죄 발생과 함수관계에 있다는 것을 밝힘으로써 범죄가 사회환경적 요인에 의해 유발된다고 주장하였다.

해설 ① 레크리스는 견제이론을 통해 모든 사람들에게는 범죄로 이끄는 범죄유발요인과 범죄를 억제하는 범죄억제요인이 부여되어 있는데 범죄유발요인이 범죄억제요인보다 강하면 범죄를 저지르게 되고, 범죄억제요인이 범죄유발요인보다 강하면 범죄를 자제하게 된다고 주장하였다.

정답 | ①

110

통제이론에 관한 설명으로 옳지 않은 것은? 사법시험 09

① 통제이론은 "사람들이 왜 범죄행위로 나아가지 않고 합법적인 행동을 하는가"라는 물음에 중점을 두고 있다.

② 라이스(A. Reiss)는 개인의 통제력과 범죄의 관계를 주목하였다.

③ 통제이론의 공통된 견해는 생물학적이거나 심리학적 혹은 사회적인 특정 요인이 사람들로 하여금 범죄에 빠지게 한다는 것이다.

④ 나이(F. Nye)는 청소년들의 비행을 예방할 수 있는 가장 효율적인 방법이 비공식적인 간접통제방법이라고 주장하였다.

⑤ 허쉬(T. Hirschi)는 범죄발생의 통제요인으로 개인이 학교, 가족, 이웃 등 일상적인 사회와 맺고 있는 유대 또는 연대를 주장하였다.

해설 ③ 통제이론은 범죄연구의 초점을 개인이 왜 범죄를 행하게 되는가의 측면이 아니라, 개인이 왜 범죄로 나아가지 않는가의 측면에 맞추는 이론으로 그 원인으로 주목하는 것은 개인과 사회가 가지고 있는 통제력 또는 억제력이다. 따라서 범죄억제요인으로 심리학적 또는 사회적인 특정 요인은 제시하지만, 생물학적 요인은 고려의 대상에 포함하지 않는다.

정답 | ③

111 ★

맛차(D. Matza)의 표류이론에 관한 설명으로 옳지 않은 것은?

① 코헨의 비행부문화이론을 계승하여 이를 더욱 발전시켰다.

② 비행소년은 비행과 무비행의 생활양식 사이에서 표류하고 있는 존재에 불과하다는 이론을 말한다.

③ 비행자는 비범죄적 행동양식에 차별적으로 사회화되어 범죄로 나아가는 것이 아니라고 주장하여 서덜랜드의 차별적 접촉이론을 비판하였다.

④ 느슨한 사회통제가 소년을 비행으로 유인한다고 보았다.

해설 ① 맛차는 비행적 하위문화가 독자적으로 존재하는 것이 아니라고 함으로써 코헨의 비행적 하위문화이론을 비판하였다.

정답 | ①

112

맛차(Matza)의 표류이론(drift theory)에 대한 설명으로 옳지 않은 것은? 교정7급 15

① 비행청소년들은 비행의 죄책감을 모면하기 위해 다양한 중화의 기술을 구사한다.

② 비행이론은 표류를 가능하게 하는, 즉 사회통제를 느슨하게 만드는 조건을 설명해야 한다고 주장하였다.

③ 대부분의 비행청소년들은 합법적인 영역에서 오랜 시간을 보낸다.

④ 비행청소년들은 비행 가치를 받아들여 비행이 나쁘지 않다고 생각하기 때문에 비행을 한다.

해설 ①·②·③은 맛차의 표류이론에 해당하나, ④는 코헨(Cohen)의 비행적 하위문화이론에 해당한다.

정답 | ④

113 ★

맛차(D. Matza)의 표류이론에 관한 설명 중 옳지 않은 것만으로 묶인 것은?

> ㉠ 하층계급소년들의 비행은 중산계층의 가치관에 대한 반동형성에 근거한다.
> ㉡ 대부분의 비행소년은 성년이 되면 합법적 가치체계로 환원한다.
> ㉢ 사회통제가 지나치게 강화되면 소년들이 규범이나 가치에 전념하지 못하고, 위법적인 행위양식에도 몰입하지 않는 표류상태에 놓여진다.
> ㉣ 지배적인 문화와 구별되는 하위문화가 독자적으로 존재한다.
> ㉤ 비행자는 비범죄적 행동양식에 차별적으로 사회화되어 범죄로 나아간다.

① ㉠, ㉡
② ㉠, ㉡, ㉣
③ ㉠, ㉢, ㉣
④ ㉠, ㉢, ㉣, ㉤

해설 [×] ㉠ 맛차는 비행소년에게는 중산계층의 가치관에 대한 반동형성이 없고, 다른 청소년과 아무런 기본적 차이가 없다고 보았으며, 오히려 중산계층의 전통적 가치관에 동조한다고 보았다.
㉢ 소년들이 표류상태에 놓여지게 되는 것은 사회통제가 약화되었을 때라는 것이 표류이론의 내용이다.
㉣ 지배적인 문화와 구별되는 하위문화가 독자적으로 존재하지 않는다고 보았다(비행적 하위문화이론 비판).
㉤ 비행자는 비범죄적 행동양식에 차별적으로 사회화되어 범죄로 나아가지 않는다고 보았다(차별적 접촉이론 비판).
[○] ㉡

정답 | ④

114

중화기술이론(Theory of Techniques of Neutralization)에 관한 다음 설명 중 가장 적절하지 않은 것은?

① 맛차(Matza)와 사이크스(Sykes)가 소년들이 표류상태에 빠지게 되는 과정을 설명하기 위해 주장한 이론이다.
② 비행소년이 위법행위를 하는 경우 자신의 행위를 정당화하려는 기술을 중화기술이라고 불렀다.
③ 중화기술은 일반인들이 자신의 행동을 합리화하는 과정과 구별되는 비행소년 고유의 합리화과정이라고 보았다.
④ 맛차(Matza)와 사이크스(Sykes)는 중화기술이 일반적인 합리화과정을 다소 확장한 것으로 파악하였다.

해설 ③ 중화기술은 일반인들이 일상적인 사회생활에서 보이는 자기행동의 합리화과정과 원칙적으로 다르지 않다고 보았다.

정답 | ③

115

다음은 사이크스(Sykes)와 맛차(Matza)의 중화기술에 관한 내용이다. 해당되는 유형은 무엇인가?

경찰간부 23

> 이 사회를 운영하는 지도층도 다들 부패했고 도둑놈들이기 때문에 법을 어기는 것은 괜찮아. 그들은 내가 하는 것에 대해서 비판하는 위선자들일 뿐이야. 그렇게 존경받는 사람들이 저지르는 화이트칼라범죄를 봐.

① 책임의 부정(Denial of Responsibility)
② 피해의 부정(Denial of Injury)
③ 피해자의 부정(Denial of Victim)
④ 비난자에 대한 비난(Condemnation of Condemners)

해설 ④ 중화기술의 유형 중 '비난자에 대한 비난'에 해당한다. 자신을 비난하는 사람, 즉 경찰 부모·선생님 등이 더 나쁜 사람이면서 소년 자신의 잘못을 비판하는 것은 모순이라는 식으로 합리화해 가는 것을 말한다.

정답 | ④

116

중화의 기법 중 다음 〈보기〉의 연구와 관련성이 가장 적은 것은? 해경간부 24

> <보기>
> 1971년 메나헴 아미르(Menachem Amir)는 필라델피아에서 강간범죄 피해자에 대한 연구를 수행하였다. 이 연구에서 아미르는 여성피해자가 흔히 도발적인 복장을 하거나 외설적인 언어를 사용하거나 심지어 일부는 마조히즘 성향을 보이며 강간범과 관계를 가지려고 함으로써 공격에 원인을 제공하였다고 주장하였다.

① 책임의 부정
② 가해의 부정
③ 피해자의 부정
④ 비난자에 대한 비난

해설 ① 책임의 부정 : 강간범과 관계를 가지려고 하였기에 …
② 가해의 부정 : 마조히즘(피학증) 성향을 보이며 강간범과 관계를 가지려고 함
③ 피해자의 부정 : 여성피해자가 흔히 도발적인 복장을 하거나 외설적인 언어를 사용하였기에, 보호받을 가치가 없는 …

정답 | ④

117

중화기술이론의 사례에서 '책임의 부정'에 해당하는 것은? 보호7급 22

① 기초수급자로 지정받지 못한 채 어렵게 살고 있던 중에 배가 고파서 편의점에서 빵과 우유를 훔쳤다고 주장하는 사람

② 성매수를 했지만 성인끼리 합의하여 성매매를 한 것이기 때문에 누구도 법적 책임을 질 필요가 없다고 주장하는 사람

③ 부정한 행위로 인하여 사회적 비난을 받는 사람의 차량을 파손하고 사회정의를 실현한 것이라고 주장하는 사람

④ 교통범칙금을 부과하는 경찰관에게 단속실적 때문에 함정단속을 한 것이 아니냐고 따지는 운전자

해설 ① 책임의 부정은 어쩔 수 없는 환경상황에서 그럴 수밖에 없었다고 자신의 책임을 전가하는 것을 말하는데 기초수급자로 지정받지 못한 채 어렵게 살고 있던 중에 배가 고파서 편의점에서 빵과 우유를 훔쳤다고 주장하는 경우가 해당한다.

② 가해의 부정에 해당한다.

③ 피해자의 부정에 해당한다.

④ 비난자에 대한 비난에 해당한다.

정답 | ①

118

중학생 A는 어느 조직폭력단 두목의 일대기에 심취하여 그의 행동을 흉내내다가 범죄를 저지르기에 이르렀다. 다음 중 A의 범죄화 과정을 설명하는 이론으로 가장 옳은 것은? 해경간부 23

① 머튼(Merton)의 아노미이론

② 글레이저(Glaser)의 차별적 동일시이론

③ 셀린(Sellin)의 문화갈등이론

④ 터크(Turk)의 권력갈등론

해설 ② 차별적 동일시이론은 범죄를 학습할 수 있는 대상이 텔레비전이나 영화의 주인공처럼 관념상의 인간으로까지 확장될 수 있다고 보았다.

정답 | ②

119 ★

사이크스(G. Sykes)와 맛차(D. Matza)가 제시한 중화기술의 유형에 관한 예시로서 옳지 않은 것은?

사법시험 11

① 다른 사람의 교통위반행위는 눈감아 주면서 나의 교통위반행위를 문제 삼는 것은 도저히 용납할 수 없다.

② 아버지가 폭력을 사용하여 나를 심하게 괴롭혀왔기 때문에 나도 아버지에게 폭력을 행사할 수 있다.

③ 당신도 나와 같은 가정환경에서 자랐다면 나처럼 불량청소년이 될 수밖에 없었을 것이다.

④ 나의 잘못에 대하여 신이 벌한다면 몰라도 현재의 부패한 사법당국이 나를 벌하는 것은 도저히 수용할 수 없다.

⑤ 나의 폭력적인 쟁의행위가 위법이지만, 악덕기업인으로부터 근로자로서의 정당한 권익을 보장받기 위해서 어쩔 수 없다.

해설 ①은 사이크스와 맛차의 중화기술의 유형에 해당하지 않는다. ②는 피해자의 부정, ③은 책임의 부정, ④는 비난하는 자를 비난, ⑤는 고도의 충성심에의 호소에 각각 해당한다. 맛차와 사이크스의 중화기술유형을 정리하면 다음과 같다.

책임의 부정(회피)	• 자신이 아닌 다른 것에 책임을 전가함 – 예 자신과 같은 처지에 있다면 누구도 그런 행동을 했을 것이라고 생각함
가해(해악)의 부정	• 자신의 행위는 누구에게도 피해를 주지 않았다고 함으로써 자신의 비행을 합리화함 – 예 절도를 하면서 잠시 물건을 빌리는 것이라고 생각함
피해자의 부정	• 피해자는 피해를 받아 마땅하다고 보거나 자신의 행위를 정의로운 응징으로 봄 – 예 상점의 물건을 훔쳤지만 가게주인은 정직하지 못한 사람이라고 생각함
비난하는 자를 비난	• 사회통제기관을 부패한 자들로 규정하여 자기를 심판할 자격이 없다고 봄 – 예 경찰·판사들은 부패한 공무원이므로 자신을 비난할 자격이 없다고 생각함
고도의 충성심에의 호소	• 친근한 집단에 대한 충성심 또는 도리를 위하여 불가피하게 범죄행위를 하였다고 봄 – 예 가족을 먹여 살리기 위해 어쩔 수 없이 범죄를 하였다고 생각함

정답 | ①

120

다음은 사이크스(Sykes)와 맛차(Matza)의 중화기술에 관한 내용이다. ㉠, ㉡에 해당되는 유형이 가장 적절하게 짝지어진 것은? 경행 22

> ㉠ 범죄자 甲은 이 세상은 타락했고 경찰도 부패했다며 '왜 나만 갖고 그래!'라고 소리쳤다.
> ㉡ 범죄자 乙은 자신에게 폭행당한 사람에게 '네가 힘없는 부녀자를 때렸기 때문에 넌 맞아도 돼!'라고 말했다.

① ㉠ 비난자에 대한 비난(Condemnation of condemners)
   ㉡ 피해자의 부정(Denial of Victim)
② ㉠ 책임의 부정(Denial of Responsibility)
   ㉡ 피해의 부정(Denial of Injury)
③ ㉠ 책임의 부정(Denial of Responsibility)
   ㉡ 피해자의 부정(Denial of Victim)
④ ㉠ 비난자에 대한 비난(Condemnation of condemners)
   ㉡ 책임의 부정(Denial of Responsibility)

해설 ① ㉠ 비난자에 대한 비난, ㉡ 피해자의 부정이다.
㉠ 비난자에 대한 비난 : 자신을 비난하는 사람, 즉 경찰·기성세대·부모·선생님 등이 더 나쁜 사람(경찰도 부패)이면서 소년 자신의 작은 잘못을 비난하는 것은 모순이라는 식으로 합리화해 가는 것을 말한다.
㉡ 피해자의 부정 : 자신의 행위가 피해를 유발한 것은 인정하지만, 그 피해는 당해야 마땅한 사람에 대한 일종의 정의로운 응징(힘없는 부녀자를 때렸기 때문에)이라고 주장하거나 피해를 본 사람이 노출되지 않은 경우에 피해자의 권리를 무시함으로써 중화시키는 것을 말한다.

정답 | ①

121

많은 소년들이 범죄나 비행을 유발하는 환경에 노출되어 있음에도 불구하고 비행을 저지르지 않는 이유는 비행에 대한 절연체가 있기 때문이며, 스스로를 올바른 소년으로 인식할 경우 비행에의 유혹이나 압력을 단절시킬 수 있다. 이러한 내용을 주장하는 이론은? 사법시험 09

① 자아관념이론(Self-Concept Theory)
② 표류이론(Drift Theory)
③ 비행적 하위문화이론(Theory of Delinquent Subculture)
④ 문화갈등이론(Culture Conflict Theory)
⑤ 사회해체이론(Social Disorganization Theory)

해설 ① 자아관념이론은 자기관념이론과 동일한 개념이므로 학습에 주의를 요한다.

정답 | ①

122

범죄자들이 사용하는 중화기술(中和技術)에 해당하지 않는 것은? 사법시험 16

① 범죄자 甲은 타인 乙의 재물을 절취하면서 자신은 아무런 재산이 없기 때문에 그러한 행위를 하였다고 하면서 자신의 책임을 부정하였다.
② 범죄자 甲은 타인 乙의 재물을 횡령하면서 사후에 대가를 지불하면 아무런 문제가 없다고 변명하였다.
③ 범죄자 甲은 병역의무가 있음에도 불구하고 관련 법률이 개인의 자유권을 침해했다는 이유로 이를 부정하였다.
④ 범죄자 甲은 특수절도를 하는 과정에서 공범인 乙 및 丙과의 친분관계 때문에 어쩔 수 없었다고 주장하였다.
⑤ 범죄자 甲은 수뢰죄 혐의로 수사를 받으면서 사건 담당 사법경찰관 乙의 강제추행 사실을 비난하였다.

해설 ③ 사이크스(sykes)와 맛차(Matza)가 제시한 중화기술유형에 해당하지 않는다.
① 책임의 부정
② 가해의 부정
④ 고도의 충성심에의 호소
⑤ 비난자에 대한 비난

정답 | ③

123 ★

허쉬(Hirshi)의 사회통제이론(Social Control Theory) 중 옳은 것만으로 묶인 것은?

> ㉠ 한 개인이 일상적인 사회와 맺고 있는 유대가 약화되었거나 깨졌을 때 범죄가 발생한다는 이론이다.
> ㉡ 인간은 모두 동물이며, 자연적으로 누구나 범죄를 저지를 수 있다고 가정하였다.
> ㉢ 일탈을 통제하는 시스템에 장애가 생기면 통제가 이완되어 범죄나 비행이 발생된다고 보았다.
> ㉣ 개인의 범죄를 통제하는 기제는 개인이 일상적인 사회와 맺고 있는 유대라고 보았다.

① ㉠, ㉡
② ㉠, ㉡, ㉢
③ ㉠, ㉢, ㉣
④ ㉠, ㉡, ㉢, ㉣

해설 [O] ㉠·㉡·㉢·㉣
[×] 없음

정답 | ④

124

허쉬(Hirshi)가 사회통제이론(Social Control Theory)을 통해 범죄자의 전형으로 예시한 경우와 가장 거리가 먼 것은?

① 젊은 남성

② 도시빈민가의 결손가정출신자

③ 실업자

④ 마약중독자

해설 허쉬는 ①·②·③ 외에 학교교육을 제대로 이수하지 못한 자 등을 전형적인 범죄자로 예시하였다.

정답 | ④

125

허쉬(T. Hischi)가 사회유대(통제)이론에서 지적한 4가지 사회연대의 방법을 옳게 묶은 것은?

① 애착(attachment)·전념(commitment)·참여(involvement)·신념(belief)

② 순응(conformity)·애착(attachment)·전념(commitment)·참여(involvement)

③ 애착(attachment)·전념(commitment)·참여(involvement)·혁신(innovation)

④ 전념(commitment)·참여(involvement)·신념(belief)·의식주의(ritualism)

해설 ① 허쉬는 통제이론의 가장 전형적인 모델을 제시한 사람으로서 사회집단에 밀접하게 연대되어 있는 사람은 대체로 비행에 빠지지 않는다고 주장하고, 그 유대의 방법으로 애착·전념(수용)·참여·신념(믿음)을 제시하였다.

사회유대 요소	내용
애착(attachment)	• 성장과정에서 마주치는 타인에 대한 애정·존경·우정 등 감정적이고 정서적인 것을 말함 • 애착이 많을수록 범죄나 비행을 저지를 가능성이 낮아짐
전념(관여·수용) (commitment)	• 범죄의 손익을 비교하여 규범적 생활양식 등 자신에게 기대되는 것을 잘 이행하는 것을 말함 • 통상적 행위의 수행으로 전념이 잘되어 있는 경우에는 범죄나 비행을 저지를 가능성이 낮아짐
참여 (involvement)	• 공부, 가족과 함께 지내기, 과외활동 등과 같이 통상적 활동에 열중하는 것을 말함 • 통상적 활동에 몰두할수록 범죄나 비행을 저지를 가능성이 낮아지는 반면, 학교를 다니지 않거나 직업이 없으면 범죄나 비행을 저지를 가능성이 높아짐
신념 (belief)	• 일반적이고 전통적인 가치와 규범이 도덕적으로 옳으며, 지켜져야 한다는 믿음을 말함 • 신념이 약할수록 범죄나 비행을 저지를 가능성이 높아짐

정답 | ①

126 ★

허쉬(T. Hirschi)의 사회통제이론의 네 가지 유대에 대한 설명으로 옳지 않은 것은? 교정7급 13

① 애착(attachment) – 애정과 정서적 관심을 통하여 개인이 사회와 맺고 있는 유대관계가 강하면 비행이나 범죄를 저지를 가능성이 낮다.

② 전념(commitment) – 규범적인 생활에 집착하고, 많은 관심을 지닌 사람은 그렇지 않은 사람들에 비해 잃을 것이 많기 때문에 비행이나 범죄를 저지를 가능성이 낮다.

③ 참여(involvement) – 사회생활에 대하여 참여가 높으면 그만큼 일탈행위의 기회가 증가됨으로써 비행이나 범죄를 저지를 가능성이 높다.

④ 신념(belief) – 규범에 대한 믿음이 약할수록 비행이나 범죄를 저지를 가능성이 높다.

해설 ③ 허쉬의 사회통제이론에 따르면 사회생활에 대하여 참여가 높을수록 비행에 빠지지 않게 된다고 보고, 학교를 다니지 않거나 직업이 없으면 범죄나 비행을 저지를 가능성이 높다고 보았다.

정답 | ③

127

허쉬(Hirschi)의 사회유대이론에 관한 설명으로 가장 적절하지 않은 것은? 경찰간부 24

① 모든 사람이 범죄성을 지니고 있는 것은 아니지만 사회적 유대가 약해질 때 범죄를 저지르게 된다.

② 사회유대이론은 「비행원인론」(Causes of Delinquency)이라는 저서를 통하여 발표되었다.

③ 사회유대이론 중 애착(Attachment)이란 청소년이 상대방과의 관계를 중요하게 생각하고 감정적으로 유대감을 가지는 것을 의미한다.

④ 허쉬의 이론은 주로 청소년비행을 설명하기 위해 이론을 제시했지만, 다양한 범죄에 적용할 수 있다.

해설 ① 허쉬는 "우리는 모두 동물이며 자연적으로 누구든지 범죄를 저지를 수 있다."고 하며 사회와의 결속이 약하면 사회규범, 질서에 얽매일 필요가 없으므로 사회로부터 통제받지 않아 일탈이 쉬워진다고 하였다. 즉 모든 사람이 범죄성을 지니고 있다는 것이다.

정답 | ①

128

허쉬(Hirschi)가 주장한 사회유대이론(Social Bond Theory)을 바탕으로 다음 사례에서 도출 가능한 유대개념을 가장 적절하게 연결한 것은? 경행1차 23

> 경찰관이 되고자 하는 甲은 본인의 꿈을 달성하기 위하여 다음과 같은 노력을 기울이고 있다.
> ㉠ 경찰관련 학과에 진학하여 전공과목에서 A+학점을 취득하기 위해 수업에 집중하고 있다.
> ㉡ 학과에서 실시하고 있는 학생 순찰대에 가입하여 방과 후 대부분의 시간을 순찰활동에 할애하였다.

① ㉠ 전념(commitment) ㉡ 참여(involvement)
② ㉠ 참여(involvement) ㉡ 전념(commitment)
③ ㉠ 전념(commitment) ㉡ 신념(belief)
④ ㉠ 신념(belief) ㉡ 참여(involvement)

해설 ① ㉠은 전념(commitment)에 대한 설명이며, ㉡은 참여(involvement)에 대한 설명이다.

허쉬가 제시한 사회유대를 맺는 방법(4가지)

- 애착
  - 애정과 관심에 의한 유대관계 → '정서적 결속'을 의미
    예 가족 간 사랑, 스승에 대한 존경, 친구 간 우정
  - 허쉬가 가장 강조한 사회유대방법
  - <사례> 절도를 하려다가 이를 알면 가족들이 실망할까봐 그만두는 경우
- 전념
  - 각자의 합리적 판단에 따라 규범준수로 받게 될 '사회적 보상'에 관심을 갖는 것을 의미
  - <사례> 자신의 미래를 생각해서 학업에는 충실하고 비행은 멀리하는 경우
- 참여
  - '전념'의 결과, 규범을 준수하는 생활방식과 활동에 '시간/열정'을 투자하는 것을 의미
  - <사례> 학교생활에 충실한 학생은 과제 준비에 많은 시간을 쏟기 때문에 비행과 접촉할 기회나 시간이 거의 없는 경우
- 신념(믿음)
  - 사회규범, 도덕적 가치를 내면화하여 이를 받아들이는 것을 의미
  - <사례> 법을 지켜야 한다는 믿음이 강할수록 비행의 가능성은 낮은 경우

정답 | ①

129

허쉬(Hirschi)가 말한 사회적 유대의 네 가지 요소 중 '규범준수에 따른 사회적 보상에 대한 관심'을 나타내는 것으로 가장 옳은 것은? 해경간부 24

① 애착(Attachment)
② 관여(Commitment)
③ 참여(Involvement)
④ 신념(Belief)

해설 ② 관여(전념)는 사회에서의 주요 활동에 대한 관여 또는 투자하는 정도를 말하며, 규범준수에 따른 사회적 보상에 얼마나 관심을 갖는가에 관한 것이다.

정답 | ②

130

범죄이론에 대한 설명으로 옳지 않은 것은? 보호9급 24

① 에이커스(Akers)의 사회학습이론에 따르면, 비행이나 일탈은 사회 구성원 간의 상호작용을 통해 학습된다.
② 라이스(Reiss)와 나이(Nye)의 내적·외적 통제이론에 따르면, 애정·인정·안전감 및 새로운 경험에 대한 청소년의 욕구가 가족 내에서 충족될수록 범죄를 저지를 확률이 낮아진다.
③ 허쉬(Hirschi)의 사회유대이론에 따르면, 모든 사람은 잠재적 범죄자로서 자신의 행위로 인해 주변인과의 관계가 악화하는 것을 두려워하기 때문에 범죄를 저지르게 된다.
④ 사이크스(Sykes)와 맛차(Matza)의 중화(기술)이론에 따르면, 자신의 비행에 대하여 책임이 없다고 합리화하는 것도 중화기술의 하나에 해당한다.

해설 ③ 허쉬(Hirschi)의 사회유대이론에 따르면, 인간은 누구든지 범죄의 가능성이 잠재되어 있음에도 불구하고 이를 통제하는 요인으로 허쉬(Hirschi)가 지적한 것은 개인이 사회와 맺고 있는 일상적인 유대이다. 모든 사람은 잠재적 범죄자로서 자신의 행위로 인해 주변인과의 관계가 악화하는 것을 두려워하기 때문에 범죄를 억제하게 된다.

① 에이커스(Akers)는 차별적 강화이론(사회적 학습이론)을 주장하였다.
② 라이스(Reiss)는 개인의 통제력의 약화가 비행의 원인이라고 하는 개인통제이론을 주장하였으며, 나이(Nye)는 비행을 예방하는 통제의 유형으로 직접통제, 간접통제, 내부적 통제로 나누어 설명한다. 이들의 통제이론에 따르면, 애정·인정·안전감 또는 새로운 욕구 등이 충족될수록 통제력을 발휘하게 되어 범죄를 저지를 확률은 낮아지게 된다.
④ 사이크스(Sykes)와 맛차(Matza)의 중화기술이론 중 책임의 부정에 해당한다.

정답 | ③

131

허쉬(T. Hirschi)의 사회통제이론(social control theory)에 관한 설명으로 옳지 않은 것은?

사법시험 07

① 범행을 야기하는 이유보다 특정한 사람들이 범죄를 저지르지 않는 이유에 초점을 둔다.
② 부모와의 애착관계가 긴밀할수록 범죄를 저지를 가능성이 낮다.
③ 공식적 사회와의 유대감이 클수록 범죄를 저지를 가능성이 높다.
④ 규범에 대한 믿음이 약할수록 범죄를 저지를 가능성이 높다.
⑤ 범죄를 저지를 잠재적 가능성은 누구에게나 있지만, 범죄의 통제가 가능한 것은 개인이 사회와 맺고 있는 유대관계 때문이다.

해설 ③ 허쉬는 자신이 주장한 사회통제이론을 통해 한 개인이 일상적인 사회와 맺고 있는 유대감이 클수록 범죄를 저지를 가능성은 낮아진다고 보았다.

정답 | ③

132

허쉬(T. Hirschi)의 사회유대이론의 요소에 대한 설명으로 옳게 짝지어진 것은?

교정9급 14

㉠ 부자지간의 정, 친구 사이의 우정, 가족끼리의 사랑, 학교 선생님에 대한 존경 등 다른 사람과 맺는 감성과 관심을 의미한다.
㉡ 미래를 위해 교육에 투자하고 저축하는 것처럼 관습적 활동에 소비하는 시간과 에너지, 노력 등을 의미한다.
㉢ 학교, 여가, 가정에서 많은 시간을 보내게 되면 범죄행위의 유혹에서 멀어진다는 것을 의미한다.
㉣ 관습적인 규범의 내면화를 통하여 개인이 사회와 맺고 있는 유대의 형태로 관습적인 도덕적 가치에 대한 믿음을 의미한다.

	㉠	㉡	㉢	㉣
①	애착	전념	참여	신념
②	애착	전념	신념	참여
③	전념	애착	신념	참여
④	전념	참여	애착	신념

해설 ① 허쉬는 개인이 일상적인 사회와 맺고 있는 유대가 약화되거나 깨졌을 때 범죄가 발생된다는 사회통제이론을 주장하고, 개인이 사회와 유대관계를 맺는 방법으로 네 가지 유형을 제시하였는데 ㉠은 애착, ㉡은 전념, ㉢은 참여, ㉣은 신념에 각각 해당한다.

정답 | ①

133

다음 중 허쉬(Hirschi)의 사회유대이론에 대한 설명으로 가장 옳지 않은 것은? 해경간부 23

① '애착(Attachment)'은 개인이 다른 사람과 맺는 감성과 관심으로, 이를 통해서 청소년은 범죄를 스스로 억누르게 되는 것을 말한다.

② '참여(Involvement)'는 관습적 활동 또는 일상적 활동에 열중하는 것으로, 참여가 높을수록 범죄에 빠질 기회와 시간이 적어져 범죄를 저지를 가능성이 감소되는 것을 말한다.

③ '신념(Belief)'은 지역사회가 청소년의 초기 비행행동에 대해 과잉반응하지 않고 꼬리표를 붙이지 않는 것을 말한다.

④ '관여 또는 전념(Commitment)'은 관습적 활동에 소비하는 시간·에너지·노력 등으로, 시간과 노력을 투자할수록 비행을 저지름으로써 잃게 되는 손실이 커져 비행을 저지르지 않는 것을 말한다.

해설 ③ 신념이란 내적 통제를 의미하는 것으로 사람들마다 사회규범을 준수해야 한다고 믿는 정도에는 차이가 있고 규범에 대한 믿음이 약할수록 비행이나 범죄를 저지를 가능성이 높다고 보았다.

탄넨바움(Tannenbaum)은 범죄자라는 꼬리표에 비행소년 스스로가 자신을 동일시하고 그에 부합하는 역할을 수행하게 되는 과정을 '악의 극화'라고 하였다.

정답 | ③

134

범죄이론과 그 내용의 연결이 옳은 것은? 사법시험 11

① 사회유대(통제)이론 – 소년은 자기가 좋아하고 존경하는 사람들의 기대에 민감하고, 그들이 원하지 않는 경우 비행을 멀리하게 된다.

② 아노미이론 – 중산층문화에 적응하지 못한 하위계층 출신의 소년들은 자신을 궁지에 빠뜨렸던 문화와 정반대의 문화를 만들어 자신들의 적응문제를 집단적으로 해결하려고 한다.

③ 비행적 하위문화이론 – 소년은 사회통제가 약화되었을 때 우연히 발생하는 상황을 어떻게 판단하는가에 따라 합법적인 행위를 하거나 비행을 저지르게 된다.

④ 봉쇄(견제)이론 – 소년비행에 있어서는 직접적인 대면접촉보다 자신의 행동을 평가하는 준거집단의 성격이 더 중요하게 작용한다.

⑤ 차별적 동일시이론 – 소년은 범죄를 유발하는 힘이 범죄를 차단하는 힘보다 강할 때 비행을 저지르게 된다.

해설 ①은 허쉬(T. Hirschi)의 사회통제이론에 관한 설명으로 맞는 표현이다.

②는 밀러(W.B. Miller)의 하층계급문화이론에 관한 설명이다.

③은 맛차(D. Matza)의 표류이론에 관한 설명이다.

④는 글레이저(D. Glaser)의 차별적 동일화이론에 관한 설명이다.

⑤는 레크리스(W. Reckless)의 봉쇄(견제)이론에 관한 설명이다.

정답 | ①

135

하층계급의 높은 범죄율을 설명하는 이론으로 가장 거리가 먼 것은? 교정9급 12

① 머튼의 아노미이론 ② 사회해체이론

③ 허쉬의 사회유대이론 ④ 일탈하위문화이론

해설 ③ 허쉬의 사회유대이론이란 개인이 일상적인 사회와 맺고 있는 유대가 약화되거나 깨어졌을 때 범죄가 발생한다는 이론으로 그가 범죄자의 전형으로 거론한 유형은 젊은 남성, 도시빈민가의 결손가정출신자, 학교교육을 제대로 이수하지 못한 자, 실업자 등이었다. 따라서 특히 하층계급의 높은 범죄율을 설명하는 이론이라고 보기 어렵다.

①·②·④는 모두 하층계급의 높은 범죄율을 설명하는 이론에 해당한다.

정답 | ③

136

다음은 두 명의 학생 사이에 이루어지는 가상의 대화이다. 이들 주장의 근거가 되는 범죄학자들의 이름이 올바르게 짝지어진 것은? 경찰간부 23

> ㉠ 인간의 본성은 악하기 때문에 그냥 두면 범죄를 저지를 위험성이 높습니다. 그래서 어릴 때부터 부모나 주변 사람들과의 정서적 유대를 강화하여 행동을 통제해야 합니다.
> ㉡ 저는 다르게 생각합니다. 사람이 악하게 태어나는 것이 아니라 주변 환경의 영향 때문에 악해지는 것입니다. 따라서 아동이 범죄자로 성장하지 않도록 하기 위해서는 범죄행동을 부추기는 사람들과의 접촉을 차단하는 것이 더 중요합니다.

① ㉠ 갓프레드슨(Gottfredson) ㉡ 허쉬(Hirschi)

② ㉠ 허쉬(Hirschi) ㉡ 서덜랜드(Sutherland)

③ ㉠ 에이커스(Akers) ㉡ 서덜랜드(Sutherland)

④ ㉠ 갓프레드슨(Gottfredson) ㉡ 에이커스(Akers)

해설 ㉠ 허쉬(Hirschi)의 사회통제이론에 대한 설명으로, 반사회적 행위를 자행하게 하는 근본적인 원인은 인간의 본성에 있다고 보았으며, 누구든지 범행 가능성이 잠재되어 있음에도 불구하고 이를 통제하는 요인으로 허쉬가 지적한 것은 개인이 사회와 맺고 있는 일상적인 유대이다.

㉡ 서덜랜드(Sutherland)의 차별적 접촉이론에 대한 설명으로, 어느 집단과 친밀감을 가지고 차별적 접촉을 갖느냐에 따라 백지와 같은 인간의 본성에 특정집단의 행동양식을 배우고 익혀나간다는 이론이다.

정답 | ②

137 ★

다음 중 갓프레드슨과 허쉬(Michael R. Gottfredson and Travis Hirschi)의 일반이론의 내용으로 옳지 않은 것은?

교정7급 07

① 자기통제력이 범죄의 원인이라고 본다.
② 고전주의와 실증주의 범죄학을 통합하려고 시도했다.
③ 청소년 성장기의 환경요인은 크게 중요하다고 보지 않았다.
④ 교정기관에서의 심리치료를 주요방안으로 제시한다.

해설 ④ 갓프레드슨과 허쉬는 비행을 저지른 청소년에 대해서는 가정에서 즉시 벌을 주는 외적 통제가 필요함을 강조하고, 이러한 외적 통제는 사회화과정을 거쳐 청소년에게 내면화됨으로써 비행이 예방된다고 보았으며, 가족치료를 비행예방의 주요방안으로 제시하였다.

정답 | ④

138

갓프레드슨(Gottfredson)과 허쉬(Hirschi)의 자기통제이론에 대한 설명으로 가장 적절하지 않은 것은?

경찰간부 23

① 갓프레드슨과 허쉬는 성인기 사회유대의 정도가 한 개인의 자기통제능력을 변화시킬 수 있다고 주장한다.
② 갓프레드슨과 허쉬는 자기통제능력의 상대적 수준이 부모의 양육방법으로부터 큰 영향을 받는다고 주장한다.
③ 갓프레드슨과 허쉬는 어린 시절 형성된 자기통제능력의 결핍이 모든 범죄의 원인이라고 주장한다.
④ 범죄를 설명함에 있어 청소년기에 경험하는 다양한 환경적 영향요인을 충분히 고려하지 않는다는 비판이 제기되어 왔다.

해설 ① 갓프레드슨과 허쉬에 따르면 어릴 때 형성된 자기통제력은 청소년기를 지나 성인이 되어서도 변하지 않는 안정적이고도 지속적인 성향이 된다고 한다.
② 자기통제력이라는 내적 성향은 어릴 때 형성된다고 주장한다. 즉 자기통제력은 어릴 때 부모의 양육방법에 의해 결정된다고 하면서, 부모로부터 감독이 소홀하거나 애정 결핍 속에 무계획적 생활습관이 방치되고, 잘못된 행동에 일관적이고도 적절한 처벌이 없이 자란 아이들이 자기통제력이 낮다고 보았다.
③ 갓프레드슨과 허쉬에 따르면 자기통제력이 낮은 아이들은 어려서부터 문제행동을 보이고, 청소년이 되어서도 지속적으로 비행을 저지르며, 성인이 되어서도 범죄를 저지를 가능성이 높으며, 결국 어려서 형성된 자기통제력의 결핍이 지속적인 범죄의 주요 원인이 된다고 주장하였다.
④ 자기통제이론에서는 자기통제력을 범죄 설명에 있어 유일한 원인이라고 주장하지만, 청소년비행이나 범죄가 성장 시기의 가정, 학교, 친구 등의 환경요인과 상관없이 어릴 때의 성향에 의해서만으로 설명될 수 있는지에는 많은 논란과 비판이 제기되어 왔다.

정답 | ①

139

갓프레드슨(Gottfredson)과 허쉬(Hirschi)의 자기통제이론(Self Control Theory)에 관한 설명으로 가장 적절한 것은? 경행2차 23

① 갓프레드슨과 허쉬는 자기통제이론이 모든 인구사회학적 집단에 의해 발생하는 모든 유형의 범죄행위와 범죄유사행위를 설명할 수 있다고 주장하였다.

② 유년기에 형성된 자기통제력은 개인의 상황과 생애과정의 경험에 따라 변화한다.

③ 낮은 자기통제력의 주요 원인은 청소년기 동안 경험한 비행친구와의 교제이다.

④ 청소년은 사회통제로부터 벗어나 합법과 위법의 사이를 표류하여 비행을 저지른다.

해설 ① 갓프레드슨(Gottfredson) & 허쉬(Hirschi)의 '범죄일반이론'(=자기통제력이론)은 범죄 유발에 영향을 주는 요인을 자기통제력과 범행기회라 보고 범죄의 가장 관련 있는 요인으로 '자기통제력'을 강조한다. 개인의 자기통제력은 초기 아동기, 가정에서의 양육방식에 의해 형성된다. 어려서 형성되어 성인이 될 때까지 평생(변하지 않는) 안정적인 성향을 나타낸다. 비행친구와의 차별적 접촉과 같은 요인들은 비행의 원인이 될 수 없다고 하였다.

② 자기통제력이라는 내적 성향은 어릴 때 형성되며, 아동기에 형성된 자기통제력은 청소년기를 지나 성인이 되어서도 변하지 않는 안정적이고도 지속적인 성향이 된다고 한다.

③ 부모의 부적절한 자녀 양육이 자녀의 낮은 자기통제력의 원인이라고 보았다.

④ 사이크스(Sykes)와 맛차(Matza)의 중화이론에 대한 설명이다.

정답 | ①

140

갓프레드슨(Gottfredson)과 허쉬(Hirschi)의 낮은 자기통제(low self-control)에 대한 설명으로 옳지 않은 것은? 보호7급 23

① 폭력범죄부터 화이트칼라범죄에 이르기까지 모든 범죄를 낮은 자기통제의 결과로 이해한다.

② 순간적인 쾌락과 즉각적 만족에 대한 욕구가 장기적 관심보다 클 때 범죄가 발생한다.

③ 비효율적 육아와 부적절한 사회화보다는 학습이나 문화전이와 같은 실증적 근원에서 낮은 자기통제의 원인을 찾는다.

④ 자기통제가 결여된 자도 범죄기회가 주어지지 않는 한 범죄를 저지르지 않는다.

해설 ③ 낮은 자기통제력의 근본적인 원인을 타고난 기질로 보지 않고 부모의 부적절한 양육에 의해 형성된다고 보았다. 또한 낮은 자기통제와 관련하여 사회화의 결여가 비행·범죄활동으로 이어진다고 주장한다.

① 갓프레드슨과 허쉬는 기존의 실증주의 학파와 고전주의 학파를 통합하려 했다. (일반이론) 자기통제이론은 모든 유형의 범죄를 설명한다.

④ 범죄의 발생에는 개인의 자기통제력도 중요하지만 범죄의 기회도 중요한 기능을 한다고 주장한다.

정답 | ③

141

다음은 고등학교 야구선수 A의 비행시작과 비행중단에 대한 이론적 설명이다. 가장 적절하지 않은 것은?

경찰간부 24

> 어려서부터 유망한 야구선수였던 A는 고교 진학 후 좋은 성적을 내야 한다는 심리적 부담과 급작스런 부상으로 야구를 그만두고 비행친구와 어울리게 된다. 하지만, 소속팀을 떠나 음주, 흡연, 성인오락실 출입 등 방황과 일탈로 시간을 보내던 중, 자신이 정말 원하고 좋아하는 일이 야구 그 자체였음을 깨닫고 다시 어렵사리 야구부로 돌아왔다. 일탈적 생활습관이 추후 선수생활을 유지하는 데 지장을 줄 수 있다고 생각하여 비행친구의 유혹을 뿌리치고 운동에만 매진하게 되었다.

① 애그뉴(Agnew)의 일반긴장이론에 따르면 야구선수 A의 부상과 성적에 대한 부담은 긴장으로 볼 수 있다.
② 허쉬(Hirschi)의 사회유대이론에 따르면 A가 야구부 복귀 후 비행친구의 유혹을 뿌리치고 운동에만 매진하는 것은 전념(Commitment)에 해당한다.
③ 레크리스(Reckless)의 봉쇄이론에 따르면 A의 비행중단은 외적 봉쇄요인보다 내적 봉쇄요인의 작용이 컸다.
④ 갓프레드슨과 허쉬(Gottfredson & Hirschi)의 자기통제이론에 따르면 A의 비행은 전형적인 낮은 자기통제력 사례에 해당한다.

해설 ④ 갓프레드슨과 허쉬(Gottfredson & Hirschi)는 개인의 자기통제력은 초기 아동기, 가정에서의 양육방식에 의해 형성된다고 보았다. 이는 어려서 형성되어 성인이 될 때까지 평생 (변하지 않는) 안정적인 성향을 나타내며 가정에서 부모가 자녀의 행동을 적절히 감독하지 못하면 자녀의 자기통제력이 낮아진다고 보았다. 따라서 관련이 없다.

정답 | ④

142

다음 중 갓프레드슨(Gottfredson)과 허쉬(Hirschi)의 자기통제이론에 대한 설명으로 가장 옳지 않은 것은?

해경간부 23

① 범죄를 설명함에 있어 청소년기에 경험하는 다양한 환경적 영향요인을 충분히 고려하지 않는다는 비판이 제기되어 왔다.
② 갓프레드슨과 허쉬는 어린 시절 형성된 자기통제능력의 결핍이 범죄의 원인이라고 주장하였다.
③ 갓프레드슨과 허쉬는 성인기 사회유대의 정도가 한 개인의 자기통제능력을 변화시킬 수 있다고 주장하였다.
④ 갓프레드슨과 허쉬는 자기통제능력의 상대적 수준이 부모의 양육방법으로부터 큰 영향을 받는다고 주장하였다.

해설 ③ 갓프레드슨과 허쉬에 따르면 어릴 때 형성된 자기통제력은 청소년기를 지나 성인이 되어서도 변하지 않는 안정적이고도 지속적인 성향이 된다고 한다.

정답 | ③

143

각각의 범죄원인론이 제시 또는 암시하는 범죄대책을 잘못 연결한 것은? 사법시험 10

① 사회해체론－지역사회의 재조직화
② 서덜랜드(Sutherland)의 차별적 접촉이론－집단관계요법
③ 허쉬(Hirschi)의 사회통제이론－비행소년에 대한 형사처벌 강화
④ 낙인이론－비범죄화 또는 다이버전
⑤ 봉거(Bonger)의 급진적 갈등론－사회주의사회의 건설

해설 ③ 허쉬는 개인의 생래적인 범죄성향을 통제하는 기제는 형사처벌의 강화가 아니라, 가족·학교·동료·이웃 등 개인이 일상적인 사회와 맺고 있는 유대의 강화에서 찾아야 한다고 주장하였다.

정답 | ③

144

엘리엇(Elliott)과 동료들의 통합이론(Integrated Theory)이 주장하는 내용으로 가장 적절한 것은? 경찰간부 23

① 노동자 계급 가정에서 양육된 청소년은 부모의 강압적 양육방식으로 인해 부모와의 유대관계가 약해져 범죄를 저지를 가능성이 크다.
② 사회유대가 강한 청소년일수록 성공기회가 제약되면 긴장을 느끼고 불법적 수단으로 목표를 달성하려 할 가능성이 크다.
③ 가부장적 가정은 양성 평등적 가정보다 청소년비행에 있어 성별 차이가 크다.
④ 범죄행위에 대한 비난을 받더라도 사회유대가 강한 청소년은 재범을 저지를 가능성이 적다.

해설 ② 엘리엇(Elliott)과 동료들은 관습적 목표를 달성하기 위한 제도적 기회가 차단되었을 때 사회유대의 개인차가 상이한 방식으로 개인의 행동에 영향을 미친다고 한다. 사회유대가 강하고 관습적 목표에 대한 전념 정도가 높은 사람은 기회가 차단되었을 때 긴장이론의 주장대로 긴장이 발생하고 이를 해소하기 위한 방편으로 비제도적, 즉 불법적 수단을 동원하게 된다. 하지만 처음부터 사회유대가 약하고 제도적 목표에 그다지 전념하지 않는 사람은 성공기회가 제약되더라도 이로 인한 부정적 영향을 별로 받지 않는다.

① 콜빈(Colvin)과 폴리(Poly)의 마르크스주의 통합이론에 대한 설명이다. 마르크스주의 범죄이론과 사회통제이론을 결합한 통합이론으로, 노동자의 지위에 따라 차별적인 통제방식이 가정에서 이루어지는 부모의 양육방식과 연관되어 있다고 주장한다.
③ 헤이건(Hagan)의 권력통제이론에 대한 설명이다.
④ 허쉬의 사회통제이론에 대한 설명이다.

정답 | ②

145

사회계층과 범죄와의 관계에 대한 설명으로 옳지 않은 것은?

① 하류계층은 퇴폐적이고 무질서한 생활습관을 가지고 있고 높은 실업률, 높은 문맹률 등 문화적 약점이 범죄를 쉽게 유발하는 요인이 된다.

② 형사사법기관의 편견과 차별로 인해 상류계층보다는 하류계층에 보다 많은 체포, 구금, 처벌 등이 행해지고, 더 많은 감시의 대상이 되므로 범행이 인지될 확률이 더 높다.

③ 엘리어트(Elliot)는 자기보고식 연구를 분석한 결과 사회경제적 계층과 범죄는 무관하다고 주장하였다.

④ 하류계층과 범죄율 간의 상관관계를 인정하는 주장에 대해 범죄발생에 있어 빈곤의 영향은 하류계층에 국한된 현상이 아니라 어떤 계층이든지 광범위한 사회계층에 작용하는 문제이므로 관련성은 단언할 수 없다는 비판이 있다.

해설 ③ 엘리어트(Elliot)는 경미한 범죄는 아무런 관련이 없지만, 강력 범죄는 하류계층의 비율이 더 높다고 주장하였고 티틀(Title)은 사회경제적 계층과 범죄는 무관하다고 주장하였다.

정답 | ③

146

甲은 차량을 절도하면서 사회일반적인 규범에는 어긋나지만 친구들과의 의리 때문에 할 수밖에 없었다고 합리화하였다. 사이크스(G.M. Sykes)와 맛차(D. Matza)의 중화기술의 예 중 어디에 해당하는가?

① 책임의 부정
② 가해의 부정
③ 피해자의 부정
④ 비난자에 대한 비난
⑤ 상위가치에 대한 호소

해설 ⑤ 위 사례는 자신의 친구, 가족 기타 친근한 집단에 대한 충성심 또는 도리를 위하여 불가피하게 범죄행위를 하였기 때문에 정당화될 수 있다고 자신의 비행을 합리화하는 기술, 즉 중화의 기술 중 고도의 충성심에의 호소(상위가치에 대한 호소)에 해당한다.

정답 | ⑤

147

사이크스(Sykes)와 맛차(Matza)는 청소년들이 표류상태에 빠지는 과정에서 중화기술을 습득함으로써 자신의 비행을 합리화한다고 하였다. 5가지 중화기술의 유형과 구체적인 사례를 바르게 연결한 것은? 사법시험 14

ⓐ 책임의 부정(denial of responsibility)
ⓑ 가해의 부정(denial of injury)
ⓒ 피해자의 부정(denial of victim)
ⓓ 비난자에 대한 비난(condemnation of the condemners)
ⓔ 상위가치에 대한 호소(appeal to higher loyalty)

㉠ 경찰, 검사, 판사들은 부패한 공무원들이기 때문에 자신의 비행을 비난할 자격이 없다고 합리화한다.
㉡ 폭력시위 현장에서 화염병을 사용하는 것이 위법행위이기는 하지만 민주주의를 위해 어쩔 수 없다고 합리화한다.
㉢ 절도죄를 범하면서 필요에 의해 물건을 잠시 빌리는 것뿐이라고 합리화한다.
㉣ 학생이 선생님을 때리면서 이 선생은 학생들을 공평하게 대하지 않았기 때문에 구타당해 마땅하다고 합리화한다.
㉤ 자신이 비행을 범한 것은 열악한 가정환경과 불합리한 사회적 환경 탓이라고 합리화한다.

① ⓐ－㉢, ⓑ－㉤, ⓒ－㉣, ⓓ－㉡, ⓔ－㉠
② ⓐ－㉤, ⓑ－㉢, ⓒ－㉣, ⓓ－㉠, ⓔ－㉡
③ ⓐ－㉣, ⓑ－㉢, ⓒ－㉡, ⓓ－㉠, ⓔ－㉤
④ ⓐ－㉣, ⓑ－㉤, ⓒ－㉢, ⓓ－㉠, ⓔ－㉡
⑤ ⓐ－㉤, ⓑ－㉣, ⓒ－㉢, ⓓ－㉠, ⓔ－㉡

해설 ② 사이크스와 맛차는 중화기술은 일상적인 사회생활에서 사람들이 자기의 행동을 합리화하는 과정과 다르지 않으며, 단지 그 차이점은 일반적인 합리화과정이 적용되는 영역을 다소 확장시킨 것이라고 보고, 다섯 가지 중화기술유형을 제시하였다.

정답 | ②

148 ★

아래의 기사에서 피의자 甲이 사용한 범죄의 중화기술은? 사법시험 12

> 서울 강남경찰서는 상습적으로 고급 아동복 등을 훔친 혐의로 甲(여, 36세)에 대해 구속영장을 신청하였다. 甲은 어제 서울 잠실에 있는 백화점의 한 의류 매장에서 아동복을 훔치는 등 지난해 6월부터 최근까지 서울 명동과 강남 일대에서 아동복 50여점과 아동화 25점 등 2,000만원 어치의 물건을 훔친 혐의를 받고 있다. 甲은 경찰에서 자신의 잘못을 잘 알고 있으며 피해자들에게도 죄송한 마음뿐이지만, 유치원에 다니는 자신의 딸을 다른 아이들처럼 부유하고 깨끗한 모습으로 키우고 싶다는 생각으로 절도를 하게 되었다고 진술하였다.

① 책임의 부정
② 가해의 부정
③ 피해자의 부정
④ 비난자에 대한 비난
⑤ 상위가치에 대한 호소

해설 ⑤ 위 사례는 자신의 친구·가족 기타 친근한 집단에 대한 충성심 또는 도리를 위하여 불가피하게 범죄행위를 하였기 때문에 정당화될 수 있다고 자신의 비행을 합리화하는 기술, 즉 상위가치에의 호소에 해당한다.

정답 | ⑤

149

다음 사례는 사이크스(Sykes)와 맛차(Matza)의 중화기술 중 무엇에 해당하는가? 교정9급 09

> 강간범 홍길동은 자신이 술에 너무 취해서 제정신이 없는 상태에서 자신도 모르게 강간을 하게 되었다고 주장하고 있다.

① 가해의 부정
② 피해자의 부정
③ 비난자에 대한 비난
④ 책임의 부정

해설 ④ 위 사례는 자기변명 방식의 학습을 통하여 자신의 비행을 합리화하는 기술, 즉 중화기술 중 책임의 부정에 해당한다.

정답 | ④

150

甲은 보석을 절도하면서 피해자가 부당한 방법으로 모은 재산이기 때문에 보복으로 한 것이라고 자기의 행위를 합리화하였다. 사이크스(G.M. Sykes)와 맛차(D. Matza)의 중화기술의 유형 중 어디에 속하는가? 사법시험 09

① 책임의 부정
② 가해의 부정
③ 피해자의 부정
④ 비난자에 대한 비난
⑤ 보다 높은 충성심에의 호소

해설 ③ 위 사례는 자기행위로 인하여 피해를 본 사람이 있을지도 모른다는 것을 인정하면서도 그런 사람은 피해를 입어 마땅하다고 생각함으로써 자기행위를 합리화하는 기술, 즉 중화의 기술 중 '피해자의 부정'에 해당한다.

정답 | ③

151

다음 사례를 적절히 설명할 수 있는 이론과 그 이론을 주장한 학자로 옳은 것은? 교정9급 15

> A 회사에 근무하는 甲은 신입직원 환영회에서 여직원들에게 인기를 독차지한 乙이 자신이 근무하는 부서로 발령을 받자 다른 남자 동료 직원과 함께 乙을 집단으로 따돌렸다. 甲은 乙이 오히려 부서의 단합을 저해한 원인을 제공하고 있다고 비난하였다.

① 허쉬(Hirschi)의 사회통제이론
② 클로워드(Cloward)와 올린(Ohlin)의 차별적 기회구조이론
③ 사이크스(Sykes)와 맛차(Matza)의 중화기술이로
④ 베커(Becker)의 낙인이론

해설 ③ 위 보기는 사이크스(Sykes)와 맛차(Matza)의 중화기술이론 중 피해자의 부정(자신의 행위로 피해본 사람이 있다는 것을 인정하면서도 그런 사람은 피해를 받아 마땅하다고 보거나, 자신의 행위를 정의로운 응징이라고 봄으로써 자신의 비행을 합리화하는 기술)에 해당한다.

정답 | ③

152

낙인이론의 관점에 대한 설명으로 옳지 않은 것은?

① 범죄자에 대한 부정적인 사회적 반응이 범죄문제를 악화시키는 근본적 원인이라고 주장한다.

② 일탈행위 전반에 관한 이론이라기보다는 특정한 범법행위를 취급하므로 미시적 차원의 범죄이론이라고 볼 수 있다.

③ 범죄는 행위의 속성이 아니고, 법적·제도적 통제기관의 행태에서 생긴 산물이라고 본다.

④ 사회구조보다는 사회과정에 관심을 두고 있다.

해설 ② 낙인이론은 어느 특정한 범법행위를 취급하는 것이 아니라, 일탈행위 전반에 관한 것을 다루고 있으므로 일탈행위에 관한 연구의 초점을 개개의 일탈행위에 대한 원인 규명보다는 개인의 행위를 일탈이라고 규정하는 사회전체의 시스템에 두고 있다.

정답 | ②

153 ★

다음 중 낙인이론에 대한 설명으로 가장 옳지 않은 것은? 해경간부 23

① 슈어(Schur)는 이차적 일탈로의 발전은 정형적인 것이 아니며 사회적 반응에 대한 개인의 적응 노력에 따라 달라질 수 있다고 주장하였다.

② 베커(Becker)는 일탈자라는 낙인은 그 사람의 지위를 대변하는 주된 지위가 되어 다른 사람들과의 상호작용에 부정적인 영향을 미치는 요인이 되는 것으로 설명하였다.

③ 형사사법기관의 역할에 대해 회의적이며, 공식적 낙인은 사회적 약자에게 차별적으로 부여될 가능성이 높다고 본다.

④ 레머트(Lemert)는 일탈행위에 대한 사회적 반응은 크게 사회구성원에 의한 것과 사법기관에 의한 것으로 구분할 수 있고, 현대사회에서는 사회구성원에 의한 것이 가장 권위 있고 광범위한 영향력을 행사하는 것으로 보았다.

해설 ④ 레머트(Lemert)는 사회적 반응 중에서 특히 사법기관에 의한 공식적인 반응은 일상생활에서 행해지는 비공식적 반응들보다 심각한 낙인효과를 끼쳐 일차적 일탈자가 이차적 일탈자로 발전하게 된다고 하였다.

정답 | ④

154

낙인이론에 대한 설명으로 옳지 않은 것은?

① 탄넨바움(F. Tannenbaum)은 공공에 의해 부여된 범죄자라는 꼬리표에 비행소년 스스로가 자신을 동일시하고 그에 부합하는 역할을 수행하게 되는 과정을 '악의 극화(dramatization of evil)'라고 하였다.

② 슈어(E. Schur)는 사람에게 범죄적 낙인이 일단 적용되면, 그 낙인이 다른 사회적 지위나 신분을 압도하게 되므로 일탈자로서의 신분이 그 사람의 '주지위(master status)'로 인식된다고 하였다.

③ 레머트(E. Lemert)는 1차적 일탈에 대하여 부여된 사회적 낙인으로 인해 일탈적 자아 개념이 형성되고, 이 자아개념이 직접 범죄를 유발하는 요인으로 작용하여 2차적 일탈이 발생된다고 하였다.

④ 베커(H. Backer)는 금지된 행동에 대한 사회적 반응이 2차적 일탈을 부추길 뿐 아니라 사회집단이 만든 규율을 특정인이 위반한 경우 '이방인(outsider)'으로 낙인찍음으로써 일탈을 창조한다고 하였다.

해설 ② 베커(H. Backer)의 사회적 지위로서의 일탈에 대한 설명이다. 베커는 일단 범죄적 낙인이 행해지면, 그 낙인이 다른 사회적 지위나 신분을 압도하게 되어 일탈자로서의 신분이 '주지위(master status)'로 간주된다고 보았다.

정답 | ②

155

낙인이론의 특징에 관한 설명 중 옳지 않은 것만으로 묶인 것은?

㉠ 전통적인 범죄원인론을 배척하고, 사회적 측면에서 범죄의 원인을 분석하였다. ㉡ 범죄분석의 방법으로 자기보고 또는 참여적 관찰에 의존하는 것의 한계를 지적하고, 공식통계의 중요성을 강조하였다. ㉢ 사회통제기관의 태도가 범죄를 결정하는 데 중요한 역할을 한다고 보고, 형사입법이나 법집행에 종사하는 사람들의 가치관과 행동양식 등을 연구대상으로 한다. ㉣ 낙인이 범죄나 비행을 지속시킨다고 볼 때에는 낙인이 종속변수로 작용한다. ㉤ 법집행기관을 주요 연구대상으로 삼는다. ㉥ 일탈행위를 행위의 낙인으로 분석한다.

① ㉠, ㉡　　② ㉡, ㉢, ㉣　　③ ㉠, ㉢, ㉤　　④ ㉡, ㉣, ㉥

해설 [×] ㉡ 낙인이론에서는 일탈행위의 분석방법으로서 공식통계의 한계(암수범죄)를 지적하고, 자기보고나 참여적 관찰에 의한 보충의 필요성을 강조한다.

㉣ 낙인이 범죄나 비행을 지속시킨다고 볼 때에는 독립변수로 작용한다.

㉥ 일탈행위를 행위의 낙인으로 분석하지 않고, 상호작용의 낙인으로 분석한다.

[○] ㉠·㉢·㉤

정답 | ④

156 ★

낙인이론에 관한 설명 중 옳은 것은?

㉠ 범죄는 귀속과 낙인의 산물이 아니라 일정한 행위의 속성이라고 본다. ㉡ 범죄행위 자체보다 범죄행위에 대한 형사사법기관의 반작용에 관심을 둔다. ㉢ 레머트는 일탈을 일차적 일탈과 이차적 일탈로 구분하고, 이차적 일탈에 이르는 과정에서 협상의 중요성을 강조한다. ㉣ 베커(Becker)는 직업, 수입, 교육정도와 무관하게 낙인은 주지위가 될 수 없다고 한다. ㉤ 국가가 범죄자의 적발과 교정에 더욱 노력할 것을 범죄대책으로 제시한다.

① ㉠(○) ㉡(×) ㉢(○) ㉣(○) ㉤(○)
② ㉠(×) ㉡(○) ㉢(○) ㉣(×) ㉤(×)
③ ㉠(×) ㉡(○) ㉢(×) ㉣(○) ㉤(×)
④ ㉠(×) ㉡(×) ㉢(×) ㉣(○) ㉤(×)

해설 [○] ㉡·㉢

[×] ㉠ 범죄는 일정한 행위속성의 결과가 아니라 귀속과 낙인의 산물이다. 즉 통제기관에 의해 범죄로 규정된다.

㉣ 베커(Becker)에 의하면 일탈자라는 낙인은 하나의 지위로서 그 사람을 대변하는 주지위가 된다고 한다. 직업, 수입, 교육정도와 주지위는 관련이 없다.

㉤ 낙인이론은 비범죄화 또는 다이버전을 범죄대책으로 제시한다.

정답 | ②

157

낙인이론이 주장하는 형사정책적 결론에 부합하는 것만을 모두 고른 것은?

㉠ 낙인이론은 형사입법자나 법집행종사자들의 가치관과 행동양식 등을 그 연구대상으로 한다. ㉡ 가능한 한 범죄에 대한 공식적 반작용은 비공식적 반작용으로, 중한 공식적 반작용은 경한 공식적 반작용으로 대체되어야 한다. ㉢ 가능한 한 범죄자를 자유로운 공동체 내에 머물게 하여 자유로운 상태에서 그를 처우하여야 한다. ㉣ 슈어(E. Schur)는 사회적 낙인보다 스스로 일탈자라고 규정함으로써 2차적 일탈에 이르는 경우도 있다는 점을 강조한다.

① ㉠, ㉢
② ㉡, ㉣
③ ㉠, ㉡, ㉢
④ ㉠, ㉡, ㉢, ㉣

해설 ④ 모두 낙인이론이 주장하는 내용이다.

정답 | ④

158

낙인이론에 관한 설명으로 옳지 않은 것은? 교정7급 07

① 전통적·심리학적·다원적 범죄원인론을 배격하고, 법집행기관을 주요 연구대상으로 삼았다.

② 일탈행위의 분석방법으로 자기보고나 참여관찰을 병용할 필요성을 강조하였다.

③ 범죄의 원인보다 범죄자에 대한 사회적 반응을 중시하고, 사회적 금지가 일탈행위를 유발하거나 강화시킨다고 주장하였다.

④ 공식적 처벌은 특정인에게 낙인을 가함으로써 범죄를 양산하는 것보다 오히려 범죄를 억제하는 효과가 더 크다고 주장하였다.

해설 ④ 형사사법기관에 의한 공식적 처벌은 범죄의 억제효과보다는 특정인에게 낙인을 가함으로써 범죄를 양산한다고 주장하고, 국가의 개입을 자제할 것을 주장하였다.

정답 | ④

159

낙인이론(labeling theory)에 대한 설명으로 옳지 않은 것은? 교정7급 15

① 레머트(Lemert)는 1차적 일탈에 대한 부정적 사회반응이 2차적 일탈을 만들어 낸다고 하였다.

② 베커(Becker)는 일탈자의 지위는 다른 대부분의 지위보다도 더 중요한 지위가 된다고 하였다.

③ 중요한 정책으로는 다이버전(diversion), 비범죄화(decriminalization), 탈시설화(deinstitutionalization) 등이 있다.

④ 사회내처우의 문제점을 지적하면서 시설내처우의 필요성을 강조하였다.

해설 ④ 낙인이론은 시설내처우가 범죄적 악풍감염의 폐해를 가져온다고 비판하였다. 즉 범죄인처우의 국가개입이 실효성 면에서 효과적이지 못하다고 보고, 비형법적 방법, 즉 사회내처우의 확대필요성을 강조하였다.

정답 | ④

160

사회학적 범죄이론과 범죄예방대책의 연결이 가장 적절하지 않은 것은? 경행2차 23

	학자	범죄이론	범죄예방대책
①	샘슨(Sampson)과 동료들	집합효율성이론 (Collective Efficacy Theory)	지역사회 구성원의 상호유대와 신뢰도 향상
②	메스너(Messner)와 로젠펠드(Rosenfeld)	제도적 아노미이론 (Institutional Anomie Theory)	경제적 안전망 제공
③	허쉬(Hirschi)	사회유대이론 (Social Bond Theory)	개인과 사회 간의 연결 강화
④	레머트(Lemert)	낙인이론(Labeling Theory)	건전한 가정 양육환경 조성

해설 ④ 레머트(Lemert)는 최초 일탈자를 2차적 일탈로 악화시키는 사법기관의 낙인 효과를 지적하면서 범죄예방대책은 비범죄화 또는 다이버전으로 낙인을 회피하여야 한다고 주장하였다.

정답 | ④

161

낙인이론에 대한 설명으로 가장 적절한 것은? 경찰간부 24

① 최초 일탈의 발생 원인과 가해자에 대한 관심이 적다는 비판이 있다.

② 레머트(Lemert)는 사회로부터 부정적인 반응을 받은 소년이 스스로 이를 동일시하고 부정적 역할을 수행하게 되는 악의극화(Dramatization of Evil)에 빠지게 된다고 하였다.

③ 탄넨바움(Tannenbaum)은 일차적 일탈에 대한 부정적인 주변의 반응이 이차적 일탈을 유발한다고 하였다.

④ 베커(Becker)는 일탈자는 공식적인 일탈자라는 주 지위를 얻게 되어 교육과 직업 등에 방해를 받게 되며 이로 인해 일탈을 반복하게 된다고 하였다.

해설 ④ 베커(Becker)는 일탈자라는 '주 지위'는 정상적인 집단 및 생활로부터 멀어지게 하여 '아웃사이더'(outsider)가 되도록 하여 일탈을 '조장'한다고 하였다. (※ '범죄통제'가 오히려 범죄를 야기한다고 주장)

① 최초의 일탈에 대한 원인설명이 부족하며, 피해자에 대한 관심이 적었다는 비판이 있다.

② 탄넨바움(Tannenbaum)의 악의 극화에 대한 설명이다.

③ 레머트(Lemert)의 사회적 낙인으로서의 일탈에 대한 설명이다.

탄넨바움	레머트	베커	슈어
악의 극화	사회적 낙인	사회적 지위	자아관념
	2차적 일탈 제시 사법기관의 공식반응 5효과	주 지위	자아낙인 개념

정답 | ④

162

다음 사례를 읽고 ㉠, ㉡에 적용 가능한 이론에 관한 설명으로 가장 적절하지 않은 것은? 경행1차 23

이론	사례
㉠	甲은 고등학교 시절 학교 친구들의 따돌림을 받고 게임에 빠져 지내던 중 TV에서 본 조직폭력배 두목의 일대기에 심취하여 그의 행동을 흉내내다가 범죄를 저질렀다.
㉡	乙은 소년교도소 출소 후 전과자라는 부정적 인식으로 인해 정상적인 사회생활이 어려워지자 다시 범죄조직에 가담하여 범죄자로서의 삶을 살았다.

① ㉠은 개인이 범죄자가 되어가는 과정을 설명하는 사회과정이론 중 하나이다.
② ㉡은 상징적 상호작용론을 바탕으로 한 사회반응이론 중 하나이다.
③ ㉠을 주장한 글레이저(Glaser)는 직·간접적 접촉을 통한 동일시에 의해 범죄행위가 학습될 수 있다고 보았다.
④ ㉡을 주장한 베커(Becker)는 일탈행위를 일차적 일탈과 이차적 일탈로 구분하였다.

해설 ㉠ 글레이저(Glaser)의 차별적 동일시이론과 ㉡ 베커(Becker)의 사회적 지위로서의 일탈에 해당한다.
④ 레머트(Lemert)에 대한 설명이다. 베커(Becker)는 범죄행위로 낙인을 찍는 것은 사회적 지위와 같은 효과를 주어 낙인찍힌 자에게 주 지위(이방인)가 되고, 낙인찍힌 일탈자는 다른 영역에서 정상적인 사회생활을 하는 것이 힘들게 되는 반면 일탈은 더욱 용이하다고 보았다.

정답 | ④

163

일차적 일탈에 대한 사회적 반응(낙인)의 결과로 나타날 수 있는 현상의 개념과 그것을 제시한 학자를 옳지 않게 짝지은 것은? 해경간부 24

① 이차적 일탈(Secondary Deviance) – 레머트(Lemert)
② 주 지위(Master Status) – 베커(Becker)
③ 자기완성적 예언(Self–fulfilling Prophecy) – 슈어(Schur)
④ 악의 극화(Dramatization of Evil) – 탄넨바움(Tannenbaum)

해설 ③ 사회적 낙인보다 스스로 일탈자라고 규정함으로써 이차적 일탈에 이르는 경우도 있다는 점을 강조한 슈어(Schur)는 규범위반을 하였다고 하여 바로 낙인이 되는 것이 아니고 낙인이 이루어졌더라도 이차적 일탈자로 되는 과정이 단계적으로 진행되지 않는다고 보았다. 즉 낙인과정에서 개인의 적응노력에 따라 어떤 사람은 낙인을 수용하며 어떤 사람은 여러 가지 협상이나 타협을 통해 낙인을 회피할 수도 있다는 것이다.

정답 | ③

164

낙인이론에 대한 설명 중 가장 적절하지 않은 것은? 경찰간부 23

① 레머트(Lemert)는 조직적이고 일관성 있게 일어나는 일차적 일탈을 막기 위해서는 지역사회의 관심과 역할이 중요하다고 주장하였다.

② 탄넨바움(Tannenbaum)은 「범죄와 지역공동체」(Crime and the Community, 1938)라는 저서에서 소년들이 지역사회로부터 범죄자로 낙인되는 과정을 묘사하였다.

③ 패터노스터(Paternoster)와 이오반니(Iovanni)에 의하면 낙인이론의 뿌리는 갈등주의와 상징적 상호작용 이론으로 볼 수 있다.

④ 낙인이론에 따르면 범죄자의 인구통계학적 특성에 따라 낙인 가능성 및 정도가 달라질 수 있다.

해설 ① 레머트(Lemert)는 일차적 일탈이란 낙인을 받기 전에 행하는 비행행위들로 조직적이지 않고, 일관성이 없으며, 자주 일어나지 않는 사소한 일탈행위라고 정의한다.

② 탄넨바움(Tannenbaum)은 그의 저서 「범죄와 지역공동체」에서 지역사회의 개인에 대한 낙인 과정을 다음과 같이 묘사하였다. 청소년들과 지역사회 구성원들 간 몇몇 행위들에 대한 가치판단의 차이가 존재한다. 예를 들어 청소년들은 남의 집 창문을 깨는 행위, 무단으로 결석하는 행위 등을 단순한 모험이나 놀이 정도로 여기지만, 지역사회 구성원들은 일종의 일탈행위로 인식하고 부정적인 시각으로 바라보며 나쁘고 치유할 수 없는 존재들로 규정짓게 되고, 이러한 규정짓기는 공식 낙인 또는 비공식 낙인의 형태로 이루어진다. 결국 해당 청소년들은 자신들을 바라보는 지역사회의 시선, 즉 자신들에 대한 지역사회의 낙인을 인식하게 되고 비행청소년으로서의 자아관념을 갖게 된다.

③ 패터노스터(Paternoster)와 이오반니(Iovanni)에 의하면 갈등주의 관점과 상징적 상호작용이론은 낙인이론의 형성에 큰 영향을 미쳤다고 한다. 이들의 연구는 낙인이론의 기원, 낙인이론의 이론적 주장, 낙인이론에 대한 비판의 반박, 초창기 실증연구들의 문제점을 체계적으로 정리하고 향후 연구들이 나아가야 할 방향을 제시함으로써 낙인이론이 다시 범죄학의 주요 이론으로 자리매김하는데 크게 기여한 것으로 평가받는다.

④ 낙인이론에 따르면 똑같이 비행을 저지르더라도 사회적 약자계층에 속한 사람들은 그렇지 않은 사람들보다 낙인을 경험할 가능성 및 낙인의 정도가 더 높다고 한다.

정답 | ①

165 ★

낙인이론에 대한 설명으로 옳지 않은 것은? 교정9급 19

① 탄넨바움(F. Tanenbaum)은 공공에 의해 부여된 범죄자라는 꼬리표에 비행소년 스스로가 자신을 동일시하고 그에 부합하는 역할을 수행하게 되는 과정을 '악의 극화(dramatization of evil)'라고 하였다.
② 슈어(E. Schur)는 사람에게 범죄적 낙인이 일단 적용되면, 그 낙인이 다른 사회적 지위나 신분을 압도하게 되므로 일탈자로서의 신분이 그 사람의 '주지위(master status)'로 인식된다고 하였다.
③ 레머트(E. Lemert)는 1차적 일탈에 대하여 부여된 사회적 낙인으로 인해 일탈적 자아개념이 형성되고, 이 자아개념이 직접 범죄를 유발하는 요인으로 작용하여 2차적 일탈이 발생된다고 하였다.
④ 베커(H. Becker)는 금지된 행동에 대한 사회적 반응이 2차적 일탈을 부추길 뿐 아니라 사회집단이 만든 규율을 특정인이 위반한 경우 '이방인(outsider)'으로 낙인찍음으로써 일탈을 창조한다고 하였다.

해설 ② 주 지위(Master status) : 『이방인들(Outsiders)』로 잘 알려진 H. Becker는 일탈은 사람이 저지르는 행위의 특성이 아니라 오히려 다른 사람이 범인에게 법과 제재를 적용한 결과 일탈행동으로 규정하거나 낙인찍는 것이 사회적 지위와 같은 효과를 주며, 일탈자로 공식적으로 규정된다는 것은 그것이 사회적 상호작용에 악영향을 미친다는 점에서 다른 보조적 지위(auxiliary status)를 능가하기 때문에 주지위(master status)로서의 기능을 갖게 된다고 하였다. 슈어는 자기관념으로부터의 일탈을 통해 사회적 낙인보다 스스로 일탈자라고 규정함으로써 2차적 일탈에 이르는 경우도 있다는 점을 강조하며 불간섭주의를 대책으로 제시하였다.

정답 | ②

166

낙인이론에 대한 설명으로 옳은 것만을 모두 고르면? 교정9급 20

> ㉠ 일탈·범죄행위에 대한 공식적·비공식적 통제기관의 반응(reaction)과 이에 대해 일탈·범죄행위자 스스로가 정의(definition)하는 자기관념에 주목한다.
> ㉡ 비공식적 통제기관의 낙인, 공식적 통제기관의 처벌이 2차 일탈·범죄의 중요한 동기로 작용한다고 본다.
> ㉢ 범죄행동은 보상에 의해 강화되고 부정적 반응이나 처벌에 의해 중단된다고 설명한다.
> ㉣ 형사정책상 의도하는 바는 비범죄화, 탈시설화 등이다.

① ㉡, ㉣　② ㉠, ㉡, ㉢
③ ㉠, ㉡, ㉣　④ ㉡, ㉢, ㉣

해설 낙인이론에 대한 설명으로 옳은 것은 ㉠, ㉡, ㉣이다.
㉢ 학습이론인 버제스와 에이커스(Burgess & Akers)의 차별적 강화이론에 대한 설명이다. 범죄행위의 결과로서 보상이 취득되고 처벌이 회피될 때 그 행위는 강화되는 반면, 보상이 상실되고 처벌이 강화되면 그 행위는 약화된다는 것이다.

정답 | ③

167

낙인이론에 관한 설명 중 옳지 않은 것은? 사법시험 14

① 다이버전(diversion)의 확대나 비범죄화 등 인도주의적 형사정책을 주장하는 근거가 된다.
② 범죄행위보다는 범죄행위에 대한 통제기관의 반작용에 관심을 가진다.
③ 레머트(Lemert)에 의하면 이차적 일탈은 일반적으로 오래 지속되며, 행위자의 정체성이나 사회적 역할들의 수행에 중요한 영향을 미친다.
④ 범죄의 원인을 범죄자의 개인적 특징에서 찾는다.
⑤ 일차적 일탈의 원인이나 범죄피해자에 대한 관심이 적다는 비판이 있다.

해설 ④ 낙인이론은 범죄는 처음부터 존재하는 행위의 속성이 아니라, 형사사법기관이나 사회가 그것을 비난하고 범죄라는 꼬리를 붙였기 때문에 생겨진 산물이라고 보는 이론을 말한다. 즉 낙인이론은 범죄의 원인을 범죄자의 개인적 특성에서 찾았던 전통적 범죄원인론을 배척하고, 전통적 범죄원인론이 소홀하게 여겼던 낙인의 주체인 법집행기관의 자의성을 문제시함으로써 사회적 측면에서 범죄의 원인을 분석하였다.

낙인이론의 특징 요약정리

- 사회구조보다 사회과정에, 사회의 거시적 차원보다 미시적 차원에 관심을 집중시킨다.
- 전통적·유전적·심리학적·다원적 범죄원인론을 배척하고, 법집행기관의 자의성을 문제시한다.
- 사회통제강화가 오히려 일탈행동을 생성한다고 본다.
- 공식통계에 나타나는 허점(암수문제)의 문제점을 지적하고, 자기보고나 참여적 관찰에 의한 보충이 필요하다고 본다.
- 사회통제기관의 태도를 범죄나 비행 결정의 중요한 요인으로 보므로 형사입법이나 법집행에 종사하는 사람들의 가치관과 행동양식 등에 관심을 가진다.
- 경미범죄나 과실범죄에 대한 형법개입의 자제와 전환제도의 활용을 요구한다.
- 범죄의 원인보다 범죄자에 대한 사회적 반응을 중시한다.
- 공식적 낙인은 차별적 기회구조와 차별적 접촉을 낳는다고 본다.
- 사회적 가치·규범 및 법률에 대한 사회적 합의를 인정하지 않는다.

정답 | ④

168

시설구금의 폐해에 대한 문제에 대해 범죄인의 사회복귀를 촉진시켜 주며, 일반 사회인의 이해와 포용을 중요한 전제로 하여 전환제도의 근거를 제공한 이론은? 교정9급 05

① 낙인이론 ② 억제이론
③ 학습이론 ④ 사회통제이론

해설 ① 낙인이론은 시설내 구금에 따른 범죄적 악풍감염의 폐해를 방지하고자 사회내처우의 필요성을 주장하였으며, 범죄인처우에 대한 국가개입이 실효성이 없음을 비판하고, 대체처분(전환, 다이버전)을 주장하였다.

정답 | ①

169 ★

레머트(E.M. Lemert)의 낙인이론에 관한 설명으로 가장 거리가 먼 것은?

① 범죄를 포함한 일탈행위를 1차적 일탈과 2차적 일탈로 구분하였다.

② 1차적 일탈은 우연적·일시적 일탈로서 그 원인은 사회적·심리적·문화적 상황 등 다양성을 특징으로 한다.

③ 2차적 일탈은 1차적 일탈의 사회적 반응으로 야기된 문제들에 대한 행위자의 반응으로서의 행위를 말한다.

④ 1차적 일탈자를 2차적 일탈자로 악화시키는 데에는 형사사법기관의 공식적인 반응보다는 일반 사회인들의 편견이 더 많은 영향을 미친다고 본다.

해설 ④ 레머트는 1차적 일탈자를 2차적 일탈자로 악화시키는 데에 형사사법기관의 공식적인 반응이 가장 광범위한 영향을 미칠 수 있다고 주장하였다.

➤ 레머트의 1차적 일탈과 2차적 일탈

구분	내용
1차적 일탈 (일시적 일탈)	• 1차적 일탈이란 우연적·일시적 일탈로 개인의 자아정체감이 훼손되지 않은 상태에서 야기되는 규범 일탈행위를 말한다(예 학생들이 재미삼아 상점에서 물건을 훔치는 행위). • 1차적 일탈의 경우 자신을 일탈자로 여기지 않으며, 일탈에 대한 사회적 반작용도 발생되지 않는다.
2차적 일탈 (경력적 일탈)	• 2차적 일탈이란 1차적 일탈에 대한 사회적 반응에 의해 일탈자라는 낙인을 받게 되고, 그것이 사회적 지위로 작용하여 그에 상응하는 규범위반행위를 하는 것을 말한다. • 2차적 일탈은 일반적으로 오래 지속되고, 행위자의 정체성이나 사회적 역할들의 수행에 중요한 영향을 미친다. • 레머트가 특히 관심을 두고 분석한 사항은 2차적 일탈에 관한 것이었다.

정답 | ④

170

낙인이론(labeling theory)에 관한 설명 중 옳지 않은 것은? 사법시험 11

① 범죄는 일정한 행위속성의 결과가 아니라, 통제기관에 의해 범죄로 규정된다고 한다.

② 탄넨바움(F. Tannenbaum)은 일탈행위를 1차적 일탈과 2차적 일탈로 구분한다.

③ 베커(H. Becker)는 낙인이 그 사람의 지위를 대변하는 주지위(master status)가 되므로 다른 사람들과의 원활한 상호작용에 부정적인 영향을 미치는 장애요인이 된다고 한다.

④ 슈어(E. Schur)는 사회적 낙인보다 스스로 일탈자라고 규정함으로써 2차적 일탈에 이르는 경우도 있다는 점을 강조한다.

⑤ 초범의 범죄원인을 제대로 설명할 수 없다.

해설 ② 레머트(E.M. Lemert)는 1951년 그의 저서 「사회병리학」을 통해 일탈을 1차적 일탈과 2차적 일탈로 구별하고 개인이 일탈자로 불리는 과정과 일탈의 경력에 빠지게 되는 과정을 설명하였다.

정답 | ②

171

낙인이론에 관한 설명 중 옳은 것은? 사법시험 15

① 범죄는 귀속과 낙인의 산물이 아니라 일정한 행위의 속성이라고 본다.

② 범죄행위 자체보다 범죄행위에 대한 형사사법기관의 반작용에 관심을 둔다.

③ 랑게(Lange)는 일탈을 일차적 일탈과 이차적 일탈로 구분하고, 이차적 일탈에 이르는 과정에서 협상의 중요성을 강조한다.

④ 베커(Becker)는 직업, 수입, 교육정도와 무관하게 낙인은 주지위가 될 수 없다고 한다.

⑤ 국가가 범죄자의 적발과 교정에 더욱 노력할 것을 범죄대책으로 제시한다.

해설 ① 낙인이론에 따르면 범죄는 처음부터 존재하는 행위의 속성이 아니라, 귀속과 낙인의 산물이라고 본다.

③ 랑게(Lange) → 레머트(E.M. Lemert)

④ 베커(Becker)는 범죄행위로 낙인을 찍는 것은 사회적 지위와 같은 효과를 주어 낙인찍힌 자에게 사회적 상호작용에 가장 직접적이고 중요한 '주지위(主地位, master status)'를 부여하는 결과가 되고, '주지위'는 교육·직업·인종 등과 같은 개인의 다양한 사회적 지위를 압도하게 되어 이 지위를 갖는 자를 직업적 범죄자로 전락시킨다고 주장하였다.

⑤ 낙인이론은 범죄는 처음부터 존재하는 행위의 속성이 아니라, 형사사법 기관이나 사회가 그것을 비난하고 범죄라는 꼬리표를 붙였기 때문에 생겨진 산물이라고 보는 이론으로 국가의 형벌 개입 자제를 요구하고, 전환제도를 활용할 것을 요구한다는 점에서 국가가 범죄자의 적발과 교정에 더욱 노력할 것을 범죄대책으로 제시하였다는 표현은 옳지 않다.

정답 | ②

172

베커(H. Becker)의 낙인이론에 관한 설명으로 가장 거리가 먼 것은?

① 레머트(E.M. Lemert)의 낙인이론을 심화 발전시켰다.

② 일탈자를 단순한 규범위반자와 체계적 일탈자로 구분하고, 전자가 후자로 단계별 발전을 한다고 주장하였다.

③ 일반인이 어느 개인을 일탈자로 보게 되면 일탈자는 그가 속한 집단에서 외부인(outsider)이 된다고 보았다.

④ 범죄에 대한 사회반응이 형사사법기관의 범죄통제에 미치는 영향에 주목하였다.

해설 ④ 베커는 형사사법기관의 범죄통제에 대한 사회반응이 범죄에 미치는 영향에 주목하였다.

정답 | ④

173

범죄행위로 낙인을 찍는 것은 사회적 지위와 같은 효과를 주어 낙인찍힌 자에게 사회적 상호작용에 가장 직접적이고 중요한 '주지위(主地位)'를 부여하는 결과가 된다고 본 학자는?

① 탄넨바움(F. Tannenbaum)
② 레머트(E.M. Lemert)
③ 베커(H. Becker)
④ 슈어(E.M. Schur)

해설 ③ 베커는 사회적 지위로서의 일탈을 주장한 학자로 '주지위' 개념을 전개하고, 그러한 주지위는 교육·직업·인종 등과 같은 개인의 다양한 사회적 지위를 압도하게 되어 이 지위를 가진 자를 직업적 범죄자로 전락시킨다고 주장하였다.

정답 | ③

174 ★

전과자 A는 교도소에서 배운 미용기술로 미용실을 개업하여 어엿한 사회인으로 돌아오고, 범죄와의 고리를 끊었다. 다음 중 이 사례를 설명할 수 있는 것으로 가장 거리가 먼 것은? 교정7급 14

① 허쉬(Hirschi)의 사회유대
② 샘슨(Sampson)과 라웁(Laub)의 사회자본
③ 베커(Becker)의 일탈자로서의 지위
④ 머튼(Merton)의 제도화된 수단

해설 ③ 베커는 일탈자를 단순한 규범위반자와 체계적 일탈자로 구분하고, 전자가 후자로 단계별 발전을 한다는 단계별 발전모델을 제시한 낙인이론가이다. 근본적으로 낙인이론은 전통적 범죄론을 배척하고, 사회통제기관의 태도가 범죄를 결정하는 중요한 요인이라고 보며, 처벌이 범죄를 억제하기보다는 오히려 증가시킨다고 보므로 결론적으로 낙인이론으로는 사례와 같이 전과자가 건전한 사회인으로 복귀하는 것을 설명하기 어렵다.

정답 | ③

175

슈어(E.M. Schur)의 낙인이론에 관한 설명으로 가장 거리가 먼 것은?

① 낙인이란 규범위반으로 인해 자동적으로 찍히게 되는 것이라고 본다.

② 일탈자가 되는 과정은 시간이 걸려서 이루어진 협상과 같은 것이라고 본다.

③ 형사사법기관으로부터 낙인이 찍힌 경우라도 사회적 반응과 개인의 적응양식에 따라 2차 일탈을 회피할 수 있다고 본다.

④ 국가 개입의 최소화가 낙인의 폐해를 최소화할 수 있다고 본다.

해설 ① 슈어는 낙인은 규범위반이나 사회적 지위로 인해 자동적으로 찍히는 것이 아니라, 시간이 걸려서 이루어진 협상과 같은 것으로 이 협상의 성공 여부가 자아낙인에 영향을 미치고, 결국 2차적 일탈을 가져오는 원인이 된다고 보았다.

정답 | ①

176

낙인이론(Labeling Theory)에 관한 설명 중 옳지 않은 것은? 사법시험 06

① 규범이나 가치에 대하여 단일한 사회적 합의가 존재한다는 관점에 입각하고 있다.

② 낙인이론은 범죄 내지 일탈행위를 사회 자체 또는 그 구성원 일반과 일탈자의 상호작용으로 파악하는 데 그 이론적 특징이 있다.

③ 낙인이론에 의하면 범죄현실은 범죄행위의 구조와 범죄자의 선별로써 결정되며, 그 결정은 사회적 강자가 내린다고 한다.

④ 비범죄화(Decriminalization), 전환(Diversion) 등은 낙인이론이 형사정책적으로 의도하는 목적이라고 할 수 있다.

⑤ 레머트(E.M. Lemert)는 행위자의 정체성과 그의 사회적 역할 수행에 영향을 미치는 이차적 일탈에 관심을 두었다.

해설 ① 낙인이론은 규범이나 가치에 대하여 단일한 사회적 합의의 존재를 부정한다.

정답 | ①

177

다음은 범죄사회 연구에 대한 논의이다. 가장 옳은 것은? 5급승진 06

① 아노미이론은 전통적인 범죄원인을 의례형에서 찾는다.
② 밀러(Miller)와 코헨(Cohen)의 하위문화의 특징은 같은 것이다.
③ 낙인이론은 사회적 반응을 강조한다.
④ 차별적 접촉이론은 범죄와 비범죄의 차이는 학습과정의 차이라고 본다.
⑤ 중화기술이론에 의하면 범죄는 일정한 문화 속에서의 학습결과로 본다.

해설 ① 아노미이론은 전통적인 범죄원인을 혁신형에서 찾는다.
② 밀러는 하류계층의 소년이 비행에 이르는 것이 하류계층의 문화에 적응하면서 생겨난 것이라고 본 반면, 코헨은 중류계층문화에 대한 적대감정에서 비롯되는 것이라고 보았다.
④ 서덜랜드의 차별적 접촉이론은 인간의 본성이 어떤 집단과 차별적 접촉을 갖느냐에 따라 특정집단의 행동양식을 학습하게 된다고 본다. 즉 범죄와 비범죄와의 차이는 학습과정의 차이라기보다는 접촉대상의 차이라고 보는 것이 보다 적절하다.
⑤ 중화기술이론에 의하면 범죄는 학습의 결과가 아니라, 비행자들이 자신들의 행동을 정당화하기 위해서 자신의 내면화된 가치관이나 규범의식의 중화를 시도하면서 비행으로 나아가게 된다고 본다.

정답 | ③

178

다음 중 낙인이론의 정책과 가장 거리가 먼 것은?

① 적정절차
② 전환(Diversion)
③ 비범죄화
④ 시설내처우의 필요성 강조

해설 ④ 낙인이론은 시설내처우보다는 사회내처우의 필요성을 강조한다. 낙인이론은 범죄인처우에 있어 국가의 개입이 오히려 범죄자 양성의 원인이 된다고 비판하고, 비범죄화(Decriminalization), 비형벌화(Depenalization), 비시설수용화(Deinstitutionalization), 전환(Diversion), 적정절차(Due process) 등 이른바 5D 정책을 주장하였다.

정답 | ④

179

낙인이론에 대한 설명으로 옳지 않은 것은?

① 범죄통계에 있어 암수범죄의 문제점을 지적하였다.

② 시설구금에 따른 폐해를 지정하고, 사회내처우의 필요성을 강조하였다.

③ 연구대상을 하류계층에 한정하여 화이트칼라범죄나 지배계층의 범죄에 소홀하다는 비판이 있다.

④ 비공식적 낙인은 공식적 낙인에 못지않게 범죄유발의 원인이 된다고 본다.

해설 ④ 낙인이론은 공식적 낙인에만 관심을 집중하는 결과 비공식적 낙인이나 개인의 양심과 도덕률의 존재 자체에 대한 이론적 배려가 없다는 비판이 있다.

정답 | ④

180

낙인이론의 영향과 가장 거리가 먼 것은?

① 예방차원의 비범죄화

② 암수문제의 중시

③ 공적 개입의 자제와 전환제도의 활용

④ 사회내처우의 필요성

⑤ 범죄피해자에의 높은 관심

해설 ⑤ 낙인이론에 대해서는 범죄피해자에 대하여 관심을 보이지 않는다는 것이 단점으로 지적되고 있다. 낙인이론은 ⓐ 기존 형법의 범죄목록 중에서 사회변화로 인하여 더 이상 사회적 위해성이 없는 행위로 평가되는 것에 대해서는 범죄목록에서 삭제할 것(비범죄화), ⓑ 경미범죄나 과실범죄에 대한 형벌개입의 자제와 전환제도를 활용할 것(전환), ⓒ 가능한 한 범죄자를 자유로운 공동체 내에 머물게 하여 자유상태에서 그를 처우할 것(시설수용의 지양), ⓓ 범죄인처우의 국가개입을 자제하고 비형법적으로 처우할 것(비형벌화) 등을 주장하였으며, ⓔ 일탈행위의 분석방법으로 공식통계에만 의존하는 문제(암수범죄)를 지적하고, 자기보고나 참여관찰을 병용할 것을 주장하였다.

정답 | ⑤

181

낙인이론에 대한 평가로 보기 어려운 것은?

① 최초일탈에 대한 논리적 설명이 미흡하다.
② 형사사법체계의 역기능을 지나치게 강조한 나머지 일탈자의 주체적 특성에 대한 고찰이 부족하다.
③ 지배계층의 범죄에 대해 지나치게 가혹한 관점을 지니고 있다.
④ 낙인효과의 일반예방적 기능을 과소평가하고 있다.

해설 ③ 낙인이론은 하류계층의 일탈행위를 지나치게 강조한 나머지 화이트칼라범죄나 제도적 폭력과 같은 지배계층의 범죄에 대해서는 지나치게 관대하다는 비판이 있다.

정답 | ③

182

낙인이론에 관한 평가 중 옳지 않은 것만으로 묶인 것은?

㉠ 특히 소년사법분야, 경미범죄자, 과실범죄자 분야의 이차적 일탈예방에 대한 대책수립에 영향을 주었다.
㉡ 최초 일탈의 원인분석에 미흡하여 반교정주의로 흐를 위험이 있다.
㉢ 낙인이 없으면 범죄도 없다는 극단적 절대주의 논리에 집착하고 있다.
㉣ 일탈자의 주체적 특성에 주안점을 두고 있다.
㉤ 사법기관이 범죄로 선언하지 않아도 법률위반행위는 여전히 존재한다는 사실에 대한 해명이 부족하다.

① ㉠, ㉡
② ㉡, ㉢
③ ㉡, ㉣
④ ㉢, ㉣

해설 [×] ㉢ 낙인이 없으면 범죄도 없다는 개념은 상대주의 논리에 해당한다.
㉣ 낙인이론은 일탈자와 사회 간의 상호작용에 집착하는 결과 일탈자의 소질적인 요인 등 주체적 특성에 대한 이론적 배려가 없다는 것이 단점으로 지적되고 있다.
[○] ㉠·㉡

정답 | ④

183

최근 형사정책의 새로운 동향과 가장 거리가 먼 것은?

① 형벌의 특별예방기능 제고를 통한 범죄인의 교화개선
② 비형벌화 및 비범죄화를 통한 범죄인 양산의 최소화
③ 중간처우 및 사회내처우의 확대를 통한 수형자의 재사회화 기능 제고
④ 이웃감시활동·시민순찰활동 등 지역사회의 범죄예방활동 강화

해설 ① 특별예방주의에 근거한 범죄자의 교화개선을 위한 각종 형벌대책들이 범죄자의 재범방지에 효과적이지 못하다는 반성에 따라 최근 형사정책의 조류는 형벌의 일반예방기능이 강조되는 추세에 있다.

정답 | ①

184

오늘날 형사정책의 새로운 방향이 아닌 것은?

① 소년비행 및 소년범죄에 대한 다이버전(diversion)
② 벌금형의 축소 및 단기자유형의 확대
③ 회복적 사법(restorative justice)
④ 범죄예방에 대한 공중참가제도

해설 ② 오늘날 형사정책의 새로운 방향은 벌금형의 확대를 통해 단기자유형의 폐해를 감소시키는 것이다.

정답 | ②

185

비범죄화(Decriminalization)에 관한 설명으로 옳지 않은 것은?

① 비범화란 특정범죄를 범죄의 목록에서 삭제하는 것을 말한다.

② 문화전달이론 및 분화적 접촉이론 등이 그 이론적 바탕을 형성하고 있다.

③ 비범죄화는 주로 성풍속과 관련된 범죄나 사회적 공감대의 변화에 따라 가치기준이 달라질 수 있는 범죄와 관련된다.

④ 1960년대 후반부터 본격적으로 논의되었다.

해설 ② 비범죄화의 이론적 바탕은 낙인이론 및 갈등이론이다.

정답 | ②

186

다음 중 비범죄화의 논의대상으로 보기 어려운 것은?

① 음화판매
② 도박죄
③ 환경범죄
④ 간통죄

해설 ③은 신규범죄화(산업화·도시화 등 사회구조의 변화에 따라 종래 예상하지 못했던 행위에 대해 새로운 형벌구성요건을 창설하는 것)의 대상으로 논의되는 범죄의 유형이다. ①·④는 형벌에 의해 도덕을 강제하는 것이라는 점에서 비범죄화의 논의대상이 되고 있으며, ②는 피해자가 없는 범죄라는 점에서 비범죄화의 논의대상이 되고 있다.

정답 | ③

187

범죄학상 비범죄화의 논의대상이 될 수 있는 범죄가 아닌 것은? 사법시험 12

① 준강간
② 음란물 판매
③ 간통
④ 낙태
⑤ 성매매

해설 ①은 비범죄화의 논의대상에 해당하지 않는다. ②·③·⑤는 도덕 또는 윤리에 맡겨도 될 범죄로, ④는 피해자 없는 범죄로 각각 비범죄화의 논의대상이 되고 있는 범죄이다.

정답 | ①

188

비범죄화에 대한 설명으로 옳지 않은 것은? 교정9급 07

① 제2차세계대전 후에 영국, 미국, 독일 등에서 가치관의 다양화에 기초한 개방사회의 이념을 배경으로 대두되었다.
② 형벌에 대신하여 과태료 등의 행정벌을 과하는 것은 비범죄화에 포함되지 않는다.
③ 피해자 없는 범죄의 처벌을 반대하는 입장과도 맥락을 같이 한다.
④ 매춘·낙태·도박 등의 처벌에 회의적인 입장이라 할 수 있다.

해설 ② 비범죄화는 행위에 대한 형사처벌의 폐지뿐만 아니라, 형사처벌의 완화도 포함하므로 형벌에 대신하여 과태료 등의 행정벌을 과하는 것도 비범죄화에 해당한다.

정답 | ②

189

비범죄화에 대한 설명으로 옳지 않은 것은? 교정9급 09

① 1960년대 미국에서 번성했던 낙인이론 및 갈등이론에서 비롯되었다.

② 성풍속과 관련된 간통 등의 범죄가 주로 논의의 대상이 된다.

③ 공공질서 관련 범죄들은 비공식적 통제조직에 의해 오히려 효과적으로 통제될 수 있다는 생각을 바탕에 두고 있다.

④ 일정한 범죄자를 대상으로 형벌을 완화하거나 형벌 이외의 처분을 하는 것을 말한다.

해설 ④ 비범죄화는 일정한 행위를 대상으로 한다는 점에서 일정한 범죄자를 대상으로 형벌을 완화하거나 형벌 이외의 처분을 하는 비형벌화와 구별된다.

정답 | ④

190

비범죄화이론에 관한 설명 중 옳은 것은? 사법시험 05

① 비범죄화이론은 입법자에 의한 법률규정 자체의 폐지만을 말한다.

② 피해자 없는 범죄와 개인적 법익에 관한 범죄에서 특히 문제된다.

③ 검찰의 기소편의주의에 의한 불기소처분은 비범죄화 논의의 대상이 아니다.

④ 비범죄화이론은 형사사법기관의 업무부담을 덜어주는 데 기여한다.

⑤ 경미범죄의 비범죄화는 오히려 형법의 보충성을 약화시킬 우려가 있다.

해설 ① 비범죄화의 유형은 입법상·재판상(사법상)·사실상(행정상·단속상)의 비범죄화로 나누어진다.

② 비범죄화가 특히 논의되는 영역은 개인적 법익보다는 간통죄 등 성풍속에 관한 범죄와 국가보안법 위반 등 사회적 법익이다.

③ 검찰의 기소편의주의에 의한 불기소처분은 사실상(단속상) 비범죄화의 대표적인 경우에 해당한다.

⑤ 경미범죄의 비범죄화는 형법의 보충성원칙에 부합한다.

정답 | ④

191

비범죄화에 대한 설명으로 옳은 것은? 교정7급 17

① 검사의 기소유예 처분은 비범죄화와 관계가 없다.
② 형법의 탈도덕화 관점에서 비범죄화 대상으로 뇌물죄가 있다.
③ 비범죄화는 형사처벌의 완화가 아니라 폐지를 목표로 한다.
④ 비범죄화는 형법의 보충성 요청을 강화시켜 주는 수단이 되기도 한다.

해설 ④ 비범죄화는 형벌구성요건을 필요한 최소한으로 제한시키기 위한 형법의 보충성 요청을 강화시켜 주는 수단이 되기도 한다.
① 검사의 기소유예 처분은 사실상 비범죄화에 해당한다. 사실상 비범죄화에는 검찰의 기소편의주의(기소유예)·불기소처분, 범죄관련자 고소·고발 기피, 경찰의 무혐의 처리, 법원의 절차 중단 등이 있다.
② 형법의 탈도덕화 관점에서 비범죄화 대상으로 비영리적 공연음란죄, 음화판매죄 등이 있으며, 뇌물죄는 비범죄화 논의 대상이 아니다.
③ 비범죄화론은 행위에 대한 형사처벌의 폐지가 아니라 형사처벌의 완화를 목표로 한다.

정답 | ④

192

제지이론에 관한 다음 설명 중 가장 적절하지 않은 것은? 사법시험 10

① 비범죄화는 형법의 보충성 원칙이나 최후수단성 원칙에 부합한다.
② 비범죄화는 도덕 또는 윤리에 맡겨도 될 행위에서 특히 문제된다.
③ 비범죄화는 사회가치관의 변화에 따라 입법자뿐만 아니라 수사기관이나 법원에 대해서도 요청된다.
④ 경미한 범죄에 대해서도 형사사법의 경제적 관점에서 비범죄화가 주장된다.
⑤ 비범죄화가 주장되는 범죄로는 단순도박죄, 편의시설 부정이용죄, 강제추행죄 등을 들 수 있다.

해설 ⑤ 비범죄화의 대상으로는 매춘, 도박, 마약흡입, 낙태 등이 거론되고 있으며, 성풍속과 관련된 간통 등 도덕 또는 윤리에 맡겨도 될 행위나 공공질서와 관련된 범죄에 대해서도 많이 주장되고 있다. 강제추행죄와 같은 범죄는 최근 성폭력범죄의 엄벌경향에 비추어 오히려 형벌이 강화되고 있는 추세에 있다.

정답 | ⑤

193 ★

비형벌화(Depenalization)에 관한 설명으로 옳지 않은 것은?

① 비형벌화란 형벌 대신에 다른 제재를 가하는 것을 말한다.
② 소년범죄·사상범죄 등이 논의의 대상이 될 수 있다.
③ 형벌을 행정벌로 전환하는 것은 비형벌화라고 볼 수 없다.
④ 기소유예·집행유예 등은 형사사법상 비형벌화의 대표적인 경우이다.

해설 ③ 형벌을 행정벌로 전환하는 것은 입법상 비형벌화의 대표적인 경우이다.

➤ 비형벌화의 유형

입법상 비형벌화		범죄를 질서위반으로 변경, 형벌을 행정벌로 변경
형사사법상 비형벌화	재판전 단계에서의 비형벌화	훈방, 기소유예 등
	재판 단계에서의 비형벌화	집행유예, 선고유예 등
	교정 단계에서의 비형벌화	보호관찰, 사회봉사명령, 수강명령 등

정답 | ③

194

셀린(T. Sellin)의 문화갈등이론(Cultural Conflict Theory)에 관한 설명으로 옳지 않은 것을 모두 고른 것은?

㉠ 문화갈등이란 용어를 최초로 사용하였다.
㉡ 문화갈등이 존재하는 지역의 사람들은 서로 경쟁적이며, 이러한 경쟁은 사회통제를 강화하는 요인으로 작용하여 범죄예방효과로 나타난다고 보았다.
㉢ 범죄원인 연구분야에 문화적 측면을 중요한 요소로 포함시켰다.
㉣ 개인 간의 관계 악화, 규범혼란 등은 제1차적 문화갈등에 해당한다.
㉤ 문화갈등이론은 비판범죄학의 이론적 기초를 제공하였다.

① ㉠, ㉡　　② ㉠, ㉢
③ ㉡, ㉣　　④ ㉣, ㉤

해설 [×] ㉡ 문화갈등이 존재하는 지역의 사람들은 그 지역의 행위규범이 모호하고, 상호 경쟁적이기 때문에 사회통제가 약화되어 범죄에 빠지기 쉽다고 보았다.
㉣ 개인 간의 관계 악화, 규범혼란 등은 동일문화 내의 문화갈등, 즉 제2차적 문화갈등에 해당한다.
[○] ㉠·㉢·㉤

정답 | ③

195

다음 학자와 그 이론에 대한 설명으로 바르게 연결되지 않은 것은? 교정9급 15

① 롬브로조(Lombroso) – 범죄의 원인을 생물학적으로 분석하여 격세유전과 생래적 범죄인설을 주장하였다.

② 페리(Ferri) – 범죄의 원인을 인류학적 요인, 물리적 요인, 사회적 요인으로 구분하고 이 세 가지 요인이 존재하는 사회에는 이에 상응하는 일정량의 범죄가 발생한다는 범죄포화의 법칙을 주장하였다.

③ 셀린(Sellin) – 동일한 문화 안에서 사회변화에 의하여 갈등이 생기는 경우를 일차적 문화갈등이라 보고, 상이한 문화 안에서 갈등이 생기는 경우를 이차적 문화갈등으로 보았다.

④ 머튼(Merton) – 아노미 상황에서 개인의 적응 방식을 동조형(conformity), 혁신형(innovation), 의례형(ritualism), 도피형(retreatism), 반역형(rebellion)으로 구분하였다.

해설 ③ 셀린이 주장한 문화갈등에는 1차적인 것과 2차적인 것이 있는데 여기에서 1차적 문화갈등이란 상이한 문화체계를 가지고 이주한 이민이 새롭게 정주한 나라의 문화와 충돌하는 경우를 말하고(횡적 문화갈등), 2차적 문화갈등이란 현대문화의 발전에 따른 사회분화의 과정에서 생겨나는 동일문화 내의 갈등을 말한다(종적 문화갈등).

정답 | ③

196 ★

갈등이론에 관한 설명으로 틀린 것은? 교정7급 05

① 셀린의 2차적 문화갈등이론이란 이질적인 문화 사이에서 발생한다.

② 볼드의 집단갈등이론은 사람을 집단지향적인 존재라는 점을 전제로 한다.

③ 봉거는 자본주의적 생산양식 때문에 범죄가 발생한다고 보았다.

④ 퀴니의 대항범죄란 자본가들의 지배에 대항하는 범죄행태이다.

해설 ① 보수적 갈등론자인 셀린(Sellin)은 이질적인 문화 사이에서 발생하는 갈등형태를 '1차적 문화갈등'이라고 하고, 하나의 단일문화가 각기 독특한 행위규범을 갖는 여러 개의 상이한 하위문화로 분화될 때에 일어나는 갈등형태를 '2차적 문화갈등'이라고 하였다.

정답 | ①

197 ★

범죄원인론 중 갈등이론에 대한 설명으로 옳지 않은 것은? 5급승진 17

① 갈등이론에 의하면 한 사회의 법률을 위반하는 범죄문제는 사회경제적이고 정치적인 함의를 지니는 문제가 아니라 도덕성의 문제로 다루어진다.
② 베버(M. Weber)는 범죄를 사회 내 여러 집단들이 자기의 생활기회를 증진시키기 위해 하는 정치적 투쟁 내지 권력투쟁의 산물로 본다.
③ 볼드(G. B. Vold)는 범죄를 법 제정과정에 참여하여 자기의 이익을 반영시키지 못한 집단의 구성원이 일생생활 속에서 법을 위반하며 자기의 이익을 추구하는 행위로 본다.
④ 셀린(T. Sellin)은 전체사회의 규범과 개별집단의 규범 사이에는 갈등이 존재하고, 개인도 이러한 종류의 갈등이 내면화됨으로써 인격해체가 이루어지고 범죄원인으로 작용하게 된다고 한다.
⑤ 터크(A. Turk)는 갈등의 개연성은 지배집단과 피지배자 양자의 조직화 정도와 세련됨의 수준에 의해 영향을 받는다고 한다.

해설 ① 갈등이론에 의하면 법은 그 사회의 다양한 구성원들의 합의를 대변하는 것이 아니라, 지배적인 문화의 행위규범을 반영하는 것이라고 보므로 법률을 위반하는 범죄문제는 도덕성의 문제가 아니라 사회경제적이고 정치적인 함의를 지니는 문제라고 보게 된다.

정답 | ①

198

볼드(Vold)의 집단갈등이론(Group Conflict Theory)에 관한 설명으로 틀린 것을 모두 고른 것은?

㉠ 자신의 저서 「이론범죄학」을 통해 집단 간의 이해관계 대립이 범죄의 원인이라고 주장하였다.
㉡ 집단 간의 갈등을 사회발전의 저해요인으로 파악하였다.
㉢ 법의 제정, 위반 및 집행의 전 과정은 집단이익 간의 근본적인 갈등과 투쟁의 결과라고 보았다.
㉣ 범죄는 충분한 권력을 가진 사회집단이 자신들의 이익을 지키기 위한 투쟁의 표현이라고 보았다.

① ㉠, ㉡ ② ㉠, ㉢
③ ㉡, ㉣ ④ ㉢, ㉣

해설 [×] ㉡ 볼드는 집단 간의 갈등을 사회의 지속적인 발전을 이끄는 핵심적이고 필수적인 사회과정의 하나로 보았다.
㉣ 범죄는 충분한 권력을 가지지 못한 사회집단이 자신들의 이익을 획득하기 위한 투쟁이라고 보았다.
[○] ㉠·㉢

정답 | ③

199

갈등론적 범죄론자인 볼드(Vold)가 집단 간의 이익갈등이 가장 첨예하게 대립하는 영역으로 지적한 정책분야는?

① 입법정책
② 사법정책
③ 외교정책
④ 교정정책

해설 ① 볼드는 집단 간에 갈등이 발생하는 이유는 이익과 목적이 중첩되고 상호 잠식하며 경쟁적이기 때문이라고 주장하고(집단갈등이론), 그 갈등이 가장 첨예하게 대립하는 영역은 입법정책분야라고 하였다.

정답 | ①

200

갈등이론에 관한 설명 중 옳은 것(O)과 옳지 않은 것(×)을 올바르게 조합한 것은? 사법시험 15

㉠ 퀴니(Quinney)는 피지배집단(노동자계급)의 범죄를 적응(accommodation)범죄와 대항(resistance)범죄로 구분하였다.
㉡ 볼드(Vold)는 법제정과정에서 자신들의 이익을 반영시키지 못한 집단 구성원이 법을 위반하며 자기의 이익을 추구하는 행위를 범죄로 보았다.
㉢ 터크(Turk)는 피지배집단의 저항력이 약할수록 법의 집행가능성이 높아진다고 보았다.
㉣ 봉거(Bonger)는 범죄발생의 원인을 계급갈등과 경제적 불평등으로 보고, 근본적 범죄대책은 사회주의 사회의 달성이라고 하였다.

① ㉠(○), ㉡(×), ㉢(○), ㉣(×)
② ㉠(×), ㉡(○), ㉢(×), ㉣(×)
③ ㉠(○), ㉡(○), ㉢(×), ㉣(×)
④ ㉠(×), ㉡(○), ㉢(×), ㉣(○)
⑤ ㉠(○), ㉡(○), ㉢(○), ㉣(○)

해설 [○] ㉠·㉡·㉢·㉣
[×] 없음

정답 | ⑤

201

범죄원인론에 관한 설명으로 옳지 않은 것은? 교정9급 10

① 셀린(Sellin)은 이해관계의 갈등에 기초한 집단갈등론을 1958년 이론범죄학에서 주장하였다.
② 사이크스(Sykes)와 맛차(Matza)의 중화기술이론에 의하면 중화기술의 유형에는 책임의 부정, 가해의 부정, 피해자의 부정, 비난자에 대한 비난, 고도의 충성심에 호소 등 5가지가 있다.
③ 메스너(Messner)와 로젠펠드(Rosenfeld)는 머튼(Merton)의 아노미이론을 계승하여 제도적 아노미이론을 주장하였다.
④ 합리적 선택이론은 고전주의학파에 그 뿌리를 두고 있다.

해설 ① 볼드(G.B. Vold)는 1958년 그의 저서 「이론범죄학」을 통해 사회적 동물인 인간의 행위는 집단적 행위개념으로 볼 때 가장 잘 이해할 수 있다고 보고, 집단 간의 이해관계 대립이 범죄의 원인이라고 주장하였다. 즉 셀린이 아니라 볼드이다.

정답 | ①

202

사회갈등이론에 관한 설명으로 옳지 않은 것은?

① 셀린(Sellin)은 1차적 문화갈등과 2차적 문화갈등을 구분하였는데 제2차적 문화갈등이란 동일문화 내의 갈등을 의미한다고 보았다.
② 볼드(Vold)는 집단 간의 이해관계 대립이 범죄의 주요 원인이라고 보았다.
③ 밀러(Miller)는 하층계급에 있는 소년들은 비록 중류층 계급문화에 동조하는 경향을 가지는 경우에도 결국 범죄나 비행에 가담하게 된다고 보았다.
④ 터크(Turk)는 피지배집단의 저항력이 약할수록 법의 집행가능성이 높아진다고 보았다.

해설 ③ 밀러는 하층계급에 있는 소년이라도 중류층 계급문화에 동조하는 경향이 있는 경우에는 범죄나 비행에 가담하지 않는다고 보았다.

정답 | ③

203

문화전달이론에 관한 설명 중 옳지 않은 것을 묶은 것은?

> ㉠ 서덜랜드(Sutherland)가 주장한 이론이다.
> ㉡ 남자소년의 비행률이 높은 지역은 여자소년의 비행률이 낮다.
> ㉢ 범죄율이 높은 지역은 지역주민의 변화가 있더라도 높은 범죄율을 보인다.
> ㉣ 비행률이 높은 지역에서는 그 지역의 인종이나 민족의 구성상태가 크게 변화된 후에도 그 비율이 변하지 않는다.
> ㉤ 비행률은 일반적으로 농촌지역에서 높고, 도심으로 가까워질수록 감소한다.

① ㉠, ㉡, ㉢
② ㉠, ㉡, ㉤
③ ㉠, ㉡, ㉢, ㉣
④ ㉠, ㉡, ㉢, ㉣, ㉤

해설 [×] ㉠ 문화전달이론은 쇼와 맥케이(Shaw & Mckay)가 주장한 이론이다.
㉡ 쇼와 맥케이의 연구에 따르면 남자소년의 비행률이 높은 지역은 여자소년의 비행률도 높은 것으로 나타났다.
㉤ 문화전달이론에 따르면 비행률은 일반적으로 도심부근에서 높고, 도심에서 멀어질수록 감소한다.
[○] ㉢·㉣

정답 | ②

204

이주이민이 기존문화와 충돌하는 경우를 1차 문화갈등, 현대문화의 발전에 수반한 사회분화의 과정에서 생겨나는 갈등을 2차 문화갈등이라고 보고, 양자 모두가 범죄의 원인이 된다고 주장한 미국의 사회학자는?

① 셀린(Sellin)
② 글레이저(D. Glaser)
③ 그레시(D.R. Cressey)
④ 밀러(W.B. Miller)

해설 ② 사람들이 동일화되어 가는 과정에서 범죄행동을 수행한다는 차별적 동일화이론을 주장하였다.
③ 서덜랜드의 제자로 쇼와 맥케이의 연구결과를 토대로 차별적 접촉이론을 주장하였다.
④ 범죄가 중산층 규범에 대항하는 반작용이 아니라, 하층계급문화에 고유한 전통적 가치에 대한 동조의 소산이라는 하층계급문화이론을 주장하였다.

정답 | ①

205

다음 甲의 성장과정에서 나타나는 범죄경향의 변화를 설명할 수 있는 이론으로 가장 적절하지 않은 것은? 경행2차 23

> 甲은 평범한 중산층 가정에서 태어나 부족함 없이 자랐으나 고등학교 진학 후 비행친구들과 어울리면서 절도에 가담하게 되었다. 이 사건으로 甲은 법원으로부터 소년보호처분을 받게 되었으며, 주변 친구들로부터 비행청소년이라는 비난을 받고 학교 생활에 적응하지 못하여 자퇴를 하게 되었다. 甲은 가출 후 비행친구들과 더 많은 범죄를 저지르고 급기야 불법도박에 빠지게 되었고 많은 재산을 탕진하게 되었다. 甲은 경제적 어려움으로 인해 방황을 하다가 군대에 입대하게 되었고, 규칙적이고 통제된 군대 생활 속에서 삶에 대해 고민하는 계기를 가지게 되었다. 甲은 군 전역 이후 기술을 배워 안정적인 직장을 다니면서 더 이상 범죄를 저지르지 않게 되었다.

① 차별접촉이론(Differential Association Theory)
② 문화갈등이론(Culture Conflict Theory)
③ 생애과정이론(Life Course Theory)
④ 낙인이론(Labeling Theory)

해설 ② 셀린(Sellin)의 문화갈등이론은 범죄 원인을 문화적 차이에 따른 갈등으로 보고 이러한 문화갈등이 발생하면 다양한 가치를 하나의 문화에 반영하는 것이 불가능하여 결국 가장 지배적인 문화의 행위규범만 반영하게 된다. 사례의 내용과는 거리가 멀다고 보고 그 부분이 시카고학파의 사회해체론과 관점 차이를 보이는 부분이다. 문화갈등을 겪는 지역의 사람들은 충돌하는 문화집단 간 경쟁으로 인해 스트레스 유발과 사회통합의 약화로 보다 쉽게 일탈에 이끌리게 된다. 또한 지배문화의 행위규범만이 법에 반영되면서 그렇지 않은 문화집단의 사람들은 기존의 행위규범을 따르기 쉬워져 법 위반가능성이 커진다.

① 차별적 접촉이론에 의하면, 범죄는 의사소통을 통한 타인과의 상호작용 과정에서 학습된다고 한다. → 비행친구들과 어울리면서

③ 샘슨과 라웁은 범죄성에는 가변성이 존재한다고 주장한다. → 안정적인 직장을 다니면서 더 이상 범죄를 저지르지 않게 되었다.

④ 낙인은 당사자로 하여금 비행자아관념을 갖도록 하여 또 다른 범죄 및 비행을 야기하는 원인이 된다고 한다. → 주변 친구들로부터 비행청소년이라는 비난

정답 | ②

206

범죄원인론 중 갈등이론에 대한 설명으로 가장 옳지 않은 것은? 해경간부 24

① 터크(Turk)는 갈등의 개연성은 지배집단과 피지배집단 양자의 조직화 정도와 세련됨의 수준에 의해 영향을 받는다고 한다.

② 셀린(Sellin)은 전체 사회의 규범과 개별집단의 규범 사이에는 갈등이 존재하고, 개인도 이러한 종류의 갈등이 내면화됨으로써 인격해체가 이루어지고 범죄원인으로 작용하게 된다고 한다.

③ 볼드(Vold)는 범죄를 법제정과정에 참여하여 자기의 이익을 반영시키지 못한 집단의 구성원이 일상생활 속에서 법을 위반하며 자기의 이익을 추구하는 행위로 본다.

④ 갈등이론에 의하면 한 사회의 법률을 위반하는 범죄 문제는 사회경제적이고 정치적인 함의를 지니는 문제가 아니라 도덕성의 문제로 다루어진다.

해설 ④ 갈등이론에 의하면 한 사회의 법률을 위반하는 범죄 문제는 도덕성의 문제가 아니라 사회경제적이고 정치적인 함의를 지니는 문제로 본다.

정답 | ④

207 ★

터크(A. Turk)의 범죄이론에 관한 설명으로 옳지 않은 것은?

① 터크는 다른 갈등론자들과는 달리 법제도 자체보다는 법이 집행되는 과정에서 특정한 집단의 구성원이 범죄자로 규정되는 과정을 주요 연구과제로 하였다.

② 사회질서가 유지되는 근원은 집단 간의 경쟁과 투쟁의 소산이라고 본다.

③ 현실의 법이 지배집단의 행동규범 및 문화규범과 일치할수록 그러한 법이 우선적으로 집행될 가능성이 크다.

④ 집단 간 갈등의 산물인 법규위반이 실현가능성이 높은 목표를 관철하려는 경우일수록 법 집행이 강화된다.

해설 ④ 터크는 집단 간의 갈등의 산물인 법규위반이 실현가능성이 낮은 목표를 주장·관철하려는 경우일수록 법집행이 강화된다고 보았다.

정답 | ④

208

터크(A. Turk)의 범죄화론(Criminalization Theory)에 관한 설명으로 틀린 것을 모두 고른 것은?

> ㉠ 1969년 자신의 저서 「범죄와 법적 명령」을 통해 지배집단의 힘이 강하고, 집단 간의 갈등이 그들의 행동이나 문화규범에 중요할 경우 지배집단의 구성원이 범죄자로 규정되고 처벌될 가능성이 커진다는 이론을 주장하였다.
> ㉡ 사회를 통제할 수 있는 권위를 추구하는 과정에서 집단 간의 갈등이 발생한다.
> ㉢ 피지배자들이 조직화되어 있을수록 갈등의 개연성이 감소된다.
> ㉣ 지배집단이든 피지배집단이든 어느 한쪽이 세련되어 있을수록 갈등의 개연성이 높아진다.
> ㉤ 집단 간의 갈등이 비현실적인 것일수록 법의 집행을 통해 피지배집단의 투쟁을 억제하려고 한다.

① ㉠, ㉡, ㉢　② ㉠, ㉢, ㉣
③ ㉡, ㉢, ㉣　④ ㉢, ㉣, ㉤

해설 [×] ㉠ 범죄자로 규정되고 처벌될 가능성이 커지는 것은 지배집단이 아니라 피지배집단이다.
㉢ 피지배자들이 조직화되어 있을수록 갈등의 개연성은 높아진다고 보았다.
㉣ 지배집단이든 피지배집단이든 어느 한쪽이 덜 세련되어 있을수록 갈등의 개연성이 높아진다고 보았다.
[○] ㉡·㉤

정답 | ②

209

비판범죄학의 시대적·이론적 배경에 관한 다음 설명 중 옳지 않은 것은?

① 초기 비판범죄학의 이론적 기초를 형성한 것은 낙인이론이었다.
② 1970년대 초부터 시작된 미국사회의 위기 심화와 마르크스주의의 부활이 비판범죄학 등장의 시대적 배경이 되었다.
③ 1973년에 출간된 「신범죄학」은 비판범죄학의 이론 형성에 획기적 전기를 마련하였다.
④ 비판범죄학자들은 사회과학의 가치중립성 유지와 일탈 및 범죄문제에 대한 개혁주의적 해결을 촉구하였다.

해설 ④ 비판범죄학자들은 사회과학의 가치중립성을 거부하고, 일탈 및 범죄문제에 대해서는 개혁주의적 해결 대신 전반적인 체제변동과 억압에 대한 정치적 투쟁을 주장한다.

정답 | ④

210

갈등이론에 대한 설명으로 가장 적절하지 않은 것은? 경찰간부 24

① 봉거(Bonger)는 자본주의 사회에서의 생산수단 소유 여부, 즉 자본주의적 경제조건 때문에 범죄가 발생한다고 하였다.

② 볼드(Vold)는 사회의 주도권을 쟁취한 권력집단이 스스로의 이익을 지키기 위해 법규범과 범죄를 규정하고 국가경찰력을 통제한다고 하였다.

③ 셀린(Sellin)은 문화갈등에 따른 행위규범의 갈등은 심리적 갈등을 유발하고 이것이 범죄의 원인이 된다고 하였다.

④ 챔블리스(Chambliss)는 범죄를 지배적 범죄와 저항적 범죄로 구분하고, 자본가들의 지배에 대항하는 범죄형태를 저항적 범죄라고 하였다.

해설 ④ 퀴니(Quinney)에 대한 설명이다. 챔블리스(Chambliss)와 사이드만(Seidman)은 법을 지배집단이 자신들의 우월성을 보장하기 위한 행위규범이라고 규정하였다. 즉 법은 공공이익을 대변하지도 않고, 모든 시민을 동등하게 취급하지도 않으며, 사회 최고의 이익에 봉사하지도 않는다고 하였다.

마르크스	봉거	퀴니	신갈등(이)론	
계급투쟁	자본주의 > 도덕적 타락	범죄의 사회적 현실	테일러 등	스피처
경제적 계급 간 갈등	불공평한 경제적 분배	지배계급의 (범죄를 이용한) 계급 통제	신범죄학 집단갈등 비판	후기자본주의 갈등 – 원인 > 문제인구(하위계층)

정답 | ④

211

비판범죄학에 관한 설명으로 가장 적절한 것은? 경행1차 23

① 비판범죄학자들은 범죄를 하류층의 권력과 지위를 보호하기 위해 고안된 정치적 개념으로 본다.

② 터크(Turk)는 법이 집행되는 과정에서 특정한 집단의 구성원이 범죄자로 규정되는 과정에 주목하였고, 이를 '비범죄화(decriminalization)'라고 규정하였다.

③ 볼드(Vold)의 집단갈등이론(Group Conflict Theory)은 범죄를 집단 간 투쟁의 결과로 보았으며, 강도·강간·사기와 같은 개인 차원의 전통적 범죄를 설명하는 데 유용한 것으로 평가된다.

④ 퀴니(Quinney)는 노동자 계급의 범죄를 자본주의 체계에 대한 적응범죄와 저항범죄로 구분하였다.

해설 ④ 퀴니(Quinney)의 급진적 갈등론은 범죄는 자본주의의 물질적 상황에 의해 어쩔 수 없이 야기되는 반응양태로 보았다.

퀴니(Quinney)의 범죄의 사회적 현실

- 지배 계급이 이익 보호를 위해 입법에 개입·이용하여 범죄의 사회적 현실을 조작, 특히 형법은 지배계급이 사회의 경제적 질서를 유지하기 위한 도구라고 가정하였다.
- 퀴니가 구분한 노동자 계급과 자본가 계급에 의한 범죄 유형은 다음과 같다.

행위주체와 목적	지배와 억압의 범죄	자본가 계급의 범죄는 그들이 자본주의 기본모순을 안고 체제유지를 해나가는 과정에서 자신의 이익을 보호하기 위해 불가피하게 자신이 만든 법을 스스로 위반하는 경우를 말한다. • 경제범죄 : 기업범죄, 기업이 저지르는 가격담합, 부당내부거래 및 환경오염에서부터 기업구성원 및 전문직업인의 화이트칼라 범죄 등 경제적 지배를 도모하기 위해 저지르는 범죄 • 정부범죄 : 공무원의 독직범죄, 부정부패 및 정치적 테러와 전쟁범죄 • 통제범죄 : 형사사법기관이 시민의 인권을 탄압하는 행위
	적응 및 대항의 범죄	• 적응 범죄 : 생존의 필요에 의한 약탈범죄(절도, 강도, 마약거래 등)와 기본모순의 심화 속에서 야기된 난폭성의 표현으로 대인범죄(살인, 폭행, 강간 등) • 대항 범죄 : 노동자 집단이 기본모순에 저항하고 그것을 극복하려는 과정에서 행하는 행위들을 국가가 범죄로 규정한 것(비폭력시위)

① 비판범죄학자들은 범죄를 상류층의 권력과 지위를 보호하기 위해 고안된 정치적인 개념이라고 본다.

② 터크(A. Turk)는 1969년 「범죄와 법적 명령」에서 지배집단의 힘이 강하고 집단 간의 갈등이 그들의 행동규범이나 문화규범에 중요한 경우 피지배집단의 구성원들이 범죄자로 규정되고 처벌될 가능성이 커진다는 '범죄화론'을 주장하였다.

범죄화 현상의 3가지 조건

- 지배집단의 행동규범과 문화규범에 일치하는 법일수록 우선적으로 집행될 가능성이 크다.
- 피지배집단의 권력이 약할수록 법이 집행될 가능성이 높다.
- 집단 간의 갈등은 비현실적인 목표를 주장하거나 이를 관철하려 할수록 법집행을 강화하여 투쟁을 억제한다.

③ 볼드의 이론은 정치적 갈등으로 야기된 범죄, 노사 간의 이익갈등으로서 범죄, 노동조합 간의 관할권 분쟁으로서 범죄, 인종적 갈등으로서 범죄에 가장 적합한 설명이라고 할 수 있다. 따라서 집단갈등과 연관없는 충동적이고 비합리적인 범죄에 대해서는 적용이 곤란하다.

볼드(G. B. Vold)의 집단갈등이론

- 내용 : 볼드(G. B. Vold)는 「이론범죄학」(1958)에서 이해관계 갈등을 기초로 한 집단갈등이론을 전개하였다. 이는 범죄를 집단 간 투쟁의 결과로 보고, 범죄행위를 집단갈등 과정에서 자신들을 제대로 방어하지 못한 집단행위로 보는 이론이다.
- 특징 : 집단갈등은 집단 간의 사회적 위치와 우월성을 유지하기 위해 경쟁하고 노력하기 때문에 생기며, 가장 첨예하게 대립하는 영역은 입법정책 분야라고 하였다. 그는 범죄를 개인적 법률위반이 아닌 집단투쟁으로 보아, 인종차별 분쟁, 산업분쟁 또는 확신범죄 등 전통적인 범죄학에서 도외시되었던 특수한 범죄를 이해하려 하였다.
- 비판
  - 범죄를 집단갈등 과정에서 자신들의 이익과 목적을 제대로 방어하지 못한 집단의 행위로 인식하고 있다.
  - 정치적 성격을 지나치게 강조하고 법을 타 집단에 대한 억압의 수단으로 보고 있다.
  - 집단갈등과 연관없는 충동적이고 비합리적인 범죄에 대해서는 적용이 곤란하다.

※ 볼드가 주장한 갈등의 기능 : 긍정적 측면(구성원들의 집단에 대한 애착심 강화)과 부정적 측면(집단 간 첨예한 분쟁 유발) 모두 인정한다.

정답 | ④

212

비판범죄학에 관한 설명으로 옳지 않은 것은?

① 1960년대 중반부터 주장되기 시작한 이론으로 급진적 범죄학, 갈등론적 범죄학, 마르크스적 범죄학, 사회주의적 범죄학 등으로 다양하게 불린다.
② 범죄문제 해결에 대하여 점진적 개혁을 거부하고, 전반적인 체제의 변동을 추구한다.
③ 일탈의 원인을 자본주의체제의 모순에서 찾으며, 거시적 시각에서 분석하고 있다.
④ 낙인이론을 비판하고, 범죄의 원인을 국가공권력의 적극적 태도에서 찾는다.

해설 ④ 비판범죄학은 사회적 반응이 일탈을 초래한다는 낙인이론의 기본전제를 수용하면서도 나아가 범죄발생의 저변에 작용하고 있는 구조적 요인에서 범죄의 원인을 찾는다. 공식적 통제기구의 범죄자에 대한 적극적 태도(낙인찍는 행위)에서 범죄의 원인을 찾는 것은 낙인이론이다.

정답 | ④

213

갈등론적 범죄학자로 신범죄학(The New Criminology)을 공동집필한 사람을 바르게 묶어 놓은 것은?

① 셀린(Sellin), 볼드(Vold), 왈튼(Walton)
② 왈튼(Walton), 테일러(Taylor), 터크(Turk)
③ 영(Young), 셀린(Sellin), 테일러(Taylor)
④ 테일러(Taylor), 왈튼(Walton), 영(Young)

해설 ④ 신범죄학은 갈등론적·비판적·마르크스주의적 비행이론을 반영한 급진적 갈등범죄이론으로 테일러·왈튼·영 등 3인이 공동집필한 '신범죄학(The New Criminology)'에서 그 명칭이 비롯되었다.

정답 | ④

214

다음 〈보기〉 중 비판범죄학에 대한 설명으로 옳은 것을 모두 고른 것은? 해경간부 23

<보기>

㉠ 마르크스(Marx)는 범죄발생의 원인을 계급갈등과 경제적 불평등으로 설명하고, 생활에 필요한 물적 자산을 충분히 갖지 못한 피지배계급이 물적 자산 내지 지배적 지위에 기존 사회가 허락하지 않는 방법으로 접근하는 행위를 범죄로 인식했다.

㉡ 봉거(Bonger)는 사법체계가 가진 자에게는 그들의 욕망을 달성할 수 있는 합법적인 수단을 허용하는 반면, 가난한 자에게는 이러한 기회를 허용하지 않기 때문에 범죄는 하위계급에 집중된다고 주장했다.

㉢ 퀴니(Quinney)는 마르크스의 경제계급론을 부정하면서 사회주의 사회에서의 범죄 및 범죄통제를 분석하였다.

㉣ 볼드(Vold)는 집단갈등이 입법정책 영역에서 가장 첨예하게 나타난다고 보았다.

① ㉠, ㉡, ㉢　　② ㉠, ㉡, ㉣

③ ㉠, ㉢, ㉣　　④ ㉡, ㉢, ㉣

해설 옳은 것은 ㉠·㉡·㉣이다.

㉢ 퀴니(Quinney)는 범죄는 자본주의 물질적 상황에 의해 어쩔 수 없이 유발되는 것이라고 보는 마르크스주의적 관점을 취하였으며, 마르크스 이후 발전된 경제계급론을 총체적으로 흡수하여 자본주의 사회에서의 범죄 및 범죄통제를 분석하였다.

정답 | ②

215

갈등이론에 대한 설명으로 옳지 않은 것은? 보호9급 24

① 터크(Turk)는 법제도 자체보다는 법이 집행되는 과정에서 특정 집단의 구성원이 범죄자로 규정되는 과정에 주목하였다.

② 셀린(Sellin)은 이질적인 문화 사이에서 발생하는 갈등을 일차적 문화갈등이라고 하고, 하나의 단일 문화가 각기 독특한 행위규범을 갖는 여러 개의 상이한 하위문화로 분화될 때 일어나는 갈등을 이차적 문화갈등이라고 하였다.

③ 스핏처(Spitzer)는 후기 자본주의 사회에서는 생산활동에서 소외되는 인구가 양산됨에 따라 이로 인해 많은 일탈적 행위가 야기될 것이라고 보았다.

④ 봉거(Bonger)는 법규범과 문화적·사회적 규범의 일치도, 법 집행자와 저항자 간의 힘의 차이, 법규범 집행에 대한 갈등의 존재 여부가 범죄화에 영향을 미친다고 보았다.

해설 ④ 법규범과 문화적·사회적 규범이 일치하는 정도, 법 집행자와 피집행자의 힘이 차이, 법규범 집행에 대한 갈등의 존재 여부 등에 의해 범죄화가 결정된다는 주장은 터크(A. Turk)의 범죄화론이다. 봉거는 가진 자와 못 가진 자의 갈등적 양상이 심화되면서 양자는 모두 비인간화되고 여기서 범죄생산의 비도덕성(탈도덕화)이 형성된다고 보았다.

정답 | ④

216 ★

비판범죄학과 다른 범죄이론과의 차이점에 관한 설명으로 가장 거리가 먼 것은?

① 주류범죄학이 범죄의 원인만을 제거하면 범죄방지가 가능하다고 본 반면, 비판범죄학은 이를 미봉책에 불과하다고 평가절하하였다.

② 갈등론적 입장에 있다는 점에서 합의론적 입장에 있는 다른 범죄이론과 구별된다.

③ 낙인이론이 범죄원인을 미시적으로 접근하였다면, 비판범죄학은 범죄원인을 사회구조적·거시적으로 접근하였다.

④ 낙인이론이 범죄의 정치경제성을 강조한다면, 비판범죄학은 범죄자에 대한 사회적 반응을 강조한다.

해설 ④ 범죄의 정치경제성을 강조하는 것은 비판범죄학이며, 범죄자에 대한 사회적 반응을 강조하는 것은 낙인이론이다.

정답 | ④

217

낙인이론과 비판범죄론의 비교에 관한 설명 중 옳지 않은 것은? 사법시험 08

① 두 이론은 모두 형사사법기관의 편파성을 지적하고, 공식통계를 신뢰하지 않는다.

② 낙인이론은 범죄의 원인보다 범죄자에 대한 사회적 반응을 중시하며, 비판범죄학은 범죄의 정치경제성을 강조한다.

③ 두 이론은 모두 사회적 가치·규범 및 법률에 대한 사회적 합의를 인정하지 않는다는 점에서 유사하다.

④ 두 이론은 모두 범죄와 범죄통제의 문제를 개인적·사회적 차원에서 미시적으로 분석한다는 점에서 유사하다.

⑤ 비판범죄학은 일정한 사람을 범죄자로 규정하는 주체의 정당성을 문제삼는 점에서 낙인이론과 본질적 차이가 있다.

해설 ④ 낙인이론은 사회구조보다는 사회과정에, 사회의 거시적 차원보다는 미시적 차원에 그 관심을 집중시키는 반면, 비판범죄론은 사회적 반응이 일탈을 초래한다는 낙인이론의 기본전제를 수용하면서도 나아가 범죄발생의 저변에 작용하고 있는 구조적 요인을 거시적 시각에서 분석하고 있다.

➤ 비판범죄학과 낙인이론 요약비교

구분		비판범죄학	낙인이론
공통점		• 형사사법기관의 편파성을 지적하고, 공식통계를 신뢰하지 않는다. • 사회적 가치·규범 및 법률에 대한 사회적 합의를 인정하지 않는다.	
차이점	접근방법	거시적	미시적
	강조점	범죄의 정치경제성을 중시	범죄자에 대한 사회적 반응을 중시

정답 | ④

218

비판범죄학에 관한 설명 중 옳지 않은 것은? 사법시험 12

① 사회는 일정한 가치에 동의하는 동질적 집단이 아니라, 서로 다른 가치와 이해관계가 충돌하는 이질적 집단이라고 본다.

② 형법은 국가와 지배계급이 기존의 사회·경제질서를 유지하고 영속화하기 위한 도구라고 보고, 형법의 정당성에 대하여 의문을 제기한다.

③ 범죄원인을 개인의 반사회성에서 찾는 종래의 범죄원인론을 비판한다.

④ 비범죄화와 다이버전을 범죄문제의 궁극적 해결책으로 제시한다.

⑤ 급진적 범죄학 또는 갈등론적 범죄학이라고도 한다.

해설 ④ 비판범죄학은 범죄는 자본주의의 구조적 모순에서 기인하므로 자본주의를 붕괴시키고 사회주의원리에 기초한 새로운 사회의 건설만이 범죄문제를 궁극적으로 해결할 수 있다고 주장한다.

정답 | ④

219

자본주의에 의해 곤경에 빠진 사람들이 다른 사람의 수입과 재산을 탈취함으로써 보상받으려 하거나 또는 자본주의에 의해 피해를 입은 사람들이 무력을 행사하여 다른 사람의 신체를 해하는 유형의 범죄를 적응(화해)범죄(crime of accommodation)라고 칭한 학자는? 사법시험 06

① 퀴니(R. Quinney)
② 타르드(G. Tarde)
③ 베커(H. Becker)
④ 코헨(A. Cohen)
⑤ 탄넨바움(F. Tannenbaum)

해설 ① 퀴니는 범죄를 자본주의체제하에서 불가피하게 유발되는 반응양태라고 보고, 노동자계급의 범죄를 적응범죄와 대항범죄로 구분하였다. 대항범죄란 자본가들에 대항하여 체제를 변혁하려는 행동이 자본주의체제하에서는 범죄로 여겨지는 것을 말한다.

적응범죄	자본주의체제에 대항하지 않고, 타인의 수입과 재산을 탈취함으로써 보상을 받으려고 하거나, 무력을 행사하여 다른 사람의 신체를 해하는 유형의 범죄
대항범죄	자본가들의 지배에 대항하여 체제를 변혁하려는 행동은 도덕적이지만, 자본주의체제하에서는 범죄로 여겨지는 것

정답 | ①

220

갈등론적 범죄론자인 퀴니(R. Quinney)가 지적한 이른바 '적응범죄'를 가장 잘 설명한 것은?

① 자본가의 지배에 대항하는 행동으로 발생되는 범죄
② 체제에 대항하지 않으면서 체제에 의해 피해 받은 사람들이 보상심리로 저지르는 범죄
③ 부당내부거래, 가격담합 등 경제범죄
④ 불공정한 사법기관의 행위

해설 ② 퀴니는 자유주의 범죄학에 대한 비판에서 출발하여 역사적 고찰과 경제적 조건에 대한 분석을 범죄이론에 접목한 계급주의 범죄학의 대표적 학자이다.
①은 대항범죄, ③은 기업범죄, ④는 통제범죄에 관한 설명이다.

정답 | ②

221

비판범죄학자들의 주장으로 옳지 않은 것을 모두 고른 것은?

㉠ 봉거(Bonger)는 마르크스주의 입장에서 범죄원인론을 최초로 체계화하였다.
㉡ 퀴니(Quinney)는 자본주의가 노동자계급의 범죄만을 유발시키고, 자본가계급의 범죄는 유발시키지 않는다고 주장하였다.
㉢ 테일러(Taylor)는 과학기술의 발달로 인한 자동화로 인해 전문성 없는 비숙련노동자들이 생산활동에서 소외되는 문제인구로 전락되고, 이들이 일탈행위를 하게 될 것이라고 보았다.
㉣ 슈베딩거 부부(H. Schwedinger & J. Schwedinger)는 범죄개념의 정의에서 가치판단을 배제하고, 사법기관의 활동과 형법의 배후에 있는 동기가 인간적인가를 고려해야 한다는 휴머니즘 비판범죄학을 전개하였다.

① ㉠, ㉡　　② ㉡, ㉢
③ ㉠, ㉣　　④ ㉢, ㉣

해설 [×] ㉡ 퀴니는 자본주의가 노동자계급의 범죄뿐만 아니라 자본가계급의 범죄도 유발시킨다고 보았으며, 그 유형으로 기업범죄·통제범죄·정부범죄를 들었다.
㉢ 스핏처(Spitzer)의 주장내용이다.
[○] ㉠·㉣

정답 | ②

222

갈등이론에 관한 아래 ㉠부터 ㉣까지의 설명 중 옳고 그름의 표시(O, ×)가 모두 바르게 된 것은?

9급경채 22

> ㉠ 범죄는 자본주의 사회의 본질적인 불평등과 밀접한 관련이 있다고 본다.
> ㉡ 터크(Turk)는 자본가들의 지배에 대항하는 범죄형태를 저항범죄(crime of resistance)라고 정의하였다.
> ㉢ 볼드(Vold)는 범죄를 개인적 법률위반이 아니라 집단 간 투쟁의 결과로 보았다.
> ㉣ 퀴니(Quinney)는 법이 집행되는 과정에서 특정한 집단의 구성원이 범죄자로 규정되는 과정에 주목하였다.

① ㉠(○) ㉡(×) ㉢(○) ㉣(×)　　② ㉠(○) ㉡(×) ㉢(×) ㉣(○)
③ ㉠(×) ㉡(○) ㉢(○) ㉣(×)　　④ ㉠(×) ㉡(○) ㉢(×) ㉣(○)

해설 ① ㉠(○), ㉡(×), ㉢(○), ㉣(×)

[○] ㉠ 갈등론적 범죄학은 범죄행위의 개별적 원인을 규명하기보다는 어떤 행위가 범죄로 규정되는 과정에 더 관심을 가졌고, 갈등이론 중 비판범죄학에서는 범죄는 자본주의 사회 체제의 본질적인 불평등 때문에 발생한다고 보고 있다. 즉, 범죄는 자본주의 사회의 본질적인 불평등과 밀접한 관련이 있다고 본다(자본주의가 범죄의 온상이다).

㉢ 볼드(Vold)는 1958년 저서 『이론적 범죄학』에서 인간은 본래 집단지향적인 존재로서 자기가 속한 집단의 이익을 위해 투쟁을 하며, 각각의 집단 간에 갈등이 발생하는 이유는 여러 집단들이 추구하는 이익이 중첩되고 경쟁적이며 서로 잠식하게 되기 때문이라고 주장하였다. 그는 법의 제정, 위반 및 법집행의 전 과정은 집단이익의 갈등이나 국가의 권력을 이용하고자 하는 집단 간 투쟁의 결과로 보았다. 특히 법 제정을 권력집단의 협상의 결과로 보고 범죄를 개인적 법률 위반이 아니라 비권력 소수계층의 집단투쟁으로 이해한다.

[×] ㉡ 퀴니(Quinney)는 범죄란 자본주의의 물리적 상황에 의해 어쩔 수 없이 유발된다고 주장하며, 퀴니는 범죄의 유형을 노동자계급의 범죄와 자본가계급의 범죄로 나누고, 노동자계급의 범죄를 그 반응형태에 따라 자본주의에 대한 적응범죄와 대항범죄로 구분하였다. 저항범죄는 자본가의 지배에 대항하는 노동자계급의 범죄로, 비폭력적이거나 잠재적인 불법행위와 자본주의에 직접적으로 대항하는 혁명적인 행위들을 포함한다. 자본가계급의 범죄는 경제범죄, 정부범죄 등 자본가계급이 자본주의 기본모순을 안고 체제유지를 해나가는 과정에서 자신의 이익을 보호하기 위해 불가피하게 자신이 만든 법을 스스로 위반하는 유형의 범죄로 보았다.

㉣ 터크(Turk)의 권력갈등이론은 다른 갈등이론과 달리 법제도 자체보다는 법이 집행되는 과정에서 특정 집단의 구성원이 범죄자로 규정되는 과정을 중시하였는데, 법집행기관이 자신들의 이익을 위해 차별적 법집행을 한다고 보았다. 터크는 문화갈등이론과 낙인이론의 영향을 받아 '범죄화론(=권력갈등이론)'을 주장하고, 범죄자의 지위를 갖게 되는 과정인 범죄화는 그 사람이 무엇을 했느냐가 아니라, 그 사람이 권위, 즉 정치적 힘에 있어 어떤 위치를 차지하느냐에 달려 있다고 주장하였다. 즉, 사회의 권위구조를 집단의 문화규범이나 행동양식을 다른 사람들에게 강제할 수 있는 권위를 가진 지배집단과 그렇지 못한 피지배집단으로 구분하고, 어느 집단에 속해 있느냐에 따라 범죄화의 여부가 달라진다고 보았다.

정답 | ①

223

〈보기1〉의 학자와 〈보기2〉의 내용을 바르게 연결한 것은? 교정9급 07

<보기 1>

㉠ 머튼(R. Merton)　　㉡ 허쉬(T. Hirschi)
㉢ 볼드(G. Vold)　　㉣ 퀴니(R. Quinney)

<보기 2>

ⓐ 어느 사회에서나 문화적 목표나 가치에 대해서는 사람들 간에 기본적인 합의가 이루어져 있다는 가치공유설을 전제로 한다.
ⓑ 자본가들에 의한 범죄를 지배와 억압의 범죄로 보았다.
ⓒ 일탈을 통제하는 시스템에 장애가 생기면 일탈행동이 발생한다.
ⓓ 본인 스스로의 자아낙인(self-label)을 고려했다는 점에서 다른 낙인이론가들과는 차이가 있다.
ⓔ 범죄행위란 집단갈등과정에서 자신들의 이익과 목적을 제대로 방어하지 못한 집단의 행위로 인식하였다.

① ㉠-ⓐ, ㉡-ⓓ, ㉢-ⓔ　　② ㉡-ⓒ, ㉢-ⓓ, ㉣-ⓑ
③ ㉠-ⓒ, ㉡-ⓑ, ㉣-ⓓ　　④ ㉠-ⓐ, ㉢-ⓔ, ㉣-ⓑ

해설 ⓒ는 허쉬(T. Hirschi)의 사회통제이론에 관한 설명이며, ⓓ는 슈어(E.M. Schur)의 낙인이론에 관한 설명이다.

정답 | ④

224

비판범죄학에 대한 평가로 가장 거리가 먼 것은?

① 우연적·예외적 위반을 강조할 뿐 구조적이고 제도화된 정규적 위반을 분석하지 못하고 있다.
② 유물론적 범죄학이 아니라, 폭로범죄학에 불과하다는 비판이 있다.
③ 사변적·가치전제적인 주장으로 과학적 이론이라기보다 이데올로기적 성격이 강하다.
④ 범죄문제를 정치적인 측면 위주로 파악하려고 하며, 범죄통제 측면보다는 범죄원인의 규명에 치중하고 있다.

해설 ④ 비판범죄학은 범죄통제 측면을 지나치게 강조하고 있어 범죄의 원인규명에 미흡하다는 지적이 있다.

정답 | ④

225

비판범죄학에 대한 설명으로 옳지 않은 것은? 교정9급 07

① 급진주의 범죄학이라고도 한다.

② 권력형 범죄의 분석에 무력하다는 비판이 있다.

③ 범죄대책은 자본주의 사회의 모순을 극복하기 위해 사회체제를 사회주의로 전환시켜야 한다고 주장한다.

④ 자본주의 사회의 모순을 가장 중요한 범죄의 원인으로 보고, 범죄는 국가에 대한 사회적 약자의 레지스탕스라고 주장한다.

해설 ② 비판범죄학은 정치적인 측면에서 범죄문제를 다루고 있으므로 권력형 범죄의 분석에 무력하다는 표현은 적절하지 않다.

➤ **비판범죄학의 평가**

공헌	• 종전 범죄이론은 범죄원인을 개인에서 찾는 미시적 관점이었으나, 비판범죄학은 범죄원인을 사회구조에서 찾는 거시적 관점에서 파악 • 범죄를 다루는 기관들의 배후에 있는 진정한 동기를 찾으려 함 • 권력형 범죄의 분석에 유용 • 암수범죄의 중요성을 지적
비판	• 가치전제적이고, 사변적이며, 지나치게 이념적 • 범죄의 원인규명에 미흡하고, 범죄문제를 정치적 측면 위주로 파악 • 상층범죄의 관심집중으로 하층계급의 보호에 충분한 배려가 없음 • 자본주의체제에 대한 비판만 있을 뿐 형사사법체계의 개선을 위한 구체적 대안을 제시하지 못함 • 생물학적 또는 심리학적 범죄대책을 도외시

정답 | ②

226

억제이론에서 제시하고 있는 억제의 유형이 아닌 것은?

① 일반적 억제 ② 특수적 억제

③ 절대적 억제 ④ 상대적 억제

해설 ①·②·③ 억제이론에서 제시하고 있는 억제유형으로는 일반적 억제, 특수적 억제, 절대적 억제, 제한적 억제가 있다.

일반적 억제	범죄자에 대한 처벌이 일반시민들로 하여금 범죄로 인해 치르게 될 대가를 알게 하고, 그로 인하여 처벌의 두려움을 불러일으켜 범행을 억제시키는 것
특수적 억제	범죄자 자신이 처벌의 고통을 체험함으로써 차후의 범행충동을 억제하는 것
절대적 억제	범죄를 절대 저지르지 않도록 억제하는 처벌효과
제한적 억제	범죄행위의 빈도를 부분적으로 감소시키는 처벌효과

정답 | ④

227

억제이론(Deterrence Theory)에 대한 설명으로 옳지 않은 것은? 교정9급 12

① 억제이론의 기초가 되는 것은 인간의 공리주의적 합리성이다.

② 형벌의 특수적 억제효과란 범죄를 저지른 사람에 대한 처벌이 일반시민들로 하여금 처벌에 대한 두려움을 불러일으켜서 결과적으로 범죄가 억제되는 효과를 말한다.

③ 범죄자에 대한 처벌의 억제효과는 범죄자의 자기통제력 수준에 따라 달라질 수 있다.

④ 처벌의 신속성, 확실성, 엄격성의 효과를 강조한다.

해설 ② 억제이론에 있어서 특수적 억제효과란 범죄자 자신이 처벌의 고통을 체험하게 함으로써 차후의 범행충동을 억제하는 것을 말한다. 주어진 지문은 일반적 억제효과에 관한 설명이다.

정답 | ②

228

억제이론(Deterrence theory)에 관한 설명으로 가장 적절하지 않은 것은? 9급경채 22

① 억제(deterrence)는 고전주의 범죄학파의 주요 개념 중 하나이다.

② 효과적인 범죄억제를 위해서는 처벌이 확실하고 엄격하며 신속해야 한다.

③ 일반억제(general deterrence)는 전과자를 대상으로 한 재범방지에 중점을 둔다.

④ 촉법소년의 연령 하향을 주장하는 학자들의 이론적 근거 중 하나이다.

해설 ③ 전과자를 대상으로 한 재범방지에 중점을 두는 방법은 특별억제를 말한다.
① 억제의 개념은 고전주의 범죄학자인 베카리아와 벤담의 주장에 근거한다.
② 인간의 자유의지와 합리성을 기반으로 한 억제이론은 처벌의 확실성, 엄격성, 신속성에 의해 계량된 처벌의 고통과 범죄로 인한 이익 관계로 범죄를 이해하였다.

정답 | ③

229

다음 중 억제이론(Deterrence Theory)에 관한 설명으로 가장 옳지 않은 것은? 해경간부 23

① 일반억제는 전과자를 대상으로 한 재범방지에 중점을 둔다.
② 억제는 고전주의 범죄학파의 주요 개념 중 하나이다.
③ 효과적인 범죄억제를 위해서는 처벌이 확실하고 엄격하며 신속해야 한다.
④ 촉법소년의 연령 하향을 주장하는 학자들의 이론적 근거 중 하나이다.

해설 ① 특별억제에 대한 설명이다. 일반억제는 범죄자들에 대한 처벌의 위협에 의해서 잠재적인 범죄자들의 범죄행위를 억제할 수 있다는 관점이다.

정답 | ①

230

합리적 선택이론(Rational Choice Theory)에 관한 설명으로 옳지 않은 것은 모두 고른 것은?

> ㉠ 1960년대 범죄의 급증으로 당시 형사사조의 주류였던 사법모델에 대한 비판이 제기되면서 등장한 의료모델이 이론형성의 계기가 되었다.
> ㉡ 경제학의 기대효용(expected utility)원리에 기초하고 있다.
> ㉢ 범죄자는 범죄로 인하여 얻게 될 이익과 손실의 크기를 비교하여 범행을 결정하게 된다는 이론이다.
> ㉣ 1960년대 후반 베커(Becker)를 중심으로 한 경제학자들에 의해 주장된 범죄경제학의 등장이 이론형성의 토대가 되었다.
> ㉤ 범죄경제학에 따르면 범죄자가 범죄의 이익과 손실을 계산할 경우에 이익이란 금전적 이익을 의미하고, 개인의 취향이나 심리적 만족감과 같은 주관적 가치가 있는 것은 포함되지 않는다.

① ㉠, ㉡ ② ㉡, ㉢
③ ㉠, ㉤ ④ ㉣, ㉤

해설 [×] ㉠ 1960년대 당시 주류를 이루고 있던 의료모델(범죄자는 특정질환을 가진 환자이므로 치료되어야 할 대상이라는 범죄인 처우기법)을 비판하고 등장한 정의모델이 합리적 선택이론형성의 토대가 되었다.
㉤ 범죄경제학에 따르면 범죄로 인해 얻어지는 이익이란 금전적 이익뿐만 아니라, 개인의 취향, 심리적 만족감, 대인관계에서의 위신, 편리함 등도 포함된다.
[○] ㉡·㉢·㉣

정답 | ③

231

〈보기 1〉의 이론과 〈보기 2〉의 내용을 연결한 것 중 옳은 것은? 사법시험 07

<보기 1>

㉠ 억제이론(deterrence theory)
㉡ 낙인이론(labeling theory)
㉢ 일상생활이론(routine activity theory)
㉣ 합리적 선택이론(rational choice theory)
㉤ 중화기술이론(techniques of neutralization)

<보기 2>

ⓐ 맞벌이부부의 증가로 빈집이 늘어나면서 절도범죄가 증가한다.
ⓑ 친구들에게서 '나쁜 놈'이라는 놀림을 받다가 결국에는 범죄인이 되었다.
ⓒ 기물파괴는 악의 없는 장난이고, 절도는 물건을 잠시 빌린 것이다.
ⓓ 자동차 운전자의 과속운전은 무인속도측정기가 설치된 지역에서 줄어든다.
ⓔ 수질오염방지시설을 정상적으로 가동하는 것보다 적발되더라도 벌금을 내는 것이 경제적으로 더 유리하다.

① ㉠-ⓑ
② ㉡-ⓐ
③ ㉢-ⓒ
④ ㉣-ⓔ
⑤ ㉤-ⓓ

해설 ④ 합리적 선택이론은 경제학의 기대효용(expected ultility) 원리에 기초하여 범죄자는 범죄로 인하여 얻게 될 손실의 크기를 비교하여 범행을 결정하게 된다는 이론으로 ⓔ의 내용과 부합한다.

정답 | ④

232

청소년의 연령에 따라 비행의 원인이 다르게 작용하는데, 초기(11~13세)에는 상대적으로 가정에서의 부모와의 유대가 비행에 중요한 요인으로 작용하지만 중기(15~16세)를 거쳐 후기(18~20세)에 이를수록 부모의 영향력은 작아진다고 주장하는 발전이론은?

① 손베리(Thornberry)의 상호작용이론(interaction theory)
② 샘슨(Sampson)과 라웁(Laub)의 연령-등급이론(age-graded theory)
③ 모피트(Moffitt)의 이론
④ 갓프레드슨(Gottfredson)과 허쉬(Hirschi)의 범죄일반이론

해설 손베리의 상호작용이론(interactional theory)이다.

정답 | ①

233 ★

발달범죄학이론에 대한 설명으로 옳지 않은 것은? 교정7급 20

① 1930년대 글룩(Glueck)부부의 종단연구는 발달범죄학이론의 토대가 되었다.

② 인생항로이론은 인간의 발달이 출생 시나 출생 직후에 나타나는 주된 속성에 따라 결정된다고 주장한다.

③ 인생항로이론은 인간이 성숙해 가면서 그들의 행위에 영향을 주는 요인도 변화한다는 사실을 인정한다.

④ 인생항로이론은 첫 비행의 시기가 빠르면 향후 심각한 범죄를 저지를 것이라고 가정한다.

해설 ② 잠재적 특질 이론에 대한 설명이다. 잠재적 특질 이론은 범죄행동이 출생 또는 그 직후에 나타나고, 평생을 통해서 변화하지 않는 주요한 특질에 의해 통제되기 때문에 인간은 변하지 않고 기회가 변할 뿐이라는 관점을 취하나 인생항로 이론은 인간은 인생항로 속에서 많은 변화를 경험하게 되고, 다양한 사회적·개인적·경제적 요인들이 범죄성에 영향을 미친다는 것으로 일부 위험스러운 아이가 왜 범죄를 중단하는가를 설명할 수 있다. 이 이론은 개인의 생애 과정 가운데 범죄를 만들어 내는 결정적 순간을 파악하고자 한다.

※ 관련이론

① 연령-등급이론(Sampson & Laub)

㉠ 사람이 성숙해가면서 범죄를 저지르는 성향에 영향을 주는 요인은 변화한다는 것이다.

㉡ 어린 시절에는 가족요인이 결정적이고, 성인기에는 결혼이나 직장요인이 범죄행위에 큰 영향을 끼친다.

㉢ 생애에 걸쳐 범죄를 발생시키는 결정적 순간을 파악하고자 한 이론이다.

② 사회적 발달모델(Hawkins & Catalano)

㉠ 지역사회의 위험요인이 일부 사람을 반사회적 행위에 노출시킨다(가족과 사회의 해체 등).

㉡ 반사회적 행위의 위험을 통제하려면 아이들이 친사회적 유대를 유지할 수 있도록 해야 한다.

㉢ 가족 간의 애착, 학교와 친구에 대한 애착 정도는 반사회적 행동발달에 큰 영향을 미치는 요인이다.

㉣ 가족이나 친구 사이에 애착관계가 형성되면, 친사회적 행동으로 발달하게 되고, 애착관계가 적절히 형성되지 않으면 반사회적 행동의 발달을 촉진한다.

③ 상호작용이론(Thornberry & Krohn & Lizotte & Farnwirth)

㉠ 악화된 유대는 비행친구들과의 관계를 발전시켜 비행에 참여하게 되고, 빈번한 비행의 참여는 다른 친구들과의 유대를 약화시키고 결국 관습적 유대관계를 재정립하기가 어렵게 하여 만성적 범죄 경력을 유지하도록 만든다.

㉡ 범죄성이란 사람이 성숙해 가면서 단계별로 다른 의미와 형태를 갖는 발달 과정이다.

㉢ 초기 청소년기에는 가족의 애착이 결정적이고, 중기 청소년기까지는 가족의 영향력이 친구, 학교, 청소년 문화로 대체되며, 성인기에 이르러서는 개인 행위의 선택이 관습적 사회와 자신이 속한 핵가족 내의 위치에 따라 형성된다.

㉣ 비록 범죄가 이런 사회적 힘에 의해 영향을 받는다고 하더라도, 범죄도 이런 사회적 과정과 교제에 영향을 주기 때문에 범죄와 사회적 과정은 상호작용적이다.

정답 | ②

234 ★

다음은 발달범죄학 이론에 관한 설명이다. ㉠, ㉡ 이론을 주장한 학자를 가장 적절하게 연결한 것은?

> ㉠ 범죄자를 청소년기 한정형(adolescence－limited) 범죄자와 생애지속형(life－course－persistent) 범죄자로 분류하였다. 청소년기 한정형은 사춘기에 집중적으로 일탈행동을 저지르다가 성인이 되면 일탈행동을 멈추는 유형이고, 생애지속형은 유아기부터 문제행동이 시작되어 평생 동안 범죄행동을 지속하는 유형이다.
>
> ㉡ 범죄의 시작, 유지, 중단의 연령에 따른 변화는 생애과정에서의 비공식적 통제와 사회유대를 반영하고, 인생의 중요한 전환기에 발생하는 사건들과 그 결과에 영향을 받는다고 보았다.

① ㉠ 모핏(Moffitt) ㉡ 패터슨(Patterson)
② ㉠ 모핏(Moffitt) ㉡ 샘슨과 라웁(Sampson & Laub)
③ ㉠ 패터슨(Patterson) ㉡ 모핏(Moffitt)
④ ㉠ 패터슨(Patterson) ㉡ 샘슨과 라웁(Sampson & Laub)

해설 ② ㉠ 모핏(Moffitt), ㉡ 샘슨과 라웁(Sampson & Laub)

㉠ 모핏(Moffitt)은 신경심리학, 낙인이론, 긴장이론의 입장에서 범죄경력의 발전과정을 설명하였고, 생물사회이론 범죄학자답게 생물학적 특성을 보다 강조하였으며, 범죄자를 청소년기 한정형 범죄자와 생애지속형 범죄자로 분류하였다. 그는 청소년기 한정형 범죄자보다 인생지속형 범죄자가 정신건강상의 문제를 더 많이 가지고 있다고 하였다.

㉡ 범죄의 시작, 유지, 중단의 연령에 따른 변화는 생애과정에서의 비공식적 통제와 사회유대를 반영하고, 인생의 중요한 전환기에 발생하는 사건들과 그 결과에 영향을 받는다고 본 사람은 생애과정이론(Life Course Theory＝인생항로이론)을 주장한 샘슨과 라웁(Sampson & Laub)이다. 그는 패터슨이나 모핏의 이론처럼 청소년 집단을 인위적으로 구분하지는 않았으며, 그 대신 누구든지 생애과정 속에서 범죄행위를 지속하거나 중지할 수 있다고 전제하였다.

정답 | ②

235

다음 중 샘슨(Sampson)과 라웁(Laub)의 생애과정이론(연령–단계이론)의 주장으로 가장 옳지 않은 것은? 해경간부 23

① 타고난 기질과 어린 시절의 경험만이 범죄행위의 지속과 중단에 가장 큰 영향을 미친다.
② 행위자를 둘러싼 상황적·구조적 변화가 범죄로부터 단절된 삶으로 이끈다.
③ 생애과정을 통해 사회유대와 범죄행위가 서로 영향을 미친다.
④ 결혼, 취업, 군 입대는 범죄궤적을 올바른 방향으로 바꾸는 인생의 변곡점이다.

해설 ① 어린 시절의 특성이나 경험에 의해 결정된다기보다는 인생의 중요한 전환기에 발생하는 사건들과 그 결과에 의해 영향을 받는다고 보았다.

정답 | ①

236

샘슨(Sampson)과 라웁(Laub)의 생애과정이론(연령-단계이론)의 주장으로 가장 적절하지 않은 것은?

경찰간부 23

① 타고난 기질과 어린 시절의 경험이 범죄행위의 지속과 중단에 가장 큰 영향을 미친다.
② 행위자를 둘러싼 상황적·구조적 변화가 범죄로부터 단절된 삶으로 이끈다.
③ 생애과정을 통해 사회유대와 범죄행위가 서로 영향을 미친다.
④ 결혼, 취업, 군 입대는 범죄궤적을 올바른 방향으로 바꾸는 인생의 변곡점이다.

해설 ① 샘슨(Sampson)과 라웁(Laub)d의 생애과정이론은 어린아이에서 성인에 이르는 과정에 범죄성이 지속되거나 범죄가 중단되는 현상을 설명하고자 했다. 또한 범죄의 지속과 중단이 어린 시절의 특성이나 경험에 의해 결정된다기보다는 인생의 중요한 전환기에 발생하는 사건들과 그 결과에 의해 영향을 받는다고 보았다.
② 사회유대의 회복을 통해 범죄와의 단절이 이루어지는 과정에 관하여 샘슨과 라웁은 행위자를 둘러싼 상황적(결혼과 취업 등) 변화가 장기적인 행동의 변화를 이끈 것이라고 설명한다.
③ 생애과정이론은 사회유대의 약화를 범죄행위의 직접적인 원인으로 간주한다는 점에서 허쉬의 사회통제이론과 유사하지만 허쉬(Hirschi)의 사회유대가 아동기와 청소년기에 국한되었다면, 샘슨과 라웁은 사회유대의 강화, 약화, 단절이 한 사람의 생애 전 과정에서 반복되는 현상으로 보았다는 점에서 차이가 있다.

정답 | ①

237

헤이건(Hagan)과 동료들의 권력통제이론(Power Control Theory)에 관한 설명으로 가장 적절한 것은?

경행2차 23

① 아노미(anomie)의 발생원인을 문화적 목표와 제도화된 수단 간의 괴리에서 찾는다.
② 부모가 아들보다 딸을 더 많이 통제하기 때문에 결과적으로 소녀가 소년보다 더 위험한 행동을 한다.
③ 부모의 직장에서의 권력적 지위가 부부 간의 권력관계에 반영되고, 이는 자녀에 대한 감독·통제 수준과 연계된다.
④ 부모의 권력이 평등한 가정의 자녀들은 성별에 따른 범죄 정도의 차이가 뚜렷하지만, 가부장적 가정의 자녀들은 성별에 따른 범죄 정도의 차이가 상대적으로 뚜렷하지 않다.

해설 ③ 헤이건(Hagan)의 권력통제이론은 마르크스주의 범죄이론과 페미니스트 범죄이론과 같은 비판적 범죄학을 사회통제이론과 결합한 통합이론을 제시하며, 범죄의 성별 차이는 부모의 가부장적 양육행태에 의해 결정된 것이라 강조하고 가부장(전통적인 남성지배)적 가정에서 여자는 위험을 회피하도록 가르치는 등 남녀에 대한 사회적 통제의 차이가 영향을 준 것이라 주장한다. 또한 헤이건은 부모의 직장에서의 권력적 지위가 부부 간의 권력관계에 반영되고, 이는 자녀에 대한 감독·통제 수준과 연계된다고 하였다.
① 머튼의 아노미 이론이다.
② 가부장적인 가정에서는 아들은 상대적으로 자유롭게 위험하거나 일탈적인 행동들을 저지른다.
④ 부모의 권력이 평등한 가정의 자녀들은 성별에 따른 범죄 정도의 차이가 없고, 가부장적 가정의 자녀들은 성별에 따른 범죄 정도의 차이가 상대적으로 뚜렷하다.

정답 | ③

238

다음 〈보기〉의 내용을 주장한 학자는 누구인가? 해경간부 24

> <보기>
> ㉠ 성과 계급, 가족구조를 하나의 이론적 틀 안에서 고려하면서 범죄를 설명하였다.
> ㉡ 부모는 가족 내에서 자신들의 직장 내 권력관계를 재생산한다. 따라서 부모의 직업과 지위가 자녀의 범죄성에 영향을 준다.
> ㉢ 부모가 직장이나 가정에서 비슷한 권력을 소유하는 평등한 가정에서 자란 딸은 아들과 비슷한 수준의 비행을 저지른다.

① 헤이건(Hagan) ② 메셔슈미트(Messerschmidt)
③ 티프트(Tifft) ④ 설리번(Sullivan)

해설 ① 헤이건(Hagan)의 권력통제이론에 대한 내용이다.

- 범죄의 성별 차이는 부모의 가부장적 양육행태에 의해 결정된 것이라 강조한다.
- 가부장(전통적인 남성지배)적 가정에서 여자는 위험을 회피하도록 가르치는 등 남녀에 대한 사회적 통제의 차이가 영향을 준 것이라 주장한다.
- 헤이건은 마르크스주의 범죄이론과 페미니스트 범죄이론과 같은 비판적 범죄학을 사회통제이론과 결합한 통합이론을 제시하였다.

정답 | ①

239

회복적 사법(Restorative Justice)에 관한 설명으로 가장 적절하지 않은 것은? 경행2차 23

① 회복적 사법에서는 자발적인 피해자의 참여를 필요로 한다.
② 회복적 사법 프로그램으로는 피해자-가해자 중재, 가족회합 등이 있다.
③ 회복적 사법은 가해자에게는 엄격한 처벌을, 피해자에게는 회복을 중심으로 두고 있다.
④ 국제연합(UN)은 회복적 사법의 개념을 대면, 변환, 회복(배상) 3가지 개념으로 분류하고 있다.

해설 ③ 가해자에 대한 엄격한 처벌은 전통적(응징적) 사법의 성격에 해당한다.

➤ 전통적 형사사법과 회복적 사법 비교

기존의 형사처벌	회복적 사법
범죄자 처벌 중심 국가(정부)가 주도하는 방식 가해자와 피해자 간 조정 없음	피해자의 (피해)회복 중심 피해자의 적극적인 참여 유도 가해자와의 갈등 해소·원상회복

정답 | ③

240

회복적 사법에 대한 설명으로 옳지 않은 것은? 보호7급 23

① 범죄로 인한 피해에는 지역사회가 겪는 피해가 포함된다.

② 시민에게 갈등과 사회문제의 해결에 참여하는 기회를 제공함으로써 공동체 의식을 강화하는 것을 목표로 한다.

③ 지역사회 내에서 범죄자와 그 피해자의 재통합을 추구한다.

④ 가해자는 배상과 교화의 대상으로서 책임을 수용하기보다는 비난을 수용하여야 한다.

해설 ④ 가해자가 배상과 교화의 대상으로서 책임을 수용하기보다는 비난을 수용하여야 한다는 것은 응보적 사법을 말하며 회복적 사법에서 피해자는 직접참여자로써 범죄 해결과정의 중심 인물로 인식되고, 가해자는 책임을 수용하고 배상과 교화의 대상으로 인식된다.

정답 | ④

241

발달 범죄학의 주요 이론에 대한 설명으로 적절한 것은 모두 몇 개인가? 경찰간부 24

㉠ 손베리(Thornberry)의 상호작용이론은 사회유대의 약화를 비행이 시작되는 출발점으로 보았다.

㉡ 패터슨(Patterson)은 비행청소년을 생애 지속형(Life Persistent)과 청소년기 한정형(Adolescent Limited)으로 구분하였다.

㉢ 모핏(Moffit)은 비행청소년이 되어가는 경로에 따라 조기 개시형(Early Starters)과 후기 개시형(Late Starters)으로 구분하였다.

㉣ 샘슨과 라웁(Sampson & Laub)의 생애과정이론은 사회유대이론과 사회학습이론을 결합한 합성이론이다.

㉤ 티틀(Tittle)의 통제균형이론은 타인으로부터 받는 통제와 자신이 행사하는 통제의 양이 균형을 이룰 때 순응이 발생하고 통제의 불균형이 비행과 범죄행위를 발생시킨다고 설명한다.

① 2개 ② 3개

③ 4개 ④ 5개

해설 [O] ㉠·㉤

[×] ㉡ 모핏(Moffit)의 범죄자 분류에 대한 설명이다.

㉢ 패터슨(Patterson)의 범죄자 분류에 대한 설명이다.

㉣ 샘슨과 라웁(Sampson & Laub)의 생애과정이론은 사회학습이론이 아닌 사회유대의 약화를 범죄행위의 직접적인 원인으로 간주한다는 점에서 사회통제(유대)이론의 주장을 그대로 차용한다. 그러나 허쉬(Hirschi)의 사회유대가 아동기와 청소년기에 국한되었다면, 샘슨과 라웁은 사회유대의 강화와 약화가 사람의 생애 전 과정에서 반복되는 현상으로 보았다.

정답 | ①

242

다음 〈보기〉의 내용은 어느 학자의 이론을 언급한 것인가? 해경간부 24

> <보기>
> ㉠ 한 사람이 다른 사람에게 행사하는 통제의 양과 다른 사람으로부터 받게 되는 피통제 양의 비율(통제비)로써 범죄와 피해를 설명한다.
> ㉡ 두 개의 요소가 균형을 이루면 순응이 발생하나, 그것이 불균형을 이루면 범죄와 피해가 발생한다.

① 티틀(Tittle)
② 패링턴(Farrington)
③ 콜빈(Colvin)
④ 헌스타인(Herrnstein)

해설 ① 티틀(Tittle)의 통제균형이론은 범죄성향의 요인으로서 개인적 통제요인을 확대하는 이론이다. 통제의 개념을 개인에 의해 통제받는 양과 개인을 통제하는 양으로 구분하고, 이 두 개의 통제량이 균형을 이루면 개인은 순응적이 되고, 불균형을 이루면 일탈적이고 범죄적인 행동을 하게 된다고 보았다.

정답 | ①

243

발달범죄학에 관한 설명으로 가장 적절하지 않은 것은? 경행2차 23

① 손베리(Thornberry)는 사회통제이론(Social Control Theory)과 사회학습이론(Social Learning Theory)을 통합하여 범죄행위는 행위자와 환경이 상호작용하는 발전적 과정에 의하여 발생한다고 주장하였다.
② 샘슨(Sampson)과 라웁(Laub)은 아동기, 청소년기를 거쳐 성인기까지의 생애과정에 걸친 범죄의 지속성과 가변성을 설명하였다.
③ 샘슨과 라웁은 행위자를 둘러싼 상황적·구조적 변화로 인해 범죄가 중단된다고 주장하였다.
④ 모핏(Moffit)의 비행청소년 분류에서 청소년기 한정형(adolescent －limited) 집단이 저지르는 범죄와 반사회적 행위는 전 생애에 걸쳐 안정성이 두드러지며 가변성을 특징으로 하지 않는다.

해설 ④ 모핏(Moffit)의 비행청소년 분류에서 청소년기 한정형은 생애지속형과는 달리 사춘기에 접어들면서 집중적으로 일탈행동을 저지르다가 성인이 되면 일탈행동을 멈추는 유형이다.
① 손베리(Thornberry)의 상호작용이론은 사회유대이론과 사회학습이론을 결합한 통합이론이다.
② 샘슨(Sampson)과 라웁(Laub)은 범죄행위의 지속성과 가변성이 어린 시절의 특성이나 경험에 의해 결정된다기보다는 인생의 중요한 전환기에 발생하는 사건들과 그 결과에 의해 영향을 받는다고 보았다.
③ 사회유대의 회복을 통해 범죄와의 단절이 이루어지는 과정에 관하여 샘슨과 라웁은 행위자를 둘러싼 상황적·구조적 변화가 장기적인 행동의 변화를 이끈 것이라고 설명한다.

정답 | ④

244

통합 및 발달범죄이론에 관한 설명으로 가장 적절하지 않은 것은? 경행1차 23

① 패터슨(Patterson)은 비행청소년이 되어가는 경로를 조기 개시형(early starters)과 만기 개시형(late starters)으로 구분하였다.

② 손베리(Thornberry)는 비행청소년을 청소년기 한정형(adolescence－limited)과 생애지속형(life－course－persistent)으로 분류하였다.

③ 엘리엇(Elliott)과 동료들은 사회유대가 강한 청소년일수록 성공기회가 제약되면 긴장을 느끼게 되고, 불법적 수단을 활용할 가능성이 크다고 주장하였다.

④ 샘슨(Sampson)과 라웁(Laub)은 연령에 따른 범죄행위의 지속성과 가변성이 인생의 중요한 전환기에 발생하는 사건들과 그 결과에 의해 영향을 받는다고 주장하였다.

해설 ② 모핏(Moffit)에 대한 설명이다. 모핏은 신경심리학, 낙인이론, 긴장이론의 입장에서 범죄경력의 발전과정을 설명하였고, 생물사회이론 범죄학자답게 생물학적 특성을 보다 강조하였다.

모핏의 이론

- 모핏(Moffitt)은 신경심리학, 낙인이론 그리고 긴장이론의 입장에서 범죄경력의 발전과정을 주장한다.
- 어린 나이부터 비행을 시작한 사람들은 10대에 시작하는 사람들과는 차이가 있다.
- 어린 나이에 비행을 시작한 사람들은 사회 및 법 규범을 위반할 높은 가능성을 가지고 청소년기나 그 이후의 시기를 지속한다. 반면, 10대에 시작하는 사람들은 성인이 되면 거의 비행을 지속하지 않는다.
- 생애 지속적 비행자에 대한 친구의 영향은 미미하다. 하지만 성인에 이르기까지 비행을 지속하지 않는 청소년기에 한정된 비행자는 친구의 영향을 보다 강하게 받는다.

손베리(Thornberry)의 상호작용이론

- 처음에 비행은 청소년기에 전통사회와의 결속의 약화에서 발생한다. 부모에 대한 애착, 학교에 대한 전념, 전통적 가치에 대한 믿음의 연결이 약화될 때마다 비행의 가능성이 증가한다고 보는 것이다.
- 상호과정적 과정은 개인의 생애주기를 통해 발전되며 각 연령단계에 따라 이론적 설명요인들의 중요도는 상이하게 작용한다.
  - 예 유년기에는 가족이 중요한 역할을 하지만 청소년기에는 가족이나 부모보다는 친구, 학교 그리고 청소년문화가 중요한 역할을 하게 되고, 성인기에는 전통적 활동과 가족에 대한 헌신이 보다 중요한 역할을 한다.

정답 | ②

245

발달이론에 관한 설명으로 옳지 않은 것은? 교정7급 23

① 글룩(Glueck)부부는 반사회적인 아이들은 성인이 되어 가해경력을 지속할 가능성이 크다고 보았다.

② 모핏(T. Moffitt)의 생애지속형(life-course-persistent) 비행청소년은 생래적인 신경심리적 결함이 주된 비행의 원인이며, 유아기의 비행은 성인기까지도 지속된다.

③ 손베리(T. Thornberry)는 후기개시형(late starters) 비행청소년 일탈의 원인을 비행친구와의 접촉으로 보았다.

④ 샘슨(R. Sampson)과 라웁(J. Laub)은 생애주기에 있어 시기에 따라 서로 다른 비공식적 사회통제가 존재하며, 인생의 전환점에 의해 언제든지 변할 수 있다고 보았다.

해설 ③은 손베리(T. Thornberry)가 아닌 패터슨(Patterson)의 주장이다. 패터슨은 아동의 성장과정 속에서 문제행동과 주변환경 간의 상호작용을 통해 반사회성이 형성되는 점에 주목하였고, 이를 조기개시형과 만기개시형으로 나누었다.

- 조기개시형 : 아동기부터 반사회적 행동을 저지르는 유형으로, 반사회적 행동이 반복될수록 유대관계를 맺지 못하고, 성인이 되어서도 지속적으로 범죄를 저지른다.
- 만기개시형 : 아동기에는 문제없이 성장하다가 사춘기에 접어들어 비행친구와 접촉하면서 반사회적 행동을 저지르는 유형으로, 일탈의 심각성 수준은 조기개시형보다 현저히 떨어진다.

정답 | ③

246

모핏(Moffitt)의 발전이론과 관련성이 가장 적은 것은? 해경간부 24

① 청소년기 한정형 범죄자
② 거리효율성(Street Efficacy)
③ 성숙격차(Maturity Gap)
④ 생애지속형 범죄자

해설 ② 거리효율성은 샘슨(Sampson)의 집합효율성 이론을 확장하는 이론으로, 집합효율성을 거리의 개념에서 측정하는 것이다. 거리효율성이 높은 청소년은 폭력적 행동을 회피하는 것으로 나타났다.

정답 | ②

247

모핏(Moffitt)의 청소년기 한정형(adolescence-limited) 일탈의 원인으로 옳은 것만을 모두 고르면?

보호7급 22

> ㉠ 성숙의 차이(maturity gap)
> ㉡ 신경심리적 결함(neuropsychological deficit)
> ㉢ 사회모방(social mimicry)
> ㉣ 낮은 인지 능력(low cognitive ability)

① ㉠, ㉡　　② ㉠, ㉢
③ ㉡, ㉣　　④ ㉢, ㉣

해설 ② 청소년기 한정형(adolescence-limited) 일탈과 관계가 있는 것은 ㉠, ㉢이다.

[O] ㉠·㉢ 청소년기 한정형은 아동기까지는 반사회적 행동을 하지 않다가 사춘기에 접어들면서 집중적으로 일탈행동을 저지르다가 성인이 되면 일탈행동을 멈추는 유형으로, 사춘기 초기에 일탈행동에 가담하게 되는 주된 이유는 성장격차 때문이다. 즉 사춘기는 생물학적 나이와 사회적 나이 간에 격차가 발생하는 시기이다. 또한 청소년기 동안 성인들의 역할과 지위를 갈망하게 되고 인생지속형 범죄자들을 흉내내며 흡연, 음주 등 경미한 지위비행 등을 일삼게 된다.

[×] ㉡·㉣ 생애지속형은 유아기부터 문제행동이 시작되어 평생 동안 범죄행동을 지속하는 유형으로, 생래적인 신경심리학적 결함으로 인해 유아기 동안 언어 및 인지능력에서 장애증상을 보이며, 각종 문제를 일으킨다.

정답 | ②

PART

06

범죄유형론

CHAPTER 01 전통적 범죄

01

우리나라의 범죄발생현황을 설명한 것으로 옳은 것은?

① 폭력범죄의 경우 10대(11~19세)의 비율이 가장 높다.
② 폭력범죄 발생 건수가 교통범죄보다 많다.
③ 살인범죄의 동기는 우발적 동기가 가장 많다.
④ 강도범죄는 주로 농어촌지역에서 많이 발생한다.

해설 ① 폭력범죄의 경우 41~50세의 비율이 가장 높다.
② 폭력범죄의 발생 건수는 교통범죄보다 적다.
④ 강도범죄는 주로 농어촌지역보다 도시지역에서 많이 발생한다.

정답 | ③

02

사회·문화적 환경과 범죄에 대한 설명으로 옳지 않은 것은? 보호7급 22

① 체스니－린드(Chesney－Lind)는 여성범죄자가 남성범죄자보다 더 엄격하게 처벌받으며, 특히 성(性)과 관련된 범죄에서는 더욱 그렇다고 주장하였다.

② 스토우퍼(Stouffer), 머튼(Merton) 등은 상대적 빈곤론을 주장하면서 범죄발생에 있어 빈곤의 영향은 단지 빈곤계층에 국한된 현상이 아니라고 지적하였다.

③ 매스컴과 범죄에 대하여 '카타르시스 가설'과 '억제가설'은 매스컴의 역기능성을 강조하는 이론이다.

④ 서덜랜드(Sutherland)는 화이트칼라범죄를 직업활동과 관련하여 존경과 높은 지위를 가지고 있는 사람이 저지르는 범죄라고 정의했다.

해설 ③ '카타르시스 가설'과 '억제가설'은 매스컴이 범죄와 무관하며 순기능을 가진다는 이론이다.

① 체스니－린드는 형사사법체계에서 여자청소년의 비행과 범죄는 남자청소년에 비해 더 엄한 법적 처벌을 받는다며 소년범들의 성별에 따른 차별적 대우가 존재한다고 보았으며, 특히 성(性)과 관련된 범죄에서는 더욱 그렇다고 주장하였다.

② 상대적 빈곤은 타인과 비교함으로써 느끼는 심리적 박탈감을 뜻하는 것으로, 이러한 연구결과는 범죄발생에 있어 빈곤의 영향은 단지 하류계층에 국한된 현상이 아니라 어떤 계층이든지 느낄 수 있는 것이기 때문에 광범위한 사회계층에 작용하는 문제라고 지적한다. 케틀레(Quetelet), 스토우퍼(Stouffer), 머튼(Merton), 토비(Toby) 등이 상대적 빈곤론을 주장하였다.

④ 화이트칼라범죄라는 용어는 상류계층의 사람이나 권력이 있는 사람들이 자신의 직업활동과정에서 자신의 지위를 이용하여 저지르는 범죄를 의미하며, 1939년 서덜랜드가 부유한 사람과 권력 있는 사람들의 범죄활동을 기술하기 위해 처음 사용한 용어이다.

정답 | ③

03

다음 중 젠더(Gender)폭력에 해당하지 않는 것은?

① 성폭력 ② 리벤지포르노

③ 학교폭력 ④ 데이트강간

해설 젠더(gender)폭력은 여성과 남성의 성차에 기반을 두고 발생하는 신체적·성적·정서적 폭력을 말한다. 성폭력·가정폭력 등 전통적인 여성폭력 외에도 스토킹·데이트강간·사이버성폭력·리벤지포르노(revenge porno, 금전을 요구하거나 이별을 빌미로 협박하기 위해 유포하는 성적인 사진, 영상 콘텐츠) 등이 여기에 해당한다.

정답 | ③

04

다음 (　) 안에 들어갈 내용으로 가장 적절한 것은? 경행1차 23

살인범죄는 피해자의 수에 따라 일반살인과 다수(다중)살인으로 구분할 수 있다. 보통 일반살인은 피해자가 1명인 경우를 말하며, 다수살인은 피해자가 2~4명 이상인 경우를 의미한다. 다수살인을 시간과 장소에 따라 보다 세분화하면, (㉠)은 한 사건에서 다수의 피해자를 발생시키는 행위를 말하고, (㉡)은 심리적 냉각기를 거치지 않고 여러 장소를 옮겨 다니면서 살해하는 행위이며, (㉢)은 한 사건과 그 다음 사건 사이에 심리적 냉각기가 존재하는 살인행위를 의미한다.

① ㉠ 대량살인 ㉡ 연쇄살인 ㉢ 연속살인
② ㉠ 연속살인 ㉡ 연쇄살인 ㉢ 대량살인
③ ㉠ 대량살인 ㉡ 연속살인 ㉢ 연쇄살인
④ ㉠ 연속살인 ㉡ 연속살인 ㉢ 대량살인

해설 ③ ㉠ 대량살인, ㉡ 연속살인, ㉢ 연쇄살인이 옳다.

살인의 유형

① 표출적 살인 : 부정적 감정표출에 의한 살인이다.
② 도구적 살인 : 피해자를 성적 도구로 이용하기 위한 살인이다. 여기서 범죄자는 피해자를 단지 자신의 목적을 달성하기 위해 제거 혹은 이용해야 할 물건이나 대상으로 여긴다.
③ 충동적 살인 : 감정과 행동이 통제가 안 되는 살인으로, 다양한 범죄를 지속할 가능성이 크다.
④ 연쇄살인 : 다수의 장소에서 4건 이상의 살인을 저지르는 것으로, 사건 간의 냉각기를 갖는다.
⑤ 연속살인 : 짧은 시간 내에 여러 장소에서 두 명 이상의 살인을 저지르는 것이다.
⑥ 대량살인 : 동일한 시간과 장소에서 여러 명을 살해하는 것이다.

정답 | ③

05

홈즈와 드버거(Holmes & DeBurger)의 연쇄살인범 유형에 대한 설명으로 가장 적절하지 않은 것은?

경찰간부 24

① 망상형(Visionary Serial Killers) - 환각, 환청 또는 망상이 살인의 원인이 된다. 정신적 장애를 수반하며 망상형 연쇄살인범은 신의 지시 명령에 따른 것이라고 주장하기도 한다.

② 사명형(Mission-Oriented Serial Killers) - 성매매 여성, 동성애자, 범죄자 같은 특정 유형의 사람들을 사회에서 제거해야 한다는 신념으로 살해하는 경우로 정신이상이 아니며 환청이나 환각을 경험하지 않는다.

③ 쾌락형(Hedonistic Serial Killers) - 본인의 쾌락을 충족하기 위해 살해하는 유형으로 이들이 추구하는 쾌락에 따라 성욕형, 스릴형, 재물형으로 구분할 수 있다.

④ 권력형(Power/Control Serial Killers) - 정치적·경제적 권력을 쟁취하기 위하여 자신에게 방해되는 사람들을 무자비하게 살해하는 폭군이나 독재자 같은 포식자 유형이다.

해설 ④ 권력형은 정치적 권력이 아닌 타인의 삶 자체를 자신이 통제할 수 있다는 '정복감'과 '힘의 우위'를 성취감으로 느끼며 성적 가학행위와 환상이 발현된다.

주요 행동패턴에 따른 연쇄살인의 분류(홈즈와 드버거)

- 망상형 : 환청, 환각, 망상으로 인해 살인 후 이를 정당화한다.
- 사명감형 : 자신의 기준, 신념체계에 따라 사회에서 부도덕하거나 옳지 않은 일을 하는 집단을 선택하여 그 구성원을 살인의 희생자로 한다.
- 쾌락형 : 살인 자체를 즐기면서 희열을 추구하며 '성적 쾌감과 스릴'을 맛보거나 '위안'을 삼으려고 한다.
- 권력형 : 타인의 삶 자체를 자신이 통제할 수 있다는 '정복감'과 '힘의 우위'를 성취감으로 느끼며 성적 가학행위와 환상이 발현된다.

정답 | ④

06

폭스(Fox)와 레빈(Levin)이 분류한 대량 살인범의 유형에 포함되지 않는 것은? 해경간부 24

① 복수형 살인범(Revenge Killers)

② 사명형 살인범(Mission Killers)

③ 이익형 살인범(Profit Killers)

④ 사랑형 살인범(Love Killers)

해설 폭스(Fox)와 레빈(Levin)은 복수형 살인범(Revenge Killers), 사랑형 살인범(Love Killers), 이익형 살인범(Profit Killers), 테러형 살인범(Terror Killers)으로 구분하였다.

정답 | ②

07

다음이 설명하는 폭스와 레빈(Fox & Levin)의 연쇄살인범 유형은?

세상을 변혁시키기 위한 어떤 임무를 수행하는 일환으로 연쇄살인 범죄를 저지르는 유형

① 스릴추구형
② 이익추구형
③ 미션추구형
④ 애정추구형

해설 지문에 제시된 내용은 미션추구형(사명감형)에 대한 설명이다.

➤ **폭스와 레빈(Fox & Levin, 1992)의 연쇄살인범 유형**

스릴형 (thrill)	성적 가학형	성적학대를 이유로 하며 연쇄살인범의 대다수를 차지한다.
	지배형	상대방에 대한 우월감을 얻기 위해 행하는 유형이다.
미션형(사명감형) (mission)	개혁형	사회의 악을 제거한다는 명분으로 행하는 유형이다. 살해대상은 매춘부, 노숙자, 성소수자 등이다.
	망상형	신으로부터 지시를 받고 행한다는 망상에 잡힌 유형이다. 빈도는 가장 낮다.
편의형 (expedience)	이익추구형	금전적 이익을 얻기 위한 유형이다.
	보호수단형	범죄 후 이를 은폐하고자 하는 유형이다.

정답 | ②

08

강간범죄의 유형에 관한 설명 중 옳지 않은 것은?

① 어린이 강간은 면식범이 가해자인 비율이 매우 높다.
② 그로스(Gross)는 강간의 형태를 대체적 공격, 보상적 공격, 성공격 동시 수행, 충동에 의한 경우로 분류하였다.
③ 남성 강간은 피해에 대한 인정이 어려워 신고율이 매우 낮은 편이다.
④ 학습이론에 따르면 강간도 다른 사회행위를 학습하는 것과 동일하다고 본다.

해설 ② 강간에 대한 코헨(Cohen)의 분류이다.

➤ **코헨의 강간 분류**

대체공격	배우자나 애인 등에게 성적 거절을 당했을 때, 불만 해소를 위해 임의로 선택한 여성에게 성적 공격
보상적 공격	여자를 만나기 어려운 성격의 자가 방어력이 약한 여성을 대상으로 성적 공격
성(性)공격 동시 범행	피해자가 공격하면 더욱 흥분하고 이에 대한 반격으로 성적 공격
충동	순간적인 충동에 의한 경우

정답 | ②

09

다음에서 설명하는 그로스(Groth)의 강간유형으로 가장 적절한 것은? 경행2차 23

> 피해자를 자신의 통제하에 놓고 싶어하는 강간으로, 여성을 성적으로 지배하기 위한 목적으로 행하는 강간의 유형이다.

① 권력형(지배형) 강간
② 분노형 강간
③ 스릴추구형 강간
④ 가학성 변태성욕 강간

해설 ① 권력형(지배형) 강간의 유형이다.

그로스(Groth)가 분류한 강간의 다양한 유형(3가지)

- 지배강간(power rape) : 피해자를 힘으로 자신의 통제하에 두고 싶어 하는 유형이다(= 권력 강간). 능력 있는 남성이라는 자부심을 유지하기 위해 '강간'이라는 비정상적인 행위로 자신의 힘을 과시, 확인하고자 한다.
- 가학성 변태성욕 강간(sadistic rape) : 분노와 권력 욕구가 성적으로 변형되어 가학적인 공격행위 그 자체에서 성적 흥분을 일으키는 정신병질적 유형이다. 철저한 사전계획하에 상대방을 다양하게 성적으로 모욕하는 등 반복적인 행동을 통해 쾌락과 만족감을 얻는다.
- 분노강간(anger rape) : 증오와 분노의 감정에 의해 촉발되는 우발적·폭력적인 유형이다. 성적 만족을 위해서가 아니라 자신의 분노를 표출하고 상대방을 모욕하기 위한 행동으로 심한 신체적인 학대를 가한다.

정답 | ①

10

그로스(Groth)의 폭력적 강간의 유형으로 가장 옳지 않은 것은? 해경간부 24

① 가학성 변태성욕 강간 ② 지배형 강간
③ 스릴추구형 강간 ④ 분노형 강간

해설

그로스(N. Groth)가 분류한 강간유형

- 지배형 강간 : 피해자를 힘으로 자신의 통제하에 강간하는 유형으로, 능력 있는 남성이라는 자부심을 유지하기 위하여 강간이라는 비정상적인 행위를 통하여 자신의 힘을 과시하고 확인하고자 한다.
- 가학성 변태성욕 강간 : 가학적인 공격행위 그 자체에서 성적 흥분을 일으키는 정신 병리적 유형으로, 사전 계획하에 상대방을 묶거나 성기나 유방을 물어뜯거나 불로 지지는 등 다양한 방법으로 모욕하는 등 반복적인 행동으로 쾌락과 만족감을 얻는다.
- 데이트강간 : 10~20대 사이에서 여성의 동의 없이 남성이 강제로 폭행 또는 협박하는 유형이다.
- 분노형 강간 : 자신의 분노를 표출하고 상대방을 모욕하고 미워하기 위한 행동을 하는 유형으로, 성적 만족을 위해서 행해지는 것이 아니라 자신의 분노를 표출하고 상대방을 모욕하고 미워하기 위한 행동으로 신체적인 학대가 심하다.

정답 | ③

11

다음이 설명하는 성폭행범죄의 동기유형은?

> 성폭행범들의 가장 흔한 유형으로 여성을 지배하는 통제력을 느끼고 싶어하지만 남성다운 외모나 체격을 갖추지 못한 유형

① 권력형　　② 분노치환형
③ 가학형　　④ 남성성 확인형

해설 제시된 지문은 남성성 확인형에 대한 설명이다.

➤ 성폭행범죄의 동기유형

권력형	• 성적 만족보다는 자신의 힘, 남성다움, 성적 매력을 과시하는 것이 목적인 유형이다. • 주로 술집 등에서 피해자에게 환심을 산 후 범행을 저지른다.
분노치환형	• 여성을 적대시하며 처벌할 목적으로 범행을 저지르는 유형이다. • 성욕 때문이 아니라 특정 여성에 대한 복수심이 원인이 되어 그와 비슷한 외모·분위기를 가진 여성을 대상으로 한다.
가학형	• 성폭행범들 중 가장 드물고 난폭한 유형이다. • 비면식관계인 피해자에게 가학적인 행위를 하면서 그들의 반항, 고통, 공포를 통해 쾌락과 만족감을 얻는다.
남성성 확인형	• 성폭행범들의 가장 흔한 유형이다. • 여성을 지배하는 통제력을 가지고 싶지만 정상적인 방법으로는 여성을 유혹할 수 있는 남성다움을 갖추지 못한 유형이다.
기회주의형	• 절도, 가택침입 등 다른 범죄를 저지르던 중 여성을 강간할 기회가 생기면 범행을 저지르는 유형

정답 | ④

12

향정신성 의약품에 해당되지 않는 것은?

① 메스암페타민　　② LSD
③ 날부핀　　④ 대마초

해설 ④ 대마는 향정신성 의약품에 해당되지 않는다.

정답 | ④

13

엑스터시(Ecstasy)에 관한 설명으로 옳은 것은?

① 아편으로 만든 천연 마약이다.
② 의사의 처방이 있으면 약국에서 구입이 가능하다.
③ 클럽마약, 도리도리 등으로 불린다.
④ 감기약으로 진해작용이 있고 코데인 대용품이다.

해설 ③ 엑스터시는 파티에서 주로 사용되기 때문에 '파티용 알약' '도리도리'라고도 불리며, 환각작용이 강하다. 치료용으로 사용되지 않기 때문에 의사가 처방할 수 없다.

정답 | ③

14

약물범죄에 관한 설명으로 옳은 것은 모두 몇 개인가? 경행2차 23

> ㉠ 「마약류 관리에 관한 법률」에 따르면 마약류란 마약·향정신성 의약품 및 대마를 말한다.
> ㉡ 클로워드(Cloward)와 올린(Ohlin)의 차별기회이론(Differential Opportunity Theory)과 머튼(Merton)의 아노미이론(Anomie Theory) 등으로 약물범죄의 원인을 설명할 수 있다.
> ㉢ 세계보건기구(WHO)는 마약을 '사용하기 시작하면 사용하고 싶은 충동을 느끼고(의존성), 사용할 때마다 양을 증가시키지 않으면 효과가 없으며(내성), 사용을 중지하면 온몸에 견디기 힘든 이상을 일으키며(금단증상), 개인에게 한정되지 않고 사회에도 해를 끼치는 물질'로 정의하고 있다.
> ㉣ 마약류는 특정 직업 및 계층에 국한되어 남용되고 있다.

① 1개　　② 2개　　③ 3개　　④ 4개

해설 ③ 옳은 지문은 ㉠·㉡·㉢이다.

[○] ㉠ 마약류 관리에 관한 법률 제2조 제1호

㉡ 클로워드와 올린의 비행하위문화 유형(3가지) 중 도피적 하위문화에 속한다.

➤ 클로워드와 올린의 비행하위문화 유형

- 범죄적하위문화
  - 불법적 기회구조가 발달한 지역에서 형성되는 하위문화이다.
  - 지역 내 범죄조직이 체계적이고 성인범죄자와 소년들 간 통합이 강하여 범죄기술의 '학습'이 가능해져 범죄자가 되기 쉽다.
- 갈등하위문화
  - 범죄는 조직화되지 않았지만 좌절을 공격성으로 표출하는 하위문화이다.
  - 체계적 범죄집단이 없기 때문에 불법적 수단의 학습이 불가하여 안정적인 범죄하위문화 형성이 어렵다.
  - 힘을 과시하기 위한 폭력의 행사가 빈번하다(예 갱 전쟁).
- 도피하위문화
  - 모든 불법적 기회구조가 형성되지 않은 지역의 하위문화이다.
  - 합법적 기회뿐 아니라 불법적 기회까지 차단 → 이중실패자(예 마약중독자, 성적 일탈자)

[×] ㉢

㉣ 마약류와 연관된 문제는 특정 계층에 국한되지 않고 있다.

정답 | ③

15

약물범죄에 대한 설명으로 가장 적절하지 않은 것은? 경찰간부 24

① 약물은 생산방식에 따라 천연약물, 합성약물, 대용약물로 구분되는데 합성약물에는 메스암페타민, LSD, 엑스터시 등이 있다.

② 약물범죄는 약물사용자 스스로가 가해자인 동시에 피해자가 되는 것이지 특정인이나 제3자가 범죄피해자가 되는 것이 아니라는 점에서 대표적인 피해자 없는 범죄(Victimless Crime)로 구분된다.

③ 대마는 세계에서 가장 널리 남용되고 있는 마약류로 세계 전역에서 생산되어 마리화나, 해시시, 대마유 등의 형태로 가공되어 유통되고 있다.

④ 마약의 주생산지 중 황금의 삼각지대와 황금의 초생달지역에서 세계 아편과 코카인의 대부분을 생산하고 있다.

해설 ④ 코카인은 대부분 코카나무 자생지인 콜롬비아(50%), 페루(32%), 볼리비아(15%) 등 남미 안데스 산맥의 3개국에서 생산되고 있다.

정답 | ④

16

가정 환경과 범죄에 관한 설명으로 가장 옳지 않은 것은?

① 최근 중류계층 출신의 비행청소년이 증가하는 추세에 있다.

② 글룩부부는 일관성 없는 훈육의 부적절성을 강조하였다.

③ 나이(Nye)는 극단적으로 엄격한 훈육은 청소년의 자유로운 동료집단과의 상호작용을 방해하여 동집단과의 상호작용을 방해한다고 보았다.

④ 폴락은 아버지와 어머니가 직장에서 갖는 계급의 차이가 가족구조를 '가부장적 가정'과 '평등주의적 가정'으로 구분할 수 있다고 보았다.

해설 ④ 헤이건의 권력통제이론에 대한 설명이다.

정답 | ④

17

현행법상 성범죄로 유죄판결이 확정된 자의 공개되는 신상정보가 아닌 것은?

① 성명

② 가족관계

③ 성폭력범죄 전과사실

④ 등록대상 성범죄 요지

해설 ② 가족관계는 현행법상 성범죄로 유죄판결이 확정된 자의 공개되는 신상정보에 해당되지 않는다.

성범죄로 유죄판결이 확정된 자의 공개되는 신상정보(아동·청소년의 성보호에 관한 법률 제49조 제4항)

1. 성명
2. 나이
3. 주소 및 실제거주지(「도로명주소법」 제2조제3호에 따른 도로명 및 같은 조 제5호에 따른 건물번호까지로 한다)
4. 신체정보(키와 몸무게)
5. 사진
6. 등록대상 성범죄 요지(판결일자, 죄명, 선고형량을 포함한다)
7. 성폭력범죄 전과사실(죄명 및 횟수)
8. 「전자장치 부착 등에 관한 법률」에 따른 전자장치 부착 여부

정답 | ②

CHAPTER

02 특수범죄

01

경찰청은 사이버범죄를 '정보통신망 침해 범죄', '정보통신망 이용 범죄', '불법 컨텐츠 범죄'로 구분하고 있다(2021년 기준). 다음 중 '정보통신망 침해범죄'와 가장 거리가 먼 것은? 경찰간부 23

① 해킹
② 사이버 도박
③ 서비스 거부 공격(DDos 등)
④ 악성 프로그램 전달 및 유포

해설 경찰청 사이버범죄의 유형 구분

1) 정보통신망침해 범죄
해킹, 서비스거부 공격, 악성프로그램, 기타 정보통신망 침해형 범죄 등
2) 정보통신망이용 범죄
사이버 사기, 사이버금융범죄(피싱, 파밍, 스미싱, 메모리해킹, 몸캠피싱 등), 개인·위치정보 침해, 사이버 저작권 침해, 사이버스팸메일, 기타 정보통신망 이용형 범죄 등
3) 불법 컨텐츠범죄
사이버성폭력, 사이버도박, 사이버 명예훼손·모욕, 사이버스토킹, 사이버스팸메일, 기타 불법 콘텐츠 범죄 등

정답 | ②

02

경찰청은 사이버범죄를 '정보통신망 침해범죄', '정보통신망 이용범죄', '불법 콘텐츠 범죄'로 구분하고 있다(2021년 기준). 다음 중 '정보통신망 침해범죄'와 가장 거리가 먼 것은? 경찰간부 23

① 해킹
② 사이버 도박
③ 서비스 거부 공격(DDos 등)
④ 악성프로그램 전달 및 유포

해설

경찰청 사이버범죄의 유형 구분

- 정보통신망 침해범죄 : 해킹, 서비스 거부 공격, 악성프로그램, 기타 정보통신망 침해형 범죄 등
- 정보통신망 이용범죄 : 사이버 사기, 사이버 금융범죄(피싱, 파밍, 스미싱, 메모리해킹, 몸캠피싱 등), 개인·위치 정보 침해, 사이버 저작권 침해, 사이버 스팸메일, 기타 정보통신망 이용형 범죄 등
- 불법 콘텐츠 범죄 : 사이버 성폭력, 사이버 도박, 사이버 명예훼손·모욕, 사이버 스토킹, 사이버 스팸메일, 기타 불법 콘텐츠 범죄 등

정답 | ②

03

사이버범죄의 유형을 나타내는 용어 중 성격이 가장 다른 하나는? 해경간부 24

① e-후킹(Hooking) ② 스푸핑(Spoofing)
③ 스미싱(Smishing) ④ 비싱(Vishing)

해설 ①은 정보통신망 침해범죄에 해당하고, ②·③·④는 정보통신망 이용범죄에 해당한다.
① e-후킹은 해킹기법의 한 종류로 이용자가 키보드를 누른 정보를 밖으로 빼돌리는 것으로, 카드비밀번호 등 중요한 정보를 유출시키는 기법이다.
② 스푸핑이란 '속이거나 골탕먹이다.'는 의미로 직접적으로 시스템에 침입을 시도하지 않고 피해자가 공격자의 악의적인 시도에 의한 잘못된 정보 혹은 연결을 신뢰하게끔 만드는 일련의 기법들을 의미한다. 참고로 스니핑이란 '냄새를 맡다.'라는 의미로 컴퓨터 네트워크상에 돌아다니는 패킷들을 훔쳐보는 것을 말한다.
③ 스미싱은 인터넷이 가능한 휴대폰 사용자에게 문자 메시지를 보낸 후, 사용자가 웹사이트에 접속하면 악성코드를 주입해 휴대폰을 통제하는 수법을 말한다.
④ 비싱은 피싱이 발전된 수법으로, 금융기관을 가장하여 인터넷 전화를 이용하여 은행계좌에 문제가 있다는 자동 녹음된 메시지를 보낸 뒤, 사용자가 비밀번호 등을 입력하면 빼내가는 수법을 말한다.

정답 | ①

04

다음 중 유형별 범죄에 대한 설명으로 가장 옳지 않은 것은? 해경간부 23

① 스토킹 범죄는 대체로 안면이 있거나 과거의 친밀한 관계에 있는 사람들에 의해서 행해진다.
② 미국 FBI의 정의에 따르면, 증오범죄란 피해자에 대한 개인적 원한 또는 복수심이 원인이 되어 발생하는 범죄를 말한다.
③ 일상생활에 도움이 필요한 아동과 노인을 적절히 돌보지 않는 행위도 가정폭력의 범주에 포함될 수 있다.
④ 어떠한 범죄가 화이트칼라범죄인지 여부는 범죄자의 사회적 지위만으로 판단할 수 있는 것이 아니다.

해설 ② 미국 FBI의 정의에 따르면, 증오범죄란 인종, 종교, 장애, 성적 지향, 성별 또는 성정체성에 대한 범죄자의 편견이 범행의 전체 또는 일부 동기가 되어 발생하는 범죄를 의미한다.

정답 | ②

05

각 유형별 범죄에 대한 설명으로 가장 적절하지 않은 것은? 경찰간부 23

① 화이트칼라범죄(white－collar crime)라는 용어는 서덜랜드(Sutherland)가 최초로 사용하였다.

② 미국 FBI의 정의에 따르면, 증오범죄란 피해자에 대한 개인적 원한 또는 복수심이 원인이 되어 발생하는 범죄를 말한다.

③ 일상생활에 도움이 필요한 아동과 노인을 적절히 돌보지 않는 행위도 가정폭력의 범주에 포함될 수 있다.

④ 어떠한 범죄가 화이트칼라범죄인지 여부는 범죄자의 사회적 지위만으로 판단할 수 있는 것이 아니다.

해설 ② 미국 FBI의 정의에 따르면, 증오범죄란 인종, 종교, 장애, 성적 지향, 성별 또는 성정체성에 대한 범죄자의 편견이 범행의 전체 또는 일부 동기가 되어 발생하는 범죄를 의미한다. 개인적 복수심은 거리가 멀다.

① 화이트칼라범죄라는 용어는 상류계층의 사람이나 권력이 있는 사람들이 자신의 직업활동 과정에서 자신의 지위를 이용하여 저지르는 범죄를 의미하며, 1939년 서덜랜드가 부유한 사람과 권력 있는 사람들의 범죄활동을 기술하기 위해 처음 사용한 용어이다.

③ 방임은 아동학대와 노인학대에서 주로 많이 나타나는 가정폭력의 유형의 하나로 경제적 자립 능력이 부족하거나 일상생활에 도움이 필요한 아동과 노인을 방치하는 행위를 말한다.

④ 화이트칼라범죄는 서덜랜드에 따르면 높은 사회적 지위를 가지고 존경받고 있는 사람이 자신의 직업 활동과 관련하여 행하는 범죄로 정의된다.

정답 | ②

06

다음 중 화이트칼라범죄에 대한 설명으로 가장 옳지 않은 것은? 해경간부 23

① 서덜랜드(Sutherland)에 따르면 사회적 지위가 높은 사람이 그 직업 활동과 관련하여 행하는 범죄로 정의된다.

② 범죄행위의 적발이 쉽지 않고 증거수집에 어려움이 있다.

③ 암수범죄의 비율이 높고 선별적 형사소추가 문제되는 범죄유형이다.

④ 범죄로 인한 피해의 규모가 크기 때문에 행위자는 죄의식이 크고 일반인은 범죄의 유해성을 심각하게 생각하는 것이 특징이다.

해설 ④ 화이트칼라범죄는 피해의 규모가 큰 반면, 교묘하고 계획적인 범죄가 많아 피해자가 느끼는 피해감정이 미약하며, 가해자도 죄책감을 갖지 않는 특징을 가진다.

정답 | ④

07

화이트칼라 범죄의 통제방법 중 법을 따르도록 시장의 인센티브를 만들려는 시도로 행위자보다 행위에 초점을 맞추는 전략은?

① 분산전략 ② 환원전략
③ 억제전략 ④ 준수전략

해설 ④ 화이트칼라 범죄의 통제전략 중 준수전략은 인센티브를 통해 올바른 방향으로 영향을 끼치게 하는 전략이다.

정답 | ④

08

증오범죄에 관한 설명 중 옳지 않은 것은?

① 백인 경찰관이 흑인을 무차별적으로 폭행한 TV 방영은 흑인들의 증오범죄를 유발하기도 하는데, 촉발사건의 존재가 원인이 되기도 한다.
② 증오범죄는 대면성, 범행대상의 특정성, 비합리성, 잔인성, 지속성 등의 특징을 가진다.
③ 백인 우월주의에 근거한 백인들의 흑인에 대한 범행, 최근 아시아인에 대한 묻지마 폭행 등이 그 예이다.
④ 레빈과 맥드빗(Levin & McDevitt)은 증오범죄를 스릴추구형, 방어형, 사명형, 보복형으로 구분하였다.

해설 ② 증오범죄는 비대면성, 불특정성, 비합리성, 잔인성, 피해 대량성, 지속성, 모방성, 보복 유발성 등이 특징이다.

➤ 레빈과 맥데빗(Levin & McDevitt)의 증오범죄 분류

유형	내용
스릴 추구형	• 소수 집단에 대한 편견, 괴롭힘 재산 파괴 • 상대방에게 고통을 주며 스릴을 느낌
방어형	• 자신과 가치관이 다른 자들이 자신에게 위협이 된다고 인식함 • 외부세력에 대한 방어적 차원에서 공격이 곧 최선의 방어라 봄
사명형	• 종교적 믿음 등에 기초함 • 상대방을 증오하는 것이 사명이라고 인식
보복형	• 자신의 이익훼손에 대한 보복

정답 | ②

09

다음 중 스토킹범죄의 처벌 등에 관한 법률에서 규정하는 스토킹 행위에 포함되는 것은?

㉠ 접근하거나 따라다니거나 진로를 막아서는 행위
㉡ 주거, 직장, 학교, 그 밖에 일상적으로 생활하는 장소(이하 "주거등"이라 한다) 또는 그 부근에서 기다리거나 지켜보는 행위
㉢ 우편·전화·팩스 등을 이용하여 물건이나 글·말·부호·음향·그림·영상·화상(이하 "물건등"이라 한다)을 도달하게 하는 행위
㉣ 직접 또는 제3자를 통하여 물건등을 도달하게 하거나 주거등 또는 그 부근에 물건등을 두는 행위
㉤ 주거등 또는 그 부근에 놓여져 있는 물건등을 훼손하는 행위

① 1개 ② 2개 ③ 3개 ④ 모두 해당

해설 ④ 스토킹범죄의 처벌 등에 관한 법률 제2조 제1호

정답 | ④

10

스토킹범죄의 처벌 등에 관한 법률의 내용으로 옳지 않은 것은?

① "스토킹범죄"란 지속적 또는 반복적으로 스토킹행위를 하는 것을 말한다.
② "피해자"란 스토킹범죄로 직접적 또는 간접적인 피해를 입은 사람을 말한다.
③ 법원은 스토킹범죄의 원활한 조사·심리 또는 피해자 보호를 위하여 필요하다고 인정하는 경우 피해자나 그 주거 등으로부터 100미터 이내의 접근 금지, 피해자에 대한 전기통신을 이용한 접근 금지나 유치장 또는 구치소에 유치하는 것 등을 내용으로 하는 잠정조치 결정을 할 수 있도록 할 수 있다.
④ 스토킹범죄를 저지른 사람은 3년 이하의 징역 또는 3천만원 이하의 벌금에 처한다. 흉기 또는 그 밖의 위험한 물건을 휴대하거나 이용하여 스토킹범죄를 저지른 사람은 5년 이하의 징역 또는 5천만원 이하의 벌금에 처한다.

해설 ② 피해자란 스토킹범죄로 인한 직접적 피해를 입은 사람을 말한다(스토킹범죄의 처벌 등에 관한 법률 제2조 제3호).
① 동법 제2조 제2호
③ 동법 제9조 제1항
④ 동법 제18조 제1항·제2항

정답 | ②

11

스토킹범죄의 처벌 등에 관한 법률의 내용으로 옳지 않은 것은?

① 사법경찰관은 긴급응급조치를 하였을 때에는 지체 없이 검사에게 해당 긴급응급조치에 대한 사후승인을 지방법원 판사에게 청구하여 줄 것을 신청하여야 한다.

② 위의 신청을 받은 검사는 긴급응급조치가 있었던 때부터 48시간 이내에 지방법원 판사에게 해당 긴급응급조치에 대한 사후승인을 청구한다. 이 경우 긴급응급조치결정서를 첨부하여야 한다.

③ 지방법원 판사는 스토킹행위가 지속적 또는 반복적으로 행하여지는 것을 예방하기 위하여 필요하다고 인정하는 경우에는 긴급응급조치를 승인할 수 있다.

④ 긴급응급조치기간은 6개월을 초과할 수 없다.

해설 ④ 긴급응급조치기간은 1개월을 초과할 수 없다(스토킹범죄의 처벌 등에 관한 법률 제5조 제5항).
① 동법 제5조 제1항
② 동법 제5조 제2항
③ 동법 제5조 제3항

정답 | ④

12

「스토킹범죄의 처벌 등에 관한 법률」상 조치에 대한 설명으로 옳지 않은 것은? 보호9급 24

① 사법경찰관리는 진행 중인 스토킹행위에 대하여 신고를 받은 경우, 즉시 현장에 나가 '스토킹행위자와 스토킹행위의 상대방의 분리 및 범죄수사' 조치를 하여야 한다.

② 사법경찰관은 스토킹행위 신고와 관련하여 스토킹행위가 지속적 또는 반복적으로 행하여질 우려가 있고 스토킹범죄의 예방을 위하여 긴급을 요하는 경우, 직권으로 스토킹행위자에게 '스토킹행위의 상대방으로부터 100미터 이내의 접근 금지' 조치를 할 수 있다.

③ 법원은 스토킹범죄의 피해자 보호를 위하여 필요하다고 인정하는 경우, 결정으로 스토킹행위자에게 '피해자의 주거로부터 100미터 이내의 접근 금지' 조치를 할 수 있다.

④ 사법경찰관은 스토킹범죄의 원활한 조사·심리를 위하여 필요하다고 인정하는 경우, 직권으로 스토킹행위자에게 '국가경찰관서의 유치장 또는 구치소에의 유치' 조치를 할 수 있다.

해설 ④ 법원은 스토킹범죄의 원활한 조사·심리 또는 피해자 보호를 위하여 필요하다고 인정하는 경우에는 결정으로 스토킹행위자에게 "잠정조치"를 할 수 있다. 여기서 잠정조치에는 유치장 또는 구치소에의 유치가 포함된다(스토킹범죄의 처벌 등에 관한 법률 제9조 제1항).
① 동법 제3조 제2호
② 동법 제4조 제1항 제1호
③ 동법 제9조 제1항 제2호

참고 스토킹행위자에 대한 잠정조치(스토킹범죄의 처벌 등에 관한 법률 제9조 제1항)

법원은 스토킹범죄의 원활한 조사·심리 또는 피해자 보호를 위하여 필요하다고 인정하는 경우에는 결정으로 스토킹행위자에게 다음 각 호의 어느 하나에 해당하는 조치("잠정조치")를 할 수 있다.
1. 피해자에 대한 스토킹범죄 중단에 관한 서면 경고

2. 피해자 또는 그의 동거인, 가족이나 그 주거 등으로부터 100미터 이내의 접근 금지
3. 피해자 또는 그의 동거인, 가족에 대한 「전기통신기본법」 제2조 제1호의 전기통신을 이용한 접근 금지
3의2. 「전자장치 부착 등에 관한 법률」 제2조 제4호의 위치추적 전자장치의 부착
4. 국가경찰관서의 유치장 또는 구치소에의 유치

➤ 스토킹범죄의 처벌 등에 관한 법률 정리

<table>
<tr><td>사법경찰관리
현장응급조치</td><td>① 스토킹행위의 제지, 향후 스토킹행위의 중단 통보 및 스토킹행위를 지속적 또는 반복적으로 할 경우, 처벌 서면경고
② 스토킹행위자와 피해자 등의 분리 및 범죄수사
③ 피해자등에 대한 긴급응급조치 및 잠정조치 요청의 절차 등 안내
④ 스토킹 피해 관련 상담소 또는 보호시설로의 피해자 등 인도(동의한 경우)</td><td rowspan="2">단,
긴급응급조치의
기간은 1개월
초과 X</td><td rowspan="2">응급조치
변경</td><td rowspan="2">① 긴급응급조치 대상자나 대리인은 취소 또는 종류변경을 사경에 신청 가능
② 상대방이나 대리인은 상대방 등의 주거 등을 옮긴 경우 사경에 긴급응급조치 변경 신청 가능
③ 상대방이나 대리인은 긴급응급조치가 필요하지 않은 경우 취소신청 가능
④ 사경은 직권 또는 신청에 의해 긴급조치를 취소할 수 있고, 지방법원 판사의 승인을 받아 종류변경 가능
※ 통지와 고지
① 상대방 등이나 대리인은 취소 또는 변경취지 통지
② 긴급조치대상자는 취소 또는 변경조치내용 및 불복방법 등 고지</td></tr>
<tr><td>사법경찰관
긴급응급조치
(직권 또는
피해자 등
요청)</td><td>① 스토킹행위의 상대방등이나 그 주거등으로부터 100m 이내의 접근 금지
② 스토킹행위의 상대방등에 대한 전기통신을 이용한 접근 금지</td></tr>
<tr><td>검사의
잠정조치
(청구)</td><td>검사는 스토킹범죄가 재발될 우려가 있다고 인정하면 직권 또는 사법경찰관의 신청에 따라 잠정조치 청구할 수 있음</td><td></td><td rowspan="2">잠정조치
변경
신청</td><td rowspan="2">① 피해자, 동거인, 가족, 법정대리인은 2호(100m 이내 접근금지) 결정이 있은 후 주거 등을 옮긴 경우 법원에 잠정조치결정 변경신청 가능
② 스토킹행위자나 그 법정대리인은 잠정조치 취소 또는 종류변경을 법원에 신청 가능
③ 검사는 직권이나 사경의 신청에 따라 기간의 연장 또는 종류변경을 청구할 수 있고, 필요하지 않은 경우 취소청구도 가능
④ 법원은 결정할 수 있고, 고지하여야 함</td></tr>
<tr><td>법원의
잠정조치</td><td>① 피해자에 대한 스토킹범죄 중단에 관한 서면 경고
② 피해자 또는 그의 동거인, 가족이나 그 주거 등으로부터 100m 이내의 접근 금지
③ 피해자 또는 그의 동거인, 가족에 대한 전기통신을 이용한 접근 금지
④ 전자장치의 부착
⑤ 국가경찰관서의 유치장 또는 구치소 유치</td><td>①, ②, ③, ④는
3개월을 초과 X
(두 차례에
한정하여 각
3개월의 범위에서
연장 가능

⑤는 1개월을
초과 X</td></tr>
</table>

- 긴급응급조치의 효력상실
  1. 긴급조치 정한 기간이 지난 때
  2. 법원의 긴급대상자에 대한 조치결정 – 긴급조치에 따른 피해자 등 100m 이내 접근금지 결정, 주거 등 장소 100m 이내 접근금지 결정, 전기통신이용 접근금지 결정(주체가 바뀌게 됨. 사경에서 법원으로)
- 잠정조치의 효력상실 : 스토킹행위자에 대한 검사의 불기소처분, 사경의 불송치 결정한 때 효력을 상실함.

➤ 잠정조치

잠정조치	기간	연장
㉠ 피해자에 대한 스토킹범죄 중단에 관한 서면 경고	–	–
㉡ 피해자 또는 그의 동거인, 가족이나 그 주거등으로부터 100미터 이내의 접근 금지	3개월을 초과할 수 없다.	두 차례에 한정하여 각 3개월의 범위에서 연장할 수 있다.
㉢ 피해자 또는 그의 동거인, 가족에 대한 「전기통신기본법」 제2조 제1호의 전기통신을 이용한 접근 금지	–	–
㉣ 「전자장치 부착 등에 관한 법률」 제2조 제4호의 위치추적 전자장치의 부착	–	–
㉤ 국가경찰관서의 유치장 또는 구치소에의 유치	1개월을 초과할 수 없다.	–

정답 | ④

13

「스토킹범죄의 처벌 등에 관한 법률」의 내용에 대한 설명으로 옳지 않은 것은? 보호7급 23

① 스토킹행위가 지속적 또는 반복적으로 이루어진 경우가 아니라면 스토킹범죄에 해당하지 않는다.

② 법원이 스토킹범죄를 저지른 사람에 대하여 형의 선고를 유예하는 경우에는 200시간의 범위에서 재범 예방에 필요한 수강명령을 병과할 수 있다.

③ 상대방의 의사에 반하여 정당한 이유 없이 상대방 또는 그의 동거인, 가족을 따라다님으로써 상대방에게 불안감을 일으켰다면 스토킹행위에 해당한다.

④ 법원이 스토킹범죄를 저지른 사람에 대하여 벌금형의 선고와 함께 120시간의 스토킹 치료프로그램의 이수를 명한 경우 그 이수명령은 형 확정일부터 6개월 이내에 집행한다.

해설 ② 법원은 스토킹범죄를 저지른 사람에 대하여 유죄판결(선고유예는 제외한다)을 선고하거나 약식명령을 고지하는 경우에는 200시간의 범위에서 재범 예방에 필요한 수강명령 또는 스토킹 치료프로그램의 이수명령을 병과할 수 있다(스토킹범죄의 처벌 등에 관한 법률 제19조 제1항).

① 스토킹범죄란 지속적 또는 반복적으로 스토킹행위를 하는 것을 말한다(동법 제2조 제2호).

③ 동법 제2조 제1호 가목

④ 동법 제19조 제4항 제2호

정답 | ②

14

미국의 전국범죄피해자센터(The National Center for Victims of Crime)에서 제시한 스토킹의 4가지 유형에 대한 설명으로 가장 적절하지 않은 것은? 경찰간부 24

① 단순 집착형(Simple Obsessional Stalking) – 전남편, 전처, 전애인 등 주로 피해자와 스토커가 서로 잘 알고 있는 관계에서 많이 발생하는 유형으로 위험성이 가장 높다.

② 애정 집착형(Love Obsessional Stalking) – 피해자와 스토커 사이에 기존에 특별한 교류가 없어 서로 잘 모르는 관계에서 발생하는 유형으로 단순 집착형에 비해서 피해자에 대한 직접적인 피해는 적은 편이다.

③ 증오 망상형(Hate Obsessional Stalking) – 피해자와 스토커 사이에 원한 관계가 있는 경우로 피해자에게 심리적 고통을 주기 위해 스토킹하는 유형이다.

④ 허위 피해 망상형(False Victimization Syndrome) – 실제로는 스토커가 없는데 피해자 자신이 스토킹 피해를 당하고 있다는 망상에 빠진 유형이다.

해설 ③ 증오 망상형은 해당이 없다.

미국의 전국범죄피해자센터에서 제시한 스토킹의 4가지 유형

- 단순 집착형 : 가해자와 피해자가 '사실적 관계'(=서로 아는 사이)이며 가장 많고 위험성이 높은 유형이다.
- 애정 집착형 : 가해자와 피해자는 서로 전혀 알지 못하는 낯선 관계로 주로 유명인사, 공인을 대상으로 하는 경우가 많고, 피해자와 특별한 관계가 되는 상상에 빠져 있다.
- 연애 망상형 : 피해자는 가해자의 존재를 전혀 모르고, 가해자는 피해자와 특별한 관계라고 망상에 빠져 있는 경우이다. 가해자 대부분은 강박관념, 망상 등 성격장애가 있어 정상적인 관계, 일상을 유지하는 능력이 낮다.
- 허위 피해 망상형 : 실제로는 스토커가 없는데 피해자 자신이 스토킹 피해를 당하고 있다는 망상에 빠진 유형이다.

정답 | ③

15

범죄유형에 관한 설명으로 가장 적절하지 않은 것은? 경행1차 23

① 화이트칼라범죄(white−collar crimes)란 사회적 지위가 높은 사람이 주로 직업 및 업무 수행의 과정에서 범하는 범죄를 의미한다.

② 증오범죄(hate crimes)란 인종, 종교, 장애, 성별 등에 대한 범죄자의 편견이 범행의 전체 또는 일부 동기가 되어 발생하는 범죄를 의미한다.

③ 피해자 없는 범죄(victimless crimes)란 전통적인 범죄와 마찬가지로 피해자와 가해자의 관계가 명확하여 피해자를 특정하기 어려운 범죄를 의미한다.

④ 사이버범죄(cyber crimes)란 사이버공간을 범행의 수단·대상·발생장소로 하는 범죄행위로 비대면성, 익명성, 피해의 광범위성 등의 특성이 있는 범죄를 의미한다.

해설 ③ 피해자 없는 범죄는 전통적 범죄와는 달리 가해자와 피해자의 관계가 분명치 않다는 점에서 피해자가 없는 것으로 약물범죄나 마약복용 등의 범죄들을 말한다.

살인의 유형

- 피해자와 가해자의 관계가 분명하지 않다는 점에서 피해자가 없는 것으로 간주한다. 그리고 전통적 범죄와 구별하기 위해 이를 통칭하여 피해자 없는 범죄라고 말한다.
- 동일 범죄의 가해자가 동시에 피해자가 되어 전통적 가해자와 피해자의 상대적 관계가 형성되지 않는다거나 또는 범죄의 피해자가 특정인이 아닌 불특정 다수인이어서 가해자와의 관계가 분명치 않은 경우를 일컫는다.
- 피해자 없는 범죄는 가해자가 동시에 피해자가 되는 범죄와 피해자가 동의·기여한 범죄로 구분되며, 전자에는 마약 사용(약물남용) 등이 있으며 후자에는 마약 매매, 매춘, 동의낙태, 도박 등이 있다.

정답 | ③

16

화이트칼라범죄의 통제방법 중 법을 따르도록 시장의 인센티브를 만들려는 시도로 행위자보다 행위에 초점을 맞추는 전략으로 가장 옳은 것은? 해경간부 24

① 분산전략 ② 환원전략

③ 억제전략 ④ 준수전략

해설 ④ 준수전략에 대한 설명이다.

정답 | ④

17

아바딘스키(Abadinsky)가 제시한 조직범죄의 특성에 대한 설명으로 옳지 않은 것은? 보호7급 23

① 정치적 목적이나 이해관계가 개입되지 않는 점에서 비이념적이다.

② 내부 구성원이 따라야 할 규칙을 갖고 있고, 이를 위반한 경우에는 상응한 응징이 뒤따른다.

③ 조직의 활동이나 구성원의 참여가 일정 정도 영속적이다.

④ 조직의 지속적 확장을 위하여, 조직구성원이 제한되지 않고 배타적이지 않다.

해설 ④ 조직구성원은 매우 제한적이며 배타적이다.

참고 아바딘스키(Abadinsky)가 제시한 조직범죄의 특성(8가지)

① 비이념적 : 정치적인 것에는 관심이 없고, 오로지 '돈과 권력'이 목적이다.

② 위계적 구조 : 조직구성원 간 권력 구조가 계층적(수직적)으로 위계질서가 형성된다.

③ 구성원 제한 : 조직구성원의 자격이 매우 제한적·배타적이다.

④ 영속적 활동 : 조직활동, 참여조직원들이 평생 지속되는 경우가 많다.

⑤ 불법수단 사용 : 조직의 이익, 목적을 위해서 폭력, 뇌물 등을 동원한다.

⑥ 분업화/전문화 : 조직활동에서 임무 혹은 역할이 철저하게 분업화되어 전문성을 확보한다.

⑦ 독점성 : 폭력, 뇌물 등의 방법으로 특정 사업분야를 독점하여 이익을 늘린다.

⑧ 규범 통제 : (합법적 조직과 같이) 조직 내 규칙, 규정에 따라 통제된다.

정답 | ④

PART

07

범죄대책론

CHAPTER 01 범죄대책과 예방

CHAPTER 02 범죄예측

CHAPTER 03 범죄피해자론

CHAPTER 04 회복적 사법

CHAPTER 05 전환

CHAPTER 01 범죄대책과 예방

01 ★

제프리(C.R. Jeffery)가 범죄대책으로 제시한 모델이 아닌 것은?

① 범죄통제모델　② 사회복귀모델
③ 교정교화모델　④ 환경공학적 범죄통제모델

해설 ①·②·④ 제프리는 범죄대책의 목적설정과 관련하여 세 가지 범죄대책모델을 제시하였는데 범죄통제모델·사회복귀모델·환경공학적 범죄통제모델이 그것이다.

➤ 제프리의 범죄대책모델

구분	내용
범죄통제모델	• 종래의 형사정책에서 주된 관심을 두었던 방법으로 고전학파 범죄이론의 입장이다. • 범죄예방의 방법으로 진압적 방법을 주장하며, 처벌의 신속성·확실성·엄격성을 강조한다.
사회복귀모델	• 주관주의 형법이론의 입장으로 범죄인의 재사회화와 재범방지에 중점을 둔다. • 임상적 개선, 지역활동, 교육 및 직업훈련, 복지정책 등 사회정책적 수단을 강조한다.
환경공학적 범죄통제모델	• 도시정책, 환경정화, 인간관계의 개선, 정치·경제·사회의 각 분야에서의 갈등해소를 강조한다. • 범죄방지는 근본적인 사회환경의 개선을 통해서만 가능하다고 본다. ※ 제프리가 가장 강조한 모델

정답 | ③

02

범죄대책모델에 관한 설명으로 옳지 않은 것은?

① 제프리(Jeffery)의 범죄대책모델 중 범죄통제모델은 고전학파의 이념적 기초와 부합하다.
② 제프리(Jeffery)의 범죄대책모델 중 사회복귀모델은 범죄인의 심리적 특성과 사회적 환경에 따라 효과면에서 차이가 발생한다는 비판이 있다.
③ 제프리(Jeffery)는 자신의 범죄대책모델 중 사회복귀모델을 특히 강조하였다.
④ 사회복귀모델은 주관주의 형법이론과 이념적 기초를 함께 한다.

해설 ③ 제프리는 자신의 범죄대책모델 중 환경공학적 범죄통제모델을 특히 강조하였다.

정답 | ③

03 ★

제프리(Ray C. Jeffery)가 제시한 범죄대책에 관한 설명으로 옳지 않은 것은? 교정7급 07

① 범죄통제모델은 형벌을 수단으로 범죄를 예방하려는 모델로서 처벌의 신속성·확실성·엄격성을 요구한다.

② 사회복귀모델은 범죄인의 복지에 대한 관심을 본격적으로 유발한 모델로서 현대 행형에서 강조되고 있다.

③ 범죄통제모델은 롬브로조(C. Lombroso)의 생물학적 결정론과 같은 이론에 근거하는 모델로서 임상적 치료를 통해 개선하는 방법을 이용한다.

④ 환경공학적 범죄통제모델은 궁극적인 범죄방지는 사회환경의 개선을 통해 이루어질 수 있다고 주장한다.

해설 ③ 범죄통제(억제)모델은 종래의 형사정책에서 주된 관심을 두었던 방법으로 비결정론적 인간관을 전제하는 고전학파의 범죄이론에 근거하고 있다.

정답 | ③

04 ★

범죄예방모델에 대한 설명으로 옳지 않은 것은?

① 범죄억제모델은 고전주의의 형벌위하적 효과를 중요시하며 이를 위하여 처벌의 신속성, 확실성, 엄격성을 요구한다.

② 사회복귀모델은 범죄자의 재사회와 갱생에 중점을 둔다.

③ 제프리(Jeffery)는 사회환경개선을 통한 범죄예방모델로 환경설계를 통한 범죄예방(Crime Prevention Through Environmental Design : CPTED)을 제시하였다.

④ 상황적 범죄예방모델은 한 지역의 범죄가 예방되면 다른 지역에도 긍정적 영향이 전해진다는 소위 범죄의 전이효과(displacement effect)를 주장한다.

해설 ④ 상황적 범죄예방이론에 대해서는 한 지역의 상황적 범죄예방활동의 효과는 다른 지역으로 확산되어 다른 지역의 범죄예방에도 긍정적인 영향을 미치게 된다고 하는 이론은 '이익의 확산효과(diffusion of benefit)'이다.

정답 | ④

05 ★

비행가능성이 높은 청소년을 대상으로 교육프로그램을 실시하는 것은 브랜팅햄(Brantingham)과 파우스트(Faust)의 범죄예방모델 중 어느 것에 해당하는가?

① 1차적 범죄예방 ② 2차적 범죄예방
③ 3차적 범죄예방 ④ 4차적 범죄예방

해설 ② 브랜팅햄과 파우스트는 범죄예방모델로 1차적 범죄예방, 2차적 범죄예방, 3차적 범죄예방을 제시하였는데 위 사례는 2차적 범죄예방에 해당한다.

➤ 브랜팅햄과 파우스트의 범죄예방모델

1차적 범죄예방	• 범죄를 사전에 방지할 목적으로 범죄를 유발하는 물리적·사회적 환경조건을 변화시키는 것 • 환경설비, 이웃감시, 경찰방범활동, 범죄예방교육 등이 여기에 해당
2차적 범죄예방	• 잠재적 범죄인을 조기에 발견하여 감시 또는 교육을 통해 범죄를 예방하는 것 • 잠재적 비행소년의 교육실시, 범죄발생지역의 분석, 전환제도 등이 여기에 해당
3차적 범죄예방	• 실제 범죄인을 무능화, 교화개선시켜 재범을 방지하는 것 • 구금, 교정 및 치료, 사회복귀, 갱생보호사업, 지역사회교정 등이 여기에 해당

정답 | ②

06

브랜팅햄과 파우스트(Brantingham & Faust)의 범죄예방 구조모델에 관한 설명으로 옳지 않은 것은?

① 1차적 범죄예방은 일반대중을 대상으로 한다.
② 2차적 범죄예방은 우범자나 우범자집단을 대상으로 한다.
③ 3차적 범죄예방은 범죄자가 주요 대상이다.
④ 4차적 범죄예방은 이웃과 민간경비가 대상이다.

해설 ④ 브랜팅햄과 파우스트의 범죄예방모델은 3차 예방까지이고, 이웃과 민강경비는 그 대상에 포함되지 않는다.

단계	대상	내용	예
1차 예방	일반대중	• 범죄행동의 원인을 처음부터 제거하려는 활동 • 범죄원인이 되는 물리적, 사회적 조건의 개선	환경설계, 이웃감시, 민간경비, CCTV 설치, 범죄예방교육 등
2차 예방	우범자	• 잠재적 범죄자를 조기에 발견하고 감시·교육함으로써 범행 기회차단	범죄예측, 범죄지역 분석, 전환제도
3차 예방	범죄자	• 교화개선 노력을 중심으로 한 재범방지대책	체포, 기소, 교도소구금, 재범예방프로그램, 범죄자교화정책 등

정답 | ④

07

브랜팅햄과 파우스트(Brantingham & Faust)가 제시한 범죄예방모델 중 1차적 범죄예방에 해당되지 않는 것은?

① 범죄발생지역분석
② 민간경비활동
③ 이웃감시
④ 주거환경설계

해설 ①은 2차적 범죄예방에 해당한다.

정답 | ①

08

브랜팅햄(Brantingham)과 파우스트(Faust)의 범죄예방모델에 대한 다음 설명 중 가장 적절하지 않은 것은? 경찰간부 23

① 잠재적 범죄자를 조기에 판별하고 이들이 불법행위를 저지르기 전에 개입하려는 시도는 2차적 범죄예방에 해당한다고 볼 수 있다.
② 범죄 실태에 대한 대중교육을 실시하는 것은 1차적 범죄예방에 가장 가깝다.
③ 2차적 범죄예방은 대부분 형사사법기관에 의해 이루어진다.
④ 브랜팅햄과 파우스트의 범죄예방모델은 질병예방의 보건의료모형을 차용하였다.

해설 ③ 2차적 예방은 범죄가능성이 높은 취약지역이나 개인을 대상으로 하기 때문에 이들과 많이 접촉하는 지역사회의 지도자나 부모, 교사 등에게 많이 의존하게 된다. 3차적 범죄예방은 범죄자를 대상으로 하는 예방조치로써 과거에 범행한 적이 있는 범죄자를 대상으로 재범하지 않도록 하는 것이며, 이 기능의 대부분은 형사사법기관에 의해 이루어지고 있으며 구금, 교정 및 치료, 사회복귀, 갱생보호사업, 지역사회교정 등이 여기에 해당한다(대상 : 범죄자).

① 2차적 범죄예방은 범행가능성이 있는 잠재적 범죄자를 조기에 발견하고 그를 감시·교육함으로써 반사회적 행위에 이르기 전에 미리 예방하는 것을 말한다(대상 : 우범자, 우범집단).

② 1차적 범죄예방의 방법으로는 조명·자물쇠장치·접근통제 등과 같은 환경설비, 감시·시민순찰 등과 같은 이웃감시, 경찰방범활동, 범죄예방교육, 민간경비 등이 있다(대상 : 일반인).

④ 브랜팅햄과 파우스트의 범죄예방모델은 질병예방의 보건의료모형을 차용하였다. 1차적 예방은 질병예방을 위해 주변환경의 청결·소독과 같은 위생상태를 개선하는 것과 유사하고, 2차적 예방은 질병에 걸린 사람들을 격리하고 주변 사람들에게 예방접종을 하는 것과 유사하며, 3차적 예방은 중병에 걸린 사람을 입원시켜 치료하는 것과 유사하다.

정답 | ③

09 ★

다음 중 범죄예방에 관한 설명으로 가장 옳지 않은 것은? 해경간부 23

① '상황적 범죄예방 모델'은 범죄기회를 감소시키는 것만으로는 범죄를 예방하는 데 한계가 있다는 생각에서 출발한다.

② '범죄자 치료와 갱생을 통한 사회복귀모델'은 주로 형집행단계에서 특별예방의 관점을 강조하고 있다.

③ '형벌을 통한 범죄억제모델'은 범죄예방의 효과를 높이기 위해서 처벌의 신속성, 확실성, 엄격성을 요구한다.

④ '환경설계를 통한 범죄예방'은 주택 및 도시설계를 범죄예방에 적합하도록 구성하려는 생각이다.

해설 ① 범죄예방은 특별한 범죄기회를 감소시킴으로써 성취될 수 있다는 것이 상황적 범죄예방모델이다.

정답 | ①

10 ★

다음의 학자들이 주장한 범죄예방이론에 대한 설명 중 가장 옳지 않은 것은?

① 클락 & 코니쉬의 합리적 선택 이론－체포의 위험성과 처벌의 확실성을 높여 효과적으로 범죄를 예방할 수 있다.

② 브랜팅햄의 범죄패턴 이론－범죄에는 일정한 시간적 패턴이 있으므로, 일정 시간대의 집중 순찰을 통해 효율적으로 범죄를 예방할 수 있다.

③ 로버트 샘슨의 집합효율성 이론－지역사회 구성원들이 범죄문제를 해결하기 위해 적극적으로 참여하면 효과적으로 범죄를 예방할 수 있다.

④ 윌슨 & 켈링의 깨진 유리창 이론－경미한 무질서에 대한 무관용 원칙과 지역주민 간의 상호협력이 범죄를 예방하는 데 중요한 역할을 한다.

해설 ② 범죄패턴이론은 브랜팅햄이 주장하였고, 범죄에는 일정한 장소적 패턴이 있으며 범죄자의 일상적인 행동패턴과 유사하다고 주장한다. 지리적 프로파일링을 통한 범행지역 예측 활성화에 기여하였다.

정답 | ②

11 ★

다음은 관할지역 내 범죄문제 해결을 위해 경찰서별로 실시하고 있는 활동들이다. 각 활동들의 근거가 되는 범죄원인론을 가장 적절하게 연결한 것은?

> ㉠ A경찰서는 관내에서 음주소란과 폭행 등으로 적발된 청소년들을 형사입건하는 대신 지역사회 축제에서 실시되는 행사에 보안요원으로 봉사할 수 있는 기회를 제공하였다.
> ㉡ B경찰서는 지역사회에 만연해 있는 경미한 주취소란에 대해서도 예외 없이 엄격한 법집행을 실시하였다.
> ㉢ C경찰서는 관내 자전거 절도사건이 증가하자 관내 자전거 소유자들을 대상으로 자전거에 일련번호를 각인해 주는 서비스를 제공하였다.
> ㉣ D경찰서는 관내 청소년 비행 문제가 증가하자 청소년들을 대상으로 폭력 영상물의 폐해에 관한 교육을 실시하고, 해당 유형의 영상물에 대한 접촉을 삼가도록 계도하였다.

① ㉠－낙인이론 ㉡－깨진 유리창 이론
㉢－상황적 범죄예방이론 ㉣－차별적 동일시 이론
② ㉠－낙인이론 ㉡－깨진 유리창 이론
㉢－상황적 범죄예방이론 ㉣－차별적 접촉 이론
③ ㉠－상황적 범죄예방이론 ㉡－차별적 접촉 이론
㉢－낙인이론 ㉣－차별적 접촉 이론
④ ㉠－상황적 범죄예방이론 ㉡－낙인이론
㉢－깨진 유리창 이론 ㉣－차별적 동일시 이론

해설 ㉠ 낙인이론
㉡ 깨진 유리창 이론
㉢ 상황적 범죄예방이론은 범죄행위에 대한 위험과 어려움을 높여 범죄기회를 제거하고 범죄 행위의 이익을 감소시킴으로써 범죄를 예방하려는 이론이다. 자전거에 일련번호를 각인하는 것은 절도범행위의 발각의 위험이 높아지는 것을 이용하여 범죄기회를 제거하려는 것이다.
㉣ 차별적 동일시이론

정답 | ①

12 ★

다음 중 초범방지를 위한 대책이라고 보기 어려운 것은?

① 형벌
② 지역사회의 조직화
③ 임상적 개선법
④ 그룹워크(Group Work)

해설 ③은 재범방지대책 중 하나이다. 초범방지를 위한 대책으로는 ①·②·④ 외에도 여가지도, 경찰의 범죄예방활동, 매스컴의 범죄예방활동, 협력회의의 편성과 활동 등이 있다.

➤ 초범방지대책

형벌의 일반예방적 기능 강화	범죄자의 신속한 체포 및 정확한 수사, 신속한 소추 및 공정한 재판, 신속한 형의 확정 및 선고 등을 통하여 처벌의 확실성을 담보하고, 법질서에 대한 신뢰 및 법의식을 강화
경찰의 범죄예방활동	범죄우려지역의 순찰, 불심검문, 경찰제지, 보호조치, 각종 법령위반행위의 단속 등 통상의 외근 방범활동이 여기에 해당
지역사회의 조직화	지역사회가 범죄나 비행의 예방을 위하여 범인성 환경을 정비
매스컴의 범죄예방활동	매스컴은 신종범죄 또는 은폐된 범죄를 가장 신속하게 사회구성원에게 알릴 수 있다는 점에서 범죄예방에 효과적
그룹워크 (Group Work)	그룹활동을 통해 범죄성을 치료하는 범죄대책으로 19세기 중엽부터 시작된 YMCA나 인보사업운동에서 기원한 사회사업의 일종
여가지도	조직적인 레크리레이션 활동 등을 통해 범죄에 대한 욕구를 억제시키고, 건전한 정신을 가지게 하여 범죄성을 예방
협력회의의 편성과 활동	경찰·소년법원·학교·아동상담소·행정당국·사회복지단체 등 범죄예방기능을 담당하는 기관들이 범죄예방에 관하여 통합적·조직적 프로그램을 수행

정답 | ③

13 ★

클락(Clarke)이 제시한 상황적 범죄예방 기법 중 보상의 감소에 해당하는 것은? 경찰간부 23

① 목표물 견고화
② 접근통제
③ 자연적 감시
④ 소유자 표시

해설 코니쉬(Cornish)와 클라크(Clarke)의 상황적 범죄예방이란 사회나 사회제도 개선에 의존하는 것이 아니라 단순히 범죄기회의 감소에 의존하는 예방적 접근을 말하며, 구체적인 범죄를 대상으로 체계적이고 장기적으로 직접적인 환경을 관리·조정하며 범죄기회를 감소시키고 잠재적 범죄자로 하여금 범행이 위험할 수 있음을 인지하도록 하는데 목표를 두고 있다. 코니쉬와 클라크는 상황적 범죄예방의 5가지 목표(노력의 증가, 위험의 증가, 보상의 감소, 자극의 감소, 변명의 제거)와 25가지 구체적 기법을 제시하였다.

④ 소유자 표시 기법은 보상의 감소에 해당한다.

①·② 목표물 견고화(대상물 강화), 접근통제(시설 접근통제) 기법은 노력의 증가에 해당한다.

③ 자연적 감시 기법은 위험의 증가에 해당한다.

정답 | ④

14 ★

다음 중 재범방지를 위한 대책으로 보기 어려운 것은?

① 협력회의의 편성 및 활동
② 기계적 개선법
③ 임상적 개선법
④ 교육·훈련

해설 ①은 초범방지를 위한 대책에 해당한다. 재범방지대책으로 논의되는 것으로는 ②·③·④ 외에도 형벌 및 보안처분, 전문기술응용 개선법, 사회여건 개선, 집단관계개선법 등이 있다.

➤ 재범방지대책

형벌 및 보안처분	• 형벌은 범죄자를 교화개선시켜 범행을 뉘우치게 하는 데에 중점을 둠 • 보안처분은 범죄자를 격리하여 사회를 방지하고, 재범을 방지하는 데에 중점을 둠
기계적 개선법	• 형벌에 부수하여 강제적 수단을 통해 준법생활습관을 가지게 하는 방법 • 작업부과, 직업훈련, 교양교육 등이 여기에 해당
임상적 개선법	• 범죄인에게 내재하는 범죄원인이나 결함을 발견하여 치료하는 데에 중점을 두는 방법 • 치료감호처분, 약물중독자에 대한 치료프로그램 등이 여기에 해당
집단관계 개선법	• 범죄를 조장하는 환경으로부터 범죄인을 차단하여 준법적 행동양식을 습득시키는 방법 • 수형자자치제, 약물중독자의 금단프로그램 등이 여기에 해당
전문기술응용 개선법	• 대상자의 잠재능력을 발견하여 이를 발전시키고, 사회복귀를 원조하는 방법 • 교정과정에 전문가를 참여시키는 것이 여기에 해당
교육·훈련	• 수형자의 사회적응에 필요한 지식·기능·태도 등을 함양시키는 방법 • 교육기회의 확대, 교육·직업훈련프로그램의 개선, 직업알선 등이 여기에 해당
사회여건 개선	• 근본적인 재범방지대책은 수형자가 출소 후 사회에 성공적으로 적응할 수 있는 사회의 제반 여건을 개선하는 데 있다는 것

정답 | ①

15

범죄예방대책에 관한 설명으로 옳지 않은 것은?

① 브랜팅햄(Brantingham)의 범죄예방모델 중 3차적 범죄예방에는 형사사법기관의 역할이 강조된다.
② 방범정보의 수집, 범죄인의 취업알선 등은 경찰의 특별방범활동에 해당한다.
③ 지역사회의 조직화는 초범방지를 위한 대책에 포함된다.
④ 기계적 개선법에는 생물학적, 정신의학적 접근법이 주요수단으로 사용된다.

해설 ④ 생물학적·정신의학적 접근법을 주요수단으로 사용하는 범죄예방대책은 임상적 개선법이다.

정답 | ④

16

다음 중 브랜팅햄(Brantingham)과 파우스트(Faust)의 범죄예방모델에 대한 설명으로 가장 옳지 않은 것은? 해경간부 23

① 브랜팅햄과 파우스트의 범죄예방모델은 질병예방의 보건의료모형을 차용하였다.
② 범죄 실태에 대한 대중교육을 실시하는 것은 1차적 범죄예방에 가장 가깝다.
③ 잠재적 범죄자를 조기에 판별하고 이들이 불법행위를 저지르기 전에 개입하려는 시도는 2차적 범죄예방에 해당한다고 볼 수 있다.
④ 2차적 범죄예방은 특별예방과 관련이 있다.

해설 ④ 2차적 예방은 범죄가능성이 높은 취약지역이나 개인을 대상으로 하기 때문에 이들과 많이 접촉하는 지역사회의 지도자나 부모, 교사 등에게 많이 의존하게 된다. 3차적 범죄예방은 범죄자를 대상으로 하는 예방조치로써 과거에 범행한 적이 있는 범죄자를 대상으로 재범하지 않도록 하는 것으로 특별예방과 관계가 있다,

정답 | ④

17

범죄예방에 관한 설명으로 옳지 않은 것을 모두 고른 것은?

㉠ 브랜팅햄과 파우스트(Brantingham & Faust)의 범죄예방모델에 따르면 지역사회교정은 2차적 범죄예방대책에 해당한다.
㉡ 경찰의 범죄예방활동 중 특별방범활동이란 특정인을 대상으로 하거나 특별한 사항에 관하여 시행되는 방범활동을 말하며, 범죄우려지역의 순찰, 불심검문 등이 여기에 해당한다.
㉢ 그룹워크(Group Work)는 그룹활동을 통해 범죄성을 치료하는 범죄대책으로 재범방지를 위한 대책에 해당한다.
㉣ 임상적 개선법은 사회환경적 원인에 의한 범죄인에게는 실효를 거두기 어렵다는 단점이 있다.

① ㉠
② ㉠, ㉡
③ ㉠, ㉡, ㉢
④ ㉠, ㉡, ㉢, ㉣

해설 [×] ㉠ 지역사회교정이란 지역사회 내에서 행해지는 범죄인에 대한 여러 제재와 비시설적 교정처우프로그램을 말하며, 브랜팅햄과 파우스트(Brantingham & Faust)의 범죄예방모델에 따르면 지역사회교정은 3차적 범죄예방에 해당한다.
㉡ 범죄우려지역의 순찰이나 불심검문은 범죄기회 및 범죄유발요인을 제거하거나 줄이는 일상의 범죄예방활동, 즉 일반방범활동에 해당한다.
㉢ 그룹워크는 초범방지를 위한 대책에 해당한다.
[○] ㉣

정답 | ③

18

작업부과 직업훈련·교양교육 등과 같은 강제적 방법을 통하여 준법생활습관을 가지게 하거나 각종 교화프로그램을 통하여 도덕화과정을 거치는 재범방지대책은 무엇인가?

① 기계적 개선법　　② 임상적 개선법

③ 집단관계 개선법　　④ 전문응용기술 개선법

해설 ② 범죄자에게 내재하는 범죄원인, 즉 생물학적·정신의학적·심리학적 이상이나 결함을 발견하여 치료하는 데에 중점을 두는 방법이다.

③ 범죄행동을 집단문화의 소산이라고 보고, 범죄조장환경으로부터 범죄자를 차단하여 준법적 행동양식을 습득하게 하는 방법이다.

④ 사회적 자원들을 활용하여 범죄자 스스로 당면한 문제를 해결하고, 사회에 복귀할 수 있도록 원조·지도하는 방법이다.

정답 | ①

19

재범방지대책에 대한 설명으로 틀린 것을 모두 고른 것은?

㉠ 기계적 개선법은 수형자의 자발적 참여가 있을 때 효과를 거둘 수 있다.
㉡ 기계적 개선법은 수형자의 의사에 따라 교육과정이 변경될 수 있어 일관성 있는 프로그램을 유지할 수 없다는 단점이 있다.
㉢ 임상적 개선법에는 전기충격요법이나 인슐린 주사 등이 사용될 수 있다.
㉣ 임상적 개선법은 판단자의 주관이 개입될 가능성이 많다는 것이 단점으로 지적되고 있다.
㉤ 집단관계 개선법은 환경성 범죄자에게는 적합하지 않다는 것이 단점으로 지적되고 있다.

① ㉠, ㉡　　② ㉡, ㉢

③ ㉢, ㉣　　④ ㉡, ㉤

해설 [×] ㉡ 기계적 개선법은 수형자의 의사를 무시하고, 특정한 교육과정을 강제한다는 점이 단점으로 지적되고 있다.

㉤ 집단관계 개선법은 환경성 범죄자에게 적합하다.

[○] ㉠·㉢·㉣

정답 | ④

20 ★

환경설계를 통한 범죄예방(CPTED)에 관한 설명으로 가장 적절하지 않은 것은? 9급경채 22

① CPTED는 물리적 환경설계를 통한 범죄예방전략을 의미한다.

② 목표물 견고화(target hardening)란 잠재적 범행대상이 쉽게 피해를 보지 않도록 하는 일련의 조치를 말한다.

③ CPTED의 기본원리 중 자연적 접근통제(natural access control)란 사적 공간, 준사적 공간, 공적 공간상의 경계를 분명히 하여 공간이용자들이 사적 공간에 들어갈 때 심리적 부담을 주는 원리를 의미한다.

④ 2세대 CPTED는 범죄예방에 필요한 매개요인들에 대한 직접개입을 주목적으로 하지만, 3세대 CPTED는 장소, 사람, 기술 및 네트워크를 핵심요소로 하여 안전한 공동체 형성을 지향한다.

해설 ③ CPTED는 감시와 접근통제, 공동체 강화를 기본원리로 하여 ⅰ) 자연감시(주변을 잘 볼 수 있고 은폐장소를 최소화시킨 설계), ⅱ) 접근통제(외부인과 부적절한 사람의 출입을 통제하는 설계), ⅲ) 영역성 강화(공간의 책임의식과 준법의식을 강화시키는 설계), ⅳ) 활동의 활성화(자연감시와 연계된 다양한 활동을 유도하는 설계), ⅴ) 유지관리(지속적으로 안전한 환경 유지를 위한 계획) 등 5가지 실천전략으로 구성된다. 사적 공간, 준사적 공간, 공적 공간상의 경계를 분명히 하여 공간이용자들이 사적 공간에 들어갈 때 심리적 부담을 주는 원리는 CPTED의 주요내용 중 '영역성 강화'이다. 영역성 강화는 주민에게 영역에 대한 소속감을 제공하여 범죄에 대한 관심을 제고하고 자신의 영역 내에서 심리적 안정감을 부여하여 공적인 영역과 사적인 영역을 명확히 구분지음으로써 잠재적 범죄자에게 그러한 영역성을 인식하게 하여 범행시도를 어렵게 하는 기법을 말한다.. 자연적 접근통제는 접근통제방법 중 건물의 디자인을 통해서 자연스럽게 사람들의 행위를 통제하는 전략으로, 예를 들어 출입구 등의 설정으로 범행 대상물에 대한 범죄자의 접근이 정해진 경로나 한정된 공간을 통해서만 가능하도록 환경을 설계하여 접근을 어렵게 하는 방법을 말한다.

① 셉테드(CPTED)는 고전주의 범죄학이론에 근거한 대표적인 범죄예방정책으로, 건축학자 뉴먼의 방어공간이론을 환경범죄학적 견지에서 발전시킨 범죄학자 제프리(Jeffery)에 의해서 CPTED로 개념화되었으며, 주거 및 도시지역의 물리적 환경설계 또는 재설계를 통하여 범죄를 예방하고자 하는 전략을 말한다.

② 목표물 견고화란 잠재적 범행대상이 쉽게 피해를 보지 않도록 하는 일련의 조치를 말하는 것으로, 범죄에 대한 물리적 장벽을 설치하거나 강화하고, 또는 범죄의 표적이 되는 대상물의 약점을 보강함으로써 범죄의 실행을 곤란하게 하는 것이다.

④ 1세대 CPTED는 범죄예방에 효과적인 물리 환경을 설계·개선하는 하드웨어 중심의 접근 방법이며, 2세대 CPTED는 주민이 환경개선 과정에 직접 참여하여 물리적 개선과 함께 유대감을 재생하는 소프트웨어적 접근 방법이고, 3세대 CPTED는 제2세대 셉테드에 대한 접근을 확장하여, 지역 구성원이 스스로 필요한 서비스를 결정하고 추진하는 공동체적 추진 절차를 구축하는 것을 말한다.

정답 | ③

21

CPTED의 기본전략과 실행방법의 연결이 옳지 않은 것은?

① 자연적 감시–가로등 확대

② 자연적 접근통제–건물출입구의 단일화

③ 유지관리–사적·공적 공간의 구분

④ 자연적 감시–조명개선

해설 ③ 사적·공적 공간의 구분은 영역성 강화와 관련된다.

정답 | ③

22

환경설계를 통한 범죄예방(CPTED)에 관한 설명으로 가장 적절하지 않은 것은? 경찰간부 23

① CPTED는 주거 및 도시지역의 물리적 환경설계 또는 재설계를 통해 범죄기회를 감소시키고자 하는 기법이다.

② CPTED의 기본원리 중 자연적 감시는 사적 공간에 대한 경계를 제거하여 주민들의 책임의식과 소유의식을 감소시킴으로써 사적 공간에 대한 관리권을 약화시키는 원리이다.

③ 뉴먼(Newman)은 방어공간의 4가지 구성요소로 영역성, 자연적 감시, 이미지, 환경을 제시하였다.

④ CPTED의 기본원리 중 자연적 접근통제는 일정한 지역에 접근하는 사람들을 정해진 공간으로 유도하거나 외부인의 출입을 통제하도록 설계함으로써 접근에 대한 심리적 부담을 증대시켜 범죄를 예방하려는 원리이다.

해설 ② CPTED의 기본원리 중 자연적 감시는 주민들이 자연스럽게 낯선 사람을 볼 수 있도록 건물과 시설물을 배치하는 것을 말한다. 영역성은 사적 공간, 준사적 공간, 공적 공간 사이의 경계를 분명히 하여 공간 이용자들이 사적 공간에 들어갈 때 심리적 부담을 주는 원리이다.

① 셉테드(CPTED)는 환경설계를 통한 범죄예방, 즉 셉테드는 주거 및 도시지역의 물리적 환경설계 또는 재설계를 통하여 범죄를 예방하고자 하는 전략이다.

③ 뉴먼(Newman)은 주택건설설계를 통해서 범죄자의 범죄기회를 제거하거나 감소시킬 수 있다는 방어공간 이론을 제기하였다. 그는 환경설계 원칙으로 영역성 설정 원칙, 자연스런 감시의 확보 원칙, 거주지 이미지 형성 원칙, 입지조건(환경) 원칙 등 4가지를 제시하였다.

④ 자연적 접근통제는 범죄 표적대상 강화라고도 하며 건물 출입구의 수 줄이기, 특수 잠금장치 설치, 방범경보장치 설치, 차단기·방범창 설치, 방범견 배치, 경비원 배치 등이 있다.

정답 | ②

23

최근 근린생활 지역 치안 확보를 위하여 CPTED(환경설계를 통한 범죄예방) 기법이 강조되고 있다. CPTED 기본 원리와 그 설명으로 가장 적절하지 않은 것은?

① 자연적 접근통제－일정한 지역에 접근하는 사람들을 정해진 공간으로 유도하거나 외부인의 출입을 통제하도록 설계함으로써 접근에 대한 심리적 부담을 증대시켜 범죄를 예방하는 원리

② 영역성 강화－처음 설계된 대로 혹은 개선한 의도대로 기능을 지속적으로 유지하도록 관리함으로써 범죄예방을 위한 환경설계의 장기적이고 지속적인 효과를 유지하는 원리

③ 자연적 감시－건축물이나 시설물의 가시권을 최대한 확보하여 외부 침입에 대한 감시기 능을 확대함으로써 범죄행위의 발견 가능성을 증가시키고, 범죄기회를 감소시키는 원리

④ 활동의 활성화－지역사회의 설계시 주민들이 모여서 상호의견을 교환하고 유대감을 증대할 수 있는 공공장소를 설치하고 이용하도록 함으로써 '거리의 눈'을 활용한 자연적 감시와 접근통제의 기능을 확대하는 원리

해설 ② 유지관리이다. 이는 처음 설계된 대로 혹은 개선한 의도대로 기능을 지속적으로 유지하도록 관리함으로써 범죄 예방을 위한 환경설계의 장기적이고 지속적인 효과를 유지하는 원리이다. 파손의 즉시보수, 청결유지, 조명과 조경의 관리가 여기에 해당한다.

정답 | ②

24

환경설계를 통한 범죄예방(CPTED) 원리와 그에 대한 적용을 연결한 것 중에 옳지 않은 것은?

① 자연적 감시－조경·가시권의 확대를 위한 건물 배치

② 자연적 접근통제－출입구의 최소화, 벤치·정자의 위치 및 활용성에 대한 설계

③ 영역성의 강화－사적·공적 공간의 구분, 울타리의 설치

④ 활동의 활성화－놀이터·공원의 설치, 체육시설의 집근성과 이용의 증대

해설 ② 벤치·정자의 위치 및 활용성에 대한 설계는 활동의 활성화에 해당한다.

정답 | ②

25

다음은 범죄자 甲과 乙의 범행장소 선정에 관한 가상 시나리오이다. 경찰의 순찰강화가 B지역과 C지역에 미친 효과에 해당하는 것으로 가장 적절하게 연결한 것은? 경행 22

> 범죄자 甲은 A지역에서 범죄를 할 예정이었으나, A지역의 순찰이 강화된 것을 확인하고 C지역으로 이동해서 범죄를 저질렀다. 범죄자 乙은 B지역에서 범행을 계획하였으나, A지역의 순찰이 강화된 것을 인지하고 A지역과 인접한 B지역 대신 멀리 떨어진 C지역으로 이동해서 범죄를 저질렀다.

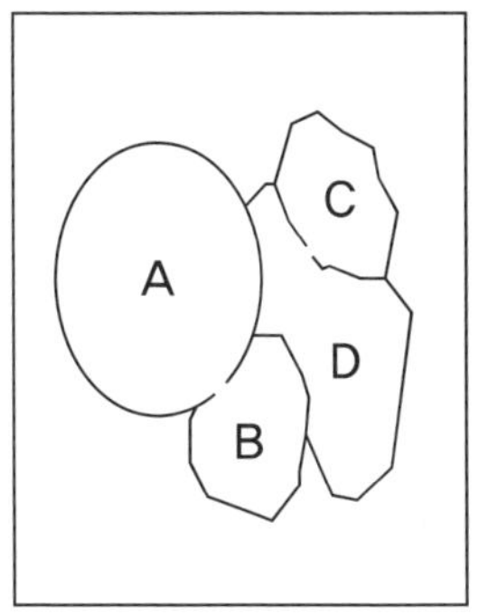

① B지역 – 이익의 확산(diffusion of benefits)
   C지역 – 범죄전이(crime displacement)
② B지역 – 범죄전이(crime displacement)
   C지역 – 억제효과(deterrent effect)
③ B지역 – 범죄전이(crime displacement)
   C지역 – 이익의 확산(diffusion of benefits)
④ B지역 – 이익의 확산(diffusion of benefits)
   C지역 – 억제효과(deterrent effect)

해설 ① 甲은 A지역의 순찰이 강화되어 멀리 떨어진 C지역으로 이동해서 범죄를 저질렀고, 乙은 B지역은 순찰이 강화된 A지역과 가까우므로 멀리 떨어진 C지역에서 범죄를 저질렀다. 따라서 B지역은 긍정적 효과가 미친 이익의 확산지역에 해당하고, C지역은 부정적 효과가 미친 전이효과가 발생한 지역에 해당한다.

정답 | ①

26

범죄전이에 관한 설명으로 가장 적절하지 않은 것은? 경행2차 23

① 레페토(Reppetto)는 범죄는 탄력적이며, 범죄자들은 합리적 선택을 한다고 가정하였다.

② 레페토가 제안한 전이의 유형 중 전술적 전이는 범죄자가 동종의 범죄를 저지르기 위해 새로운 수단을 사용하는 것을 말한다.

③ 레페토가 제안한 전이의 유형 중 목표의 전이는 범죄자가 같은 지역에서 다른 피해자를 선택하는 것을 말한다.

④ CCTV의 증설로 인하여 차량절도범이 인접 지역으로 이동해 범행을 저지르는 것은 레페토가 제안한 전이의 유형 중 영역적 전이에 해당한다.

해설 ① 범죄의 총량 및 종류는 비탄력적이라고 가정하였다. 잠재적 범죄자는 물리적·사회적·환경적 요인 등 다양한 요인에 반응하여 합리적 의사결정에 따라 범행 여부를 결정한다.

영역적 전이	한 지역에서 다른 지역, 일반적으로 인접 지역으로의 이동
시간적 전이	낮에서 밤으로와 같이 한 시간에서 다른 시간으로의 범행 이동
전술적 전이	범행에 사용하는 방법을 바꿈
목표의 전이	같은 지역에서 다른 피해자 선택
기능적 전이	범죄자가 한 범죄를 그만두고, 다른 범죄유형으로 옮겨감
범죄자 전이	범죄자의 활동의 중지가 또 다른 범죄자에 의해 대체

정답 | ①

27

다음 중 레페토(Reppetto)가 분류한 전이(Displacement)의 유형과 유형별 사례가 가장 부합하지 않는 것은? 해경간부 24

① 영역적(Territorial) 전이 – 상점의 경비가 강화되자 주택을 범행대상으로 선택하는 것

② 전술적(Tactical) 전이 – 열린 문을 통해 침입하다가 문에 자물쇠가 설치되자 창문을 깨고 침입하는 것

③ 기능적(Functional) 전이 – 경비강화로 절도가 어려워지자 대신 강도를 저지르는 것

④ 시간적(Temporal) 전이 – 야간에 절도를 하다가 야간 시민순찰이 실시되자 오전에 절도를 하는 것

해설

영역적 전이	한 지역에서 다른 지역, 일반적으로 인접 지역으로의 이동
시간적 전이	낮에서 밤으로와 같이 한 시간에서 다른 시간으로의 범행 이동
전술적 전이	범행에 사용하는 방법을 바꿈
목표의 전이	같은 지역에서 다른 피해자 선택
기능적 전이	범죄자가 한 범죄를 그만두고, 다른 범죄유형으로 옮겨감
범죄자 전이	범죄자의 활동의 중지가 또 다른 범죄자에 의해 대체

정답 | ①

28

뉴먼(Newman)과 레페토(Reppetto)의 범죄예방모델에 대한 설명으로 옳지 않은 것은? 보호7급 22

① 뉴먼은 주택건축과정에서 공동체의 익명성을 줄이고 순찰·감시가 용이하도록 구성하여 범죄예방을 도모해야 한다는 방어공간의 개념을 사용하였다.

② 범죄행위에 대한 위험과 어려움을 높여 범죄기회를 줄임으로써 범죄예방을 도모하려는 방법을 '상황적 범죄예방모델'이라고 한다.

③ 레페토는 범죄의 전이양상을 시간적 전이, 전술적 전이, 목표물 전이, 지역적 전이, 기능적 전이의 5가지로 분류하였다.

④ 상황적 범죄예방활동에 대해서는 '이익의 확산효과'로 인해 사회 전체적인 측면에서는 범죄를 줄일 수 없게 된다는 비판이 있다.

해설 ④ 이익의 확산효과가 아닌 전이효과에 대한 비판이다. 이익의 확산효과는 상황적 범죄예방활동이 다른 지역으로 확장되어 사회 전체의 범죄가 줄어들게 된다는 개념이다.

① 뉴먼은 주택건축과정에서 공동체의 익명성을 줄이고, 범죄자의 침입과 도주를 차단하며, 순찰·감시가 용이하도록 구성하여 범죄예방을 도모하여야 한다는 방어공간의 개념을 사용하였다.

② 상황적 범죄예방모델은 범죄를 기회가 주어지면 누구든지 저지를 수 있는 행위로 보고, 범죄예방은 범죄기회를 감소시킴으로써 성취될 수 있다고 한다.

③ 레페토는 범죄의 전이는 '범죄 예방활동으로 장소, 시간 또는 범죄유형 등이 다른 형태로 변경되는 것'이라고 정의하고, 범죄전이의 유형을 공간적(지역적) 전이, 시간적 전이, 전술적 전이, 목표물 전이, 기능적 전이의 5가지로 분류하였다.

정답 | ④

29 ★

환경범죄학(Environmental Criminology)에 대한 설명으로 옳지 않은 것은?

① 범죄사건을 가해자, 피해자, 특정 시공간상에 설정된 법체계 등의 범죄환경을 통해 설명하였다.

② 브랜팅햄(Brantingham) 부부의 범죄패턴이론(Crime Pattern Theory)에 따르면 범죄자는 일반인과 같은 정상적인 시공간적 행동패턴을 갖지 않는다.

③ 환경설계를 통한 범죄예방(CPTED)을 주장한 제프리(Jeffery)는 "세상에는 환경적 조건에 따른 범죄행동만 있을 뿐 범죄자는 존재하지 않는다"라고 주장하였다.

④ 환경범죄학의 다양한 범죄분석 기법은 정보주도 경찰활동(Intelligence−Led Policing : ILP)에 활용되고 있다.

해설 ② 범죄패턴이론은 범죄는 일정한 장소적 패턴이 있으며 이는 범죄자의 일상적인 행동패턴과 유사하다는 논리로 범죄자의 여가활동장소나 이동경로·이동수단 등을 분석하여 범행지역을 예측함으로써 연쇄살인이나 연쇄강간 등의 연쇄범죄해결에 도움을 줄 수 있다는 범죄예방론이다.

정답 | ②

30

다음 사례에 적용된 환경설계를 통한 범죄예방(CPTED)의 원리로 가장 적절한 것은? 경행1차 23

> ㅇㅇ경찰서에는 관할구역 내 방치된 공·폐가와 인적이 드문 골목길에 대한 민원이 자주 접수되고 있다. 이에 경찰서는 관할구청과 협조하여 방치된 공·폐가는 카페로 조성하고 골목길에는 벤치와 운동기구를 설치하였다. 새로 조성된 카페와 시설물을 주민들이 적극적으로 이용하면서 자연스럽게 감시 기능이 향상되는 결과가 나타났다.

① 접근통제(access control)
② 영역성(territoriality)
③ 활동성 지원(activity support)
④ 유지·관리(maintenance & management)

해설 활동성 지원(activity support)에 관한 내용이다.

셉테드(CPTED ; Crime Prevention Through Environmental Design)
건축환경 설계를 이용하여 범죄를 예방하는 연구 분야로, 아파트나 학교, 공원 등 도시생활공간의 설계단계부터 범죄예방을 위한 다양한 안전시설 및 수단을 적용한 도시계획 및 건축설계를 말한다.

- 자연적 감시 : 건축물이나 시설물의 설계 시 조명이나 조경을 활용하는 방법으로, 가로등의 확대설치를 통해 가시권을 최대로 확보하고, 외부침입에 대한 감시기능을 확대함으로써 범죄위험 및 범죄기회를 감소시킨다.
- 접근통제 : 일정한 지역에 접근하는 사람들을 정해진 공간으로 유도하거나, 방범창이나 차단기 등을 설치하여 외부인의 출입을 통제하도록 설계함으로써 접근에 대한 심리적 부담을 증대시켜 범죄를 예방한다.
- 영역성 강화 : 사적 공간에 대한 경계를 표시하기 위해 울타리 등을 설치하여 주민들의 책임의식과 소유의식을 증대시킴으로써 사적 공간에 대한 관리권을 강화시키고, 외부인들에게 침입에 대한 불법사실을 인식시켜 범죄기회를 차단한다.
- 활동성 지원 : 지역사회 설계 시 주민들이 모여 상호 의견을 교환하고 유대감을 증대시킬 수 있는 놀이터, 공원 등을 설치하고, 체육시설의 접근성과 이용을 권장하여 '거리의 눈'을 활용한 자연적 감시와 접근통제의 기능을 확대한다.
- 유지·관리 : 처음 설계된 대로 또는 개선한 의도대로 지속적으로 파손된 부분을 즉시 보수하고, 청결을 유지·관리함으로써 범죄예방을 위한 환경설계의 장기적이고 지속적인 효과를 유지한다.

➤ CPTED의 원리별 사례

자연적 감시	조명, 조경, 가시권 확대를 위한 건물의 배치 등
자연적 접근통제	차단기, 방범창, 잠금장치, 통행로의 설계, 출입구의 최소화
영역성의 강화	울타리(펜스)의 설치, 사적·공적 공간의 구분
활동성의 활성화	놀이터·공원의 설치, 체육시설의 접근성과 이용의 증대, 벤치·정자의 위치 및 활용성에 대한 설계
유지관리	파손의 즉시 보수, 청결유지, 조명·조경의 관리

정답 | ③

31

환경설계를 통한 범죄예방(CPTED)에 대한 설명으로 옳지 않은 것은? 보호7급 22

① 자연적 감시(natural surveillance) : 건축물이나 시설을 설계함에 있어서 가시권을 최대한 확보하고, 범죄행동에 대한 감시기능을 확대함으로써 범죄발각 위험을 증가시켜 범죄기회를 감소시키거나 범죄를 포기하도록 하는 원리

② 접근통제(access control) : 일정한 지역에 접근하는 사람들을 정해진 공간으로 유도하거나 외부인의 출입을 통제하도록 설계함으로써 접근에 대한 심리적 부담을 증대시켜 범죄를 예방하는 원리

③ 영역성 강화(territorial reinforcement) : 레크레이션 시설의 설치, 산책길에의 벤치설치 등 당해 지역에 일반인의 이용을 장려하여 그들에 의한 감시기능을 강화하는 전략

④ 유지·관리(maintenance·management) : 시설물이나 장소를 처음 설계된 대로 지속해서 이용할 수 있도록 관리함으로써 범죄예방 환경설계의 장기적·지속적 효과를 유지

해설 ③ 레크레이션 시설의 설치, 산책길에 벤치의 설치 등 해당 지역에 일반인의 이용을 장려하여 그들에 의한 감시기능을 강화하는 전략은 활동성 지원에 해당한다. CPTED는 감시와 접근통제, 공동체 강화를 기본원리로 자연적 감시, 접근통제, 영역성 강화, 활동성 지원, 유지 · 관리 등 5가지 실천전략으로 구성된다. 영역성 강화는 주거지의 영역을 공적 영역이 아닌 사적 영역화함으로써 외부인을 통제하고, 외부인 스스로가 자신이 통제대상이라는 것을 자각하게 함으로써 범죄를 예방하는 전략이다. 조경, 도로의 포장, 특수 울타리 설치, 출입구 통제강화, 표지판 설치, 내부공원 조성 등은 주민들의 소유재산이나 자기의 사적 영역이라는 인식을 강화하는 영역성 강화의 예이다.

CPTED의 기본원리

- 자연적 감시 : 누구나 쉽게 외부인의 관찰이 가능하도록 하여 가시성을 극대화시킨다.
  예 주택설계 시 골목길로 테라스 배치, CCTV, 가로등 확대 등
- 접근통제 : 외부로부터의 출입이나 접근을 제한하도록 설계하여 범죄를 예방한다.
  예 건물 출입구 단일화, 방범경보장치 설치 등
- 영역성 강화 : '사적 영역'(경계) 표시로 외부인의 인식을 강화하고 범죄기회를 차단한다.
  예 보안시스템 표지판 설치, 조경관리, 출입통제 강화 등
- 활동성 지원 : 주민참여 증대를 위한 설계로써 자연적 감시와 접근통제를 강화한다.
  예 놀이터, 근린공원이나 체육시설 배치, 벤치 설치 등
- 유지·관리 : 지속적인 유지 · 관리로써 안전한 이미지를 구축한다.
  예 파손 즉시 보수, 청결유지(낙서 지우기) 등

정답 | ③

32

환경설계 범죄예방(CPTED)의 배경이 되는 범죄학이론으로 보기 가장 어려운 것은? 해경간부 24

① 뉴먼(Newman)의 방어공간이론
② 윌슨(Wilson)의 합리적 선택이론
③ 콜빈(Colvin)의 잠재특성이론
④ 클라크(Clarke)의 상황적 범죄예방론

해설 ③ 잠재특성이론(잠재적 특질이론) 중 콜빈이 주장한 차별적 강압이론은, 개인의 낮은 통제력의 원인을 충동적 성격이 아닌 개인으로서는 어쩔 수 없는 강력한 힘의 작용이라고 보았다.

정답 | ③

33

1세대 환경설계를 통한 범죄예방(CPTED) 전략을 활용한 범죄예방 방안으로 가장 거리가 먼 것은? 경찰간부 24

① CCTV 설치 ② 벽화 그리기
③ 출입구 단일화 ④ 시민방범순찰

해설 ④ 1세대 CPTED는 범죄예방에 효과적인 물리환경을 설계·개선하는 하드웨어 중심의 접근으로, 가로등 세우기나 CCTV 설치, 쓰레기 치우기 등이 그 예이다. 시민방범순찰은 주민이 참여하는 2세대 CPTED에 해당하고, 참고로 3세대 CPTED는 주민에게 결정권이 있다.

정답 | ④

34

범죄예방에 대한 설명으로 옳지 않은 것은? 보호9급 24

① 적극적 일반예방이론은 형벌이 사회의 규범의식을 강화해 주는 효과를 가짐으로써 범죄가 예방된다고 보는 것이다.

② 브랜팅햄(Brantingham)과 파우스트(Faust)가 제시한 범죄예방 구조모델에 따르면, 사회환경 가운데 범죄의 원인이 될 수 있는 것을 정화하는 것은 3차 예방에 해당한다.

③ 환경설계를 통한 범죄예방(CPTED)모델은 사전적 범죄예방을 지향한다.

④ 일상활동이론(routine activity theory)에서는, 범죄예방에 관하여 범죄자의 범죄성향이나 동기를 감소시키는 것보다는 범행기회를 축소하는 것이 강조된다.

해설 ② 브랜팅햄(Brantingham)과 파우스트(Faust)가 제시한 범죄예방 구조모델에 따르면, 사회환경 가운데 범죄의 원인이 될수 있는 것을 정화하는 것은 1차적 예방에 해당한다. 1차적 범죄예방에는 조명, 시건장치(자물쇠), 접근통제 등과 같은 환경설비, 시민의 순찰 등과 같은 이웃감시, 경찰방범활동, 민간경비, 범죄예방교육 등이 있다.

정답 | ②

35

범죄예방에 관한 설명으로 가장 적절하지 않은 것은? 경행2차 23

① 상황적 범죄예방모델은 브랜팅햄(Brantingham)과 파우스트(Faust)의 범죄예방모델 중에서 2차적 범죄예방에 속한다.

② 깨진 유리창 이론(Broken Windows Theory)을 근거로 도출된 범죄예방모델에서는 무관용 원칙을 중요시한다.

③ 랩(Lab)은 범죄예방의 개념을 '실제의 범죄발생 및 범죄두려움(fear of crime)을 제거하는 활동'이라 정의하고, 범죄예방은 범죄의 실질적인 발생을 줄이려는 정책과 일반시민이 범죄에 대하여 가지는 막연한 두려움과 공포를 줄여나가는 정책을 포함하여야 한다고 주장한다.

④ 제프리(Jeffery)가 제시한 범죄대책 중 범죄억제모델은 주로 형집행단계에서 특별예방의 관점을 강조하고 있다.

해설 ④ 실증주의의 특별예방관점에 의한 재범방지모델, 즉 사회복귀모델에 대한 설명이다.

① 2차적 범죄예방은 범행가능성이 있는 잠재적 범죄자를 조기에 발견하고 그를 감시·교육함으로써 반사회적 행위에 이르기 전에 미리 예방하는 것을 말하고, 상황적 범죄예방모델은 환경설계를 통해 범죄기회를 차단하고 범죄자에게 범죄이익의 감소를 인식케 하여 범죄를 예방한다. 상황적 범죄예방모델은 브랜팅햄과 파우스트의 범죄예방모델 중에서 2차적 범죄예방에 속한다.

정답 | ④

36

브랜팅햄(Brantingham)과 파우스트(Faust)가 제시한 범죄예방모델을 1차, 2차, 3차 예방활동의 순서대로 나열한 것은?

경행1차 23

① 시민순찰 – 범죄예측 – 구금
② 이웃감시 – 특별예방 – 우범지역 순찰
③ 우범지역 순찰 – 비상벨 설치 – 재소자 교육
④ 비상벨 설치 – 이웃감시 – 구금

해설 ① 시민순찰(1차적 범죄예방) – 범죄예측(2차적 범죄예방) – 구금(3차적 범죄예방)
② 이웃감시(1차적 범죄예방) – 특별예방(3차적 범죄예방) – 우범지역 순찰(1차적 범죄예방)
③ 우범지역 순찰(1차적 범죄예방) – 비상벨 설치(1차적 범죄예방) – 재소자 교육(3차적 범죄예방)
④ 비상벨 설치(1차적 범죄예방) – 이웃감시(1차적 범죄예방) – 구금(3차적 범죄예방)

➤ 범죄예방의 구조모델 정리

접근법	대상	내용	적용 예
1차적 예방	일반대중	범죄행위를 조장하거나 범죄의 기회를 제공하는 물리적·사회적 환경조건을 개선하여 범죄예방	환경설계, 민간경비, 이웃감시, 경찰방범활동, 일반예방, 감시장비 설치, 범죄예방 교육 등
2차적 예방	우범자 또는 그 집단	잠재적 범죄자를 초기에 발견하고 이들의 범죄기회를 차단하여 범죄예방	범죄지역 분석, 재범예측, 전환제도 등
3차적 예방	범죄자	범죄자들이 더 이상 범죄를 저지르지 못하게 하는 범죄예방	교정기관의 목표로 범죄자교화, 재범예방 프로그램 등

정답 | ①

37

브랜팅햄(Brantingham)과 파우스트(Faust)의 범죄예방모형에 따를 때 다음 중 성격이 다른 하나는?

해경간부 24

① 이웃감시
② 상황적 범죄예방
③ 민간경비
④ 환경설계 범죄예방

해설 ② 상황적 범죄예방은 2차적 범죄예방에 해당한다. 2차적 범죄예방은 범행가능성이 있는 잠재적 범죄자를 조기에 발견하고 그를 감시·교육함으로써 반사회적 행위에 이르기 전에 미리 예방하는 것을 말한다.
①·③·④는 범죄예방모형 중 1차적 범죄예방에 해당한다.

정답 | ②

38

범죄대책과 예방에 관한 내용으로 가장 적절하지 않은 것은? 경찰간부 24

① 제프리(Jeffery)는 범죄예방이란 범죄발생 이전의 활동이고, 범죄행동에 대한 직접적 통제이며, 개인의 행동에 초점을 맞추는 것이 아니라 개인이 속한 환경과 그 환경 내의 인간관계에 초점을 맞춰야 하고, 인간의 행동을 연구하는 다양한 학문을 배경으로 하는 것이라고 하였다.

② 브랜팅햄과 파우스트(Brantingham & Faust)는 범죄예방을 1차적 범죄예방, 2차적 범죄예방, 3차적 범죄예방으로 나누었다.

③ 제프리(Jeffery)는 범죄예방모델로 범죄억제모델(Deterrent Model), 사회복귀모델(Rehabilitation Model), 환경공학적 범죄통제모델(Crime Control Through Environmental Engineering)을 제시하였으며, 세 가지 모델은 상충관계에 있다.

④ 랩(Lab)은 범죄예방의 개념을 실제의 범죄발생 및 시민의 범죄에 대해서 가지는 두려움을 제거하는 활동이라고 하였다.

해설 ③ 제프리(Jeffery)는 범죄대책모델로서 범죄억제모델, 사회복귀모델, 환경개선을 통한 범죄예방모델을 제시하였으며, 이 세 가지 모델은 상호보완관계에 있다.

	제프리	뉴만	클라크	코헨 & 펠슨	브랜팅햄 부부	윌슨 & 켈링
환경 범죄학	범죄예방모델	방어공간	합리적 선택	일상활동	범죄패턴	깨진 유리창
	CPTED		상황적 범죄예방	적절한 목표, 감독 없음	교차점, 경로, 경계	

정답 | ③

39

깨진 유리창 이론(Broken W indow Theory)에 대한 설명으로 가장 적절하지 않은 것은? 경찰간부 24

① 이웃사회의 무질서는 비공식적 사회통제 참여활동을 감소시켜 이로 인해 지역사회가 점점 더 무질서해지는 악순환에 빠져 지역사회의 붕괴로 이어지게 된다.

② 기존 범죄대책이 범죄자 개인에 집중하는 개인주의적 관점을 취하는 것에 반하여 공동체적 관점으로의 전환을 주장하고 범죄예방활동의 중요성을 강조하였다.

③ 깨진 유리창 이론은 윌슨과 켈링(Wilson & Kelling)이 발표하였다.

④ 1990년대 미국 시카고시에서 깨진 유리창 이론을 적용하여 사소한 범죄라도 강력히 처벌하는 무관용주의(Zero Tolerrance)를 도입하였다.

해설 ④ 1990년대 미국 뉴욕시에서 깨진 유리창 이론을 적용하여 사소한 범죄라도 강력히 처벌하는 무관용주의(Zero Tolerrance)를 도입하였다.

정답 | ④

40

범죄예방에 대한 설명으로 옳지 않은 것은? 보호7급 23

① 생활양식이론에 의하면, 범죄예방을 위하여 체포가능성의 확대와 처벌의 확실성 확보를 강조한다.

② 브랜팅햄(Brantingham)과 파우스트(Faust)는 질병예방에 관한 보건의료모형을 응용하여 단계화한 범죄예방모델을 제시하였다.

③ 일상활동이론에 의하면, 동기부여된 범죄자와 매력적인 목표물, 보호능력의 부재나 약화라는 범죄의 발생조건의 충족을 제지함으로써 범죄를 예방할 수 있다.

④ 이웃감시는 일반시민을 대상으로 한 1차적 범죄예방모델의 예에 해당한다.

해설 ① 힌델랑의 생활양식이론은 범죄예방을 위한 체포가능성의 확대와 처벌확실성의 확보보다는 개인의 직업활동과 여가활동을 포함하는 일상활동의 생활양식이 그 사람의 범죄피해 위험성을 결정하는 중요한 요인이 된다고 한다. 즉, 범죄와 접촉할 가능성이 큰 생활양식을 가진 사람이 범죄피해자가 되기 쉬우므로, 범죄예방을 위해서는 외부에서 활동하는 시간을 줄이고, 가족과 함께하는 시간을 늘리는 등 범죄와 접촉할 가능성이 적은 생활양식으로 변화할 필요가 있음을 강조하였다.

② 브랜팅햄과 파우스트의 범죄예방모델은 질병예방의 보건의료모형을 차용하였다. 1차적 예방은 질병예방을 위해 주변환경의 청결·소독과 같은 위생상태를 개선하는 것과 유사하고, 2차적 예방은 질병에 걸린 사람들을 격리하고 주변 사람들에게 예방접종을 하는 것과 유사하며, 3차적 예방은 중병에 걸린 사람을 입원시켜 치료하는 것과 유사하다. 즉, 1차적 범죄예방은 범죄를 야기할 가능성이 있는 문제점을 미연에 방지할 목적으로 범죄의 기회를 제공하거나 범죄를 촉진하는 물리적·사회적 환경조건을 변화시키는 것을 말하고, 2차적 범죄예방은 범죄의 가능성이 있는 잠재적 범죄자를 조기에 발견하고 그를 감시·교육함으로써 반사회적 행위에 이르기 전에 미리 예방하는 것을 말하며, 3차적 범죄예방은 범죄자를 대상으로 하는 범죄예방조치를 통하여 재범을 방지할 수 있도록 하는 것을 말한다.

③ 코헨(Cohen)과 펠슨(Felson)의 일상활동이론에 따르면, 동기화된 범죄자와 매력적인 목표물, 보호능력의 부재나 약화라는 범죄의 발생조건의 충족을 제지함으로써 범죄를 예방할 수 있다.

➤ 브랜팅햄(Brantingham)과 파우스트(Faust)의 범죄예방모델

	대상	내용	사례
1차 예방	일반인	• 범죄예방교육 실시 • 물리적·사회적 '환경' 개선	방범교육, 환경설계, CCTV 설치
2차 예방	잠재적 범죄자	• 잠재적 범죄자 조기발견 • 우범자 대상 관리·교육 실시	우범지역 분석, 재범예측
3차 예방	범죄자 (전과자)	재범방지(교화·개선)	재범예방프로그램, 사회복귀

정답 | ①

41

코니쉬(Cornish)와 클락(Clarke)의 상황적 범죄예방기법 25개 중 '노력의 증가(increasing efforts)'에 해당하지 않는 것은? 경행1차 23

① 대상물 강화(hardening targets) – 운전대 잠금장치, 강도방지 차단막
② 시설접근 통제(control access to facilities) – 전자카드 출입, 소지품 검색
③ 출구검색(screen exits) – 전자식 상품태그, 퇴장 시 티켓 확인
④ 자연적 감시지원(assist natural surveillance) – 가로등 개선, 방어적 공간설계

해설 상황적 범죄예방의 5가지 목표중 위험의 증가이다.
코니쉬(Cornish)와 클라크(Clarke)의 상황적 범죄예방이란 사회나 사회제도 개선에 의존하는 것이 아니라, 단순히 범죄기회의 감소에 의존하는 예방적 접근으로, 상황적 범죄예방의 5가지 목표(노력의 증가, 위험의 증가, 보상의 감소, 자극의 감소, 변명의 제거)와 25가지 구체적 기법을 제시하였다.

➤ 코니쉬(Cornish)와 클라크(Clarke) 상황적 범죄예방의 5가지 목표와 25가지 구체적 기법

노력의 증가	1. 대상물 강화 • 운전대 잠금장치 • 강도방지 차단막	2. 시설접근 통제 • 전자카드출입 • 소지품 검색	3. 출구검색 • 출구통과 티켓 • 전자상품인식표	4. 잠재적 범죄자 분석 • 분리된 여자화장실 • 술집 분산	5. 도구/무기 통제 • 스마트 건 • 도난휴대폰 작동 불능화
위험의 증가	6. 보호기능 확장 • 일상적 경계대책 (야간외출 시 집단이동 등) • 이웃감시 프로그램	7. 자연적 감시 • 가로등 개선 • 방어적 공간설계	8. 익명성 감소 • 택시운전기사 ID 의무화 • 학교교복 착용	9. 장소감독자 활용 • 편의점 2인 점원 두기 • 신고보상	10. 공식적 감시 강화 • 침입절도경보기 • 민간경비원
보상의 감소	11. 대상물 감추기 • 식별 안 되는 전화번호부 • 표식 없는 금고 운동 트럭	12. 대상물 제거 • 탈부착 가능한 차량라디오 • 여성 피난시설	13. 소유자 표시 • 재물표식 • 자동차고유번호, 차대번호	14. 장물시장 교란 • 전당포 감시감독 • 노점상 인가제도	15. 이익불허 • 상품잉크 도난 방지택 • 스피드광 과속 방지턱
자극의 감소	16. 좌절감과 스트레스 감소 • 효율적인 줄서기, 서비스 • 마음을 진정시키는 부드러운 음악과 조명	17. 논쟁 피하기 • 라이벌 축구팬들을 분리시킨 관람석 • 택시요금정찰제	18. 감정적 자극 감소 • 폭력적 포르노물 통제 • 인종적 비하언어 금지	19. 친구압력 중화 • 음주운전은 바보 짓이다. • 교내 문제아들 분리조치	20. 모장 좌절시키기 • 상세한 범죄수법 노출방지 • TV 폭력물 제어칩 설치
변명의 제거	21. 규칙 명확화 • 괴롭힘 방지규정 • 주택임대규정	22. 지침의 게시 • 주차금지 • 사유지	23. 양심에의 호소 • 도로 옆의 속도알림 표시판 • 세관신고서 작성	24. 준법행동 보조 • 간편한 도서관 체크아웃 • 공중화장실, 쓰레기통	25. 약물과 알코올 통제 • 술집에 음주측정기 비치 • 알코올 없는 행사 진행

정답 | ④

42

상황적 범죄예방의 5가지 전략과 구체적인 전술을 잘못 짝지은 것은? 해경간부 24

① 노력의 증가 – 범행대상의 견고화, 시설의 접근통제
② 보상의 감소 – 자산 식별하기, 목표물 제거
③ 위험의 증가 – 자연적 감시력 제고, 마약 및 알코올 통제
④ 변명의 제거 – 안내문 게시, 규칙 정하기

해설 코니쉬(Cornish)와 클라크(Clarke)의 상황적 범죄예방이란 사회나 사회제도 개선에 의존하는 것이 아니라, 단순히 범죄기회의 감소에 의존하는 예방적 접근으로, 상황적 범죄예방의 5가지 목표(노력의 증가, 위험의 증가, 보상의 감소, 자극의 감소, 변명의 제거)와 25가지 구체적 기법을 제시하였다.

➤ **코니쉬(Cornish)와 클라크(Clarke) 상황적 범죄예방의 5가지 목표와 25가지 구체적 기법**

목 표	구체적 기법
노력의 증가	대상물 강화, 시설접근 통제, 출구검색, 잠재적 범죄자 분산, 도구·무기 통제
위험의 증가	보호기능 확장, 자연적 감시, 익명성 감소, 장소감독자 활용, 공식적 감시 강화
보상의 감소	대상물 감추기, 대상물 제거, 소유자 표시, 장물시장 교란, 이익불허
자극의 감소	좌절감과 스트레스 감소, 논쟁 피하기, 감정적 자극 감소, 친구압력 중화, 모방 좌절시키기
변명의 제거	규칙 명확화, 지침의 게시, 양심에 호소, 준법행동 보조, 약물과 알코올 통제

정답 | ③

43

클라크(Clarke)는 절도범죄와 관련하여 VIVA 모델과 CRAVED 모델을 제시하였다. 두 모델의 구성 개념들은 일부 중첩되는데, VIVA 모델에서 말한 관성(Inertia)은 CRAVED 모델의 무엇과 가장 가까운 개념인가? 해경간부 24

① 가치성(Valuable) ② 접근성(Available)
③ 이동성(Removable) ④ 처분성(Disposable)

해설 VIVA 모델의 관성(Inertia)은 CRAVED 모델의 이동성(Removable)과 가장 가까운 개념이다.

정답 | ③

44

범죄두려움(Fear of Crime)에 대한 설명으로 가장 적절하지 않은 것은? 경찰간부 24

① 범죄두려움에 대한 개념은 다양하나 일반적으로 특정 범죄의 피해자가 될 가능성의 추정이나 범죄 등에 대한 막연한 두려움의 추정으로 정의된다.

② 범죄두려움의 이웃통합모델(Neighborhood Integration Model)은 지역사회의 무질서 수준이 범죄두려움에 영향을 준다는 설명방식이다.

③ 일반적으로 여성이나 노인은 젊은 남성에 비해 범죄피해율이 매우 낮지만 상대적으로 범죄두려움은 더 높게 나타나는 현상을 범죄피해－두려움의 패러독스라 한다.

④ 범죄두려움 개념은 CCTV, 조명 개선의 범죄예방효과 확인을 위한 지역주민의 주관적 평가에 활용할 수 있다.

해설 ②는 무질서모델에 대한 설명이다. 이웃통합모델은 이웃지역의 결속과 상호신뢰가 존재한다면 지역의 범죄두려움은 감소될 수 있다는 이론이고, 무질서모델은 개인에게 지각되는 물리적·사회적 무질서가 범죄두려움을 증가시킨다는 이론이다.

정답 | ②

45

에크와 스펠만(Eck & Spelman)이 제시한 SARA모델에 대한 설명으로 가장 적절하지 않은 것은? 경찰간부 24

① 탐색(Scanning) 단계는 지역사회 문제, 쟁점, 관심사 등을 인식하고 범주화하는 단계이다.

② 분석(Analysis) 단계는 경찰 내부조직을 통해 문제의 범위와 성격에 따라 문제에 대한 원인을 파악하기 위해 데이터를 수집하고 분석하는 단계이다.

③ 대응(Response) 단계는 경찰과 지역사회의 다양한 주체가 협력하여 분석된 문제의 원인을 제거하고 해결하는 단계이다.

④ 평가(Assessment) 단계는 대응 후의 효과성을 검토하는 단계로서 문제해결의 전 과정에 대한 문제점을 분석하고 환류를 통해 대응방안 개선을 도모한다.

해설 ② SARA모델은 문제지향적 경찰활동으로서 탐색·분석·대응·평가의 단계를 거쳐 문제를 해결하는 과정을 설명하는데, 분석 단계는 문제의 범위와 성격에 따른 각각의 원인을 파악하기 위해 (내부뿐만 아니라 문제와 관련한 모든) 데이터를 수집하고 분석하는 단계이다.

정답 | ②

46

절도범죄의 취약물품(Hot Products)에 대한 설명으로 가장 적절하지 않은 것은? 경찰간부 24

① 취약물품이란 범죄자의 주의를 끌고 절도의 대상이 되기 쉬운 물건을 의미한다.

② 클라크(Clarke)는 취약물품의 특성을 설명하기 위해 코헨과 펠슨(Cohen & Felson)의 VIVA 개념을 확장하여 CRAVED 개념을 제시하였다.

③ 취약물품으로서 휴대폰보다 대형 미술품의 경우가 CRAVED 성격에 더 가깝다.

④ 제품디자인(Product Design)이나 목표물 강화(Target Hardening) 전략은 취약물품 절도를 예방할 수 있다.

해설 취약물품이란 범죄자의 주의를 끌고 절도의 대상이 되기 쉬운 물건을 의미하며, 취약물품으로서 가장 좋은 예는 작고 가볍고 비싼 물건인 노트북, 휴대전화 등을 들 수 있다. 클라크와 뉴먼은 범행대상이 되는 것은 일상적 물품으로, 물품의 설계를 변경함으로써 범행대상이 될 가능성을 낮추는 것이 가능하다고 한다.

※ CRAVED(크레이브드) : Concealable(은폐 가능한), Removable(탈착식), Available(이용 가능한), Valuable(가치 있는), Enjoyable(즐거운), Disposable(처분 가능한)

정답 | ③

CHAPTER

02 범죄예측

01

범죄예측에 관한 설명으로 옳은 것은?

① 범죄예측이란 장래 범죄나 비행을 예측하는 것을 말하고, 범죄자나 비행소년이 아니라도 범죄가능성이 있는 사람은 그 대상이 될 수 있다.
② 범죄예측은 범죄방지의 목적을 위한 것이며, 범죄원인의 규명과는 무관하다.
③ 범죄예측은 수사·재판의 단계에서 요구되고, 교정의 단계에서는 요구되지 않는다.
④ 범죄예측은 집단현상으로서의 범죄에 대한 이해를 돕는 것이다.

해설 ① 범죄예측은 범죄자나 비행소년뿐만 아니라, 범죄가능성이 있는 사람도 포함되므로 옳은 표현이다.
② 범죄예측은 범죄방지의 목적뿐만 아니라, 범죄원인의 규명도 추구한다.
③ 범죄예측은 수사·재판의 단계뿐만 아니라, 범죄의 예방 및 교정의 단계에서도 요구된다.
④ 범죄예측은 개별현상으로서의 범죄에 대한 이해를 돕는 것이다.

정답 | ①

02

범죄예측의 전제조건이라고 보기 어려운 것은?

① 신뢰성
② 타당성
③ 복합성
④ 경제성

해설 ①·②·④ 범죄예측의 전제조건으로 거론되는 것은 신뢰성(객관성), 타당성, 단순성, 경제성(효율성) 등이다.

➤ 범죄예측의 전제조건

신뢰성	범죄예측은 누가 하더라도 동일한 결과가 나올 수 있도록 신뢰성이 담보되어야 한다.
타당성	범죄예측은 합목적적 방법으로 수행되어야 하며, 범죄예측의 목적에 맞는 결과를 얻을 수 있어야 한다.
단순성	예측척도의 판정을 위한 조작이 간단하고, 많은 시간이 소요되지 않아야 한다.
경제성	예측비용과 예측시간은 경제적이어야 하며, 적은 예측인자로 정확성이 높은 결과를 얻을 수 있어야 한다.

정답 | ③

03 ★

다음의 내용은 범죄예측 방법 중 어느 것에 해당되는가? 경찰간부 23

> 정신과 의사나 범죄학을 교육받은 심리학자가 행위자의 성격 분석을 위한 조사와 관찰 등을 토대로 내리는 예측을 말한다.
> 대상자에게 내재되어 있는 특성을 집중적으로 관찰할 수 있는 장점이 있는 반면, 판단자의 자료해석 오류가능성이나 주관적 평가가 개입될 위험으로 인해 객관성이 결여될 수 있고, 비용이 많이 든다는 단점이 있다.

① 전체적 관찰법(직관적 관찰법) ② 경험적 개별예측(임상적 예측법)
③ 점수법(통계적 예측법) ④ 구조예측(통합적 예측법)

해설 ② 임상적 예측법에 대한 설명이다.
① 직관적 예측능력을 토대로 하는 예측방법으로, 실무에서 많이 쓰인다. 판사·검사·교도관 등 범법자를 대상으로 한 직업경험이 중요한 역할을 한다.
③ 여러 자료를 통하여 범죄예측요인을 수량화함으로써 점수의 비중에 따라 범죄 또는 비행을 예측하는 방법으로 예측표를 작성하여 활용되며 객관적이나 질적인 자료의 수집이 어렵다.
④ 전체적 관찰법과 점수법을 조합하여 각각의 단점을 보완하고자 하는 방법이다.

정답 | ②

04

범죄예측에 관한 설명으로 옳은 것은 모두 몇 개인가? 경행2차 23

> ㉠ 범죄예측이란 예방, 수사, 재판, 교정의 각 단계에서 잠재적 범죄자의 범행가능성이나 범죄자의 재범가능성을 판단하는 것이다.
> ㉡ 버제스(Burgess)는 가중실점방식이라는 조기예측법을 소개하였다.
> ㉢ 교정단계의 예측은 가석방 여부와 가석방 시기를 결정하기 위해 필요하다.
> ㉣ 우리나라에서 범죄예측은 청소년의 재범을 예측하기 위해서 시작되었다.

① 0개 ② 1개 ③ 2개 ④ 3개

해설 ④ 맞는 지문은 ㉠, ㉢, ㉣이다.
㉠ 범죄예측이란 예방, 수사, 재판, 교정의 각 단계에서 잠재적 범죄자의 범행가능성이나 범죄자의 재범가능성을 판단하는 것이다.
㉡ 버제스(Burgess)는 1928년 일리노이주에서 3,000명의 가석방자를 대상으로 21개의 인자를 분석하여 공통점을 추출하였고, 경험표에 해당하는 예측표(실점부여방식)를 작성하였다. 가중실점방식은 글룩 부부의 조기비행예측표에서 사용하였다.
㉢ 교정단계의 예측은 주로 석방 시 예측으로, 교도소 및 소년원에서 가석방 및 임시퇴원을 결정할 때 그 대상자의 누범 및 재범위험성을 예측한다.
㉣ 미국의 범죄예측은 가석방예측으로부터 시작되었지만, 우리나라는 글룩 부부의 범죄예측이 도입되면서 시작되었다(청소년비행예측).

미국의 범죄예측 발전

- 워너(Warner)
  - 점수법을 통한 가석방심사기준의 타당성 평가가 목적이다.
  - 메사추세츠주(州) 가석방자를 60개의 항목(예 교정 여부, 전과, 석방 후 계획 등)으로 점수화하여 재범가능성을 예측하였다.
- 버제스(Burgess)
  - 경험표(예측표)를 작성하여 객관적 범죄예측의 기초를 마련하였다.
  - 일리노이주(州) 가석방자 3,000명을 대상으로 21개의 공통요인을 추출하고, 통계분석하여 가석방기간 중 재범가능성을 예측하였다.
  - 각 요인에 +1, 0, −1의 점수를 부여하는 실점부여방식이다.
- 글룩(Glueck)부부
  - 조기비행예측표를 작성하여 비행소년의 재비행가능성을 예측하였다.
  - 매사추세츠주(州) 비행소년 500명과 보스턴의 일반소년 500명을 대상으로 300개의 요인 중 비행소년과 일반소년 간 구별요인 5개에 대한 총 예측점수를 계산하였다.
  - 각 요인에 대한 점수를 부여한 후 합산하는 가중실점방식이다.
- 최근의 방법 : 하서웨이(Hathaway)와 맥킨리(Mckinley)가 고안한 '미네소타 다면적 성격검사법(MMPI; Minnesota Multiphastic Personality Inventory)이 가장 표준화된 범죄자 성격(인성) 조사방법으로 활용되고 있다.

정답 | ④

05

범죄예측에 관한 설명 중 가장 옳지 않은 것은? 해경간부 24

① 범죄예측은 사실상 범죄자의 재범위험성에 대한 예측이기 때문에 브랜팅햄(Brantingham)과 파우스트(Faust)의 범죄예방모형에 따르면, 3차적 범죄예방에 해당한다.

② 전체적 평가법은 대상자의 소질과 인격 전체에 대한 구체적 상황을 종합분석하여 그 사람의 범죄성향을 임상적 경험에 의하여 예측하는 방법이다.

③ 통계적 예측법은 여러 자료를 통하여 범죄예측요인을 수량화함으로써 점수의 비중에 따라 범죄 또는 비행을 예측하는 것이다.

④ 1928년에 버제스(E.W. Burgess)는 '경험표'라고 불렀던 예측표를 작성하여 객관적인 범죄예측의 기초를 마련하였다.

해설 ① 범죄예측이란 범죄를 저지를 가능성이 있는 사람이나 범죄자를 대상으로 추후 범죄개연성을 사전에 판별하는 활동으로, 각각의 형사절차, 즉 범죄수사·재판·교정단계에서 잠재적 범죄자의 범행가능성이나 범죄자의 재범가능성을 판단하는 것이다.

정답 | ①

06

범죄예측에 관한 설명으로 틀린 것을 모두 고른 것은?

> ㉠ 범죄예측의 타당성이란 누가 범죄예측을 하더라도 동일한 결과가 나올 수 있어야 한다는 것을 말한다.
> ㉡ 글룩(Glueck)부부는 주요 예측요인을 선정하고, 그 점수를 합산하는 가중실점방식을 이용하였는데 이 조기비행예측표는 예측률이 높아 많은 학자들에 의해 응용되었다.
> ㉢ 워너(Warner)는 21개 요인들 중에서 같은 범죄 내에 가석방을 위반한 사람의 비율을 평균과 비교하여 각 요인에 +1, 0, −1 등의 점수를 부여하는 방법인 실점부여방식으로 범죄예측표를 구성하였다.
> ㉣ 하더웨이와 맥킨리(S. Hathaway & J. Mckinley)가 개발한 미네소타식 다면적 인성검사법은 범죄예측에 관한 방법의 일종이다.

① ㉠, ㉡　　② ㉠, ㉢
③ ㉡, ㉢　　④ ㉢, ㉣

해설 [×] ㉠은 범죄예측의 신뢰성(객관성)에 관한 설명이다. ㉢은 버제스(Burgess)에 관한 설명이다.
[○] ㉡·㉣

정답 | ②

07 ★

다음 중 범죄예측에 대한 설명으로 가장 옳지 않은 것은? 해경간부 23

① 수사단계에서의 범죄예측은 수사를 종결하면서 범죄자에 대한 처분을 내리는 데에 중요한 역할을 할 수 있다.
② 통계적 예측방법은 여러 자료를 통하여 범죄예측 요인을 수량화함으로써 점수의 비중에 따라 범죄 또는 비행을 예측하는 것으로 점수법이라고도 한다.
③ 임상적 예측방법은 전문가의 개인적 판단을 배제할 수 있는 장점이 있다.
④ 글룩(Glueck)부부는 범죄예측과 관련하여 가중실점방식이라는 조기예측법을 소개하였다.

해설 ③ 임상적 예측방법은 정신건강의학과 의사나 범죄심리학자가 행위자의 성격분석을 위한 조사와 관찰, 임상실험의 도움을 통해 내리는 예측을 말한다. 주관적 판단의 우려가 있다.

정답 | ③

08

범죄예측에 대한 설명으로 옳은 것은? 교정7급 20

① 전체적 평가법은 통계적 예측법에서 범하기 쉬운 객관성 문제를 개선하기 위해 개발된 방법이다.

② 통계적 예측법은 범죄자의 소질과 인격에 대한 상황을 분석하여 범죄자의 범죄성향을 임상적 경험에 의하여 예측하는 방법이다.

③ 버제스(E. W. Burgess)는 경험표(experience table)라 불렸던 예측표를 작성·활용하여 객관적인 범죄예측의 기초를 마련하였다.

④ 가석방 시의 예측은 교도소에서 가석방을 결정할 때 수용생활 중의 성적만을 고려하여 결정한다.

해설 ① 통계적 예측법은 전체적 평가법에서 범하기 쉬운 객관성 문제를 개선하기 위해 고안된 방법이다.

② 전체적 평가법이나 임상적 예측법에 대한 설명이다. 통계적 예측법은 여러 자료를 통하여 범죄예측요인을 수치화함으로써 점수의 비중에 따라 범죄를 예측하는 것이다.

④ 가석방시의 예측은 가석방을 결정할 때 그 대상자의 재범위험성 등을 예측하는 것으로, 수용성적뿐만 아니라 사회복귀 후의 환경 등을 고려하여 가석방 여부를 결정한다.

정답 | ③

09

범죄예측방법 중 전체적 관찰법에 관한 설명으로 옳지 않은 것은?

① 범죄사회학적 입장에서 대상자의 범죄행동을 논리적으로 예측하려는 방법이다.

② 의학·심리학·사회학 등 전문지식을 이용하여 임상적 경험으로 예측한다.

③ 전문적인 판단자 간의 개인차로 객관적 기준을 확보하기 어렵다는 단점이 있다.

④ 각 개인에게 내재하는 특이성을 집중적으로 관찰할 수 있다는 장점이 있다.

해설 ① 전체적 관찰법은 범죄생물학적 입장에서 인격 전체를 분석·종합하여 대상자의 범죄행동을 논리적으로 예측하는 방법이다.

정답 | ①

10

통계적 범죄예측법에 대한 설명으로 옳지 않은 것은?

① 여러 자료를 통하여 범죄예측요인을 수량화함으로써 점수의 비중에 따라 범죄를 예측한다.
② 이미 작성된 판정척도를 사용하므로 비교적 객관성이 높고, 경제적이다.
③ 임상적 지식이나 경험이 없는 사람도 예측가능하다는 장점이 있다.
④ 각 개인에게 내재하는 특수성을 집중적으로 관찰할 수 있다.

해설 ④는 임상적 관찰법에 관한 설명이다.

정답 | ④

11

범죄예측에 관한 설명으로 옳지 않은 것은?

① 조기예측은 주로 청소년을 대상으로 이용되며, 초범예측에 해당한다.
② 수사단계예측은 범죄자에 대한 수사를 종결하면서 처분내용을 결정할 때 사용하는 예측을 말한다.
③ 판결전 조사제도는 재판단계예측을 보완하기 위한 것이다.
④ 교정단계예측 시 종전에는 사회복귀 후의 환경이 주된 자료로 활용되었으나, 최근에는 수용 생활성적도 중요한 예측자료로 활용되고 있다.

해설 ④ 가석방 시 예측을 할 경우 종전에는 수용생활성적이 예측의 주된 자료로 활용되었으나, 최근에는 사회복귀 후의 환경 등도 중요한 예측자료로 활용되고 있다.

정답 | ④

12

조기예측에 관한 설명으로 옳지 않은 것은?

① 재판단계예측이 재범방지를 위한 예측이라면, 조기예측은 범죄예방을 위한 예측이다.

② 범죄와 무관한 시민의 자유영역을 침해할 우려가 있다는 비판이 있다.

③ 선정기준의 공정성을 담보하기 어렵다는 단점이 있다.

④ 범죄위험성이 있는 것으로 판정된 경우 가시적인 법적 조치를 즉시 취하기가 용이하다는 점에서 범죄예방에 탁월하다는 장점이 있다.

해설 ④ 조기예측의 결과 범죄위험성이 있는 것으로 판정된 경우라 할지라도 뚜렷한 범죄행위가 없는 한 가시적인 법적 조치를 취하기 어렵다는 것이 단점으로 지적되고 있다.

정답 | ④

13

범죄예측에 관한 설명으로 옳지 않은 것은? 사법시험 05

① 범죄예방단계에서의 범죄예측은 주로 소년들의 잠재적인 비행을 예측하는 데 사용되고 있으나, 오히려 소년들을 미래의 비행자로 낙인찍을 수 있다는 비판이 제기된다.

② 재판단계에서의 범죄예측은 양형책임을 결정하는 중요한 수단으로 작용한다.

③ 가석방결정을 위해 범죄예측이 활용된다.

④ 임상적 예측방법은 각 개인에게 내재한 특성을 집중적으로 관찰할 수 있지만, 평가자의 전문성 여부에 따라 동일한 대상에 대한 판단이 달라질 수 있다는 단점이 있다.

⑤ 통계적 예측방법은 범죄의 종합적인 측면과 개별 범죄자의 고유한 특성을 동시에 고려할 수 있지만, 경험이 풍부한 전문가에 의해서만 행해져야 한다는 단점이 있다.

해설 ⑤ 통계적 예측방법은 이미 작성된 판정척도를 사용하므로 전문가가 아니라도 범죄예측을 할 수 있다는 장점이 있다.

정답 | ⑤

14

범죄예측에 관한 설명이 옳은 것만으로 묶인 것은? 사법시험 07

> ㉠ 범죄예측의 정확성에 대한 의문은 예측방법의 발전에 따라 완전히 해소되었다.
> ㉡ 조기예측은 성인이 아닌 소년범죄예측에 주로 많이 사용된다.
> ㉢ 보호관찰을 위한 적정한 방법을 찾아내기 위해서 고안되었다.
> ㉣ 통계적 예측방법의 장점은 판정과정에 전문가가 개입하여 개별 범죄의 고유한 특성이나 개인편차를 알 수 있다는 것이다.
> ㉤ 우리나라에서 범죄예측은 청소년의 재범을 예측하기 위해서 시작되었다.

① ㉠, ㉤
② ㉡, ㉤
③ ㉢, ㉣
④ ㉠, ㉢
⑤ ㉡, ㉣

해설 [O] ㉡·㉤
[×] ㉠ 범죄는 다양한 개별적·환경적·사회적 요인에 의해 발생된다는 점과 예측표에 기재된 계량화된 항목만으로 범죄를 정확히 예측하기에는 한계가 있다는 점에 비추어 볼 때 범죄예측의 정확성에 대한 의문은 그 방법의 발전에도 불구하고 완전히 해소될 수 없다고 할 것이다.
㉢ 범죄예측은 가석방된 자들이 가석방기간 중 재범하지 않을 가능성을 예측한 것에서 시작되었다.
㉣ 통계적 예측방법은 이미 작성된 판정척도를 사용하므로 전문가, 즉 임상적 지식이나 경험이 없는 사람도 예측이 가능하다는 것이 장점이다.

정답 | ②

15

범죄예측에 관한 설명으로 옳지 않은 것은? 교정7급 07

① 범죄예측이란 예방·수사·재판·교정의 각 단계에서 개개의 사례를 통해서 잠재적 범죄자의 범행가능성이나 범죄자의 재범가능성을 판단하는 것이다.
② 통계적 예측방법은 임상적 지식이나 경험이 없는 비전문가에 의해서도 행해질 수 있다.
③ 임상적 예측방법은 의학·심리학 등을 바탕으로 대상자를 조사하고 관찰하여 범죄를 예측하기 때문에 조사자의 주관이 개입될 여지가 없다.
④ 예방단계에서 조기예측은 주로 성인범죄보다는 소년범죄의 예측에 사용되고 있다.

해설 ③ 임상적 예측방법은 전문지식을 활용한다는 점에서 효율적인 결과를 기대할 수 있지만, 개인차에 따라 판단결과가 달라질 수 있어 조사자의 주관이 개입될 여지가 많다는 것이 단점으로 지적되고 있다.

정답 | ③

16

범죄예측에 관한 설명으로 옳은 것은? 사법시험 09

① 통계적 예측방법은 개별범죄자의 모든 개인적 편차를 반영하여 재범가능성을 판단한다.
② 임상적 예측방법은 전문가의 개인적 판단을 배제할 수 있는 장점이 있다.
③ 재판 시 피고인에 대한 재범가능성 예측은 법관의 예단을 배제한다.
④ 성별이나 신분을 나타내는 예측항목에 의한 평가는 공평한 사법처리를 위한 전제조건이다.
⑤ 수사단계에서의 범죄예측은 수사를 종결하면서 범죄자의 처리나 처분을 결정할 때 사용된다.

해설 ① 통계적 예측방법은 사례를 중심으로 개발된 것이므로 개별 범죄인에게 존재하는 고유한 특성이나 개인적 편차를 예측과정에 충분히 반영할 수 없다는 단점이 있다.
② 임상적 예측방법은 평가자의 주관을 배제하기 어려워 객관성이 결여될 수 있다는 단점이 있다.
③ 재판단계에서는 법관에게 재량권이 많이 주어지므로 법관의 예단을 배제한다는 표현은 옳지 않다.
④ 공평한 사법처리를 위해서는 성별이나 사회적 신분이 예측항목에 포함되어서는 아니 된다.

정답 | ⑤

17

범죄예측에 대한 설명으로 옳은 것은? 교정9급 11

① 임상적 예측방법은 정신의학·심리학 등을 바탕으로 행위자를 조사·관찰한 후 범죄를 예측하기 때문에 조사자의 주관이 개입될 여지가 없어 자료해석의 오류가능성이 없다.
② 수사단계의 예측은 선도조건부 기소유예와 같은 처분의 결정 시 소년에 대한 잠재적 비행가능성을 판단하는 데 유용하다.
③ 현행법상의 제도로는 재판단계에서의 피고인에 대한 다양한 조사를 하는 데 한계가 있으므로 판결전 조사제도 도입이 시급하다.
④ 통계적 예측은 개별 범죄인에게 존재하는 고유한 특성이나 개인의 편차를 예측과정에 반영할 수 있다.

해설 ① 임상적 예측법에 대해서는 평가자의 주관이 개입되기 쉬워 객관성이 결여될 수 있다는 것이 단점으로 지적되고 있다.
③ 종전에는 판결전 조사제도가 소년범에 한정하여 인정되었으나, 2008년 12월 26일 개정된 「보호관찰 등에 관한 법률」에 따라 현재에는 그 대상이 성인범까지 확대되어 시행되고 있다.
④ 통계적 예측법은 사례를 중심으로 개발된 것이기 때문에 개별 범죄인에게 존재하는 고유한 특성이나 개인적 편차를 예측과정에 충분히 반영할 수 없다는 것이 단점으로 지적되고 있다.

정답 | ②

18

우리나라 범죄예측연구의 이론적 기초를 제공하고, 가중실점방식에 의한 조기비행예표를 작성하여 많은 학자들로부터 신뢰성을 검증받은 학자는?

① 글룩(Glueck)부부

② 맨하임과 윌킨스(H. Mannheim & L.T. Wilkins)

③ 버제스(E. W. Burgess)

④ 하더웨이와 맥킨리(S. Hathaway & J. Mckinly)

해설 ① 글룩부부는 1950년 「소년비행의 해명」에서 약 300개 인자에 관한 조사를 토대로 특정항목의 점수를 가중하거나 감점하는 가중실점방식에 따라 조기예측표를 작성하였다. 글룩부부의 범죄예측연구는 블랙(B.J. Black), 글릭(S.J. Glick) 등의 실증적 검증으로 인해 신뢰성과 간편성을 인정받았고, 우리나라에서는 1960년대에 서울가정법원 소년부에서 이 예측법을 시험적으로 적용하여 소년심판의 보조자료로 사용하기도 하였다.

정답 | ①

19

범죄예측에 관한 설명으로 가장 적절하지 않은 것은?

① 오류긍정(false positive)과 오류부정(false negative)이 발생될 수 있다.

② 미래의 위험성을 이유로 대상자에 대한 차별적 처우를 하는 것은 책임주의원칙에 반한다.

③ 범죄예측표는 통계학적 방법으로 개개인을 취급하게 되므로 개별화라는 현대 형사사조의 기본원칙에 부합한다.

④ 의학이나 심리학 등의 전문가에 의해 행해지는 임상적 예측은 주관적 판단을 배제하기 어려워 객관성을 담보하기 곤란하다.

해설 ③ 범죄예측표는 통계학적 방법으로 개개인을 취급하게 되므로 개개인의 특수성을 무시하게 되는데 이는 개별화라는 현대 형사사조의 기본원칙에 역행하는 것이라는 지적이 있다.

정답 | ③

20

범죄예측에 대한 설명으로 옳지 않은 것은? 보호7급 18

① 수사단계에서의 범죄예측은 수사를 종결하면서 범죄자에 대한 처분을 내리는 데에 중요한 역할을 할 수 있다.

② 범죄예측은 재판단계 및 교정단계에서도 행해지지만 교정시설의 과밀화 현상을 해소하는 데는 기여할 수 없다.

③ 범죄예측의 방법 중 '임상적 예측법(경험적 예측법)'은 대상자의 범죄성향을 임상전문가가 종합분석하여 대상자의 범죄가능성을 판단하는 것이므로 대상자의 특성을 집중관찰할 수 있는 장점이 있다.

④ 범죄예측의 방법 중 '통계적 예측법'은 여러 자료를 통하여 범죄예측요인을 수량화함으로써 점수의 비중에 따라 범죄 또는 비행을 예측하는 것으로 점수법이라고도 한다.

해설 ② 수사종결처분, 양형의 산정, 가석방 결정 등에 필요한 범죄예측은 교정시설의 과밀화 현상을 해소하는 데에 기여될 수 있다.

정답 | ②

CHAPTER

03 범죄피해자론

01

피해자의 개념에 관한 설명으로 옳지 않은 것은?

① 피해자는 형식적 의미의 범죄뿐만 아니라, 실질적 의미의 범죄로 인해 보호법익을 침해당한 사람까지 포함하는 개념이라는 것이 일반적인 견해이다.

② 멘델존(Mendelsohn)은 피해의 원인을 묻지 않고, 자살은 물론 자연재해나 민법상 사건에 의한 경우까지도 피해자의 범위에 포함시켰다.

③ 형사정책에서 피해자에 대한 논의는 범죄원인에 관한 문제와 피해자보호에 관한 문제의 두 가지가 모두 대상이 되고 있다.

④ 종래의 형사정책은 피해자를 범죄자와 대립되는 개념으로 파악하였으나, 제2차세계대전 이후 피해자를 범죄자와 동반자로 파악하게 되었다.

해설 ④ 종래의 형사정책은 범죄인에 대한 연구에만 중점을 두고, 피해자에 대해서는 관심을 두지 않았으나, 제2차 세계대전 이후에는 범죄인과 피해자를 형사상 동반자 내지 대립자로 파악하게 되었다.

정답 | ④

02

피해자의 보호 내지 공적 구제라는 측면에서 많은 업적을 남긴 인물로서 1963년 뉴질랜드의 「범죄피해자 보상법」의 제정에 영향을 미친 사람은?

① 프라이(M. Fry)
② 헨티히(H. von Hentig)
③ 에이머(M. Amir)
④ 가로팔로(R. Garofalo)

해설 ① 영국의 프라이 여사는 1957년 자신의 논문 「피해자를 위한 정의」를 통해 피해자의 공적 구제에 대한 관심을 촉구하였으며, 그녀의 영향으로 뉴질랜드에서는 1963년 처음으로 「범죄피해자보상법」이 제정되었다.

정답 | ①

03

피해자학이론의 주요개념에 관한 설명으로 옳지 않은 것은?

① 범죄근접성이란 범죄에 대해 물리적으로 근접한 경우에는 피해자가 되기 쉽다는 것을 말한다.
② 범죄노출성이란 범죄를 당할 위험성이 높은 상태로 노출되어 있는 경우에는 범죄피해자가 되기 쉽다는 것을 말하며, 범죄가 많은 곳에 자주 출입하는 경우가 여기에 해당한다.
③ 표적매력성이란 범죄의 표적이 된 자는 가해자에게 일정한 가치가 있기 때문에 선택된다는 것을 말한다.
④ 표적매력성에서의 매력기준은 적극적 이용가치뿐만 아니라, 소극적인 물리적 저항도 포함될 수 있다.

해설 ② 범죄가 많은 곳에 자주 출입하는 경우는 범죄근접성에 해당한다. 외딴 곳이나 심야시간대에는 그렇지 않은 경우보다 범죄피해자가 될 가능성이 높은데 이 경우가 범죄노출성에 해당한다.

정답 | ②

04 ★

피해자 유형의 분류에 따른 설명으로 옳지 않은 것은?

① 엘렌베르거(H. Ellenberger)는 피해자 유형을 일반적 피해자성과 잠재적 피해자성으로 나누며, 피학대자를 잠재적 피해자성으로 분류한다.
② 헨티히(H. von Henting)는 피해자 유형을 일반적 피해자와 심리학적 피해자로 나누며, 심신장애자를 심리학적 피해자로 분류한다.
③ 멘델존(B. Mendelsohn)은 피해자 유형을 피해자측의 귀책성 여부에 따라 나누며, 영아살해죄의 영아를 완전히 유책성이 없는 피해자로 분류한다.
④ 레클리스(W. Reckless)는 피해자 유형을 피해자의 도발유무를 기준으로 하여 순수한 피해자와 도발한 피해자로 나눈다.

해설 ② 헨티히는 피해자 유형을 일반적 피해자와 심리학적 피해자로 나누었다. 심신장애자는 일반적 피해자에 해당한다.

유형	내용
일반적 피해자	여성, 어린이, 노인, 심신장애자, 소수집단 등 피해자가 저항능력이 약하여 피해를 입기 쉬운 외적 특성을 가진 자
심리학적 피해자	우울한 자, 탐욕자, 방종(자유분방)한 자, 고독과 비탄에 빠진 자 등 피해자의 심리적 특성을 기준으로 분류한다.

정답 | ②

05

범죄피해자에 관한 설명으로 가장 적절한 것은? 경행2차 23

① 레클리스(Reckless)는 피해자의 도발을 기준으로 피해자 유형을 '가해자－피해자'모델과 '피해자－가해자－피해자'모델로 분류하였다.

② 멘델존(Mendelsohn)은 심리학적 기준으로 피해자 유형을 잠재적 피해자와 일반적 피해자로 분류하였다.

③ 헨티히(Hentig)는 피해자의 유책성을 기준으로 피해자 유형을 이상적인 피해자, 무지에 의한 피해자, 자발적 피해자, 유발적 피해자 및 기망적 피해자 5가지 유형으로 분류하였다.

④ 엘렌베르거(Ellenberger)는 '피해자를 위한 정의'라는 논문을 통하여 피해자의 공적 구제에 대한 관심을 촉구하였다.

해설 ① 레클리스는 피해자의 도발을 기준으로 피해자 유형을 '순수한 피해자'와 '도발한 피해자'로 분류하였다.
② 엘렌베르거의 피해자 분류에 대한 설명이다. 멘델존은 유책성을 기준으로 피해자를 분류하였다.
③ 멘델존에 대한 설명이다. 헨티히는 피해자의 범죄취약성을 기준으로 일반적 피해자와 심리학적 피해자로 분류하였다.
④ 프라이 여사에 대한 설명이다. 프라이 여사는 「피해자를 위한 정의」에서 가해자와 피해자를 화해시키고 법평화를 재생시키기 위해서는 원상회복제도가 고려되어야 한다고 주장하였다.

정답 | ①

06

피해자학에 관한 설명으로 옳지 않은 것은?

① 피해자가 되기 쉬운 사람들의 심리상태나 피해자를 만들어 내는 사회구조를 연구한다.

② 피해자의 진술권보장, 배상명령제도 및 증인보호 등은 피해자학의 중요한 관심영역이다.

③ 범죄피해원인론 중 생활양식이론이 사회계층별 폭력범죄의 위험성을 밝히려고 했다면, 일상활동이론은 시간의 흐름에 다른 범죄율의 변화를 설명하려고 하였다.

④ 헨티히(H. von Henting)와 멘델존(B. Mendelsohn)은 피해자학의 발전에 중요한 역할을 했다.

⑤ 피해자학에서의 피해자는 형식적 의미의 범죄개념에 해당하는 범죄행위로 인하여 피해를 입은 자만을 의미하는 데에 견해가 일치한다.

해설 ⑤ 피해자학에서의 피해자는 형식적 의미의 범죄뿐만 아니라 실질적 의미로 범죄로 인해 보호법익을 침해당한 사람까지 포함한다는 견해가 통설이다.

정답 | ⑤

07

쉐이퍼(Schafer)가 제시한 범죄피해자 유형의 분류기준으로 가장 적절한 것은? 경찰간부 24

① 범죄피해 위험요인(Risk Factors)
② 피해자 책임공유(Shared Responsibility)
③ 피해자에 대한 비난(Victim Blaming)
④ 기능적 책임성(Functional Responsibility)

해설 쉐이퍼(스차퍼)는 멘델존과 헨티히의 피해자 유형에 대한 연구를 보완하면서 피해자의 기능에 관심을 보였다. 그는 범죄피해자를 기능적 책임성(Functional Responsibility)을 기준으로 책임 없는 피해자(unrelated victim), 적극적 범죄유발 피해자(provocative victim), 행위촉진적 피해자(precipitative victim), 신체적으로 나약한 피해자(biologically weak victim), 사회적으로 나약한 피해자(socially weak victim), 자기희생적 피해자(self-victimizing), 정치적 피해자(political victim)로 분류하였다.

정답 | ④

08

다음 중 피해자의 유형에 대한 설명으로 옳지 않은 것은?

① 셰이퍼(S.Schafer)는 피해자가 자신의 피해자화에 끼치는 기능을 중심으로 피해자와 가해자의 상호작용 관계를 분석하는 연구를 하였다.
② 멘델존은 자기의 이욕적인 동기에 의해 타인을 공격하다가 반격을 당한 피해자를 가장 유책한 피해자로 유형화했다.
③ 엘렌베르거는 학대자가 피학대자보다 잠재적으로 피해자가 되기 쉬운 속성이 많다고 보았다.
④ 카르멘은 책임의 정도와 특성에 기초하여 비행적 피해자, 유인피해자, 조심성 없는 피해자, 보호받을 가치가 없는 피해자로 분류하였다.

해설 ③ 엘렌베르거는 헨티히와는 달리 피학대자가 잠재적으로 피해자가 되기 쉬운 속성이 많다고 보았다.

정답 | ③

09

범죄피해자학 또는 범죄피해자에 대한 설명으로 가장 옳지 않은 것은? 해경간부 24

① 정당방위에 해당하여 처벌되지 않는 행위 및 과실에 의한 행위로 인한 피해자는 범죄피해 구조대상에서 제외된다.

② 마약복용, 성매매 등 행위는 피해자 없는 범죄에 해당한다.

③ 「범죄피해자 보호법」에서는 대인범죄 피해자와 재산범죄 피해자를 모두 범죄피해 구조대상으로 본다.

④ 멘델존(Mendelsohn)은 피해자학의 아버지로 불리며 범죄피해자의 유책성 정도에 따라 피해자를 유형화하였다.

해설 ③ "구조대상 범죄피해"란 대한민국의 영역 안에서 또는 대한민국의 영역 밖에 있는 대한민국의 선박이나 항공기 안에서 행하여진 사람의 생명 또는 신체를 해치는 죄에 해당하는 행위로 인하여 사망하거나 장해 또는 중상해를 입은 것을 말한다(범죄피해자 보호법 제3조 제1항 제4호). 따라서 재산범죄 피해자는 범죄피해 구조대상에 해당하지 않는다.

정답 | ③

10

피해자학에 관한 설명 중 괄호 안에 들어갈 이름으로 옳은 것은? 사법시험 06

> 피해자에 대한 체계적인 연구는 제2차세계대전 이후에 시작되었다고 볼 수 있다. (A)은(는) 강간범죄의 피해자를 연구하여 형사정책적으로 의미 있는 피해자학의 기초를 마련하였고, 범죄에 대한 피해자의 유책성 정도에 따라 피해자를 분류하였다. (B)은(는) 죄를 범한 자와 그로 인하여 고통 받는 자라는 도식을 통하여 "피해자의 존재가 오히려 범죄자를 만들어낸다"고 지적하면서 범죄자와 피해자의 관계에 대한 과학적인 연구의 필요성을 강조하였다.

> ㉠ 포이에르바하(A. von Feuerbach)
> ㉡ 멘델존(B. Mendelsohn)
> ㉢ 가로팔로(R. Garofalo)
> ㉣ 프라이(M. Fry)
> ㉤ 헨티히(H. von Hentig)

	A	B
①	㉠	㉢
②	㉡	㉣
③	㉠	㉤
④	㉢	㉣
⑤	㉡	㉤

정답 | ⑤

11

피해자학에 관한 설명 중 옳지 않은 것으로 묶인 것은?

㉠ 피해자학이라는 용어를 처음 사용한 사람은 멘델존(B. Mendelsohn)이다.
㉡ 멘델존(B. Mendelsohn)은 피해자학의 문헌을 수집하는 도서관의 창설, 피해자의 치료를 위한 중앙 클리닉 창설, 피해자문제의 토의를 위한 국제회의 창설 등을 주장하였다.
㉢ 엘렌베르거(H. Ellenberger)는 '범죄의 이중주적(二重奏的) 구조'라는 가설을 제시하고, 범죄를 가해자와 피해자의 상호관계로 파악할 것을 주장하였다.
㉣ 헨티히(H. von Hentig)는 잠재적 피해자설을 제창하고, 가해자와 피해자의 사이에는 신경증적 관계, 심리학적 관계, 유전학·생물학적 관계 등 세 가지의 특수한 관계가 있다고 주장하였다.

① ㉠, ㉡　　② ㉡, ㉢
③ ㉠, ㉣　　④ ㉢, ㉣

해설 [×] ㉢은 헨티히의 주장이고, ㉣은 엘렌베르거의 주장이다.
[○] ㉠·㉡

정답 | ④

12 ★

범죄피해자학을 연구한 학자로서 특히 살인사건의 조사를 통해 '피해자가 유발한 살인'이라는 가설을 통해 살인사건의 4분의 1 정도는 피해자가 유발하였다고 주장한 사람은?

① 멘델존(B. Mendelsohn)
② 볼프강(M.E. Wolfgang)
③ 헨티히(H. von Hentig)
④ 엘렌베르거(H. Ellenberger)

해설 ② 볼프강은 헨티히의 연구를 계승한 학자로서 특히 사회학적 관점에서 '피해자가 유발한 살인'이라는 가설을 통해 피해자와 범죄자의 관계에 대한 이론적 가설을 검증하고자 하였다. 그는 경찰통계를 이용하여 588건의 살인사건을 조사한 결과 그 중 150건(약 26%)이 피해자가 유발한 사례였다고 주장하였다.

정답 | ②

13

코헨(L. Cohen)과 펠슨(M. Felson)의 일상생활이론(routine activity theory)에 관한 설명 중 옳지 않은 것은? 사법시험 11

① 범죄인의 특성을 분석하는 데 중점을 둔다는 점에서 실증주의 범죄원인론과 유사하다.

② 어느 시대나 사회에도 범죄를 범할 개연성이 있는 사람의 수는 일정하다고 가정한다.

③ 범죄의 발생 여부에 결정적인 영향을 미치는 요인은 적절한 범행대상(합당한 표적)과 보호능력의 부존재(감시의 부존재)라고 본다.

④ 시간의 흐름에 따른 범죄율의 변화를 설명하기 위해 등장한 이론이다.

⑤ 경제적 불평등, 실업률 등 범죄를 자극하거나 동기를 부여하는 구조적 조건이 저하됨에도 불구하고 범죄율이 지속적으로 증가하고 있는 이유에 대한 설명을 가능하게 한다.

해설 ① 일상생활이론이란 코헨(L. Cohen)과 펠슨(M. Felson)이 1979년 그들의 논문 「사회변화와 범죄발생률의 경향－일상적 생활접근방법」을 통해 제시한 것으로 범죄가 실행되는 기회는 일상생활 속에 수없이 존재하고 있으며, 범죄의 표적이 무방비상태로 방치되어 있을 때에 범죄가 발생한다는 이론으로 범죄인의 특성을 분석하는 데 중점을 두는 실증주의 범죄원인론과 유사하다고 보기 어렵다.

정답 | ①

14

다음 범죄학 이론에 대한 설명으로 옳지 않은 것은? 교정9급 24

> 범죄가 발생하기 위해서는 최소한 범죄성향을 갖고 그 성향을 행동으로 표현할 능력을 가진 동기화된 범죄자(motivated offender)가 존재해야 한다. 이러한 범죄자에게 적당한 범행대상(suitable target)이 되는 어떤 사람이나 물체가 존재하고, 범죄를 예방할 수 있는 감시의 부재(absence of guardianship)가 같은 시간과 공간에서 만날 때 범죄가 발생한다.

① 코헨(L. Cohen)과 펠슨(M. Felson)의 견해이다.

② 합리적 선택이론을 기반으로 한 신고전주의 범죄학 이론에 속한다.

③ 동기화된 범죄자로부터 범행대상을 보호할 수 있는 수단인 가족, 친구, 이웃 등의 부재는 감시의 부재에 해당한다.

④ 범죄예방의 중점을 환경이나 상황적 요인보다는 범죄자의 성향이나 동기의 감소에 둔다.

해설 ④ 코헨과 펠슨(Cohen & Felson)의 일상활동이론(Routine activities theory)의 내용으로, 범죄예방의 중점을 범죄자의 성향이나 동기의 감소가 아닌 환경이나 상황적 요인(기회)에 둔다.

정답 | ④

15 ★

코헨(L. Cohen)과 펠슨(M. Felson)의 일상생활이론(Routine Activity Theory)에서 범죄가 발생하기 위한 요소들이 옳게 나열된 것은? 사법시험 02

① 생물학적 결함을 지닌 자, 사회의 해체, 적절한 범행대상
② 심리적 결함을 지닌 자, 사회윤리의 붕괴, 형사처벌의 약화
③ 범행동기를 지닌 자, 사회적 긴장, 범죄적 하위문화의 존재
④ 사회적 긴장, 범죄적 하위문화의 존재, 형사사법기관의 약화
⑤ 범행동기를 지닌 자, 적절한 범행대상, 유능한 감시인의 부재

해설 ⑤ 코헨과 펠슨은 사회에서 발생하는 범죄는 ㉠ 범행 동기를 지닌 자, ㉡ 적절한 범행대상, ㉢ 범행을 막을 수 있는 사람의 부존재의 3가지 변수에 의해 결정된다고 보았다. 전통적인 범죄원인론은 대부분 첫 번째 요인인 범죄자의 규명에 중점을 두었다. 그러나 일상생활이론에서는 두 번째와 세 번째 요인에 의하여 범죄 발생여부가 결정된다고 본다.

정답 | ⑤

16

코헨(Cohen)과 펠슨(Felson)의 일상활동이론(Routine Activity Theory)에 관한 설명으로 가장 적절하지 않은 것은? 경행 22

① 범죄기회가 주어지면 누구든지 범죄를 저지를 수 있다고 본다.
② 범죄를 저지르고자 하는 동기화된 범죄자(motivated offender), 적절한 범행대상(suitable target), 보호(감시)의 부재(absenceof capable guardian)라는 세 가지 조건이 충족될 때 범죄가 발생한다고 가정한다.
③ 도시화, 여가활동 증대 등 가정 밖에서 일어나는 활동을 증가시킴으로써 피해자와 범죄자가 시·공간적으로 수렴할 가능성을 증대시킨다고 본다.
④ 형사사법체계에 의해서 수행되는 공식적 통제를 통한 범죄예방을 설명하는데 유용하다.

해설 ④ 코헨(Cohen)과 펠슨(Felson)은 감시인 또는 보호자는 경찰이나 민간경비원 등의 공식 감시인을 의미하는 것이 아니라, 그 존재나 근접성 자체가 범죄를 좌절시킬 수 있는 사람들을 의미하는 것으로 의도하지 않더라도 사람들이 친지나 친구 또는 모르는 사람들로부터 보호받게 되는 측면을 의미한다고 설명하였다. 또한 동기를 가진 범죄자, 적당한 범행대상의 존재 및 범죄방지의 보안장치 또는 감시인의 결여 등과 같은 요소가 결집되면 범죄의 피해자가 될 수 있다고 본다. 따라서 일상활동의 구조적 변화에 따라 위와 같은 세 가지 요소에 시간적·공간적으로 영향을 미치게 되고, 그것이 결집된 경우에 범죄가 발생하므로 범죄의 예방을 위해서는 이러한 영향을 미치는 요소가 결집되지 않도록 하여야 함을 의미한다.

① 범죄를 범할 가능성이 있는 사람의 수는 일정하다고 가정하며, 범죄기회가 주어지면 누구든지 범죄를 저지를 수 있다고 본다.
② 동기화된 범죄자, 적절한 범행대상, 보호의 부재 즉 3요소가 동일한 시간과 공간에서 만나면 범죄발생의 가능성이 높아진다고 한다.
③ 제2차 세계대전 이후 미국에서 일상활동의 변화로 사람들이 특정한 장소와 시간에 모이는 상황이 조성되었고 이러한 일상활동의 변화가 범죄대상이 될 가능성을 증가시키고 재산을 감시할 능력을 감소시켰다고 설명하였다.

정답 | ④

17

다음 중 일상활동이론(Routine Activity Theory)의 범죄발생 요소에 해당하지 않는 것은?

해경간부 23

① 동기화된 범죄자(Motivated offenders)
② 비범죄적 대안의 부재(Absence of non-criminal alternatives)
③ 적절한 대상(Suitable targets)
④ 보호의 부재(Absence of capable guardians)

해설 ② 코헨(Cohen)과 펠슨(Felson)의 일상활동이론은 범죄자가 아니라 피해자를 둘러싸고 있는 범행의 조건을 강조하는 이론으로, 약탈적 범죄의 설명을 위하여 시작하였으며, 그러한 범죄가 발생하기 위해서는 범행을 동기화한 사람(범행동기를 가진 잠재적 범죄자), 적절한 범행대상(합당한 표적), 범행을 막을 수 있는 사람의 부존재(보호할 수 있는 능력의 부재)의 세 가지 요소가 시간과 공간적으로 융합되어야 한다고 가정한다.

정답 | ②

18

범죄피해이론에 대한 설명으로 가장 적절하지 않은 것은?

경찰간부 24

① 일상활동이론은 범죄자와 피해자의 일상활동이 특정 시간과 공간에 걸쳐 중첩되는 양식을 고려하여 범죄피해를 설명한다.
② 생활양식·노출이론은 직장과 학교 등 직업적 활동과 여가활동을 포함한 매일의 일상적 활동이 범죄피해에 미치는 영향에 주목하였다.
③ 구조적-선택이론은 생활양식·노출이론과 집합효율성이론을 통합하여 기회이론의 의미를 심화시킨 이론이다.
④ 피해자-가해자 상호작용이론은 가해자와 피해자의 상호작용 등을 포함한 일련의 범죄피해의 전개 과정에 주목했다.

해설 ③ 구조적-선택이론은 생활양식·노출이론과 일상활동이론을 통합하여 범죄발생의 네 가지 요인을 범행기회와 대상선택이라는 두 가지 관점으로 압축하였다. 두 이론을 통합하여 구조적-선택의 관점에서 범죄피해를 바라봄으로써 일상활동이론에 의해 범죄기회구조에 기여하는 거시적 영향과 생활양식·노출이론에 의해 특정 범죄대상의 선택을 결정하는 미시적 과정을 모두 설명할 수 있다.

① 일상활동이론은 범죄자와 피해자의 일상활동이 특정 시간과 공간에 걸쳐 중첩되는 양식을 고려하여 범죄피해를 설명한다.
② 생활양식·노출이론은 직장이나 학교 등 직업활동과 여가활동을 포함한 매일의 일상활동이 범죄피해에 미치는 영향에 주목하였다.
④ 피해자-가해자 상호작용이론은 피해자를 범죄과정에서 일정한 역할을 담당하는 행위자로 인식하고, 피해자의 행동이나 반응이 범죄진행과정에 미치는 영향을 고려하여 범죄발전과정을 설명한다.

정답 | ③

19

다음이 설명하는 범죄피해에 관한 이론으로 가장 적절한 것은? 경행1차 23

> 인구통계학적·사회구조적 요인이 개인별 생활양식의 차이를 야기하고 이러한 생활양식의 차이가 범죄피해 가능성의 차이로 이어진다고 본다. 예컨대, 밤늦은 시간 술집에 가거나 혼자 밤 늦게까지 일하는 생활양식을 가진 사람은 그렇지 않은 사람에 비해 상대적으로 범죄피해의 가능성이 증가한다는 것이다.

① 집합효율성이론(Collective Efficacy Theory)
② 생활양식·노출이론(Lifestyle－Exposure Theory)
③ 생애과정이론(Life－Course Theory)
④ 합리적 선택이론(Rational Choice Theory)

해설 ② 생활양식·노출이론(lifestyle－exposure theories)에 대한 설명이다. 생활양식·노출이론의 기본적 가설은 범죄피해의 가능성은 피해자의 개인적인 생활양식의 차이에 기인한다는 것이다. 즉, 사람은 그 생활환경에 따라 범죄피해 위험성이 높은 상황, 지역, 시간 등에 노출되는 정도가 다르므로, 범죄피해 가능성 또한 다르게 나타난다는 것이다.

③ 생애과정이론은 다른 발달범죄학 이론과 마찬가지로, 어린아이에서 성인에 이르는 과정에 범죄성이 지속되거나 중단되는 현상을 설명하고자 하였다.

힌델랑의 생활양식·노출이론(미시적 이론)

- 개인의 직업활동과 여가활동을 포함하는 일상활동의 생활양식이 그 사람의 범죄피해 위험성을 결정하는 중요한 요인이 된다고 한다.
- 젊은 사람, 남자, 미혼자, 저소득층, 저학력층 등은 늙은 사람, 여자, 기혼자, 고소득층, 고학력자 등보다 폭력범죄의 피해자가 될 확률이 높다.
- 폭력범죄의 피해자가 될 확률이 높은 사람은 가족과 보내는 시간이 적고, 외부에서 보내는 시간과 일이 많으며, 범죄자 특성의 소유자와 빈번한 접촉을 하기 때문이다.
- 생활양식에 따라 그 사람의 범죄피해 위험성에 대한 노출 정도가 결정되는데, 생활양식이 유사한 다른 사람과의 접촉을 유발하여 범죄피해 위험성에 대한 노출 정도가 달라지므로, 이에 따라 그 위험성도 달라지기 때문이다.

정답 | ②

20

미스(Miethe)와 마이어(Meier)의 구조적 선택이론을 구성하는 핵심개념에 포함되지 않는 것은? 해경간부 24

① 동기화된 범죄자
② 대상의 매력성
③ 노출의 정도
④ 보호력의 부재

해설 구조적 선택이론은 일상활동이론과 생활양식·노출이론을 종합한 이론이다. 사회적 상호작용의 특성과 개인의 특성이 가져오는 범행기회, 즉 근접성과 노출이 있고, 주어진 사회적·공간적 상황에서 범죄자의 주관적 선택, 대상선택에 영향을 미치는 요인들, 즉 표적의 매력성, 보호능력이 있다.

정답 | ①

21

피해자학에 관한 설명으로 옳지 않은 것은? 사법시험 09

① 피해자가 되기 쉬운 사람들의 심리상태나 피해자를 만들어 내는 사회구조를 연구한다.

② 피해자의 진술권 보장, 배상명령제도 및 증인보호 등은 피해자학의 중요한 관심영역이다.

③ 범죄피해원인론 중 생활양식이론이 사회계층별 폭력범죄의 위험성을 밝히려고 했다면, 일상활동이론은 시간의 흐름에 따른 범죄율의 변화를 설명하려고 하였다.

④ 헨티히(H. von Hentig)와 멘델존(B. Mendelsohn)은 피해자학의 발전에 중요한 역할을 하였다.

⑤ 피해자학에서의 피해자는 형식적 의미의 범죄개념에 해당하는 범죄행위로 인하여 피해를 입은 자만을 의미한다는 데에 견해가 일치한다.

해설 ⑤ 피해자학에서의 피해자 개념에 관해서는 학자들마다 견해가 다르다. 헨티히(Hentig)는 형식적 의미의 범죄뿐만 아니라 실질적 의미의 범죄로 피해를 입은 사람도 포함된다고 보고 있고, 지프(Zipf)는 범죄로 법익을 침해당한 자는 물론 그의 가족까지 포함된다고 보고 있으며, 멘델존(Mendelsohn)은 피해의 원인을 묻지 않고 자상(自傷), 자살은 물론, 자연재해 등 모든 종류의 인간행태나 사회적 작용으로 인한 피해자를 총망라하는 것으로 보고 있다.

정답 | ⑤

22 ★

범죄자의 가해행위를 유발시킨 피해자, 부주의에 의한 피해자 등은 멘델존(Mendelsohn)의 피해자 유형 중 어느 것에 해당하는가?

① 책임 없는 피해자

② 조금 책임 있는 피해자

③ 가해자와 같은 정도의 책임이 있는 피해자

④ 가해자보다 더 책임 있는 피해자

해설 ④ 멘델존은 피해자의 유책성 정도에 따라 (ⅰ) 책임이 없는 피해자, (ⅱ) 책임이 조금 있는 피해자, (ⅲ) 가해자와 동등한 책임이 있는 피해자, (ⅳ) 가해자보다 책임이 많은 피해자, (ⅴ) 가장 유책성이 높은 피해자 등으로 분류하였는데 위 사례는 가해자보다 더 책임 있는 피해자 유형에 해당한다.

➤ 멘델존의 피해자 유형

책임 없는 피해자	영아살해죄의 영아, 약취유인된 유아 등
조금 책임 있는 피해자	낙태로 인하여 사망한 임산부 등 무지로 인한 피해자
가해자와 동일한 책임 있는 피해자	자살미수·동반자살 등 자발적인 피해자
가해자보다 더 책임 있는 피해자	범죄자의 가해행위를 유발시킨 피해자, 부주의에 의한 피해자 등
가장 책임 있는 피해자	정당방위의 상대방 같은 공격적 피해자, 무고죄의 범인 같은 기망적 피해자

정답 | ④

23

멘델존(Mendelsohn)은 범죄피해자 유형을 5가지로 분류하였다. 분류의 기준은 무엇인가?

경찰간부 23

① 피해자의 유책성(귀책성)
② 피해자의 외적특성과 심리적 공통점
③ 피해자의 도발유무
④ 일반적 피해자성과 잠재적 피해자성

해설 ① 멘델존은 범죄피해자 유형을 피해자의 유책성(귀책성) 정도를 기준으로 책임이 없는 피해자(영아살해죄의 영아), 책임이 조금 있는 피해자, 가해자와 동등한 책임이 있는 피해자(동반자살), 가해자보다 더 유책한 피해자, 가해자보다 책임이 많은 피해자(정당방위의 상대방)로 분류하였다.

정답 | ①

24 ★

헨티히(Hentig)의 피해자 유형 중 이른바 '심리학적 피해자'가 아닌 것은?

① 폭군
② 탐욕자
③ 의기소침자
④ 침묵자

해설 헨티히의 피해자 유형 중 심리학적 피해자는 ①·②·③ 외에 울화병자, 파멸된 자가 있다.

➤ 헨티히의 피해자 유형

일반적 피해자		평균인에 비해 정신적·육체적 또는 사회적 지위가 상대적으로 열악한 사람
심리학적 피해자	폭군	자신의 밑에서 고통받던 자가 보복하는 입장에 서면 쉽게 이를 감수함
	탐욕자	탐욕에 눈이 어두워 쉽게 속음
	의기소침자	누구에게나 쉽게 압도되고, 장래의 위험에도 관심이 결여되어 있음
	울화병자	비판능력이 상실 또는 위축되어 있어 저항력이 약함
	파멸된 자	파멸적 상황에 몰려 저항능력도 약하여 범죄자에게 가장 손쉬운 먹이가 됨
활동적 피해자		자신이 당한 범죄피해의 충격과 악영향으로 인하여 스스로가 범죄자로 전락하는 피해자 또는 명백히 부당한 처분이나 판결에 대한 반항심으로 재차 범죄를 저지르는 사람

정답 | ④

25 ★

피해자의 유형을 잠재적 피해자와 일반적 피해자로 나눈 사람은?

① 레크리스(Reckless)
② 미야자와(宮澤浩一)
③ 엘렌베르거(Ellenberger)
④ 코니쉬(Cornish)

해설 ③ 엘렌베르거는 피해자의 유형을 잠재적 피해자와 일반적 피해자로 나누었다.

➤ 엘렌베르거의 피해자 유형

잠재적 피해자	• 실제로 범죄피해를 당하지 않았지만 언젠가는 범죄자의 표적이 될 가능성이 많은 사람 • 잠재적 피해자는 자기혐오의 성향, 우울증 및 아벨증후군(스스로 남들보다 행복하다고 믿고 있어 늘 모두의 질투를 받고 있다는 불안에서 시달린 나머지 비정상적으로 행동하는 것)을 가지는 특징이 있음
일반적 피해자	• 잠재적 피해자 외의 피해자가 여기에 해당 • 일반적으로 피해자는 일시적 또는 외형적인 요인 때문에 피해를 당한다고 보고, 이들의 일반적 특성으로서 연령, 직업, 정신병리적·사회적 또는 신체적 상황 등을 들고 있음

정답 | ③

26

다음 중 레크리스(W.Reckless)의 범죄피해자 유형 분류 기준으로 가장 옳은 것은? 해경간부 23

① 피해자의 유책성(귀책성)
② 피해자의 도발유무
③ 피해자의 외적특성과 심리적 공통점
④ 일반적 피해자성과 잠재적 피해자성

해설 ② 피해자의 유무를 기준으로 순수한 피해자(가해자－피해자 모델)와 도발한 피해자(피해자－가해자－피해자 모델)로 분류하고 있다.

정답 | ②

27 ★

범죄피해에 관한 이론들의 내용으로 가장 적절하지 않은 것은? 경찰간부 23

① 생활양식·노출이론(Lifestyle-Exposure Theory)은 인구통계학적, 사회구조적 요인이 개인별 생활양식의 차이를 야기하고 이러한 생활양식의 차이가 범죄피해 가능성의 차이로 이어진다고 본다.

② 코헨(Cohen)과 펠슨(Felson)의 일상활동이론(Routine Activity Theory)은 사람들의 일상활동에 영향을 미친 사회변화에 관한 거시적 차원의 고찰이 없다는 비판을 받는다.

③ 코헨(Cohen)과 펠슨(Felson)의 일상활동이론(Routine Activity Theory)은 동기가 부여된 범죄자, 적합한 표적(범행대상), 보호(감시)의 부재라는 세 가지 요소가 합치할 때 범죄피해가 발생한다고 본다.

④ 펠슨(Felson)은 경찰과 같은 공식적 감시자의 역할보다 가족, 이웃, 지역사회 등 비공식적 통제수단에 의한 범죄예방과 억제를 강조하였다.

해설 ② 일상활동이론은 1970년대 미국의 범죄증가율을 설명하기 위하여 코헨과 펠슨이 제안한 이론으로, 억제이론과 합리적 선택이론의 요소들을 근간으로 한다. 이 이론은 범죄율을 설명함에 있어서 미시적이고 거시적인 접근을 시도한다.

① 힌델링(Hindelang)의 생활양식·노출이론은 개인의 직업적 활동·여가활동 등 모든 일상적 활동의 생활양식이 그 사람의 범죄피해 위험성을 높이는 중요한 요인이 된다는 이론으로, 인구학적·사회학적 계층·지역에 따른 범죄율의 차이는 피해자의 개인적 생활양식의 차이를 반영한다고 한다.

③ 미시적인 차원에서 코헨과 펠슨은 시간, 공간, 대상물, 사람을 기본요소로 범죄에 대한 일상활동이론을 발전시켰으며, 핵심은 범죄삼각형이라는 동기화된 범죄자, 범행에 적합한 대상, 보호(감시)의 부재라는 세 가지 요소가 동일한 시간과 공간에서 만나면 범죄발생의 가능성이 높아진다는 것이다. 거시적인 차원에서의 일상활동이론은 거대 사회와 지역사회의 어떠한 특징이 미시적 차원에서 세 가지 핵심요소의 결합을 통한 범죄발생을 더 용이하게 한다고 설명한다.

④ 펠슨은 감시인 또는 보호자는 경찰이나 민간경비원 등의 공식 감시인을 의미하는 것이 아니라, 그 존재나 근접성 자체가 범죄를 좌절시킬 수 있는 사람들을 의미하는 것으로 의도하지 않더라도 사람들이 친지나 친구 또는 모르는 사람들로부터 보호받게 되는 측면을 의미한다고 설명하였다. 즉 일상활동이론은 비공식적 통제체계에서의 자연스러운 범죄예방과 억제를 중요시한다.

정답 | ②

28

형사절차에서의 피해자보호에 관한 제도라고 보기 어려운 것은?

① 재정신청

② 재판정 진술권

③ 증언 시 피고인의 참여

④ 보석의 취소사유 인정

해설 ③ 형사소송법에서는 범죄피해자를 보호하기 위하여 범죄피해자가 증인으로 증언 시 피고인의 참여를 배제하도록 하고 있다.

정답 | ③

29 ★

현행 「범죄피해자 보호법」의 내용으로 옳지 않은 것은? 사법시험 14

① 유족구조금을 지급받을 수 있는 유족의 범위에서 태아는 구조피해자가 사망할 때 이미 출생한 것으로 본다.

② 범죄행위 당시 구조피해자와 가해자가 사실상 혼인관계에 있는 경우 구조금을 지급하지 않는 것이 원칙이지만, 지급하지 않는 것이 사회통념에 위배된다고 인정할 만한 특별한 사정이 있는 경우에는 구조금의 일부를 지급할 수 있다.

③ 국가는 구조피해자나 유족이 해당 구조대상 범죄피해를 원인으로 하여 손해배상을 받았으면 그 범위에서 구조금을 지급하지 아니한다.

④ 구조금 지급의 대상범죄는 살인, 폭행, 상해와 같은 생명과 신체에 관한 범죄 및 절도, 강도와 같은 재산범죄이다.

⑤ 구조금을 받을 권리는 그 구조결정이 해당 신청인에게 송달된 날부터 2년간 행사하지 아니하면 시효로 인하여 소멸된다.

해설 ④ "구조대상 범죄피해"란 대한민국의 영역 안에서 또는 대한민국의 영역 밖에 있는 대한민국의 선박이나 항공기 안에서 행하여진 사람의 생명 또는 신체를 해치는 죄에 해당하는 행위(「형법」 제9조, 제10조 제1항, 제12조, 제22조 제1항에 따라 처벌되지 아니하는 행위를 포함하며, 같은 법 제20조 또는 제21조 제1항에 따라 처벌되지 아니하는 행위 및 과실에 의한 행위는 제외한다)로 인하여 사망하거나 장해 또는 중상해를 입은 것을 말한다(범죄피해자 보호법 제3조 제1항 제4호). 즉 구조금 지급의 대상범죄는 사람의 생명 또는 신체를 해치는 죄에만 한정되고, 재산범죄는 대상이 되지 않는다.

① 범죄피해자 보호법 제18조 제2항

② 동법 제19조 제7항

③ 동법 제20조

⑤ 동법 제31조

정답 | ④

30

「범죄피해자 보호법」상 형사조정에 대한 설명으로 옳지 않은 것은? 보호7급 23

① 검사는 피의자와 범죄피해자 사이에 형사분쟁을 공정하고 원만하게 해결하여 범죄피해자가 입은 피해를 실질적으로 회복하는 데 필요하다고 인정하면 직권으로 수사 중인 형사사건을 형사조정에 회부할 수 있다.

② 형사조정위원회는 필요하다고 인정하면 직권으로 형사조정의 결과에 이해관계가 있는 사람을 형사조정에 참여하게 할 수 있다.

③ 검사는 형사사건을 수사하고 처리할 때 형사조정이 성립되지 아니하였다는 사정을 피의자에게 불리하게 고려하여서는 아니 된다.

④ 검사는 기소유예처분 사유에 해당함이 명백한 형사사건을 형사조정에 회부하여서는 아니 된다.

해설 ④ 형사조정에 회부할 수 있는 형사사건의 구체적인 범위는 대통령령으로 정한다. 다만, ㉠ 피의자가 도주하거나 증거를 인멸할 염려가 있는 경우, ㉡ 공소시효의 완성이 임박한 경우, 불기소처분의 사유에 해당함이 명백한 경우(다만, 기소유예처분의 사유에 해당하는 경우는 제외한다)에는 형사조정에 회부하여서는 아니 된다(범죄피해자 보호법 제41조 제2항).

① 동조 제1항

② 동법 제43조 제3항

③ 동법 제45조 제4항

정답 | ④

31

범죄의 피해자에 대한 설명으로 옳지 않은 것은? 보호7급 22

① 「형법」에 의하면 피해의 정도뿐만 아니라 가해자와 피해자의 관계도 양형에 고려된다.

② 피해자는 제2심 공판절차에서는 사건이 계속된 법원에 「소송촉진 등에 관한 특례법」에 따른 피해배상을 신청할 수 없다.

③ 레클리스(Reckless)는 피해자의 도발을 기준으로 '가해자 –피해자 모델'과 '피해자 – 가해자 – 피해자 모델'로 구분하고 있다.

④ 「범죄피해자보호기금법」에 의하면 형사소송법 에 따라 집행된 벌금의 일부도 범죄피해자보호기금에 납입된다.

해설 ② 제1심 또는 제2심의 형사공판절차에서 일정한 범죄에 관하여 유죄판결을 선고할 경우, 법원은 직권에 의하여 또는 피해자나 그 상속인의 신청에 의하여 피고사건의 범죄행위로 인하여 발생한 직접적인 물적 피해, 치료비 손해 및 위자료의 배상을 명할 수 있다(소송촉진 등에 관한 특례법 제25조 제1항). 피해자는 제1심 또는 제2심 공판의 변론이 종결될 때까지 사건이 계속(係屬)된 법원에 제25조(배상명령)에 따른 피해배상을 신청할 수 있다(동법 제26조 제1항 전단).

① 형을 정함에 있어서는 범인의 연령, 성행, 지능과 환경, 피해자에 대한 관계, 범행의 동기, 수단과 결과, 범행 후의 정황을 참작하여야 한다(형법 제51조).

④ 정부는 「형사소송법」 제477조 제1항에 따라 집행된 벌금에 100분의 6 이상의 범위에서 대통령령으로 정한 비율을 곱한 금액을 기금에 납입하여야 한다(범죄피해자보호기금법 제4조 제2항).

정답 | ②

32

「범죄피해자 보호법」상 범죄피해의 구조에 대한 설명으로 옳지 않은 것은? 보호7급 23

① 범죄피해 구조금을 받을 권리는 그 구조결정이 해당 신청인에게 송달된 날부터 2년간 행사하지 아니하면 시효로 인하여 소멸된다.

② 구조대상 범죄피해를 받은 사람이 해당 범죄피해의 발생 또는 증대에 가공한 부적절한 행위를 한 때에는 범죄피해 구조금의 일부를 지급하지 아니한다.

③ 범죄피해구조심의회에서 범죄피해 구조금 지급신청을 일부기각하면 신청인은 결정의 정본이 송달된 날부터 2주일 이내에 그 범죄피해구조심의회를 거쳐 범죄피해구조본부심의회에 재심을 신청할 수 있다.

④ 범죄피해 구조금을 받은 사람이 거짓이나 그 밖의 부정한 방법으로 범죄피해 구조금을 받은 경우, 국가는 범죄피해구조심의회 또는 범죄피해구조본부심의회의 결정을 거쳐 그가 받은 범죄피해 구조금의 전부를 환수해야 한다.

해설 ④ 국가는 이 법에 따라 구조금을 받은 사람이 ㉠ 거짓이나 그 밖의 부정한 방법으로 구조금을 받은 경우, ㉡ 구조금을 받은 후 구조금을 지급하지 아니할 수 있는 경우에 규정된 사유가 발견된 경우, ㉢ 구조금이 잘못 지급된 경우의 어느 하나에 해당하면 지구심의회 또는 본부심의회의 결정을 거쳐 그가 받은 구조금의 전부 또는 일부를 환수할 수 있다(범죄피해자 보호법 제30조 제1항).

① 동법 제31조

② 동법 제19조 제4항 제2호

③ 지구심의회에서 구조금 지급신청을 기각(일부기각된 경우를 포함한다) 또는 각하하면 신청인은 결정의 정본이 송달된 날부터 2주일 이내에 그 지구심의회를 거쳐 본부심의회에 재심을 신청할 수 있다(동법 제27조 제1항).

정답 | ④

33

형사절차상 피해자보호와 직접 관련이 없는 것은?

① 간이공판절차
② 배상명령
③ 심리의 비공개
④ 필요적 보석의 예외사유 인정

해설 ① 간이공판절차는 경미한 범죄의 소송절차를 간이하게 하는 제도로서 이는 피해자보호보다는 소송경제 및 범죄자를 위한 제도에 해당한다. 현행 형사절차상 피해자보호와 관련된 제도를 살펴보면 (ⅰ) 수사절차 측면에서는 고소, 검사의 불기소·공소권 불행사 등에 대한 항고·재항고·헌법소원, 피의자의 보증금납입조건부 석방의 예외사유 등이 있고, (ⅱ) 공판절차 측면에서는 헌법상의 범죄피해자 재판정 진술권, 형사소송법상 피해자의 증인참여기회 부여, 소년과 성폭력피해부녀의 심리 비공개, 피고인이 피해자·증인 또는 그 친족에게 해를 가하거나 가할 염려가 있는 경우 필요적 보석의 예외사유, 보석취소사유 및 구속집행정지의 취소사유 등이 있으며, (ⅲ) 사후보상 측면으로는 「소송촉진 등에 관한 특례법」상 배상명령제도, 「범죄피해자 보호법」상 피해자보상제도가 있다.

정답 | ①

34

다음 설명 중 옳지 않은 것은? 사법시험 10 변형

① 헨티히(Hentig)는 범죄자와 피해자 사이의 상호작용에 의해 범죄가 발생한다고 주장하였다.

② 피해자학은 형사절차에서 피해자의 권리와 안전을 적극적으로 보호하려는 것 외에 국가가 공적으로 범죄피해를 구제하는 것까지 그 관심분야에 포함시키고 있다.

③ 형사소송법은 피고인이 피해자의 생명·신체나 재산에 해를 가할 염려가 있다고 믿을 만한 충분한 이유가 있는 경우를 필요적 보석의 예외사유로 규정하고 있다.

④ 범죄피해자 보호법에 의하면 범죄피해에 대한 구조금은 일시금으로 지급되며, 과실에 의한 범죄행위로 인한 범죄피해도 구조의 대상이 된다.

⑤ 범죄피해자 보호법에 의하면 국가는 범죄피해자에 관한 상담·의료 제공 등의 업무에 종사하는 자에 대하여 필요한 교육과 훈련을 실시하여야 한다.

해설 ④ 과실에 의한 범죄행위로 인한 범죄피해는 구조대상에서 제외된다(범죄피해자 보호법 제3조 제1항 제4호).
⑤ 동법 제10조

정답 | ④

35 ★

범죄피해자 보호법에 의할 때 국가에 의한 범죄피해자구조금의 지급대상이 되는 경우는? 사법시험 12

① 전치 8주의 폭행치상을 당한 자가 피해의 전부를 가해자로부터 배상받은 경우

② 10억원의 사기피해를 당한 자가 가해자로부터 5억원만 배상받은 경우

③ 강도상해를 당하여 반신불수가 된 자가 가해자로부터 배상받지 못한 경우

④ 단순폭행을 당한 자가 가해자로부터 일부 배상을 받았지만, 피해자가 가난하여 생계유지가 곤란한 경우

⑤ 명예훼손을 당한 자가 심한 정신적 고통을 겪다가 결국 우울증에 걸려 자살하였고, 피해자의 유족인 처는 가해자의 행방불명으로 피해를 전혀 배상받지 못한 경우

해설 범죄피해자 보호법상 "구조대상 범죄피해"란 대한민국의 영역 안에서 또는 대한민국의 영역 밖에 있는 대한민국의 선박이나 항공기 안에서 행하여진 사람의 생명 또는 신체를 해치는 죄에 해당하는 행위[형법 제9조(형사미성년자), 제10조 제1항(심신상실자), 제12조(강요된 행위), 제22조 제1항(긴급피난)에 따라 처벌되지 아니하는 행위를 포함하며, 형법 제20조(정당행위) 또는 제21조 제1항(정당방위)에 따라 처벌되지 아니하는 행위 및 과실에 의한 행위는 제외한다]로 인하여 사망하거나 장해 또는 중상해를 입은 것을 말한다(범죄피해자 보호법 제3조 제1항 제4호).

③ 강도상해는 사람의 신체를 해치는 죄에 해당하고, 반신불수는 중상해를 입은 것에 해당하므로 범죄피해자구조금의 지급대상이 된다. 구조금의 지급대상이 되려면 구조피해자가 피해의 전부 또는 일부를 배상받지 못하는 경우이어야 하는데(동법 제16조 제1호) ①의 경우 피해의 전부를 가해자로부터 배상받았으므로 구조금의 지급대상이 될 수 없다.

② 사기피해는 사람의 생명 또는 신체를 해치는 죄에 해당하지 않으므로 구조금의 지급대상이 될 수 없다.

④ 단순폭행은 사망하거나 장해 또는 중상해를 입은 것에 해당하지 않으므로 구조금의 지급대상이 될 수 없다.

⑤ 명예훼손은 사람 의 생명 또는 신체를 해치는 죄에 해당하지 않으므로 범죄피해자구조금의 지급대상이 될 수 없다.

정답 | ③

36 ★

「범죄피해자 보호법」상 형사조정위원회에 대한 설명으로 옳지 않은 것은? 5급승진 20

① 형사조정을 담당하기 위하여 각급 지방검찰청 및 지청에 형사조정위원회를 둔다.

② 형사조정위원회는 2명 이상의 형사조정위원으로 구성한다.

③ 형사조정위원은 형사조정에 필요한 법적 지식 등 전문성과 덕망을 갖춘 사람 중에서 관할 지방검찰청 또는 지청의 장이 미리 위촉한다.

④ 형사조정위원회의 위원장은 관할 지방검찰청 또는 지청의 장이 형사조정위원 중에서 위촉한다.

⑤ 형사조정위원의 임기는 3년으로 하며, 연임할 수 있다.

해설 [O] ① 범죄피해자 보호법 제42조 제1항
② 동법 제42조 제2항
③ 동법 제42조 제3항
④ 동법 제42조 제6항
[×] ⑤ 형사조정위원의 임기는 2년으로 하며, 연임할 수 있다(동법 제42조 제5항).

정답 | ⑤

37

피해자학 또는 범죄피해자에 대한 설명으로 옳지 않은 것은? 교정7급 14

① 멘델존(Mendelsohn)은 피해자학의 아버지로 불리며 범죄피해자의 유책성 정도에 따라 피해자를 유형화하였다.

② 범죄피해자 보호법에서는 대인범죄 피해자와 재산범죄 피해자를 모두 범죄피해 구조대상으로 본다.

③ 마약 복용, 매춘 등의 행위는 '피해자 없는 범죄'에 해당한다.

④ 정당방위(형법 제21조 제1항)에 해당하여 처벌되지 않는 행위 및 과실에 의한 행위로 인한 피해는 범죄피해 구조대상에서 제외된다.

해설 ② 범죄피해자 보호법상 구조대상 범죄피해란 대한민국의 영역 안에서 또는 대한민국의 영역 밖에 있는 대한민국의 선박이나 항공기 안에서 행하여진 사람의 생명 또는 신체를 해치는 죄에 해당하는 행위로 인하여 사망하거나 장해 또는 중상해를 입은 것을 말한다(범죄피해자 보호법 제3조 제1항 제4호). 따라서 재산범죄 피해자는 구조대상 범죄피해에 해당하지 않는다.

정답 | ②

38 ★

범죄피해자 보호법상 구조금의 전부 또는 일부의 지급배제사유가 아닌 것은? 사법시험 06 변형

① 가해자가 피해자와 동거하는 사실상의 배우자인 경우
② 피해자가 해당 범죄행위를 교사한 경우
③ 피해자가 과도한 폭행으로 해당 범죄행위를 유발한 경우
④ 피해자가 해당 범죄행위를 방조한 경우
⑤ 가해자가 신체장애 등의 사유가 있어서 해당 범죄를 행하는 것이 매우 곤란했을 것으로 인정되는 경우

해설 ① 범죄피해자 보호법 제19조 제1항 제1호
②·④ 동조 제3항 제1호
③ 동조 동항 제2호

정답 | ⑤

39

현행법상 범죄피해자 보호에 관한 설명 중 옳지 않은 것은? 사법시험 08

① 범죄피해자 보호법상 범죄피해자의 개념에는 타인의 범죄행위로 피해를 당한 사람의 배우 자도 포함된다.
② 지방자치단체는 범죄피해자 보호·지원을 위하여 적극적으로 노력해야 할 책무가 있다.
③ 긴급피난 규정에 의하여 처벌되지 않는 행위로 인해 피해를 입은 자도 범죄피해자구조금을 받을 수 있다.
④ 범죄피해자 보호·지원업무에 종사하는 자는 그 범죄피해자에 관한 형사절차에서 가해자에 대한 처벌을 요구할 수 있다.
⑤ 외국인이 구조피해자이거나 유족인 경우에는 해당 국가의 상호보증이 있는 경우에만 지급대상이 될 수 있다.

해설 ④ 범죄피해자 보호·지원 업무에 종사하는 자는 형사절차에서 가해자에 대한 처벌을 요구하거나 소송관계인에게 위력을 가하는 등 수사, 변호 또는 재판에 부당한 영향을 미치기 위한 행위를 하여서는 아니 된다(범죄피해자 보호법 제38조).
① 동법 제3조 제1항 제1호
② 동법 제5조 제1항
③ 동법 제3조 제1항 제4호
⑤ 동법 제23조

정답 | ④

40 ★

현행 「범죄피해자 보호법」상 구조금에 관한 설명 중 옳지 않은 것은? 사법시험 15

① 구조금 지급신청은 해당 구조대상 범죄피해의 발생을 안 날부터 1년이 지나면 할 수 없다.
② 구조금을 받을 권리는 양도하거나 담보로 제공하거나 압류할 수 없다.
③ 국가는 지급한 구조금의 범위에서 해당 구조금을 받은 사람이 구조대상 범죄피해를 원인으로 하여 가지고 있는 손해배상청구권을 대위한다.
④ 국가는 구조피해자나 유족이 해당 구조대상 범죄피해를 원인으로 하여 손해배상을 받았으면 그 범위에서 구조금을 지급하지 아니한다.
⑤ 구조금은 유족구조금·장해구조금 및 중상해구조금으로 구분하며, 일시금으로 지급한다.

해설 ① 구조금 지급신청은 해당 구조대상 범죄피해의 발생을 안 날부터 3년이 지나거나 해당 구조대상 범죄피해가 발생한 날부터 10년이 지나면 할 수 없다(범죄피해자 보호법 제25조 제2항).
② 동법 제32조
③ 동법 제21조 제2항
④ 동조 제1항
⑤ 동법 제17조 제1항

정답 | ①

41

범죄피해자 보호법상 구조금 지급요건에 관한 설명으로 옳지 않은 것은? 사법시험 07

① 생명 또는 신체를 해하는 범죄에 의한 피해에 대해서만 구조금을 지급한다.
② 과실행위에 의한 범죄피해에 대해서는 구조금을 지급하지 않는다.
③ 정당행위로 인한 범죄피해에 대해서는 구조금을 지급하지 않는다.
④ 타인의 형사사건의 재판에 있어서 증언과 관련하여 피해자로 된 때에는 구조금을 지급하지 않는다.
⑤ 피해자가 범죄행위를 유발한 경우에는 구조금을 지급하지 않을 수 있다.

해설 ④ 국가는 구조피해자가 타인의 형사사건의 재판에서 증언을 하다가 구조피해자가 된 경우에는, 구조금을 지급한다(범죄피해자 보호법 제16조 제2호 참조).

정답 | ④

42

「범죄피해자 보호법」상 구조금 지급에 대한 설명으로 옳지 않은 것은? 교정9급 17

① 범죄행위 당시 구조피해자와 가해자의 사이가 4촌 이내의 친족관계가 있는 경우 구조금을 지급하지 아니한다. 다만, 구조금을 지급하지 아니하는 것이 사회통념에 위배된다고 인정할 만한 특별한 사정이 있는 경우에는 구조금의 전부 또는 일부를 지급할 수 있다.

② 구조금은 유족구조금, 장해구조금 및 중상해구조금으로 구분하며, 일시금으로 지급한다. 다만, 특별한 사정이 있는 경우에는 분할하여 지급할 수 있다.

③ 구조피해자의 사망 당시 구조피해자의 수입으로 생계를 유지하고 있지 않은 구조피해자의 자녀, 부모, 손자·손녀, 조부모 및 형제자매도 유족구조금의 지급대상인 유족에 해당한다.

④ 국가는 구조피해자나 유족이 해당 구조대상 범죄피해를 원인으로 하여 손해배상을 받았으면 그 범위에서 구조금을 지급하지 아니한다.

해설 ② 구조금은 유족구조금·장해구조금 및 중상해구조금으로 구분하며, 일시금으로 지급한다(범죄피해자 보호법 제17조 제1항).

① 범죄행위 당시 구조피해자와 가해자 사이에 부부(사실상의 혼인관계를 포함한다), 직계혈족, 4촌 이내의 친족, 동거친족관계가 있는 경우에는 구조금을 지급하지 아니한다(동법 제19조 제1항). 구조금의 실질적인 수혜자가 가해자로 귀착될 우려가 없는 경우 등 구조금을 지급하지 아니하는 것이 사회통념에 위배된다고 인정할 만한 특별한 사정이 있는 경우에는 구조금의 전부 또는 일부를 지급할 수 있다(동법 제19조 제7항).

③ 유족구조금을 지급받을 수 있는 유족은 다음 각 호의 어느 하나에 해당하는 사람으로 한다(동법 제18조 제1항).

1. 배우자(사실상 혼인관계를 포함한다) 및 구조피해자의 사망 당시 구조피해자의 수입으로 생계를 유지하고 있는 구조피해자의 자녀
2. 구조피해자의 사망 당시 구조피해자의 수입으로 생계를 유지하고 있는 구조피해자의 부모, 손자·손녀, 조부모 및 형제자매
3. 제1호 및 제2호에 해당하지 아니하는 구조피해자의 자녀, 부모, 손자·손녀, 조부모 및 형제자매

④ 동법 제21조 제1항

정답 | ②

43 ★

다음 중 「범죄피해자 보호법」의 구조금 지급에 관한 설명으로 가장 옳지 않은 것은? 해경간부 23

① 구조피해자나 유족이 해당 구조대상 범죄피해를 원인으로 하여 손해배상을 받았으면 그 범위에서 구조금을 지급하지 아니한다.

② 유족구조금을 받을 유족 중 부모의 경우, 양부모를 선순위로 하고 친부모를 후순위로 한다.

③ 외국인이 구조피해자이거나 유족인 경우에도 구조금을 지급하여야 한다.

④ 범죄행위 당시 구조피해자와 가해자가 사실상의 혼인관계에 있는 경우, 원칙적으로 구조금을 지급하지 아니한다.

해설 ③ 범죄피해자 보호법은 외국인이 구조피해자이거나 유족인 경우에는 해당 국가의 상호보증이 있는 경우에만 적용한다(범죄피해자 보호법 제23조).
① 동법 제21조 제1항
② 동법 제18조 제3항
④ 동법 제19조 제1항 제1호

정답 | ③

44

범죄피해자 보호에 관한 현행법상 태도로 보기 어려운 것은?

① 법무부장관은 범죄피해자 보호·지원에 관한 기본계획을 5년마다 수립하여야 한다.

② 범죄피해자 보호·지원에 관한 기본계획 심의를 위해 법무부장관 소속하에 범죄피해자보호위원회를 둔다.

③ 지방자치단체는 범죄피해자 지원법인에 대하여 보조금을 교부할 수 있다.

④ 범죄피해자 보호·지원업무에 종사하고 있거나 종사하였던 자는 어떠한 경우에도 범죄피해자를 보호·지원한다는 이유로 수수료 등의 명목으로 금품을 요구하거나 받아서는 아니 된다.

해설 ④ 범죄피해자 보호·지원업무에 종사하고 있거나 종사하였던 자는 범죄피해자를 보호·지원한다는 이유로 수수료 등의 명목으로 금품을 요구하거나 받아서는 아니 된다. 다만 다른 법률에 규정이 있는 경우에는 그러하지 아니하다(범죄피해자 보호법 제40조). 따라서 다른 법률에 규정이 있는 경우에는 수수료 등의 명목으로 금품을 요구하거나 받을 수 있다.
① 동법 제12조 제1항
② 동법 제15조 제1항
③ 동법 제34조 제1항

정답 | ④

45

「범죄피해자 보호법 시행령」상 범죄피해자보호위원회에 대한 설명으로 옳은 것은? 교정9급 14

① 위원장은 법무부차관이 된다.

② 위원의 임기는 2년으로 하되 연임할 수 없다.

③ 회의는 제적위원 2/3 이상의 출석으로 개의하고, 출석위원 과반수의 찬성으로 의결한다.

④ 위원장의 부득이한 사유로 직무를 수행할 수 없을 때에는 위원장이 미리 지정한 위원이 그 직무를 대행한다.

해설 ④ 범죄피해자 보호법 시행령 제14조 제2항

① 범죄피해자보호위원회(이하 "보호위원회"라 한다)의 위원장은 법무부장관이 된다(동법 시행령 제13조 제1항).

② 위촉된 위원의 임기는 2년으로 하고, 두 차례만 연임할 수 있으며, 보궐위원의 임기는 전임자의 임기의 남은 기간으로 한다(동법 시행령 제13조 제3항).

③ 보호위원회의 회의는 재적위원 과반수의 출석으로 개의하고, 출석위원 과반수의 찬성으로 의결한다(동법 시행령 제14조 제3항).

정답 | ④

46 ★

범죄피해자 보호법상 구조금에 관한 내용 중 옳지 않은 것으로 묶인 것은?

> ㉠ 구조금은 유족구조금, 장해구조금, 중상해구조금으로 구분한다.
> ㉡ 범죄행위 당시 구조피해자와 가해자가 동거친족이었다면 구조금을 지급하지 아니한다.
> ㉢ 구조금을 받을 권리는 그 구조결정이 해당신청인에게 송달된 날부터 1년간 행사하지 아니하면 시효로 인하여 소멸된다.
> ㉣ 구조금 지급에 관한 사항을 심의·결정하기 위하여 각 지방법원에 범죄피해구조심의회를 둔다.

① ㉠, ㉡ ② ㉠, ㉣

③ ㉡, ㉢ ④ ㉢, ㉣

해설 [×] ㉢ 1년 → 2년(범죄피해자 보호법 제31조)

㉣ 지방법원 → 지방검찰청(동법 제21조 제1항)

[○] ㉠ 범죄피해자 보호법 제17조 제1항

㉡ 동법 제19조 제1항 제4호

정답 | ④

47

범죄피해자 보호법상 구조금에 관한 설명으로 옳지 않은 것은? 교정7급 11

① 자기 또는 타인의 형사사건의 수사 또는 재판에서 고소·고발 등 수사단서를 제공하거나 진술, 증언 또는 자료제출을 하다가 구조피해자가 된 경우 범죄피해구조금을 지급한다.

② 구조금 지급신청은 법무부령으로 정하는 바에 따라 그 주소지, 거주지 또는 범죄발생지를 관할하는 지구심의회에 할 수 있다.

③ 구조금 지급신청은 당해 범죄피해의 발생을 안 날로부터 3년이 지나거나 해당 구조대상 범죄피해가 발생한 날로부터 10년이 지나면 할 수 없다.

④ 구조피해자나 유족이 해당 구조대상 범죄피해를 원인으로 하여 손해배상을 받았더라도 국가는 구조금 전액을 지급해야 한다.

해설 ④ 국가는 구조피해자나 유족이 해당 구조대상 범죄피해를 원인으로 하여 손해배상을 받았으면 그 범위에서 구조금을 지급하지 아니한다(범죄피해자 보호법 제21조 제1항).

① 범죄피해자 보호법 제16조 제2호.

② 동법 제25조 제1항

③ 동조 제2항

정답 | ④

48 ★

범죄피해자 보호법령상 형사조정 대상 사건으로서 형사조정에 회부할 수 있는 경우로 옳은 것은?

교정9급 21

① 피의자가 도주할 염려가 있는 경우

② 기소유예처분의 사유에 해당하는 경우

③ 공소시효의 완성이 임박한 경우

④ 피의자가 증거를 인멸할 염려가 있는 경우

해설 형사조정 회부 제외사유(범죄피해자 보호법 제41조 제2항)

1. 피의자가 도주하거나 증거를 인멸할 염려가 있는 경우
2. 공소시효의 완성이 임박한 경우
3. 불기소처분의 사유에 해당함이 명백한 경우(다만, 기소유예처분의 사유에 해당하는 경우는 제외한다)

정답 | ②

CHAPTER 04 회복적 사법

01 ★

회복적 사법에 관한 설명으로 옳지 않은 것은?

① 전통적인 형사사법모델에 대한 반성에서 시작되었다.
② 범죄를 단순한 국법질서의 침해로 보지 않고, 하나의 사회현상으로 취급한다.
③ 가해자와 피해자, 그 가족 및 지역사회를 함께 참여시키는 가운데 문제를 해결하고자 한다.
④ 범죄로 인한 피해자의 물질적 피해의 회복에 그 목적을 둔다.

해설 ④ 회복적 사법은 피해자의 범죄로 인한 정신적·물질적 피해의 회복에 그치지 않고, 범죄의 피해와 그로 인한 후유증 등을 해소하고, 관련 당사자들의 재통합을 추구하는 일체의 범죄대응 형식을 말한다.

정답 | ④

02

회복적 사법에 관한 설명으로 옳지 않은 것을 모두 고른 것은?

> ㉠ 가해자에 대해서는 규범합치적 행동양식의 회복을 촉구한다.
> ㉡ 사회방위를 통한 공동체의 안녕과 질서회복에 중점을 둔다.
> ㉢ 범죄는 사회적 병리현상이라는 관념을 이론적 토대로 한다.
> ㉣ 형사사법체계의 운용 및 절차지연으로 인한 사회적·경제적 비용을 절감할 수 있다.

① ㉠, ㉡　　② ㉠, ㉣
③ ㉡, ㉢　　④ ㉢, ㉣

해설 [×] ㉡ 회복적 사법은 가해자와 피해자, 그 가족 및 지역사회를 함께 참여시키는 사회적 관계 속에서 문제를 해결하고자 하므로 사회방위와는 직접적 관련이 없다.
㉢ 범죄도 하나의 사회현상이라는 사실을 중시한다.
[○] ㉠·㉣

정답 | ③

03 ★

회복적 사법의 목표와 가장 거리가 먼 것은?

① 물질적 또는 감정적 손해의 회복
② 범죄인에 대한 응보
③ 가해자를 지역사회에 재통합
④ 사회의 재건

해설 ② 회복적 사법은 종래의 "적대적 보복감정에 기초한 해악 부과"라는 파괴적 구도를 배격하고, "인도주의와 동정심에 기초한 화해와 용서"라는 이념을 추구한다.

정답 | ②

04 ★

형사사법정책의 새로운 방향으로서 회복적 사법(Restorative Justice)에 대한 설명으로 옳지 않은 것은 모두 몇 개인가? 교정9급 12

> ㉠ 회복적 사법의 핵심가치는 피해자, 가해자 욕구뿐만 아니라 지역사회 욕구까지 반영하는 것이다.
> ㉡ 범죄를 개인 대 국가의 갈등으로 인식한다.
> ㉢ 회복적 사법은 범죄가 발생하는 여건·환경에 관심을 둔다.
> ㉣ 회복적 사법은 범죄로 인한 손해의 복구를 위해 중재, 협상, 화합의 방법을 강조한다.
> ㉤ 회복적 사법은 범죄자의 교화개선이라는 교정의 이념을 실현시키기 위해 등장하였으며, 피해자 권리운동의 발전과는 관련이 없다.

① 1개 ② 2개
③ 3개 ④ 4개

해설 [×] ㉡ 회복적 사법에서는 범죄를 개인 대 국가의 갈등, 즉 범죄를 국법질서의 침해로 보는 것이 아니라 범죄도 하나의 사회현상이라고 인식하고, 가해자와 피해자, 그 가족 및 지역사회를 함께 참여시키는 사회적 관계 속에서 문제를 해결하고자 한다.
㉤ 회복적 사법에 있어서 가장 중요한 주제는 피해자 회복이므로 범죄자의 교화개선보다는 범죄에 의해서 야기된 손상에 초점을 맞춘다. 따라서 회복적 사법은 피해자 권리운동의 발전과 밀접한 관계를 가진다고 보아야 한다.
[○] ㉠·㉢·㉣

정답 | ②

05

최근 각국의 교정정책 수립 시 중요한 이념적 토대를 제공하고 있는 회복적 사법에 대한 설명으로 틀린 것은? 9급특채 12

① 공동사법, 배상적 사법, 관계적 사법이라고도 불린다.
② 기존의 형사사법이 가해자 책임성에 대해서 지나치게 강조하였다고 비판하면서 가해자 책임성에 대해서는 완화된 입장을 견지한다.
③ 피해자가 입은 상처에 대해 진단하고 피해자의 욕구를 범죄처리절차에서 반영해야 한다고 주장한다.
④ 가해자와 피해자뿐만 아니라, 그들이 구성원으로 있는 지역사회 자체의 역할과 기능도 강조한다.

해설 ② 회복적 사법은 가해자에 대해서는 피해자와의 적극적 화해를 통해 자신의 행위에 대해 실질적으로 책임질 수 있도록 조력한다. 따라서 가해자의 책임성에 대해 완화된 입장을 견지한다는 표현은 옳지 않다.

정답 | ②

06 ★

다음 ㉠과 ㉡에 관한 설명으로 가장 적절하지 않은 것은? 경행 22

> ㉠ 피해자에 대한 피해의 원상회복, 범죄에 대한 보상, 지역사회 내에서의 가해자와 피해자의 재통합을 추구하며, 궁극적으로는 범죄로 발생한 손상을 복구하고 나아가 범죄를 예방함으로써 미래의 손상을 감소시키고자 하는 전략을 의미한다.
> ㉡ 사법기관의 공식적 개입을 최소화함으로써 부정적 영향을 감소시키는 전략을 의미하며, 검찰 단계에서의 소년범에 대한 선도조건부 기소유예제도 등이 대표적이다.

① ㉠은 브레이스웨이트(Braithwaite)의 재통합적 수치이론(Reintegrative Shaming Theory)을 근거로 하고 있다.
② ㉡은 리스(Reiss)와 나이(Nye)의 사회통제이론(social control theories)을 근거로 하고 있다.
③ ㉠의 대표적 프로그램으로는 피해자－가해자 중재(victim－offender mediation)모델, 양형서클(sentencing circles) 등이 있다.
④ ㉡의 대표적 프로그램으로는 경찰 단계에서의 훈방, 통고처분 등이 있다.

해설 ㉠은 회복적 사법에 대한 설명이고, ㉡은 다이버전(Diversion. 전환)에 대한 설명이며 다이버전의 배경이 된 이론은 낙인이론이다.

② 다이버전은 낙인이론의 산물이다.
① 재통합적 수치이론은 낙인이론을 확장한 이론으로, 브레이스웨이트는 낙인이론에 대한 실증연구의 지지가 제한적인 이유는 낙인의 종류를 제대로 구분하지 못하였기 때문이라고 주장하면서, 이에 대한 대안으로 재통합적 수치이론을 제시하였다. 이론의 핵심개념인 '수치'란 낙인이론에서의 '낙인'에 상응하는 개념으로 볼 수 있으며, 재통합적 수치는 일정한 제재를 통해 범죄자로 하여금 양심의 가책을 느끼도록 하되, 지역사회의 구성원으로 재통합하려는 노력을 병행함으로써 미래 범죄의 가능성을 줄이고자 하는 의도를 포함한 수치를 의미한다.
③ 회복적 사법의 주요 모델로는 피해자－가해자 중재모델, 가족집단 회합모델, 양형서클모델, 등이 있다.
④ 경찰단계에서 훈방,통고처분, 검찰단계에서 기소유예, 불기소처분, 선도조건부 기소유예, 약식명령청구 등이 있으며, 법원단계에서 선고유예, 집행유예, 약식명령 등이 있다.

정답 | ②

07 ★

회복적 사법(restorative justice)에 대한 설명으로 가장 적절하지 않은 것은? 9급경채 13

① 피해자와 가해자의 합의와 조정을 강제한다.

② 전통적인 형사사법이 가해자 책임성을 지나치게 강조하면서 범죄로 인한 실질적인 피해에 대한 복구가 제대로 되지 못한 점을 비판한다.

③ 피해자의 상처를 진단하고 치유하는 과정이 형사절차에 반영되어야 한다고 주장한다.

④ 지역사회의 역할과 책임성을 강조한다.

해설 ① 회복적 사법에서는 피해자와 가해자의 자발적인 참여를 유도하여 합의와 조정을 이끌어 낸다.

정답 | ①

08

회복적 사법에 대한 평가로 가장 적절하지 않은 것은?

① 범죄자의 낙인효과를 최소화하고, 사회복귀를 촉진시킨다.

② 지역사회의 자율적 분쟁해결능력을 제고시킨다.

③ 수사기관의 부담을 줄이는 대신 법원의 부담을 가중시킨다는 비판이 있다.

④ 피해자의 용서와 이해를 전제하므로 피해자에게 내적 희생을 강요할 수 있다는 비판이 있다.

해설 ③ 법원의 역할이 축소되는 대신 경찰, 검찰, 보호관찰기관 등에 의한 사건처리가 증대된다는 비판이 있다.

➤ 회복적 사법의 평가

장점	• 피해자의 피해복구에 유리 • 낙인효과의 최소화 및 사회복귀 촉진 • 지역사회의 자율적 분쟁해결능력 제고 및 재범위험 감소 • 법원의 업무부담 감소 • 형사사법절차로 해결이 어려운 범죄에 효과적 • 형사사법적용에 대한 국민신뢰 증대
비판	• 형사화해 대상의 한정으로 전체 범죄 적용에 한계 • 가해자와의 합의 실패 시 재피해화의 공포 증대 • 피해자에게 내적 희생이 강요될 수 있음 • 낙인효과감소나 재범감소의 실증적 근거가 미약 • 유죄확정 전의 화해절차는 무죄추정의 원칙에 반하고, 재판받을 권리를 침해하는 것임 • 지역사회의 적극적 참여는 산업화된 현대사회에서는 환상에 불과함 • 범죄처리가 비전문가들에게 맡겨져 사법절차의 공정성과 명확성의 확보가 곤란 • 법원역할의 축소 대신 경찰, 검찰, 보호관찰기관의 사건처리 증대

정답 | ③

09

회복적 사법(restorative justice)에 대한 설명으로 옳지 않은 것은? 교정7급 15

① 회복적 사법은 가해자에 대한 강한 공식적 처벌과 피해의 회복을 강조한다.

② 회복적 사법은 공식적인 형사사법이 가해자에게 부여하는 오명효과를 줄이는 대안이 될 수 있다.

③ 회복적 사법의 시각에서 보면 범죄행동은 법을 위반한 것일 뿐만 아니라 피해자와 지역사회에 해를 끼친 것이다.

④ 회복적 사법 프로그램으로는 피해자－가해자 중재, 가족회합 등이 있다.

해설 ① 회복적 사법은 가해자에 대한 강한 공식적 처벌보다는 가해자와 피해자와의 적극적인 화해를 도모하고, 피해자는 물론 가해자의 재활도 지원하는 것을 내용으로 한다.

정답 | ①

10 ★

회복적 사법에 대한 설명 중 가장 적절하지 않은 것은? 경찰간부 23

① 최초의 공식적인 회복적사법 프로그램은 미국 오하이오주에서 도입된 피해자－가해자 화해프로그램(victim－offender mediation)이다.

② 가족집단 회합모델(family group conference)은 뉴질랜드 마오리족의 전통에서 유래하였다.

③ 써클 모델(circle)은 아메리칸 인디언과 캐나다 원주민들에 의해 사용되던 것으로 범죄상황을 정리하여 피해자와 가해자를 공동체 내로 재통합하려는 시도이다.

④ 미국에서 시행된 가장 대규모의 회복적 사법제도는 버몬트주의 배상적 보호관찰 프로그램이다.

해설 ① 피해자－가해자 중재(조정) 모델은 범죄자와 피해자 사이에 제3자가 개입하여 화해와 배상 등을 중재하는 프로그램을 의미한다. 1974년 캐나다 온타리오 주의 피해자－가해자 화해 프로그램에서 시작되었으며, 가장 오래된 회복적 사법 프로그램의 모델이다.

② 가족집단 회합 모델은 뉴질랜드 마오리족의 전통에 기원을 두고 있는데, 1989년 뉴질랜드의 소년범 중 마오리족 청소년들이 높은 비중을 차지하는 문제를 해결하기 위한 방안으로 「아동·청소년 및 그 가족들에 관한 법」에 의해 도입되었다.

③ 써클 모델은 범죄의 상황을 정리하는 치유 써클에서 기원하며, 아메리칸 인디언과 캐나다 원주민들에 의해 사용되던 것으로 범죄상황을 정리하여 피해자와 가해자를 공동체 내로 재통합하려는 시도이다. 이 제도에 기인하여 이후 가해자 처벌과 관련하여 형사사법기관에 적절한 양형을 권고하는데 중점을 둔 제도가 양형써클이다.

정답 | ①

11

브레이스웨이트(Braithwaite)의 재통합적 수치이론(Reintegrative Shaming Theory)에 대한 설명으로 가장 적절하지 않은 것은? 경찰간부 23

① 수치란 일종의 불승인 표시로서 당사자에게 양심의 가책을 느끼게 하는 것을 의미한다.

② 브레이스웨이트는 상호의존적이고 공동체 지향적인 사회일수록 재통합적 수치의 효과가 더 크다고 주장하였다.

③ 재통합적수치이론은 형사처벌의 효과에 대하여 엇갈리는 연구결과들을 통합하려는 시도의 일환이라고 할 수 있다.

④ 브레이스웨이트는 낙인으로부터 벗어나도록 하기 위한 의식, 용서의 말과 몸짓만으로는 재통합적 수치가 이루어지기 어렵다고 주장하였다.

해설 ④ 재통합적 수치는 제재를 가하되 범죄자라는 낙인으로부터 벗어나도록 해주기 위한 의식, 용서의 말과 몸짓 등을 수반한다.

① 재통합적 수치이론의 핵심개념인 수치란 낙인이론에서의 낙인에 상응하는 개념으로 볼 수 있는데, 브레이스웨이트는 수치를 불승인 표시로서 "당사자에게 양심의 가책을 느끼게 하는 것"으로 정의하였다.

② 상호의존적이고 공동체 지향적인 사회일수록 재통합적 수치의 효과는 더 클 것이라고 주장하였다.

③ 형사처벌과 이차적 일탈 간의 관계를 살펴본 실증연구들의 결론은 일관되지 않다. 이렇듯 엇갈리는 연구결과는 형사처벌의 효과를 설명하는 두 가지 상반된 이론의 존재와 무관하지 않다. 낙인이론은 형사처벌, 즉 공식낙인이 향후 범죄 및 비행을 유발한다고 보는 반면, 전통적 억제이론은 형사처벌이 향후 범죄를 억제한다고 본다. 재통합적 수치이론은 이렇듯 엇갈리는 형사처벌의 효과에 대한 이론 및 실증연구의 결과들을 통합하고자 하는 시도의 일환이라고 볼 수 있다.

정답 | ④

12

회복적 사법(Restorative Justice)에 관한 설명으로 가장 적절하지 않은 것은? 경행1차 23

① 피해자, 가해자 및 지역사회 등의 참여를 중시한다.

② 중재나 협상 및 합의 등을 통해 피해자 회복과 가해자의 처벌에 그 목표를 둔다.

③ 양형서클은 피해자와 가해자를 공동체 내로 재통합하려는 시도로서 회복적 사법에 해당한다.

④ 이론적 근거로는 브레이스웨이트(Braithwaite)의 재통합적 수치이론(Reintegrative Shaming Theory)을 들 수 있다.

해설 ② 회복적 사법은 가해자의 재범가능성을 낮추고 재통합을 목표로 한다. 다만, 가해자 치유의 목표는 피해자 회복과 피해자를 위한 정의달성이라는 목표가 양립 가능할 경우에만 추구된다. 또한 처벌의 결정보다는 치유와 변화의 과정에 초점을 둔다.

정답 | ②

13

회복적 사법에 기초한 프로그램으로 가장 옳지 않은 것은? 해경간부 24

① 가족집단회합 ② 전자장치 부착

③ 양형써클 ④ 피해자와 가해자의 화해

해설 회복적 사법에 기초한 프로그램으로는 피해자－가해자 중재, 양형서클, 가족집단회합 등이 있다. 전자장치 부착은 회복적 사법과 관련이 없다.

정답 | ②

14

브레이스웨이트(Braithwaite)의 재통합적 수치심부여이론(reintegrative shaming theory)에 대한 설명으로 옳지 않은 것은? 보호7급 22

① 재통합적 수치심 개념은 낙인이론, 하위문화이론, 기회이론, 통제이론, 차별접촉이론, 사회학습이론 등을 기초로 하고 있다.

② 해체적 수치심(disintegrative shaming)을 이용한다면 범죄자의 재범확률을 낮출 수 있으며, 궁극적으로는 사회의 범죄율을 감소시키는 효과를 기대할 수 있다.

③ 재통합적 수치심의 궁극적인 목표는 범죄자가 자신의 잘못을 진심으로 뉘우치고 사회로 복귀할 수 있도록 그들이 수치심을 느끼게 할 방법을 찾아내는 것이다.

④ 브레이스웨이트는 형사사법기관의 공식적 개입을 지양하며 가족, 사회지도자, 피해자, 피해자 가족 등 지역사회의 공동체 강화를 중시하는 '회복적 사법(restorative justice)'에 영향을 주었다.

해설 ② 범죄자의 재범확률을 낮추고 궁극적으로는 사회의 범죄율을 감소시키는 효과를 기대할 수 있는 것은 재통합적 수치심(reintegrative shaming)이다. 재통합적 수치심 부여는 범죄자를 사회와 결속시키기 위해 고도의 낙인을 찍는 것이고, 해체적 수치심 부여는 범죄자에게 명백한 낙인을 찍어 커다란 수치심을 주는 것으로, 결과적으로 전자는 재범확률이 낮은 반면에 후자는 재범확률이 높았다. 재통합적 수치심 부여는 용서의 단어나 몸짓, 일탈자라는 낙인을 벗겨 주는 의식을 통해 범법자가 법을 준수함으로써 공동체로 돌아가기 위한 재통합의 노력을 말하고, 이는 사회의 범죄율을 감소시키는 경향이 있다. 참고로, 해체적 수치심 부여는 수치를 당한 범죄자와 공동체가 화해하려는 시도조차 하지 않는 낙인을 찍는 것을 말하고, 이는 사회의 범죄율 감소에 도움이 되지 않는다.

정답 | ②

15

응보적 사법과 회복적 사법에 대한 설명으로 가장 적절하지 않은 것은? 경찰간부 24

① 응보적 사법은 응보, 억제, 무력화를 위한 유죄확정과 처벌을 목표로 한다.
② 회복적 사법은 범죄의 본질을 특정인 또는 지역사회에 대한 침해행위라고 본다.
③ 응보적 사법에서 피해자는 사법절차의 직접참여자, 범죄해결과정의 중심인물이다.
④ 회복적 사법에서 가해자는 책임을 수용하고 배상과 교화의 대상으로 인식된다.

해설 ③ 응보적 사법에서 피해자는 고소인이나 기소를 위한 증인 등으로 한정되는 반면, 회복적 사법에서 피해자는 직접참여자로서 범죄해결과정의 중심인물로 인식된다.

➤ 전통적 형사사법과 회복적 사법 비교

기존의 형사처벌	회복적 사법
• 범죄자 처벌 중심 • 국가(정부)가 주도하는 방식 • 가해자와 피해자 간 조정 없음	• 피해자 (피해)회복 중심 • 피해자의 적극적인 참여 유도 • 가해자와의 갈등해소·원상회복

정답 | ③

CHAPTER

05 전환

01 ★

다이버전(Diversion)에 관한 설명 중 옳지 않은 것은? 사법시험 12

① 다이버전이란 형사사법기관이 통상의 형사절차를 중단하고 이를 대체하는 절차에 의해 범죄인을 처리하는 제도를 말한다.
② 시설내처우를 사회내처우로 대체하는 것도 다이버전에 포함된다.
③ 구속적부심사제도는 다이버전의 일례이다.
④ 다이버전은 낙인효과를 줄일 수 있다.
⑤ 사회적 통제를 강화시킬 뿐 범죄원인 제거에는 큰 효과가 없다는 비판이 있다.

해설 ③ 구속적부심사와 같은 통상의 형사절차는 다이버전에 해당하지 않는다.

정답 | ③

02 ★

형사사법절차의 단계별 다이버전(Diversion)이 바르게 연결되지 못한 것은?

① 사법절차 진입 전－당사자 간의 합의, 학교 내 비행사건 처리
② 경찰단계－훈방, 경고
③ 검찰단계－기소유예, 불기소처분
④ 법원단계－선고유예, 집행유예, 노역장유치

해설 ④ 법원단계에서의 다이버전으로는 선고유예·집행유예·약식명령 등이 있다. 노역장유치는 벌금이나 과료를 완납하지 않은 자를 노역장에 유치하는 제도로 사실상 자유형의 집행과 다름없다는 점에서 다이버전의 취지에 역행하는 제도로 보아야 할 것이다.

➤ 형사사법 단계별 다이버전 요약정리

구분	내용
경찰단계	훈방, 경고, 통고처분, 보호기관 위탁 등
검찰단계	기소유예, 불기소처분, 선도조건부 기소유예, 약식명령 청구 등
법원단계	선고유예, 집행유예, 약식명령 등
교정단계	가석방, 개방처우, 보호관찰, 주말구금 등

정답 | ④

03

다이버전(diversion)에 관한 연결로서 옳지 않은 것은? 사법시험 14

① 경찰단계의 다이버전 – 약식명령청구
② 검찰단계의 다이버전 – 선도조건부 기소유예
③ 재판단계의 다이버전 – 집행유예
④ 재판단계의 다이버전 – 보호관찰부 선고유예
⑤ 행형단계의 다이버전 – 가석방

해설 ① 약식명령청구는 검찰단계의 다이버전에 해당한다.

정답 | ①

04

형사사법절차에서 전환(diversion)에 관한 설명 중 옳지 않은 것은? 사법시험 06

① 형사사법기관의 업무량이 증가한다는 단점이 있다.
② 경찰단계에서의 전환으로는 훈방, 통고처분 등이 있다.
③ 검찰단계에서의 전환으로는 기소유예, 불기소처분, 선도조건부기소유예 등이 있다.
④ 재판단계에서의 전환으로는 선고유예, 집행유예 등이 있다.
⑤ 범죄자를 전과자로 낙인찍을 가능성이 줄어든다.

해설 ① 전환은 정식의 형사절차보다 경제적인 방법으로 범죄문제를 처리하므로 형사사법기관의 업무량을 감소시킨다는 장점이 있다.

➤ 전환제도의 장단점

장점	단점(비판적 견해)
• 정식의 형사절차보다 경제적 방법으로 범죄문제 처리 • 낙인효과 최소화 • 형사사법기관의 업무량 감소 • 범죄자처우에 인도적 • 단기자유형의 폐해 방지	• 형사사법망의 확대 우려 • 형사사법기관의 재량확대 우려 • 범죄원인 제거에 비효과적 • 경찰·검찰단계의 전환인 경우 재판절차 이전에 행해지는 형사사법 개입프로그램이라는 점에서 또 하나의 형사사법절차를 창출할 뿐이라는 비판이 있음

정답 | ①

05

전환처우(다이버전)에 대한 설명으로 가장 적절하지 않은 것은? 경찰간부 23

① 전환처우는 형사사법제도에 융통성을 부여해 범죄인에 대하여 보다 적절히 대응하고, 범죄사건을 효과적으로 처리할 수 있도록 한다.
② 경찰단계에서의 전환처우는 훈방, 통고처분 등이 있다.
③ 전환처우는 형사사법절차에서 적법절차의 원리를 강화하기 위한 것이다.
④ 전환처우는 성인형사사법에서보다는 소년형사사법에서 더욱 유용한 제도로 평가된다.

해설 ③ 일반적으로 공식적 형사절차로부터의 이탈과 동시에 사회 내 처우프로그램에 위탁하는 것을 그 내용으로 한다. 즉 다이버전이란 낙인이론에 근거해서 형사사법기관이 통상의 형사절차를 중단하고 이를 대체하는 절차에 의해 범죄인을 처리하는 제도를 말한다.

정답 | ③

06

다이버전(Diversion)에 관한 설명으로 옳지 않은 것은?

① 형벌의 사회통제기능으로서의 한계를 극복하기 위한 방안으로 대두되었다.
② 낙인효과를 피하고 사회복귀를 위하여 그 필요성이 강조된다.
③ 초동단계부터 적극적 형사제재를 가하여 범죄예방에 기여할 수 있다.
④ 형사사법제도의 융통성을 제고하고, 범죄에 대한 효과적 처리를 가능하게 한다.

해설 ③ 다이버전은 통상의 사법절차를 개입시키지 않고 형벌 이외의 조치로 대응하는 것을 추구하므로 형사처벌보다는 사회내처우프로그램에 위탁하는 것을 주 내용으로 한다.

정답 | ③

07

다이버전(Diversion, 전환처우)에 관한 설명으로 가장 적절한 것은? 경행2차 23

① 보석과 구속적부심사제도는 다이버전의 한 종류이다.
② 법원 단계에서의 다이버전은 선고유예, 집행유예 등이 있다.
③ 검찰 단계에서의 다이버전은 불기소처분, 가석방 등이 있다.
④ 경찰 단계에서의 다이버전은 훈방, 경고, 약식명령청구 등이 있다.

해설 ② 법원 단계에서의 다이버전은 선고유예, 집행유예와 더불어 약식명령 등이 있다.
① 보석이나 구속적부심사제도는 재판이 계속 중인 통상의 형사절차에 해당한다는 점에서 다이버전이라고 할 수 없다.
③ 가석방은 교정 단계에서의 다이버전에 해당한다.
④ 약식명령청구는 검찰 단계에서의 다이버전에 해당한다.

정답 | ②

08

다이버전(Diversion)에 관한 설명으로 옳지 않은 것은? 사법시험 08

① 공식적인 형사사법절차에 따른 낙인효과의 폐단을 줄이기 위한 해결방식이다.
② 소년분류심사원에의 위탁처분도 여기에 해당한다.
③ 담당자에게 광범위한 재량이 주어져 형사사법의 불평등이 심화될 우려가 있다.
④ 사실상 유죄추정에 근거한 처분을 내리게 되므로 헌법상의 권리를 침해한다는 비판이 있다.
⑤ 형사사법의 대상조차 되지 않을 사건을 다이버전으로 취급함으로써 사회적 통제가 오히려 강화된다는 비판이 있다.

해설 ② 소년분류심사원에 위탁하는 처분은 소년부 판사가 사건을 조사 또는 심리하기 위하여 행하는 조치의 일종이므로 다이버전으로 볼 수 없다.

정답 | ②

09 ★

다음은 각 경찰활동과 해당 경찰활동의 근거가 되는 대표적인 범죄학 이론을 짝지은 것이다. 이 중 옳은 내용을 모두 고른 것은? 경찰간부 23

> ㉠ 순찰을 통해 경찰력을 주민들에게 자주 노출시키는 것 - 억제이론(Deterrence Theory)
> ㉡ 전환처우(다이버전)를 통해 형사처벌의 부작용을 줄이는 것 - 자기통제이론(Self-Control Theory)
> ㉢ 지역주민들을 범죄예방활동에 참여하도록 유도하는 것 - 사회해체이론(Social Disorganization Theory)
> ㉣ 방범용 CCTV를 설치함으로써 범죄 위험 지역의 감시를 강화하는 것 - 허쉬의 사회통제이론(Social Control Theory)
> ㉤ 지역 내 무질서 행위를 철저히 단속하는 것 - 깨어진 유리창이론(Broken Windows Theory)

① ㉠, ㉢, ㉣
② ㉠, ㉢, ㉤
③ ㉠, ㉣, ㉤
④ ㉡, ㉢, ㉤

해설 [O] ㉠·㉢·㉤
[×] ㉡ 전환처우(다이버전)를 통해 형사처벌의 부작용을 줄이는 것 - 낙인이론
㉣ 방범용 CCTV를 설치함으로써 범죄 위험 지역의 감시를 강화하는 것 - 합리적 선택이론, 환경설계를 통한 범죄예방(CPTED)

정답 | ②

10

다음 중 깨어진 유리창 이론(Broken Windows Theory)에 대한 설명으로 가장 옳지 않은 것은? 해경간부 23

① 법률에 의한 범죄화와 범죄에 대한 대응을 중시한다.
② 종래의 형사정책이 범죄자 개인에 집중하는 개인주의적 관점을 취한다는 점을 비판하고, 공동체적 관점으로의 전환을 주장한다.
③ 경찰의 역할로서 지역사회의 물리적·사회적 무질서를 집중적으로 다룰 것을 강조한다.
④ 개인의 자유와 권리, 법의 지배라는 기본적 가치가 상실될 수 있다는 비판의 소지가 있다.

해설 ① 깨진 유리창이 상징하는 의미는 지역사회의 무질서이다. 피해가 없는 사소한 무질서 행위에 대한 경찰의 강경한 대응을 강조한다.

정답 | ①

11

소년에 대한 다이버전(diversion)에 해당하지 않는 것을 모두 고르면? 교정7급 08

㉠ 선도조건부 기소유예	㉡ 소년법상 압수, 수색
㉢ 불처분 결정	㉣ 신입자 수용 특칙
㉤ 소년법상 심리 불개시의 결정	㉥ 경찰의 훈방 처분
㉦ 소년교도소 수용처분	

① ㉠, ㉣, ㉦ ② ㉡, ㉤
③ ㉡, ㉣, ㉦ ④ ㉡, ㉤, ㉥

해설 ㉠·㉢·㉤·㉥은 다이버전의 종류에 해당하나, ㉡은 형벌을 전제로 한 절차라는 점에서, ㉣·㉦은 시설내처우라는 점에서 다이버전에 해당하지 않는다.

정답 | ③

12

비범죄화 또는 다이버전(Diversion)에 대한 설명 중 옳지 않은 것은? 사법시험 11

① 비범죄화론은 약물범죄와 같은 공공질서 관련 범죄에 대해서 많이 주장되고 있다.
② 다이버전은 형사제재의 최소화를 도모하는 것으로 보석도 그 한 형태이다.
③ 다이버전은 재판절차 전 형사개입이라는 점에서 또 다른 형사사법절차의 창출이라는 비판이 있다.
④ 경미범죄에 대한 경찰의 훈방조치 내지 지도장 발부, 범칙금 납부제도 등은 넓은 의미의 비범죄화의 일환이다.
⑤ 다이버전은 범죄자를 전과자로 낙인찍을 가능성을 줄인다.

해설 ② 다이버전은 형사사법기관이 통상의 형사절차를 중단하고 이를 대체하는 새로운 절차로의 이행을 통해 형사제재의 최소화를 도모할 수 있다는 점에서 통상의 형사절차에 해당하는 보석이나 구속적부심과 구별된다.

정답 | ②

13

다이버전(diversion)에 대한 설명으로 옳지 않은 것은? 보호7급 18

① 구속적부심사제도는 법원에 의한 다이버전에 해당된다.

② 다이버전에 대해서는 형사사법의 대상조차 되지 않을 문제가 다이버전의 대상이 된다는 점에서 오히려 사회적 통제가 강화된다는 비판이 있다.

③ 다이버전의 장점은 경미범죄를 형사사법절차에 의하지 아니하고 처리함으로써 낙인효과를 줄이는 것이다.

④ 검사가 소년피의자에 대하여 선도를 받게 하면서 공소를 제기하지 아니하는 조건부 기소유예는 다이버전의 예이다.

해설 ① 구속적부심사제도는 통상의 형사절차에 해당한다는 점에서 다이버전의 한 예라고 볼 수 없다.

정답 | ①

14

현행 형사사법제도에 대한 설명으로 옳지 않은 것은? 교정7급 06

① 공식적 형사절차로부터 이탈시켜 사회내프로그램의 위탁과 결합하는 이른바 다이버전(diversion)은 외국에서는 많이 행해지지만, 현재 우리나라에서는 행해지는 것이 없다.

② 현재 경찰이 주장하는 수사권독립은 사실상 경찰이 전체 범죄의 대부분을 처리하고 있다는 수사현실을 그 근거의 하나로 들고 있다.

③ 현행 형법상 형집행을 유예하는 경우에는 보호관찰을 받을 것을 명하거나 사회봉사 또는 수강을 명할 수 있다.

④ 검사의 불기소처분에 대한 불복수단으로는 현행법상 항고와 재항고 제도, 재정신청제도 및 헌법소원제도가 있다.

해설 ① 현재 우리나라에서도 다양한 다이버전이 행해지고 있다. 즉 경찰단계에서는 훈방, 경고, 통고처분, 보호기관 위탁, 검찰단계에서는 기소유예, 불기소처분, 선도조건부기소유예, 약식명령청구, 법원단계에서는 선고유예, 집행유예, 약식명령, 교정단계에서는 가석방, 개방처우, 보호관찰, 주말구금 등이 있다.

정답 | ①

박상민
JUSTICE 교정학
단원별 핵심천제
[형사정책편]

PART

08

형벌론

CHAPTER 01 형벌이론

01

다음 중 응보형주의에 대한 설명으로 옳지 않은 것은?

① 칸트(Kant)·헤겔(Hegel)·비르크마이어(Birkmeyer) 등이 대표적 학자로 범죄자의 범행 상응한 해악을 가하되, 형벌은 범행의 정도를 초과할 수 있다고 본다.

② 처벌 또는 형벌 그 자체를 응보로서 인정하고, 그 외의 목적들은 인정하지 않는다는 점에서 절대주의·절대설·절대적 행형론이라고도 한다.

③ 자유의사론을 전제로 하는 결과 사회적·문화적 조건으로 인한 범죄발생을 설명하기 곤란하다.

④ 범죄에 대해서는 응보를 가함으로써 사회질서가 유지된다고 보았고, 행형을 형벌 그 자체로 보았다.

해설 ① 응보형주의는 절대국가의 자의적 형벌집행에 대응한 죄형균형주의의 원칙에서 나온 것으로 언제나 책임과 형벌은 균형을 이루어야 한다고 주장한다.

정답 | ①

02

목적형주의에 대한 설명으로 옳지 않은 것은?

① 목적없는 국가행위는 존재할 수 없다는 개념을 전제로 한다.

② 의사결정론을 이념적 토대로 하고 있다.

③ 형벌은 그 자체로서 의의를 가지는 것 외에 사회방위에 봉사하는 사회적 기능을 가진다고 본다.

④ 인간의 의지보다는 사회적 환경을 중시하는 숙명적 의사관에 입각하고 있다.

해설 ③ 목적형주의에 따르면 형벌은 그 자체로서 의의를 가지는 것이 아니라, 사회방위에 봉사하는 사회적 기능에 가치가 있다고 본다.

정답 | ③

03 ★

형벌이론 중 일반예방주의에 관한 설명으로 옳은 것은?

① 형벌의 목적을 범죄인을 교정하여 재범을 방지하는 데 둔다.

② 교정이 불가능한 범죄인을 사회로부터 격리시켜 재범의 기회를 차단하고자 한다.

③ 범인에게 부당한 희생을 강요하는 결과로 나타나기 쉽다는 비판이 있다.

④ 형벌의 근거를 행위자의 위험성에서 찾고자 한다.

해설 ③ 일반예방주의는 형벌의 위하력으로 사회일반인이 범죄를 범하지 못하도록 함에 형벌의 목적을 두고 있으므로 위하력을 높이기 위하여 가혹한 형벌이 따를 수 있고, 이는 범죄인에게 부당한 희생을 강요하는 결과로 나타날 수 있다는 비판이 있다.

①·②·④는 특별예방주의에 관한 설명이다.

➤ 형벌의 목적이론 요약정리

응보형주의 (절대적 형벌이론)	• 형벌은 일정한 목적추구를 위하여 존재하는 것이 아니라, 범죄인에게 고통을 주는 그 자체를 가치 있는 것으로 보는 견해 • 칸트, 헤겔, 빈딩 등이 대표적 인물
목적형주의 (상대적 형벌이론)	형벌은 자기목적적인 절대개념이 아니라, 국가 및 사회의 이익을 위해 일정한 목적을 가지고 범죄인에게 부과된다는 견해 • 일반예방주의 : 범죄예방의 대상을 사회일반인에 두고, 형벌로 사회일반인을 위하여 범죄를 행하지 못하도록 함에 형벌의 본래적 임무가 있다는 견해로 아리스토텔레스, 프로타고라스, 홉스, 포이에르바하 등이 대표적 인물 • 특별예방주의 : 형벌을 통해 범죄인을 교정하여 재범을 저지르지 못하도록 하거나 교정이 불가능한 범죄인을 사회로부터 격리하여 재범기회를 배제하여 범죄를 예방하려는 것에 형벌의 본래적 임무가 있다는 견해로 리스트, 마르틴, 크라우제, 슈튀벨 등이 대표적 인물 • 교육형주의 : 형벌의 목적을 교육을 통한 재범방지에 두는 견해로 리프만, 란짜, 살다나 등이 대표적 인물
절충설 (합일적 형벌이론)	• 절대적 형벌이론과 상대적 형벌이론을 절충한 입장으로 형벌은 응보를 본질로 하지만, 예방의 관점을 동시에 고려해야 한다는 견해 • 히펠, 메르켈 등이 대표적 인물
신응보형주의	• 교육형주의의 교육프로그램들이 재범방지에 도움이 주지 못했다는 비판에서 출발한 이론으로 재범방지를 위해서는 개선위주의 교육보다는 적절한 응보가 필요하다는 견해 • 알렌, 모리스, 포겔, 윌슨, 마틴슨 등이 대표적 인물

정답 | ③

04

형벌의 일반예방효과(General Deterrence Effect)에 대한 설명으로 옳지 않은 것은? 교정9급 08

① 인간의 합리적 선택가능성을 전제로 하며, 공리주의적 사고가 그 사상적 기초 내지 배경을 이루고 있다.
② 위하를 통한 예방이라는 소극적 효과와 규범의식의 강화라는 적극적 효과로 나누기도 한다.
③ 현행 교정실무는 특별예방을 추구할 뿐이고, 형벌의 일반예방효과와는 무관하다.
④ 형벌을 통한 일반예방의 추구는 한 인간을 다른 목적을 위한 수단으로 다루는 결점을 안고 있다고 지적되기도 한다.

해설 ③ 현행 교정실무는 교육형주의에 입각한 특별예방을 추구하는 제도들이 주류를 이루고 있으나, 형벌의 일반예방효과와 무관하다고 보기는 어렵다.

정답 | ③

05 ★

형벌의 목적 중 소극적 일반예방에 대한 설명으로 가장 적절한 것은? 경찰간부 23

① 형벌을 통해 범인을 교육·개선함으로써 범죄자의 재범을 예방한다.
② 형벌을 통해 일반인의 규범의식을 강화하여 사회의 규범 안정을 도모한다.
③ 준엄한 형집행을 통해 일반인을 위하함으로써 범죄예방의 목적을 달성한다.
④ 형벌의 고통을 체험하게 함으로써 범죄자가 스스로 재범을 억제하도록 한다.

해설 예방이론은 목적형 주의에서 파생되는 이론으로 그 대상에 따라 일반예방과 특별예방으로 나누어지는데, 일반예방은 일반인에 대한 형벌위하 내지 규범의식의 강화를 수단으로 범죄의 예방을 추구하고, 특별예방은 범죄인 개인 중심으로 범죄를 예방하려는 것이다.
일반예방은 일반인에 대한 위하를 추구하는 소극적 일반예방과 일반인의 규범의식의 강화를 추구하는 적극적 일반예방으로, 특별예방은 범죄인의 격리를 추구하는 소극적 특별예방과 범죄인의 재사회화를 추구하는 적극적 특별예방으로 구분할 수 있다.
③ 소극적 일반예방
① 적극적 특별예방
② 적극적 일반예방
④ 소극적 특별예방

정답 | ③

06

다음 중 특별예방에 대한 설명으로 틀린 것은?

① 범죄행위에 중점을 두고 있다.
② 생물학적 요인과 환경적 요인을 중요시한다.
③ 재사회화 및 재범방지를 목적으로 한다.
④ 국가형벌권의 자의성이 확대된다는 비판이 있다.

해설 ① 특별예방주의는 범죄인을 교화개선하여 건전한 사회의 일원으로 복귀시키는 것을 중시하므로 범죄행위보다는 범죄인에 중점을 둔다.

정답 | ①

07

형벌의 목적에 대한 설명 중 옳지 않은 것은? 사법시험 08

① 적극적 일반예방이론은 형벌을 통해 사회의 규범의식을 강화시켜 범죄를 예방한다는 이론이다.
② 일반예방이론은 범죄자의 심리를 지나치게 단순화하였다는 비판을 받는다.
③ 특별예방이론은 범죄자의 재범방지에 그 목적을 둔다는 점에서 상대적 형벌이론이라고 할 수 있다.
④ 특별예방이론은 국가형벌권을 자의적으로 확장시킬 위험을 안고 있다는 비판을 받는다.
⑤ 통합설은 일반예방과 특별예방의 통합을 주장하고, 책임원칙을 부정한다.

해설 ⑤ 통합설은 절대적 형벌이론과 상대적 형벌이론의 통합을 주장하므로 절대적 형벌이론의 내용인 책임원칙을 부정하지 않는다.

정답 | ⑤

08

형벌이론에 관한 설명으로 옳지 않은 것은?

① 일반예방주의는 법의식의 강화에 의해 일반인에게 범죄억제적인 형벌의 효과를 끼치는 것을 말하며, 이러한 효과를 거두려면 신속한 체포·소추 및 형의 선고가 이루어져야 한다고 중장한다.

② 특별예방주의는 범죄인의 교화개선을 통해 개개 범죄인이 장차 출소 후에도 재범을 저지르지 않도록 해야 한다고 주장한다.

③ 절충주의는 일반예방주의와 특별예방주의를 절충한 이론으로서 응보에 역점을 두는 응보적 절충주의와 사회방위에 중점을 두는 예방적 절충주의로 구분된다.

④ 사회방위이론에서는 사회적 공리주의를 강조하므로 범죄의 토양이 되는 사회의 구조적 모순을 먼저 해소해야 한다고 주장한다.

해설 ④ 사회방위이론에서는 사회는 개인에 의해서만 존재한다는 사회적 개인주의를 강조하므로 사회구조적 모순보다는 개인적인 예방에 중점을 둔다.

정답 | ④

09

형벌이론에 관한 비판 중 옳지 않은 것으로 묶인 것은?

㉠ 응보형주의는 어떤 목적추구도 거부하므로 형사정책적으로 무기력하다는 비판이 있다.
㉡ 일반예방주의는 공포에 둔감한 자나 우발범인에게는 효과가 없다는 비판이 있다.
㉢ 목적형주의는 인간의 주체적 의사를 과대평가하고 있다는 비판이 있다.
㉣ 일반예방주의에 대해서는 국가형벌권을 무기력화할 수 있다는 비판이 있다.

① ㉠, ㉡　　② ㉠, ㉣
③ ㉡, ㉢　　④ ㉢, ㉣

해설 [×] ㉢ 목적형주의는 사회환경을 지나치게 강조하므로 인간의 주체적 의사를 과소평가하고 있다는 비판이 있다.
㉣ 일반예방주의는 위하에 대한 효과를 과신하여 국가폭력을 초래할 가능성이 있으며, 그로 인해 국가형벌권을 자의적으로 확장시킬 위험을 안고 있다는 비판이 있다.
[○] ㉠·㉡

정답 | ④

10

다음 중 신응보형주의에 관한 설명으로 옳지 않은 것은?

① 1970년대 중반 이후 미국의 알렌(Allen)·모리스(Morris)·포겔(Forgel) 등이 주장한 이론으로 교육형주의를 비판하면서 등장하였다.
② 격정범·누범·확신범에 대해서는 특별예방적 조치가 필요하다고 본다.
③ 범죄자의 교정교화는 불가능하고, 수형자에 대한 교육프로그램은 선량한 수형자를 만들 뿐이라고 본다.
④ 응보를 형벌의 목적으로 본다는 점에서 반교정주의라는 비판이 있다.

해설 ② 신응보형주의는 특별예방적 효과를 의심하며, 특히 격정범·누범·확신범에 대해서는 성과가 없다고 본다.

정답 | ②

11

형벌의 종류에 관한 설명으로 옳지 않은 것은?

① 현행 형법은 형의 종류로서 사형·징역·금고·자격상실·자격정지·벌금·구류·과료·몰수 등 9종을 인정하고 있다.
② 박탈되는 법익의 종류에 따라 생명형·자유형·재산형·명예형 등 4가지 유형으로 구분된다.
③ 부가형은 주형과 함께 선고되는 형벌을 말한다.
④ 몰수는 원칙적으로 주형이다.

해설 ④ 몰수는 원칙적으로 부가형이다. 형법 제49조는 "몰수는 타형에 부가하여 과한다"고 규정하여 몰수형의 부가성을 인정하고 있다.

정답 | ④

12

미결구금에 대한 설명으로 옳지 않은 것은? (다툼이 있는 경우 판례에 의함) 보호7급 22

① 미결구금의 폐해를 줄이기 위한 정책으로는 구속영장실질심사제, 신속한 재판의 원칙, 범죄피해자보상제도, 미결구금 전용수용시설의 확대 등이 있다.

② 미결구금된 사람을 위하여 변호인이 되려는 자의 접견교통권은 변호인의 조력을 받을 권리의 실질적 확보를 위해서 헌법상 기본권으로서 보장되어야 한다.

③ 판결선고 전 미결구금일수는 그 전부가 법률상 당연히 본형에 산입되므로 판결에서 별도로 미결구금일수 산입에 관한 사항을 판단할 필요가 없다.

④ 재심재판에서 무죄가 확정된 피고인이 미결구금을 당하였을 때에는 국가에 대하여 그 구금에 대한 보상을 청구할 수 있다.

해설 ① 범죄피해자보상제도는 미결구금의 폐해를 줄이기 위한 정책과는 관련이 없다.
② 헌재 2019.2.28. 2015헌마1204
③ 대법원 2009.12.10. 2009도11448
④ 「형사소송법」에 따른 일반 절차 또는 재심이나 비상상고 절차에서 무죄재판을 받아 확정된 사건의 피고인이 미결구금을 당하였을 때에는 국가에 대하여 그 구금에 대한 보상을 청구할 수 있다(형사보상 및 명예회복에 관한 법률 제2조 제1항).

정답 | ①

CHAPTER

02 사형제도

01

다음 중 사형 폐지론자는?

① 칸트(Kant)
② 페리(Ferri)
③ 리프만(Liepmann)
④ 벨첼(Welzel)

해설 ③ 사형존치론자에는 칸트(Kant) · 비르크마이어(Birkmeyer) · 페리(Ferri) · 로크(Rocke) · 벨첼(Welzel) · 메츠거(Mezger) · 루소(Rousseau) · 블랙스톤(Blackstone) 등이 있고, 사형폐지론자에는 예세크(Jescheck) · 코프카(E. Koffka) · 리프만(M. Liepmann) · 캘버트(E.R. Calvert) · 서덜랜드(EH. Sutherland) · 셀린(Sellin) · 기무라(木村龜二) · 마사키(正木亮) · 단토(團藤重光) 등이 있다.

정답 | ③

02

사형제도에 대한 설명으로 맞지 않은 것은? 6급승진 06

① 18세 미만의 자는 어떠한 경우에도 사형을 선고할 수 없다.
② 임산부는 법무부장관의 명에 의하여 형의 집행을 정지한다.
③ 법무부장관의 명에 의하여 집행한다.
④ 일반예방의 주장은 사형제도 폐지론자의 배경이 된다.

해설 ④ 사형은 그 자체의 위하력으로 강력한 일반예방효과를 가진다는 주장은 사형제도 존치론자의 주장에 해당한다.

정답 | ④

03

사형폐지론의 논거라고 보기 어려운 것은?

① 사형은 일반인이 기대하는 것과 같은 범죄억제적 효과를 가지지 못한다.

② 사형을 폐지한 나라에서 범죄가 증가하였다는 증거를 찾기 어렵다.

③ 교육 및 개선기능을 전혀 가지지 못한다.

④ 사형은 그 자체의 위하력으로 강력한 일반예방효과를 가진다.

해설 ④ 사형존치론의 논거에 해당한다.

➤ 사형존폐론의 근거

구분	내용
사형폐지론의 논거	• 사형은 권위주의적 전체주의사상의 잔재로 오늘날의 국가이념과 부합하지 않는다. • 사형은 범죄억제력이 없으며, 특히 살인범과 정치범에 대하여는 위협력이 없다. • 실증적으로도 사형폐지국에서 범죄가 증가하였다는 증거를 찾을 수 없다. • 사회격리·사회보전의 효과를 기대한다면 무기형으로도 충분하다. • 사형이 위협적 목적에서 인정된다면 그 집행을 비공개로 함은 자기모순이다. • 사형은 현대교정의 이념에 반하며, 교육·개선기능이 없다. • 국가가 살인행위를 범죄로 규정하면서도 사형을 집행한다는 것은 논리적으로 모순이다. • 사형집행 후 오판으로 판명되면 구제방법이 없다. • 피해자에 대한 손해보상 내지 구제의 관점에서 전혀 도움이 되지 않는다. • 사형은 사회적 견지에서 비인도적이다. • 철학적 견지에서 생명박탈은 신만이 할 수 있는 것이므로 사형은 신성(神性)에 반한다.
사형존치론의 논거	• 사형은 응보적 요구차원에서 정당하며, 정의관념에도 부합한다. • 타인의 생명을 박탈한 자는 자신의 생명도 박탈당할 수 있다는 것이 국민의 법감정이다. • 사형은 강력한 일반예방효과를 가지므로 범죄에 대한 위협의 효과를 무시하기 어렵다. • 사형은 흉악범에 대한 일종의 필요악이다. • 살인범을 장기간 교정시설에 수용함은 국가경비의 낭비이다. • 오판의 회복불능은 정도의 차이는 있을지언정 사형이 아닌 다른 형벌에서도 존재한다. • 사형의 대체형벌인 무기자유형은 국가재정의 부담을 초래한다. • 무기자유형이 곧 범죄피해자의 구제를 담보하는 것은 아니다. • 사형은 피해자나 일반인의 피해감정을 국가가 대신 해소해 주는 효과가 있다.

정답 | ④

04

사형제도에 관한 설명으로 옳지 않은 것은? 사법시험 07

① 사형은 응보나 예방 등 어떤 형벌이념에도 부합하지 않는다.
② 사형존치론은 사형이 일반인의 법감정에 부합한다고 본다.
③ 사형폐지론은 사형제도의 문제점으로 오판가능성이 있다고 지적한다.
④ 사형존치론은 사형이 위하에 의한 범죄억제 효과가 있다고 본다.
⑤ 사형을 제한하는 방안으로 사형 규정의 대폭적인 축소가 주장된다.

해설 ① 응보형주의에 의하면 사형은 악에 대한 악의 반동으로 응보적 요구차원에서 정당성을 가진다.

정답 | ①

05

사형제도에 대한 설명으로 옳지 않은 것은? 사법시험 08

① 국제사면위원회의 기준에 따르면 우리나라는 사실상 사형폐지국에 속한다.
② 헌법재판소 결정에 따르면 생명권도 헌법에 의한 법률유보의 대상이 될 수 있다.
③ 대법원 판례에 따르면 국가의 형사정책으로 질서유지와 공공복리를 위하여 사형을 형벌로 정했더라도 헌법에 위배된 것이라고 볼 수 없다.
④ 「시민적·정치적 권리에 관한 국제규약」 제6조 제5항은 18세 미만의 자에 대해서 사형을 선고할 수 없도록 명시하고 있다.
⑤ 소년법에는 사형 대신 절대적 부정기형에 대한 규정을 두고 있다.

해설 ⑤ 소년법에서는 죄를 범할 당시 18세 미만인 소년에 대하여는 사형 또는 무기형으로 처할 경우에는 15년의 유기징역으로 하도록 규정하고 있다(소년법 제59조).

정답 | ⑤

CHAPTER

03 자유형제도

01

자유형의 의의 및 본질에 관한 설명으로 옳지 않은 것은?

① 현행법은 자유형으로 징역·금고·구류의 3종을 규정하고 있다.
② 형법상 정역복무의무가 있는 자유형은 징역형과 구류형이다.
③ 구금에 따르는 자유박탈은 일반예방기능을, 교육프로그램을 통한 교정교화는 특별예방기능을 수행한다.
④ 오늘날 형벌제도의 중심을 형성하고 있다.

해설 ② 형법 제67조(징역은 교정시설에 수용하여 집행하며, 정해진 노역(勞役)에 복무하게 한다)에 따르면 형법상 정역복무의무가 있는 형벌은 징역형 뿐이다.

정답 | ②

02

자유형에 관한 설명으로 옳지 않은 것을 모두 고른 것은?

㉠ 고대 및 중세에 있어서 형벌의 주류를 이루고 있었다.
㉡ 신체의 자유를 구속하고, 강제작업을 부과한다는 점에서 특별예방기능을 수행한다.
㉢ 자유형수형자를 대상으로 교정시설에서 각종 교정프로그램에 의한 교화개선을 행한다면 이는 특별예방기능에 해당한다.
㉣ 자유형수형자의 노역을 통해 얻어지는 국가재정수입은 자유형부과에 따르는 부수적 결과에 해당될 뿐 자유형 본래의 목적이라고 할 수 없다.

① ㉠, ㉡　　② ㉠, ㉣
③ ㉡, ㉢　　④ ㉢, ㉣

해설 [×] ㉠ 고대 및 중세에 있어서 주류를 이루었던 형벌은 사형 및 신체형이었으며, 자유형이 형벌의 주류를 이루게 된 것은 근대에 이르러서이다.
㉡ 신체의 자유를 구속하고, 강제작업을 부과한다는 점에서 사회일반인에 대한 일반예방기능을 수행한다.
[○] ㉢·㉣

정답 | ①

03

자유형과 그 집행에 관한 설명 중 옳지 않은 것은? 사법시험 05 변형

① 자유형의 집행은 수형자의 신체를 구속함으로써 사회를 방위하는 기능도 가지고 있다.

② 현행법이 규정하고 있는 자유형의 집행방법은 구금주의이다.

③ 교도작업은 신청에 의해서만 과해진다.

④ 구류의 기간은 1일 이상 30일 미만이다.

⑤ 자유형의 한 유형으로 규정되어 있는 무기형은 20년이 경과한 후에는 가석방이 가능하다.

해설 ③ 징역은 교정시설에 수용하여 집행하며, 정해진 노역(勞役)에 복무하게 한다(법 제67조).

④ 형법 제46조

⑤ 형법 제72조 제1항

정답 | ③

04

자유형에 대한 설명으로 옳은 것은? 사법시험 08

① 금고형과 노역장유치는 정역에 복무하지 않는다는 점에서 징역형과 구별된다.

② 구류는 형사소송법에 규정된 구금과 마찬가지로 미결구금의 일종으로서 기간도 동일하다.

③ 가석방은 성인범에 대하여 상대적 부정기형과 사실상 동일한 기능이 있다.

④ 15년을 초과하는 유기징역이나 유기금고는 현행법에서 허용되지 않는다.

⑤ 유기징역에 자격정지를 병과한 때에는 징역의 집행을 개시한 날로부터 정지기간을 기산한다.

해설 ① 금고형은 정역에 복무하지 않으나, 노역장유치는 형법 제69조 제2항에 따라 작업에 종사하게 한다.

② 구류는 자유형의 일종이라는 점에서 미결구금과 구별된다.

④ 유기징역이나 유기금고는 30년을 초과할 수 없는 것이 원칙이나, 형을 가중하는 때에는 50년까지 가능하다(형법 제42조).

⑤ 유기징역 또는 유기금고에 자격정지를 병과한 때에는 징역 또는 금고의 집행을 종료하거나 면제된 날로부터 정지기간을 기산한다(형법 제44조 제2항).

정답 | ③

05 ★

현행법상 자유형제도에 관한 설명 중 옳지 않은 것은? 사법시험 13

① 징역 또는 금고는 무기 또는 유기로 하고 유기는 1개월 이상 30년 이하로 한다.
② 무기징역의 집행 중에 있는 자에 대하여 20년이 경과하면 법원의 결정으로 가석방을 할 수 있다.
③ 유기징역 또는 유기금고에 대하여 형을 가중하는 때에는 50년까지로 한다.
④ 금고는 정역에 복무하지 않지만 수형자의 신청이 있으면 작업을 하도록 할 수 있다.
⑤ 구류는 수형자의 신청이 있으면 작업을 하도록 할 수 있다.

해설 ② 징역 또는 금고의 집행 중에 있는 자가 그 행상이 양호하여 개전의 정이 현저한 때에는 무기에 있어서는 20년, 유기에 있어서는 형기의 3분의 1을 경과한 후 행정처분으로 가석방을 할 수 있다(형법 제72조 제1항).
①·③ 형법 제42조
④·⑤ 형의 집행 및 수용자의 처우에 관한 법률 제67조

정답 | ②

06 ★

단기자유형의 폐지논거로 옳지 않은 것은?

① 짧은 형기로 인해 특별예방의 효과를 거두기 어렵다.
② 형벌의 위하력은 낮은 반면, 범죄자의 가족이 겪는 고통은 크다.
③ 전과자로 낙인받아 사회적응이 어렵다.
④ 청소년범죄·교통범죄·경제범죄 등의 경우에 있어 단기자유형은 특히 그 효용성을 인정하기 어렵다.

해설 ④ 영국에서는 단기자유형의 효용성을 인정하는 입장에서 청소년범죄·교통범죄 등을 대상으로 단기수용소에 3개월 정도 수용하여 직업· 스포츠 등으로 교육하는 프로그램이 운영되고 있고, 독일에서도 소년범에 대해서 단기형을 인정하고 있으며, 일본도 1961년부터 교통범죄에 대한 개방처우와 교통교육을 내용으로 하는 집단처우를 실시하고 있다.

단기자유형의 폐지논거

- 형벌위하력이 미약하여 일반예방효과를 거두기 어렵다.
- 짧은 형기로 인해 교화개선의 효과를 기대할 시간적 여유가 없어 특별예방효과를 거두기 어렵다.
- 가족에게 정신적 부담과 경제적 파탄을 초래할 수 있다.
- 범죄적 악풍에 감염되기 쉬우며, 출소 후 낙인효과로 재범위험성이 조장된다.
- 수형기간이 짧아 효과적인 교정처우계획수립이 곤란하다.
- 과밀수용의 원인이 된다.

정답 | ④

07

형벌에 대한 설명으로 옳지 않은 것은? 교정9급 12

① 유기징역형은 1개월 이상 15년까지이며, 가중 시 25년까지 가능하다.
② 우리나라 자유형에는 징역, 금고 및 구류가 있다.
③ 단기자유형은 범죄인을 개선시키기보다는 악풍에 감염시킬 우려가 있다는 비판이 있다.
④ 단기자유형의 대체방법으로는 벌금형, 집행유예, 선고유예 등의 활용과 거주제한, 가택구금 등이 있다.

해설 ① 유기징역형은 1개월 이상 30년 이하로 하며, 그 형을 가중하는 때에는 50년까지로 한다(형법 제42조).

정답 | ①

08

형의 집행 등에 대한 설명으로 옳지 않은 것은? (다툼이 있는 경우 판례에 의함) 교정9급 21

① 형사사건으로 외국법원에 기소되어 무죄판결을 받은 경우, 그 무죄판결을 받기까지 미결구금일수도 외국에서 형의 전부 또는 일부가 집행된 경우로 보아 국내법원에서 선고된 유죄판결의 형에 전부 또는 일부를 산입하여야 한다.
② 처단형은 선고형의 최종적인 기준이 되므로 그 범위는 법률에 따라서 엄격하게 정하여야 하고 별도의 명시적 규정이 없는 이상 「형법」 제56조에서 열거하는 가중, 감경사유에 해당하지 않는 다른 성질의 감경사유를 인정할 수 없다.
③ 판결 주문에서 경합범의 일부에 대하여 유죄가 선고되더라도 다른 부분에 대하여 무죄가 선고되었다면 형사보상을 청구할 수 있으나, 그 경우라도 미결구금일수의 전부 또는 일부가 유죄에 대한 본형에 산입되는 것으로 확정되었다면, 그 본형이 실형이든 집행유예가 부가된 형이든 불문하고 그 산입된 미결구금일수는 형사보상의 대상이 되지 않는다.
④ 형집행정지 심의위원회 위원은 학계, 법조계, 의료계, 시민단체 인사 등 학식과 경험이 있는 사람 중에서 각 지방검찰청 검사장이 임명 또는 위촉한다.

해설 ① 외국에서 무죄판결을 받고 석방되기까지의 미결구금은, 국내에서의 형벌권 행사가 외국에서의 형사절차와는 별개의 것인 만큼 우리나라 형벌법규에 따른 공소의 목적을 달성하기 위하여 필수불가결하게 이루어진 강제처분으로 볼 수 없고, 유죄판결을 전제로 한 것이 아니어서 해당 국가의 형사보상제도에 따라 구금기간에 상응하는 금전적 보상을 받음으로써 구제받을 성질의 것에 불과하다. 또한 형사절차에서 미결구금이 이루어지는 목적, 미결구금의 집행 방법 및 피구금자에 대한 처우, 미결구금에 대한 법률적 취급 등이 국가별로 다양하여 외국에서의 미결구금으로 인해 피고인이 받는 신체적 자유 박탈에 따른 불이익의 양상과 정도를 국내에서의 미결구금이나 형의 집행과 효과 면에서 서로 같거나 유사하다고 단정할 수도 없다. 따라서 위와 같이 외국에서 이루어진 미결구금을 형법 제57조 제1항에서 규정한 '본형에 당연히 산입되는 미결구금'과 같다고 볼 수 없다(대법원 2017.8.24, 2017도5977).
② 대법원 2019.4.18, 2017도14609
③ 그 본형이 실형이든 집행유예가 부가된 형이든 불문하고 그 산입된 미결구금 일수는 형사보상의 대상이 되지 않는다. 그 미결구금은 유죄에 대한 본형에 산입되는 것으로 확정된 이상 형의 집행과 동일시되므로, 형사보상할 미결구금 자체가 아닌 셈이기 때문이다(대법원 2017.11.28, 2017모1990).
④ 형사소송법 제471조의2 제2항

정답 | ①

09

단기자유형을 "수형자의 개선을 위해서는 너무나 짧은 기간이지만, 그를 부패시키는 데에는 충분한 시간"이라고 정의한 사람은?

① 뽀레스타(Poresta)
② 존 하워드(J. Howard)
③ 바그니츠(H. Wagnitz)
④ 리스트(Liszt)

해설 ② 영국의 감옥개량자로서 작업과 종교교육을 실시하는 네덜란드 교도소를 모범사례로 들고 영국의 교도소를 네덜란드 수준으로 개혁할 것을 주장하였다.
③ 독일 할레(Halle)의 교도소 목사로서 1791년 그의 저서 「독일교도소의 난맥상에 대한 사실과 평론」을 통해 당시 독일교도소의 실상을 폭로하고, 교도소의 수형자에 대한 교육기능을 강조하였다.
④ 독일의 유명한 근대 형법학자로 단기자유형의 폐해를 최초로 지적하였다.

정답 | ①

10

단기자유형의 개선방안으로 논의되고 있는 것이 아닌 것은?

① 기소유예　② 부정기형
③ 주말구금제　④ 수강명령

해설 ② 기소유예·수강명령 선행보증 등은 구금을 대체할 수 있다는 점에서, 주말구금제는 구금을 완화할 수 있다는 점에서 단기자유형의 개선방안으로 논의되고 있으나, 부정기형은 단기자유형의 개선방안과 직접적 관련이 없다.

정답 | ②

11

단기자유형에 관한 설명 중 옳지 않은 것은? 사법시험 15

① 어느 정도 기간까지의 자유형이 단기자유형인지를 현행 「형법」은 규정하고 있지 않다.

② 단기자유형을 받는 수형자가 개선되기는커녕 시설 내의 다른 범죄자들로부터 악영향을 받는다는 비판이 제기되고 있다.

③ 단기자유형의 예로 현행 「형법」의 구류형이 언급된다.

④ 단기자유형의 대체방안으로 벌금형의 활용, 선고유예나 집행유예제도의 활용 등이 거론된다.

⑤ 현행법은 단기자유형의 폐단을 방지하기 위해 주말구금, 휴일구금, 충격구금(shock probation)을 도입하고 있다.

해설 ⑤ 현행법은 주말구금, 휴일구금, 충격구금을 도입하지 않고 있다.

정답 | ⑤

12

단기자유형에 대한 문제점으로 옳지 않은 것은 모두 몇 개인가? 교정9급 06

㉠ 구금시설의 과밀화 및 악풍감염의 우려가 있다.
㉡ 과실범죄자, 청소년범죄자에게 충격요법의 효과를 줄 수 있다.
㉢ 전과자로 낙인찍혀 사회복귀를 어렵게 할 수 있다.
㉣ 단기자유형도 누범문제에 포함되므로 3년 동안 집행유예의 결격사유가 된다.
㉤ 수형자의 구금으로 가족의 경제력이 파탄되기 쉽다.

① 1개 ② 2개

③ 3개 ④ 4개

해설 [×] ㉡ 최근 미국에서는 경고적 의미의 단기자유형이 반드시 부정적인 효과만을 초래하는 것은 아니라는 주장하에 단기구금을 할 수 있는 shock probation(단기자유형 집행 후 보호관찰), shock parole(단기자유형 집행 후 가석방) 등 충격요법이 활용되고 있는데 이는 단기자유형의 문제점이 아니라, 단기자유형의 폐해를 최소화하면서 그 장점을 살리자는 의미의 제도로 보아야 한다.

[○] ㉠·㉢·㉣·㉤

정답 | ①

13

다음 단기자유형에 대한 설명 중 틀린 것은? 5급승진 05

① 단기자유형의 기간은 6월 이하설이 통설이다.
② 신속한 사회복귀효과가 있다.
③ 단기자유형의 효과를 긍정하는 사례도 있다.
④ 벌금이나 보호관찰제도는 단기자유형의 대체방안에 해당한다.
⑤ 법원에서의 보석결정은 예상되는 단기자유형의 기간을 초과하여 구금하지 않는 효과가 있다.

해설 ② 단기자유형은 경미한 범죄자를 구금함으로써 신속한 사회복귀를 저해하는 한편, 단기수용임에도 불구하고 범죄적 악풍에 감염된 우려가 많으며, 출소 후 전과자로 낙인받아 사회적응이 어려워 재범위험성이 조장되므로 신속한 사회복귀효과가 있다는 표현은 옳지 않다.

정답 | ②

14

단기자유형의 개선방안과 관련한 설명으로 가장 적절하지 않은 것은?

① 단기자유형의 대체수단으로 총액벌금제가 일수벌금제보다 유용성 면에서 우수하다.
② 각종 유예제도는 현재 단기자유형의 대체수단으로 실무상 가장 많이 이용되고 있는 제도 중 하나이다.
③ 구금제도의 완화로 논의되고 있는 가택구금이나 거주지 제한 등은 보호관찰제도와 병행할 때보다 효율적이다.
④ 주말구금제나 휴일구금제도는 단기자유형의 폐해를 감소하는 방안으로 논의되고 있으나, 현재 우리나라에서는 시행되고 있지 않다.

해설 ① 일수벌금제란 행위자의 경제능력에 따라 벌금의 액수와 1일 벌금액을 구분하여 선고하는 벌금형 선고방식으로 먼저 책임에 따라 벌금일수를 정하고, 경제적 능력 내지 지불능력에 따라 1일 벌금액수를 정한 후 그를 곱한 액수를 벌금으로 정하는 방식을 말한다. 단기자유형을 벌금형으로 대체하려면 자유형을 부과하는 것과 동일한 형벌효과를 거둘 수 있어야 하는데 보통인의 경제능력을 기준으로 하는 총액벌금액만으로는 부유층에 대한 형벌효과를 기대하기 어려우므로 총액벌금제가 일수벌금제보다 유용성 면에서 우수하다고 볼 수 없다. 일수벌금제는 현재 독일·핀란드 등에서 성공적으로 시행 중에 있으나, 현재 우리나라에서는 채택하지 않고 있다.

정답 | ①

15

자유형의 단일화에 관한 설명으로 옳지 않은 것은?

① 응보형주의의 입장에서 논의되는 주장이다.

② 징역·금고·구류를 한 가지로 통합하자는 완전단일화론과 금고만을 폐지하자는 부분적 단일화론이 있다.

③ 자유형의 단일화 움직임은 1878년 제2회 「국제형법 및 형무회의」에서 처음으로 논의되었다.

④ 현재 영국·독일·스위스 등의 국가에서 단일화된 자유형을 채택하고 있다.

해설 ① 자유형 단일화는 목적형주의 내지 교육형주의의 입장에서 논의되는 주장이다.

정답 | ①

16

자유형 단일화 반대논거가 아닌 것은? 교정9급 05

① 노동이 형벌과 함께 강제된다는 사실만으로도 이미 노동의 형벌성을 인정할 수 있다.

② 형의 종류가 다양할수록 책임에 따른 형벌의 개별화는 그만큼 더 실현될 수 있다.

③ 과실범과 같은 수형자를 다른 고의범죄자와 같이 취급하는 것은 국민감정에 맞지 않는다.

④ 자유형의 세분화는 교정실무상의 불편을 초래할 수 있다.

해설 ④ 자유형 단일화를 찬성하는 논거로서 징역과 금고를 구별하여 집행하는 것은 교정실무상의 불편을 가져오고, 교정정책의 일관성 있는 추진에 장애를 초래한다는 것이다.

정답 | ④

17

자유형의 단일화가 필요하다는 입장과 거리가 먼 것은?

① 징역과 금고의 구별기준인 파렴치성은 상대적인 것이고, 오늘날 행위형법에서 파렴치성 없는 범죄는 없다고 보아야 한다.

② 자유형의 이념을 교화개선에 두고 있다면 자유형의 종류를 구별할 실익이 없다.

③ 징역선고의 범죄와 금고선고의 범죄를 명확히 구별한다는 것은 입법기술상 용이하지 않다.

④ 구금형은 교육만을 목적으로 하는 것이 아니라, 응보적 징벌로서의 의미도 있다.

해설 ④ 자유형의 단일화를 반대하는 논거이다. 즉 노동을 원하지 않는 자들에게 강제노역을 부과하는 것은 일정한 고통으로 여겨질 수 있으며, 이러한 점에서 볼 때 자유형은 일반예방적 기능을 수행한다는 것이다.

정답 | ④

18

자유형의 단일화를 반대하는 입장으로 보기 어려운 것은?

① 형벌종류의 다양화는 형벌의 개별화 실현에 유리하다.

② 금고형이나 구류형도 징역형과 구별되는 고유의 응보내용이 있다.

③ 교정정책의 일관성에 장애를 초래한다.

④ 과실범을 고의범과 동일시하는 것은 국민의 법감정과 부합하지 않는다.

해설 ③은 자유형 단일화의 찬성논거이다.

➤ 자유형 단일화의 찬반논거 요약정리

찬성 논거	• 경비의 이중화와 교정실무상의 불편을 초래하고, 교정정책의 일관성에 장애를 초래한다. • 징역과 금고의 구별기준인 파렴치성은 그 개념이 모호하고 상대적이다. • 징역과 금고를 구별하는 것은 노동을 천시하던 구시대적 산물이다. • 금고수형자의 대다수가 실제로 청원작업에 종사하고 있다. • 징역과 금고는 작업부과 외에 다른 차이가 없다. • 현대 교정에서는 작업의 본질을 고통부과가 아닌 사회복귀에 필요한 기술습득에 중점을 두고 있으므로 양자를 구별하는 것은 의미가 없다.
반대논거	• 형벌종류가 다양할수록 책임에 따른 형벌의 개별화 실현에 유리하다. • 금고형은 징역형과 구별되는 고유한 응보내용이 있다. • 행형정책상의 불편은 이 구별을 부인할 근거로 타당하지 않다. • 정치범이나 사상범은 일반범보다 우대할 필요가 있다. • 노역부과가 강제적일 때에는 천시될 수 있다. • 과실범과 같은 수형자를 고의범과 같이 취급하는 것은 국민감정에 맞지 않는다.

정답 | ③

19 ★

부정기형제도에 관한 설명으로 옳지 않은 것은?

① 부정기형 제도는 19세기 전반 교육형주의자들로부터 주장되었다.

② 가석방제도는 적극적 의미의 부정기형이라고 볼 수 있다.

③ 절대적 부정기형은 책임주의에 반한다.

④ 보안처분은 부정기형제도의 대체적 효과가 있다.

해설 ② 가석방제도는 정해진 형기를 단축시킨다는 점에서 소극적 의미의 부정기형이라고 볼 수 있다.

정답 | ②

20 ★

자유형 중 부정기형제도에 대한 설명으로 가장 적절하지 않은 것은? 경찰간부 23

① 수형자의 개선의욕을 촉진할 수 있다.

② 책임을 초과하는 형벌을 가능하게 하는 문제가 있다.

③ 상대적 부정기형은 죄형법정주의에 반한다.

④ 소년법은 부정기형을 선고할 수 있도록 규정하고 있다.

해설 ③ 상대적 부정기형은 죄형법정주의에 반하지 않고 절대적 부정기형은 전혀 형기를 정하지 않는 것으로 죄형법정주의의 명확성의 원칙에 반한다.

① 부정기형 도입 찬성 주장에 해당한다.

② 부정기형은 행위 당시의 책임을 넘어서는 처벌을 가능하게 할 수 있어 형의 판단은 행위 당시의 책임을 기준으로 하여야 한다는 죄형법정주의 이념에 위배된다고 주장한다. 즉 부정기형의 반대 논거이다.

④ 소년이 법정형으로 장기 2년 이상의 유기형에 해당하는 죄를 범한 경우에는 그 형의 범위에서 장기와 단기를 정하여 선고한다. 다만, 장기는 10년, 단기는 5년을 초과하지 못한다(소년법 제60조 제1항).

정답 | ③

21

부정기형제도에 관한 설명 중 옳은 것은? 사법시험 05

① 상대적 부정기형은 죄형법정주의에 위배된다는 견해가 지배적이다.

② 단기자유형의 대체방안으로 거론되고 있다.

③ 현행법상 성인범에 대해서는 어떠한 경우에도 부정기형을 선고할 수 없다.

④ 교도관의 권한을 약화시킬 우려가 있다.

⑤ 범죄자의 개선보다는 응보에 중점을 둔 제도이다.

해설 ① 죄형법정주의에 위배된다는 견해가 지배적인 것은 상대적 부정기형이 아니라 절대적 부정기형이다.
② 부정기형은 단기자유형의 대체방안과 직접적 관련이 없다.
④ 부정기형은 형기에 관한 재량권이 교정당국에 일임되므로 교도관의 자의가 개입될 여지가 많다는 비판이 있다.
⑤ 부정기형은 교육형주의자들로부터 제창되었으며, 수형자의 개선의욕을 촉진시킨다는 논리에 근거하고 있다.

정답 | ③

22

다음은 부정기형제도에 관한 설명이다. 옳지 않은 것을 모두 고른 것은?

> ㉠ 우리나라 형법에서는 정기형과 부정기형을 모두 부과할 수 있도록 하고 있다.
> ㉡ 부정기형은 응보형주의자들로부터 주장되었다.
> ㉢ 상습범이나 위험성 있는 범죄인의 장기구금으로 사회를 방위할 수 있다는 장점이 있다.
> ㉣ 행형당국의 자의가 개입될 여지가 많다는 것이 단점으로 지적되고 있다.

① ㉠, ㉡ ② ㉡

③ ㉢, ㉣ ④ ㉣

해설 [×] ㉠ 우리 형법은 정기형을 원칙으로 하고 있으며, 소년법에서 상대적 부정기형을 규정하고 있을 뿐이다.
㉡ 부정기형제도는 교육형주의자들로부터 주장되었다.
[○] ㉢·㉣

정답 | ①

23

부정기형제도에 대한 설명으로 옳지 않은 것은? 보호7급 22

① 부정기형은 범죄인의 개선에 필요한 기간을 판결선고 시에 정확히 알 수 없기 때문에 형을 집행하는 단계에서 이를 고려한 탄력적 형집행을 위한 제도로 평가된다.

② 부정기형은 범죄자에 대한 위하효과가 인정되고, 수형자자치제도의 효과를 높일 수 있으며, 위험한 범죄자를 장기구금하게 하여 사회방위에도 효과적이다.

③ 부정기형은 형벌개별화원칙에 반하고, 수형자의 특성에 따라서 수형기간이 달라지게 되는 문제점이 있으며, 교도관의 자의가 개입할 여지가 있고, 석방결정과정에서 적정절차의 보장이 결여될 위험이 있다.

④ 소년법 제60조 제1항은 "소년이 법정형으로 장기 2년 이상의 유기형에 해당되는 죄를 범한 경우에는 그 형의 범위 내에서 장기와 단기를 정하여 형을 선고하되, 장기는 10년, 단기는 5년을 초과하지 못한다."고 규정하여 상대적 부정기형제도를 채택하였다.

해설 ③ 부정기형은 형벌 개별화에 기여하나, 수형자의 특성에 따라 수형기간이 달라지는 문제점이 있으며, 교도관의 자의가 개입할 여지가 있고, 석방결정과정에서 적정절차의 보장이 결여될 위험이 있다.

정답 | ③

24

부정기형제도에 대한 설명으로 옳지 않은 것은? 보호9급 24

① 소년이 법정형으로 장기 2년 이상의 유기형에 해당하는 죄를 범한 경우에는 그 형의 범위에서 장기와 단기를 정하여 선고한다.

② 「특정강력범죄의 처벌에 관한 특례법」 소정의 특정강력범죄를 범한 소년에 대하여 부정기형을 선고할 때에는 장기는 15년, 단기는 7년을 초과하지 못한다.

③ 소년교도소의 장은 부정기형을 선고받은 소년이 단기의 3분의 1을 경과한 때에는 소년교도소의 소재지를 관할하는 보호관찰소의 장에게 그 사실을 통보하여야 한다.

④ 판례에 따르면, 상고심에서의 심판대상은 항소심 판결 당시를 기준으로 하여 그 당부를 심사하는 데에 있는 것이므로 항소심판결 선고 당시 미성년이었던 피고인이 상고 이후에 성년이 되었다고 하여 항소심의 부정기형의 선고가 위법이 되는 것은 아니다.

해설 ③ 교도소·구치소·소년교도소의 장은 징역 또는 금고의 형을 선고받은 소년이 「소년법」 제65조 각 호의 기간(무기형의 경우에는 5년, 15년 유기형의 경우에는 3년, 부정기형의 경우에는 단기의 3분의 1)이을 지나면 그 교도소·구치소·소년교도소의 소재지를 관할하는 (보호관찰)심사위원회에 그 사실을 통보하여야 한다(보호관찰 등에 관한 법률 제21조 제1항).

① 소년법 제60조 제1항

② 특정강력범죄의 처벌에 관한 특례법 제4조 제2항

④ 대법원 1998.2.27. 97도3421

정답 | ③

25

자유형에 관한 다음 설명 중 옳지 않은 것으로 묶인 것은?

> ㉠ 독일의 리스트(Liszt)는 단기자유형의 폐해를 최초로 지적하였다.
> ㉡ 수용관리에 불편을 가져오고, 교정정책의 일관성에 장애를 초래할 수 있다는 것은 자유형 단일화의 찬성논거에 해당한다.
> ㉢ 가석방제도는 실질적으로 부정기형을 정기형화하는 역할을 한다.
> ㉣ 자유형 집행기준의 관한 견해 중 실업자생활수준 이하설이란 수형자에게 인간으로서 최저생활수준을 보장해야 한다는 견해를 말한다.

① ㉠, ㉡　　② ㉠, ㉣
③ ㉡, ㉢　　④ ㉢, ㉣

해설 [×] ㉢ 가석방제도는 실질적으로 정기형을 부정기형화하는 역할을 한다.
㉣ 자유형집행기준에 관한 견해로는 실업자생활수준 이하설과 최저생활수준설이 있는데 전자는 자유형의 집행 시 수형자의 생활은 재산이 없는 실업자의 생활수준 이하로 해야 한다는 견해를 말하고, 후자는 수형자도 인간이므로 인간으로서 최저생활수준을 보장해야 한다는 견해를 말한다. 전자는 나치독일시대의 행형사상이고, 후자는 오늘날 자유주의국가의 행형사상이다.

[○] ㉠·㉡

➤ **부정기형제도의 찬반논거 요약정리**

찬성 논거	• 개선목적의 달성에 가장 적합한 방법이다. • 상습범이나 위험성 있는 범죄인을 장기구금함으로써 사회를 방위할 수 있다. • 초범자의 수형기간을 단축할 수 있다. • 수형자의 개선의욕을 촉진시킨다. • 행형단계에서 형량의 불균형을 시정할 수 있다.
반대 논거	• 수형자에게는 긴장감만을, 그 가족에게는 불안감만을 조성할 뿐이다. • 교정당국의 자의가 개입될 여지가 많고, 운용과정이 적정하지 못할 경우 인권침해가 자행될 우려가 있다. • 사회적 약자에게 부정기형이 부과될 경우가 상대적으로 많아 사회적 불공정 시비가 발생될 소지가 있다. • 수형자와 교도관 간 인간관계가 왜곡될 우려가 있다. • 교활할 수형자에게는 유리한 반면, 융통성 없는 수형자에게는 불리하게 작용될 수 있다.

정답 | ④

CHAPTER

04 각종 유예제도

01

기소유예에 관한 설명 중 옳지 않은 것을 모두 고른 것은?

㉠ 공소를 제기하기에 충분한 범죄혐의가 있으나, 소송조건을 갖추고 있지 않은 경우에 검사의 재량으로 공소를 제기하지 않는 처분을 말한다.
㉡ 기소유예는 기소편의주의의 내용이다.
㉢ 형식적 공평과 경직적 사법처리에 흐르기 쉽다는 비판이 있다.
㉣ 법정이라는 공개장소를 거치지 않고, 그 요건이 한정되어 있지 않다.

① ㉠, ㉡　② ㉠, ㉢　③ ㉡, ㉢　④ ㉢, ㉣

해설 [×] ㉠ 기소유예는 공소를 제기하기에 충분한 범죄혐의가 있고, 소송조건을 갖추고 있음에도 검사의 재량으로 공소를 제기하지 않는 것을 말한다.
㉢ 형식적 공평과 경직적 사법처리라는 특성을 가지는 것은 기소법정주의이다.
[○] ㉡·㉣

정답 | ②

02

기소유예제도에 대한 설명으로 옳지 않은 것은? 국가7급 17

① 피의자의 법적 안전성을 침해할 수 있다.
② 법원 및 교정시설의 부담을 줄여줄 수 있다.
③ 단기자유형의 폐해를 막는 방법이 될 수 있다.
④ 피의자에 대한 형벌적 기능을 수행하지 않는다.

해설 ④ 기소유예는 합리적이라고 판단될 때에만 기소함으로써 형사사법에 대한 일반인의 신뢰를 높일 수 있고, 공소자체의 일반예방효과와 특별예방효과를 증대시킬 수 있다는 점에서 피의자에 대한 형벌적 기능을 수행한다.
① 기소유예는 무죄결정을 내리는 것이 아니라 시효가 완성될 때까지 기소만을 유예하는 것이므로 법적 안정성을 침해할 수 있다.
②·③ 기소유예제도의 장점에 해당한다.

정답 | ④

03

기소유예제도에 대한 설명 중 옳은 것은? 사법시험 14

① 기소유예는 형법 제51조의 양형의 조건을 참작하여 검사가 결정한다.
② 기소유예제도는 처벌의 공백을 두지 않음으로써 철저한 법집행을 기할 수 있다는 장점이 있다.
③ 기소유예제도의 견제 및 보완책으로는 재정신청제도, 검찰항고제도, 공소권 남용에 따른 공소기각제도 등을 들 수 있다.
④ 기소유예 결정에 불복하는 고소인의 재정신청에 대해서는 헌법재판소가 당부에 관한 결정을 한다.
⑤ 기소유예의 결정권자인 검사의 재량을 통제하기 위하여 재정신청 대상범죄의 축소, 강제적 기소유예 등이 제시된다.

해설 ① 형사소송법 제247조
② 기소유예란 공소를 제기하기에 충분한 범죄혐의가 있고 소송조건을 갖추고 있음에도 불구하고 검사의 재량으로 공소를 제기하지 않는 처분을 말한다. 기소유예는 무죄결정을 내리는 것이 아니라 시효완성 시점까지 기소만을 유예하는 것이므로 처벌의 공백이 발생될 수 있으며, 철저한 법집행을 기할 수 있다는 표현도 옳지 않다.
③ 불기소처분에 대한 구제제도로 논의되고 있는 것은 헌법소원, 재정신청제도, 고소·고발인의 검찰항고제도, 검찰권행사에 대한 법무부장관의 일반적 지휘감독제도 등이다. 즉 재정신청제도와 검찰항고제도는 기소유예제도의 견제 및 보완책에 해당하나, 공소권 남용에 따른 공소기각제도는 이와 무관하다.
④ 재정신청사건은 불기소처분을 한 검사 소속의 지방검찰청 소재지를 관할하는 고등법원의 관할에 속한다(형사소송법 제260조 제1항).
⑤ 재정신청의 대상범죄를 축소하면 오히려 검사의 재량이 확대되므로 재정신청 대상범죄의 축소는 검사의 재량을 통제하기 위한 수단으로 보기 어렵다.

정답 | ①

04

선고유예제도에 관한 설명으로 옳은 것은?

① 집행유예에 비하여 사회복귀의 효과가 상대적으로 덜하다.
② 선고유예를 받은 날로부터 1년이 경과하면 면소된 것으로 간주된다.
③ 선고유예 시 재범방지를 위하여 지도와 원호가 필요한 때에는 보호관찰을 명할 수 있다.
④ 자격상실 이상의 형을 받은 전과가 있는 자에 대해서는 선고유예를 할 수 없다.

해설 ① 선고유예는 범죄자라는 낙인성이 강하지 않고 자격제한이 특별히 수반되지 않으므로 집행유예에 비하여 사회복귀 효과가 큰 편이다.
② 선고유예를 받은 날로부터 2년을 경과한 때에는 면소된 것으로 간주한다(형법 제60조).
④ 1년 이하의 징역이나 금고, 자격정지 또는 벌금의 형을 선고할 경우에 제51조의 사항을 고려하여 뉘우치는 정상이 뚜렷할 때에는 그 형의 선고를 유예할 수 있다. 다만, 자격정지 이상의 형을 받은 전과가 있는 사람에 대해서는 예외로 한다(형법 제59조).

정답 | ③

05

기소유예제도에 관한 형사정책적 평가로서 옳지 않은 것은?

① 단기자유형의 폐해 및 범죄적 악풍감염 방지에 유용하다.

② 소송진행 및 교정시설 수용에 따르는 국가부담을 경감할 수 있다.

③ 구체적 정의의 실현과 실질적 공평에 적합하다.

④ 형사사법절차에 대한 사회적 불신을 초래할 우려가 있다.

해설 ④ 기소유예제도는 형사처벌에 대한 합리적 필요가 인정되는 경우에만 기소를 하도록 함으로써 결과적으로 형사사법절차에 대한 사회적 신뢰를 높이는 역할을 한다.

➤ 기소유예제도의 장단점

장점	단점
• 기소법정주의에 따르는 형식적 공평과 경직성 지양 • 구체적 정의의 실현과 실질적 공평의 추구에 적합 • 단기자유형의 폐해 예방 • 수용에 따르는 국가부담의 경감 • 공소제기 자체에 의한 일반예방효과와 특별예방효과의 증대 • 범죄인의 조속한 사회복귀	• 기소 전 단계에서 검사의 자의적 행정처분에 처벌 여부를 맡기는 것은 형사사법의 본질상 문제가 있음 • 형사사법에 외부압력의 개입 여지 • 불기소처분을 미끼로 피의자에게 불리한 진술 강요 우려 • 무죄가 아니라 시효완성시점까지 기소만을 유예하는 것이므로 법적 안정성 침해

정답 | ④

06

다음 〈보기〉 중 기소유예제도에 대한 설명으로 옳은 것만을 모두 고른 것은? 해경간부 23

<보기>

㉠ 초범자와 같이 개선의 여지가 큰 범죄자를 모두 기소하여 전과자를 양산시키고, 무의미한 공소제기와 무용한 재판 등으로 인하여 소송경제에 반하는 문제점이 있다.

㉡ 「소년법」상 검사는 피의자에 대하여 범죄예방 자원봉사위원회의 선도를 받게 하고 공소를 제기하지 아니할 수 있으며, 이 경우 소년과 소년의 친권자·후견인 등 법정대리인의 동의를 받아야 한다.

㉢ 공소권 행사에 있어 법 앞의 평등을 실현하고 공소권 행사에 정치적 영향을 배제할 수 있다.

㉣ 피의자에게 전과의 낙인 없이 기소 전 단계에서 사회복귀를 가능하게 하고, 법원 및 교정기관의 부담을 덜 수 있다.

① ㉠, ㉢ ② ㉡, ㉢ ③ ㉡, ㉣ ④ ㉠, ㉣

해설 옳은 것은 ㉡·㉣이다.

[O] ㉡ 소년법 제49조의3

㉣ 기소유예제도의 장점이다.

[×] ㉠ 기소법정주의의 단점이다.

㉢ 정치적 개입이나 부당한 불기소처분의 가능성 등 검사의 지나친 자의적 재량의 여지가 있다.

정답 | ③

07

선고유예제도에 관한 설명 중 옳지 않은 것으로 묶인 것은?

> ㉠ 일정한 기간 동안 형의 선고를 유예하고, 그 유예기간이 경과하면 면소된 것으로 간주하는 제도이다.
> ㉡ 14세기 영국보통법의 관행인 서약제도에서 유래하였다.
> ㉢ 일반예방효과의 목적달성을 위한 책임주의의 중대한 양보를 의미한다.
> ㉣ 1년 이하의 징역이나 금고의 형을 선고할 경우가 그 요건이다.

① ㉠, ㉡ ② ㉠, ㉣ ③ ㉡, ㉢ ④ ㉢, ㉣

해설 [×] ㉢ 선고유예제도는 특별예방효과의 목적달성을 위한 책임주의의 중대한 양보를 의미한다.
㉣ 1년 이하의 징역이나 금고, 자격정지 또는 벌금의 형을 선고할 경우에 제51조의 사항을 고려하여 뉘우치는 정상이 뚜렷할 때에는 그 형의 선고를 유예할 수 있다. 다만, 자격정지 이상의 형을 받은 전과가 있는 사람에 대해서는 예외로 한다(형법 제59조 제1항).
[○] ㉠·㉡

정답 | ④

08

「형법」상 형의 선고유예에 대한 설명으로 옳지 않은 것은? (다툼이 있는 경우 판례에 의함) 보호7급 23

① 주형의 선고유예를 하는 경우 몰수의 요건이 있더라도 몰수형만의 선고를 할 수는 없다.
② 피고인이 범죄사실을 자백하지 않고 부인할 경우에는 언제나 선고유예를 할 수 없다고 해석할 것은 아니다.
③ 형의 선고를 유예하는 경우에 재범방지를 위하여 지도 및 원호가 필요한 때에는 보호관찰을 받을 것을 명할 수 있는데, 이에 따른 보호관찰의 기간은 1년으로 한다.
④ 형의 선고유예 판결이 확정된 후 2년을 경과한 때에는 면소된 것으로 간주하고, 그 뒤에는 실효의 대상이 되는 선고유예의 판결이 존재하지 않으므로 선고유예 실효의 결정을 할 수 없다.

해설 ① 형법 제49조 본문에 의하면 몰수는 타형에 부가하여 과한다라고 하여 몰수형의 부가성을 명정하고 있으나 같은 법조단서는 행위자에게 유죄의 재판을 아니할 때에도 몰수의 요건이 있는 때에는 몰수만을 선고할 수 있다고 규정함으로써 일정한 경우에 몰수의 부가형성에 대한 예외를 인정하고 있는 점으로 보아, 형법 제59조에 의하여 형의 선고의 유예를 하는 경우에도 몰수의 요건이 있는 때에는 몰수형만의 선고를 할 수 있다고 해석함이 상당하다(대법원 1973.12.11. 73도1133).
② 선고유예의 요건 중 '개전의 정상이 현저한 때'라고 함은, 반성의 정도를 포함하여 널리 형법 제51조가 규정하는 양형의 조건을 종합적으로 참작하여 볼 때 형을 선고하지 않더라도 피고인이 다시 범행을 저지르지 않으리라는 사정이 현저하게 기대되는 경우를 가리킨다고 해석할 것이고, 이와 달리 여기서의 '개전의 정상이 현저한 때'가 반드시 피고인이 죄를 깊이 뉘우치는 경우만을 뜻하는 것으로 제한하여 해석하거나, 피고인이 범죄사실을 자백하지 않고 부인할 경우에는 언제나 선고유예를 할 수 없다고 해석할 것은 아니다(대법원 2003.2.20. 2001도6138).
③ 형법 제59조의2
④ 형의 선고유예 판결이 확정된 후 2년을 경과한 때에는 형법 제60조에 따라 면소된 것으로 간주하고, 그 뒤에는 실효의 대상이 되는 선고유예의 판결이 존재하지 않으므로 선고유예 실효의 결정을 할 수 없다. 이는 원결정에 대한 집행정지의 효력이 있는 즉시항고 또는 재항고로 인하여 아직 선고유예 실효결정의 효력이 발생하기 전 상태에서 상소심절차 진행 중에 선고유예기간이 그대로 경과한 경우에도 마찬가지이다(대법원 2018.2.6. 2017모3459).

정답 | ①

09

현행법상 형의 선고유예에 관한 설명 중 옳지 않은 것은? 사법시험 06

① 형의 선고유예는 유죄판결의 일종이다.
② 선고유예는 형의 선고만을 유예하는 것이지 유죄판결 자체를 유예하는 것은 아니다.
③ 형의 선고유예를 받은 날로부터 2년을 경과한 때에는 형의 선고는 효력을 잃는다.
④ 벌금형도 형의 선고유예를 할 수 있다.
⑤ 형의 선고를 유예하는 경우에 재범방지를 위하여 지도 및 원호가 필요한 때에는 법원은 1년 기간의 보호관찰을 받을 것을 명할 수 있다.

해설 ③ 선고유예를 받은 날로부터 2년을 경과한 때에는 면소된 것으로 간주한다(형법 제60조).

정답 | ③

10

선고유예 및 가석방에 대한 설명으로 옳지 않은 것은? (다툼이 있는 경우 판례에 의함) 보호7급 21

① 선고유예 판결에서도 그 판결 이유에서는 선고형을 정해 놓아야 하고, 그 형이 벌금형일 경우에는 벌금액뿐만 아니라 환형유치처분까지 해 두어야 한다.
② 형의 집행유예의 선고가 실효 또는 취소됨이 없이 정해진 유예기간을 경과하여 형의 선고가 효력을 잃게 되었더라도, 이는 선고유예 결격사유인 자격정지 이상의 형을 받은 전과가 있는 경우에 해당한다.
③ 형기에 산입된 판결선고전 구금일수는 가석방에 있어 집행을 경과한 기간에 산입한다.
④ 사형을 무기징역으로 특별감형한 경우, 사형집행 대기기간을 처음부터 무기징역을 받은 경우와 동일하게 가석방요건 중의 하나인 형의 집행기간에 산입할 수 있다.

해설 ④ 사형집행을 위한 구금은 미결구금도 아니고 형의 집행기간도 아니며 특별감형은 형을 변경하는 효과만 있을 뿐이고 이로 인하여 형의 선고에 의한 기성의 효과는 변경되지 아니하므로 사형이 무기징역으로 특별감형된 경우 사형의 판결확정일에 소급하여 무기징역형이 확정된 것으로 보아 무기징역형의 형기 기산일을 사형의 판결 확정일로 인정할 수도 없고 사형집행대기 기간이 미결구금이나 형의 집행기간으로 변경된다고 볼 여지도 없으며, 또한 특별감형은 수형 중의 행장의 하나인 사형집행대기기간까지를 참작하여 되었다고 볼 것이므로 사형집행대기기간을 처음부터 무기징역을 받은 경우와 동일하게 가석방요건 중의 하나인 형의 집행기간에 다시 산입할 수는 없다(대결 1991.3.4, 90모59).
① 대판 1998.1.19, 86도2654
② 대판 2003.12.26, 2003도3768
③ 형법 제73조 제1항

정답 | ④

11

다음 설명 중 가장 부적당한 것은? 교정7급 09

① 우리나라는 기소편의주의를 취하나, 독일은 기소법정주의를 취한다.
② 선고유예의 효과는 형의 선고의 효력을 잃는다.
③ 집행유예의 효과는 형의 선고의 효력을 잃는다.
④ 마약사용 그 자체는 피해자가 없는 범죄이다.

해설 ② 선고유예의 효과는 형의 선고유예를 받은 날로부터 2년을 경과한 때에는 면소된 것으로 간주한다(형법 제60조).

정답 | ②

12

현행법상 선고유예에 관한 설명으로 옳지 않은 것은? (다툼이 있는 경우에는 대법원 판례에 의함) 사법시험 08

① 범죄사실을 부인하는 경우에도 선고를 유예할 수 있다.
② 구류형에 대해서는 선고를 유예할 수 없다.
③ 주형에 대해 선고를 유예하는 때에는 필요적 몰수에 대해서도 선고를 유예할 수 있다.
④ 선고유예를 받은 날로부터 2년이 경과되면 면소된 것으로 간주한다.
⑤ 집행유예를 선고받은 자가 선고의 실효 또는 취소 없이 유예기간을 경과한 직후 새로이 죄를 범한 경우에는 선고를 유예할 수 있다.

해설 ⑤ 집행유예의 선고를 받고 그 유예기간을 무사히 경과한 자에 대하여 선고유예의 선고가 가능한지 여부에 관하여 대법원은 부정적 입장에 있다. 관련 판례의 내용을 언급하면 다음과 같다. 형법 제59조 제1항 단행에서 정한 "자격정지 이상의 형을 받은 전과"라 함은 자격정지 이상의 형을 선고받은 범죄경력 자체를 의미하는 것이고, 그 형의 효력이 상실된 여부는 묻지 않는 것으로 해석함이 상당하다고 할 것이고, 따라서 형의 집행유예를 선고받은 자는 형법 제65조에 의하여 그 선고가 실효 또는 취소됨이 없이 정해진 유예기간을 무사히 경과하여 형의 선고가 효력을 잃게 되었다고 하더라도 형의 선고의 법률적 효과가 없어진다는 것일 뿐, 형의 선고가 있었다는 기왕의 사실 자체까지 없어지는 것은 아니므로 형법 제59조 제1항 단행에서 정한 선고유예 결격사유인 "자격정지 이상의 형을 받은 전과 가 있는 자"에 해당한다고 보아야 한다(대판 2003.12.28, 2003도3768).
② 형법 제59조 제1항
④ 형법 제60조

정답 | ⑤

13

선고유예와 가석방제도에 대한 설명으로 옳은 것은? 교정7급 13

① 선고유예와 가석방 모두 법원의 재량으로 결정할 수 있다.

② 선고유예와 가석방 모두 자격정지 이상의 형을 받은 전과가 없어야 한다.

③ 선고유예나 가석방시 사회봉사를 명할 수 있다.

④ 선고유예의 경우는 유예기간이 경과하면 전과가 남지 않는 것이 가석방의 경우와 다르다.

해설 ① 선고유예는 법원의 재량으로 결정되지만, 가석방은 행정처분, 즉 법무부장관의 허가에 의하여 결정되므로 가석방이 법원의 재량으로 결정된다는 표현은 옳지 않다.

② 선고유예는 자격정지 이상의 형을 받은 전과가 있는 자에 대해서는 할 수 없으나, 가석방은 그러한 제한이 없다.

③ 선고유예시와 가석방시 모두 사회봉사를 명할 수 없다.

정답 | ④

14

다음 중 형의 선고유예, 집행유예에 대한 설명으로 가장 옳지 않은 것은? 해경간부 23

① 판례에 따르면 집행유예기간의 시기(始期)에 관하여 명문의 규정을 두고 있지 않으므로 법원은 그 시기를 집행유예를 선고한 판결 확정일 이후의 시점으로 임의로 선택할 수 있다.

② 집행유예의 선고를 받은 자가 유예기간 중 고의로 범한 죄로 금고 이상의 실형을 선고받아 그 판결이 확정된 때에는 집행유예의 선고는 효력을 잃는다.

③ 형의 선고유예를 받은 날로부터 2년을 경과한 때에는 면소된 것으로 간주한다.

④ 형의 선고를 유예하는 경우에 재범방지를 위하여 지도 및 원호가 필요한 때에는 1년의 보호관찰을 받을 것을 명할 수 있다.

해설 ① 형사소송법 제459조가 "재판은 이 법률에 특별한 규정이 없으면 확정한 후에 집행한다."라고 규정한 취지나 집행유예 제도의 본질 등에 비추어 보면 집행유예를 함에 있어 그 집행유예 기간의 시기는 집행유예를 선고한 판결 확정일로 하여야 한다(대판 2019.2.28, 2018도13382).

② 형법 제63조

③ 동법 제60조

④ 동법 제59조의2 제1항·제2항

정답 | ①

15 ★

다음 중 가석방 제도에 대한 설명으로 가장 옳은 것은? 해경간부 23

① 가석방된 자가 보호관찰의 준수사항을 위반한 때에는 가석방처분을 취소하여야 한다.

② 가석방은 특별예방보다는 일반예방을 중시하는 제도이다.

③ 가석방처분이 취소된 경우에도 가석방 중의 일수는 형기에 산입할 수 있다.

④ 가석방된 자는 가석방기간 중 보호관찰을 받는다. 다만, 가석방을 허가한 행정관청이 필요가 없다고 인정한 때에는 그러하지 아니하다.

해설 ④ 형법 제73조의2 제2항
① 취소할 수 있다(동법 제75조).
② 가석방은 특별예방을 중시하는 제도이다.
③ 형기에 산입하지 아니한다(동법 제76조 제2항).

정답 | ④

16

현행 형법에 규정되어 있지 않은 것은? 사법시험 10

① 선고유예의 취소
② 선고유예의 실효
③ 가석방의 실효
④ 집행유예의 실효
⑤ 집행유예의 취소

해설 ① 선고유예의 실효제도(형법 제61조)는 존재하나, 선고유예의 취소제도는 존재하지 않는다.
② 형법 제61조
③ 형법 제74조
④ 형법 제63조
⑤ 형법 제64조

정답 | ①

17 ★

집행유예에 관한 설명 중 옳지 않은 것으로 묶인 것은?

> ㉠ 형의 선고를 하면서 일정기간 동안 형의 집행을 유예하고, 그 유예기간을 무사히 경과한 때에는 형 선고의 효력을 잃게 하는 제도이다.
> ㉡ 우리나라의 집행유예제도는 조건부 특사주의유형에 해당한다.
> ㉢ 선고유예제도의 법적 성격에 대해서는 형벌이나 보안처분과 구별되는 제3의 독립된 제재라는 견해와 형집행의 변형이라는 견해가 대립하고 있다.
> ㉣ 현행 법령상 집행유예를 하면서 보호관찰을 부과할 수 있으나, 사회봉사나 수강명령은 부과할 수 없다.

① ㉠, ㉡
② ㉠, ㉣
③ ㉡, ㉢
④ ㉡, ㉣

해설 [×] ㉡ 집행유예의 유형에는 유예의 방법을 기준으로 조건부 유죄판결주의와 조건부 특사주의로 구분되는데 전자는 유예기간 중 집행유예의 선고가 취소되지 않는 한 유예기간이 지나면 자동적으로 형의 선고가 없었던 것과 동일한 효과를 가지는 제도인 반면, 후자는 유예기간을 무사히 지난 경우 사면에 의해 형의 집행을 면제하되, 형의 선고는 여전히 유효한 제도를 말한다. 우리나라의 집행유예제도는 조건부 유죄판결주의를 따르고 있다.

㉣ 형의 집행을 유예하는 경우에는 보호관찰을 받을 것을 명하거나 사회봉사 또는 수강을 명할 수 있다(형법 제62조의2 제1항).

[○] ㉠·㉢

정답 | ④

18 ★

집행유예의 요건에 관한 설명으로 옳은 것은?

① 5년 이하의 징역 또는 금고의 형을 선고할 경우이어야 한다.
② 형의 집행을 유예할 수 있는 기간은 1년 이상 3년 이하이다.
③ 금고 이상의 형을 선고한 판결이 확정된 때부터 그 집행을 종료하거나 면제된 후 3년까지의 기간에 범한 죄에 대하여 형을 선고하는 경우에는 집행을 유예할 수 없다.
④ 형법 제51조에 규정한 정상 참작사유가 없어도 집행유예가 가능하다.

해설 ③ 형법 제62조 제1항 단서
① 3년 이하의 징역이나 금고 또는 500만원 이하의 벌금의 형을 선고할 경우이어야 한다(동조 동항).
② 형의 집행을 유예할 수 있는 기간은 1년 이상 5년 이하이다(동조 동항).
④ 형법 제51조에 규정한 정상참작사유가 있다고 판단되어야 한다(동조 동항).

정답 | ③

19

우리나라의 형벌제도에 관한 설명 중 옳지 않은 것은? 사법시험 13

① 피고인은 사형 또는 무기징역이나 무기금고가 선고된 판결에 대하여는 상소의 포기를 할 수 없다.

② 「소년법」에 의하면 법정형으로 장기 2년 이상의 유기형에 해당하는 죄를 범한 경우에는 그 형의 범위에서 장기와 단기를 정하여 선고하되, 장기는 10년, 단기는 5년을 초과하지 못한다.

③ 몰수는 타형에 부가하여 과하되 행위자에게 유죄의 재판을 아니할 때에도 몰수의 요건이 있는 때에는 몰수만을 선고할 수 있다.

④ 문서, 도화(圖畵), 전자기록(電磁記錄) 등 특수매체기록 또는 유가증권의 일부가 몰수의 대상이 된 경우에는 그 부분을 폐기한다.

⑤ 집행유예의 선고를 받은 후 그 선고의 실효 또는 취소됨이 없이 유예기간을 경과한 때에는 면소된 것으로 간주한다.

해설 ⑤ 집행유예의 선고를 받은 후 그 선고의 실효 또는 취소됨이 없이 유예기간을 경과한 때에는 형의 선고는 효력을 잃는다(형법 제65조).

① 형사소송법 제349조 단서

② 소년법 제60조 제1항

③ 형법 제49조

④ 형법 제48조 제3항

정답 | ⑤

20

현행법상 집행유예에 관한 설명으로 옳지 않은 것은?

① 집행유예의 선고를 받은 자가 유예기간 중 고의 또는 중과실로 금고 이상의 형의 선고를 받아 그 판결이 확정된 때에는 집행유예의 선고는 효력을 잃는다.

② 사회봉사명령 또는 수강명령은 집행유예기간 내에 이를 집행한다.

③ 집행유예의 선고를 받은 후 그 선고의 실효 또는 취소됨이 없이 유예기간을 경과한 때에는 형의 선고는 효력을 잃는다.

④ 보호관찰·사회봉사·수강을 조건으로 집행유예를 받은 자가 준수사항이나 명령을 위반하고 그 정도가 무거운 때에는 집행유예의 선고를 취소할 수 있다.

해설 ① 집행유예기간 중 고의로 금고 이상의 형의 선고를 받아 판결이 확정된 때에만 집행유예 선고의 효력을 잃는다(형법 제63조). 따라서 중과실로 인한 경우는 해당되지 않는다.

② 형법 제62조의2 제3항

③ 형법 제65조

④ 형법 제64조 제2항

정답 | ①

21

현행법상 형의 집행유예에 관한 설명 중 옳지 않은 것은? 사법시험 06

① 3년 이하의 징역이나 금고 또는 500만원 이하의 벌금의 형을 선고할 경우에 양형의 조건을 참작하여 그 정상에 참작할 사유가 있는 때에는 1년 이상 5년 이하의 기간 형의 집행을 유예할 수 있다.
② 형을 병과할 경우에는 그 형의 일부에 대하여 집행을 유예할 수 없다.
③ 형의 집행을 유예하는 경우에는 보호관찰을 받을 것을 명하거나 사회봉사 또는 수강을 명할 수 있다.
④ 집행유예의 선고를 받은 자가 유예기간 중 고의로 범한 죄로 금고 이상의 실형을 선고받아 그 판결이 확정된 때에는 집행유예의 선고는 효력을 잃는다.
⑤ 보호관찰이나 사회봉사 또는 수강을 명한 집행유예를 받은 자가 준수사항이나 명령을 위반하고 그 정도가 무거운 때에는 집행유예의 선고를 취소할 수 있다.

해설 ② 형을 병과 할 경우에는 그 형의 일부에 대하여 집행을 유예할 수 있다(형법 제62조 제2항).
① 형법 제62조 제1항
③ 형법 제62조의2 제1항
④ 형법 제63조
⑤ 형법 제64조 제2항

정답 | ②

22

현행 형법상 형의 집행유예를 선고하면서 명할 수 있는 것을 모두 고른 것은? 사법시험 14

㉠ 보호관찰	㉡ 사회봉사명령	㉢ 수강명령

① ㉠
② ㉠, ㉡
③ ㉠, ㉢
④ ㉡, ㉢
⑤ ㉠, ㉡, ㉢

해설 ⑤ 형의 집행을 유예하는 경우에는 보호관찰을 받을 것을 명하거나 사회봉사 또는 수강을 명할 수 있다(형법 제62조의2 제1항).

정답 | ⑤

23

다음 설명 중 옳지 않은 것은? (다툼이 있는 경우에는 판례에 의함) 사법시험 13

① 징역형 수형자에게 정역의무를 부과하는 것은 헌법상 신체의 자유를 침해하지 않는다.

② 사형은 일반국민에 대한 심리적 위하를 통하여 범죄의 발생을 예방하며 극악한 범죄에 대한 정당한 응보를 실현하는 형벌로 위헌이라 할 수 없다.

③ 청소년 성매수자에 대한 신상공개는 성매수자의 일반적 인격권과 사생활의 비밀의 자유가 제한되는 정도가 청소년 성보호라는 공익적 요청에 비해 크다고 할 수 없어 과잉금지원칙에 위배되지 않는다.

④ 형의 집행을 유예하면서 사회봉사를 명할 수 있도록 한 것은 사회와 통합하여 재범 방지 및 사회복귀를 용이하게 하는 것이 아니므로 과잉금지원칙에 위배된다.

⑤ 성매매에 제공되는 사실을 알면서 건물을 제공하여 얻은 임대수익 전부를 몰수·추징하는 것을 규정한 법률조항은 중대한 공익을 달성하기 위한 것으로 헌법규정이나 헌법상의 제 원리에 반하여 입법재량권이 자의적으로 행사되었다고 볼 수 없다.

해설 ④ 형의 집행을 유예하면서 사회봉사를 명할 수 있도록 한 형법 제62조의2 제1항은 범죄인에게 근로를 강제하여 형사제재적 기능을 함과 동시에 사회에 유용한 봉사활동을 통하여 사회와 통합하여 재범방지 및 사회복귀를 용이하게 하려는 것으로서 이에 근거하여 부과되는 사회봉사명령이 자유형 집행의 대체수단으로서 자유형의 집행으로 인한 범죄인의 자유의 제한을 완화하여 주기 위한 수단인 점, 기간이 500시간 이내로 제한되어 있는 점 등을 종합하여 보면 과잉금지원칙에 위배되지 아니한다(헌재 2012.3.29, 2010헌바100).

① 헌재 2012.11.29, 2011헌마318

② 헌재 1996.11.28, 95헌바1

③ 헌재 2003.6.26, 2002헌가14

⑤ 헌재 2012.12.27, 2012헌바46

정답 | ④

24

현행법상 형의 집행유예에 관한 설명으로 옳지 않은 것은? 교정7급 08

① 3년 이하의 징역이나 금고 또는 500만원 이하의 벌금의 형을 선고할 경우 양형의 조건을 참작하여 그 정상에 참작할 만한 사유가 있는 때에는 1년 이상 5년 이하의 기간 형의 집행을 유예할 수 있다.

② 형을 병과할 경우에는 그 형의 일부에 대하여 집행을 유예할 수 있다.

③ 형의 집행을 유예하는 경우에는 보호관찰을 받을 것을 명하거나 사회봉사 또는 수강을 명할 수 있다.

④ 집행유예의 선고를 받은 자가 유예기간 중 고의로 범한 죄로 금고 이상의 실형을 선고 받아 그 판결이 확정된 때에는 집행유예가 취소된다.

해설 ④ 집행유예의 선고를 받은 자가 유예기간 중 고의로 범한 죄로 금고 이상의 형의 선고를 받아 그 판결이 확정된 때에는 집행유예의 선고는 효력을 잃는다(형법 제63조).

① 형법 제62조 제1항

② 동조 제2항

③ 형법 제62조의2 제1항

정답 | ④

25

형의 선고유예와 집행유예에 관한 설명으로 옳지 않은 것은?

① 집행유예 시 보호관찰기간은 1년으로 한다.

② 선고유예나 집행유예의 결정은 법원의 재량이다.

③ 형을 병과할 경우에도 형의 전부 또는 일부에 대하여 그 선고를 유예할 수 있다.

④ 선고유예를 하기 위해서는 형법상 양형조건의 사항을 참작하여 개전의 정상이 현저하여야 한다.

해설 ① 형의 집행을 유예하는 경우에는 보호관찰을 받을 것을 명하거나 사회봉사 또는 수강을 명할 수 있는데 이 경우 보호관찰의 기간은 집행을 유예한 기간으로 한다(형법 제62조의2 제2항).

③·④ 형법 제59조

정답 | ①

26 ★

형과 관련된 제도와 그 효과에 대한 설명으로 옳은 것은? 교정7급 11

① 집행유예 : 선고의 실효 또는 취소됨이 없이 유예기간이 경과하면 형의 선고는 효력을 잃는다.
② 선고유예 : 선고유예를 받은 날로부터 2년이 경과하면 형의 선고는 취소된 것으로 간주한다.
③ 가석방 : 가석방처분을 받은 후 처분이 실효 또는 취소되지 않고 기간이 경과하면 형의 집행이 면제된다.
④ 시효 : 시효가 완성되면 형의 집행이 종료된 것으로 본다.

해설 ① 형법 제65조
② 형의 선고유예를 받은 날로부터 2년을 경과한 때에는 면소된 것으로 간주한다(형법 제60조).
③ 가석방의 처분을 받은 후 그 처분이 실효 또는 취소되지 아니하고 가석방기간을 경과한 때에는 형의 집행을 종료한 것으로 본다(형법 제76조 제1항).
④ 형(사형은 제외한다)을 선고받은 자에 대해서는 시효가 완성되면 그 집행이 면제된다(형법 제77조).

구분	선고유예	집행유예	가석방
처분성격	사법처분	사법처분	행정처분
요건	• 1년 이하의 징역이나 금고, 자격정지 또는 벌금의 형을 선고할 경우 • 개전의 정상이 현저한 때 • 자격정지 이상의 형을 받은 전과가 있는 자는 예외	• 3년 이하의 징역 또는 금고의 형을 및 500만원 이하의 벌금을 선고할 경우 • 정상에 참작할 만한 사유가 있는 때 • 금고 이상의 판결이 확정된 때부터 그 집행을 종료하거나 면제된 후 3년이 경과할 것	• 징역 또는 금고의 집행 중에 있는 자가 그 행상이 양호하여 개전의 정이 현저한 때 • 무기는 20년, 유기는 형기의 3분의 1을 경과한 때 • 병과된 벌금 또는 과료의 금액을 완납한 때
병과	형을 병과할 경우 형의 전부 또는 일부에 대하여 선고유예 가능	형을 병과할 경우 그 형의 일부에 대하여 집행유예 가능	
기간	2년	1년 이상 5년 이하	무기형은 10년, 유기형은 남은 형기(10년 초과 금지)
보호관찰 사회봉사 수강명령	보호관찰(1년)	• 보호관찰 : 집행유예기간 • 사회봉사명령·수강명령 : 집행유예기간 내에 집행	원칙적 보호관찰(허가관청이 필요 없다고 인정하면 예외)
효과	면소된 것으로 간주	형선고 효력 상실	형집행 종료로 간주
실효	• 자격정지 이상의 판결이 확정되거나 자격정지 이상의 전과가 발견된 때 • 보호관찰기관 중에 준수사항을 위반하고 그 정도가 무거운 때	고의로 범한 죄로 금고 이상의 실형을 선고받아 그 판결이 확정된 때	금고 이상의 판결이 확정된 때 실효되나, 과실로 인한 경우는 예외
취소	취소사유 없음	• 집행유예의 선고를 받은 후 형법 제62조 단행의 사유(집행유예결격사유)가 발각된 때 : 필요적 • 보호관찰·사회봉사명령·수강명령부 집행유예를 받은 자가 준수사항이나 명령을 위반하고 그 정도가 무거운 때 : 임의적	감시에 관한 규칙을 위배하거나 보호관찰의 준수사항을 위반하고 그 정도가 무거운 때 : 임의적

정답 | ①

27

형의 유예제도에 대한 설명으로 옳은 것은? 사법시험 10

① 형의 선고를 유예하는 경우 6개월 이하의 보호관찰을 명할 수 있다.

② 형의 선고유예를 받은 날로부터 2년이 경과한 때에는 형의 선고는 효력을 잃는다.

③ 형의 집행을 유예하는 경우 검사는 유예기간의 범위 내에서 보호관찰기간을 정할 수 있다.

④ 형을 병과할 경우에 그 형의 일부에 대해서 집행을 유예할 수는 없다.

⑤ 선고유예를 받은 자가 보호관찰기간 중에 준수사항을 위반하고, 그 정도가 무거운 때에는 유예한 형을 선고할 수 있다.

해설 ⑤ 형법 제61조 제2항

① 형의 선고를 유예하면서 보호관찰을 명할 경우 그 기간은 1년으로 한다(형법 제59조의2 제1항·제2항).

② 형의 선고유예를 받은 날로부터 2년을 경과한 때에는 면소된 것으로 간주한다(형법 제60조).

③ 형의 집행을 유예하는 경우 법원은 유예기간의 범위 내에서 보호관찰기간을 정할 수 있다(형법 제62조의2 제2항).

④ 형을 병과할 경우에는 그 형의 일부에 대하여 집행을 유예할 수 있다(형법 제62조 제2항).

정답 | ⑤

28

집행유예에 관한 형사정책적 평가로 옳지 않은 것은?

① 단기자유형의 폐해를 예방할 수 있다.

② 형의 집행을 담보로 범죄인을 심리적으로 위하하여 개선을 유도할 수 있다.

③ 행위책임에 충실한 제도이다.

④ 대상자 선정의 형평성을 유지하기 어렵다.

해설 ③ 집행유예는 행위에 대한 책임보다도 유예기간 중 태도에 의하여 형이 결정된다는 점에서 행위책임에 충실한 제도라고 보기 어렵다.

정답 | ③

CHAPTER

05 재산형제도

01

벌금형에 대한 설명으로 옳은 것은? 교정9급 13

① 벌금은 판결확정일로부터 90일 내에 납입하여야 하며, 벌금을 선고할 때에는 동시에 그 금액을 완납할 때까지 노역장에 유치할 것을 명할 수 있다.

② 벌금형의 형의 시효는 3년이며, 강제처분을 개시함으로 인하여 시효의 중단이 이루어진다.

③ 환형유치 기간은 1일 5만원을 기준으로 환산한 벌금액에 상응하는 일수이며, 유치기간의 상한은 없다.

④ 500만원 별금형이 확정된 벌금 미납자는 노역장유치를 대신하여 사회봉사 신청을 할 수 있다.

해설 ④ 벌금미납자의 사회봉사 집행에 관한 특례법 제4조 제1항

① 벌금과 과료는 판결확정일로부터 30일 이내에 납입하여야 한다. 다만 벌금을 선고할 때에는 동시에 그 금액을 완납할 때까지 노역장에 유치할 것을 명할 수 있다(형법 제69조 제1항).

② 벌금형의 형의 시효는 5년이다(형법 제78조).

③ 벌금을 납입하지 아니한 자는 1일 이상 3년 이하, 과료를 납입하지 아니한 자는 1일 이상 30일 미만의 기간 노역장에 유치하여 작업에 복무하게 한다(형법 제69조 제2항). 즉 환형유치기간의 상한은 3년이므로 유치기간의 상한이 없다는 표현은 옳지 않다.

정답 | ④

02

「형법」상 형의 집행에 대한 설명으로 옳지 않은 것은? 교정9급 23

① 징역은 교정시설에 수용하여 집행하며, 정해진 노역(勞役)에 복무하게 한다.

② 유기징역 또는 유기금고에 자격정지를 병과한 때에는 징역 또는 금고의 집행을 종료하거나 면제된 날로부터 정지기간을 기산한다.

③ 벌금과 과료는 판결확정일로부터 30일 내에 납입하여야 한다. 다만, 벌금을 선고할 때에는 동시에 그 금액을 완납할 때까지 노역장에 유치할 것을 명하여야 한다.

④ 벌금이나 과료의 선고를 받은 사람이 그 금액의 일부를 납입한 경우에는 벌금 또는 과료액과 노역장 유치기간의 일수(日數)에 비례하여 납입금액에 해당하는 일수를 노역장 유치일수에서 뺀다.

해설 ③ 벌금과 과료는 판결확정일로부터 30일 내에 납입하여야 한다. 단, 벌금을 선고할 때에는 동시에 그 금액을 완납할 때까지 노역장에 유치할 것을 명할 수 있다(형법 제69조 제1항).
① 동법 제67조
② 동법 제44조 제2항
④ 동법 제71조

정답 | ③

03

「형법」상 형벌제도에 대한 설명으로 옳지 않은 것은? 보호7급 22

① 유기징역 또는 유기금고는 1개월 이상 25년 이하로 하되, 형을 가중하는 때에는 50년까지로 한다.

② 유기징역 또는 유기금고에 자격정지를 병과한 때에는 징역 또는 금고의 집행을 종료하거나 면제된 날로부터 정지기간을 기산한다.

③ 벌금을 납입하지 아니한 자는 1일 이상 3년 이하, 과료를 납입하지 아니한 자는 1일 이상 30일 미만의 기간 노역장에 유치하여 작업에 복무하게 한다.

④ 벌금에 대한 노역장 유치기간을 정하는 경우, 선고하는 벌금이 1억원 이상 5억원 미만인 경우에는 300일 이상, 5억원 이상 50억원 미만인 경우에는 500일 이상, 50억원 이상인 경우에는 1천일 이상의 유치기간을 정하여야 한다.

해설 ① 징역 또는 금고는 무기 또는 유기로 하고 유기는 1개월 이상 30년 이하로 한다. 단, 유기징역 또는 유기금고에 대하여 형을 가중하는 때에는 50년까지로 한다(형법 제42조).
② 동법 제44조 제2항
③ 동법 제69조 제2항
④ 동법 제70조 제2항

정답 | ①

04

「형법」상 벌금에 대한 설명으로 옳지 않은 것은? (다툼이 있는 경우 판례에 의함) 보호7급 23

① 벌금을 감경하는 경우에는 5만원 미만으로 할 수 있다.

② 벌금을 선고하는 재판이 확정된 후 그 집행을 받지 아니하고 5년이 지나면 형의 시효가 완성된다.

③ 60억원의 벌금을 선고하면서 이를 납입하지 아니하는 경우의 노역장 유치기간을 700일로 정할 수 있다.

④ 「형법」 제55조 제1항 제6호의 벌금을 감경할 때의 '다액의 2분의 1'이라는 문구는 '금액의 2분의 1'을 뜻하므로 그 상한과 함께 하한도 감경되는 것으로 해석하여야 한다.

해설 ③ 선고하는 벌금이 1억원 이상 5억원 미만인 경우에는 300일 이상, 5억원 이상 50억원 미만인 경우에는 500일 이상, 50억원 이상인 경우에는 1천일 이상의 노역장 유치기간을 정하여야 한다(형법 제70조 제2항).

① 벌금은 5만원 이상으로 한다. 다만, 감경하는 경우에는 5만원 미만으로 할 수 있다(동법 제45조).

② 동법 제78조

④ 형법 제55조 제1항 제6호의 벌금을 감경할 때의 다액의 2분의 1이라는 문구는 금액의 2분의 1이라고 해석하여 그 상한과 함께 하한도 2분의 1로 내려가는 것으로 해석하여야 한다. 형법 제55조 제1항 제6호에는 벌금을 감경할 때에는 그 다액의 2분의 1로 한다고 규정되어 있어 이를 문자 그대로 해석한다면 벌금을 감경할 때에는 그 상한액만이 2분의 1로 내려갈 뿐 하한액은 변동이 없게 된다고 보여진다. 그런데 그와 같이 해석한다면 재판실무상 벌금을 감경 특히 작량감경하는 경우, 각종 특별법에 규정되어 있는 벌금의 형태 등을 고려할 때 불합리한 점이 생기므로, 그 상한과 함께 하한도 2분의 1로 내려가는 것으로 해석하여야 한다(대법원 1978.4.25. 78도246).

정답 | ③

05

벌금형에 관하여 현행법상 허용되는 것은? (다툼이 있는 경우 판례에 의함) 보호9급 24

① 벌금형에 대한 선고유예

② 1,000만원의 벌금형에 대한 집행유예

③ 범죄자의 경제력을 반영한 재산비례벌금제(일수벌금제)

④ 500만원의 벌금형을 선고하면서 300만원에 대해서만 집행유예

해설 ① 1년 이하의 징역이나 금고, 자격정지 또는 벌금의 형을 선고할 경우에 제51조의 사항을 고려하여 뉘우치는 정상이 뚜렷할 때에는 그 형의 선고를 유예할 수 있다. 다만, 자격정지 이상의 형을 받은 전과가 있는 사람에 대해서는 예외로 한다(형법 제59조 제1항)

② 3년 이하의 징역이나 금고 또는 500만원 이하의 벌금의 형을 선고할 경우에 제51조의 사항을 참작하여 그 정상에 참작할 만한 사유가 있는 때에는 1년 이상 5년 이하의 기간 형의 집행을 유예할 수 있다(동법 제62조 제1항 본문).

③ 우리나라는 총액벌금제를 채택하고 있다.

④ 허용되지 않는다(대법원 2007.2.22. 2006도8555).

정답 | ①

06

벌금형에 대한 형사정책적 평가와 가장 거리가 먼 것은?

① 단기자유형의 효과적인 대체수단이 될 수 있다.

② 집행의 번거로움으로 행정의 효율을 기하기 어렵다.

③ 총액벌금제의 경우 경제적 약자와 강자 간의 형평을 기할 수 없으므로 배분적 정의에 반한다.

④ 노역장 유치는 3년을 초과할 수 없으므로 미납 벌금이 거액인 경우 형의 실효성을 확보하기 어렵다.

해설 ② 벌금형은 시설내 구금을 필요로 하지 않고, 부과된 벌금액을 납부하면 집행이 종료되므로 집행절차가 간편하고, 행정의 효율을 기할 수 있다는 장점이 있다.

정답 | ②

07 ★

「형법」상 벌금과 과료에 대한 설명으로 옳지 않은 것은? 교정9급 19

① 벌금은 5만원 이상으로 하되 감경하는 경우에는 5만원 미만으로 할 수 있으며, 과료는 2천원 이상 5만원 미만으로 한다.

② 벌금과 과료는 판결확정일로부터 30일 내에 납입하여야 한다. 단, 벌금 또는 과료를 선고할 때에는 동시에 그 금액을 완납할 때까지 노역장에 유치할 것을 명할 수 있다.

③ 선고하는 벌금이 1억원 이상 5억원 미만인 경우에는 300일 이상, 5억원 이상 50억원 미만인 경우에는 500일 이상, 50억원 이상인 경우에는 1,000일 이상의 유치기간을 정하여야 한다.

④ 벌금을 납입하지 아니한 자는 1일 이상 3년 이하, 과료를 납입하지 아니한 자는 1일 이상 30일 미만의 기간 노역장에 유치하여 작업에 복무하게 한다.

해설 ② 벌금과 과료는 판결확정일로부터 30일 내에 납입하여야 한다. 단, 벌금을 선고할 때에는 동시에 그 금액을 완납할 때까지 노역장에 유치할 것을 명할 수 있다(형법 제69조 제1항).

① 동법 제45조, 제47조

③ 동법 제70조 제2항

④ 동법 제69조 제2항

정답 | ②

08 ★

「벌금 미납자의 사회봉사 집행에 관한 특례법」 및 「동법 시행령」상 벌금 미납자의 사회봉사 집행에 대한 설명으로 옳은 것은? 교정9급 15

① 징역 또는 금고와 동시에 벌금을 선고받은 사람은 사회봉사를 신청할 수 있다.

② 법원은 사회봉사를 허가하는 경우 벌금미납액에 의하여 계산된 노역장 유치기간에 상응하는 사회봉사시간을 산정하여야 하나, 산정된 사회봉사시간 중 1시간 미만은 집행하지 아니한다.

③ 700만원의 벌금형이 확정된 벌금 미납자는 검사의 납부명령일부터 30일 이내에 검사에게 사회봉사를 신청할 수 있다.

④ 사회봉사대상자는 사회봉사의 이행을 마치기 전에는 벌금의 전부 또는 일부를 낼 수 없다.

해설 ② 벌금 미납자의 사회봉사 집행에 관한 특례법 제6조 제4항

① 징역 또는 금고와 동시에 벌금을 선고받은 사람은 사회봉사를 신청할 수 없다(동법 제4조 제2항).

③ 500만원 내의 벌금형이 확정된 벌금 미납자는 검사의 납부명령일부터 30일 이내에 주거지를 관할하는 지방검찰청의 검사에게 사회봉사를 신청할 수 있다(동법 제4조 제1항 본문). 따라서 700만원의 벌금형이 확정된 벌금 미납자는 검사에게 사회봉사를 신청할 수 없다.

④ 사회봉사대상자는 사회봉사의 이행을 마치기 전에 벌금의 전부 또는 일부를 낼 수 있다(동법 제12조 제1항).

정답 | ②

09 ★

벌금 미납자의 사회봉사 집행에 대한 설명으로 옳은 것은? 5급승진 15

① 벌금 미납자의 사회봉사는 검사가 집행한다.

② 보호관찰관은 검사에게 사회봉사 집행실태에 대한 관련 자료의 제출을 요구할 수 있고, 사회봉사 집행방법 및 내용이 부적당하다고 인정하는 경우에는 이에 대한 변경을 요구할 수 있다.

③ 사회봉사는 원칙적으로 1일 5시간을 넘겨 집행 할 수 없다.

④ 사회봉사의 집행은 특별한 사정이 있어서 관계기관의 허가를 받아 연장한 경우를 제외하고는, 사회봉사가 허가된 날부터 3개월 이내에 마쳐야 한다.

⑤ 사회봉사의 집행시간은 사회봉사기간 동안의 집행시간을 합산하여 시간 단위로 인정한다. 다만, 집행시간을 합산한 결과 1시간 미만이면 1시간으로 인정한다.

해설 ⑤ 벌금 미납자의 사회봉사 집행에 관한 특례법 제10조 제3항

① 사회봉사는 보호관찰관이 집행한다. 다만, 보호관찰관은 그 집행의 전부 또는 일부를 국공립기관이나 그 밖의 단체 또는 시설의 협력을 받아 집행할 수 있다(동법 제9조 제1항).

② 검사는 보호관찰관에게 사회봉사 집행실태에 대한 관련 자료의 제출을 요구할 수 있고, 집행방법 및 내용이 부적당하다고 인정하는 경우에는 이에 대한 변경을 요구할 수 있다(동법 동조 제2항).

③ 사회봉사는 1일 9시간을 넘겨 집행할수 없다. 다만, 사회봉사의 내용상 연속집행의 필요성이 있어 보호관찰관이 승낙하고 사회봉사대상자가 분명히 동의한 경우에만 연장하여 집행할 수 있다(동법 제10조 제2항).

④ 사회봉사의 집행은 사회봉사가 허가된 날부터 6개월 이내에 마쳐야 한다. 다만, 보호관찰관은 특별한 사정이 있으면 검사의 허가를 받아 6개월의 범위에서 한 번 그 기간을 연장하여 집행할 수 있다(동법 제11조).

정답 | ⑤

10 ★

「벌금 미납자의 사회봉사 집행에 관한 특례법」에 대한 설명으로 옳지 않은 것은? 교정7급 19

① 대통령령으로 정한 금액 범위 내의 벌금형이 확정된 벌금 미납자는 검사의 납부명령일부터 30일 이내에 주거지를 관할하는 지방검찰청(지방검찰청지청을 포함한다)의 검사에게 사회봉사를 신청할 수 있다. 다만, 검사로부터 벌금의 일부납부 또는 납부연기를 허가받은 자는 그 허가기한 내에 사회봉사를 신청할 수 있다.

② 사회봉사 대상자는 법원으로부터 사회봉사 허가의 고지를 받은 날부터 7일 이내에 사회봉사 대상자의 주거지를 관할하는 보호관찰소의 장에게 주거, 직업, 그 밖에 대통령령으로 정하는 사항을 신고하여야 한다.

③ 사회봉사는 1일 9시간을 넘겨 집행할 수 없다. 다만, 사회봉사의 내용상 연속집행의 필요성이 있어 보호관찰관이 승낙하고 사회봉사 대상자가 분명히 동의한 경우에만 연장하여 집행할 수 있다.

④ 사회봉사의 집행은 사회봉사가 허가된 날부터 6개월 이내에 마쳐야 한다. 다만, 보호관찰관은 특별한 사정이 있으면 검사의 허가를 받아 6개월의 범위에서 한 번 그 기간을 연장하여 집행할 수 있다.

해설 ② 사회봉사 대상자는 법원으로부터 사회봉사 허가의 고지를 받은 날부터 10일 이내에 사회봉사 대상자의 주거지를 관할하는 보호관찰소의 장에게 주거, 직업, 그 밖에 대통령령으로 정하는 사항을 신고하여야 한다(벌금 미납자의 사회봉사 집행에 관한 특례법 제8조 제1항).

정답 | ②

11

「벌금 미납자의 사회봉사 집행에 관한 특례법」에 관한 내용으로 옳은 것은?

① 사회봉사란 검사가 지정한 일시와 장소에서 공공의 이익을 위하여 실시하는 무보수 근로를 말한다.

② 징역 또는 금고와 동시에 벌금을 선고받은 사람은 사회봉사를 신청할 수 없다.

③ 벌금형이 확정된 벌금미납자는 검사의 납부명령일부터 7일 이내에 주거지를 관할하는 지방 검찰청의 검사에게 사회봉사를 신청할 수 있다.

④ 사회봉사의 신청인은 사회봉사 허가 및 취소 여부 결정에 대하여 즉시항고할 수 있으나, 검사는 즉시항고할 수 없다.

해설 ② 벌금 미납자의 사회봉사 집행에 관한 특례법 제4조 제2항 제1호
① 검사 → 보호관찰관(동법 제2조 제2호)
③ 7일 이내 → 30일 이내(동법 제4조 제1항)
④ 사회봉사의 신청인은 물론 검사도 사회봉사 허가 및 취소 여부 결정에 대하여 즉시항고할 수 있다(동법 제16조).

정답 | ②

12 ★

벌금 미납자의 사회봉사에 대한 설명으로 옳은 것은? 교정7급 12

① 법원으로부터 200만원의 벌금형을 선고받고 벌금을 완납할 때까지 노역장에 유치할 것을 명받은 사람은 지방검찰청의 검사에게 사회봉사를 신청할 수 있다.

② 검사는 납부능력확인을 위한 출석요구기간을 포함하여 피고인의 사회봉사신청일로부터 7일 이내에 사회봉사의 청구여부를 결정해야 한다.

③ 사회봉사신청을 기각하는 검사의 처분에 대해 불복하는 자는 사회봉사신청을 기각한 검사가 소속한 지방검찰청에 상응하는 법원에 이의신청을 할 수 있다.

④ 법원은 사회봉사를 허가하는 경우 벌금 미납액에 의하여 계산된 노역장 유치 기간에 상응하는 사회봉사기간을 산정하되, 산정된 사회봉사기간 중 1시간 미만은 1시간으로 집행한다.

해설 ③ 벌금 미납자의 사회봉사 집행에 관한 특례법 제5조 제6항

① 법원으로부터 벌금선고와 동시에 벌금을 완납할 때까지 노역장에 유치할 것을 명받은 사람은 사회봉사를 신청할 수 없다(동법 제4조 제2항).

② 검사는 신청일부터 7일 이내에 사회봉사의 청구 여부를 결정하여야 한다. 다만, 제2항에 따른 출석 요구, 자료제출 요구에 걸리는 기간은 위 기간에 포함하지 아니한다(동법 제5조 제4항). 따라서 '출석요구기간을 포함하여'는 틀린 표현이다.

④ 법원은 사회봉사를 허가하는 경우 벌금 미납액에 의하여 계산된 노역장 유치 기간에 상응하는 사회봉사시간을 산정하여야 한다. 다만, 산정된 사회봉사시간 중 1시간 미만은 집행하지 아니한다(동법 제6조 제4항).

정답 | ③

13

벌금형의 특성에 대한 설명으로 옳지 않은 것은? 교정9급 14

① 제3자의 대납이 허용되지 않는다.

② 국가에 대한 채권과 상계가 허용된다.

③ 공동연대책임이 허용되지 않는다.

④ 벌금은 범죄인의 사망으로 소멸된다.

해설 ② 벌금은 범죄인이 국가에 대하여 가지고 있는 채권과 상계할 수 없다.

벌금형의 특징

- 일신전속적 성격을 지니므로 제3자의 대납이 허용되지 않는다.
- 범죄인이 국가에 대하여 가지고 있는 채권과 상계할 수 있다.
- 다수인이 함께 벌금을 선고받은 경우라도 각자 독립하여 벌금을 납부하여야 한다.
- 18세 미만의 소년에 대해서는 노역장유치처분을 할 수 없다.
- 벌금납부의무는 원칙적으로 상속되지 않으므로 범죄인이 사망하면 벌금은 소멸한다.
- 벌금형에 대하여 선고유예는 가능하다.

정답 | ②

14

벌금 미납자의 사회봉사 집행에 대한 설명으로 옳지 않은 것으로만 묶은 것은? 교정7급 13

> ㉠ 법원으로부터 벌금선고와 동시에 벌금을 완납할 때까지 노역장에 유치할 것을 명받은 사람은 사회봉사를 신청할 수 없다.
> ㉡ 벌금미납자의 사회봉사신청에 대하여 검사는 벌금 미납자의 경제적 능력, 사회봉사 이행에 필요한 신체적 능력, 주거의 안정성 등을 고려하여 사회봉사 허가 여부를 결정한다.
> ㉢ 신청인이 일정한 수입원이나 재산이 있어 벌금을 낼 수 있다고 판단되는 경우에는 사회봉사를 허가하지 아니한다.
> ㉣ 사회봉사는 보호관찰관이 집행하며, 사회봉사 대상자의 성격, 사회경력, 범죄의 원인 및 개인적 특성을 고려하여 사회봉사의 집행분야를 정한다.
> ㉤ 사회봉사는 원칙적으로 1일 9시간을 넘겨 집행할 수 없지만, 보호관찰관이 사회봉사의 내용상 연속집행의 필요성이 있다고 판단하는 경우에는 최대 14시간까지 집행할 수 있다.

① ㉠, ㉢ ② ㉡, ㉣
③ ㉡, ㉤ ④ ㉢, ㉤

해설 [×] ㉡ 법원은 검사로부터 사회봉사 허가 청구를 받은 날부터 14일 이내에 벌금 미납자의 경제적 능력, 사회봉사 이행에 필요한 신체적 능력, 주거의 안정성 등을 고려하여 사회봉사 허가 여부를 결정한다. 다만, 제3항에 따른 출석 요구, 자료제출 요구에 걸리는 기간은 위 기간에 포함하지 아니한다(벌금 미납자의 사회봉사 집행에 관한 특례법 제6조 제1항). 즉 사회봉사 허가의 결정은 검사가 아니라 법원이 한다.

㉤ 사회봉사는 1일 9시간을 넘겨 집행할 수 없다. 다만, 사회봉사의 내용상 연속집행의 필요성이 있어 보호관찰관이 승낙하고 사회봉사대 상자가 분명히 동의한 경우에만 연장하여 집행할 수 있다(동법 제10조 제2항). 즉 보호관찰관의 판단뿐만 아니라, 사회봉사대상자의 동의까지 있어야 연장하여 집행할 수 있다.

[○] ㉠ 벌금 미납자의 사회봉사 집행에 관한 특례법 제4조 제2항 제2호
㉢ 동법 제6조 제2항 제4호
㉣ 동법 제10조 제1항

정답 | ③

15

몰수에 대한 설명으로 옳은 것은?

① 몰수는 재산권을 일방적으로 국가에 이전시키는 물권적 효과를 발생시킨다는 점에서 벌금형과 동일한 법적 효과를 가진다.

② 판례는 몰수의 법적 성격에 관하여 형식적으로는 대물적 보안처분이나, 실질적으로는 형벌이라는 입장을 취하고 있다.

③ 몰수 대상인 물건을 몰수할 수 없을 때에는 그 가액을 추징하고, 문서·도화·전자기록등특수매체기록 또는 유가증권의 일부가 몰수에 해당하는 때에는 그 부분을 폐기한다.

④ 몰수는 법관의 기속재량에 속한다.

해설 ③ 형법 제48조 제2항·제3항

① 벌금형은 금전지급 의무부담의 채권적 효과를 발생시키나, 몰수는 재산권을 일방적으로 국가에 이전시키는 물권적 효과를 발생시킨다는 점에서 구별된다.

② 판례는 몰수의 법적 성격에 관하여 형식적으로는 형벌이지만 실질적으로는 대물적 보안처분이라는 입장을 취하고 있다(대판 1982.3.9, 81도2930).

④ 몰수는 임의적 몰수가 원칙이므로 법관의 자유재량에 속한다고 볼 수 있다.

정답 | ③

16

몰수와 추징에 관한 설명 중 옳지 않은 것은? (다툼이 있으면 판례에 의함) 사법시험 12

① 몰수는 범죄의 반복을 막거나 범죄로부터 이득을 얻지 못하게 할 목적으로 범죄행위와 관련된 재산을 박탈하는 것을 내용으로 한다.

② 주형의 선고를 유예하지 않으면서 몰수와 추징에 대해서만 선고를 유예할 수는 없다.

③ 범인의 소유에 속하는 물건은 타인이 점유하더라도 몰수의 대상이 된다.

④ 행위자에게 유죄의 재판을 하지 않을 경우에도 몰수만을 선고할 수는 있다.

⑤ 추징가액은 범죄행위시의 가격을 기준으로 한다.

해설 ⑤ 추징가액 산정의 기준시는 재판선고시라는 것이 판례의 입장이다(대판 1991.5.28, 91도352).

② 대판 1980.3.11, 77도2027

③ 형법 제48조 제1항

④ 형법 제49조 단서

정답 | ⑤

17 ★

일수벌금제에 관한 설명으로 옳은 것만 묶은 것은?

> ㉠ 경제사정의 변화 및 화폐가치 변동에 시의적절하게 대처할 수 있다.
> ㉡ 범죄인의 지불능력에 따라 벌금일수를 먼저 정하고, 책임에 따라 1일의 벌금액수를 정한 다음 양자를 곱하여 벌금액을 정한다.
> ㉢ 스칸디나비아 제국을 중심으로 발전되어 '스칸디나비아식'이라고도 한다.
> ㉣ 배분적 정의에 부합하지 않는다는 비판이 있다.
> ㉤ 우리나라에서는 현재 채택하지 않고 있다.
> ㉥ 책임주의에 부합한다.

① ㉠, ㉡, ㉢　② ㉠, ㉢, ㉤
③ ㉡, ㉣, ㉤　④ ㉣, ㉤, ㉥

해설 [O] ㉠·㉢·㉤
[×] ㉡ 일수벌금제는 범죄인의 행위책임에 따라 벌금일수를 먼저 정하고, 범죄자의 경제능력 내지 지불능력에 따라 1일 벌금액을 정한 후 이를 곱한 액수로 벌금을 정한다.
㉣ 일수벌금제는 범죄자의 경제능력에 따라 벌금액을 정하므로 배분적 정의에 부합한다는 장점이 있다.
㉥ 일수벌금제는 범죄자의 경제능력에 따라 벌금을 부과하는데 범죄자의 경제능력은 범죄와 무관하므로 책임주의에 부합하지 않는다는 비판이 있다.

정답 | ②

18

형법상 형벌에 대한 설명으로 옳지 않은 것은? 교정9급 15

① 과료를 납입하지 아니한 자도 노역장 유치가 가능하다.
② 유기징역 또는 유기금고에 자격정지를 병과한 때에는 징역 또는 금고의 집행을 종료하거나, 면제된 날로부터 정지기간을 기산한다.
③ 벌금형의 선고유예는 인정되지만 500만원 초과의 벌금형은 집행유예가 인정되지 않는다.
④ 행위자에게 유죄의 재판을 아니할 때에는 몰수의 요건이 있는 때에도 몰수만을 선고할 수는 없다.

해설 ④ 행위자에게 유죄판결을 하지 않을 때에도 몰수요건이 있는 때에는 몰수만을 선고할 수 있다(형법 제49조).
① 형법 제69조 제1항
② 형법 제44조 제2항
③ 형법 제59조

정답 | ④

19

벌금형제도에 대한 설명 중 옳지 않은 것은? 사법시험 11

① 일수벌금형제도는 피고인의 경제능력 평가가 정확하지 않은 경우 실효성을 기대하기 어렵다.

② 총액벌금형제도는 피고인의 경제적 지위를 고려하지 않는다는 점에서 형벌효과의 불평등을 초래한다.

③ 현행법상 법원은 벌금형 선고 시 분할납부와 납부연기를 허가할 수 있다.

④ 현행법상 500만원 이하의 벌금형이 확정된 자가 경제적 이유로 벌금을 미납한 경우 노역장 유치에 앞서 미납벌금을 사회봉사로 대체할 수 있다.

⑤ 벌금형에 대해서는 선고유예가 가능하다.

해설 ③ 벌금형의 분할납부와 납부연기의 허가는 검사의 권한이다(재산형 등에 관한 검찰집행사무규칙 제12조 제2항 참조).

④ 벌금 미납자의 사회봉사 집행에 관한 특례법 제4조 제1항

➤ 벌금과 과료의 요약비교

구분	벌금	과료
금액	5만원 이상(감경시 5만원 미만 가능)	2천원 이상 5만원 미만
노역장 유치	1일 이상 3년 이하	1일 이상 30일 미만
선고유예 여부	가능	불가능

정답 | ③

20

노역장유치제도에 관한 설명으로 옳지 않은 것은?

① 벌금을 납입하지 아니한 자는 1일 이상 5년 이하, 과료를 납입하지 아니한 자는 1일 이상 30일 이하의 기간 노역장에 유치하여 작업에 복무하게 한다.

② 우리나라는 소액벌금 미납자가 노역수형자의 대부분을 차지하고 있다.

③ 벌금형의 집행유예 액의확대를 개선방안으로 거론되고 있다.

④ 법인에 대해서는 적용할 수 없다.

해설 ① 벌금을 납입하지 아니한 자는 1일 이상 3년 이하, 과료를 납입하지 아니한 자는 1일 이상 30일 미만의 기간 노역장에 유치하여 작업에 복무하게 한다(형법 제69조 제2항).

정답 | ①

21

아래의 설명에 모두 해당하는 제도는? 사법시험 06

> - 책임주의와 희생평등의 원칙을 조화시키는 의미를 가지고 있다.
> - 범행 자체에 대한 평가를 분명히 하면서 행위자가 받는 고통의 내용에 대해 실질적 평등을 기한다는 장점이 있다.
> - 범죄자의 경제상태를 실제로 조사한다는 것이 쉬운 일이 아니라는 단점이 있다.
> - 양형과정이 범죄인의 재산상태조사에 치우칠 가능성이 높다.

① 정기벌금형제도 ② 총액벌금형제도
③ 일수벌금제도 ④ 노역장유치제도
⑤ 벌금형의 집행유예제도

해설 ③ 주어진 지문은 일수벌금제도에 관한 설명이다.

➤ **일수벌금제의 장단점**

장점	단점
• 배분적 정의에 적합 • 총액벌금제에 비하여 희생평등의 원칙에 충실 • 경제사정의 변화 및 화폐가치의 하락에 대처 가능 • 일수에 상응하여 대체자유형의 일자가 결정되므로 환형유치의 기준이 분명 • 범죄인의 경제적 자력과 무관하게 형벌적응력을 가지므로 정의의 관념과 형벌개별화 원칙에 부합	• 범죄인의 경제능력의 정확한 조사가 쉽지 않아 실효성 미흡 • 경제적 사정을 지나치게 고려하며, 벌금액 산정방법이 너무 기교적임 • 1일 벌금액 산정에 있어 법관들의 기계적 산정 내지 자의적 산정이 우려 • 양형과정이 범죄인의 재산상태 조사에 치우칠 가능성이 높음 • 재산을 형량결정의 주요변수로 삼는 것은 책임원칙에 반함

정답 | ③

22

어느 법원에서 피고인 A에게 벌금 30억을 선고하면서 노역장유치기간을 정하려고 한다. 형법상 최소 유치기간은?

① 100일 ② 300일
③ 500일 ④ 1000일

해설 ③ 선고하는 벌금이 1억원 이상 5억원 미만인 경우에는 300일 이상, 5억원 이상 50억원 미만인 경우에는 500일 이상, 50억원 이상인 경우에는 1,000일 이상의 유치기간을 정하여야 한다(형법 제70조 제2항).

정답 | ③

CHAPTER 06 명예형제도

01

명예형제도에 관한 설명으로 옳지 않은 것을 모두 고른 것은?

> ㉠ 범죄인의 명예를 상실시키는 형벌이기보다는 일정한 권리나 법적 능력을 박탈하거나 제한하는 것을 말한다.
> ㉡ 위와 같은 의미에서 자격형이라고 할 수 있다.
> ㉢ 19세기 초까지는 범죄인을 일반대중에게 공개함으로써 수치심을 주거나 낙인을 찍는 등의 형태를 취하였다.
> ㉣ 현행법상 자격상실과 자격정지는 형선고에 따르는 부수적 효력이다.
> ㉤ 일반예방효과뿐만 아니라 특별예방효과에도 탁월하다는 평가를 받고 있다.

① ㉠, ㉡
② ㉡, ㉢
③ ㉢, ㉣
④ ㉣, ㉤

해설 [×] ㉣ 현행법상 자격상실은 독립적 형벌로 부과하지 않으며, 형선고에 따르는 부수적 효력에 불과하나, 자격정지는 선택형 또는 병과형으로 부과할 수 있다(형법 제44조 제1항).
㉤ 명예형은 일반예방효과뿐만 아니라 특별예방효과도 거의 없어 형벌 고유의 목적을 달성하기 어렵다는 비판이 있다.
[○] ㉠·㉡·㉢

정답 | ④

02

유기징역이나 유기금고의 판결을 받은 자에게 당연히 정지되는 자격이 아닌 것은?

① 공무원이 되는 자격
② 공법상의 선거권 및 피선거권
③ 법률로 요건을 정한 공법상의 업무에 관한 자격
④ 법인의 이사 또는 감사가 되는 자격

해설 ④는 사형·무기징역·무기금고의 판결을 받은 자에 대해서만 상실되는 자격이다. 즉 사형·무기징역·무기금고의 판결을 받은 자는 (ⅰ) 공무원이 되는 자격, (ⅱ) 공법상의 선거권과 피선거권, (ⅲ) 법률로 요건을 정한 공법상의 업무에 관한 자격, (ⅳ) 법인의 이사·감사 또는 지배인 기타 법인의 업무에 관한 검사역이나 재산관리인이 되는 자격 등이 당연히 상실되고(형법 제43조 제1항). 유기징역 또는 유기금고의 판결을 받은 자는 그 형의 집행이 종료되거나 면제될 때까지 위 (ⅰ)·(ⅱ)·(ⅲ)의 자격이 정지된다(동조 제2항).

정답 | ④

03

명예형에 관한 설명 중 옳지 않은 것은?

① 유기징역의 판결을 받은 자도 별도의 명예형이 병과되지 않는 한 법률에 정한 일정한 자격이 당연히 정지되는 것은 아니다.
② 범죄인을 불명예자 혹은 자격결함자로 규정함으로써 형벌의 재사회화 목적에 배치된다는 비판이 있다.
③ 자격정지가 선택형인 때에는 판결이 확정된 날부터 정지기간을 기산한다.
④ 자격상실은 무기징역을 선고받은 자가 가석방되더라도 그대로 유효하다.

해설 ① 자격정지에는 두 가지가 있는데 그 중 하나는 일정한 형의 판결을 받은 자에게 당연히 자격이 정지되는 당연정지이고, 다른 하나는 판결의 선고에 의해서 자격이 정지되는 경우이다. 당연정지는 유기징역 또는 유기금고의 판결을 받은 자에 대하여 그 형의 집행이 종료되거나 면제될 때까지 형법 제43조 제1항 제1호부터 제3호에 기재된 자격(공무원이 되는 자격, 공법상의 선거권과 피선거권, 법률로 요건을 정한 공법상의 업무에 관한 자격)이 당연히 정지되는 것을 말한다.

정답 | ①

CHAPTER

07 형의 시효와 실효

01

형의 시효에 관한 설명으로 옳지 않은 것은?

① 확정된 형벌이 기간의 경과로 인하여 집행권이 소멸되는 것을 말한다.
② 형을 선고하는 재판이 확정된 후부터 시효가 시작된다.
③ 가석방 기간 중에는 시효가 진행하지 않는다.
④ 시효의 정지사유가 소멸하면 시효는 처음부터 다시 시작한다.

해설 ④ 시효의 정지사유가 소멸하면 잔여시효기간이 진행된다.
③ 형법 제79조 제1항

정답 | ④

02

사면의 효력에 관한 설명으로 보기 어려운 것은?

① 사면의 효력은 형사사법상의 효과 및 형사재판의 부수적 효과에만 미칠 뿐이고, 그 밖의 법률적 효과에는 미치지 않는다.
② 사면의 효력은 소급하지 않는다.
③ 사면의 효력은 강제적이다.
④ 사면의 효력은 보안처분에도 미친다.

해설 ④ 보안처분의 목적은 사회방위에 있으므로 사면의 효력은 보안처분에 미치지 않는다.

정답 | ④

03

사면에 관한 설명으로 옳은 것은?

① 삼권분립의 근본취지에 부합한다.
② 검찰의 소추기능과 사법부의 재판기능에 대한 보완기능을 수행한다.
③ 대통령이 행사하는 사면권은 사법심사의 대상이 아니다.
④ 대통령이 행사하는 사면권은 내재적 한계가 없다.

해설 ① 사면은 삼권분립의 예외적 조치라고 볼 수 있다.
② 사면은 국가원수의 특권에 의하여 형벌권을 소멸시키거나 제한하는 제도이므로 검찰의 소추기능과 사법부의 재판기능을 무력화시킬 수 있다는 비판이 있다.
④ 사면권의 행사에는 내재적 한계가 있으므로 그 행사는 사면권의 본질을 벗어나서는 아니 된다.

정답 | ③

04

사면 및 복권에 관한 설명으로 옳지 않은 것은?

① 일반사면이 되면 형의 선고를 받은 자에 대하여는 그 선고의 효력이 상실된다.
② 특별사면은 특정한 범죄에 대한 사면이다.
③ 특별사면은 국무회의의 심의만 거쳐 대통령이 행한다.
④ 형법상의 복권은 재판상 복권을 의미한다.

해설 ② 특별사면은 특정한 사람에 대한 사면을 말한다. 특정한 범죄에 대한 사면은 일반사면이다.

정답 | ②

05

특별사면에 대한 설명으로 옳지 않은 것은? 교정9급 08 변형

① 특별사면은 형의 선고를 받아 그 형이 확정된 자를 대상으로 하며, 원칙적으로 형의 집행이 면제된다.
② 검찰총장은 교도소장의 보고에 의해 법무부장관에게 특별사면을 상신할 것을 신청할 수 있다.
③ 법무부장관은 직권 또는 사면심사위원회의 심사를 거쳐 특별사면을 상신한다.
④ 대통령으로부터 특별사면의 명이 있을 때에는 법무부장관은 검찰총장에게 사면장을 송부한다.

해설 ③ 법무부장관은 특별사면을 상신할 때에는 사면심사위원회의 심사를 거쳐야 한다(사면법 제10조 제2항). 즉 직권으로는 특별사면을 상신할 수 없다.
② 사면법 제11조
④ 동법 제21조

정답 | ③

06

사면 및 복권에 관한 설명 중 옳지 않은 것으로 묶인 것은?

㉠ 사면은 검찰의 소추기능을 강화하는 작용을 하는 반면, 재판기능을 무의미하게 만드는 결과를 초래할 수 있다.
㉡ 일반사면이 되면 형의 선고를 받은 자에 대해서는 집행이 종료된 것으로 본다.
㉢ 일반사면은 국무회의의 심의를 거쳐 국회의 동의를 얻어야 한다.
㉣ 검찰총장은 직권으로 법무부장관에게 특정한 자에 대한 복권의 상신을 할 것을 신청할 수 있다.

① ㉠, ㉡ ② ㉠, ㉢
③ ㉡, ㉢ ④ ㉢, ㉣

해설 [×] ㉠ 사면은 검찰의 소추기능과 사법부의 재판기능을 무의미하게 만드는 결과를 초래할 수 있다.
㉡ 일반사면이 되면 형의 선고를 받은 자에 대해서는 그 선고의 효력이 상실되고, 아직 형의 선고를 받지 않은 자에 대해서는 공소권이 상실된다.
[○] ㉢·㉣

정답 | ①

07

「사면법」상 사면에 대한 설명으로 옳지 않은 것은? 보호7급 23

① 특별사면은 형을 선고받은 자를 대상으로 한다.
② 일반사면이 있으면 특별한 규정이 없는 한 형을 선고받지 아니한 자에 대하여는 공소권이 상실된다.
③ 형의 집행유예를 선고받은 자에 대하여는 형 선고의 효력을 상실하게 하는 특별사면을 할 수 없다.
④ 일반사면은 죄의 종류를 정하여 대통령령으로 한다.

해설 ③ 형의 집행유예를 선고받은 자에 대하여는 형 선고의 효력을 상실하게 하는 특별사면 또는 형을 변경하는 감형을 하거나 그 유예기간을 단축할 수 있다(사면법 제7조).
① 동법 제3조 제2호
② 동법 제5조 제1항 제1호
④ 동법 제8조

정답 | ③

08

형법상 형의 실효 및 복권에 관한 설명으로 옳지 않은 것은?

① 형법상 형의 실효는 이른바 재판상 실효를 의미한다.
② 형법상 형의 실효는 징역 또는 금고의 집행을 종료하거나 집행이 면제된 자를 대상으로 한다.
③ 형법상 복권은 법원이 본인 또는 검사의 신청에 의하거나 직권에 의하여 선고한다.
④ 자격정지의 선고를 받은 자가 자격의 회복을 청구하려면 피해자의 손해를 보상하고, 자격정지 이상의 형을 받음이 없이 정지기간의 2분의 1을 경과하여야 한다.

해설 ③ 형법상의 복권은 자격정지의 선고를 받은 자가 피해자의 손해를 보상하고, 자격정지 이상의 형을 받음이 없이 정지기간의 2분의 1을 경과한 때에 본인 또는 검사의 신청에 의하여 자격의 회복을 선고하는 것을 말한다(형법 제82조). 따라서 법원은 직권에 의해 복권을 선고할 수 없다.
④ 형법 제82조

정답 | ③

09

현행법상 형의 실효에 대한 설명으로 옳지 않은 것은? 국가9급 17

① 수형인이 3년 이하의 징역형인 경우, 자격정지 이상의 형을 받지 아니하고 형의 집행을 종료하거나 그 집행이 면제된 날부터 5년이 경과한 때에 그 형은 실효된다.

② 구류와 과료는 형의 집행을 종료하거나 그 집행이 면제된 날부터 1년이 경과한 때에 그 형은 실효된다.

③ 하나의 판결로 여러 개의 형이 선고된 경우에는 각 형의 집행을 종료하거나 그 집행이 면제된 날부터 가장 무거운 형에 대한 「형의 실효 등에 관한 법률」에서 정한 형의 실효 기간이 경과한 때에 형의 선고는 효력을 잃는다. 이때 징역과 금고는 같은 종류의 형으로 보고 각 형기를 합산한다.

④ 징역 또는 금고의 집행을 종료하거나 집행이 면제된 자가 피해자의 손해를 보상하고 자격정지 이상의 형을 받음이 없이 7년을 경과한 때에는 본인 또는 검사의 신청에 의하여 법원은 그 재판의 실효를 선고할 수 있다.

해설 ② 형의 실효 등에 관한 법률 제7조(형의 실효) ① 수형인이 자격정지 이상의 형을 받지 아니하고 형의 집행을 종료하거나 그 집행이 면제된 날부터 다음 각 호의 구분에 따른 기간이 경과 한 때에 그 형은 실효된다. 다만, 구류와 과료는 형의 집행을 종료하거나 그 집행이 면제된 때에 그 형이 실효된다.

1. 3년을 초과하는 징역·금고 : 10년
2. 3년 이하의 징역·금고 : 5년
3. 벌금 : 2년

① 동법 제7조 제1항
③ 동법 제7조 제2항
④ 형법 제81조

정답 | ②

10

형의 실효와 복권에 대한 설명으로 옳지 않은 것은? 교정9급 24

① 벌금형을 받은 사람이 자격정지 이상의 형을 받지 아니하고 그 형의 집행을 종료한 날부터 2년이 경과한 때에 그 형은 실효된다.

② 자격정지의 선고를 받은 자가 피해자의 손해를 보상하고 자격정지 이상의 형을 받음이 없이 정지기간의 2분의 1을 경과한 때에는 본인 또는 검사의 신청에 의하여 법원은 자격의 회복을 선고할 수 있다.

③ 징역 5년 형의 집행을 종료한 사람이 형의 실효를 받기 위해서는 피해자의 손해를 보상하고 자격정지 이상의 형을 받음이 없이 7년을 경과한 후 해당 사건에 관한 기록이 보관되어 있는 검찰청에 형의 실효를 신청하여야 한다.

④ 「형법」 제81조(형의 실효)에 따라 형이 실효되었을 때에는 수형인명부의 해당란을 삭제하고 수형인명표를 폐기한다.

해설 ③ 징역 또는 금고의 집행을 종료하거나 집행이 면제된 자가 피해자의 손해를 보상하고 자격정지 이상의 형을 받음이 없이 7년을 경과한 때에는 본인 또는 검사의 신청에 의하여 그 재판의 실효를 선고할 수 있다(형법 제81조).

① 형의 실효 등에 관한 법률 제7조 제1항 제3호

② 형법 제82조

④ 형의 실효 등에 관한 법률 제8조 제1항 제1호

형의 실효 등에 관한 법률 제7조(형의 실효)

① 수형인이 자격정지 이상의 형을 받지 아니하고 형의 집행을 종료하거나 그 집행이 면제된 날부터 다음 각 호의 구분에 따른 기간이 경과한 때에 그 형은 실효된다. 다만, 구류(拘留)와 과료(科料)는 형의 집행을 종료하거나 그 집행이 면제된 때에 그 형이 실효된다.

1. 3년을 초과하는 징역·금고 : 10년
2. 3년 이하의 징역·금고 : 5년
3. 벌금 : 2년

정답 | ③

CHAPTER 08 판결 전 조사제도와 양형의 합리화

01 ★

양형에 관한 설명으로 옳지 않은 것을 모두 고른 것은?

㉠ 양형이란 법관이 선고형을 기초로 구체적 형벌의 종류와 범위를 정하는 일련의 과정을 말한다.
㉡ 현행 형벌법규는 양형에 관하여 법관에게 비교적 광범위한 재량을 인정하고 있다.
㉢ 양형기준은 법관에게 양형의 지침을 제공함은 물론 합리적인 양형을 가능하게 하여 형량의 균등성 확보에 기여한다.
㉣ 양형의 일반이론 중 단계이론이란 형벌에 상응하는 정당하고 유일한 형벌을 결정하는 것은 현실적으로 불가능하다는 것을 전제로 한다.

① ㉠, ㉡
② ㉠, ㉣
③ ㉡, ㉢
④ ㉢, ㉣

해설 [×] ㉠ 선고형 → 법정형
㉣은 폭의 이론에 관한 설명이다.
[○] ㉡·㉢

➤ 양형의 일반이론

유일형 이론 (唯一刑 理論)	범죄에 대한 책임은 언제나 고정된 크기를 가지므로 정당한 형벌은 오직 하나일 수밖에 없다는 이론
폭(幅)의 이론	형벌에 상응하는 정당하고 유일한 형벌을 결정하는 것은 현실적으로 불가능하므로 범죄에 대한 책임은 일정한 상하의 폭이 있다는 이론(독일 연방최고법원의 입장)
단계이론 (段階理論)	형량은 불법과 책임에 따라 결정하고, 형벌의 종류와 집행 여부는 예방을 고려하여 결정해야 한다는 이론

정답 | ②

02

양형의 합리화방안이라고 보기 어려운 것은?

① 양형지침서 활용
② 판결서에 양형이유 명시
③ 작량감경규정의 폐지
④ 법정감경사유의 폐지

해설 ④ 형법 제55조의 법정감경사유는 법관의 재량 여지를 축소할 수 있다는 점에서 더욱 확대되어야 한다는 견해가 양형의 합리화 방안으로 제시되고 있다.

② 판결서에 양형이유를 명시하게 되면 법관의 신중한 양형을 유도할 수 있다는 점에서 양형의 합리화방안으로 논의되고 있다.

③ 형법 제53조의 작량감경규정은 법정감경사유와 동일한 효과를 가지면서 법관에게 지나치게 많은 재량 여지를 준다는 점에서 작량감경규정의 폐지가 양형의 합리화방안으로 제시되고 있다.

정답 | ④

03 ★

양형의 형사정책적 의미에 대한 설명으로 옳지 않은 것은? 교정9급 07

① 양형은 입법자와 법관의 분업적 공동작업으로 이루어진다.
② 일반적으로 유책한 불법의 한도 내에서 일반예방 또는 특별예방을 추구하고 있다.
③ 양형개혁은 양형위원회의 양형기준에 법관을 구속시키려는 것이다.
④ 양형기준은 판결에 대한 예측가능성을 높여주기 때문에 국민의 권리를 보장하기 위한 수단이 될 수 있다.

해설 ③ 현재 우리나라에서 설치·운영 중인 양형위원회에서 설정한 양형기준은 법관을 구속시키지 않는다(양형위원회규칙 제2조 제2항 참조).

정답 | ③

04

양형의 합리화방안에 관한 설명 중 옳지 않은 것은? 사법시험 05

① 양형의 지역 간 불균형이나 법관의 개인 간 편차 등 양형의 불공정을 방지하기 위한 것이다.
② 유죄가 인정된 피고인에 대한 양형과정의 일부를 양형위원회에 맡기는 방안이 있다.
③ 판결전 조사제도를 활용하여 이를 양형의 기초자료로 이용하고자 하는 방안이 있다.
④ 양형지침서는 법관의 자유로운 판단을 구속하기 때문에 어떠한 경우에도 활용되어서는 안된다.
⑤ 유·무죄 인부절차와 형량결정절차를 구분하는 소송절차 이분론의 방안이 있다.

해설 ④ 양형지침서는 법관이 피고인에게 유리한 형량을 선고할 가능성까지 제한할 수 있다는 단점이 있기는 하나, 양형의 과학화에 기여하고, 판결에 대한 예측을 가능하게 한다는 장점이 있다는 점에서 양형의 합리화를 위해 통상 논의되고 있는 효과적인 방안 중 하나이다.

정답 | ④

05

양형에 관한 설명으로 옳지 않은 것은? 사법시험 07

① 양형은 유죄가 인정된 범죄에 대하여 구체적인 형벌의 종류와 범위를 결정하는 것이다.
② 행위자의 책임과 형벌목적이 양형의 기준으로 제시된다.
③ 양형합리화를 위해 법관의 양형재량 확대가 제안된다.
④ 유일점 형벌이론은 책임에 상응하는 정당한 형벌이 하나일 수밖에 없다고 한다.
⑤ 판결전 조사제도도 양형합리화 방안의 하나로 제시된다.

해설 ③ 양형합리화를 위해 제안되는 것들은 주로 법관의 양형재량을 축소하기 위한 방안이 중심을 이루고 있다.

정답 | ③

06

양형에 관한 설명으로 옳지 않은 것은? 사법시험 09

① 유일점 형벌이론은 책임뿐만 아니라 예방목적까지 고려하여 하나의 고정된 크기의 형벌을 제시한다.
② 양형불균형의 문제를 해소하기 위하여 우리나라는 양형위원회제도를 도입하였다.
③ 형법은 범인의 지능도 양형의 조건으로 규정하고 있다.
④ 공판절차 이분제도는 공판절차를 사실인정절차와 양형절차로 구분하는 제도이다.
⑤ 판결전 조사제도는 양형의 합리화에 유용하게 이용될 수 있다.

해설 ① 유일점 형벌이론이란 범죄에 대한 책임은 언제나 고정된 크기를 가지므로 정당한 형벌은 오직 하나라는 이론으로 예방목적은 고려의 대상이 아니다.
③ 형법 제51조

정답 | ①

07

우리나라의 현행 양형기준제도에 대한 설명으로 가장 옳지 않은 것은? 해경간부 24

① 양형기준은 법적 구속력을 갖지 아니한다.
② 법정형－처단형－선고형의 3단계 과정을 거쳐서 이루어진다.
③ 특별양형인자들이 일반양형인자들보다 더 중요하게 고려된다.
④ 형량범위 결정 시 해당 특별양형인자의 개수보다 그 내용과 질을 더 중요하게 고려한다.

해설 ④ 특별양형인자의 내용과 질보다 그 개수를 더 중요하게 고려한다.
③ 특별양형인자는 해당 범죄유형의 형량에 큰 영향력을 미치는 인자로서 권고형량을 결정하는 데 사용되고, 일반양형인자는 결정된 권고형량 범위 내에서 선고형을 정하는 데 사용되므로, 특별양형인자들이 일반양형인자들보다 더 중요하게 고려된다.

정답 | ④

08

대법원 양형위원회가 작성한 양형기준표에 대한 설명으로 옳지 않은 것은? 보호7급 22

① 주요 범죄 대부분에 대하여 공통적, 통일적으로 적용되는 종합적 양형기준이 아닌 범죄유형별로 적용되는 개별적 양형기준을 설정하였다.

② 양형인자는 책임을 증가시키는 가중인자인 특별양형인자와 책임을 감소시키는 감경인자인 일반양형인자로 구분된다.

③ 양형인자 평가결과에 따라 감경영역, 기본영역, 가중영역의 3가지 권고영역 중 하나를 선택하여 권고형량의 범위를 정한다.

④ 양형에 있어서 권고형량범위와 함께 실형선고를 할 것인가, 집행유예를 선고할 것인가를 판단하기 위한 기준을 두고 있다.

해설 ② 양형기준표는 양형인자를 먼저 가중인자와 감경인자로 구분하고, 양형에 미치는 영향력을 고려하여 다시 특별양형인자와 일반양형인자로 구분하며, 마지막으로 이를 행위인자와 행위자·기타인자로 구분한다. 즉, 가중인자와 감경인자가 특별양형인자와 일반양형인자인 것은 아니다.

참고로, 가중인자는 책임을 증가시키는 인자, 감경인자는 책임을 감소시키는 인자를 말하고, 특별양형인자는 해당 범죄유형의 형량에 큰 영향력을 미치는 인자로서 권고형량을 결정하는 데 사용되고, 일반양형인자는 결정된 권고형량 범위 내에서 선고형을 정하는 데 사용된다.

① 양형위원회는 모든 범죄에 통일적으로 적용되는 단일한 양형기준을 설정하는 방식이 아닌, 개별범죄의 특성을 반영하여 범죄군별로 독립적인 양형기준을 설정하는 방식을 채택하였다. 즉, 보호법익과 행위태양을 기준으로 유사한 범죄군을 취합하고, 그 범죄군 내에서 다시 범죄의 특수성을 고려하여 개별적인 양형기준을 설정하는 방식이다.

③ 양형기준은 형종 및 형량 기준과 집행유예 기준으로 구성되는데, 형종 및 형량 기준은 동일한 범죄군에 속한 범죄들을 일정한 기준에 따라 여러 가지 범죄유형으로 분류하고, 각 범죄유형별로 감경·기본·가중의 3단계 권고형량 범위를 제시하고 있다.

④ 양형기준이란 법관이 형을 정함에 있어 참고하는 기준으로, 법관은 양형기준에서 대상 범죄유형을 찾아 권고형량범위와 함께 집행유예 여부를 결정하게 되는데, 3년 이하의 징역 또는 금고에 해당하는 때에는 실형이 권고되는 경우, 집행유예가 권고되는 경우, 어느 쪽도 권고되지 않는 경우(실형과 집행유예 중에서 선택 가능)로 구분되어 있는 집행유예 기준에 따라 그 여부를 결정한다.

정답 | ②

09

다음 중 판결전 조사제도에 대한 장점은 모두 몇 개인가?

> ㉠ 판사가 가장 유효·적절한 판결을 할 수 있도록 돕는다(양형의 합리화 및 사법적 처우의 개별화에 기여).
> ㉡ 변호인의 변호활동을 보완하는 기능을 하여 피고인의 인권보장에 기여한다.
> ㉢ 교정시설에서 수용자에 대한 개별처우의 자료로 활용된다.
> ㉣ 보호관찰 시 조사보고서(보안처분의 기초자료)는 지역사회에서의 범죄인처우지침으로 활용된다.
> ㉤ 양형절차 이전에 유무죄 인부절차에서 무죄판결 시 피고인의 인격에 대한 조사가 불필요하여 소송경제에 유리하다.

① 1개　② 2개　③ 3개
④ 4개　⑤ 5개

해설 ㉠·㉡·㉢·㉣·㉤ 모두 판결전 조사제도의 장점에 해당한다.

➤ 판결전 조사제도의 장단점

장점	단점
• 법관이 판결 전에 피고인의 자료를 얻을 수 있어 실체적 진실발견에 도움을 줄 수 있음 • 양형의 합리화 및 과학화에 기여 • 형확정 이후에는 수형자의 분류와 개별처우의 참고자료로 활용 • 보호관찰의 활성화에 기여 • 변호활동을 보완하여 피고인의 인권보장에 기여	• 사실인정절차와 양형절차가 합체된 소송구조하에서는 유죄인정의 자료로 이용될 수 있음 • 공정한 조사가 담보될 수 없을 경우 양형의 합리화에 역행 • 유죄판결 후 조사하는 경우 조사결과에 대한 피고인의 반론기회가 제공되지 않아 피고인에게 불리한 자료로 이용될 수 있음 • 정보제공자의 개인적 감정에 따라 조사결과가 달라질 수 있음 • 조사과정에 피고인이 관여할 여지가 없으므로 직권주의화로 흐를 가능성이 있음

정답 | ⑤

10 ★

양형에 관한 이론 및 현행법에 대한 설명 중 옳은 것은? 사법시험 11

① 단계이론은 책임에 상응하는 형벌이 법정형의 범위 내에서 특정된 하나의 형으로 존재하는 것이 아니라, 폭으로 존재한다고 본다.

② 위가이론은 정당한 형벌이 언제나 하나일 수밖에 없다고 한다.

③ 양형위원회는 양형기준 설정시 범행 후의 정황은 고려하되, 피고인의 범죄전력을 고려해서는 안 된다.

④ 양형위원회의 양형기준은 법적 구속력을 갖는다.

⑤ 법원이 양형기준을 벗어난 판결을 하는 경우에는 판결서에 양형의 이유를 적어야 한다.

해설 ⑤ 법원조직법 제81조의7 제2항

① 단계이론에 관한 설명이 아니라, 폭의 이론에 관한 설명이다.

② 위가이론이 아니라, 유일형 이론에 관한 설명이다.

③ 피고인의 범죄전력도 양형기준 설정 시 고려해야 할 사항에 포함된다(동법 제81조의6 제3항 제7호).

④ 양형위원회의 양형기준은 법적 구속력을 갖지 아니한다(동법 제81조의7 제1항 단서).

정답 | ⑤

11

형사사법정책론에 관한 설명 중 옳지 않은 것은? 사법시험 12

① 범죄수사에서는 인권보장의 중요성이 강조되어야 한다.

② 수사를 대부분 사법경찰이 담당하고 있는 현실은 경찰수사권 독립론의 중요한 근거가 된다.

③ 판결전 조사제도는 형사정책적으로 양형의 합리화뿐만 아니라, 개별적인 교정의 합리화에도 유용하게 이용될 수 있다.

④ 범죄예방의 효과를 높이는 데에는 중한 처벌뿐만 아니라, 범죄자는 반드시 검거되어 처벌된다는 인식을 심어주는 것이 중요하다.

⑤ 현행법에서는 양형기준의 법적 구속력이 있음을 명시하여 양형의 합리화에 기여하고 있다.

해설 ⑤ 법관은 형의 종류를 선택하고 형량을 정할 때 양형기준을 존중하여야 한다(법원조직법 제81조의7 제1항). 다만 양형기준은 법적 구속력을 갖지 아니한다(동조 제2항).

정답 | ⑤

12 ★

판결전 조사제도에 관한 설명으로 옳지 않은 것은?

① 유죄가 인정된 범죄자를 대상으로 판결 전에 그의 소질 및 환경을 조사하는 것을 말하며, 주로 집행유예나 선고유예를 하기 전에 실시되나, 광의로는 기소 여부를 결정하기 위한 기소전 조사도 포함된다.

② 범죄인의 인격에 내포된 범죄위험성의 정도를 사회조사의 방법으로 예측하여 이를 양형에 반영하기 위하여 실시된다.

③ 법원의 종국처분에 앞서 행해진다는 점에서 사전조사적 성격을 지닌다.

④ 미국에서는 유·무죄 인부절차에서 그 인격과 환경에 관한 상황을 조사하는 방식을 취하고 있다.

해설 ④ 판결전 조사제도는 미국에서 Probation제도의 발전과 함께 시작되었는데, 미국의 판결전 조사제도는 유죄로 인정된 자를 대상으로 실시된다.

정답 | ④

13 ★

우리나라의 판결전 조사제도에 관한 설명으로 옳지 않은 것은?

① 우리나라의 판결전 조사제도는 순수한 의미의 판결전 조사제도라고 보기 어렵다.

② 「보호관찰 등에 관한 법률」과 「소년법」에서 판결전 조사제도에 관한 내용을 규정하고 있다.

③ 「보호관찰 등에 관한 법률」에 따르면 법원이 필요하다고 인정하는 경우에 한하여 보호관찰소의 장에게 필요한 사항의 조사를 요구할 수 있다.

④ 「소년법」에 따르면 소년사건이 소년법원에 송치되면 소년부 판사는 보호관찰소의 장에게 필요한 사항의 조사를 명할 수 있다.

해설 ④ 소년법 제11조에 따르면 소년부 판사는 조사관에 대하여 본인·보호자 또는 참고인의 신문 기타 필요한 사항의 조사를 명할 수 있다고 규정하고 있는데 이 경우 조사관은 소년부 소속의 조사관을 말한다. 「보호관찰 등에 관한 법률」에 따른 조사자는 보호관찰소장인데 반하여, 소년법에 따른 조사관은 소년부 소속의 법원직원인 점에서 양자는 구별된다.

③ 보호관찰 등에 관한 법률 제19조 제1항

정답 | ④

14

판결전 조사제도에 대한 설명으로 옳지 않은 것은? 교정7급 12

① 보호관찰 등에 관한 법률에 의하면 판결전 조사의 대상자를 소년으로 한정하고 있다.

② 사실심리절차와 양형절차를 분리하는 소송절차이분(訴訟節次二分)을 전제로 하며, 미국에서 보호관찰(Probation)제도와 밀접한 관련을 가지고 발전되어 온 제도이다.

③ 판결전 조사보고서의 내용에 대하여 피고인에게 반대신문권을 인정할 것인지의 여부가 문제되는데, 미국은 법원이 피고인과 변호인에게 보고서에 대하여 논박할 기회를 충분히 제공하도록 하고 있다.

④ 형사정책적으로 양형의 합리화뿐만 아니라 사법적 처우의 개별화에도 그 제도적 의의가 있다.

해설 ① 종전에는 판결전 조사제도를 소년범에 대해서만 인정하고 있었으나, 2008. 12. 26 개정된 「보호관찰 등에 관한 법률」에서는 성인범 및 소년범을 모두 포함하는 것으로 그 대상이 확대되었다.

정답 | ①

15

판결전 조사제도에 대한 형사정책적 평가로 가장 적절하지 않은 것은?

① 실체적 진실발견에 도움을 주고, 양형의 합리화에 기여한다.

② 변호인의 변론활동을 보완하는 기능을 수행한다.

③ 보호관찰의 활성화에 기여한다.

④ 조사결과는 양형자료로만 활용되어야 하며, 형이 확정되어 교정시설에 수용되는 경우 해당 수형자의 처우에 관한 자료로 활용하여서는 아니 된다.

해설 ④ 판결전 조사에 의해 수집된 자료는 형이 확정되어 교정시설에 수용되는 경우 해당 수형자의 분류와 처우를 위한 자료로 활용될 수 있다.

정답 | ④

16

판결전 조사제도의 비판으로 가장 적절하지 않은 것은?

① 피고인에게 불리한 자료가 조직적으로 수집될 수 있어 형이 가중될 우려가 있다.

② 공정한 조사절차가 확보되지 않으면 오히려 양형의 합리화에 역행할 수 있다.

③ 조사대상자의 개인적 성향에 따라 조사결과가 좌우될 수 있다.

④ 보호관찰의 필요성 여부가 조사결과에 좌우되어 보호관찰의 활성화에 역행한다.

해설 ④ 판결전 조사의 결과에 따라 보호관찰의 필요성 여부를 판단할 수 있게 되므로 판결전 조사는 보호관찰의 활성화에 도움을 준다고 볼 수 있다.

정답 | ④

17

우리나라의 양형위원회에 관한 설명으로 옳지 않은 것은?

① 구체적인 양형기준을 설정하거나 변경할 수는 없다.

② 양형기준은 합리적인 양형결정권을 보장하여야 한다.

③ 위원회의 회의는 재적위원 과반수의 출석으로 개회한다.

④ 양형기준은 위원회가 의결한 날부터 1개월 이내에 관보에 게재하는 방법으로 공개한다.

해설 ① 양형위원회는 형을 정함에 있어 참고할 수 있는 구체적이고 객관적인 양형기준을 설정하거나 변경하고, 이와 관련된 양형정책을 연구·심의한다(양형위원회규칙 제2조 제1항).

② 동조 제2항

③ 동 규칙 제5조 제1항

④ 동 규칙 제6조 제1항

정답 | ①

박상민

JUSTICE 교정학

단원별 핵심천제

[형사정책편]

PART

09

보안처분제도

CHAPTER

01 보안처분 일반론

01

보안처분에 관한 설명으로 옳은 것은?

① 범죄로부터의 사회방위는 형벌로 충분하다는 생각을 이론적 바탕으로 한다.
② 헌법에서는 보안처분에 관한 명문규정을 두고 있지 않다.
③ 책임무능력자나 누범자에 대한 처우에 있어 특히 그 필요성이 인정된다.
④ 현재 사회보호법·소년법·보안관찰법 등에서 보안처분을 규정하고 있다.

해설 ① 형벌만으로는 범죄로부터 사회방위가 불충분 또는 부적당하다는 인식에서 보안처분의 필요성이 대두되었다.
② 헌법 제12조 제1항은 "누구든지 법률과 적법한 절차에 의하지 아니하고는 보안처분을 받지 아니한다"고 규정하여 보안처분 법정주의를 명문화하고 있다.
④ 사회보호법은 2005년 8월 4일 폐지되었다.

정답 | ③

02

보안처분에 대한 설명으로 잘못된 것은? 교정9급 06

① 범죄위험성을 사전에 방지하기 위한 강제적 예방처분을 말한다.
② 형벌을 대체하거나 보충하는 사회방위적 제재이다.
③ 일반예방보다는 범죄자의 개선과 사회방위 등 특별예방을 중시한다.
④ 보안처분도 형사제재이므로 응보나 고통 부과의 특성을 피하기 어렵다.

해설 ④ 보안처분도 형사상 제재라는 점에서는 형벌과 동일하나, 형벌은 응보·속죄·일반예방적 기능을 가지는 반면, 보안처분은 응보나 고통부과보다는 개선·보안·특별예방적 기능을 중시한다.

정답 | ④

03

보안처분제도의 특징으로 보기 어려운 것은?

① 범죄위험성을 근거로 한다.

② 예방주의 내지 사회방위사상을 실현하기 위한 제도이다.

③ 행위자의 과거 책임성에 따라 부과하는 형벌 이외의 정책적 제재이다.

④ 사람뿐만 아니라 물건에 대해서도 보안처분이 부과될 수 있다.

해설 ③ 보안처분은 범죄자의 장래의 위험성에 근거하여 사회방위를 목적으로 부과되는 형벌 이외의 각종 범죄예방 처분을 말하므로 과거의 책임에 근거하는 형벌과 구별된다.

보안처분의 특징

- 범죄의 위험성을 근거로 한다.
- 예방주의 내지 사회방위사상을 실현하기 위한 국가의 처분이다.
- 행위자의 미래를 판단하는 제도이다.
- 범죄자의 개선과 사회방위 등 특별예방을 중시한다.
- 피로, 개선, 교육 등의 목적을 위한 강제처분이다.
- 형벌을 대체하거나 보충하는 사회방위적 제재이다.

정답 | ③

04

보안처분을 형벌과 구별하여 그 독자적 필요성을 강조하고 최초로 보안처분이론을 정립한 학자는?

① 클라인(E.F. Klein)

② 페리(E. Ferri)

③ 리스트(F. Liszt)

④ 슈토스(C. Stooss)

해설 ① 클라인은 당시 경찰국가적 이상과 일치하는 특별예방을 위한 보안사상을 형법이론에 도입하고, 이원주의의 이론적 기초를 제공하는 등 보안처분이론을 최초로 정립하였다.

정답 | ①

05

보안처분에 관한 학자들의 주장내용으로 옳지 않은 것을 모두 고른 것은?

㉠ 페리(Ferri)는 사회방위의 견지에서 형벌 대신에 '제재'라는 말을 사용하여 형벌과 보안처분을 구별하지 않았다. ㉡ 리스트(Liszt)는 방위를 위한 조치에서 진압을 위한 조치로 전환할 것을 주장하였다. ㉢ 리스트(Liszt)는 보안형벌이라는 개념을 사용함으로써 보안처분과 형벌을 구별하는 이원적 입장을 취하였다. ㉣ 슈토스(Stooss)는 클라인(Klein)의 이원주의에 약간의 수정을 가한 이른바 대체주의를 정립하였다.

① ㉠, ㉡
② ㉠, ㉢
③ ㉡, ㉢
④ ㉢, ㉣

해설 [×] ㉡ 리스트는 진압을 위한 조치에서 방위를 위한 조치로 전환할 것을 주장하였다.
㉢ 리스트는 보안형벌이라는 개념을 사용함으로써 보안처분과 형벌의 구별을 부정하는 일원적 입장을 취하였다.
[○] ㉠·㉣

정답 | ③

06

위험성을 범죄적 위험성과 사회적 위험성으로 구분하고, 범죄적 위험성이 있는 자는 사법처분으로, 사회적 위험성이 있는 자는 행정처분으로 조치할 것을 주장한 학자는?

① 페리(Ferri)
② 리스트(Liszt)
③ 슈토스(Stooss)
④ 클라인(Klein)

해설 ① 페리는 범죄인들의 위험성을 사회적으로 대체할 필요가 있다고 보았으며, 위험성을 범죄적 위험성(범죄인이 재범할 가능성)과 사회적 위험성(일반 사회인이 범죄를 저지를 가능성)으로 구분하고, 범죄적 위험성이 있는 자는 사법처분으로, 사회적 위험성이 있는 자는 행정처분으로 조치할 것을 주장하였다.

정답 | ①

07 ★

보안처분 법정주의에 관한 설명으로 옳지 않은 것은?

① 보안처분의 종류·요건·효과 등은 법률에 규정되어야 한다는 것을 의미한다.

② 보안처분에는 소급효금지의 원칙이 적용되지 않는다는 것이 다수설의 입장이다.

③ 우리 대법원은 1997.6.13 판결을 통해 개정 형법 제62조의2에서 규정하고 있는 보호관찰처분은 재판 시의 규정에 의하여 그 이전의 행위자에 대하여 보호관찰을 명할 수 없다고 판시하였다.

④ 보안처분은 유추해석이 금지된다는 것이 다수설이다.

해설 ③ 우리 대법원은 "개정 형법 제62조의2에서 규정하고 있는 보호관찰처분은 형벌이 아니므로 재판 시의 규정에 의하여 그 이전의 행위자에 대해서도 보호관찰을 받을 것을 명할 수 있다"고 보았고, 이 같은 해석이 형벌불소급의 원칙에 위배되는 것은 아니라고 판시하였다(대판 1997.6.13, 97도703). 즉 판례는 보안처분에 대해서는 소급효금지의 원칙이 적용되지 않는다는 입장을 취하고 있다.

정답 | ③

08 ★

다음은 보안처분에 있어서의 비례의 원칙에 관한 설명이다. 옳지 않은 것은?

① 보안처분의 목적을 달성하기 위한 수단에 정당성을 부여하는 기능을 수행한다.

② 파생원리로서 적합성·필요성·균형성이 있다.

③ 비례의 원칙은 입법과정뿐만 아니라, 법률의 해석에 있어서도 적용된다.

④ 비례의 원칙은 보안처분의 선고에는 적용되나, 그 집행에 대한 판단에는 적용되지 않는다.

해설 ④ 비례의 원칙은 보안처분의 선고뿐만 아니라, 그 집행에 대한 판단에도 적용된다.

정답 | ④

09 ★

보안처분의 전제조건에 관한 설명으로 옳지 않은 것은?

① 보안처분의 대상이 되기 위해서는 구성요건과 위법성만 갖추면 되고, 유책성까지 갖출 필요는 없다.
② 보안처분의 대상이 되기 위해서는 구성요건과 위법성뿐만 아니라, 범죄위험성을 징표하는 요소들이 존재해야 한다.
③ 자유박탈을 내용으로 하는 보안처분을 부과하기 위해서는 위법행위의 기대가 중대하여야 한다.
④ 위험성에 대한 판단의 기준시기는 행위 시이다.

해설 ④ 위험성의 판단은 미래에 대한 예상적 판단이므로 판단의 기준시기는 행위 시가 아니라, 보안처분이 선고되거나, 집행되는 시기가 된다.

정답 | ④

10

형벌과 보안처분의 비교가 바르지 못한 것은?

① 형벌의 지도원칙은 책임주의이고, 보안처분의 지도원칙은 비례성이다.
② 형벌의 기초는 책임이고, 보안처분의 기초는 사회적 위험성이다.
③ 형벌의 목적은 범죄예방에 있고, 보안처분의 목적은 범죄진압에 있다.
④ 형벌은 사법처분이고, 보안처분은 행정처분이다.

해설 ③ 형벌은 과거의 범죄행위를 전제로 하므로 범죄진압적 성격이 강하고, 보안처분은 장래의 위험한 성격을 전제로 하므로 범죄예방적 성격이 강하다.

정답 | ③

11

형벌과 보안처분의 관계에 대한 설명으로 옳지 않은 것은?

① 일원주의는 책임주의와 부합한다.

② 최근의 추세는 일원주의이다.

③ 사회방위론자들은 일반적으로 일원주의의 입장을 취하고 있다.

④ 이원주의는 형벌과 보안처분의 병과는 허용하나, 대체는 인정하지 않는다.

해설 ① 일원주의는 형벌의 본질을 사회방위와 범죄인의 교화개선에 있다고 보고, 형벌을 넓은 의미의 보안처분으로 보므로 과거의 행위를 기준으로 하는 책임주의와 부합하지 않는다.

정답 | ①

12

다음 중 형벌과 보안처분에 대한 설명으로 가장 옳지 않은 것은? 해경간부 23

① 형벌은 행위자가 저지른 과거의 불법에 대한 책임을 전제로 부과되는 제재이다.

② 일원주의에 따르면 형벌과 보안처분이 모두 사회방위와 범죄인의 교육 및 개선을 목적으로 하므로 본질적 차이가 없다고 본다.

③ 보안처분은 행위자의 재범의 위험성에 근거한 것으로 책임능력이 있어야 부과되는 제재이다.

④ 이원주의에 따르면 형벌은 책임을, 보안처분은 재범의 위험성을 전제로 부과되는 것으로 양자는 그 기능이 다르다고 본다.

해설 ③ 보안처분은 행위자의 사회적 위험성을 전제로 하여 특별예방의 관점에서 과하여지는 제재로 책임주의를 전제로 한 형벌과는 다르다.

정답 | ③

13

보안처분에 관한 이원론의 주장과 가장 거리가 먼 것은?

① 형벌과 보안처분의 병과와 대체성을 인정한다.
② 형벌은 형사처분이지만, 보안처분은 행정처분이다.
③ 형벌의 본질은 응보이고, 보안처분의 본질은 사회방위이다.
④ 책임무능력자에게 형벌은 과할 수 없으나, 보안처분은 과할 수 있다.

해설 ① 이원론에 따르면 형벌과 보안처분은 그 본질을 달리하므로 양자의 병과는 인정하는 반면, 대체성은 부정한다.

정답 | ①

14

보안처분의 이원주의에 관한 설명 중 옳지 않은 것은 모두 몇 개인가?

> ㉠ 마이어(Mayer), 비르크마이어(Birkmeyer), 벨링(Beling)에 의해 주장되었다.
> ㉡ 형벌과 보안처분의 병과를 인정하고, 대체성을 부정한다.
> ㉢ 형벌을 보안처분보다 먼저 집행하는 것이 보통이다.
> ㉣ 보안처분만의 집행유예를 할 수 없다.
> ㉤ 책임무능력자나 한정책임무능력자에게 보안처분을 과할 수 없다.
> ㉥ 형벌은 전망적 성격을 가지는 반면, 보안처분은 회고적 성격을 가진다.

① 1개 ② 2개
③ 3개 ④ 4개

해설 [×] ㉣ 이원주의에서는 형집행이 보안처분에 선행하므로 보안처분만의 집행유예가 가능하다.
㉤ 이원주의에서는 보안처분의 기초를 사회적 위험성에서 찾으므로 책임무능력자나 한정책임무능력자에게도 보안처분을 과할 수 있다.
㉥ 형벌은 과거의 범죄사실을 대상으로 하는 진압적·회고적 성격을 가지는 반면, 보안처분은 미래에 예상되는 범죄를 대상으로 하는 예방적·전망적 성격을 가진다.
[○] ㉠·㉡·㉢

정답 | ③

15

형벌과 보안처분의 관계에 관한 설명 중 옳지 않은 것은? 사법시험 11

① 이원주의는 형벌의 본질이 책임을 전제로 한 응보이고, 보안처분은 장래의 위험성에 대한 사회방위처분이라는 점에서 양자의 차이를 인정한다.

② 대체주의는 형벌과 보안처분이 선고되어 보안처분이 집행된 경우 그 기간을 형기에 산입하여야 한다고 한다.

③ 일원주의는 형벌과 보안처분의 목적을 모두 사회방위와 범죄인의 교육·개선으로 보고, 양자 중 어느 하나만을 적용하자고 한다.

④ 이원주의는 형벌이 범죄라는 과거의 사실에 중점을 두는 반면, 보안처분은 장래에 예상되는 범죄의 예방에 중점을 둔다고 한다.

⑤ 일원주의는 행위자의 반사회적 위험성을 척도로 하여 일정한 제재를 부과하는 것이 행위책임원칙에 적합하다고 한다.

해설 ⑤ 일원주의에 대해서는 단순히 행위자의 반사회적 위험성만을 척도로 일정한 제재를 가하는 것은 행위자의 개별 책임원칙에 반한다는 비판이 있다.

정답 | ⑤

16 ★

형벌과 보안처분에 대한 설명으로 옳지 않은 것은? (다툼이 있는 경우 판례에 의함) 보호7급 20

① 형벌은 행위자가 저지른 과거의 불법에 대한 책임을 전제로 부과되는 제재이다.

② 보안처분은 행위자의 재범의 위험성에 근거한 것으로 책임능력이 있어야 부과되는 제재이다.

③ 이원주의에 따르면 형벌은 책임을, 보안처분은 재범의 위험성을 전제로 부과되는 것으로 양자는 그 기능이 다르다고 본다.

④ 일원주의에 따르면 형벌과 보안처분이 모두 사회방위와 범죄인의 교육 및 개선을 목적으로 하므로 본질적 차이가 없다고 본다.

해설 ② 책임능력이 있어야 부과되는 제재는 형벌이다. 반면에 보안처분은 행위자의 재범의 위험성을 근거로 하여 특별예방의 관점에서 과하여지는 제재이다.

정답 | ②

17

형벌과 보안처분의 관계에 대한 설명으로 옳지 않은 것은? 교정9급 12

① 치료감호와 형이 병과된 경우에는 치료감호를 먼저 집행한다.

② 현행 헌법에서 보안처분 법정주의를 선언하고 있다.

③ 보안처분은 일반예방보다는 범죄자의 개선과 사회방위 등 특별예방을 중시한다.

④ 보안처분은 행위자의 책임에 의해 제한되는 한도 내에서만 정당성을 갖는다.

해설 ④ 행위자의 책임에 의해 제한되는 한도 내에서만 정당성을 갖는 것은 보안처분이 아니라, 형벌이다. 보안처분은 사회방위라는 합목적성 차원에서 행사되며, 그 정당성의 근거를 행위자의 책임이 아니라 기본권의 사회적 제약 내지 기본권의 내재적 한계에서 찾는 것이 일반적인 견해이다.

① 치료감호 등에 관한 법률 제18조.

② 우리헌법 제12조 제1항은 "…누구든지 법률과 적법한 절차에 의하지 않고는 보안처분을 받지 아니한다"고 규정하여 보안처분 법정주의를 선언하고 있다.

③ 보안처분은 범죄자의 개선과 사회방위를 목적으로 하므로 일반인을 대상으로 하는 일반예방보다는 범죄자를 대상으로 하는 특별예방을 중시한다.

정답 | ④

18

보안처분에 대한 설명으로 옳지 않은 것은? 교정9급 10

① 보안처분의 우선적 목적은 과거의 범죄에 대한 처벌이 아니라 장래의 재범위험을 예방하기 위한 범죄인의 교화·개선에 있다.

② 보안처분의 법적 성격을 이원주의로 인식하는 입장에 대해서는 행위자의 개별책임원칙에 반한다는 비판이 제기되고 있다.

③ 보안처분이 정당성을 갖기 위해서는 비례성원칙이 적용되어야 한다.

④ 보안관찰처분의 기간은 2년으로 하는 것이 원칙이다.

해설 ② 행위자의 개별책임원칙에 반한다는 비판이 제기되는 것은 일원주의이다.

④ 보안관찰법 제5조

정답 | ②

19

사회방위이론에 관한 설명으로 옳지 않은 것은?

① 형사정책의 최우선 목표를 범죄로부터 사회를 보호하는 데 둔다.
② 개별적 범죄자의 재범방지에 중점을 두기 때문에 형벌의 범죄억제기능을 강조한다.
③ 이탈리아의 그라마티카(F. Gramatica)에 의하여 본격적으로 논의되었다.
④ 이탈리아 실증학파의 사상과 부합한다.

해설 ② 사회방위이론은 개별적 범죄자의 재범방지와 처우에 중점을 두기 때문에 형벌보다는 재사회화를 위한 조치를 강조한다.

정답 | ②

20

사회방위론에 관한 설명으로 옳지 않은 것은?

① 형벌이론적 측면으로는 특별예방 가운데 '보안'측면을, 형벌과제적 측면에서 보면 형벌의 '일반인 보호' 측면을 강화한 이론이다.
② 범죄로부터 사회를 보호하는 데에 형사정책의 최우선 목표를 두고 있다.
③ 범죄위험성으로부터 사회를 사전에 보호하자는 것보다 이미 발생한 범죄행위를 강력하게 처벌하여 재범으로부터 사회를 보호하자는 데 중점을 두고 있다.
④ 범죄자의 재사회화를 위한 체계적 조치를 중시한다.

해설 ③ 사회방위론은 이미 발생한 범죄행위를 처벌하는 것보다 범죄위험성으로부터 사회를 사전에 보호하자는 범죄투쟁적 성격을 지니고 있다.

정답 | ③

21

사회방위론에 대한 설명으로 옳지 않은 것은? 사법시험 08

① 범죄의 위험으로부터 사회를 보호하기 위한 실증적 범죄대응이론이라고 할 수 있다.

② 앙셀(Ancel)은 효과적인 사회방위를 위하여 형법과 형벌의 폐지를 주장하였다.

③ 그라마티카(Gramatica)는 생물학적·심리학적 범죄원인론의 영향을 받아 예방적·교육적 치료처분의 도입을 주장하였다.

④ 범죄는 형벌보다 사회개혁을 통해 보다 효과적으로 감소될 수 있다고 보았다.

⑤ 사회방위론의 핵심인 사회적 위험성이라는 개념 자체가 모호하다는 비판이 있다.

해설 ② 앙셀은 응보목적으로 지향된 형벌제도와 형사절차에 대해서는 부정적 견해를 가지고 있었으나, 사회를 위해서는 형법과 형벌의 존치가 필요하다고 주장하였다.

정답 | ②

22

다음 중 대인적 보안처분이 아닌 것은?

① 영업장의 폐쇄와 몰수

② 보호감호

③ 교정처분

④ 노작처분

해설 ①은 대물적 보안처분에 속한다.

➤ **보안처분의 종류**

대인적 보안처분	자유박탈적 보안처분	치료감호처분, 보호감호처분, 사회치료처분, 교정처분, 노작처분
	자유제한적 보안처분	보호관찰, 사회봉사명령, 수강명령, 선행보증, 음주점 출입금지, 단종, 거세, 거주제한, 국외추방, 직업금지, 운전면허 박탈
대물적 보안처분		몰수, 영업소 폐쇄, 법인 해산

정답 | ①

23

다음 대인적 보안처분 중 자유박탈적 보안처분이라고 볼 수 없는 것은?

① 거주제한　　② 교정처분

③ 치료감호　　④ 노작처분

해설 ①은 자유제한적 보안처분이다. 보안처분은 그 대상에 따라 대인적 보안처분과 대물적 보안처분으로 구분되고, 대인적 보안처분은 대상자의 자유침해 정도에 따라 자유박탈적 보안처분과 자유제한적 보안처분으로 구분된다. 자유박탈적 보안처분으로는 사회치료처분·치료감호처분·보호감호처분·노작처분·교정처분 등이 있다.

정답 | ①

24

보안처분의 종류에 관한 다음 설명 중 옳지 않은 것은?

① 교정처분이란 부랑자·걸인·매춘부·노동기피자 등을 노역장에 수용하여 노동교육을 행함으로써 근면하고 규율 있는 생활습관을 가지도록 하는 처분을 말한다.

② 사회치료처분이란 정신병질자를 형벌과 더불어 사회치료시설에 수용하여 각종 치료요법을 동원하여 행동과 사고패턴을 변용시키는 처분을 말한다.

③ 선행보증이란 보증금을 제공하게 하거나 보증인을 세우게 하고, 정해진 기간 내에 범행 여부에 따라 보증금을 몰수 또는 반환하는 처분을 말한다.

④ 수강명령이란 경미한 비행이나 범행을 저지른 자를 사회생활을 영위하게 하면서 일정시간 지정된 장소에서 교육을 받도록 명하는 처분을 말한다.

해설 ①은 노작처분(노동개선처분)에 관한 설명이다. 교정처분이란 마약·알코올 기타 약물중독으로 인해 범죄행위를 반복할 위험성이 있는 자의 범죄적 위험성을 제거할 목적으로 일정시설에 수용하여 그 습벽을 치료·교정함을 내용으로 하는 보안처분을 말한다.

정답 | ①

25

보호관찰제도에 관한 설명으로 옳지 않은 것은?

① 보안처분 중에서 가장 오랜 역사를 가지고 있다.

② 범죄인에게 형벌을 집행하지 않고 일정한 준수사항을 명령한 후 이를 준수하도록 보호하고 지도한다.

③ 우리나라의 보호관찰제도는 영미법계의 probation제도에 가깝다.

④ 대륙법계의 보호관찰제도는 조건부판결제도에서 유래되었다.

해설 ③ 현재 우리나라의 보호관찰제도는 자유를 제한하는 보안처분의 성격을 가진다는 점에서 대륙법계에 가깝다고 할 수 있다. 보호관찰제도는 영미법계와 대륙법계에서 각기 다른 형태로 전개되었는데 영미법계의 프로베이션(probation)은 유죄인정절차와 선고절차가 분리된 소송구조하에서 유죄인정 후 형의 선고를 유예하고, 일정기간 보호관찰을 실시하는 제도를 말하고, 대륙법계의 조건부판결은 영미법계의 경우와 달리 선고유예·집행유예·가석방 등과 반드시 결합되는 것은 아니며, 자유를 제한하는 보안처분으로서 상습범 기타 법률이 정한 특수한 범죄 나아가 장기간의 형집행이 종료되어 석방된 자에게도 적용된다는 점에 특징이 있다.

정답 | ③

26

보안처분에 대한 설명으로 옳지 않은 것은? (다툼이 있는 경우 판례에 의함) 보호7급 22

① 성범죄 전력만으로 재범의 위험성이 있다고 간주하고 일률적으로 장애인복지시설에 10년간 취업제한을 하는 것은 헌법에 위반된다.

② 구 「특정 성폭력범죄자에 대한 위치추적 전자장치 부착에 관한 법률」상 전자감시제도는 일종의 보안처분으로서 범죄행위를 한 자에 대한 응보를 주된 목적으로 그 책임을 추궁하는 사후적 처분인 형벌과 구별되어 그 본질을 달리하는 것이다.

③ 취업제한명령은 범죄인에 대한 사회 내 처우의 한 유형으로 형벌 그 자체가 아니라 보안처분의 성격을 가지는 것이다.

④ 「성폭력범죄자의 성충동 약물치료에 관한 법률」상 약물치료명령은 헌법이 보장하고 있는 신체의 자유와 자기결정권에 대한 침익적인 처분에 해당하지 않는다.

해설 ④ 폭력범죄자의 성충동 약물치료에 관한 법률에 의한 약물치료명령은 사람에 대하여 성폭력범죄를 저지른 성도착증 환자로서 성폭력범죄를 다시 범할 위험성이 있다고 인정되는 19세 이상의 사람에 대하여 약물투여 및 심리치료 등의 방법으로 도착적인 성기능을 일정 기간 동안 약화 또는 정상화하는 치료를 실시하는 보안처분으로, 원칙적으로 형 집행 종료 이후 신체에 영구적인 변화를 초래할 수도 있는 약물의 투여를 피청구자의 동의 없이 강제적으로 상당 기간 실시하게 된다는 점에서 헌법이 보장하고 있는 신체의 자유와 자기결정권에 대한 가장 직접적이고 침익적인 처분에 해당하므로, 장기간의 형 집행이 예정된 사람에 대해서는 그 형 집행에도 불구하고 재범의 방지와 사회복귀의 촉진 및 국민의 보호를 위한 추가적인 조치를 취할 필요성이 인정되는 불가피한 경우에 한하여 이를 부과함이 타당하다(대법원 2014.12.11. 2014도6930).

① 이 사건 법률조항은 성범죄 전력에 기초하여 어떠한 예외도 없이 그 대상자의 재범위험성을 당연시할 뿐 아니라, 형의 집행이 종료된 때로부터 10년이 경과하기 전에는 결코 재범의 위험성이 소멸하지 않는다는 입장에 있다고 할 수 있다. 이처럼 이 사건 법률조항이 성범죄 전력만으로 재범의 위험성이 있다고 간주하고 일률적으로 장애인복지시설에 10년간 취업제한을 하는 것은 지나친 기본권 제한에 해당한다(헌재 2016. 7.28. 2015헌마915).

② 대법원 2011.7.28. 2011도5813,2011전도99

③ 취업제한명령은 범죄인에 대한 사회 내 처우의 한 유형으로서 형벌 그 자체가 아니라 보안처분의 성격을 가지는 것이지만, 실질적으로 직업선택의 자유를 제한하는 것이다(대법원 2019.10.17. 2019도11540).

정답 | ④

27

성범죄자의 신상정보 등록·공개·고지에 대한 설명으로 옳지 않은 것은? 보호9급 24

① 신상정보 등록의 원인이 된 성범죄로 형의 선고를 유예받은 사람이 선고유예를 받은 날부터 2년이 경과하여 면소된 것으로 간주되면 신상정보 등록을 면제한다.

② 성범죄자의 신상정보 등록·공개·고지에 관한 제도는 성범죄자의 교화·개선에 중점을 두기보다는 성범죄자의 정보를 제공하여 지역사회의 안전을 강화하고자 하는 것이다.

③ 신상정보의 등록은 여성가족부장관이 집행하고, 신상정보의 공개·고지는 법무부장관이 집행한다.

④ 판례에 따르면, 공개명령 및 고지명령제도는 범죄행위를 한 자에 대한 응보 등을 목적으로 그 책임을 추궁하는 사후적 처분인 형벌과 구별되어 그 본질을 달리한다.

해설 ③ 법무부장관은 송달받은 정보와 등록대상자 정보를 등록하여야 한다(성폭력범죄의 처벌 등에 관한 특례법 제44조 제1항). 등록정보의 공개는 여성가족부장관이 집행한다(동법 제47조 제2항). 등록정보의 고지는 여성가족부장관이 집행한다(동법 제49조 제2항).

① 동법 제45조의2

② 성폭력범죄자의 신상정보를 공개하는 것은 이를 통하여 성폭력범죄행위에 대하여 일반 국민에게 경각심을 주어 유사한 범죄를 예방하고, 성폭력범죄자로부터 잠재적인 피해자와 지역사회를 보호하기 위해 정보를 제공하며, 궁극적으로 피해자의 성을 보호하고 사회방위를 도모하기 위한 것이다(헌재 2016.5.26. 2015헌바212).

④ 대법원 2012.5.24. 2012도2765

정답 | ③

CHAPTER 02 현행법상 보안처분

01

형법상 인정하고 있는 보안처분만을 묶어 놓은 것은?

① 보호관찰, 사회봉사명령, 수강명령
② 사회봉사명령, 치료감호, 수강명령
③ 보호관찰, 감호위탁, 수강명령
④ 수강명령, 치료감호, 보호관찰

해설 ① 우리 형법은 보호관찰·사회봉사명령·수강명령만을 인정하고 있다. 즉 형의 선고유예자 및 집행유예자, 가석방된 자에 대하여 보호관찰을 과할 수 있도록 하고 있고(형법 제59조의2, 제62조의2, 제73조의2), 형의 집행유예자에 대하여 사회봉사명령이나 수강명령을 과할 수 있도록 하고 있다(형법 제62조의2 제1항),

정답 | ①

02

현행법상 채택되고 있지 않은 보안처분은?

① 피해자 접근제한
② 감호위탁
③ 치료감호처분
④ 사회치료처분

해설 ④ 현행법상 채택되고 있지 않는 보안처분으로는 사회치료처분, 노작처분(노동개선처분), 주거제한, 보안감호, 보호감호, 단종·거세 등이다.

정답 | ④

03

형법상 보안처분에 관한 설명으로 옳은 것은?

① 가석방의 경우에는 예외 없이 보호관찰을 부과하여야 한다.

② 형의 선고유예 시 보호관찰을 부과하는 경우 그 기간은 2년으로 한다.

③ 형의 집행유예 시 보호관찰을 명하는 경우 그 기간은 집행유예기간으로 한다.

④ 형의 선고 또는 집행을 유예하는 경우 보호관찰을 받을 것을 명하거나 사회봉사 또는 수강을 명할 수 있다.

해설 ③ 형법 제62조의2

① 가석방을 하는 경우 원칙적으로 가석방자는 가석방기간 중 보호관찰을 받아야 하지만 가석방을 허가한 행정관청이 필요 없다고 인정한 때에는 보호관찰을 부과하지 않을 수도 있다(형법 제73조의2).

② 형의 선고를 유예하면서 보호관찰을 부과할 수 있는 기간은 1년이다(형법 제59조의2).

④ 형의 집행을 유예하는 경우에는 보호관찰을 명하거나 사회봉사 또는 수강을 명할 수 있다(형법 제62조의2 제1항). 그러나 형의 선고를 유예하는 경우에는 보호관찰은 명할 수 있으나, 사회봉사나 수강명령은 명할 수 없다.

정답 | ③

04

치료감호의 대상이 될 수 있는 사람은?

① 형법상 심신상실자에 해당하여 벌할 수 없는 자로서 벌금 이상의 형에 해당하는 죄를 지은 자

② 형법상 심신미약자에 해당하여 형이 감경될 수 있는 자로서 금고 이상의 형에 해당하는 죄를 지은 자

③ 마약에 중독된 자로서 자격정지 이상의 형에 해당하는 죄를 지은 자

④ 소아성기호증, 성적 가학증 등 성적 성벽이 있는 정신성적 장애인으로서 자격상실 이상의 형에 해당하는 죄를 지은 자

해설 ② 치료감호 등에 관한 법률상 치료감호의 대상자는 다음의 어느 하나에 해당하는 자로서 치료감호시설에서 치료를 받을 필요가 있고, 재범의 위험성이 있는 자를 말한다(치료감호 등에 관한 법률 제2조).

1. 형법 제10조 제1항에 따라 벌할 수 없거나 같은 조 제2항에 따라 형이 감경될 수 있는 심신장애인으로서 금고 이상의 형에 해당하는 죄를 지은 자
2. 마약·향정신성의약품·대마, 그 밖에 남용되거나 해독을 끼칠 우려가 있는 물질이나 알코올을 식음·섭취·흡입·흡연 또는 주입받는 습벽이 있거나 그에 중독된 자로서 금고 이상의 형에 해당하는 죄를 지은 자
3. 소아성기호증, 성적가학증 등 성적 성벽이 있는 정신성적 장애인으로서 금고 이상의 형에 해당하는 성폭력범죄를 지은 자

정답 | ②

05 ★

치료감호 등에 관한 법률 상 치료감호의 절차에 관한 설명으로 옳지 않은 것은?

① 검사는 항소심 변론종결 시까지 관할 법원에 치료감호를 청구할 수 있다.

② 법원은 공소제기된 사건의 심리결과 치료감호를 할 필요가 있다고 인정할 때에는 검사에게 치료감호청구를 요구할 수 있다.

③ 검사는 치료감호를 청구하는 경우에는 반드시 공소를 제기하여야 한다.

④ 치료감호선고의 판결이유에는 요건으로 되는 사실, 증거의 요지와 적용 법 조문을 구체적으로 밝혀야 한다.

해설 ③ 검사는 다음의 어느 하나에 해당하는 경우에는 공소를 제기하지 아니하고 치료감호만을 청구할 수 있다(치료감호 등에 관한 법률 제7조).

1. 피의자가 형법 제10조 제1항에 해당하여 벌할 수 없는 경우
2. 고소·고발이 있어야 논할 수 있는 죄에서 그 고소·고발이 없거나 취소된 경우 또는 피해자의 명시한 의사에 반하여 논할 수 없는 죄에서 피해자가 처벌을 원하지 아니한다는 의사표시를 하거나 처벌을 원한다는 의사표시를 철회한 경우
3. 피의자에 대하여 형사소송법 제247조에 따라 공소를 제기하지 아니하는 결정을 한 경우

① 동법 제4조 제1항·제5항

② 동법 제4조 제7항

④ 동법 제12조 제3항

정답 | ③

06

치료감호 등에 관한 법률에 대한 설명으로 옳지 않은 것은? 교정9급 11

① 소아성기호증, 성적가학증 등 성적 성벽이 있는 정신성적 장애인으로서 금고 이상의 형에 해당하는 성폭력범죄를 지은 피치료감호자를 치료감호시설에 수용하는 기간은 15년을 초과할 수 없다.

② 치료감호사건의 제1심 재판관할은 지방법원 및 지방법원지원의 단독판사로 한다.

③ 치료감호가 청구된 사건은 판결의 확정 없이 치료감호가 청구되었을 때부터 15년이 지나면 청구의 시효가 완성된 것으로 본다.

④ 보호관찰기간이 끝나면 피보호관찰자에 대한 치료감호가 끝난다.

해설 ② 치료감호사건의 제1심 재판관할은 지방법원합의부 및 지방법원지원 합의부로 한다(치료감호 등에 관한 법률 제3조 제2항).

① 동법 제16조 제2항 제1호

③ 동법 제45조 제2항

④ 동법 제32조 제3항 제1호

정답 | ②

07 ★

다음 중 「치료감호 등에 관한 법률」상 치료감호에 대한 설명으로 가장 옳지 않은 것은? 해경간부 23

① 구속영장에 의하여 구속된 피의자에 대하여 검사가 공소를 제기하지 아니하는 결정을 하고 치료감호 청구만을 하는 때에는 구속영장은 치료감호영장으로 보며 그 효력을 잃지 아니한다.

② 검사는 심신장애인으로 금고 이상의 형에 해당하는 죄를 지은 자에 대하여 정신건강의학과 등의 전문의의 진단이나 감정을 받은 후 치료감호를 청구하여야 한다.

③ 피의자가 심신장애로 의사결정능력이 없기 때문에 벌할 수 없는 경우 검사는 공소제기 없이 치료감호만을 청구할 수 있다.

④ 피치료감호자 등의 텔레비전 시청, 라디오 청취, 신문·도서의 열람은 일과시간이나 취침시간 등을 제외하고는 자유롭게 보장된다.

해설 ② 치료감호대상자에 대한 치료감호를 청구할 때에는 정신건강의학과 등의 전문의의 진단이나 감정을 참고하여야 한다. 다만, 소아성기호증, 성적가학증 등 성적 성벽이 있는 정신성적 장애인으로서 금고 이상의 형에 해당하는 성폭력범죄를 지은 자에 대하여는 정신건강의학과 등의 전문의의 진단이나 감정을 받은 후 치료감호를 청구하여야 한다(치료감호 등에 관한 법률 제4조 제2항).

① 동법 제8조

③ 동법 제7조 제1호

④ 동법 제27조

정답 | ②

08 ★

치료감호 등에 관한 법률상 치료감호의 집행에 관한 설명으로 옳은 것은?

① 치료감호시설의 수용은 10년을 초과할 수 없다.

② 치료감호와 형이 병과된 경우에는 형을 먼저 집행한다.

③ 치료감호 등에 관한 법률에 의한 보호관찰기간은 3년이다.

④ 치료감호심의위원회의 위원장은 법무부장관이다.

해설 ③ 치료감호 등에 관한 법률 제32조

① 피치료감호자를 치료감호시설에 수용하는 기간은 다음 기간을 초과할 수 없다(동법 제16조 제2항).

1. 형법 제10조 제1항(심신상실자)에 따라 벌할 수 없거나 같은 조 제2항(심신미약자)에 따라 형이 감경되는 심신장애인으로서 금고 이상의 형에 해당하는 성폭력범죄를 지은 자 : 15년
2. 마약·향정신성의약품·대마 그 밖에 남용되거나 해독을 끼칠 우려가 있는 물질이나 알코올을 식음·섭취·흡입·흡연 또는 주입받는 습벽이 있거나 그에 중독된 자로서 금고 이상의 형에 해당하는 죄를 지은 자 : 2년

② 치료감호와 형이 병과된 경우에는 치료감호를 먼저 집행한다(동법 제18조).

④ 치료감호심의위원회의 위원장은 법무부차관이다(동법 제37조 제2항).

정답 | ③

09

치료감호 등에 관한 법률에 대한 설명으로 옳은 것은? 교정9급 13

① 치료감호등에관한 법률 은 죄의 종류와 상관없이 금고 이상의 형에 해당하는 죄를 지은 심신장애인, 마약 등 중독자, 정신성적 장애인 등 가운데 치료의 필요성과 재범의 위험성이 인정되는 경우를 치료감호의 대상으로 하고 있다.

② 검사는 범죄가 성립되지 않는 경우 공소를 제기할 수도 없고, 따라서 치료감호만을 독립적으로 청구할 수도 없다.

③ 치료감호와 형이 병과된 경우에는 치료감호를 먼저 집행하고, 치료감호심의위원회가 치료감호 집행기간의 형집행기간 산입 여부를 결정한다.

④ 법원은 공소제기된 사건의 심리결과 치료감호를 할 필요가 있다고 인정할 때에는 검사에게 치료감호의 청구를 요구할 수 있다.

해설 ④ 치료감호 등에 관한 법률 제4조 제7항

① 치료감호 등에 관한 법률은 치료감호의 대상을 심신장애인, 마약 등 중독자, 정신성적 장애인으로서 성폭력범죄를 지은 자 중 금고 이상의 형에 해당하는 죄를 지은 자로 규정하면서 특히 성폭력범죄는 "형법, 「성폭력범죄의 처벌 등에 관한 특례법」, 「아동·청소년의 성보호에 관한 법률」상 특정범죄와 이들 범죄로서 다른 법률에 따라 가중처벌되는 죄"로 한정하고 있다(동법 제2조, 제2조의2). 따라서 "죄의 종류와 상관없이"라는 표현은 옳지 않다.

② 검사는 범죄가 성립되지 않아 공소를 제기하지 아니하는 경우라도 치료감호만을 독립적으로 청구할 수 있다(동법 제7조).

③ 치료감호와 형이 병과된 경우에는 치료감호를 먼저 집행한다. 이 경우 치료감호의 집행기간은 형 집행기간에 포함한다(동법 제18조). 즉 치료감호의 집행기간은 법률에 따라 당연히 형 집행기간에 포함되며, 치료감호심의위원회의 결정을 별도로 요하지 않는다.

정답 | ④

10

치료감호 등에 관한 법률상 치료감호에 대한 설명으로 옳지 않은 것은? 교정9급 15

① 형법상의 강간죄, 강제추행죄, 준강간죄, 준강제추행죄 등은 치료감호대상 성폭력범죄의 범위에 해당한다.

② 피치료감호자가 70세 이상인 때에는 검사는 치료감호의 집행을 정지할 수 있다.

③ 법원은 공소제기된 사건의 심리결과 치료감호를 할 필요가 있다고 인정할 때에는 검사에게 치료감호 청구를 요구할 수 있다.

④ 치료감호와 형이 병과된 경우에는 형을 먼저 집행한다.

해설 ④ 치료감호와 형이 병과된 경우에는 치료감호를 먼저 집행한다. 이 경우 치료감호의 집행기간은 형집행기간에 포함한다(치료감호 등에 관한 법률 제18조).

① 치료감호 등에 관한 법률 제2조의2

② 동법 제24조

③ 동법 제4조 제7항

정답 | ④

11 ★

현행 「치료감호 등에 관한 법률」상 치료감호제도에 관한 설명 중 옳지 않은 것은? 사법시험 15

① 치료감호사건의 제1심 재판관할은 지방법원합의부 및 지방법원지원 합의부로 한다.

② 검사는 친고죄에서 고소가 취소된 경우 공소를 제기하지 아니하고 치료감호만을 청구할 수 있다.

③ 구속영장에 의하여 구속된 피의자에 대하여 검사가 공소를 제기하지 아니하는 결정을 하고 치료감호 청구만을 하는 때에는 구속영장은 치료감호영장으로 보며 그 효력을 잃지 않는다.

④ 치료감호와 형이 병과된 경우 치료감호를 먼저 집행한다.

⑤ 치료감호와 형이 병과된 경우 치료감호의 집행기간은 형 집행기간에 포함되지 않는다.

해설 ⑤ 치료감호와 형이 병과된 경우에는 치료감호를 먼저 집행한다. 이 경우 치료감호의 집행기간은 형 집행기간에 포함한다(치료감호 등에 관한 법률 제18조).

① 치료감호 등에 관한 법률 제3조 제2항

② 동법 제7조

③ 동법 제8조

④ 동법 제18조

정답 | ⑤

12

현행 치료감호에 대한 내용으로 거리가 먼 것은? 5급승진 06 변형

① 법원은 공소제기된 사건의 심리결과 치료감호를 할 필요가 있다고 인정할 때에는 검사에게 치료감호청구를 요구할 수 있다.

② 치료감호청구서에는 피치료감호청구인의 성명, 그 밖에 피치료감호청구인을 특정할 수 있는 사항, 청구의 원인이 되는 사실, 적용 법 조문, 그 밖에 대통령령으로 정하는 사항을 기재하여야 한다.

③ 치료감호대상자에 대한 치료감호를 청구할 때에는 정신건강의학과 등의 전문의의 진단이나 감정을 참고하여야 한다.

④ 검사는 치료감호대상자가 치료감호를 받을 필요가 있는 경우 치료감호청구서를 관할 검찰청에 제출하여 치료감호를 청구할 수 있다.

⑤ 검사는 일정한 경우 공소를 제기하지 아니하고 치료감호만을 청구할 수 있다.

해설 ④ 검사는 치료감호대상자가 치료감호를 받을 필요가 있는 경우 관할 법원에 치료감호를 청구할 수 있다(치료감호 등에 관한 법률 제4조 제1항).

① 동법 제4조 제7항

② 동조 제4항

③ 동조 제2항

⑤ 동법 제7조

정답 | ④

13

치료감호 등에 관한 법률상 치료감호에 관한 설명으로 옳지 않은 것은?

① 치료감호처분은 법원이 선고하는 사법처분이다.

② 근로에 종사하는 피치료감호자에게는 근로보상금을 지급하여야 한다.

③ 피치료감호자는 법무부장관에게 자신의 처우개선에 관한 청원을 할 수 있다.

④ 치료감호의 집행은 보호관찰소장이 지휘한다.

해설 ④ 치료감호의 집행은 검사가 지휘한다(치료감호 등에 관한 법률 제17조 제1항).

① 동법 제12조

② 동법 제29조

③ 동법 제30조

정답 | ④

14

치료감호 등에 관한 법률상 치료감호에 관한 설명으로 옳지 않은 것은? 교정9급 07 변형

① 치료감호시설에 수용된 자도 면회, 편지의 수신·발신, 전화통화 등을 할 수 있다.

② 약물중독범을 치료감호시설에 수용한 경우 그 수용기간은 15년을 초과할 수 없다.

③ 치료감호사건의 판결은 원칙적으로 피고사건의 판결과 동시에 선고하여야 한다.

④ 검사가 치료감호대상자에 대한 치료감호를 청구할 경우 정신건강의학과 등 전문의의 진단 또는 감정을 참고하여야 한다.

해설 ② 마약·향정신성의약품·대마 그 밖에 남용되거나 해독을 끼칠 우려가 있는 물질이나 알코올을 식음·섭취·흡입·흡연 또는 주입받는 습벽이 있거나 그에 중독된 자로서 금고 이상의 형에 해당하는 죄를 지은 자를 치료감호시설에 수용하는 기간은 2년을 초과할 수 없다(치료감호 등에 관한 법률 제16조 제2항 제2호).

① 동법 제26조

③ 동법 제12조 제2항

④ 동법 제4조 제2항

정답 | ②

15

치료감호 등에 관한 법률상 치료감호제도에 관한 설명으로 옳지 않은 것은? 사법시험 07

① 치료감호의 요건으로 재범의 위험성과 치료의 필요성이 규정되어 있다.

② 검사는 공소제기된 사건의 제1심 판결선고 전까지 치료감호를 청구하여야 한다.

③ 일정한 사유가 있는 경우 검사는 공소제기 없이 치료감호만을 청구할 수 있다.

④ 치료감호시설에의 수용은 원칙적으로 15년을 초과할 수 없다.

⑤ 치료감호영장에 의한 보호구속의 사유는 구속사유와 동일하다.

해설 ② 검사는 치료감호대상자가 치료감호를 받을 필요가 있는 경우 공소 제기한 사건의 항소심 변론종결 시까지 관할 법원에 치료감호를 청구할 수 있다(치료감호 등에 관한 법률 제4조 제1항·제5항).

① 동법 제2조 제1항

③ 동법 제7조

④ 동법 제16조 제2항 제1호

⑤ 동법 제6조 제1항

정답 | ②

16 ★

치료감호 등에 관한 법률상 치료감호제도에 관한 설명 중 옳지 않은 것으로 묶인 것은?

㉠ 치료감호가 청구된 치료감호대상자에 대한 치료감호사건과 피고사건의 관할이 다른 때에는 치료감호사건의 관할에 따른다.

㉡ 구속영장에 의하여 구속된 피의자에 대하여 검사가 공소를 제기하지 아니하는 결정을 하고, 치료감호청구만을 하는 때에는 구속영장은 그 효력을 잃는다.

㉢ 피고사건의 판결에 대하여 상소 및 상소의 포기·취하가 있을 때에는 치료감호청구사건의 판결에 대하여도 상소 및 상소의 포기·취하가 있는 것으로 본다.

㉣ 법무부장관은 매년 1회 이상 치료감호시설의 운영실태 및 피치료보호자에 대한 처우상태를 점검하여야 한다.

① ㉠, ㉡

② ㉠, ㉢

③ ㉡, ㉣

④ ㉢, ㉣

해설 [×] ㉡ 구속영장에 의하여 구속된 피의자에 대하여 검사가 공소를 제기하지 아니하는 결정을 하고, 치료감호청구만을 하는 때에는 구속영장을 치료감호영장으로 보며, 그 효력을 잃지 아니한다(치료감호 등에 관한 법률 제8조).

㉣ 매년 1회 이상 → 연 2회 이상(동법 제31조)

[○] ㉠ 동법 제3조 제2항

㉢ 동법 제14조 제2항

정답 | ③

17

치료감호 등에 관한 법률상 치료감호제도에 관한 설명으로 옳지 않은 것은? 사법시험 09

① 알코올중독자로서 치료감호시설에서의 치료가 필요한 자라도 재범위험성이 없는 한 치료 감호대상자에 해당하지 않는다.

② 검사는 공소제기한 사건의 항소심 변론종결 시까지 치료감호를 청구할 수 있다.

③ 법원은 공소제기된 사건의 심리결과 치료감호를 할 필요가 있다고 인정할 때에는 검사의 청구 없이 치료감호를 선고할 수 있다.

④ 치료감호사건의 판결은 반드시 피고사건의 판결과 동시에 선고해야 하는 것은 아니다.

⑤ 치료감호와 형이 병과된 경우에는 치료감호를 먼저 집행해야 하며, 이 경우 치료감호의 집행기간은 형 집행기간에 포함한다.

해설 ③ 법원은 공소제기된 사건의 심리결과 치료감호를 할 필요가 있다고 인정할 때에는 검사에게 치료감호 청구를 요구할 수 있다(치료감호 등에 관한 법률 제4조 제7항). 즉 법원은 직권으로 치료감호를 선고할 수 없다.

① 동법 제2조 제1항

② 동법 제4조 제5항

④ 치료감호사건의 판결은 피고사건의 판결과 동시에 선고하는 것이 원칙이나, 공소를 제기하지 아니하고 치료감호만을 청구하는 경우에는 그러하지 아니하다(동법 제12조 제2항).

⑤ 동법 제18조

정답 | ③

18

치료감호 등에 관한 법률에 관한 설명 중 옳지 않은 것은? 사법시험 12

① 치료감호의 집행은 검사가 지휘한다.

② 검사가 치료감호를 청구할 때에는 정신건강의학과 등의 전문의의 진단 또는 감정을 참고하여야 한다.

③ 검사는 치료감호와 병행하여 필요한 경우 법원에 보호감호도 청구할 수 있다.

④ 성적 성벽이 있는 정신성적 장애인으로서 금고 이상의 형에 해당하는 성폭력범죄를 지은 자를 치료감호시설에 수용하는 때에는 15년을 초과할 수 없다.

⑤ 치료감호시설의 장은 수용질서의 유지 또는 치료를 위하여 필요한 경우를 제외하고는 피치료감호자의 면회, 서신의 수발·발신, 전화통화 등을 보장하여야 한다.

해설 ③ 보호감호법은 2005년 8월 4일 폐지되었으므로 보호감호를 청구할 수 있다는 표현은 옳지 않다.

① 치료감호 등에 관한 법률 제17조 제1항

② 동법 제4조 제2항

④ 동법 제16조 제2항 제1호

⑤ 동법 제26조

정답 | ③

19

치료감호 등에 관한 법률상 치료감호에 관한 설명 중 옳은 것은? 사법시험 11

① 치료감호가 가종료된 피치료감호자에 대해서는 필요하다고 인정되는 경우에 한하여 보호관찰을 명할 수 있다.

② 치료감호와 형이 병과된 경우에는 치료감호를 먼저 집행한다.

③ 치료감호는 공소제기한 사건의 상고심 변론종결시까지 청구할 수 있다.

④ 반의사불벌죄에서 피해자가 처벌을 원하지 않는 의사표시를 한 경우 치료감호도 청구할 수 없다.

⑤ 금고 이상의 형에 해당하는 죄를 지은 소아성기호증 등 정신성적 장애인에 대한 치료감호는 25년을 초과할 수 없다.

해설 ② 치료감호 등에 관한 법률 제18조

① 치료감호가 가종료된 피치료감호자에 대해서는 보호관찰이 시작된다(동법 제32조 제1항 제1호).

③ 검사는 치료감호대상자가 치료감호를 받을 필요가 있는 경우 관할 법원에 공소제기한 사건의 항소심 변론종결 시까지 치료감호를 청구할 수 있다(동법 제4조 제1항·제5항).

④ 반의사불벌죄에서 피해자가 처벌을 원하지 아니한다는 의사표시를 한 경우에는 공소를 제기하지 아니하고 치료감호만을 청구할 수 있다(동법 제7조 제2호).

⑤ 25년 → 15년(동법 제16조 제2항 제1호)

검사가 공소를 제기하지 아니하고 치료감호만을 청구할 수 있는 경우

- 피의자가 형법 제10조 제1항에 해당하여 벌할 수 없는 경우
- 고소·고발이 있어야 논할 수 있는 죄에서 그 고소·고발이 없거나 취소된 경우 또는 피해자의 명시적인 의사에 반하여 논할 수 없는 죄에서 피해자가 처벌을 원하지 아니한다는 의사표시를 하거나 처벌을 원한다는 의사표시를 철회한 경우
- 피의자에 대하여 형사소송법 제247조에 따라 공소를 제기하지 아니하는 결정을 한 경우

정답 | ②

20

「치료감호 등에 관한 법률」상 치료감호제도에 관한 설명 중 옳은 것은? 사법시험 13

① 심신장애인, 알코올 중독자, 정신성적(精神性的) 장애인으로서 벌금 이상의 형에 해당하는 죄를 지은 자는 치료감호의 대상이 된다.

② 심신장애인, 알코올 중독자, 정신성적(精神性的) 장애인의 치료감호기간은 2년을 초과할 수 없다.

③ 검사는 친고죄에 있어서 고소가 없어 공소를 제기하지 못하는 경우 치료감호대상자에 대하여 치료감호만을 독립하여 청구할 수 없다.

④ 치료감호가 청구된 사건은 판결의 확정 없이 치료감호가 청구되었을 때부터 15년이 지나면 청구의 시효가 완성된 것으로 본다.

⑤ 치료감호와 형벌이 병과된 경우에는 형벌을 먼저 집행한다.

해설 ④ 치료감호 등에 관한 법률 제45조 제2항

① 심신장애인, 알코올 중독자, 정신성적 장애인으로서 금고 이상의 형에 해당하는 죄를 지은 자가 치료감호의 대상이다(동법 제2조 제1항).

② 알코올 중독자로서 금고 이상의 형에 해당하는 죄를 지은 자의 치료감호기간은 2년을 초과할 수 없으나, 심신장애인와 정신성적 장애인으로서 금고 이상의 형에 해당하는 죄를 지은 자의 치료감호기간은 15년을 초과할 수 없다(동법 제16조 제2항).

③ 검사는 친고죄에 있어서 고소가 없어 공소를 제기하지 못하는 경우 치료감호대상자에 대하여 치료감호만을 독립하여 청구할 수 있다(동법 제7조 제2호).

⑤ 치료감호와 형이 병과된 경우에는 치료감호를 먼저 집행한다(동법 제18조).

정답 | ④

21 ★

「치료감호 등에 관한 법률」상 치료감호의 내용에 대한 설명으로 옳은 것은? 교정9급 21

① 치료감호 대상자는 의사무능력이나 심신미약으로 인하여 형이 감경되는 심신장애인으로서 징역형 이상의 형에 해당하는 죄를 지은 자이다.

② 피치료감호자를 치료감호시설에 수용하는 기간은 치료감호대상자에 해당하는 심신장애인과 정신성적 장애인의 경우 15년을 초과할 수 없다.

③ 피치료감호자의 치료감호가 가종료되었을 때 시작되는 보호관찰의 기간은 2년으로 한다.

④ 보호관찰 기간이 끝나더라도 재범의 위험성이 없다고 판단될 때까지 치료감호가 종료되지 않는다.

해설 ② 치료감호 등에 관한 법률 제16조 제2항

① 금고 이상의 형에 해당하는 죄를 지은 자이다(동법 제2조 제1항).

③ 보호관찰의 기간은 3년으로 한다(동법 제32조 제2항).

④ 피치료감호자에 대한 치료감호가 가종료되었을 때 또는 피치료감호자가 치료감호시설 외에서 치료받도록 법정대리인 등에게 위탁되었을 때에는 보호관찰기간이 끝나면 피보호관찰자에 대한 치료감호가 끝난다(동법 제35조 제1항).

정답 | ②

22 ★

치료감호 등에 관한 법률상 옳은 것은? 교정9급 20

① 마약·향정신성의약품·대마, 그 밖에 남용되거나 해독(害毒)을 끼칠 우려가 있는 물질이나 알코올을 식음(食飮)·섭취·흡입·흡연 또는 주입받는 습벽이 있거나 그에 중독된 자가 금고 이상의 형에 해당하는 죄를 범하여 치료감호의 선고를 받은 경우 치료감호시설 수용 기간은 1년을 초과할 수 없다.

② 구속영장에 의하여 구속된 피의자에 대하여 검사가 공소를 제기하지 아니하는 결정을 하고 치료감호 청구만을 하는 때에는 그 구속영장의 효력이 당연히 소멸하므로 검사는 법원으로부터 치료감호영장을 새로이 발부받아야 한다.

③ 치료감호와 형(刑)이 병과(倂科)된 경우에는 치료감호를 먼저 집행하며, 이 경우 치료감호의 집행기간은 형 집행기간에 포함되지 않는다.

④ 피치료감호자의 텔레비전 시청, 라디오 청취, 신문·도서의 열람은 일과시간이나 취침시간 등을 제외하고는 자유롭게 보장된다.

해설 ④ 치료감호 등에 관한 법률 제27조

① 치료감호시설 수용 기간은 2년을 초과할 수 없다(동법 제16조 제2항 제2호).

② 구속영장에 의하여 구속된 피의자에 대하여 검사가 공소를 제기하지 아니하는 결정을 하고 치료감호 청구만을 하는 때에는 구속영장은 치료감호영장으로 보며 그 효력을 잃지 아니한다(동법 제8조).

③ 치료감호와 형이 병과된 경우에는 치료감호를 먼저 집행한다. 이 경우 치료감호의 집행기간은 형 집행기간에 포함한다(동법 제18조).

정답 | ④

23

치료감호심의위원회에 관한 설명 중 옳지 않은 것을 모두 고른 것은?

㉠ 치료감호 및 보호관찰의 관리와 집행에 관한 사항을 심사·결정한다.
㉡ 각급 고등검찰청에 1개소씩 설치한다.
㉢ 총 6명의 위원으로 구성되며, 위원장은 법무부차관으로 한다.
㉣ 위원회는 위원장을 포함한 재적위원 과반수의 출석으로 개의하고, 출석위원 과반수의 찬성으로 의결한다.

① ㉠, ㉡ ② ㉠, ㉢
③ ㉡, ㉢ ④ ㉢, ㉣

해설 [×] ㉡ 법무부에만 둔다(치료감호 등에 관한 법률 제37조 제1항).

㉢ 판사·검사 또는 변호사의 자격이 있는 6명 이내의 위원과 정신건강의학과 등 전문의의 자격이 있는 3명 이내의 위원으로 구성되므로 총 9명의 위원으로 구성된다고 보아야 한다(동조 제2항).

[○] ㉠ 동법 제37조 제1항

㉣ 동법 제41조 제1항

정답 | ③

24 ★

「치료감호 등에 관한 법률」상 보호관찰에 대한 설명으로 옳지 않은 것은? 교정9급 18

① 보호관찰의 기간은 3년으로 한다.

② 피치료감호자에 대한 치료감호가 가종료되었을 때 보호관찰이 시작된다.

③ 피치료감호자가 치료감호시설 외에서 치료받도록 법정대리인 등에게 위탁되었을 때 보호관찰이 시작된다.

④ 치료감호심의위원회의 치료감호 종료결정이 있어도 보호관찰기간이 남아 있다면 보호관찰은 계속된다.

해설 ④ 보호관찰기간이 끝나기 전이라도 제37조에 따른 치료감호심의위원회의 치료감호의 종료결정이 있을 때에는 보호관찰이 종료된다(치료감호 등에 관한 법률 제32조 제3항 제2호).

① 동법 제32조 제2항

②·③ 동법 제32조 제1항

- 보호관찰의 시작 사유(치료감호 등에 관한 법률 제32조 제1항)
  1. 피치료감호자에 대한 치료감호가 가종료되었을 때
  2. 피치료감호자가 치료감호시설 외에서 치료받도록 법정대리인등에게 위탁되었을 때
  3. 제16조 제2항 각 호에 따른 기간 또는 같은 조 제3항에 따라 연장된 기간(이하 "치료감호기간"이라 한다)이 만료되는 피치료감호자에 대하여 제37조에 따른 치료감호심의위원회가 심사하여 보호관찰이 필요하다고 결정한 경우에는 치료감호기간이 만료되었을 때
- 보호관찰의 종료 사유(치료감호 등에 관한 법률 제32조 제3항)
  1. 보호관찰기간이 끝났을 때
  2. 보호관찰기간이 끝나기 전이라도 제37조에 따른 치료감호심의위원회의 치료감호의 종료결정이 있을 때
  3. 보호관찰기간이 끝나기 전이라도 피보호관찰자가 다시 치료감호 집행을 받게 되어 재수용되었을 때

정답 | ④

25

「치료감호 등에 관한 법률」상 치료감호제도에 대한 설명으로 옳지 않은 것은? 국가9급 07

① 치료감호처분은 법원이 선고하는 사법처분으로 그 집행은 검사가 지휘한다.

② 근로에 종사하는 피치료감호자에 대하여는 근로보상금을 지급하여야 한다.

③ 피치료감호자는 자신들의 처우개선에 관한 청원을 할 수 있다.

④ 치료감호와 형이 병과된 경우에는 형을 먼저 집행한다.

해설 ④ 치료감호와 형이 병과된 경우에는 치료감호를 먼저 집행한다(치료감호 등에 관한 법률 제18조 본문).

① 동법 제12조 제2항, 제17조 제1항

② 근로에 종사하는 피치료감호자에게는 근로의욕을 북돋우고 석방 후 사회정착에 도움이 될 수 있도록 법무부장관이 정하는 바에 따라 근로보상금을 지급하여야 한다(동법 제29조).

③ 동법 제30조 제1항

정답 | ④

26

「치료감호 등에 관한 법률」상 치료감호에 대한 설명으로 옳은 것은? 교정9급 19

① 「형법」상 살인죄(제250조 제1항)의 죄를 범한 자의 치료감호기간을 연장하는 신청에 대한 검사의 청구는 치료감호기간 또는 치료감호가 연장된 기간이 종료하기 3개월 전까지 하여야 한다.

② 치료감호심의위원회는 치료감호만을 선고받은 피치료감호자에 대한 집행이 시작된 후 6개월이 지났을 때에는 상당한 기간을 정하여 그의 법정대리인, 배우자, 직계친족, 형제자매에게 치료감호시설 외에서의 치료를 위탁할 수 있다.

③ 근로에 종사하는 피치료감호자에게는 근로의욕을 북돋우고 석방 후 사회정착에 도움이 될 수 있도록 법무부장관이 정하는 바에 따라 작업장려금을 지급할 수 있다.

④ 법원은 치료감호사건을 심리하여 그 청구가 이유 없다고 인정할 때 또는 피고사건에 대하여 심신상실 외의 사유로 무죄를 선고하거나 사형을 선고할 때에는 판결로써 청구기각을 선고하여야 한다.

해설 ④ 법원은 치료감호사건을 심리하여 그 청구가 이유 없다고 인정할 때 또는 피고사건에 대하여 심신상실 외의 사유로 무죄를 선고하거나 사형을 선고할 때에는 판결로써 청구기각을 선고하여야 한다(치료감호 등에 관한 법률 제12조 제1항).

① 살인범죄를 저질러 치료감호를 선고받은 피치료감호자가 살인범죄를 다시 범할 위험성이 있고 계속 치료가 필요하다고 인정되는 경우에는 법원은 치료감호시설의 장의 신청에 따른 검사의 청구로 3회까지 매회 2년의 범위에서 피치료감호자를 치료감호시설에 수용하는 기간을 연장하는 결정을 할 수 있고(동법 제16조 제3항), 검사의 청구는 피치료감호자를 치료감호시설에 수용하는 기간 또는 치료감호가 연장된 기간이 종료하기 6개월 전까지 하여야 한다(동법 제16조 제5항).

② 치료감호심의위원회는 치료감호만을 선고받은 피치료감호자에 대한 집행이 시작된 후 1년이 지났을 때에는 상당한 기간을 정하여 그의 법정대리인, 배우자, 직계친족, 형제자매(법정대리인 등)에게 치료감호시설 외에서의 치료를 위탁할 수 있다(동법 제23조 제1항).

③ 근로에 종사하는 피치료감호자에게는 근로의욕을 북돋우고 석방 후 사회정착에 도움이 될 수 있도록 법무부장관이 정하는 바에 따라 근로보상금을 지급하여야 한다(동법 제29조).

정답 | ④

27

보호관찰제도의 연혁에 관한 설명으로 가장 거리가 먼 것은?

① 보호관찰은 13세기 이후 영국 보통법의 재판상 관행에서 비롯되었다.

② 현대적 의미의 보호관찰은 올린(Ohlin)으로부터 시작되었다.

③ 1878년 미국 매사추세츠주에서 보호관찰관에 관한 최초의 성문법이 제정되었다.

④ 우리나라에서 보호관찰제도가 처음 도입된 것은 1912년 조선소년령의 시행이다.

해설 ② 현대적 보호관찰제도의 창시자로 평가받고 있는 사람은 미국의 존 오거스터스(John Augustus)로 그는 치안재판소에 소환된 한 알코올중독자의 보증인이 되는 것을 조건으로 석방을 허가받아 그를 성공적으로 교화한 후 7년 동안 남녀 302명을 보호하였고, 이러한 노력의 결실로 그의 사후 1878년 매사추세츠주에서 처음으로 보호관찰제도가 법제화되었으며, 그 후 19세기 후반과 20세기 초반에 걸쳐 미국의 모든 주에서 법률로 규정되기에 이르렀다.

정답 | ②

28

보호관찰제도의 형사정책적 평가로 가장 옳지 않은 것은?

① 범죄인의 사회복귀와 재범방지에 기여한다.

② 범죄인의 교화에 소요되는 사회적 비용이 구금에 따른 비용보다 절감된다는 점에 관해서는 이견이 없다.

③ 공공의 안전이 위협받을 수 있다.

④ 새로운 통제수단의 창설 또는 형사사법망의 확대라는 비판이 있다.

해설 ② 범죄인에 대한 교육·직업·고용 등의 프로그램을 내실 있게 시행하고 효과를 거두기 위해서는 그 비용이 시설내 구금보다 더 많이 소요될 수 있다는 견해가 있다.

➤ 보호관찰제도의 장단점

장점	단점
• 일반인의 보호와 범죄인의 자유를 동시에 보장 • 범죄인의 사회복귀와 재범방지에 기여 • 구금으로 인한 범죄인 가족의 정신적·경제적 고통 방지 • 수용에 따른 행형비용의 절감 • 범죄적 악풍감염, 낙인 등 구금의 폐해 방지 • 각종 유예제도와 결합하여 효용성 상승 가능	• 보호관찰이 동시에 요구하는 자발성과 강제성은 상호 모순 • 대상자 선별과정이 공정치 못하면 형사사법 불신 초래 • 보호관찰조건이 지나치게 가혹 또는 관대하면 제도적 취지 퇴색 • 범죄인을 사회에 방치하여 공공의 안전이 위협 • 보호관찰프로그램 소요비용이 구금비용보다 과다할 수 있음 • 새로운 통제수단의 창설, 형사사법망의 확대라는 비판이 있음

정답 | ②

29

다음은 보호관찰제도의 비판적 입장에서 거론되는 내용이다. 가장 적절하지 않은 것은?

① 보호관찰이 요구하는 자발성과 강제성 사이에는 모순이 존재한다.

② 대상자의 선별과정이 투명하지 못할 경우 형사사법의 불신을 초래할 수 있다.

③ 보호조건이 지나치게 까다로울 경우 제도적 취지가 퇴색될 수 있다.

④ 형사사법망의 축소로 사회통제의 약화를 가져온다.

해설 ④ 보호관찰에 대해서는 사회내처우를 통한 사회복귀라는 미명하에 새로운 통제수단의 창설 또는 형사사법망의 확대를 가져올 수 있다는 비판이 있다.

정답 | ④

30 ★

보호관찰을 규정하고 있지 않은 법률은? 교정9급 11

① 형법
② 치료감호 등에 관한 법률
③ 청소년보호법
④ 성폭력범죄의 처벌 등에 관한 특례법

해설 ③은 보호관찰에 관한 규정을 두고 있지 않다.
① 형법 제59조의2, 제62조의2, 제73조의2
② 치료감호 등에 관한 법률 제32조
④ 성폭력범죄의 처벌 등에 관한 특례법 제16조

정답 | ③

31 ★

「보호관찰 등에 관한 법률」상 구인(제39조 또는 제40조)한 보호관찰 대상자의 유치에 대한 설명으로 옳지 않은 것은? 교정7급 19

① 보호관찰소의 장은 가석방 및 임시퇴원의 취소 신청이 필요하다고 인정되면 보호관찰 대상자를 수용기관 또는 소년분류심사원에 유치할 수 있다.
② 보호관찰 대상자를 유치하려는 경우에는 보호관찰소의 장이 검사에게 신청하여 검사의 청구로 관할 지방법원 판사의 허가를 받아야 하며, 이 경우 검사는 보호관찰 대상자가 구인된 때부터 48시간 이내에 유치 허가를 청구하여야 한다.
③ 유치된 사람에 대하여 보호관찰을 조건으로 한 형의 선고유예가 실효되거나 집행유예가 취소된 경우 또는 가석방이 취소된 경우에는 그 유치기간을 형기에 산입한다.
④ 유치의 기간은 구인한 날부터 20일로 한다. 다만, 보호처분의 변경 신청을 위한 유치에 있어서는 심사위원회의 심사에 필요하면 10일의 범위에서 한 차례만 유치기간을 연장할 수 있다.

해설 법원은 보호관찰을 조건으로 한 형의 선고유예의 실효 및 집행유예의 취소 청구의 신청 또는 보호처분의 변경 신청이 있는 경우에 심리를 위하여 필요하다고 인정되면 심급마다 20일의 범위에서 한 차례만 유치기간을 연장할 수 있다(보호관찰 등에 관한 법률 제43조 제2항).

> **동법 제43조(유치기간)**
> ③ 보호관찰소의 장은 가석방 및 임시퇴원의 취소 신청이 있는 경우에 심사위원회의 심사에 필요하면 검사에게 신청하여 검사의 청구로 지방법원 판사의 허가를 받아 10일의 범위에서 한 차례만 유치기간을 연장할 수 있다.

정답 | ④

32

「보호관찰 등에 관한 법률」상 보호관찰 대상자의 구인 및 유치에 대한 설명으로 옳은 것은? 보호9급 24

① 보호관찰관은, 보호관찰 대상자가 준수사항을 위반하였다고 의심할 상당한 이유가 있고 조사에 따른 소환에 불응하는 경우, 관할 지방검찰청의 검사에게 구인장을 신청할 수 있다.

② 유치된 보호관찰 대상자에 대하여 보호관찰을 조건으로 한 형의 선고유예가 실효된 경우에 그 유치기간은 형기에 산입되지 않는다.

③ 구인한 대상자를 유치하기 위한 신청이 있는 경우, 검사는 보호관찰 대상자가 구인된 때부터 48시간 이내에 관할 지방법원 판사에게 유치허가를 청구하여야 한다.

④ 보호관찰부 집행유예의 취소청구를 하려는 경우, 보호관찰소의 장은 유치허가를 받은 때부터 48시간 이내에 관할 지방검찰청의 검사에게 그 신청을 하여야 한다.

해설 ③ 보호관찰 등에 관한 법률 제42조 제2항

① 보호관찰관이 아니라, 보호관찰소의 장은 보호관찰 대상자가 제32조의 준수사항을 위반하였거나 위반하였다고 의심할 상당한 이유가 있고, ㉠ 일정한 주거가 없는 경우, ㉡ 조사를 위한 소환에 따르지 아니한 경우, ㉢ 도주한 경우 또는 도주할 염려가 있는 경우의 어느 하나에 해당하는 사유가 있는 경우에는 관할 지방검찰청의 검사에게 신청하여 검사의 청구로 관할 지방법원 판사의 구인장을 발부받아 보호관찰 대상자를 구인(拘引)할 수 있다(동법 제39조 제1항).

② 유치된 사람에 대하여 보호관찰을 조건으로 한 형의 선고유예가 실효되거나 집행유예가 취소된 경우 또는 가석방이 취소된 경우에는 그 유치기간을 형기에 산입한다(동법 제45조).

④ 보호관찰소의 장은 유치허가를 받은 때부터 24시간 이내에 관할 지방검찰청의 검사에게 그 신청을 하여야 한다(동법 제42조 제3항).

정답 | ③

33

「보호관찰 등에 관한 법률」상 보호관찰 기간에 대한 설명으로 옳지 않은 것은? 보호9급 24

① 보호관찰을 조건으로 형의 선고유예를 받은 사람의 경우, 보호관찰 기간은 1년이다.

② 보호관찰을 조건으로 형의 집행유예를 선고받은 사람의 경우, 집행유예 기간이 보호관찰 기간이 되지만, 법원이 보호관찰 기간을 따로 정한 때에는 그 기간이 보호관찰 기간이 된다.

③ 소년 가석방자의 경우, 6개월 이상 2년 이하의 범위에서 가석방 심사위원회가 정한 기간이 보호관찰 기간이 된다.

④ 소년원 임시퇴원자의 경우, 퇴원일로부터 6개월 이상 2년 이하의 범위에서 보호관찰 심사위원회가 정한 기간이 보호관찰 기간이 된다.

해설 ① 소년 가석방자는 「소년법」 제66조에 규정된 기간에 보호관찰을 받는데(보호관찰 등에 관한 법률 제30조 제3호), 소년법에 따르면, 징역 또는 금고를 선고받은 소년이 가석방된 후 그 처분이 취소되지 아니하고 가석방 전에 집행을 받은 기간과 같은 기간이 그 가석방기간이다(소년법 제66조).

임시퇴원자
퇴원일부터 6개월 이상 2년 이하의 범위에서 심사위원회가 정한 기간

정답 | ③

34

보호관찰, 사회봉사, 수강(受講)에 대한 설명으로 옳지 않은 것은? 보호9급 24

① 「보호관찰 등에 관한 법률」상 보호관찰은 법원의 판결이나 결정이 확정된 때 또는 가석방·임시퇴원된 때부터 시작된다.

② 사회봉사명령 대상자가 사회봉사명령 집행 중 금고 이상의 형의 집행을 받게 된 때에는 해당 형의 집행이 종료·면제되거나 사회봉사명령 대상자가 가석방된 경우, 잔여 사회봉사명령을 집행한다.

③ 판례에 따르면, 형의 집행을 유예하는 경우에 명해지는 보호관찰은 장래의 위험성으로부터 행위자를 보호하고 사회를 방위하기 위한 조치이다.

④ 판례에 따르면, 「보호관찰 등에 관한 법률」 제32조 제3항이 보호관찰 대상자에게 과할 수 있는 특별준수사항으로 정한 '범죄행위로 인한 손해를 회복하기 위하여 노력할 것(제4호)'은 수강명령 대상자에 대해서도 부과할 수 있다.

해설 ④ 사회봉사명령·수강명령 대상자에 대한 특별준수사항은 보호관찰 대상자에 대한 것과 같을 수 없고, 따라서 보호관찰 대상자에 대한 특별준수사항을 사회봉사명령·수강명령 대상자에게 그대로 적용하는 것은 적합하지 않다. 보호관찰법 제32조 제3항이 보호관찰 대상자에게 과할 수 있는 특별준수사항으로 정한 "범죄행위로 인한 손해를 회복하기 위하여 노력할 것(제4호)" 등 같은 항 제1호부터 제9호까지의 사항은 보호관찰 대상자에 한해 부과할 수 있을 뿐, 사회봉사명령·수강명령 대상자에 대해서는 부과할 수 없다(대법원 2020. 11.5. 2017도18291).

① 보호관찰 등에 관한 법률 제29조 제1항
② 동법 제63조 제2항
③ 대법원 1997.6.13. 97도703

정답 | ④

35

「보호관찰 등에 관한 법률」상 보호관찰의 종료와 임시해제에 대한 설명으로 옳은 것은? 보호7급 23

① 보호관찰을 조건으로 한 형의 선고유예가 실효되더라도 보호관찰은 종료되지 않는다.

② 보호관찰의 임시해제 결정이 취소된 경우, 그 임시해제 기간을 보호관찰 기간에 포함한다.

③ 보호관찰 대상자는 보호관찰이 임시해제된 기간 중에는 그 준수사항을 계속하여 지키지 않아도 된다.

④ 임시퇴원된 보호소년이 보호관찰이 정지된 상태에서 21세가 된 때에는 보호관찰이 종료된다.

해설 ② 보호관찰 등에 관한 법률 제52조 제4항

① 보호관찰은 보호관찰을 조건으로 한 형의 선고유예가 실효되거나 보호관찰을 조건으로 한 집행유예가 실효되거나 취소된 때에는 종료한다(동법 제51조 제1항 제2호).

③ 보호관찰의 임시해제 중에는 보호관찰을 하지 아니한다. 다만, 보호관찰 대상자는 준수사항을 계속하여 지켜야 한다(동법 제52조 제2항).

④ 보호관찰이 정지된 임시퇴원자가 22세가 된 때에는 보호관찰은 종료한다(동법 제51조 제1항 제6호).

정답 | ②

36

보호관찰의 대상자가 아닌 사람은?

① 보호관찰을 조건으로 형의 선고유예를 받은 사람
② 보호관찰을 조건으로 형의 집행유예를 받은 사람
③ 보호관찰을 조건으로 가석방되거나 임시퇴원된 사람
④ 소년법상 보호관찰심사위원회에 의하여 보호처분을 받은 사람

해설 ④ 보호관찰 등에 관한 법률 제3조 제1항 제4호의 보호관찰대상자는 소년법에 따라 단기 및 장기보호관찰처분을 받은 사람인데 이 경우 소년법상 보호처분의 결정은 법원의 권한이므로 '보호관찰심사위원회에 의하여 보호처분을 받은 사람'이라는 표현은 옳지 않다. 보호관찰대상자는 다음과 같다(보호관찰 등에 관한 법률 제3조 제1항).

보호관찰대상자
- 형법상 보호관찰을 조건으로 형의 선고유예를 받은 사람
- 형법상 보호관찰을 조건으로 형의 집행유예를 선고받은 사람
- 형법상 보호관찰을 조건으로 가석방되거나 임시퇴원된 사람
- 소년법상 장기 및 단기의 보호관찰처분을 받은 사람
- 다른 법률에서 이 법에 따른 보호관찰을 받도록 규정된 사람

정답 | ④

37 ★

다음 보호관찰과 관련된 설명 중 틀린 것은?

① 보호관찰대상자의 성적이 양호할 때에는 보호관찰이 임시해제될 수 있다.
② 임시해제 중에는 보호관찰을 하지 않기 때문에 보호관찰대상자의 준수사항에 대한 준수의무는 없다.
③ 임시해제결정을 받은 사람에 대하여 다시 보호관찰을 하는 것이 적절하다고 인정되면 임시해제결정을 취소할 수 있다.
④ 임시해제결정이 취소된 경우에는 그 임시해제기간을 보호관찰기간에 포함한다.
⑤ 가석방 또는 임시퇴원된 사람이 있는 곳을 알 수 없어 보호관찰을 계속할 수 없을 때에는 보호관찰을 정지할 수 있다.

해설 ② 임시해제 중에는 보호관찰을 하지 아니한다. 다만 보호관찰대상자는 준수사항을 계속하여 지켜야 한다(보호관찰 등에 관한 법률 제52조 제2항).
① 보호관찰 등에 관한 법률 제52조 제1항
③ 동조 제3항
④ 동조 제4항
⑤ 동법 제53조 제1항

정답 | ②

38 ★

「보호관찰 등에 관한 법률」상 사회봉사명령과 수강명령에 대한 설명으로 옳지 않은 것은?

교정9급 20

① 법원은 「형법」 제62조의2에 따른 사회봉사를 명할 때에는 500시간, 수강을 명할 때에는 200시간의 범위에서 그 기간을 정하여야 한다. 다만, 다른 법률에 특별한 규정이 있는 경우에는 그 법률에서 정하는 바에 따른다.

② 법원은 「형법」 제62조의2에 따른 사회봉사 또는 수강을 명하는 판결이 확정된 때부터 3일 이내에 판결문 등본 및 준수사항을 적은 서면을 피고인의 주거지를 관할하는 보호관찰소의 장에게 보내야 한다.

③ 사회봉사·수강명령 대상자는 주거를 이전하거나 10일 이상의 국외여행을 할 때에는 미리 보호관찰관에게 신고하여야 한다.

④ 사회봉사·수강명령 대상자가 사회봉사·수강명령 집행 중 금고 이상의 형의 집행을 받게 된 때에는 해당 형의 집행이 종료·면제되거나 사회봉사·수강명령 대상자가 가석방된 경우 잔여 사회봉사·수강명령을 집행한다.

해설 ③ 사회봉사·수강명령 대상자는 주거를 이전하거나 1개월 이상 국내외 여행을 할 때에는 미리 보호관찰관에게 신고하여야 한다(보호관찰 등에 관한 법률 제62조 제2항 제2호).

① 동법 제59조 제1항

② 동법 제60조 제1항

④ 동법 제63조 제2항

정답 | ③

39

보호관찰심사위원회에 관한 설명으로 옳지 않은 것은 모두 몇 개인가?

> ㉠ 위원장을 포함하여 5명 이상 7명 이하의 위원으로 구성한다.
> ㉡ 위원장은 고등검찰청 검사장 또는 고등검찰청 소속검사 중에서 법무부장관이 임명한다.
> ㉢ 위원 중 상임위원의 수는 2명 이내로 한다.
> ㉣ 위원의 임기는 2년으로 하되 연임할 수 있으며, 다만 공무원인 비상임위원의 임기는 그 직위에 있는 기간으로 한다.
> ㉤ 상임위원은 명예직으로 한다.

① 1개 ② 2개 ③ 3개 ④ 4개

해설 [×] ㉠ 5명 이상 7명 이하 → 5명 이상 9명 이하(보호관찰 등에 관한 법률 제7조 제1항)

㉢ 2명 이내 → 3명 이내(동조 제4항)

㉤ 상임위원이 아닌 위원은 명예직으로 한다(동법 제10조 제2항).

[○] ㉡ 동법 제7조 제2항

㉣ 동법 제8조

정답 | ③

40

다음 중 「보호관찰 등에 관한 법률」에 따라 보호관찰심사위원회의 위원위촉대상으로 규정되어 있지 아니한 자는?

① 경찰서장
② 지방교정청장
③ 교도소장
④ 검사

해설 ②·③·④ 심사위원회의 위원은 판사, 검사, 변호사, 보호관찰소장, 지방교정청장, 교도소장, 소년원장 및 보호관찰에 관한 지식과 경험이 풍부한 사람 중에서 법무부장관이 임명하거나 위촉한다(보호관찰 등에 관한 법률 제7조 제3항).

정답 | ①

41 ★

「보호관찰 등에 관한 법률」상 보호관찰심사위원회에 대한 설명으로 옳은 것만을 모두 고른 것은?

교정9급 13

㉠ 가석방과 그 취소에 관한 사항을 심사한다.
㉡ 보호관찰의 정지와 그 취소에 관한 사항을 심사한다.
㉢ 심사위원회의 위원은 고위공무원단에 속하는 별정직 국가공무원 또는 3급 상당의 별정직 공무원으로 한다.
㉣ 심사위원회는 위원장을 포함하여 5명 이상 9명 이하의 위원으로 구성한다.
㉤ 심사위원회는 심사에 필요하다고 인정하면 국공립기관이나 그 밖의 단체에 사실을 알아보거나 관계인의 출석 및 증언과 관계 자료의 제출을 요청할 수 있다.

① ㉠, ㉡, ㉢
② ㉠, ㉡, ㉣
③ ㉠, ㉢, ㉤
④ ㉡, ㉢, ㉣

해설 [O] ㉠ 보호관찰 등에 관한 법률 제6조 제1호
㉡ 동조 제4호
㉣ 동법 제7조 제1항
[×] ㉢ 심사위원회의 위원은 판사·검사·변호사·보호관찰소장·지방교정청장·교도소장·소년원장 및 보호관찰에 관한 지식과 경험이 풍부한 자 중에서 법무부장관이 임명하거나 위촉한다(보호관찰 등에 관한 법률 제7조 제3항).
㉤ 심사위원회는 심사에 필요하다고 인정하면 국공립기관이나 그 밖의 단체에 사실을 알아보거나 관계 자료의 제출을 요청할 수 있다(동법 제11조 제3항). 즉 관계인의 출석 및 증언을 요청할 수는 없다.

정답 | ②

42

보호관찰제도에 대한 설명 중 타당한 내용은?

① 보호관찰을 부과할 시 사회봉사명령이나 수강명령 중 어느 하나를 선택하여 병과한다.

② 검사가 보호관찰관이 선도함을 조건으로 공소제기를 유예하면 보호관찰관은 선도위탁받은 사람들에게 선도업무를 수행한다.

③ 가석방될 자에 대하여는 반드시 보호관찰을 실시하여야 한다.

④ 소년수형자에 대한 가석방의 결정과 그 취소는 보호관찰심사위원회의 권한이다.

해설 ② 보호관찰 등에 관한 법률 제15조 제3호

① 형의 집행을 유예하는 경우에는 보호관찰을 받을 것을 명하거나 사회봉사 또는 수강을 명할 수 있다(형법 제62조의2 제1항). 즉 사회봉사명령이나 수강명령은 보호관찰을 전제하는 것이 아니라 독립적으로 부과할 수 있다.

③ 가석방된 자는 가석방기간 중 보호관찰을 받는다. 다만 가석방을 허가한 행정관청이 필요가 없다고 인정한 때에는 그러하지 아니하다(형법 제73조의2 제2항). 즉 가석방된 자에 대한 보호관찰은 예외적으로 부과하지 않을 수 있다. 또한 가석방의 처분을 받은 자가 감시에 관한 규칙을 위배하거나, 보호관찰의 준수사항을 위반하고 그 정도가 무거운 때에는 가석방처분을 취소할 수 있다. 즉 실효가 아니라 취소이다.

④ 성인수형자에 대한 가석방의 결정과 취소는 가석방심사위원회를 거쳐 법무부장관이 결정하나, 소년수형자에 대한 가석방의 결정과 취소는 보호관찰심사위원회를 거쳐 법무부장관이 결정한다.

정답 | ②

43

보호관찰소의 소관사항이 아닌 것은?

① 보호관찰의 정지와 그 취소에 관한 사항

② 범죄예방활동

③ 검사가 위탁한 선도조건부 유예자의 선도

④ 갱생보호의 실시

해설 ①은 보호관찰심사위원회의 관장사무에 해당한다.
보호관찰소의 관장사무는 다음과 같다(보호관찰 등에 관한 법률 제15조).

보호관찰소의 관장사무

- 보호관찰, 사회봉사명령 및 수강명령의 집행
- 갱생보호
- 검사가 보호관찰관이 선도함을 조건으로 공소제기를 유예하고 위탁한 선도 업무
- 범죄예방 자원봉사위원에 대한 교육훈련 및 업무지도
- 범죄예방활동
- 이 법 또는 다른 법령에서 보호관찰소의 관장사무로 규정된 사항

정답 | ①

44

현행법상 보호관찰심사위원회의 관장사무가 아닌 것은?

① 가석방과 그 취소에 관한 사항
② 범죄예방 자원봉사위원에 대한 교육훈련 및 업무지도
③ 보호관찰의 임시해제와 그 취소에 관한 사항
④ 가석방 중인 사람의 부정기형의 종료에 관한 사항

해설 ②는 보호관찰소의 소관사항에 해당한다.
①·③·④ 보호관찰 등에 관한 법률 제6조

보호관찰심사위원회의 관장사무

- 가석방과 그 취소에 관한 사항
- 임시퇴원, 임시퇴원의 취소 및 보호소년의 퇴원에 관한 사항
- 보호관찰의 임시해제와 그 취소에 관한 사항
- 보호관찰의 정지와 그 취소에 관한 사항
- 가석방 중인 사람의 부정기형의 종료에 관한 사항
- 이 법 또는 다른 법령에서 심사위원회의 관장사무로 규정된 사항
- 위 사항과 관련된 사항으로서 위원장이 회의에 부치는 사항

정답 | ①

45

다음 보호관찰에 관한 설명 중 맞는 것은?

① 보호관찰을 조건으로 형의 선고유예를 받은 자의 보호관찰기간은 1년으로 한다.
② 보호관찰에 관한 사무를 관장하기 위하여 법무부차관 소속하에 보호관찰소를 둔다.
③ 범죄예방위원은 별정직 공무원의 신분을 가진다.
④ 보호관찰심사위원회는 사무처리를 위하여 보호관찰관을 둔다.

해설 ① 보호관찰 등에 관한 법률 제30조 제1호
② 법무부장관 소속으로 보호관찰소를 둔다(동법 제14조 제1항).
③ 범죄예방위원은 명예직이다(동법 제18조 제4항).
④ 보호관찰소에는 보호관찰소의 사무를 처리하기 위하여 보호관찰관을 둔다(동법 제16조 제1항).

정답 | ①

46 ★

현행 「보호관찰 등에 관한 법률」에서 규정하고 있는 보호관찰대상자의 일반준수사항이 아닌 것은?

① 주거지에서 상주하고 생업에 종사할 것
② 범죄로 이어지기 쉬운 나쁜 습관을 버리고 선행을 할 것
③ 일정량 이상의 음주를 하지 말 것
④ 보호관찰관의 지도·감독에 따르고 방문하면 응대할 것

해설 ①·②·④ 보호관찰대상자는 보호관찰의 지도·감독을 받으며, 준수사항을 지키고, 스스로 건전한 사회인이 되도록 노력하여야 하는데(보호관찰 등에 관한 법률 제32조 제1항) 보호관찰대상자의 준수사항에는 일반준수사항(동조 제2항)과 법원 및 보호관찰심사위원회가 일반준수사항 외에 특별히 부과하는 특별준수사항(동조 제3항)이 있다.

보호관찰대상자의 일반준수사항과 특별준수사항은 다음과 같다.

➤ 보호관찰대상자의 준수사항

일반준수사항 (제32조 제2항)	• 주거지에 상주하고, 생업에 종사할 것 • 범죄로 이어지기 쉬운 나쁜 습관을 버리고, 선행을 하며, 범죄를 저지를 염려가 있는 사람들과 교제하거나 어울리지 말 것 • 보호관찰관의 지도·감독에 따르고 방문하면 대응할 것 • 주거를 이전하거나 1개월 이상 국내외 여행을 할 때에는 미리 보호관찰관에게 신고할 것
특별준수사항 (제32조 제3항)	• 야간 등 재범의 기회나 충동을 줄 수 있는 특정 시간대의 외출 제한 • 재범의 기회나 충동을 줄 수 있는 특정 지역·장소의 출입 금지 • 피해자 등 재범의 대상이 될 우려가 있는 특정인에 대한 접근 금지 • 범죄행위로 인한 손해를 회복하기 위하여 노력할 것 • 일정한 주거가 없는 자에 대한 거주장소 제한 • 사행행위에 빠지지 아니할 것 • 일정량 이상의 음주를 하지 말 것 • 마약 등 중독성 있는 물질을 사용하지 아니할 것 • 「마약류관리에 관한 법률」상의 마약류 투약, 흡연, 섭취 여부에 관한 검사에 따를 것 • 그 밖에 보호관찰 대상자의 재범 방지를 위하여 필요하다고 인정되어 대통령령으로 정하는 사항

정답 | ③

47

「보호관찰 등에 관한 법률」상 판결전 조사의 내용으로 볼 수 없는 것은?

① 생활환경
② 죄질
③ 교우관계
④ 피해회복 여부

해설 ①·③·④ 법원은 피고인에 대하여 형법 제59조의2 및 제62조의2에 따른 보호관찰·사회봉사 또는 수강을 명하기 위하여 필요하다고 인정하면 그 법원의 소재지 또는 피고인의 주거지를 관할하는 보호관찰소의 장에게 범행 동기, 직업, 생활환경, 교우관계, 가족상황, 피해회복 여부 등 피고인에 관한 사항의 조사를 요구할 수 있다(보호관찰 등에 관한 법률 제19조 제1항).

정답 | ②

48

「보호관찰등에 관한 법률 시행령」상 보호관찰 대상자가 지켜야 할 특별준수사항으로 옳지 않은 것은?

교정7급 13

① 운전면허를 취득할 때까지 자동차(원동기장치자전거를 포함한다) 운전을 하지 않을 것
② 정당한 수입원에 의하여 생활하고 있음을 입증할 수 있는 자료를 정기적으로 보호관찰관에게 제출할 것
③ 주거지를 이전하는 경우 이전예정지, 이전이유, 이전일자를 신고할 것
④ 보호관찰 대상자가 준수할 수 있고 자유를 부당하게 제한하지 아니하는 범위에서 개선·자립에 도움이 된다고 인정되는 구체적인 사항

해설 ③ 「보호관찰 등에 관한 법률 시행령」에서 규정하고 있는 보호관찰 대상자가 지켜야 할 특별준수사항에 해당하지 않는다.
① 보호관찰 등에 관한 법률 시행령 제19조 제1호
② 동조 제5호
④ 동조 제8호

보호관찰 등에 관한 법률 시행령상 보호관찰대상자의 특별준수사항(동법 시행령 제19조)

- 운전면허를 취득할 때까지 자동차(원동기장치자전거를 포함한다) 운전을 하지 않을 것
- 직업훈련, 검정고시 등 학과교육 또는 성행개선을 위한 교육, 치료 및 처우 프로그램에 관한 보호관찰관의 지시에 따를 것
- 범죄와 관련이 있는 특정 업무에 관여하지 않을 것
- 성실하게 학교수업에 참석할 것
- 정당한 수입원에 의하여 생활하고 있음을 입증할 수 있는 자료를 정기적으로 보호관찰관에게 제출할 것
- 흉기나 그 밖의 위험한 물건을 소지 또는 보관하거나 사용하지 아니할 것
- 가족의 부양 등 가정생활에 있어서 책임을 성실히 이행할 것
- 그 밖에 보호관찰 대상자의 생활상태, 심신의 상태, 범죄 또는 비행의 동기, 거주지의 환경 등으로 보아 보호관찰 대상자가 준수할 수 있고 자유를 부당하게 제한하지 아니하는 범위에서 개선·자립에 도움이 된다고 인정되는 구체적인 사항

정답 | ③

49

「보호관찰 등에 관한 법률」상 범죄의 내용과 종류 및 본인의 특성 등을 고려하여 특별준수사항으로 따로 부과할 수 있는 것은? 교정7급 15

① 주거지에 상주하고 생업에 종사할 것

② 재범의 기회나 충동을 줄 수 있는 특정 지역·장소의 출입을 하지 말 것

③ 주거를 이전하거나 1개월 이상 국내외 여행을 할 때에는 미리 보호관찰관에게 신고할 것

④ 범죄로 이어지기 쉬운 나쁜 습관을 버리고 선행을 하며 범죄를 저지를 염려가 있는 사람들과 교제하거나 어울리지 말 것

해설 ②는 특별준수사항에 해당한다(보호관찰 등에 관한 법률 제32조 제3항).
①·③·④는 일반준수사항에 해당한다(동조 제2항).

정답 | ②

50

보호관찰에 관한 설명으로 옳은 것은? 교정9급 10

① 보호관찰은 법원의 판결이나 결정이 확정된 때부터 시작된다.

② 보호관찰은 부가적 처분으로 부과할 수 있을 뿐이고, 독립적 처분으로 부과할 수 없다.

③ 보호관찰대상자가 보호관찰의 준수사항을 위반한 경우 보호관찰을 취소해야 한다.

④ 보호관찰에 대한 임시해제결정이 취소된 때에는 그 임시해제 기간은 보호관찰 기간에 산입되지 않는다.

해설 ① 보호관찰 등에 관한 법률 제29조 제1항
② 보호관찰은 독립적 처분으로 부과할 수 있다. 즉 형법 제59조의2 제1항은 "형의 선고를 유예하는 경우에 재범방지를 위하여 지도 및 원호가 필요한 때에는 보호관찰을 받을 것을 명할 수 있다"고 규정하고 있고, 형법 제62조의2 제1항은 "형의 집행을 유예하는 경우에는 보호관찰을 받을 것을 명하거나 사회봉사 또는 수강을 명할 수 있다"고 규정하고 있다.
③ 보호관찰대상자가 보호관찰에 따른 준수사항을 위반한 경우에는 경고(보호관찰 등에 관한 법률 제38조)·구인(동법 제39조)·긴급구인(동법 제40조)·유치(동법 제42조)·가석방 및 임시퇴원의 취소(동법 제48조)·보호처분의 변경(동법 제49조) 등의 제재수단을 사용할 수 있다.
④ 임시해제 결정이 취소된 경우에는 그 임시해제 기간을 보호관찰 기간에 포함한다(동법 제52조 제4항).

정답 | ①

51

「보호관찰 등에 관한 법률」 및 「소년법」상 결정전 조사 또는 판결전 조사에 대한 설명으로 옳지 않은 것은? 5급승진 15

① 「보호관찰 등에 관한 법률」에 의하면, 법원은 피고인에 대하여 「형법」 제59조의2 및 제62조의2에 따른 보호관찰, 사회봉사 또는 수강을 명하기 위하여 필요하다고 인정하면 보호관찰 소의 장에게 범행 동기 등 피고인에 관한 사항의 조사를 요구할 수 있다.

② 법원의 판결전 조사 요구를 받은 보호관찰소의 장은 지체 없이 이를 조사하여 서면으로 해당 법원에 알려야 한다.

③ 보호관찰소의 장은 법원의 판결전 조사 요구를 받더라도 피고인이나 그 밖의 관계인을 소환하여 심문할 수 없다.

④ 검사는 보호관찰소의 장 등으로부터 통보받은 조사 결과를 참고하여 소년피의자를 교화·개선하는 데에 가장 적합한 처분을 결정하여야 한다.

⑤ 검사는 소년 피의사건에 대하여 소년부 송치, 공소제기 등의 처분을 결정하기 위하여 필요하다고 인정하면 보호관찰소의 장 등에게 조사를 요구할 수 있다.

해설 ③ 법원의 판결전 조사요구를 받은 보호관찰소의 장은 지체 없이 이를 조사하여 서면으로 해당 법원에 알려야 한다. 이 경우 필요하다고 인정하면 피고인이나 그 밖의 관계인을 소환하여 심문하거나 소속 보호관찰관에게 필요한 사항을 조사하게 할 수 있다(보호관찰 등에 관한 법률 제19조 제2항).

① 동법 제19조 제1항
② 동조 제2항
④ 소년법 제49조의2 제4항
⑤ 동조 제1항

정답 | ③

52 ★

보호관찰의 종료사유에 해당하지 않는 것은?

① 보호관찰을 조건으로 한 형의 선고유예가 실효된 때
② 가석방이 실효되거나 취소된 때
③ 보호관찰기간이 지난 때
④ 보호관찰이 정지된 임시퇴원자가 23세가 된 때

해설 ④ 23세 → 22세(보호관찰 등에 관한 법률 제51조 제7호), 보호관찰은 보호관찰대상자가 일정한 사유에 해당하는 경우 종료되는데 그 사유는 보호관찰 등에 관한 법률 제51조 참조.

정답 | ④

53

현행법상 보호관찰에 대한 설명으로 옳은 것은? 교정7급 10

① 징역을 선고받은 소년이 가석방된 경우에는 남은 형기 동안 보호관찰을 받는다.

② 법원은 성인보호관찰 대상자에게는 특정 시간대의 외출 제한 등과 같은 특별준수사항을 따로 부과할 수 없다.

③ 법원은 성인형사피고인에게 보호관찰을 명하기 위하여 필요하다고 인정하면 그 법원의 소재지 또는 피고인의 주거지를 관할하는 보호관찰소의 장에게 판결전 조사를 요구할 수 있다.

④ 검사는 선도조건부 기소유예처분으로 소년형사사건을 종결하면서 보호관찰을 받을 것을 명할 수 있다.

해설 ③ 보호관찰 등에 관한 법률 제19조 제1항

① 가석방된 자는 원칙적으로 가석방기간 중 보호관찰을 받으나, 가석방을 허가한 행정관청이 필요가 없다고 인정한 때에는 그러하지 아니하다(형법 제73조의2 제2항).

② 법원 및 보호관찰심사위원회는 판결의 선고 또는 결정의 고지를 할 때에는 일반준수사항 외에 범죄의 내용과 종류 및 특성 등을 고려하여 필요하면 보호관찰기간의 범위에서 기간을 정하여 특별히 지켜야 할 사항으로 다음과 같은 사항을 따로 과할 수 있다(보호관찰 등에 관한 법률 제32조 제3항).

1. 야간 등 재범의 기회나 충동을 줄 수 있는 특정 시간대의 외출 제한
2. 재범의 기회나 충동을 줄 수 있는 특정 지역·장소의 출입 금지
3. 피해자 등 재범의 대상이 될 우려가 있는 특정인에 대한 접근 금지
4. 범죄행위로 인한 손해를 회복하기 위하여 노력할 것
5. 일정한 주거가 없는 자에 대한 거주장소 제한
6. 사행행위에 빠지지 아니할 것
7. 일정량 이상의 음주를 하지 말 것
8. 마약 등 중독성 있는 물질을 사용하지 아니할 것
9. 「마약류관리에 관한 법률」상의 마약류 투약, 흡연, 섭취 여부에 관한 검사에 따를 것
10. 그 밖에 보호관찰 대상자의 재범 방지를 위하여 필요하다고 인정되어 대통령령으로 정하는 사항

④ 선도조건부 기소유예란 검사가 범죄소년에 대하여 선도위원 등을 조건으로 기소를 유예하는 처분을 말하는데 검사는 선도조건부 기소유예처분으로 소년형사사건을 종결하면서 보호관찰을 받을 것을 명할 수 없다.

정답 | ③

54

사회봉사명령제도에 관한 설명으로 옳지 않은 것은?

① 비교적 죄질이 경미한 범죄인을 대상으로 한다.

② 일상적인 사회생활의 유지를 기초로 하므로 형벌수단적 성격을 지니지 않는다.

③ 주어진 기간동안 일체의 보수를 지급하지 않는다.

④ 죄책감이 강한 범죄인에게는 속죄적 기능을 가진다.

해설 ② 사회봉사명령은 대상자의 여가시간을 박탈하고, 보수 없이 강제적 노동을 부과한다는 점에서 형벌수단적 기능을 지닌다.

정답 | ②

55

보호관찰제도에 관한 법령과 판례에 대한 설명으로 옳은 것은? 교정7급 13

① 현역 군인 등 군법 적용 대상자에 대해서도 보호관찰, 사회봉사명령, 수강명령을 명할 수 있다.

② 성폭력범죄를 범한 피고인에게 형의 집행을 유예하면서 보호관찰을 받을 것을 명하지 않은 채 위치추적 전자장치 부착을 명하는 것은 적법하다.

③ 「가정폭력범죄의 처벌 등에 관한 특례법」상 사회봉사명령을 부과하면서 행위시 법상 사회봉사명령 부과시간의 상한인 100시간을 초과하여 상한을 200시간으로 올린 신법을 적용한 것은 적법하다.

④ 보호관찰명령 없이 사회봉사·수강명령만 선고하는 경우 보호관찰대상자에 대한 특별준수사항을 사회봉사·수강명령대상자에게 그대로 적용하는 것은 적합하지 않다.

해설 ④ 보호관찰 등에 관한 법률에서는 보호관찰대상자에 대한 특별준수사항과 사회봉사·수강명령 대상자에 대한 특별준수사항을 별도로 규정하고 있다(보호관찰 등에 관한 법률 제32조 제3항, 제62조 제3항).

① 군사법원법 제2조 제1항 각 호의 어느 하나에 해당하는 사람에게는 「보호관찰 등에 관한 법률」을 적용하지 아니한다(동법 제56조). 따라서 현역 군인 등 군법 적용 대상자에 대해서는 보호관찰, 사회봉사명령, 수강명령을 명할 수 없다.

② 「특정 범죄자에 대한 위치추적 전자장치 부착 등에 관한 법률」(현 특정 범죄자에 대한 보호관찰 및 전자장치 부착 등에 관한 법률) 제28조 제1항에 "법원은 특정범죄를 범한 자에 대하여 형의 집행을 유예하면서 보호관찰을 받을 것을 명할 때에는 보호관찰기간의 범위 내에서 기간을 정하여 준수사항의 이행 여부 확인 등을 위하여 전자장치를 부착할 것을 명할 수 있다"고 규정하고, 제9조 제4항 제4호에 "법원은 특정범죄사건에 대하여 선고유예 또는 집행유예를 선고하는 때(제28조 제1항에 따라 전자장치부착을 명하는 때를 제외한다)에는 판결로 부착명령 청구를 기각하여야 한다."고 규정하고 있으며, 제12조 제1항에 "부착명령은 검사의 지휘를 받아 보호관찰관이 집행한다."고 규정하고 있다. 위 법률에 의하면 법원이 특정범죄를 범한 자에 대하여 형의 집행을 유예하면서 보호관찰을 받을 것을 명하는 때에만 전자장치를 부착할 것을 명할 수 있다고 할 것이다. 그런데도 원판결 및 제1심 판결이 피고인에 대하여 형의 집행을 유예하면서 보호관찰을 받을 것을 명하지 않은 채 전자 장치를 부착할 것을 명한 것은 법령에 위반한 것이다(대판 2011.2.24, 2010오1).

③ 「가정폭력범죄의 처벌 등에 관한 특례법」상 사회봉사명령을 부과하면서 행위시법상 사회봉사명령 부과시간의 상한인 100시간을 초과하여 상한을 200시간으로 올린 신법을 적용한 것은 위법하다(대결 2008.7.24, 2008어4).

정답 | ④

56

사회봉사명령과 보호관찰의 비교로 옳지 않은 것은?

① 양자는 모두 사회내처우에 해당하며, 범죄인의 사회복귀를 목표로 한다.

② 사회봉사명령은 보호관찰에 비하여 그 목표가 명확하고 객관적이다.

③ 보호관찰은 사회봉사명령에 비하여 독지가의 참여가 보다 더 요청된다.

④ 보호관찰에서는 범죄인이 수동적 존재인 반면, 사회봉사명령에서는 범죄인이 능동적 존재이다.

해설 ③ 독지가의 참여가 보다 중시되는 것은 사회봉사명령이다.

사회봉사명령과 보호관찰의 요약비교

- 보호관찰은 범죄의 원인을 범죄인의 사회적응실패로 보고 이를 해결하는 것에 중점을 두는 반면, 사회봉사명령은 범죄인을 사회적 부조의 대상으로 보지 않고 그 주체로 본다.
- 보호관찰은 주로 가정이나 사무실에서 면담을 통해 이루어지는 반면, 사회봉사명령은 주로 외부사회에서 이루어진다.
- 보호관찰은 그 성취 여부를 객관적으로 확인하기 어려운 반면, 사회봉사명령은 성취 여부를 객관적으로 확인할 수 있다.
- 보호관찰은 전문가에 의한 개별적 관찰과 원호가 중시되는 반면, 사회봉사명령은 독지가의 참여가 중시된다.
- 보호관찰은 감시와 통제가 주류를 이루어 비생산적인 반면, 사회봉사명령은 노동을 통한 사회생산성에 기여하므로 사회적 비용면에서 경제적이다.
- 보호관찰에서는 범죄인이 지도 및 원조를 받는 수동적 존재인 반면, 사회봉사명령은 범죄인이 사회에 봉사하는 능동적 존재이다.

정답 | ③

57

사회봉사명령제도에 대한 설명으로 옳지 않은 것은? (다툼이 있는 경우 판례에 의함) 교정9급 11

① 다양한 형벌목적을 결합시킬 수 없어 자유형에 상응한 형벌효과를 거둘 수 없다.

② 자유형의 집행을 대체하기 위한 것이므로 피고인에게 일정한 금원을 출연하거나 이와 동일시 할 수 있는 행위를 명하는 것은 허용될 수 없다.

③ 강제노역으로서 이론상 대상자의 동의를 요한다고 하여야 할 것이나, 현행법은 대상자의 동의를 요건으로 하고 있지 않다.

④ 일반인의 직업활동을 저해할 우려가 있고, 대상자에게 또 다른 낙인으로 작용할 수 있다.

해설 ① 사회봉사명령은 다양한 형벌목적을 결합시킬 수 있어 자유형에 상응한 형벌효과를 거둘 수 있다.

정답 | ①

58

사회봉사명령의 장단점에 관한 설명 중 가장 옳지 않은 것은?

① 피해배상의 성격을 가지고 있다.
② 교정비용을 증가시킨다.
③ 범죄적 악풍감염 및 낙인화를 방지한다.
④ 범죄인의 사회복귀에 유리하다.

해설 ② 사회봉사명령은 시설구금을 전제로 하지 않으므로 구금에 따르는 교정비용을 절감할 수 있다는 장점이 있다.

➤ 사회봉사명령제도의 장단점

장점	단점
• 범죄적 악풍감염 및 낙인을 방지 • 범죄인의 사회복귀에 유리 • 긍정적 가치관과 건전한 근로습관을 형성 • 범죄인을 통제의 대상에서 사회에 봉사하는 능동적 지위로 전환 • 타인을 위한 노동이 속죄의 수단으로 효과적 • 구금에 따르는 행형비용의 절감 • 다양한 형벌목적을 결합시켜 자유형에 상응한 형벌효과를 거둘 수 있음	• 대상자의 선정, 위반행위에 대한 조치, 교통비의 지급, 노동시간에의 산입 등에 있어 일관성 부족 • 관리인력이나 충분한 예산이 확보되지 않을 경우 형식에 흐를 수 있음 • 사회봉사명령의 목적이 지나치게 광범위하고, 법적 성격이 분명하지 않아 그 효과가 반감되고 있다는 비판이 있음 • 사회내처우의 유용성에 대한 실증적 저해 가능 • 일반사회인의 정상적 작업활동의 저해 가능 • 대상자에게 또 다른 낙인으로 작용될 수 있음

정답 | ②

59

사회봉사명령제도에 관한 설명으로 옳지 않은 것은 모두 몇 개인가?

㉠ 처벌적 성격, 사회에 대한 배상, 자신에 대한 속죄, 범죄인과 사회의 재통합 등 여러 이념을 내포하고 있어 보호관찰 이래 최대의 형벌개혁으로 평가받고 있다.
㉡ 보호관찰이 범죄인을 사회적 부조의 대상으로 보지 않고 그 주체로 보고 있다면, 사회봉사명령은 범죄의 원인을 범죄자의 사회적응실패로 보고 이를 해결하는 데에 중점을 둔다.
㉢ 보호관찰은 주로 가정이나 사무실에서 면담을 통해 이루어지는 반면, 사회봉사명령은 주로 외부사회에서 이루어진다.
㉣ 우리나라의 사회봉사명령제도는 1988년 12월 31일 소년법의 개정에 따라 1989년 7월 1일부터 시행되었으며, 1995년 12월 29일 형법 개정으로 그 대상이 성인으로 확대되었다.

① 1개　　② 2개　　③ 3개　　④ 4개

해설 [×] ㉡ 보호관찰이 범죄의 원인을 범죄자의 사회적응실패로 보고 이를 해결하는 데에 중점을 두는 제도라면, 사회봉사명령은 범죄자를 사회적 부조의 대상으로 보지 않고 그 주체로 보는 제도이다.
[○] ㉠·㉢·㉣

정답 | ①

60

사회봉사명령제도에 대한 설명으로 옳은 것은? (다툼이 있는 경우 판례에 의함) 교정7급 12

① 형법상 사회봉사명령은 집행유예기간 내에 이를 집행한다.

② 소년법상 사회봉사명령은 12세 이상의 소년에게만 할 수 있다.

③ 보호관찰과 사회봉사명령 또는 수강명령은 동시에 명할 수 없다.

④ 형법상 사회봉사명령은 집행유예 또는 선고유예를 선고받은 사람에게 부과할 수 있다.

해설 ① 형법 제62조의2 제3항

② 사회봉사명령은 14세 이상인 소년에 대해서만 가능하다(소년법 제32조 제3항).

③ 대법원은 형법 제62조의2 제1항(형의 집행을 유예하는 경우에는 보호관찰을 받을 것을 명하거나 사회봉사 또는 수강을 명할 수 있다)은 보호관찰과 사회봉사를 각각 독립하여 명할 수 있다는 것이고, 그 양자를 동시에 명할 수 없다는 취지로 해석하여서는 아니 된다고 판시하고 있다(대판 1998.4.24, 98도98).

④ 형법상 사회봉사명령은 형의 집행유예를 선고하는 경우에만 부과될 수 있다(형법 제62조의2 제1항).

정답 | ①

61

「보호관찰 등에 관한 법률」상 사회봉사대상자의 준수사항에 관한 설명으로 옳지 않은 것은?

① 주거·직업 그 밖에 필요한 사항을 관할 보호관찰소의 장에게 신고하여야 한다.

② 주거를 이전할 때에는 미리 보호관찰관에게 신고하여야 한다.

③ 1개월 이상의 국내외 여행을 할 때에는 미리 보호관찰관에게 신고하여야 한다.

④ 보호관찰소의 장은 본인의 특성 등을 고려하여 특별히 지켜야 할 사항을 따로 과할 수 있다.

해설 ④ 보호관찰소의 장 → 법원(보호관찰 등에 관한 법률 제62조 제3항)

① 동법 제62조 제1항

②·③ 동조 제2항

정답 | ④

62

현행법상 사회봉사명령에 대한 설명으로 옳은 것을 모두 고른 것은? (다툼이 있으면 판례에 의함)

교정7급 10

> ㉠ 형의 선고를 유예하거나 형의 집행을 유예하는 경우에 사회봉사를 명할 수 있다.
> ㉡ 집행유예를 선고하면서 사회봉사명령으로 일정액의 금전출연을 주된 내용으로 하는 사회공헌계획의 성실한 이행을 명하는 것은 허용되지 않는다.
> ㉢ 소년부 판사는 결정으로써 소년에 대한 독립된 보호처분으로 사회봉사명령을 부과할 수 있다.
> ㉣ 소년보호사건에서 12세 이상의 소년에 대하여는 단기보호관찰과 사회봉사명령을 병합하여 처벌할 수 있다.
> ㉤ 소년법상 사회봉사명령은 200시간을 초과할 수 없으며 형법상의 사회봉사명령은 500시간을 초과할 수 없다.
> ㉥ 사회봉사명령 대상자가 1개월 이상 국외여행을 한 때에는 귀국한 후 30일 이내에 보호관찰관에게 그 사실을 신고하여야 한다.

① ㉠, ㉡, ㉣　　② ㉠, ㉣, ㉥
③ ㉡, ㉢, ㉤　　④ ㉢, ㉤, ㉥

해설 [O] ㉡ 재벌그룹 회장의 횡령행위 등에 대하여 집행유예를 선고하면서 사회봉사명령으로서 일정액의 금전출연을 주된 내용으로 하는 사회공헌계획의 성실한 이행을 명하는 것은 시간단위로 부과될 수 있는 일 또는 근로 활동이 아닌 것을 명하는 것이어서 허용될 수 없다(대판 2008.4.11, 2007도8373).
㉢ 소년법 제32조 제1항 제3호
㉤ 소년법 제33조 제4항, 보호관찰 등에 관한 법률 제59조 제1항

[×] ㉠ 형의 집행을 유예하면서 사회봉사를 명할 수는 있으나, 형의 선고를 유예하면서 사회봉사를 명할 수는 없다(형법 제62조의2 제1항, 보호관찰 등에 관한 법률 제3조 제2항 제1호).
㉣ 사회봉사명령은 14세 이상인 소년에 대해서만 가능하다(소년법 제32조 제3항).
㉥ 사회봉사대상자가 주거를 이전하거나 1개월 이상 국내외 여행을 할 때에는 미리 보호관찰관에게 신고하여야 한다(보호관찰 등에 관한 법률 제62조 제2항 제2호).

사회봉사명령 대상자의 준수사항
- 보호관찰관의 집행에 관한 지시에 따를 것
- 주거를 이전하거나 1개월 이상 국내외 여행을 할 때에는 미리 보호관찰관에게 신고할 것

정답 | ③

63 ★

우리나라 사회봉사명령제도에 관한 설명으로 옳지 않은 것은?

① 법원은 사회봉사대상자가 사회봉사를 할 분야와 장소를 지정할 수 있다.

② 보호관찰관은 사회봉사명령의 집행을 국공립기관이나 그 밖의 단체에 위탁한 때에는 이를 보호관찰심사위원회에 통보하여야 한다.

③ 사회봉사명령은 보호관찰관이 집행한다.

④ 우리 형법은 사회봉사명령을 부과함에 있어 대상자의 동의를 요건으로 하지 않는다.

해설 ② 보호관찰관은 사회봉사명령 또는 수강명령의 집행을 국공립기관이나 그 밖의 단체에 위탁한 때에는 이를 법원 또는 법원의 장에게 통보하여야 한다(보호관찰 등에 관한 법률 제61조 제2항).

① 동법 제59조 제2항

③ 동법 제61조 제1항

정답 | ②

64 ★

「보호관찰 등에 관한 법률」상 보호관찰 심사위원회가 심사·결정하는 사항으로 옳지 않은 것은?

교정9급 20

① 가석방과 그 취소에 관한 사항

② 임시퇴원, 임시퇴원의 취소 및 「보호소년 등의 처우에 관한 법률」 제43조 제3항에 따른 보호소년의 퇴원에 관한 사항

③ 보호관찰의 임시해제와 그 취소에 관한 사항

④ 보호관찰을 조건으로 한 형의 선고유예의 실효

해설 ④ 보호관찰을 조건으로 한 형의 선고유예의 실효 및 집행유예의 취소는 법원에서 한다.

※ 보호관찰 심사위원회의 심사·결정사항(보호관찰 등에 관한 법률 제6조)

1. 가석방과 그 취소에 관한 사항
2. 임시퇴원, 임시퇴원의 취소 및 보호소년의 퇴원에 관한 사항
3. 보호관찰의 임시해제와 그 취소에 관한 사항
4. 보호관찰의 정지와 그 취소에 관한 사항
5. 가석방 중인 사람의 부정기형의 종료에 관한 사항
6. 이 법 또는 다른 법령에서 심사위원회의 관장 사무로 규정된 사항
7. 제1호부터 제6호까지의 사항과 관련된 사항으로서 위원장이 회의에 부치는 사항

정답 | ④

65

「보호관찰 등에 관한 법률」상 갱생보호제도에 대한 설명으로 옳지 않은 것은? 교정9급 21

① 법무부장관은 갱생보호사업의 허가를 취소하거나 정지하려는 경우에는 청문을 하여야 한다.
② 법무부장관은 갱생보호사업자가 정당한 이유 없이 갱생보호사업의 허가를 받은 후 6개월 이내에 갱생보호사업을 시작하지 아니하거나 1년 이상 갱생보호사업의 실적이 없는 경우, 그 허가를 취소하여야 한다.
③ 갱생보호는 갱생보호 대상자의 신청에 의한 갱생보호와 법원의 직권에 의한 갱생보호로 규정되어 있다.
④ 갱생보호사업을 효율적으로 추진하기 위하여 한국법무보호복지공단을 설립한다.

해설 ③ 갱생보호 대상자와 관계 기관은 보호관찰소의 장, 갱생보호사업 허가를 받은 자 또는 한국법무보호복지공단에 갱생보호 신청을 할 수 있다(보호관찰 등에 관한 법률 제66조 제1항). 즉 갱생보호 대상자와 관계 기관의 신청에 의한 임의적 갱생보호의 원칙에 의해 운영되고 있다.
① 동법 제70조의2
② 동법 제70조 제4호
④ 동법 제71조

정답 | ③

66

「보호관찰 등에 관한 법률」상 '갱생보호대상자에 대한 숙식제공'에 관한 설명으로 옳지 않은 것은? 교정7급 18

① 숙식제공은 갱생보호시설에서 갱생보호 대상자에게 숙소·음식물 및 의복 등을 제공하고 정신교육을 하는 것으로 한다.
② 숙식을 제공한 경우에는 법무부장관이 정하는 바에 의하여 소요된 최소한의 비용을 징수할 수 있다.
③ 숙식제공기간의 연장이 필요하다고 인정되는 때에는 매회 6월의 범위 내에서 3회에 한하여 그 기간을 연장할 수 있다.
④ 숙식제공기간을 연장하고자 할 때에는 해당 갱생보호시설의 장의 신청이 있어야 한다.

해설 ④ 사업자 또는 공단은 영 제41조 제2항 단서의 규정에 의하여 갱생보호대상자에 대한 숙식제공의 기간을 연장하고자 할 때에는 본인의 신청에 의하되, 자립의 정도, 계속보호의 필요성 기타 사항을 고려하여 이를 결정하여야 한다(보호관찰 등에 관한 법률 시행규칙 제60조).
① 동법 시행령 제41조 제1항
② 동법 시행령 제41조 제3항
③ 동법 시행령 제41조 제2항

정답 | ④

67

「보호관찰 등에 관한 법률 시행령」상 갱생보호의 개시와 방법에 대한 설명으로 옳지 않은 것은?

교정7급 23

① 숙식제공은 6월을 초과할 수 없으나, 필요하다고 인정하는 때에는 매회 6월의 범위 내에서 3회에 한하여 그 기간을 연장할 수 있다.

② 주거지원은 갱생보호 대상자에게 주택의 임차에 필요한 지원을 하는 것이다.

③ 갱생보호는 갱생보호 대상자가 친족 또는 연고자 등으로부터 도움을 받을 수 없는 경우에 한정하여 행한다.

④ 취업지원은 갱생보호 대상자에게 직장을 알선하고 필요한 경우, 신원을 보증하는 것이다.

해설 ③ 갱생보호는 갱생보호를 받을 사람("갱생보호 대상자")이 친족 또는 연고자 등으로부터 도움을 받을 수 없거나 이들의 도움만으로는 충분하지 아니한 경우에 한하여 행한다(보호관찰 등에 관한 법률 시행령 제40조 제1항).

① 동법 시행령 제41조 제2항

② 동법 시행령 제41조의2

④ 동법 시행령 제45조

정답 | ③

68

우리나라의 수강명령제도에 관한 설명으로 옳지 않은 것은?

① 우리나라는 소년범을 대상으로 실시되다가 성인범으로 확대되어 시행되고 있다.

② 형법상 수강명령은 집행유예를 전제로 하고 있다.

③ 소년법상 수강명령은 보호관찰에 수반되어 실시하고 있다.

④ 초기에는 수강명령대상자 대부분이 성인이었으나, 점차 소년이 차지하는 비율이 높아지고 있다.

해설 ③ 소년법상 수강명령은 보호관찰과 무관하게 독립적으로 부과할 수 있다(소년법 제32조 제1항 제2호).

정답 | ③

69

현행법상 사회봉사명령과 수강명령에 대한 설명 중 옳지 않은 것은? 사법시험 11

① 형의 선고를 유예하는 경우에는 사회봉사 또는 수강을 명할 수 있다.
② 형법에 따른 수강명령은 200시간을, 사회봉사명령은 500시간을 초과할 수 없다.
③ 소년에 대한 보호처분으로서의 수강명령은 12세 이상의 소년에게만 할 수 있다.
④ 사회봉사명령은 검사가 아니라 보호관찰관이 집행한다.
⑤ 형의 집행유예 선고 시 부가된 사회봉사명령 또는 수강명령은 집행유예기간 내에 이를 집행한다.

해설 ① 현행법상 사회봉사나 수강은 형의 선고를 유예하는 경우에는 명할 수 없다. 다만, 형의 집행을 유예하는 경우에는 사회봉사나 수강을 명할 수 있다(형법 제62조의2 제1항).
② 보호관찰 등에 관한 법률 제59조 제1항
③ 소년법 제32조 제4항
④ 보호관찰 등에 관한 법률 제61조 제1항
⑤ 동법 제63조 제2호

정답 | ①

70 ★

사회봉사명령 및 수강명령에 대한 설명으로 옳지 않은 것은? 교정7급 11

① 사회봉사명령 또는 수강명령의 집행을 완료하거나 형의 집행유예기간이 지났을 때 사회봉사명령 및 수강명령은 종료된다.
② 보호관찰관은 사회봉사명령 또는 수강명령의 집행을 국공립기간에 위탁했을 때 이를 법원 또는 법원의 장에게 통보하여야 한다.
③ 사회봉사명령 및 수강명령 대상자는 법무부령으로 정하는 바에 따라 주거, 직업, 그 밖에 필요한 사항을 보호관찰소의 장에게 신고하여야 한다.
④ 사회봉사명령 또는 수강명령은 보호관찰관이 집행하고, 보호관찰관은 국공립기관이나 그 밖의 단체에 그 집행의 전부 또는 일부를 위탁할 수 있다.

해설 ③ 사회봉사명령 및 수강명령 대상자는 대통령령으로 정하는 바에 따라 주거, 직업, 그밖에 필요한 사항을 관할 보호관찰소의 장에게 신고하여야 한다(보호관찰 등에 관한 법률 제62조 제1항).
① 보호관찰 등에 관한 법률 제63조
② 동법 제61조 제2항
④ 동조 제1항

정답 | ③

71

다음 중 수강명령의 부과대상이 될 수 없는 것은? 교정9급 13

① 「경범죄처벌법」상 과다노출이나 지속적 괴롭힘 행위를 한 자

② 「성매매 알선 등 행위의 처벌에 관한 법률」상 성매매를 한 자

③ 「가정폭력범죄의 처벌 등에 관한 특례법」상 가정폭력사범

④ 「성폭력범죄의 처벌 등에 관한 특례법」상 집행유예선고를 받은 성폭력범죄자

해설 ① 수강명령의 부과대상에 해당하지 않는다.

② 성매매 알선 등 행위의 처벌에 관한 특례법 제14조

③ 가정폭력 범죄의 처벌 등에 관한 특례법 제40조

④ 성폭력범죄의 처벌 등에 관한 특례법 제16조

정답 | ①

72

「보호관찰 등에 관한 법률」상 사회봉사명령 및 수강명령에 대한 설명으로 옳은 것은? 5급승진 15

① 사회봉사·수강명령 대상자는 주거를 이전하거나, 15일 이상 국외여행을 할 때에는 미리 보호관찰관에게 신고하여야 한다.

② 사회봉사명령은 300시간, 수강명령은 200시간을 초과하여 명할 수 없다.

③ 사회봉사·수강명령 대상자의 준수사항은 그에게 구두로 명확하게 고지하여야 한다.

④ 보호관찰소는 사회봉사 또는 수강명령의 집행을 다른 기관에 위탁할 수 없다.

⑤ 사회봉사·수강은 사회봉사·수강명령 대상자가 선고받은 형의 집행유예기간이 지나면 종료한다.

해설 ⑤ 보호관찰 등에 관한 법률 제63조

① 주거를 이전하거나 1개월 이상 국내외 여행을 할 때에는 미리 보호관찰관에게 신고하여야 한다(동법 제62조 제2항).

② 법원은 형법 제62조의2에 따른 사회봉사를 명할 때에는 500시간의 범위에서 그 기간을 정하여야 한다. 다만 다른 법률에 특별한 규정이 있는 경우에는 그 법률에서 정하는 바에 따른다(동법 제59조 제1항).

③ 사회봉사·수강명령 대상자의 준수사항은 서면으로 고지하여야 한다(동법 제62조 제4항).

④ 사회봉사명 령 또는 수강명령은 보호관찰관이 집행한다. 다만 보호관찰관은 국공립기관이나 그 밖의 단체에 그 집행의 전부 또는 일부를 위탁할 수 있다(동법 제61조 제1항).

정답 | ⑤

73

보안관찰처분에 대한 내용으로 옳지 않은 것은?

① 보안관찰처분의 청구는 검사가 행한다.
② 보안관찰처분의 기간은 3년으로 하되, 갱신할 수 있다.
③ 보안관찰처분에 관한 결정은 보안관찰처분심의위원회의 의결을 거쳐 법무부장관이 행한다.
④ 보안관찰처분의 집행은 검사가 지휘한다.

해설 ② 보안관찰처분의 기간은 2년이다(보안관찰법 제5조 제1항). 법무부장관은 검사의 청구가 있는 때에는 보안관찰처분심의위원회의 의결을 거쳐 그 기간을 갱신할 수 있다(동조 제2항).
① 보안관찰법 제7조
③ 동법 제14조 제1항
④ 동법 제17조 제1항

정답 | ②

74

다음 설명 중 옳은 것(O)과 옳지 않은 것(×)을 올바르게 조합한 것은? (다툼이 있는 경우 판례에 의함) 사법시험 10

㉠ 성인범에 대하여 집행유예를 선고할 경우에 보호관찰과 사회봉사 또는 수강을 동시에 명할 수 있다.
㉡ 치료감호등에관한 법률 에 의하여 치료감호가 가종료된 피치료감호자에 대해서는 보호관찰이 개시되며, 보호관찰의 기간은 3년으로 한다.
㉢ 10년의 징역형을 선고받은 소년에 대해서는 3년이 경과하면 가석방을 허가할 수 있으며, 가석방된 후 그 처분이 취소되지 아니하고 남은 형기를 경과한 때에는 형의 집행을 종료한 것으로 한다.
㉣ 법원이 성폭력범죄를 범한 사람에 대하여 형의 집행을 유예하는 경우에는 수강명령 외에 그 집행유예기간 내에서 보호관찰 또는 사회봉사 중 하나 이상의 처분을 병과할 수 있다.
㉤ 형의 선고를 유예하거나 집행유예를 선고하는 경우에는 사회봉사 또는 수강을 명할 수 있다.

① ㉠ (O), ㉡ (×), ㉢ (×), ㉣ (O), ㉤ (O)
② ㉠ (O), ㉡ (O), ㉢ (O), ㉣ (O), ㉤ (O)
③ ㉠ (O), ㉡ (×), ㉢ (O), ㉣ (×), ㉤ (O)
④ ㉠ (×), ㉡ (O), ㉢ (×), ㉣ (×), ㉤ (O)
⑤ ㉠ (O), ㉡ (O), ㉢ (×), ㉣ (O), ㉤ (×)

해설 [×] ㉢ 징역 또는 금고를 선고받은 소년이 가석방된 후 그 처분이 취소되지 아니하고, 가석방 전에 집행을 받은 기간과 같은 기간이 지난 경우에는 형의 집행을 종료한 것으로 한다(소년법 제66조).
㉤ 형의 선고를 유예하는 경우에는 보호관찰을 받을 것을 명할 수 있고(형법 제59조의2 제1항), 형의 집행을 유예하는 경우에는 보호관찰을 받을 것을 명하거나 사회봉사 또는 수강을 명할 수 있다(형법 제62조의2). 따라서 형의 선고를 유예할 경우에는 보호관찰만을 명할 수 있고, 사회봉사 또는 수강을 명할 수 없다.
[O] ㉠ 대판 1998.4.24, 98도98
㉡ 치료감호 등에 관한 법률 제32조 제2항
㉣ 성폭력범죄의 처벌 등에 관한 특례법 제16조 제4항

정답 | ⑤

75 ★

수강명령의 종료사유가 아닌 것은?

① 수강명령의 집행을 완료한 때
② 선고가 실효되거나 취소된 때
③ 형의 집행유예기간이 지난 때
④ 수강명령의 집행기간 중 금고 이상의 형의 집행을 받게 된 때

해설 제63조(사회봉사·수강의 종료)

① 사회봉사·수강은 사회봉사·수강명령 대상자가 다음 각 호의 어느 하나에 해당하는 때에 종료한다.

1. 사회봉사명령 또는 수강명령의 집행을 **완료**한 때
2. 형의 **집행유예 기간이 지난 때**
3. 「형법」 제63조 또는 제64조에 따라 사회봉사·수강명령을 조건으로 한 집행유예의 선고가 **실효**되거나 **취소**된 때
4. 다른 법률에 따라 사회봉사·수강명령이 변경되거나 취소·종료된 때

② 사회봉사·수강명령 대상자가 사회봉사·수강명령 집행 중 **금고 이상**의 형의 집행을 받게 된 때에는 해당 형의 집행이 종료·면제되거나 사회봉사·수강명령 대상자가 **가석방**된 경우 **잔여 사회봉사·수강명령을 집행**한다.

정답 | ④

76

법무부장관은 보안관찰처분대상자 중 일정한 요건을 갖춘 자에 대하여는 보안관찰처분을 하지 아니하는 결정을 할 수 있는데 그 요건에 해당하지 않는 것은?

① 준법정신이 확립되어 있을 것
② 일정한 주거와 생업이 있을 것
③ 보안관찰처분심의위원회가 정하는 준수사항을 위반하지 않을 것
④ 대통령령이 정하는 신원보증이 있을 것

해설 법무부장관은 보안관찰처분대상자 중 ①·②·④의 요건을 갖춘 자에 대하여는 보안관찰처분을 하지 아니하는 결정을 할 수 있다(보안관찰법 제11조 제1항).

정답 | ③

77

보안관찰법상 보안관찰처분에 관한 설명으로 옳지 않은 것을 모두 고른 것은?

> ㉠ 보안관찰처분심의위원회는 위원장 1인과 6인의 위원으로 구성한다.
> ㉡ 보안관찰처분에 관한 결정은 보안관찰처분심의위원회의 의결을 거쳐 법무부장관이 행한다.
> ㉢ 검사는 보안관찰처분심의위원회에 대하여 보안관찰처분의 취소 또는 기간의 갱신을 청구할 수 있다.
> ㉣ 보안관찰처분의 기간은 보안관찰처분결정을 집행하는 다음 날부터 계산한다.

① ㉠, ㉡　　② ㉠, ㉢
③ ㉡, ㉢　　④ ㉢, ㉣

해설 [×] ㉢ 보안관찰처분심의위원회 → 법무부장관(보안관찰법 제16조 제1항)
㉣ 보안관찰처분의 기간은 보안관찰처분결정을 집행하는 날부터 계산한다(동법 제25조 제1항).
[○] ㉠ 동법 제12조 제2항
㉡ 동법 제14조 제1항

정답 | ④

78

「보안관찰법」에 대한 설명으로 옳지 않은 것은? 교정9급 14

① 보안관찰처분의 기간은 2년이다.
② 검사가 보안관찰처분을 청구한다.
③ 보안관찰처분심의위원회의 위촉위원의 임기는 2년이다.
④ 보안관찰을 면탈할 목적으로 은신한 때에는 5년 이하의 징역에 처한다.

해설 ④ 보안관찰처분대상자 또는 피보안관찰자가 보안관찰처분 또는 보안관찰을 면탈할 목적으로 은신 또는 도주한 때에는 3년 이하의 징역에 처한다(보안관찰법 제27조 제1항).
① 동법 제5조
② 동법 제7조
③ 동법 제12조 제5항

정답 | ④

79

내란목적살인죄로 5년의 징역형을 선고받고 1년 간의 형집행을 받은 자로서 다시 내란죄를 범할 가능성이 있다고 판단되는 자에게 내릴 수 있는 처분은? 교정7급 12

① 보호감호처분
② 치료감호처분
③ 보안관찰처분
④ 보안감호처분

해설 ③ 보안관찰의 대상자는 보안관찰 해당범죄 또는 이와 경합된 범죄로 금고 이상의 형의 선고를 받고, 그 형기 합계가 3년 이상인 자로서 형의 전부 또는 일부의 집행을 받은 사실이 있는 자이다(보안관찰법 제3조). 여기에 해당하는 자 중 보안관찰해당범죄를 다시 범할 위험성이 있다고 인정할 충분한 이유가 있어 재범의 방지를 위한 관찰이 필요한 자에 대하여는 보안관찰처분을 한다(동법 제4조 제1항).

정답 | ③

80

다음 중 사법처분의 형태로 이루어지는 것이 아닌 것은? 사법시험 10

① 형법상 집행유예기간 중 보호관찰
② 보안관찰법상 보안관찰처분
③ 「성매매알선 등 행위의 처벌에 관한 법률」상 보호처분
④ 소년법상 보호처분
⑤ 치료감호등에관한 법률 상 치료감호

해설 ② 보안관찰처분에 관한 결정은 보안관찰처분심의위원회의 의결을 거쳐 법무부장관이 행한다(보안관찰법 제4조 제1항). 즉 보안관찰처분은 사법처분의 형태가 아니라, 행정처분의 형태로 이루어진다.

정답 | ②

81 ★

「전자장치 부착 등에 관한 법률」상 검사가 위치추적 전자장치 부착명령을 법원에 반드시 청구하여야 하는 경우는? 교정9급 20

① 미성년자 대상 유괴범죄로 징역형의 실형 이상의 형을 선고받아 그 집행이 종료 또는 면제된 후 다시 미성년자 대상 유괴범죄를 저지른 경우

② 강도범죄를 2회 이상 범하여 그 습벽이 인정된 경우

③ 성폭력범죄로 징역형의 실형을 선고받은 사람이 그 집행을 종료한 후 또는 집행이 면제된 후 10년 이내에 성폭력범죄를 저지른 경우

④ 신체적 또는 정신적 장애가 있는 사람에 대하여 성폭력범죄를 저지른 경우

해설 ① 전자장치 부착 등에 관한 법률 제5조 제2항 단서
② 임의적 청구(동법 제5조 제4항 제3호)
③ 임의적 청구(동법 제5조 제1항 제1호)
④ 임의적 청구(동법 제5조 제1항 제5호)

정답 | ①

82

「전자장치 부착 등에 관한 법률」상 전자장치 부착에 대한 설명으로 옳은 것은? 교정7급 23

① 19세 미만의 사람에 대하여 성폭력범죄를 저지른 경우에는 부착기간 상한을 법이 정한 부착기간 상한의 2배로 한다.

② 19세 미만의 사람에 대하여 성폭력범죄를 저지른 사람에게 부착명령을 선고하는 경우, 법원은 어린이 보호구역 등 특정 지역 · 장소에의 출입금지 및 접근금지를 준수사항으로 부과하여야 한다.

③ 피부착자는 주거를 이전하거나 7일 이상 국내여행을 하거나 출국할 때에는 미리 보호관찰관에게 신고하여야 한다.

④ 살인범죄로 징역형의 실형 이상의 형을 선고받아 그 집행이 면제된 후 다시 살인범죄를 저지른 사람에 대해서 검사는 부착명령을 청구하여야 한다.

해설 ④ 전자장치 부착 등에 관한 법률 제5조 제3항
① 부착기간 상한이 아닌 하한의 2배로 한다(동법 제9조 제1항).
② 법원은 성폭력범죄를 저지른 사람(19세 미만의 사람을 대상으로 성폭력범죄를 저지른 사람으로 한정한다) 또는 스토킹범죄를 저지른 사람에 대해서 부착명령을 선고하는 경우에는 다음 각 호의 구분에 따라 준수사항을 부과하여야 한다(동법 제9조의2 제3항).
1. 19세 미만의 사람을 대상으로 성폭력범죄를 저지른 사람 : 제1항 제1호(야간, 아동 · 청소년의 통학시간 등 특정 시간대의 외출제한) 및 제3호(피해자 등 특정인에의 접근금지)의 준수사항을 포함할 것. 다만, 제1항 제1호의 준수사항을 부과하여서는 아니 될 특별한 사정이 있다고 판단하는 경우에는 해당 준수사항을 포함하지 아니할 수 있다.
2. 스토킹범죄를 저지른 사람 : 제1항 제3호의 준수사항을 포함할 것
③ 피부착자는 주거를 이전하거나 7일 이상의 국내여행을 하거나 출국할 때에는 미리 보호관찰관의 허가를 받아야 한다(동법 제14조 제3항).

정답 | ④

83

「전자장치 부착 등에 관한 법률」상 '특정범죄'에 관한 형 집행 종료 후의 전자장치 부착에 대한 설명으로 옳지 않은 것은? 보호9급 24

① 검사는, 19세 미만의 사람에 대하여 성폭력범죄를 저지른 때에 성폭력범죄를 다시 범할 위험성이 있다고 인정되는 사람에 대하여 전자장치를 부착하도록 하는 명령을 법원에 청구할 수 있다.

② 검사는, 스토킹범죄를 2회 이상 범하여(유죄의 확정판결을 받은 경우를 제외한다) 그 습벽이 인정된 때에 스토킹범죄를 다시 범할 위험성이 있다고 인정되는 사람에 대하여 전자장치를 부착하도록 하는 명령을 법원에 청구할 수 있다.

③ 검사는, 미성년자 대상 유괴범죄를 저지른 사람으로서 미성년자 대상 유괴범죄를 다시 범할 위험성이 있다고 인정되는 사람에 대하여 전자장치를 부착하도록 하는 명령을 법원에 청구할 수 있다. 다만, 유괴범죄로 징역형의 실형 이상의 형을 선고받아 그 집행이 종료 또는 면제된 후 다시 유괴범죄를 저지른 경우에는 전자장치를 부착하도록 하는 명령을 청구하여야 한다.

④ 검사는, 강도범죄로 「전자장치 부착 등에 관한 법률」에 따른 전자장치를 부착하였던 전력이 있는 사람이 다시 강도범죄를 저지른 때에 강도범죄를 다시 범할 위험성이 있다고 인정되는 경우 전자장치를 부착하도록 하는 명령을 법원에 청구할 수 있다.

해설 ② 검사는 ㉠ 스토킹범죄로 징역형의 실형을 선고받은 사람이 그 집행을 종료한 후 또는 집행이 면제된 후 10년 이내에 다시 스토킹범죄를 저지른 때, ㉡ 스토킹범죄로 이 법에 따른 전자장치를 부착하였던 전력이 있는 사람이 다시 스토킹범죄를 저지른 때, ㉢ 스토킹범죄를 2회 이상 범하여(유죄의 확정판결을 받은 경우를 포함한다) 그 습벽이 인정된 때의 어느 하나에 해당하고 스토킹범죄를 다시 범할 위험성이 있다고 인정되는 사람에 대하여 부착명령을 법원에 청구할 수 있다(전자장치 부착 등에 관한 법률 제5조 제5항).

① 동법 제5조 제1항 제4호

③ 동법 제5조 제2항

정답 | ②

84

「전자장치 부착 등에 관한 법률」상 형기종료 후 보호관찰명령의 대상자가 아닌 것은? 보호7급 22

① 성폭력범죄를 저지른 사람으로서 성폭력범죄를 다시 범할 위험성이 있다고 인정되는 사람
② 미성년자 대상 유괴범죄를 저지른 사람으로서 미성년자 대상 유괴범죄를 다시 범할 위험성이 있다고 인정되는 사람
③ 살인범죄를 저지른 사람으로서 살인범죄를 다시 범할 위험성이 있다고 인정되는 사람
④ 절도범죄를 저지른 사람으로서 절도범죄를 다시 범할 위험성이 있다고 인정되는 사람

해설 ④ 검사는 다음의 어느 하나에 해당하는 사람에 대하여 형의 집행이 종료된 때부터 「보호관찰 등에 관한 법률」에 따른 보호관찰을 받도록 하는 명령("보호관찰명령")을 법원에 청구할 수 있다(전자장치 부착 등에 관한 법률 제21조의2).

1. 성폭력범죄를 저지른 사람으로서 성폭력범죄를 다시 범할 위험성이 있다고 인정되는 사람
2. 미성년자 대상 유괴범죄를 저지른 사람으로서 미성년자 대상 유괴범죄를 다시 범할 위험성이 있다고 인정되는 사람
3. 살인범죄를 저지른 사람으로서 살인범죄를 다시 범할 위험성이 있다고 인정되는 사람
4. 강도범죄를 저지른 사람으로서 강도범죄를 다시 범할 위험성이 있다고 인정되는 사람
5. 스토킹범죄를 저지른 사람으로서 스토킹범죄를 다시 범할 위험성이 있다고 인정되는 사람

정답 | ④

85 ★

다음 중 「전자장치 부착 등에 관한 법률」상 전자장치 부착명령에 대한 설명으로 가장 옳지 않은 것은? 해경간부 23

① 전자장치 부착명령은 검사의 지휘를 받아 보호관찰관이 집행한다.
② 전자장치 부착명령의 임시해제 신청은 부착명령의 집행이 개시된 날부터 3개월이 경과한 후에 하여야 한다.
③ 전자장치가 부착된 자는 주거를 이전하거나 7일 이상의 국내여행을 하거나 출국할 때에는 미리 보호관찰관의 허가를 받아야 한다.
④ 성폭력범죄, 미성년자 대상 유괴범죄, 살인범죄, 강도범죄 및 방화범죄가 전자장치 부착 대상범죄이다.

해설 ④ 성폭력범죄, 미성년자 대상 유괴범죄, 살인범죄, 강도범죄 및 스토킹범죄가 전자장치 부착 대상범죄이다(전자장치 부착 등에 관한 법률 제2조 제1호).

① 동법 제12조 제1항
② 동법 제17조 제2항
③ 동법 제14조 제3항

정답 | ④

86 ★

「전자장치 부착 등에 관한 법률」상 전자장치 부착에 대한 설명으로 옳지 않은 것은? 교정9급 19

① 검사는 강도범죄로 징역형의 실형을 선고받은 사람이 그 집행을 종료한 후 8년 뒤 다시 강도범죄를 저지른 경우, 강도범죄를 다시 범할 위험성이 있다고 인정되는 때에는 부착명령을 법원에 청구할 수 있다.

② 전자장치 피부착자가 9일 간 국내여행을 하거나 출국할 때에는 미리 보호관찰관의 허가를 받아야 한다.

③ 보호관찰소의 장 또는 피부착자 및 그 법정대리인은 해당 보호관찰소를 관할하는 심사위원회에 부착명령의 임시해제를 신청할 수 있으며, 이 신청은 부착명령의 집행이 개시된 날부터 3개월이 경과한 후에 하여야 한다.

④ 만 19세 미만의 자에 대해서는 부착명령을 선고할 수 없다.

해설 ④ 만 19세 미만의 자에 대하여 부착명령을 선고한 때에는 19세에 이르기까지 이 법에 따른 전자장치를 부착할 수 없다(전자장치 부착 등에 관한 법률 제4조). 전자장치 부착명령을 선고할 수 있으나, 19세에 이르기까지 부착할 수 없다.

① 검사는 강도범죄로 징역형의 실형을 선고받은 사람이 그 집행을 종료한 후 또는 집행이 면제된 후 10년 이내에 다시 강도범죄를 저지른 자로서 강도범죄를 다시 범할 위험성이 있다고 인정되는 사람에 대하여 부착명령을 법원에 청구할 수 있다(동법 제5조 제4항 제1호).

② 피부착자는 주거를 이전하거나 7일 이상의 국내여행을 하거나 출국할 때에는 미리 보호관찰관의 허가를 받아야 한다(동법 제14조 제3항).

③ 부착명령의 청구는 공소가 제기된 특정범죄사건의 항소심 변론종결 시까지 하여야 한다(동법 제5조 제6항).

정답 | ④

87

「전자장치 부착 등에 관한 법률」에 대한 설명으로 옳은 것은? 교정7급 20

① 만 18세 미만의 자에 대하여 부착명령을 선고한 때에는 18세에 이르기까지 이 법에 따른 전자장치를 부착할 수 없다.

② 전자장치 부착기간은 이를 집행한 날부터 기산하되, 초일은 산입하지 아니한다.

③ 전자장치 부착명령의 청구는 공소제기와 동시에 하여야 한다.

④ 법원이 특정범죄를 범한 자에 대하여 형의 집행을 유예하고 보호관찰을 받을 것을 명하면서 전자장치를 부착할 것을 명한 경우 이 부착명령은 집행유예가 실효되면 그 집행이 종료된다.

해설 ④ 전자장치 부착 등에 관한 법률 제28조 제1항, 제30조 제2호

① 만 19세 미만의 자에 대하여 부착명령을 선고한 때에는 19세에 이르기까지 이 법에 따른 전자장치를 부착할 수 없다(동법 제4조).

② 전자장치 부착기간은 이를 집행한 날부터 기산하되, 초일은 시간을 계산함이 없이 1일로 산정한다(동법 제32조 제1항).

③ 부착명령의 청구는 공소가 제기된 특정범죄사건의 항소심 변론종결 시까지 하여야 한다(동법 제5조 제5항).

정답 | ④

88

「전자장치 부착 등에 관한 법률」상 법원이 19세 미만의 사람에 대해서 성폭력범죄를 저지른 사람에 대해서 전자장치 부착명령을 선고하는 경우, 반드시 포함하여 부과해야 하는 준수사항으로 옳은 것은?

교정9급 21

① 어린이 보호구역 등 특정지역·장소에의 출입금지
② 주거지역의 제한
③ 피해자 등 특정인에의 접근금지
④ 특정범죄 치료 프로그램의 이수

해설 ③ 법원은 성폭력범죄를 저지른 사람(19세 미만의 사람을 대상으로 성폭력범죄를 저지른 사람으로 한정한다) 또는 스토킹범죄를 저지른 사람에 대해서 제9조제1항에 따라 부착명령을 선고하는 경우에는 다음 각 호의 구분에 따라 제1항의 준수사항을 부과하여야 한다.(전자장치 부착 등에 관한 법률 제9조의2 제3항).

정답 | ③

89 ★

「전자장치 부착 등에 관한 법률」에 대한 설명으로 옳지 않은 것은? 교정9급 14

① 특정범죄는 성폭력범죄, 미성년자 대상 유괴범죄, 살인범죄, 강도범죄 및 스토킹범죄를 말한다.
② 만 19세 미만의 자에 대하여 전자장치의 부착명령을 선고할 수 없다.
③ 전자장치 부착명령의 선고는 특정범죄사건의 양형에 유리하게 참작되어서는 아니 된다.
④ 부착명령 판결을 선고받지 아니한 특정범죄자로서 형의 집행 중 가석방되어 보호관찰을 받게 되는 자는 준수사항 이행 여부 확인 등을 위하여 가석방기간 동안 전자장치를 부착하여야 한다.

해설 ② 만 19세 미만의 자에 대하여 부착명령을 선고한 때에는 19세에 이르기까지 이 법에 따른 전자장치를 부착할 수 없다(전자장치 부착 등에 관한 법률 제4조). 즉 만 19세 미만의 자에 대하여는 전자장치를 부착할 수 없을 뿐 전자장치의 부착명령을 선고할 수는 있다.
① 동법 제2조 제1호
③ 동법 제9조 제7항
④ 동법 제22조 제1항

정답 | ②

90

현행 「전자장치 부착 등에 관한 법률」에 의할 때 검사가 성폭력범죄를 범한 자로서 성폭력범죄를 다시 범할 위험성이 있다고 인정되는 사람에 대하여 전자장치부착을 청구할 수 없는 경우는?

① 강간죄로 전자장치를 부착받은 전력이 있는 사람이 다시 강간죄를 저지른 때

② 강간죄를 2회 범하여 그 습벽이 인정된 때

③ 강간죄로 징역형의 실형을 선고받은 사람이 그 집행을 종료한 후 12년 되는 해에 강간죄를 저지른 때

④ 16세인 사람을 강간한 자가 아직 18세인 때

⑤ 신체적 또는 정신적 장애가 있는 사람에 대하여 강간죄를 저지른 때

해설 ① 전자장치 부착 등에 관한 법률 제5조 제1항 제2호

② 동조 동항 제3호

④ 동법 제4조, 동법 제5조 제1항 제4호

⑤ 동법 제5조 제1항 제5호는 전자장치부착을 청구할 수 있는 경우에 해당하나, ③은 여기에 해당하지 않는다.

검사가 성폭력범죄를 범한 자로서 성폭력범죄를 다시 범할 위험성이 있다고 인정되는 사람에 대하여 전자장치부착명령을 법원에 청구할 수 있는 경우

- 성폭력범죄로 징역형의 실형을 선고받은 사람이 그 집행을 종료한 후 또는 집행이 면제된 후 10년 이내에 성폭력범죄를 저지른 때
- 성폭력범죄로 이 법에 따른 전자장치를 부착받은 전력이 있는 사람이 다시 성폭력범죄를 저지른 때
- 성폭력범죄를 2회 이상 범하여(유죄의 확정판결을 받은 경우를 포함한다) 그 습벽이 인정된 때
- 19세 미만의 사람에 대하여 성폭력범죄를 저지른 때
- 신체적 또는 정신적 장애가 있는 사람에 대하여 성폭력범죄를 저지른 때

정답 | ③

91

검사가 전자장치 부착명령을 반드시 청구하여야 하는 경우는? 교정9급 12

① 성폭력범죄로 징역형의 실형을 선고받은 사람이 그 집행을 종료한 후 또는 집행이 면제된 후 10년 이내에 성폭력범죄를 저지른 때

② 성폭력범죄를 2회 이상 범하여(유죄의 확정판결을 받은 경우를 포함) 그 습벽이 인정된 때

③ 유괴범죄로 징역형의 실형 이상의 형을 선고받아 그 집행 종료 후 다시 유괴범죄를 행한 때

④ 살인범죄를 저지른 사람으로서 살인범죄를 다시 범할 위험성이 있다고 인정되는 때

해설 ③ 검사는 미성년자 대상 유괴범죄를 저지른 사람으로서 미성년자 대상 유괴범죄를 다시 범할 위험성이 있다고 인정되는 사람에 대하여 부착명령을 법원에 청구할 수 있다. 다만, 유괴범죄로 징역형의 실형 이상의 형을 선고받아 그 집행이 종료 또는 면제된 후 다시 유괴범죄를 저지른 경우에는 부착명령을 청구하여야 한다(전자장치 부착 등에 관한 법률 제5조 제2항).

① 동법 제5조 제1항 제1호, ② 동조 동항 제2호, ④ 동조 제3항 본문의 경우 검사는 전자장치 부착명령을 법원에 청구할 수 있다.

정답 | ③

92

「전자장치 부착 등에 관한 법률」에 관한 설명으로 옳지 않은 것은?

① 가석방 되는 사람의 경우 전자장치 부착은 교도관이 집행한다.
② 전자장치 부착명령을 선고받은 사람은 부착기간 동안 「보호관찰 등에 관한 법률」에 따른 보호관찰을 받는다.
③ 전자장치 부착명령은 검사의 지휘를 받아 보호관찰관이 집행한다.
④ 피부착자는 특정범죄사건에 대한 형의 집행이 종료되거나 면제·가석방되는 날부터 10일 이내에 주거지를 관할하는 보호관찰소에 출석하여 서면으로 신고하여야 한다.

해설 ① 전자장치 부착은 보호관찰관이 집행한다(전자장치 부착 등에 관한 법률 제24조 제1항).
② 동법 제9조 제3항
③ 동법 제12조 제1항
④ 동법 제14조 제2항

정답 | ①

93 ★

「전자장치 부착 등에 관한 법률」상 전자장치 부착명령에 대한 설명으로 옳은 것은? 교정9급 13

① 전자장치 부착명령 대상자는 성폭력범죄자, 미성년자 대상 유괴 범죄자, 살인범죄자에만 국한된다.
② 검사는 부착명령을 청구하기 위하여 필요하다고 인정하는 때에는 소속 검찰청 소재지를 관할하는 보호관찰소의 장에게 피의자와의 관계, 심리상태 등 피해자에 관하여 필요한 사항의 조사를 요청할 수 있다.
③ 부착명령 청구사건의 제1심 재판은 지방법원 합의부의 관할로 한다.
④ 법원은 부착명령 청구가 있는 때에는 부착명령 청구서의 부본을 피부착명령 청구자 또는 그의 변호인에게 송부하여야 하며, 공판기일 7일 전까지 송부하여야 한다.

해설 ③ 전자장치 부착 등에 관한 법률 제7조 제2항
① 「전자장치 부착 등에 관한 법률」상 "특정범죄"란 성폭력범죄, 미성년자 대상 유괴범죄, 살인범죄, 강도범죄 및 스토킹범죄를 말한다.
② 검사는 부착명령을 청구하기 위하여 필요하다고 인정하는 때에는 피의자의 주거지 또는 소속 검찰청 소재지를 관할하는 보호관찰소의 장에게 범죄의 동기, 피해자와의 관계, 심리상태, 재범의 위험성 등 피의자에 관하여 필요한 사항의 조사를 요청할 수 있다(동법 제6조 제1항).
④ 법원은 부착명령 청구가 있는 때에는 지체 없이 부착 명령 청구서의 부본을 피부착명령청구자 또는 그의 변호인에게 송부하여야 한다. 이 경우 특정범죄사건에 대한 공소제기와 동시에 부착명령 청구가 있는 때에는 제1회 공판기일 5일 전까지, 특정범죄사건의 심리 중에 부착명령 청구가 있는 때에는 다음 공판기일 5일 전까지 송부하여야 한다(동법 제8조 제2항).

정답 | ③

94

「전자장치 부착 등에 관한 법률」에 대한 설명으로 옳지 않은 것은? 교정9급 15

① 법원은 특정범죄를 범한 자에 대하여 형의 집행을 유예하면서 보호관찰을 받을 것을 명할 때에는 전자장치를 부착할 것을 명할 수는 없다.

② 전자장치 부착집행 중 보호관찰 준수사항 위반으로 유치허가장의 집행을 받아 유치된 때에는 부착집행이 정지된다.

③ 만 19세 미만의 자에 대하여 부착명령을 선고한 때에는 19세에 이르기까지 이 법에 따른 전자장치를 부착할 수 없다.

④ 법원은 부착명령이 청구된 사건에 대하여 부착명령보다 보호관찰명령을 선고할 필요가 있다고 인정하는 때에는 검사에게 보호관찰명령의 청구를 요청할 수 있다.

해설 ① 법원은 특정범죄를 범한 자에 대하여 형의 집행을 유예하면서 보호관찰을 받을 것을 명할 때에는 보호관찰기간의 범위 내에서 기간을 정하여 준수사항의 이행여부 확인 등을 위하여 전자장치를 부착할 것을 명할 수 있다(전자장치 부착 등에 관한 법률 제28조 제1항).

② 동법 제24조 제3항

③ 동법 제4조

④ 동법 제21조의2 제2항

정답 | ①

95

「전자장치 부착 등에 관한 법률」상 검사가 법원에 전자장치 부착명령을 청구할 수 있는 대상자를 설명한 것으로 옳지 않은 것은? 5급승진 15

① 성폭력범죄로 징역형을 선고받은 사람이 그 집행을 종료한 후 또는 집행이 면제된 후 20년 이내에 성폭력범죄를 저지르고, 성폭력범죄를 다시 범할 위험성이 있다고 인정되는 사람

② 신체적 또는 정신적 장애가 있는 사람에 대하여 성폭력범죄를 저지르고, 성폭력범죄를 다시 범할 위험성이 있다고 인정되는 사람

③ 성폭력범죄를 2회 이상 범하여 그 습벽이 인정되고, 성폭력범죄를 다시 범할 위험성이 있다고 인정되는 사람

④ 19세 미만의 사람에 대하여 성폭력범죄를 저지르고, 성폭력범죄를 다시 범할 위험성이 있다고 인정되는 사람

⑤ 미성년자 대상 유괴범죄를 저지른 사람으로서 미성년자 대상 유괴범죄를 다시 범할 위험성이 있다고 인정되는 사람

해설 ① 성폭력범죄로 징역형의 실형을 선고받은 사람이 그 집행을 종료한 후 또는 집행이 면제된 후 10년 이내에 성폭력범죄를 저지른 때이다(전자장치 부착 등에 관한 법률 제5조 제1항 제1호).

②·③·④·⑤ 동법 제5조 제1항

정답 | ①

96 ★

「전자장치 부착 등에 관한 법률」상 전자장치 부착명령의 판결에 관한 내용으로 옳은 것은?

① 13세 미만의 사람에 대하여 특정범죄를 저지른 경우에는 부착기간 하한을 일반적인 부착기간 하한의 2배로 선고하여야 한다.

② 부착명령 청구사건의 판결은 특정범죄사건의 판결과 동시에 선고하여야 한다.

③ 부착명령의 선고는 특정범죄사건의 양형에 유리하게 참작되어야 한다.

④ 여러 개의 특정범죄에 대하여 동시에 부착명령을 선고할 때에는 법정형이 가장 중한 죄의 부착기간 상한의 2배까지 가중하되, 원칙적으로 각 죄의 부착기간의 상한을 합산한 기간을 초과할 수 없다.

해설 ② 전자장치 부착 등에 관한 법률 제9조 제5항
① 13세 미만 → 19세 미만(동조 제1항).
③ 참작될 수 있다. → 참작되어서는 아니 된다(동조 제7항).
④ 2배 → 2분의 1(동조 제2항)

정답 | ②

97

「전자장치 부착 등에 관한 법률」의 내용으로 옳지 않은 것은 모두 몇 개인가?

> ㉠ 검사는 미성년자 대상 유괴범죄로 징역형의 실형 이상의 형을 선고 받아 그 집행이 종료 또는 면제된 후 다시 유괴범죄를 저지른 경우에는 전자장치 부착명령을 청구하여야 한다.
> ㉡ 검사는 살인범죄로 징역형의 실형 이상의 형을 선고 받아 그 집행이 종료 또는 면제된 후 다시 살인범죄를 저지른 경우에는 전자장치 부착명령을 청구하여야 한다.
> ㉢ 부착명령은 검사의 지휘를 받아 보호관찰관이 집행한다.
> ㉣ 피부착자는 주거를 이전하거나 7일 이상의 국내여행을 하거나 출국할 때에는 미리 관할 경찰서장에게 신고하여야 한다.
> ㉤ 피부착명령자는 그 판결이 확정된 후 집행을 받지 아니하고 함께 선고된 특정 범죄사건의 형의 시효가 완성되면 그 집행이 종료된 것으로 본다.

① 1개　　② 2개
③ 3개　　④ 4개

해설 [×] ㉣ 관할 경찰서장에게 신고하여야 한다. → 보호관찰관의 허가를 받아야 한다(전자장치 부착 등에 관한 법률 제14조 제3항).
㉤ 종료된 것으로 본다. → 면제된다(동법 제21조 제1항).
[○] ㉠ 동법 제5조 제2항 단서
㉡ 동조 제3항 단서
㉢ 동법 제12조 제1항

정답 | ②

98

「성폭력범죄자의 성충동 약물치료에 관한 법률」상 약물치료의 요건에 해당하지 않는 것은?

① 비정상적 성적 충동이나 욕구를 억제하기 위한 것으로서 의학적으로 알려진 것일 것

② 정상적 성적 충동이나 욕구를 완화하기 위한 것으로서 의학적으로 알려진 것일 것

③ 과도한 신체적 부작용을 초래하지 아니할 것

④ 의학적으로 알려진 방법대로 시행할 것

해설 ②는 「성폭력범죄자의 성충동 약물치료에 관한 법률」상 약물치료의 요건에 해당하지 않는다(동법 제3조).

성폭력범죄자의 성충동 약물치료에 관한 법률상 약물치료의 요건
- 비정상적 성적 충동이나 욕구를 억제하거나 완화하기 위한 것으로서 의학적으로 알려진 것일 것
- 과도적 신체적 부작용을 초래하지 아니할 것
- 의학적으로 알려진 방법대로 시행할 것

정답 | ②

99 ★

다음은 「성폭력범죄자의 성충동 약물치료에 관한 법률」에 관한 내용이다. 틀린 것을 모두 고른 것은?

㉠ 성폭력범죄사건에 대하여 판결의 확정 없이 공소가 제기되거나 치료감호가 독립청구된 때부터 10년이 지나면 치료명령을 청구할 수 없다.

㉡ 치료명령 청구사건의 제1심 재판은 지방법원 단독판사의 관할로 한다.

㉢ 법원은 치료명령 청구가 이유 있다고 인정하는 때에는 10년의 범위에서 치료기간을 정하여 판결로 치료명령을 선고하여야 한다.

㉣ 치료명령 청구사건의 판결은 피고사건의 판결에 앞서 선고하여야 한다.

① ㉠　　② ㉠, ㉡

③ ㉠, ㉡, ㉢　　④ ㉠, ㉡, ㉢, ㉣

해설 [×] ㉠ 10년 → 15년(성폭력범죄자의 성충동 약물치료에 관한 법률 제4조 제5항)

㉡ 지방법원 단독판사 → 지방법원 합의부(지방법원지원 합의부를 포함)(동법 제6조 제2항)

㉢ 10년 → 15년(동법 제8조 제1항)

㉣ 치료명령의 선고는 피고사건의 판결과 동시에 선고하여야 한다(동조 제4항).

[○] 없음

정답 | ④

100

「성폭력범죄자의 성충동 약물치료에 관한 법률」상 성충동 약물치료에 대한 설명으로 옳지 않은 것은?

보호7급 22

① 법원은 성충동 약물치료명령 청구가 이유 있다고 인정하는 때에는 15년의 범위에서 치료기간을 정하여 판결로 치료명령을 선고하여야 한다.

② 성충동 약물치료명령의 대상은 사람에 대하여 성폭력범죄를 저지른 성도착증 환자로서 성폭력범죄를 다시 범할 위험성이 있다고 인정되는 19세 이상의 사람이다.

③ 성충동 약물치료명령 청구는 검사가 하며, 성충동 약물치료명령 청구대상자에 대하여 정신건강의학과 전문의의 진단이나 감정을 받은 후 치료명령을 청구하여야 한다.

④ 징역형과 함께 성충동 약물치료명령을 받은 사람이 치료감호의 집행 중인 경우, 치료명령 대상자 및 그 법정대리인은 치료명령이 집행될 필요가 없을 정도로 개선되어 성폭력범죄를 다시 범할 위험성이 없음을 이유로, 주거지 또는 현재지를 관할하는 지방법원에 치료명령의 집행면제를 신청할 수 있다.

해설 ④ 징역형과 함께 치료명령을 받은 사람 및 그 법정대리인은 주거지 또는 현재지를 관할하는 지방법원(지원을 포함한다)에 치료명령이 집행될 필요가 없을 정도로 개선되어 성폭력범죄를 다시 범할 위험성이 없음을 이유로 치료명령의 집행면제를 신청할 수 있다. 다만, 징역형과 함께 치료명령을 받은 사람이 치료감호의 집행 중인 경우에는 치료명령의 집행면제를 신청할 수 없다(성폭력범죄자의 성충동 약물치료에 관한 법률 제8조의2 제1항).

① 동법 제8조 제1항

② 검사는 사람에 대하여 성폭력범죄를 저지른 성도착증 환자로서 성폭력범죄를 다시 범할 위험성이 있다고 인정되는 19세 이상의 사람에 대하여 약물치료명령을 법원에 청구할 수 있다(동법 제4조 제1항).

③ 검사는 치료명령 청구대상자("치료명령 피청구자")에 대하여 정신건강의학과 전문의의 진단이나 감정을 받은 후 치료명령을 청구하여야 한다(동법 제4조 제2항).

정답 | ④

101

「성폭력범죄자의 성충동 약물치료에 관한 법률」상 치료명령의 집행에 대한 설명으로 옳지 않은 것은?

보호9급 24

① 치료명령은 범죄예방정책국장의 지휘를 받아 보호관찰관이 집행한다.

② 치료명령을 받은 사람은 주거이전 또는 7일 이상 국내여행을 하거나 출국할 때에는 미리 보호관찰관의 허가를 받아야 한다.

③ 치료명령을 받은 사람이 형의 집행이 종료되거나 면제·가석방 또는 치료감호의 집행이 종료·가종료 또는 치료위탁으로 석방되는 경우, 보호관찰관은 석방되기 전 2개월 이내에 치료명령을 받은 사람에게 치료명령을 집행하여야 한다.

④ 치료명령의 집행 중 구속영장의 집행을 받아 구금된 때에는 치료명령의 집행이 정지되며, 이 경우 구금이 해제되거나 금고 이상의 형의 집행을 받지 아니하는 것으로 확정된 때부터 그 잔여기간을 집행한다.

해설 ① 치료명령은 검사의 지휘를 받아 보호관찰관이 집행한다(성폭력범죄자의 성충동 약물치료에 관한 법률 제13조 제1항).
② 동법 제15조 제3항
③ 동법 제14조 제3항
④ 동조 제4항 제1호, 제5항 제1호

정답 | ①

102 ★

「성폭력범죄자의 성충동 약물치료에 관한 법률」에 대한 설명으로 옳지 않은 것은? 교정9급 13

① '성충동 약물치료'란 비정상적인 성적 충동이나 욕구를 억제하기 위한 조치로서 성도착증 환자에게 약물투여 및 심리치료 등의 방법으로 도착적인 성기능을 일정기간 동안 약화 또는 무력화하는 치료를 말한다.

② 검사는 성도착증 환자로서 재범의 우려가 있다고 인정되는 19세 이상의 사람에 대하여 약물치료명령을 법원에 청구할 수 있다.

③ 검사는 치료명령 청구대상자에 대하여 정신건강의학과 전문의의 진단이나 감정을 받은 후 치료명령을 청구하여야 한다.

④ 치료명령은 검사의 지휘를 받아 보호관찰관이 집행한다.

해설 ① "성충동 약물치료"란 비정상적인 성적 충동이나 욕구를 억제하기 위한 조치로서 성도착증 환자에게 약물투여 및 심리치료 등의 방법으로 도착적인 성기능을 일정기간 동안 약화 또는 정상화하는 치료를 말한다(성폭력범죄자의 성충동 약물치료에 관한 법률 제2조 제3호).
② 동법 제4조 제1항
③ 동조 제2항
④ 동법 제13조 제1항

정답 | ①

103

「성폭력범죄자의 성충동 약물치료에 관한 법률」상 약물치료에 대한 설명으로 옳지 않은 것은?

교정7급 14

① 법원은 정신건강의학과 전문의의 진단 또는 감정의견만으로 치료명령 피청구자의 성도착증 여부를 판단하기 어려울 때에는 다른 정신건강의학과 전문의에게 다시 진단 또는 감정을 명할 수 있다.

② 치료명령을 선고받은 사람은 치료기간 동안 보호관찰 등에 관한 법률에 따른 보호관찰을 받는다.

③ 치료명령을 받은 사람은 치료기간 중 상쇄약물의 투약 등의 방법으로 치료의 효과를 해하여서는 아니 된다.

④ 국가는 치료명령의 결정을 받은 모든 사람의 치료기간 동안 치료비용을 부담하여야 한다.

해설 ④ 치료명령의 결정을 받은 사람은 치료기간 동안 치료비용을 부담하여야 한다. 다만, 치료비용을 부담할 경제력이 없는 사람의 경우에는 국가가 비용을 부담할 수 있다(성폭력범죄자의 성충동 약물치료에 관한 법률 제24조 제1항). 즉 치료비용은 본인부담을 원칙으로 한다.

① 동법 제9조

② 동법 제8조 제2항

③ 동법 제15조 제1항

정답 | ④

104

「성폭력범죄자의 성충동 약물치료에 관한 법률」상 치료명령의 집행에 대한 설명으로 옳지 않은 것은?

교정9급 14

① 치료명령은 검사의 지휘를 받아 보호관찰관이 집행한다.

② 치료명령의 시효는 치료명령을 받은 사람을 체포함으로써 중단된다.

③ 치료명령의 임시해제 신청은 치료명령의 집행이 개시된 날부터 1년이 지난 후에 하여야 한다.

④ 치료명령을 받은 사람은 7일 이상의 국내여행을 할 때에는 미리 보호관찰관의 허가를 받아야 한다.

해설 ③ 치료명령의 임시해제 신청은 치료명령의 집행이 개시된 날부터 6개월이 지난 후에 하여야 한다. 신청이 기각된 경우에는 기각된 날부터 6개월이 지난 후에 다시 신청할 수 있다(성폭력범죄자의 성충동 약물치료에 관한 법률 제17조 제2항).

① 동법 제13조 제1항

② 동법 제21조 제2항

④ 동법 제15조 제3항

정답 | ③

105

「성폭력범죄자의 성충동 약물치료에 관한 법률」상 성폭력수형자에 대한 약물치료명령에 대한 설명으로 옳지 않은 것은? 5급승진 15

① 검사는 성폭력수형자 중 성도착증 환자로서 성폭력범죄를 다시 범할 위험성이 있다고 인정되고 약물치료를 받는 것을 동의하는 사람에 대하여 그의 주거지 또는 현재지를 관할하는 법원에 치료명령을 청구할 수 있다.

② 수용시설의 장은 가석방 요건을 갖춘 성폭력수형자에 대하여 약물치료의 내용, 방법, 절차, 효과, 부작용, 비용부담 등에 관하여 충분히 설명하고 동의 여부를 확인하여야 한다.

③ 법원은 치료명령 청구가 이유 있다고 인정하는 때에는 결정으로 치료명령을 고지하고, 이 결정에 따른 치료기간은 10년을 초과할 수 없다.

④ 가석방심사위원회는 성폭력수형자의 가석방 적격심사를 할 때에는 치료명령이 결정된 사실을 고려하여야 한다.

⑤ 수용시설의 장은 성폭력수형자가 석방되기 5일 전까지 그의 주소를 관할하는 보호관찰소의 장에게 그 사실을 통보하여야 한다.

해설 ③ 법원은 치료명령 청구가 이유 있다고 인정하는 때에는 15년의 범위에서 치료기간을 정하여 판결로 치료명령을 선고하여야 한다(성폭력범죄자의 성충동 약물치료에 관한 법률 제8조 제1항).
① 동법 제22조 제1항
② 동조 제2항
④ 동법 제23조 제2항
⑤ 동조 제11조 2항

정답 | ③

106 ★

「성폭력범죄자의 성충동 약물치료에 관한 법률」상 '성폭력 수형자 중 검사가 치료명령을 청구할 수 있는 대상자'에 대한 치료명령에 관한 설명으로 옳지 않은 것은? 교정7급 18

① 법원의 치료명령 결정에 따른 치료기간은 10년을 초과할 수 없다.

② 치료비용은 법원의 치료명령 결정을 받은 사람이 부담하는 것이 원칙이다.

③ 가석방심사위원회는 성폭력 수형자의 가석방 적격심사를 할 때 치료명령이 결정된 사실을 고려하여야 한다.

④ 법원의 치료명령 결정이 확정된 후 집행을 받지 아니하고 10년이 경과하면 시효가 완성되어 집행이 면제된다.

해설 ① 법원은 치료명령 청구가 이유 있다고 인정하는 때에는 15년의 범위에서 치료기간을 정하여 판결로 치료명령을 선고하여야 한다(성폭력범죄자의 성충동 약물치료에 관한 법률 제8조 제1항).
② 동법 제24조 제1항
③ 동법 제23조 제2항
④ 동법 제22조 제14항

정답 | ①

107 ★

「성폭력범죄자의 성충동 약물치료에 관한 법률」에 대한 내용으로 옳지 않은 것은? 교정9급 21

① 치료명령은 검사의 지휘를 받아 보호관찰관이 집행한다.

② 치료명령을 받은 사람은 형의 집행이 종료되거나 면제·가석방 또는 치료감호의 집행이 종료·가종료 또는 치료위탁되는 날부터 7일 이내에 주거지를 관할하는 보호관찰소에 출석하여 서면으로 신고하여야 한다.

③ 치료명령의 집행 중 구속영장의 집행을 받아 구금된 때에는 치료명령의 집행이 정지된다.

④ 치료기간은 연장될 수 있지만, 종전의 치료기간을 합산하여 15년을 초과할 수 없다.

해설 ② 치료명령을 받은 사람은 형의 집행이 종료되거나 면제·가석방 또는 치료감호의 집행이 종료·가종료 또는 치료위탁되는 날부터 10일 이내에 주거지를 관할하는 보호관찰소에 출석하여 서면으로 신고하여야 한다(성폭력범죄자의 성충동 약물치료에 관한 법률 제15조 제2항).

① 동법 제13조 제1항

③ ㉠ 치료명령의 집행 중 구속영장의 집행을 받아 구금된 때, ㉡ 치료명령의 집행 중 금고 이상의 형의 집행을 받게 된 때, ㉢ 가석방 또는 가종료·가출소된 자에 대하여 치료기간 동안 가석방 또는 가종료·가출소가 취소되거나 실효된 때에는 치료명령의 집행이 정지된다(동법 제14조 제4항).

④ 동법 제16조 제1항

정답 | ②

PART

10

소년범죄론

CHAPTER

01 소년보호 일반론

01

소년보호의 원칙 중 사회전체의 참여를 요구하는 것은?

① 교육주의　　② 협력주의
③ 과학주의　　④ 인격주의

해설 ② 협력주의란 소년은 사회적 환경의 영향을 많이 받으므로 보호자나 관계기관뿐만 아니라 사회구성원 모두가 소년보호활동을 위해 협력할 필요가 있다는 것을 말한다.

➤ 소년보호의 원칙

인격주의	소년보호절차에서 비행사실보다 소년의 인격에 내재하는 범죄적 위험성의 판단과 평가를 중시해야 한다는 주의
예방주의	범죄로부터 소년을 보호하기 위해서는 사후처리보다는 예방활동을 보다 중시해야 한다는 주의
개별주의	소년에 대한 보호조치를 취할 때에는 소년 개개인을 1건으로 독립해서 취급해야 하고, 개인마다의 특성을 고려해서 처리해야 한다는 주의
과학주의	소년의 처우에 대한 결정 및 교정교육의 과정을 법률가에게만 맡기지 말고, 다양한 전문가의 도움을 받아 과학적으로 처리해야 한다는 주의
교육주의	소년의 건전한 육성을 위한 환경조성과 비행소년의 보호절차활동의 모든 과정에 교육적 측면을 중시해야 한다는 주의
협력주의	소년의 보호자 및 관계기관은 물론, 사회구성원 모두가 소년보호활동을 위해 적극적인 협력을 해야 한다는 주의
비공개주의	소년에 대한 조사나 심리 중에 있는 보호사건이나 형사사건에 있어서 신분이 노출되지 않도록 해야 한다는 주의
분리주의	소년이 비행성을 가진 사람들과 교류하게 되면 쉽게 범죄적 악풍에 감염될 수 있으므로 이들과 분리하여 처우해야 한다는 주의
통고주의	보호할 필요가 있는 소년을 조기에 발견하여 보호기관에 통고하여 관리함으로써 범죄자로 발전하는 것을 사전에 차단해야 한다는 주의

정답 | ②

02

법률상 소년 등의 연령기준으로 옳지 않은 것은? 보호7급 23

① 「형법」상 형사미성년자는 14세가 되지 아니한 자이다.

② 「소년법」상 소년은 19세 미만인 자를 말한다.

③ 「청소년 기본법」상 청소년은 8세 이상 24세 이하인 사람을 말한다. 다만, 다른 법률에서 청소년에 대한 적용을 다르게 할 필요가 있는 경우에는 따로 정할 수 있다.

④ 「아동·청소년의 성보호에 관한 법률」상 아동·청소년은 19세 미만의 자를 말한다. 다만, 19세에 도달하는 연도의 1월 1일을 맞이한 자는 제외한다.

해설 ③ 청소년이란 9세 이상 24세 이하인 사람을 말한다. 다만, 다른 법률에서 청소년에 대한 적용을 다르게 할 필요가 있는 경우에는 따로 정할 수 있다(청소년 기본법 제3조 제1호).

① 형법 제9조

② 소년법 제2조

④ 아동·청소년의 성보호에 관한 법률 제2조 제1호

정답 | ③

03

우리나라의 소년보호이념에 대한 설명으로 가장 적절하지 않은 것은? 경찰간부 24

① 인격주의는 소년사법절차에서 소년 개인을 단위로 한 독자적 사건으로 취급해야 한다는 것이다.

② 교육주의는 소년범죄자에 대한 처벌이 주된 수단이 되어서는 안 된다는 것이다.

③ 예방주의는 범법행위를 저지른 소년이 더 이상 규범을 위반하지 않도록 하고, 죄를 범할 우려가 있는 우범소년이 범죄에 빠지지 않도록 하는 데 소년법의 목적이 있다는 것이다.

④ 비밀주의는 소년범죄자가 사회에 적응하는 과정에서 다른 사람에게 범죄경력이 노출되지 않도록 하여 소년의 인권보장과 재범방지를 추구하는 것을 말한다.

해설 ① 개별주의에 대한 설명이다. 인격주의는 소년보호를 위해 소년의 행위원인에 놓인 개성과 환경을 중시해야 한다는 것이다.

정답 | ①

04

현행 법령에 저촉되는 행위를 할 우려가 있는 우범소년도 소년법의 규율대상으로 하는 것과 직접적으로 관계되는 원칙으로 가장 옳은 것은? 해경간부 24

① 밀행주의 ② 예방주의
③ 과학주의 ④ 개별주의

해설 ② 소년법에 대해 과거의 비행에 대한 처벌보다는 장래의 범죄를 예방하는 데 중점을 두어야 한다는 원칙으로, 우범소년과 밀접한 관련이 있다.

정답 | ②

05

형벌 법령에 저촉되는 행위를 할 우려가 있는 우범소년도 소년법의 규율대상으로 하는 것과 직접적으로 관계되는 원칙은? 사법시험 14

① 예방주의 ② 과학주의
③ 당사자주의 ④ 개별주의
⑤ 밀행주의

해설 ① 예방주의란 범죄로부터 소년을 보호하기 위해서는 사후처리보다는 예방활동을 중요시해야 한다는 것을 말한다. 소년법이 범죄소년·촉법소년뿐만 아니라, 장차 죄를 범할 우려가 있는 우범소년까지 보호의 대상에 포함하고 있는 것은 예방주의의 표현이다.

정답 | ①

06

비행소년에 대한 보호처분의 본질과 가장 거리가 먼 것은? 교정9급 05

① 교육적이며 복지적 성격을 지닌 처분이다.
② 사법적 처분이다.
③ 개선과 교화보다 예방적 조치를 더 중시한다.
④ 비자발적 강제처분이다.

해설 ③ 소년은 인격형성단계에 있는 관계로 교육을 통한 교화개선의 가능성이 높으므로 비행소년은 성인범과 달리 형벌보다는 특별한 원칙에 따른 보호처분에 따르도록 해야 한다. 소년보호의 원칙 중 하나인 예방주의란 장차 범죄의 우려가 있는 우범소년의 경우에도 소년보호의 대상으로 삼아 장차 범죄에 빠지지 않도록 해야 한다는 것을 말하는데 이는 사회방위적 차원에서 보안처분의 성격을 가지는 예방적 조치와는 그 성격이 다르다.

정답 | ③

07 ★

소년보호의 원칙에 대한 설명으로 옳지 않은 것은? 교정9급 10

① 인격주의는 소년을 보호하기 위하여 소년의 행위에서 나타난 개성과 환경을 중시하는 것을 말한다.
② 예방주의는 범행한 소년의 처벌이 아니라, 이미 범행한 소년이 더 이상 범죄를 범하지 않도록 하는 데에 있다.
③ 개별주의는 소년사건에서 소년보호조치를 취할 때 형사사건과 병합하여 1건의 사건으로 취급하는 것을 말한다.
④ 과학주의는 소년의 범죄환경에 대한 연구와 소년범죄자에게 어떤 종류의 형벌을 어느 정도 부과할 것인가에 대한 전문가의 활용을 말한다.

해설 ③ 개별주의란 소년에 대한 보호조치를 취할 때에는 소년 개개인을 1건으로 독립해서 취급하고, 행위와 외형에 구애받지 않으며, 각 개인마다의 특성을 중시하여 처리해야 한다는 것을 말한다.

정답 | ③

08

바톨라스와 밀러(C. Bartollas, S.T. Miller)의 소년교정모형이 아닌 것은?

① 의료모형 ② 조정모형
③ 범죄통제모형 ④ 최대제한모형

해설 바톨라스와 밀러(C. Bartollas, S.T, Miller)가 소년교정의 모형으로 제시한 유형은 다음과 같다.

➤ **바틀라스와 밀러의 소년교정의 모형**

의료모형	비행소년은 통제불능요인에 의해 범죄자로 결정된 사회적 병질자이므로 치료의 대상이다.
적응(조정)모형	비행소년은 환자가 아니라 합리적 결정을 할 수 있는 자이므로 전문가의 치료를 요한다.
범죄통제모형	비행소년에 대해서는 훈육과 처벌을 통해 강경하게 대처해야 한다.
최소제한모형	비행소년에 대해서는 형사사법기관의 개입을 최소화해야 하며, 비시설적 처우가 바람직하다.

정답 | ④

09 ★

바톨라스(Bartollas)와 밀러(Miller)의 소년교정모델에 대한 설명으로 옳지 않은 것은? 교정7급 14

① 의료모형(medical model) – 비행소년은 자신이 통제할 수 없는 요인에 의해서 범죄자로 결정되었으며, 이들은 사회적으로 약탈된 사회적 병질자이기 때문에 처벌의 대상이 아니라 치료의 대상이다.
② 적응모형(adjustment model) – 범죄자 스스로 책임 있는 선택과 합법적 결정을 할 수 없다. 그 결과, 현실요법, 환경요법 등의 방법이 처우에 널리 이용된다.
③ 범죄통제모형(crime control model) – 청소년도 자신의 행동에 대해서 책임을 져야 하므로, 청소년 범죄자에 대한 처벌을 강화하는 것만이 청소년 범죄를 줄일 수 있다.
④ 최소제한모형(least–restrictive model) – 비행소년에 대해서 소년사법이 개입하게 되면, 이들 청소년들이 지속적으로 법을 위반할 가능성이 증대될 것이다.

해설 ② 적응모형에서는 범죄자 스스로 책임있는 선택과 합법적 결정을 할 수 있다고 간주하므로 현실요법, 환경요법, 집단지도 상호작용, 교류분석, 긍정적 동료문화 등의 처우기법을 활용한다.

정답 | ②

10

소년교정의 모형에 관한 설명으로 옳지 않은 것은?

① 의료모형은 국친사상·실증주의범죄학 및 결정론을 결합시킨 것으로 비행소년을 사회적으로 약탈된 병질자로 파악한다.
② 적응모형은 범죄자 스스로 책임 있는 선택과 합법적 결정을 할 수 있다고 간주한다.
③ 범죄통제모형은 엄격한 처벌만이 소년비행을 억제하는 효과적인 수단이라고 본다.
④ 최소제한모형은 형사사법기관의 개입에 부정적이며, 아노미이론을 이론적 기초로 하고 있다.

해설 ④ 최소제한모형은 형사사법기관의 개입을 최소화하자는 입장으로 낙인이론에 그 이론적 기초를 두고 있으며, 비행소년에 대한 모든 절차적 권리의 보장과 비시설적 처우를 바람직한 것으로 보고 있다.

정답 | ④

11

바톨라스(C. Bartolas)의 소년교정모형에 대한 설명이다. 〈보기 1〉에 제시된 설명과 〈보기 2〉에서 제시된 교정모형을 옳게 짝지은 것은? 교정9급 19

<보기1>
㉠ 비행소년은 통제할 수 없는 요인에 의해서 범죄자로 결정되어졌으며, 이들은 사회적 병질자이기 때문에 처벌의 대상이 아니라 치료의 대상이다.
㉡ 범죄소년은 치료의 대상이지만 합리적이고 책임 있는 결정을 할 수 있다고 하면서, 현실요법·집단지도 상호작용·교류분석 등의 처우를 통한 범죄소년의 사회 재통합을 강조한다.
㉢ 비행소년에 대해서 소년사법이 개입하게 되면 낙인의 부정적 영향 등으로 인해 지속적으로 법을 어길 가능성이 증대되므로, 청소년을 범죄소년으로 만들지 않는 길은 시설에 수용하지 않는 것이다.
㉣ 지금까지 소년범죄자에 대하여 시도해 온 다양한 처우 모형들이 거의 실패했기 때문에 유일한 대안은 강력한 조치로서 소년범죄자에 대한 훈육과 처벌뿐이다.

<보기2>
A. 의료모형　B. 적응(조정)모형　C. 범죄통제모형　D. 최소제한(제약)모형

	㉠	㉡	㉢	㉣
①	A	B	C	D
②	A	B	D	C
③	A	C	D	B
④	B	A	D	C

해설 A. 의료(치료)모형 : 교정은 치료라고 보고, 소년원에 있어 교정교육기법의 기저가 되었다.
B. 적응(조정)모형 : 범죄자는 치료의 대상이지만 스스로 책임 있는 선택과 합리적 결정을 할 수 있는 자로 본다.
C. 범죄통제(정의)모형 : 청소년도 자신의 행동에 대해서 책임을 져야 하므로, 청소년 범죄자에 대한 처벌을 강화하는 것만이 청소년범죄를 줄일 수 있다.
D. 최소제한(제약)모형 : 낙인이론에 근거하여 시설수용의 폐단을 지적하며 처벌 및 처우개념을 모두 부정하며 불간섭주의를 주장한다.

정답 | ②

12

소년사법의 동향과 관련하여 범죄통제모델의 입장이라고 볼 수 없는 것은?

① 종래의 재사회화모델이 실패하였다고 비판하고, 1970년대에 등장한 이론이다.

② 비행소년은 보호적 차원에서 처우해야 한다고 주장한다.

③ 범죄에 상응한 처벌이 재범방지에 효과적이라고 본다.

④ 지역사회의 보호를 최우선의 목표로 삼는다.

해설 ② 범죄통제모델은 1970년대에 등장한 소년사법에 관한 이론으로 종전 소년보호적 입장에서의 재사회화 처우모델이 비행소년의 재범방지는 물론 사회방위에도 실패했다고 비판하고, 책임주의에 입각하여 비행소년을 성인범과 다름없이 범죄행위에 상응한 처벌로 대처해야 한다는 주장을 말한다.

정답 | ②

13 ★

오늘날 소년사법의 추세는 4D로 표현될 수 있는데 이에 속하지 않는 것은?

① 비형벌화(Depenalization)

② 전환(Diversion)

③ 비범죄화(Decriminalization)

④ 적법절차(Due process)

해설 ①·②·③ 소년은 성장발육기 내지 인격형성단계에 있는 관계로 유해한 사회적 환경에 접할 경우 쉽게 범죄에 감염될 우려가 있는 반면, 교육을 통한 교화개선의 가능성도 높으므로 오늘날 소년사법의 추세는 가급적 형사사법절차에 개입시키지 않고, 사회내처우로 대신하려는 경향을 보이고 있는데 3D이론·4D이론·5D이론 등이 그것이다.

3D	비형벌화(Depenalization)·비범죄화(Decriminalization)·비시설수용화(Deinstitutionalization)
4D	3D + 전환(Diversion)
5D	4D + 적법절차(Due process)

정답 | ④

14

소년사법에 있어서 4D(비범죄화, 비시설수용, 적법절차, 전환)에 대한 설명으로 옳지 않은 것은?

교정9급 22

① 비범죄화(decriminalization)는 경미한 일탈에 대해서는 비범죄화하여 공식적으로 개입하지 않음으로써 낙인을 최소화하자는 것이다.

② 비시설수용(deinstitutionalization)은 구금으로 인한 폐해를 막고자 성인교도소가 아닌 소년 전담시설에 별도로 수용하는 것을 의미한다.

③ 적법절차(due process)는 소년사법절차에서 절차적 권리를 철저하고 공정하게 보장하여야 한다는 것을 의미한다.

④ 전환(diversion)은 비행소년을 공식적인 소년사법절차 대신에 비사법적인 절차에 의해 처우하자는 것이다.

해설 ② 비시설수용 : 소년 범죄자에 대하여 시설에 수용하지 않고, 직·간접적으로 영향을 주며 소년을 보호할 책임이 있는 가족이나 학교, 사회복지시설 등이 직접 소년을 보호함으로써 온건하고 자비로운 방법으로 소년이 지역사회에 정착할 수 있도록 하는 것을 말하며 소년교도소나 소년원의 수용이 아니다.

정답 | ②

15

1967년 미연방최고법원이 선고한 이른바 '갈트(Gault)판결'과 가장 관련 있는 것은?

① 비범죄화
② 비형벌화
③ 적법절차의 보장
④ 망의 확대(net widening)이론

해설 ③ '갈트(Gault)판결'이란 미국에서 갈트라는 이름을 가진 15세 소년이 음란전화의 혐의로 소년법원에 의해 직업보도학교의 수용처분을 받았는데 미연방최고법원은 해당 소년법원이 심리절차의 비공개, 변호인선임권의 미통보, 진술거부권 미고지, 반대신문기회 미제공, 소송진행기록의 미작성 등 통장의 재판절차를 따르지 않아 적법절차(due process)를 위반하였다고 판시한 사건을 말한다.

정답 | ③

16

소년사법의 대표적 제도인 소년법원의 특성으로 옳지 않은 것은? 교정9급 21

① 소년법원은 반사회성이 있는 소년의 형사처벌을 지양하며 건전한 성장을 도모하기 위한 교화개선과 재활철학을 이념으로 한다.

② 소년법원은 범죄소년은 물론이고 촉법소년, 우범소년 등 다양한 유형의 문제에 개입하여 비행의 조기발견 및 조기처우를 하고 있다.

③ 소년법원의 절차는 일반법원에 비해 비공식적이고 융통성이 있다.

④ 소년법원은 감별 또는 분류심사 기능과 절차 및 과정이 잘 조직되어 있지 못한 한계가 있다.

해설 ※ 소년법원이 일반법원과 다른 특성

㉠ 비행소년을 형사법원에서 재판할 때 생기는 부작용인 부정적 낙인으로부터 아동을 보호하기 위한 것이다.

㉡ 소년법원은 처음부터 처벌과 억제 지향에 반대되는 교화개선과 재활의 철학을 지향하고 있다.

㉢ 관할대상이 범죄소년만을 대상으로 하지 않는다. 비행소년은 물론이고, 지위비행자와 방치된 소년뿐만 아니라 다양한 유형의 가정문제까지도 대상으로 하고 있다.

㉣ 소년법원의 절차가 일반법원에 비해 훨씬 비공식적이고 융통성이 있다는 점이 있는 반면, 적법절차에 대한 관심은 적다.

㉤ 일반법원에 비해 소년법원은 감별 또는 분류심사 기능과 절차 및 과정이 비교적 잘 조직되어 있다.

㉥ 일반법원이 선택할 수 있는 형의 종류에 비해 소년법원에서 결정할 수 있는 처분의 종류가 더 다양하다.

정답 | ④

CHAPTER 02 소년법과 범죄대책

01

소년사법에 관한 외국의 입법례로 옳지 않은 것은?

① 미국에서는 1899년 일리노이주에서 세계최초의 소년재판법이 제정되었으며, 같은 해 7월 1일 시카고에 소년법원이 최초로 개설되었다.
② 영국에서는 소년재판의 방향을 적법절차의 견지로 전환하는 추세에 있다.
③ 독일은 제1차세계대전 이후 소년비행이 격증함에 따라 1922년 소년복지법, 1923년 소년재판법을 제정하였다.
④ 유럽대륙의 각 국가는 북구권 국가를 제외하고 대체로 특별법원에 속하는 소년법원을 가지고 있다.

해설 ② 영국에서는 미국의 소년법원이 소년재판의 방향을 적법절차의 견지로 전환하려는 것과 달리 오히려 보호주의를 강화하는 방향으로 법개정이 추진되고 있다.

정답 | ②

02

소년법의 특징으로 옳지 않은 것을 모두 고른 것은?

㉠ 형법의 특별법적 성격을 가진다.
㉡ 소년사건을 보호사건과 형사사건으로 구분하고 있다.
㉢ 소년형사사건에는 국친주의적 요소가 포함되어 있다.
㉣ 실체법적 특징으로는 분리주의, 직권주의, 과학주의를 채택하고 있다.

① ㉠, ㉡
② ㉠, ㉣
③ ㉡, ㉢
④ ㉢, ㉣

해설 [×] ㉢ 국친주의적 요소가 포함되어 있는 것은 소년보호사건 처리절차이다.
㉣ 분리주의, 직권주의, 과학주의는 절차법적 특징에 해당한다.
[○] ㉠·㉡

정답 | ④

03

소년사건처리의 입법태도에 관한 설명으로 옳지 않은 것은?

① 검사선의주의는 영미법계의 입법태도이다.
② 우리 소년법은 법원선의주의를 채택하고 있다.
③ 일본은 검사선의주의를 채택하고 있다.
④ 대륙법계 국가들은 대체로 법원선의주의를 채택하고 있다.

해설 ② 우리 소년법은 검사선의주의를 채택하고 있다. 소년사건처리에 관한 입법상 태도로는 검사선의주의와 법원선의주의가 있는데 검사선의주의란 소년피의사건에 대하여 형사절차에 따라 재판을 할 것인지 보호절차에 따라 재판을 할 것인지의 선택권을 검사에게 먼저 행사하게 하는 유형으로 영미법계와 일본의 입법태도가 여기에 해당하며, 법원선의주의란 소년 피의사건에 대해 수사한 검사는 모든 사건을 소년법원에 송치하고, 형사절차에 따라 재판을 할것인지 보호절차에 따라 재판을 할 것인지의 선택권을 법원에 부여하는 유형으로 대륙법계의 입법태도가 여기에 해당한다.

정답 | ②

04

검사선의주의에 관한 설명 중 옳지 않은 것으로 묶인 것은?

> ㉠ 소년비행 당사자의 불안감을 증폭시킬 수 있다.
> ㉡ 법원의 부담을 경감시킨다.
> ㉢ 장기구금의 폐해를 해소할 수 있다.
> ㉣ 소년복지를 위한 행정적 조치를 강구하기에 용이하다.
> ㉤ 소년법에서 검사가 형사법원에 송치한 소년사건에 대해 법원이 심리한 결과 보호처분에 해당할 사유가 있다고 인정하면 결정으로써 사건을 관할 소년부에 송치하도록 규정하고 있는 것은 검사선의주의에 대한 사법적 통제에 해당한다.

① ㉠, ㉡ ② ㉠, ㉢
③ ㉡, ㉣ ④ ㉢, ㉤

해설 [×] ㉠ 검사선의주의는 검사가 절차의 초기단계에서부터 처리절차를 결정할 수 있으므로 소년비행 당사자의 불안감을 완화시킬 수 있다.
㉢ 검사선의주의에 따르면 범죄소년이 구속되면 먼저 경찰서 유치장에 구금되고, 검찰에 송치되면 교정시설에 구금되며, 기소되어 재판을 받는 도중 법원 소년부로 송치되면 그 때 비로소 소년분류심사원으로 이송되는데 이 경우 보호처분 대상인 소년을 형사기소한 결과가 되어 부당한 장기구금이 초래될 우려가 있다는 비판이 있다.
[○] ㉡·㉣

정답 | ②

05

선도조건부 기소유예에 관한 설명으로 옳은 것은?

① 법률적 제도가 아니라, 법무부가 실무적으로 운영하고 있는 기소유예제도의 일종이다.
② 일정사항 준수 및 범죄예방위원의 선도를 조건으로 기소를 유예하는 것을 말한다.
③ 준수사항 위반이나 재범 없이 선도기간을 경과한 때에는 공소를 취소한다.
④ 기소법정주의의 표현이다.

해설 ① 과거 선도조건부 기소유예는 법률이 아닌 법무부훈령(소년선도 보호지침)에 의해 시행되고 있었으나, 2007년 12월 21일 소년법 개정 시 관련규정이 신설됨으로써 법률적 제도로 격상되었다.
③ 대상자가 준수사항 위반이나 재범을 저지르지 않고 선도기간을 경과한 때에는 공소를 제기하지 않는 제도이다.
④ 선도조건부 기소유예제도는 검찰이 공소제기의 여부를 결정하는 기소편의주의의 표현이다.

정답 | ②

06

소년에 대한 선도조건부 기소유예제도에 관한 설명 중 옳은 것은? 사법시험 05 변형

① 보호처분의 일종으로 「보호소년 등의 처우에 관한 법률」이 규정하고 있다.
② 선도의 필요가 인정되는 범죄소년과 촉법소년에 대해 부과한다.
③ 검사의 기소재량과 소년사건에 대한 법원선의주의의 결합에 기초하고 있다.
④ 대상소년의 일정한 자유를 제한하는 것이기 때문에 법원의 허가를 필요로 한다.
⑤ 지역사회의 자발적인 참여를 유발하여 소년에 대한 효율적인 사회복귀를 도모하고자 한다.

해설 ① 소년법 제49조의3에 관련 규정이 있다.
② 법무부훈령인 선도보호지침에 따르면 선도조건부 기소유예는 18세 미만의 범죄소년을 주된 대상으로 하고 있으므로 촉법소년은 그 대상이 되지 않는다.
③ 선도조건부 기소유예제도는 소년사건에 대한 검사선의주의 입장에 있다.
④ 선도조건부 기소유예는 검사의 기소편의주의와 소년사건의 검사선의주의에 기초하고 있으므로 법원의 허가를 필요로 하지 않는다.

정답 | ⑤

07

청소년범죄 관련 다이버전(diversion, 전환) 프로그램에 대한 설명으로 옳지 않은 것은? 교정9급 20

① 다이버전은 형사사법기관이 통상적인 형사절차를 대체하는 절차를 활용하여 범죄인을 처리하는 제도를 말한다.

② 공식적인 형사처벌로 인한 낙인효과를 최소화하려는 목적을 갖고 있다.

③ 다이버전은 주체별로 경찰에 의한 다이버전, 검찰에 의한 다이버전, 법원에 의한 다이버전 등으로 분류하는 경우도 있다.

④ 경찰의 선도조건부 기소유예 제도가 대표적인 기소전 다이버전 프로그램이라고 할 수 있다.

해설 ④ 선도조건부 기소유예 제도는 검찰단계의 기소전 다이버전 프로그램이다.
선도조건부 기소유예 제도는 검사가 범죄소년에 대하여 일정한 기간 동안 준수사항을 이행하고 민간인인 범죄예방위원의 선도를 받을 것을 조건으로 기소유예처분을 하고, 그 소년이 준수사항을 위반하거나 재범을 하지 않고 선도기간을 경과한 때에는 공소를 제기하지 않는 제도를 말하며 소년에 대한 다이버전제도의 일종이라고 할 수 있다.

정답 | ④

08

선도조건부 기소유예제도에 관한 설명으로 옳지 않은 것은? 사법시험 07

① 검사가 범죄소년에 대하여 일정 기간 준수사항의 이행과 범죄예방위원의 선도를 조건으로 기소를 유예하는 제도이다.

② 선도조건부 기소유예를 할 것인가의 여부는 검사의 재량이다.

③ 해당 소년의 행위가 범죄를 구성하지 않는 것으로 밝혀져 공소제기를 할 수 없는 경우에도 선도조건부 기소유예를 할 수 있다.

④ 법원의 재판 없이 선도조건부 기소유예처분을 할 수 있게 되면 법관에 의한 재판을 받을 권리를 박탈한다는 비판이 제기될 수 있다.

⑤ 이 제도는 선도보호를 통해 소년의 사회복귀를 돕는 한편, 재범을 방지하는 기능을 한다.

해설 ③ 선도조건부 기소유예를 하기 위해서는 범죄혐의를 받는 소년이 범죄행위 시 14세 이상으로 범죄사실을 인정할 만한 충분한 증거가 있어야 하므로 공소제기를 할 수 없는 경우에는 선도조건부 기소유예처분을 할 수 없다.

정답 | ③

09

소년보호처분의 본질이라고 보기 어려운 것은?

① 교정주의 이념을 배경으로 한다.

② 교육적·복지적 성격을 갖는다.

③ 임의적 처분이므로 대상소년의 자발적 의지를 중시한다.

④ 사법적 처분의 일종이므로 징벌적 의미를 내포하고 있다.

해설 ③ 보호처분은 강제적 처분이므로 대상소년에게는 비자발적 처분이다.

정답 | ③

10

비행소년을 지칭하는 용어가 아닌 것은?

① 범죄소년 ② 우범소년

③ 형법소년 ④ 촉법소년

해설 ①·②·④ 소년법 제4조 제1항은 비행소년을 범죄소년·촉법소년·우범소년으로 구분하고 있다.

➤ **소년법상 비행소년의 종류**

범죄소년	죄를 범한 14세 이상 19세 미만의 소년
촉법소년	형벌 법령에 저촉된 행위를 한 10세 이상 14세 미만의 형사미성년자로서 형사처벌이 불가능하고 보호처분만 가능한 소년
우범소년	다음에 해당하는 사유가 있고, 그의 성격이나 환경에 비추어 앞으로 형벌 법령에 저촉되는 행위를 할 우려가 있는 10세 이상의 소년 • 집단적으로 몰려다니며 주위 사람들에게 불안감을 조성하는 성벽이 있는 것 • 정당한 이유 없이 가출하는 것 • 술을 마시고 소란을 피우거나 유해환경에 접하는 성벽이 있는 것

정답 | ③

11

소년보호사건의 관할이 아닌 것은?

① 행위지　　② 본적지
③ 거주지　　④ 현재지

해설 ①·③·④ 소년보호 사건의 관할은 소년의 행위지, 거주지 또는 현재지로 한다(소년법 제3조 제1항).

정답 | ②

12 ★

소년보호사건에 관한 설명으로 옳지 않은 것을 모두 고른 것은?

㉠ 소년보호사건은 가정법원 소년부 또는 지방법원 소년부에 속한다.
㉡ 소년보호사건의 심리와 처분결정은 소년부 단독판사가 한다.
㉢ 우범소년이 있을 때에는 경찰서장은 검사에게 송치하여야 한다.
㉣ 보호관찰소장이 범죄소년을 발견한 경우에는 직접 관할 소년부에 송치하여야 한다.

① ㉠, ㉡　　② ㉠, ㉢
③ ㉡, ㉢　　④ ㉢, ㉣

해설 [×] ㉢ 촉법소년·우범소년이 있을 때에는 경찰서장은 직접 관할 소년부에 송치하여야 한다(소년법 제4조 제2항).
㉣ 범죄소년·촉법소년·우범소년을 발견한 보호자 또는 학교·사회복리시설·보호관찰소의 장은 이를 관할 소년부에 통고할 수 있다(동조 제3항).
[○] ㉠ 동법 제3조 제2항
㉡ 동조 제3항

정답 | ④

13

경찰서장이 직접 소년부로 송치할 수 있는 경우는?

① 18세 이하의 범죄소년
② 10세 이상 14세 미만의 소년
③ 19세 미만의 소년
④ 10세 이하의 소년

해설 ② 경찰서장이 직접 소년부에 송치할 수 있는 경우는 촉법소년과 우범소년인데 소년법은 촉법소년의 연령을 10세 이상 14세 미만으로, 우범소년의 연령은 10세 이상 19세 미만으로 규정하고 있다.

정답 | ②

14

다음에서 설명하는 수용자 구금제도는? 교정9급 20

> 이 제도는 '보호' 또는 '피난시설'이란 뜻을 갖고 있으며, 영국 켄트지방의 지역 이름을 따 시설을 운영했던 것에서 일반화되어 오늘날 소년원의 대명사로 사용되곤 한다.
> 주로 16세에서 21세까지의 범죄소년을 수용하여 직업훈련 및 학과교육 등을 실시함으로써 교정, 교화하려는 제도이다.

① 오번 제도(Auburn system)
② 보스탈 제도(Borstal system)
③ 카티지 제도(Cottage system)
④ 펜실베니아 제도(Pennsylvania system)

해설 ② 보스탈 제도에 대한 설명이다. 보스탈은 1897년 브라이스에 의해 창안된 것인데, 초기에는 군대식의 통제방식으로 엄격한 규율·분류수용·중노동 등이 처우의 기본원칙으로 적용되었다. 그 후 1906년 범죄방지법에 의해 보스탈 제도가 법제화되면서 영국의 가장 효과적인 시설내 처우로 주목받고 있다. 1920년 보스탈 감옥의 책임자 페터슨은 종래의 군대식 규율에 의한 강압적 훈련을 비판하고, 소년의 심리변화를 목적으로 하는 각종 처우방식을 적용하였다. 1930년대의 보스탈 제도는 개방처우 하에서 생산활동, 인근지역과의 관계, 수용자 간의 토의 등을 중시한 소년교정시설의 선구적 모델이 되었다.

정답 | ②

15 ★

소년보호사건에 대한 설명으로 옳지 않은 것만을 모두 고른 것은? 교정9급 13

> ㉠ 형벌법령에 저촉되는 행위를 한 12세 소년이 있을 때에 경찰서장은 직접 관할 소년부에 소년을 송치하여야 한다.
> ㉡ 법으로 정한 사유가 있고 소년의 성격이나 환경에 비추어 향후 형벌법령에 저촉되는 행위를 할 우려가 있더라도 10세 우범소년은 소년부에 송치할 수 없다.
> ㉢ 소년법상 14세 촉법소년은 소년부 보호사건의 대상이 되고, 정당한 이유 없이 가출하는 9세 소년은 소년보호사건의 대상에서 제외된다.
> ㉣ 죄를 범한 소년을 발견한 보호자 또는 학교·사회복지시설·보호관찰소(보호관찰지소 포함)의 장은 이를 관할 소년부에 통고할 수 있다.

① ㉠, ㉡ ② ㉠, ㉢
③ ㉡, ㉢ ④ ㉢, ㉣

해설 [×] ㉡ 촉법소년·우범소년(법으로 정한 사유가 있고 그의 성격 또는 환경에 비추어 장래 형벌법령에 저촉되는 행위를 할 우려가 있는 10세 이상 19세 미만인 소년)이 있을 때에는 경찰서장은 직접 관할 소년부에 송치하여야 한다(소년법 제4조 제2항).
㉢ 소년보호사건의 대상이 되는 촉법소년은 형벌법령에 저촉되는 행위를 한 10세 이상 14세 미만인 소년을 말한다(소년법 제4조 제1항 제2호). 따라서 14세의 촉법소년은 소년보호사건의 대상이 될 수 없다.
[○] ㉠ 소년법 제4조 제2항
㉣ 동조 제3항

정답 | ③

16

소년법의 적용대상인 소년에 관한 설명으로 옳지 않은 것은?

① 촉법소년은 형벌 법령에 저촉되는 행위를 한 10세 이상 14세 미만의 소년이다.
② 우범소년은 장래 형벌 법령에 저촉되는 행위를 할 우려가 있는 10세 이상의 소년이다.
③ 우범소년에게는 형벌을 선고할 수 없고, 소년법상의 보호처분도 할 수 없다.
④ 촉법소년에게 형벌을 선고할 수는 없지만, 소년법상의 보호처분은 할 수 있다.
⑤ 행위 시 18세 미만인 소년에 대하여는 사형을 선고할 수 없다.

해설 ③ 우범소년에게는 형벌을 선고할 수 없지만, 소년법상 보호처분은 할 수 있다.
①·② 소년법 제4조 제1항
⑤ 동법 제59조

정답 | ③

17

소년보호사건 처리절차에 대한 설명으로 옳은 것은? 교정7급 10

① 소년이 소년분류심사원에 위탁된 경우 보조인이 없을 때에는 법원은 소년 본인이나 보호자의 신청에 따라 변호사 등 적정한 자를 보조인으로 선임할 수 있다.

② 소년부 판사는 사건을 조사 또는 심리하는 데에 필요하다고 인정하면 소년의 감호에 관하여 결정으로써 보호자나 소년을 보호할 수 있는 적당한 자 또는 병원이나 소년분류심사원에 위탁하는 조치를 할 수 있다.

③ 소년부가 심리한 결과 12세 소년이 금고 이상의 형에 해당하는 범죄를 범하여 형사처분을 할 필요가 있다고 인정하면 결정으로써 사건을 관할 검찰청 검사에게 송치하여야 한다.

④ 소년부 판사는 심리과정에서 소년에게 피해자와의 화해를 권고할 수 있으며, 소년이 피해자와 화해하였을 경우에는 불처분결정으로 심리를 종결하여야 한다.

해설 ② 소년법 제18조 제1항 제1호

① 소년이 소년분류심사원에 위탁된 경우 보조인이 없을 때에는 법원은 변호사 등 적정한 자를 보조인으로 선정하여야 한다(소년법 제17조의2 제1항). 즉 소년 본인이나 보호자의 신청을 요하지 않는다.

③ 소년법상 형사처분이란 소년법 제32조 제1항의 보호처분과 달리 형법에 의한 제재를 과할 목적으로 14세 이상 19세 미만의 소년에게 부과하는 처분을 말한다. 따라서 12세의 소년은 형사처분의 대상이 되지 않는다.

④ 소년부 판사는 소년이 피해자와 화해하였을 경우에는 보호처분을 결정할 때 이를 고려할 수 있다(소년법 제25조의3 제3항). 즉 화해하였을 경우 소년부 판사는 보호처분을 결정할 때 고려할 수 있을 뿐이므로 불처분결정으로 심리를 종결하여야 한다는 표현은 옳지 않다.

정답 | ②

18

「소년법」상 보호사건의 심리와 조사에 대한 설명으로 옳지 않은 것은? 교정9급 24

① 소년이 소년분류심사원에 위탁되지 아니하였을 때에도 소년에게 신체적·정신적 장애가 의심되는 경우, 법원은 직권에 의하거나 소년 또는 보호자의 신청에 따라 보조인을 선정할 수 있다.

② 소년부 판사는 보조인이 심리절차를 고의로 지연시키는 등 심리진행을 방해하거나 소년의 이익에 반하는 행위를 할 우려가 있다고 판단하는 경우에는 보조인 선임의 허가를 취소하여야 한다.

③ 소년부 판사는 사안이 가볍다는 이유로 심리를 개시하지 아니한다는 결정을 할 때에는 소년에게 훈계하거나 보호자에게 소년을 엄격히 관리하거나 교육하도록 고지할 수 있다.

④ 소년부 판사는 심리 기일을 지정하고 본인과 보호자를 소환하여야 한다. 다만, 필요가 없다고 인정한 경우에는 보호자는 소환하지 아니할 수 있다.

해설 ② 소년부 판사는 보조인이 심리절차를 고의로 지연시키는 등 심리진행을 방해하거나 소년의 이익에 반하는 행위를 할 우려가 있다고 판단하는 경우에는 보조인 선임의 허가를 취소할 수 있다(소년법 제17조 제4항).

① 동법 제17조의2 제2항 제1호

③ 동법 제19조 제2항

④ 동법 제21조 제1항

정답 | ②

19

다음 사례에서 甲에 대한 「소년법」상 처리절차로 옳지 않은 것은? 보호7급 22

> 13세 甲은 정당한 이유 없이 가출한 후 집단적으로 몰려다니며 술을 마시고 소란을 피움으로써 주위 사람들에게 불안감을 조성하였고, 그의 성격이나 환경에 비추어 앞으로 형벌 법령에 저촉되는 행위를 할 우려가 있다.

① 경찰서장은 직접 관할 소년부에 송치하여야 하며, 송치서에 甲의 주거·성명·생년월일 및 행위의 개요와 가정상황을 적고, 그 밖의 참고자료를 첨부하여야 한다.

② 보호자 또는 학교·사회복지시설·보호관찰소의 장은 甲을 관할 소년부에 통고할 수 있다.

③ 소년부 판사는 사건의 조사 또는 심리에 필요하다고 인정하면 기일을 지정하여 甲이나 그 보호자를 소환할 수 있으며, 정당한 이유 없이 소환에 응하지 아니하면 소년부 판사는 동행영장을 발부할 수 있다.

④ 소년부 판사는 심리 결과 보호처분의 필요성이 인정되더라도 甲에게 수강명령과 사회봉사명령은 부과할 수 없다.

해설 甲은 우범소년에 해당한다.

④ 甲의 나이가 13세이므로, 14세 이상의 소년에게만 할 수 있는 사회봉사명령은 부과할 수 없으나(소년법 제32조 제3항), 12세 이상의 소년에게만 할 수 있는 수강명령은 부과할 수 있다(동법 제32조 제4항).

① 촉법·우범소년이 있을 때에는 경찰서장은 직접 관할 소년부에 송치하여야 하며(동법 제4조 제2항), 소년보호사건을 송치하는 경우에는 송치서에 사건 본인의 주거·성명·생년월일 및 행위의 개요와 가정상황을 적고, 그 밖의 참고자료를 첨부하여야 한다(동법 제5조).

② 범죄·촉법·우범소년을 발견한 보호자 또는 학교·사회복리시설·보호관찰소(보호관찰지소를 포함한다)의 장은 이를 관할 소년부에 통고할 수 있다(동법 제4조 제3항).

③ 동법 제13조

정답 | ④

20

「소년법」상 보조인제도에 대한 설명으로 옳지 않은 것은? 보호7급 22

① 소년이 소년분류심사원에 위탁된 경우, 보조인이 없을 때에는 법원은 변호사 등 적정한 자를 보조인으로 선정하여야 한다.

② 소년이 소년분류심사원에 위탁되지 아니하였을 때에도 소년에게 신체적·정신적 장애가 의심되는 경우에는 법원은 직권으로 보조인을 선정하여야 한다.

③ 소년이 보호자나 변호사를 보조인으로 선임하는 경우에 소년부 판사의 허가 없이 보조인을 선임할 수 있다.

④ 보조인의 선임은 심급마다 하여야 한다.

해설 ② 소년이 소년분류심사원에 위탁되지 아니하였을 때에도 ㉠ 소년에게 신체적·정신적 장애가 의심되는 경우, ㉡ 빈곤이나 그 밖의 사유로 보조인을 선임할 수 없는 경우, ㉢ 그 밖에 소년부 판사가 보조인이 필요하다고 인정하는 경우 법원은 직권에 의하거나 소년 또는 보호자의 신청에 따라 보조인을 선정할 수 있다(소년법 제17조의2 제2항).

① 동조 제1항

③ 사건 본인이나 보호자는 소년부 판사의 허가를 받아 보조인을 선임할 수 있다(동법 제17조 제1항). 보호자나 변호사를 보조인으로 선임하는 경우에는 허가를 받지 아니하여도 된다(동조 제2항).

④ 동조 제5항

정답 | ②

21

「소년법」 제32조에 따른 소년보호 처분에 대한 설명으로 옳지 않은 것은? 보호7급 22

① 제1호 처분은 보호자 또는 보호자를 대신하여 소년을 보호할 수 있는 자에게 감호위탁하는 것이다.

② 제6호 처분은 「아동복지법」에 따른 아동복지시설이나 그 밖의 소년보호시설에 감호위탁하는 것이다.

③ 제4호 처분을 할 때 6개월의 기간을 정하여 야간 등 특정 시간대의 외출을 제한하는 명령을 보호관찰대상자의 준수사항으로 부과할 수 있다.

④ 제5호 처분을 할 때 6개월의 기간을 정하여 「보호소년 등의 처우에 관한 법률」에 따른 대안교육 또는 소년의 상담·선도·교화와 관련된 단체나 시설에서의 상담·교육을 받을 것을 동시에 명할 수 있다.

해설 ④ 제32조 제1항 제4호(단기 보호관찰) 또는 제5호(장기 보호관찰)의 처분을 할 때에 3개월 이내의 기간을 정하여 「보호소년 등의 처우에 관한 법률」에 따른 대안교육 또는 소년의 상담·선도·교화와 관련된 단체나 시설에서의 상담·교육을 받을 것을 동시에 명할 수 있다(소년법 제32조의2 제1항).

① 동법 제32조 제1항 제1호

② 동조 동항 제6호

③ 제32조 제1항 제4호(단기 보호관찰) 또는 제5호(장기 보호관찰)의 처분을 할 때에 1년 이내의 기간을 정하여 야간 등 특정 시간대의 외출을 제한하는 명령을 보호관찰대상자의 준수사항으로 부과할 수 있다(동법 제32조의2 제2항).

정답 | ④

22

「소년법」상 보호관찰 처분에 대한 설명으로 옳은 것은? 보호9급 24

① 1개월 이내의 소년원 송치 처분을 하는 경우, 이 처분과 장기 보호관찰을 병합할 수 없다.

② 단기 보호관찰을 받은 보호관찰 대상자가 준수사항을 위반하는 경우, 1년의 범위에서 보호관찰 기간을 연장할 수 있다.

③ 장기 보호관찰의 기간은 2년 이내로 한다.

④ 보호관찰 처분을 할 때는 1년 이내의 기간을 정하여 야간 등 특정 시간대의 외출을 제한하는 명령을 보호관찰 대상자의 준수사항으로 부과할 수 있다.

해설 ④ 제32조 제1항 제4호(단기 보호관찰) 또는 제5호(장기 보호관찰)의 처분을 할 때에 1년 이내의 기간을 정하여 야간 등 특정 시간대의 외출을 제한하는 명령을 보호관찰대상자의 준수사항으로 부과할 수 있다(소년법 제32조의2 제2항).

① 1개월 이내의 소년원 송치 처분을 하는 경우, 이 처분과 장기 보호관찰을 병합할 수 있다(동법 32조 제2항 제5호).

② 단기 보호관찰 기간은 1년으로 한다(동법 제33조 제2항). 기간의 연장규정은 없다.

③ 장기 보호관찰 기간은 2년으로 한다. 다만, 소년부 판사는 보호관찰관의 신청에 따라 결정으로써 1년의 범위에서 한 번에 한하여 그 기간을 연장할 수 있다(동법 제33조 제3항).

정답 | ④

23

「소년법」상 보호처분의 취소에 대한 설명으로 옳지 않은 것은? 보호9급 24

① 보호처분이 계속 중일 때에 당해 보호사건 본인에 대하여 새로운 보호처분이 있었을 때에는 그 처분을 한 소년부 판사는 이전의 보호처분을 한 소년부에 조회하여 이전의 보호처분을 취소하여야 한다.

② 보호처분이 계속 중일 때에 당해 보호사건 본인이 처분 당시 19세 이상인 것으로 밝혀진 경우, 법원이 소년에 대한 피고사건을 심리한 결과 보호처분에 해당할 사유가 있다고 인정하여 결정으로써 관할 소년부에 송치한 사건에 대해서는 소년부 판사는 결정으로써 그 보호처분을 취소하고 송치한 법원에 이송한다.

③ 보호처분이 계속 중일 때에 당해 보호사건 본인에 대하여 유죄판결이 확정된 경우에 보호처분을 한 소년부 판사는 그 처분을 존속할 필요가 없다고 인정하면 결정으로써 보호처분을 취소할 수 있다.

④ 보호처분이 계속 중일 때에 당해 보호사건 본인이 처분 당시 19세 이상인 것으로 밝혀진 경우, 검사·경찰서장의 송치에 의한 사건에 대해서는 소년부 판사는 결정으로써 그 보호처분을 취소하고 관할 지방법원에 대응하는 검찰청 검사에게 송치한다.

해설 ① 보호처분이 계속 중일 때에 사건 본인에 대하여 새로운 보호처분이 있었을 때에는 그 처분을 한 소년부 판사는 이전의 보호처분을 한 소년부에 조회하여 어느 하나의 보호처분을 취소하여야 한다(소년법 제40조).

② 동법 제38조 제1항 제2호

③ 동법 제39조

④ 동법 제38조 제1항 제1호

정답 | ①

24

「소년법」상 보호사건의 조사와 심리에 대한 설명으로 옳지 않은 것은? 보호7급 23

① 소년부 또는 조사관이 범죄사실에 관하여 소년을 조사할 때에는 미리 소년에게 불리한 진술을 거부할 수 있음을 알려야 한다.

② 소년부는 조사 또는 심리를 할 때에 정신건강의학과 의사 등 전문가의 진단, 소년분류심사원의 분류심사 결과와 의견, 보호관찰소의 조사결과와 의견 등을 고려하여야 한다.

③ 소년부 판사는 조사 또는 심리에 필요하다고 인정하여 기일을 지정해서 소환한 사건 본인의 보호자가 정당한 이유 없이 소환에 응하지 아니하면 동행영장을 발부할 수 있다.

④ 소년부 판사가 사건을 조사 또는 심리하는 데에 필요하다고 인정하여 소년의 감호에 관한 결정으로써 병원이나 그 밖의 요양소에 위탁하는 조치를 하는 경우, 그 위탁의 최장기간은 2개월이다.

해설 ④ 제1항 제1호(보호자, 소년을 보호할 수 있는 적당한 자 또는 시설에 위탁) 및 제2호(병원이나 그 밖의 요양소에 위탁)의 위탁기간은 3개월을, 제1항 제3호(소년분류심사원에 위탁)의 위탁기간은 1개월을 초과하지 못한다. 다만, 특별히 계속 조치할 필요가 있을 때에는 1회에 한하여 결정으로써 연장할 수 있다(소년법 제18조 제3항).

① 동법 제10조

② 동법 제12조

③ 동법 제13조 제2항

정답 | ④

25

「소년법」상 보호처분과 그 변경 등에 대한 설명으로 옳지 않은 것은? 보호7급 23

① 수강명령 및 장기 소년원 송치의 처분은 12세 이상의 소년에게만 할 수 있다.

② 소년부 판사는 보호관찰관의 장기 보호관찰의 처분을 할 때에 1년 이내의 기간을 정하여 야간 등 특정 시간대의 외출을 제한하는 명령을 보호관찰 대상자의 준수사항으로 부과할 수 있다.

③ 소년부 판사는 보호관찰관의 단기 보호관찰의 처분을 할 때에 3개월 이내의 기간을 정하여 「보호소년 등의 처우에 관한 법률」에 따른 대안교육을 받을 것을 동시에 명할 수 있다.

④ 보호처분을 집행하는 자의 신청이 없더라도 소년부 판사는 직권으로 1개월 이내의 소년원 송치의 처분을 변경할 수 있다.

해설 ④ 소년부 판사는 위탁받은 자나 보호처분을 집행하는 자의 신청에 따라 결정으로써 보호처분과 부가처분을 변경할 수 있다. 다만, 보호자 등에게 감호 위탁(제32조 제1항 제1호), 아동복지시설이나 그 밖의 소년보호시설에 감호 위탁(제32조 제1항 제6호), 병원·요양소 또는 의료재활소년원에 위탁의 보호처분(제32조 제1항 제7호)과 보호관찰 처분 시 대안교육 또는 상담·교육 처분(제32조의2 제1항)은 직권으로 변경할 수 있다(소년법 제37조 제1항). 따라서 1개월 이내의 소년원 송치의 처분(제32조 제1항 제8호)은 소년부 판사의 직권으로 변경할 수 없다.

① 동법 제32조 제4항

② 동법 제32조의2 제2항

③ 동조 제1항

정답 | ④

26

「소년법」상 사건의 송치 및 통고 등에 대한 설명으로 옳지 않은 것은? 보호7급 23

① 형벌 법령에 저촉되는 행위를 한 10세 이상 14세 미만인 소년이 있을 때에는 경찰서장은 직접 관할 소년부에 송치하여야 한다.

② 법원이 소년에 대한 피고사건을 심리한 결과 보호처분에 해당할 사유가 있다고 인정하여 결정으로써 사건을 관할 소년부에 송치한 경우, 해당 소년부는 조사 또는 심리한 결과 사건의 본인이 19세 이상인 것으로 밝혀지면 결정으로써 송치한 법원에 사건을 다시 이송하여야 한다.

③ 소년부는 송치받은 보호사건이 그 관할에 속하지 아니한다고 인정하더라도 보호의 적정을 기하기 위하여 필요하다고 인정하면 그 사건을 관할 소년부에 이송하지 않을 수 있다.

④ 정당한 이유 없이 가출하고 그의 성격이나 환경에 비추어 앞으로 형벌 법령에 저촉되는 행위를 할 우려가 있는 10세의 소년을 발견한 보호자는 이를 관할 소년부에 통고할 수 있다.

해설 ③ 보호사건을 송치받은 소년부는 보호의 적정을 기하기 위하여 필요하다고 인정하면 결정으로써 사건을 다른 관할 소년부에 이송할 수 있다(소년법 제6조 제1항). 소년부는 사건이 그 관할에 속하지 아니한다고 인정하면 결정으로써 그 사건을 관할 소년부에 이송하여야 한다(동조 제2항). 즉 필요적 이송이다.

① 동법 제4조 제2항

② 법원은 소년에 대한 피고사건을 심리한 결과 보호처분에 해당할 사유가 있다고 인정하면 결정으로써 사건을 관할 소년부에 송치하여야 한다(동법 제50조). 소년부는 법원으로부터 송치받은 사건을 조사 또는 심리한 결과 사건의 본인이 19세 이상인 것으로 밝혀지면 결정으로써 송치한 법원에 사건을 다시 이송하여야 한다(동법 제51조).

④ 범죄·촉법·우범소년을 발견한 보호자 또는 학교·사회복리시설·보호관찰소의 장은 이를 관할 소년부에 통고할 수 있다(동법 제4조 제3항).

정답 | ③

27

소년범죄의 처리원칙에 대한 설명으로 가장 적절한 것은? 경찰간부 23

① 소년보호조치를 할 때 소년 개개인을 독립된 단위로 하여 독자적인 사건으로 취급해야 한다.

② 비행소년의 처우는 법률전문가인 법관에 의한 분석과 검토만을 고려해서 결정해야 한다.

③ 소년보호절차에서는 객관적 판단이 중요하므로 개인적 환경 특성에 대한 판단을 최소화하고 비행사실 자체에 중점을 두어야 한다.

④ 소년범죄자에 대해서는 시설내 처우를 우선적으로 고려하여야 한다.

해설 ① 소년보호의 원칙 중 하나인 개별주의에 대한 설명이다.

② 과학주의 : 소년범죄에 대한 법률의 단순한 적용보다 소년을 교육하고 보호하는데 적합한 대책을 전문가의 의견을 들어 결정하는 것이 중요하다.

③ 인격주의 : 소년을 보호하기 위해서는 소년의 행위·태도에서 나타난 개성과 환경을 중시하는 것을 말한다. 소년보호절차는 교육기능 및 사법기능을 동시에 수행하기 때문에 객관적 비행사실만 중요하게 취급되어서는 안 되고, 소년의 인격과 관련된 개인적 특성도 함께 고려되어야 한다.

④ 교육주의 : 시설내 처우보다는 사회내 처우를 우선적으로 고려하여야 한다.

정답 | ①

28

소년사건의 절차에 관한 설명 중 옳은 것은? 사법시험 05 변형

① 소년사건은 소년의 보호와 지도라는 이념으로 인해 조사단계에서 소년의 진술거부권을 원칙적으로 인정하지 않는다.

② 소년부는 조사 또는 심리한 결과 자격정지 이상의 형에 해당하는 범죄사실이 발견된 경우 그 동기와 죄질에 의해 형사처분의 필요성이 인정되면 결정으로 검사에게 송치하여야 한다.

③ 본인 또는 보호자는 변호사를 보조인으로 선임하는 경우에 판사의 허가를 얻어야 한다.

④ 소년부 판사는 사건의 조사 또는 심리에 필요하다고 인정하면 본인·보호자 또는 참고인을 소환할 수 있고, 이에 정당한 이유 없이 소환에 응하지 아니하면 본인·보호자 또는 참고인에 대해 동행영장을 발부할 수 있다.

⑤ 법원은 소년에 대한 피고사건을 심리한 결과 보호처분에 해당할 사유가 있다고 인정하면 결정으로써 사건을 관할 소년부에 송치하여야 한다.

해설 ⑤ 소년법 제50조

① 소년부 또는 조사관이 범죄사실에 관하여 소년을 조사할 때에는 미리 소년에게 불리한 진술을 거부할 수 있음을 알려야 한다(동법 제10조).

② 소년부는 조사 또는 심리한 결과 금고 이상의 형에 해당하는 범죄사실이 발견된 경우 그 동기와 죄질이 형사처분을 할 필요가 있다고 인정하면 결정으로써 사건을 관할 지방법원에 대응한 검찰청 검사에게 송치하여야 한다(동법 제7조 제1항).

③ 보호자나 변호사를 보조인으로 선임하는 경우에는 소년부 판사의 허가를 받지 아니하여도 된다(동법 제17조 제2항).

④ 소년부 판사는 사건의 조사 또는 심리에 필요하다고 인정하면 기일을 지정하여 사건 본인이나 보호자 또는 참고인을 소환할 수 있다. 이 경우 사건 본인이나 보호자가 정당한 이유 없이 소환에 응하지 아니하면 소년부 판사는 동행영장을 발부할 수 있다(동법 제13조). 즉 참고인은 동행영장 발부대상이 아니다.

정답 | ⑤

29

「소년법」상 소년 형사절차에 대한 설명으로 옳지 않은 것은? 교정9급 18

① 18세 미만인 소년에게는 노역장유치를 선고할 수 없다.

② 소년에 대한 형사사건은 다른 피의사건과 관련된 경우에도 분리하여 심리하는 것이 원칙이다.

③ 형의 집행유예를 선고하면서 부정기형을 선고할 수 있다.

④ 소년에 대한 구속영장은 부득이한 경우가 아니면 발부할 수 없다.

해설 ③ 형의 집행유예나 선고유예를 선고할 때에는 제1항을 적용하지 아니한다(소년법 제60조 제3항).

① 동법 제62조

② 소년에 대한 형사사건의 심리는 다른 피의사건과 관련된 경우에도 심리에 지장이 없으면 그 절차를 분리하여야 한다(동법 제57조).

④ 동법 제55조 제1항

정답 | ③

30

소년보호사건의 처리절차에 관한 설명으로 옳은 것은?

① 소년부 판사는 사건 본인을 보호하기 위하여 긴급조치가 필요하다고 인정하면 본인 또는 보호자의 소환 없이 동행영장을 발할 수 있다.

② 최초 보호사건의 송치를 받은 소년부는 사건이 그 관할에 속하지 않는 경우 외에는 해당 사건을 다른 관할 소년부에 이송할 수 없다.

③ 소년부는 조사 또는 심리의 결과 금고 이상의 형에 해당한 범죄사실이 발견되면 예외 없이 사건을 관할 지방법원에 대응한 검찰청 검사에게 송치하여야 한다.

④ 소년부는 보호사건 본인이 18세 이상인 것으로 밝혀진 경우에는 사건을 관할 지방법원에 대응하는 검찰청 검사에게 송치하여야 한다.

해설 ① 소년법 제14조

② 보호사건을 송치 받은 소년부는 보호의 적정을 기하기 위하여 필요하다고 인정하면 결정으로써 사건을 다른 관할 소년부에 이송할 수 있다(동법 제6조 제1항).

③ 소년부는 조사 또는 심리한 결과 금고 이상의 형에 해당하는 범죄사실이 발견된 경우 그 동기와 죄질이 형사처분의 필요성이 있다고 인정하면 결정으로써 사건을 관할 지방법원에 대응하는 검찰청 검사에게 송치하여야 한다(동법 제7조 제1항).

④ 18세 이상 → 19세 이상(동법 제7조 제2항)

정답 | ①

31

소년법상 소년사건의 처리절차에 관한 설명으로 옳은 것은? 사법시험 09

① 소년부 판사는 소년의 품행을 교정하고 피해자를 보호하기 위하여 필요하다고 인정하면 소년에게 피해변상 등 피해자와의 화해를 권고할 수 있다.

② 변호사를 보조인으로 선임하는 경우에는 소년부 판사의 허가를 받아야 한다.

③ 소년에 대한 소년원 송치는 최장 3년까지 가능하다.

④ 18세 미만인 소년에게도 원칙적으로 노역장유치선고가 가능하다.

⑤ 소년부는 송치 받은 사건을 조사 또는 심리한 결과 사건의 본인이 18세 이상인 것으로 밝혀지면 송치한 법원에 사건을 다시 이송할 수 있다.

해설 ① 소년법 제25조의3 제1항

② 보호자나 변호사를 보조인으로 선임하는 경우에는 소년부 판사의 허가를 받지 아니하여도 된다(동법 제17조 제2항).

③ 장기로 소년원에 송치된 소년의 보호기간은 2년을 초과하지 못한다(동법 제33조 제6항).

④ 18세 미만인 소년에게는 원칙적으로 노역장유치선고를 하지 못한다(동법 제62조).

⑤ 18세 이상 → 19세 이상, 이송할 수 있다. → 이송하여야 한다(동법 제51조).

정답 | ①

32 ★

소년보호사건의 처리절차에 관한 설명 중 옳지 않은 것으로 묶인 것은?

> ㉠ 보조인의 선임은 심급마다 하여야 한다.
> ㉡ 조사관, 보호자 및 보조인은 심리기일에 출석할 수 없다.
> ㉢ 소년부 판사는 소년이 피해자와 화해하였을 경우에는 보호처분을 결정할 때 이를 고려하여야 한다.
> ㉣ 소년부 판사는 심리결과 보호처분을 할 수 없거나, 할 필요가 없다고 인정하면 그 취지의 결정을 하고, 이를 사건 본인과 보호자에게 알려야 한다.

① ㉠, ㉡　　② ㉠, ㉢　　③ ㉡, ㉢　　④ ㉢, ㉣

해설 [×] ㉡ 조사관, 보호자 및 보조인은 심리기일에 출석할 수 있다(소년법 제23조 제2항).
㉢ 고려하여야 한다. → 고려할 수 있다(동법 제25조의3 제3항).
[○] ㉠ 동법 제17조 제5항
㉣ 동법 제29조 제1항

정답 | ③

33

소년사건의 처리절차에 대한 설명으로 옳지 않은 것은? (다툼이 있는 경우 판례에 의함) 사법시험 10

① 죄를 범한 소년을 발견한 학교의 장이 관할 소년부에 통고한 경우 소년부는 통고된 소년을 심리할 필요가 있다고 인정하면 그 사건을 조사하여야 한다.
② 소년 형사사건의 경우 법원은 검사의 송치서에 따른 조사결과가 있더라도 소년의 품행, 교우관계, 그 밖의 환경 등 형사사건에 관하여 필요한 사항을 조사하도록 조사관에게 위촉할 수 있다.
③ 소년 피의사건의 경우 검사는 소년부 송치 또는 공소제기의 처분을 결정하기 위하여 소년부 판사의 허가를 얻어 소년분류심사원장에게 피의자의 품행, 경력, 생활환경이나 그 밖에 필요한 사항에 관한 조사를 요구할 수 있다.
④ 소년부 판사는 소년에게 피해변상 등 피해자와의 화해를 권고할 수 있으며, 소년이 권고에 따라 피해자와 화해하였을 경우 보호처분을 결정할 때 이를 고려할 수 있다.
⑤ 소년이 소년분류심사원에 위탁된 경우 보조인이 없을 때에는 법원은 변호사 등 적정한 자를 보조인으로 선정하여야 한다.

해설 ③ 검사는 소년 피의사건에 대하여 소년부 송치, 공소제기, 기소유예 등의 처분을 결정하기 위하여 필요하다고 인정하면 피의자의 주거지 또는 검찰청 소재지를 관할하는 보호관찰소의 장, 소년분류심사원장 또는 소년원장에게 피의자의 품행, 경력, 생활환경이나 그 밖에 필요한 사항에 관한 조사를 요구할 수 있다(소년법 제49조의2 제1항). 즉 소년부 판사의 허가를 요하지 않는다.
① 소년법 제11조 제2항
② 동법 제56조
④ 동법 제25조의3 제1항·제3항
⑤ 동법 제17조의2 제1항

정답 | ③

34 ★

「소년법」상 소년사건 처리절차에 대한 설명으로 옳지 않은 것은? 교정9급 21

① 형벌법령에 저촉되는 행위를 한 10세 이상 14세 미만의 소년에 대하여 경찰서장은 직접 관할 소년부에 송치할 수 없다.

② 보호사건을 송치받은 소년부는 보호의 적정을 기하기 위하여 필요하다고 인정하면 결정으로써 사건을 다른 관할 소년부에 이송할 수 있다.

③ 소년부 판사는 사건의 조사 또는 심리에 필요하다고 인정하면 기일을 지정하여 사건 본인이나 보호자 또는 참고인을 소환할 수 있다.

④ 소년부 판사는 심리 결과 보호처분을 할 수 없거나 할 필요가 없다고 인정하면 그 취지의 결정을 하고, 이를 사건 본인과 보호자에게 알려야 한다.

해설 ① 촉법소년(형벌법령에 저촉되는 행위를 한 10세 이상 14세 미만의 소년)·우범소년(형벌법령에 저촉되는 행위를 할 우려가 있는 10세 이상 19세 미만인 소년)이 있을 때에는 경찰서장은 직접 관할 소년부에 송치하여야 한다(소년법 제4조 제2항).

② 동법 제6조 제1항

③ 동법 제13조 제1항

④ 동법 제29조 제1항

정답 | ①

35 ★

「소년법」상 소년부 판사가 취할 수 있는 임시조치로 옳지 않은 것은? 교정9급 18

① 소년을 보호할 수 있는 적당한 자에게 1개월간 감호 위탁

② 소년분류심사원에 3개월간 감호 위탁

③ 요양소에 3개월간 감호 위탁

④ 보호자에게 1개월간 감호 위탁

해설
- 보호자, 소년을 보호할 수 있는 적당한 자 또는 시설에 위탁, 병원이나 그 밖의 요양소에의 위탁기간은 3개월을, 소년분류심사원에의 위탁기간은 1개월을 초과하지 못한다. 다만, 특별히 계속 조치할 필요가 있을 때에는 한 번에 한하여 결정으로써 연장할 수 있다(소년법 제18조 제3항).
- 소년부 판사의 임시조치 및 감호위탁기간(소년법 제18조 제1항·제3항)
  1. 보호자, 소년을 보호할 수 있는 적당한 자 또는 시설에 위탁 : 3개월
  2. 병원이나 그 밖의 요양소에 위탁 : 3개월
  3. 소년분류심사원에 위탁 : 1개월

정답 | ②

36 ★

소년법상 보호사건에 대한 조사와 심리에 관한 설명으로 옳지 않은 것은? 교정7급 06 변형

① 소년부 또는 조사관이 범죄사실에 관하여 소년을 조사할 때에는 미리 소년에게 불리한 진술을 거부할 수 있음을 알려야 한다.

② 소년부 판사는 소년이 도망 또는 증거인멸의 우려가 있는 때에는 소환절차 없이 동행영장을 발부하여 소년의 신병을 확보할 수 있다.

③ 사건의 조사·심리를 위한 임시조치로서 소년분류심사원에 위탁하는 경우에 그 기간은 최장 2개월을 넘지 못한다.

④ 소년부 판사는 사안이 가볍다는 이유로 심리를 개시하지 아니한다는 결정을 할 때에는 소년에게 훈계하거나 보호자에게 소년을 엄격히 관리하거나 교육하도록 고지할 수 있다.

해설 ② 소년부 판사는 사건 본인을 보호하기 위하여 긴급조치가 필요하다고 인정하면 소환 없이 동행영장을 발부할 수 있다(소년법 제14조).

① 동법 제10조

③ 임시조치로서 소년분류심사원에 위탁하는 경우 위탁기간은 1개월을 초과하지 못한다. 다만 특별히 계속 조치할 필요가 있을 때에는 한 번에 한하여 결정으로써 연장할 수 있으므로(동법 제18조 제3항) 최장 2개월을 초과할 수 없다는 것은 맞는 표현이다.

④ 동법 제19조 제2항

정답 | ②

37

소년법에 따른 소년보호사건의 처리절차에 관한 설명 중 옳은 것은? 사법시험 06 변형

① 소년보호사건의 심리와 처분 결정은 소년부 합의부에서 한다.

② 소년보호사건의 심리는 원칙적으로 공개하여야 한다.

③ 소년부 또는 조사관이 범죄사실에 관하여 소년을 조사할 때에는 일반형사사건과는 달리 불리한 진술을 거부할 수 있음을 미리 소년에 대하여 알릴 필요가 없다.

④ 소년부는 조사 또는 심리를 함에 있어서 정신건강의학과의사, 심리학자, 사회사업가, 교육 자 기타 전문가의 진단 및 소년분류심사원의 분류심사결과와 의견을 참작하여야 하는 것은 아니다.

⑤ 소년부 판사가 조사 또는 심리를 위해 행한 임시조치는 언제든지 결정으로써 취소하거나 변경할 수 있다.

해설 ⑤ 소년법 제18조 제6항

① 소년보호사건의 심리와 처분 결정은 소년부 단독판사가 한다(동법 제3조 제3항).

② 소년보호사건의 심리는 공개하지 아니한다. 다만 소년부 판사는 적당하다고 인정하는 자에게 참석을 허가할 수 있다(동법 제24조 제2항).

③ 소년부 또는 조사관이 범죄사실에 관하여 소년을 조사할 때에는 미리 소년에게 불리한 진술을 거부할 수 있음을 알려야 한다(동법 제10조).

④ 소년부는 조사 또는 심리를 할 때에 정신건강의학과의사·심리학자·사회사업가·교육자나 그 밖의 전문가의 진단, 소년분류심사원의 분류심사 결과와 의견, 보호관찰소의 조사결과와 의견 등을 고려하여야 한다(동법 제12조).

정답 | ⑤

38

현행법상 소년사건처리절차에 대한 설명으로 옳지 않은 것은? 사법시험 08

① 소년사건을 처리함에 있어 검사선의주의(檢事先議主義)를 채택하고 있다.

② 촉법소년에 대해서도 필요하다고 인정할 때에는 검사가 소년형사사건으로 공소를 제기하도록 하고 있다.

③ 소년부는 사건을 관할 지방법원에 대응한 검찰청 검사에게 송치하는 때에는 지체 없이 그 사유를 사건 본인과 그 보호자에게 알려야 한다.

④ 소년이 법정형으로 장기 2년 이상의 유기형에 해당하는 죄를 범한 경우에는 그 형의 범위에서 장기와 단기를 정하여 선고한다.

⑤ 검사가 관할 소년부에 송치한 사건을 소년부가 조사·심리하여 결정으로써 해당 검찰청 검사에게 송치한 경우에 검사는 그 사건을 다시 소년부에 송치할 수 없다.

해설 ② 소년형사사건은 14세 이상인 범죄소년에 한하므로 촉법소년은 그 대상이 되지 않는다.
③ 소년법 제8조
④ 동법 제60조 제1항
⑤ 동법 제49조 제2항·제3항

정답 | ②

39

소년보호사건의 심리에 대한 설명으로 옳지 않은 것은? 교정7급 11

① 심리는 친절하고 온화하게 하며, 공개를 원칙으로 한다.

② 소년부 판사는 적당하다고 인정되는 자에게 참석을 허가할 수 있다.

③ 소년부 판사는 심리기일을 변경할 수 있다.

④ 소년부 판사는 본인, 보호자, 참고인을 소환할 수 있다.

해설 ① 소년보호사건의 심리는 공개하지 아니한다(소년법 제24조 제2항).
② 소년법 제24조 제2항 단서
③ 동법 제22조
④ 동법 제13조 제1항

정답 | ①

40 ★

「소년법」상 형사사건의 처리에 대한 설명으로 옳은 것은? 교정9급 19

① 죄를 범할 당시 19세 미만인 소년에 대하여 사형 또는 무기형으로 처할 경우에는 15년의 유기징역으로 한다.

② 보호처분이 계속 중일 때에 사건 본인에 대하여 유죄판결이 확정된 경우에 보호처분을 한 소년부 판사는 결정으로써 보호처분을 취소하여야 한다.

③ 소년보호사건에서 소년부 판사는 사건의 조사 또는 심리에 필요하다고 인정하면 기일을 지정하여 사건 본인이나 보호자 또는 참고인을 소환할 수 있으며, 사건 본인이나 보호자가 정당한 이유 없이 소환에 응하지 아니하면 소년부 판사는 동행영장을 발부할 수 있다.

④ 검사가 소년피의사건에 대하여 소년부 송치결정을 한 경우에는 소년을 구금하고 있는 시설의 장은 검사의 이송 지휘를 받은 때로부터 법원 소년부가 있는 시·군에서는 12시간 이내에 소년을 소년부에 인도하여야 한다.

해설 ③ 소년보호사건에서 소년부 판사는 사건의 조사 또는 심리에 필요하다고 인정하면 기일을 지정하여 사건 본인이나 보호자 또는 참고인을 소환할 수 있으며, 사건 본인이나 보호자가 정당한 이유 없이 소환에 응하지 아니하면 소년부 판사는 동행영장을 발부할 수 있다(소년법 제13조).

① 죄를 범할 당시 18세 미만인 소년에 대하여 사형 또는 무기형으로 처할 경우에는 15년의 유기징역으로 한다(동법 제59조).

② 보호처분이 계속 중일 때에 사건 본인에 대하여 유죄판결이 확정된 경우에 보호처분을 한 소년부 판사는 그 처분을 존속할 필요가 없다고 인정하면 결정으로써 보호처분을 취소할 수 있다(동법 제39조).

④ 검사의 소년부 송치(동법 제49조 제1항)나 법원의 소년부 송치(동법 제50조)에 따른 소년부 송치결정이 있는 경우에는 소년을 구금하고 있는 시설의 장은 검사의 이송 지휘를 받은 때로부터 법원 소년부가 있는 시·군에서는 24시간 이내에, 그 밖의 시·군에서는 48시간 이내에 소년을 소년부에 인도하여야 한다.

정답 | ③

41

소년법상 보호처분의 종류에 해당하지 않는 것은?

① 보호관찰
② 음주점 출입금지
③ 감호위탁
④ 사회봉사명령

해설 ①·③·④ 소년법상 보호처분의 종류에는 위탁, 감호위탁, 수강명령, 사회봉사명령, 보호관찰, 소년원 송치 등이 있다(소년법 제32조 제1항).

정답 | ②

42

소년법이 정한 보호처분의 종류가 아닌 것은? 사법시험 12

① 사회봉사명령
② 소년원 송치
③ 보호관찰
④ 선도조건부 기소유예
⑤ 병원, 요양소 위탁

해설 ①·②·③·⑤ 소년법이 규정하고 있는 보호처분의 종류는 위탁, 감호위탁, 수강명령, 사회봉사명령, 보호관찰, 소년원 송치이다(소년법 제32조 제1항).

정답 | ④

43

소년부 판사가 사건을 조사 또는 심리하는 데에 필요하다고 인정할 경우 소년의 감호에 관하여 결정으로써 할 수 있는 임시조치에 해당하지 않는 것은? 사법시험 10

① 보호자에 위탁
② 소년을 보호할 수 있는 적당한 자에 위탁
③ 병원이나 그 밖의 요양소에 위탁
④ 소년분류심사원에 위탁
⑤ 소년원에 위탁

해설 ①·②·③·④ 소년부 판사는 사건을 조사 또는 심리하는 데 필요하다고 인정하면 소년의 감호에 관하여 결정으로써 다음과 같은 임시조치를 할 수 있다(소년법 제18조 제1항).

소년부 판사가 소년의 감호에 관하여 할 수 있는 임시조치

- 보호자, 소년을 보호할 수 있는 적당한 자 또는 시설에 위탁
- 병원이나 그 밖의 요양소에 위탁
- 소년분류심사원에 위탁

정답 | ⑤

44

현행 「소년법」상 10세 이상 12세 미만의 소년에 대하여 할 수 있는 보호처분에 해당하지 않는 것은?

사법시험 15

① 수강명령
② 단기 소년원 송치
③ 보호관찰관의 단기 보호관찰
④ 1개월 이내의 소년원 송치
⑤ 병원, 요양소 위탁

해설 ① 수강명령은 12세 이상의 소년에게만 할 수 있다(소년법 제32조 제4항).

정답 | ①

45

소년부 판사가 임시조치로 소년을 위탁할 수 있는 사람이나 기관에 속하지 않는 것은? 사법시험 12

① 소년의 보호자
② 소년을 보호할 수 있는 적당한 자 또는 시설
③ 병원, 기타 요양소
④ 소년분류심사원
⑤ 소년원

해설 ①·② 소년법 제18조 제1항 제1호
③ 동조 동항 제2호
④ 동조 동항 제3호

정답 | ⑤

46

다음은 소년보호사건의 임시조치에 관한 설명이다. 괄호 안에 들어갈 기간을 순서대로 옳게 나열한 것은?

> 보호자, 소년을 보호할 수 있는 적당한 자 또는 시설에 위탁하는 경우에는 (　)을 초과할 수 없고, 병원이나 그 밖의 요양소에 위탁하는 경우는 (　)을 초과할 수 없으며, 소년분류심사원에 위탁하는 경우에는 (　)을 초과할 수 없다.

① 1개월, 2개월, 3개월
② 1개월, 3개월, 6개월
③ 3개월, 2개월, 1개월
④ 3개월, 3개월, 1개월

해설 ④ 소년법 제18조 제3항

정답 | ④

47

소년법에 관한 설명이다. 다음 중 (　)안에 순서대로 들어갈 말은? 교정7급 05 변형

> ㉠ 형벌 법령에 저촉되는 행위를 한 10세 이상 14세 미만의 소년을 (　)이라 한다.
> ㉡ 소년부는 조사 또는 심리한 결과 (　) 이상의 형에 해당하는 범죄사실이 발견된 경우 그 동기와 죄질이 형사처분을 할 필요가 있다고 인정하면 결정으로써 사건을 관할 지방법원에 대응한 검찰청 검사에게 송치하여야 한다(제7조 제1항).
> ㉢ 검사는 소년에 대한 피의사건을 수사한 결과 (　)에 해당하는 사유가 있다고 인정한 경우에는 사건을 관할 소년부에 송치하여야 한다(제49조 제1항).
> ㉣ 보호자 또는 보호자를 대신하여 소년을 보호할 수 있는 자에게 감호를 위탁하는 기간은 (　)로 하되, 소년부 판사는 결정으로써 (　)의 범위 안에서 한 번에 한하여 그 기간을 연장할 수 있다(제33조 제1항).
> ㉤ 사회봉사명령의 처분은 (　) 이상의 소년에게만 할 수 있다(제32조 제3항).

① 촉법소년, 금고, 보호처분, 6개월, 14세
② 우범소년, 자격정지, 보호처분, 6개월, 18세
③ 촉법소년, 금고, 형사처분, 1년, 14세
④ 우범소년, 자격정지, 형사처분, 1년, 18세

해설 ㉠ 소년법 제4조 제1항 제2호
㉡ 동법 제7조 제1항
㉢ 동법 제49조 제1항
㉣ 동법 제33조 제1항
㉤ 동법 제32조 제3항

정답 | ①

48

소년분류심사원에 대한 설명으로 옳지 않은 것은? 교정7급 09

① 소년분류심사원장은 분류심사 또는 조사결과와 의견 등을 각각 법원 소년부 또는 검사에게 통지하여야 한다.

② 소년분류심사원의 위탁기간은 1개월을 초과하지 못하나, 특별히 계속 조치할 필요가 있을 때에는 한 번에 한하여 결정으로써 연장할 수 있다.

③ 소년분류심사원은 법원소년부가 상담·조사를 의뢰한 소년의 상담과 조사의 임무를 수행한다.

④ 가정법원 소년부 또는 지방법원 소년부는 소년의 형사처분에 대한 결정을 하기 위하여는 소년분류심사원에 분류심사를 위탁하여야 한다.

해설 ④ 소년부 판사는 사건을 조사 또는 심리하는 데에 필요하다고 인정하면 결정으로써 소년을 소년분류심사원에 위탁할 수 있다(소년법 제18조 제1항 제3호).
① 보호소년 등의 처우에 관한 법률 제27조 제1항
② 소년법 제18조 제3항
③ 보호소년 등의 처우에 관한 법률 제3조 제2항

정답 | ④

49

현행법상 소년사법정책에 관한 설명 중 옳지 않은 것은? 사법시험 06

① 소년사건을 보호사건과 형사사건으로 나누고, 그 중 소년보호사건을 가정법원 소년부 또는 지방법원 소년부가 담당한다.

② 소년에 대한 형사사건의 심리는 다른 피의사건과 관련된 경우에도 심리에 지장이 없으면 그 절차를 분리하여야 한다.

③ 범죄소년에 대해서는 형사처분도 할 수 있도록 하고 있으며, 소년형사사건의 관할은 일반형사법원이다.

④ 보호처분은 소년의 건전한 육성이 주목적이므로 일사부재리의 원칙이 적용되지 않는다.

⑤ 소년원장은 보호소년이 22세가 되면 퇴원시켜야 한다.

해설 ④ 소년보호처분의 심리와 처분결정은 법원 소년부 판사에 의한 강제적 사법처분에 해당하므로 일사부재리의 적용을 받는다. 소년법은 제53조에서 "보호처분을 받은 소년에 대하여는 그 심리가 결정된 사건은 다시 공소를 제기하거나 소년부에 송치할 수 없다"고 규정하여 이를 명문화하고 있다.
② 소년법 제57조
⑤ 보호소년 등의 처우에 관한 법률 제43조 제1항

정답 | ④

50

「소년법」상 보호처분에 대한 설명으로 옳은 것은? 교정9급 21

① 사회봉사명령은 14세 이상의 소년에게만 할 수 있다.

② 수강명령과 장기 소년원 송치는 14세 이상의 소년에게만 할 수 있다.

③ 보호관찰관의 단기 보호관찰과 장기 보호관찰 처분 시에는 2년 이내의 기간을 정하여 야간 등 특정 시간대의 외출을 제한하는 명령을 보호관찰대상자의 준수 사항으로 부과할 수 있다.

④ 수강명령은 200시간을, 사회봉사명령은 100시간을 초과할 수 없으며, 보호관찰관이 그 명령을 집행할 때에는 사건 본인의 정상적인 생활을 방해하지 아니하도록 하여야 한다.

해설 ① 소년법 제32조 제3항

② 수강명령 및 장기 소년원 송치 처분은 12세 이상의 소년에게만 할 수 있다(동법 제32조 제4항).

③ 보호관찰관의 단기 보호관찰 또는 장기 보호관찰의 처분을 할 때에 1년 이내의 기간을 정하여 야간 등 특정 시간대의 외출을 제한하는 명령을 보호관찰대상자의 준수 사항으로 부과할 수 있다(동법 제32조의2 제2항).

④ 수강명령은 100시간을, 사회봉사명령은 200시간을 초과할 수 없으며, 보호관찰관이 그 명령을 집행할 때에는 사건 본인의 정상적인 생활을 방해하지 아니하도록 하여야 한다(동법 제33조 제4항).

정답 | ①

51 ★

다음 〈보기〉에서 현행 「소년법」에 규정된 보호처분 중 그 기간을 연장할 수 있는 것을 모두 고른 것은? 해경간부 23

> <보기>
>
> ㉠ 보호관찰관의 장기 보호관찰
>
> ㉡ 「아동복지법」에 따른 아동복지시설이나 그 밖의 소년보호시설에 감호 위탁
>
> ㉢ 보호자 또는 보호자를 대신하여 소년을 보호할 수 있는 자에게 감호 위탁
>
> ㉣ 「보호소년 등의 처우에 관한 법률」에 따른 의료재활소년원에 위탁

① ㉠, ㉡ ② ㉠, ㉢

③ ㉠, ㉡, ㉢ ④ ㉠, ㉡, ㉢, ㉣

해설 [O] ㉠ 장기 보호관찰(제5호)기간은 2년으로 한다. 다만, 소년부 판사는 보호관찰관의 신청에 따라 결정으로써 1년의 범위에서 한 번에 한하여 그 기간을 연장할 수 있다(소년법 제33조 제3항).

㉡ 아동복지시설이나 그 밖의 소년보호시설에 감호위탁(제6호)

㉢ 보호자 등에게 감호위탁(제1호)

㉣ 병원·요양소 또는 의료재활소년원에 위탁(제7호)기간은 6개월로 하되, 소년부 판사는 결정으로써 6개월의 범위에서 한 번에 한하여 그 기간을 연장할 수 있다(동법 제33조 제1항).

[×] 없음

정답 | ④

52

다음 보호처분 중 연장이 불가능한 것은?

① 장기소년원 송치

② 장기보호관찰

③ 아동복지시설에 감호위탁

④ 병원, 요양소에 위탁

해설 ②는 1년 범위에서 한 번 연장이 가능하고, ③·④는 6개월의 범위에서 한 번 연장이 가능하나, ①은 연장이 불가능하다(소년법 제33조).

정답 | ①

53

「소년법」상 보호처분에 대한 설명으로 옳지 않은 것은? 교정9급 18

① 사회봉사명령은 200시간을, 수강명령은 100시간을 초과할 수 없으며, 보호관찰관이 그 명령을 집행할 때에는 사건 본인의 정상적인 생활을 방해하지 아니하도록 하여야 한다.

② 보호처분이 계속 중일 때에 사건 본인이 처분 당시 19세 이상인 것으로 밝혀진 경우에는 소년부 판사는 결정으로써 그 보호처분을 취소하여야 한다.

③ 장기 보호관찰처분을 할 때에는 해당 보호관찰기간 동안 야간 등 특정 시간대의 외출을 제한하는 명령을 보호관찰대상자의 준수 사항으로 부과할 수 있다.

④ 사회봉사명령은 14세 이상의 소년에게만 할 수 있으며, 수강명령은 12세 이상의 소년에게만 할 수 있다.

해설 ③ 보호관찰관의 단기(短期) 보호관찰 또는 보호관찰관의 장기(長期) 보호관찰의 처분을 할 때에 1년 이내의 기간을 정하여 야간 등 특정 시간대의 외출을 제한하는 명령을 보호관찰대상자의 준수 사항으로 부과할 수 있다(소년법 제32조의2 제2항).

① 동법 제33조 제4항

② 동법 제38조

④ 동법 제32조 제3항·제4항

※ 보호처분의 취소(소년법 제38조)

① 보호처분이 계속 중일 때에 사건 본인이 처분 당시 19세 이상인 것으로 밝혀진 경우에는 소년부 판사는 결정으로써 그 보호처분을 취소하고 다음의 구분에 따라 처리하여야 한다.

1. 검사·경찰서장의 송치 또는 제4조 제3항의 통고에 의한 사건인 경우에는 관할 지방법원에 대응하는 검찰청 검사에게 송치한다.
2. 제50조에 따라 법원이 송치한 사건인 경우에는 송치한 법원에 이송한다.

② 제4조 제1항 제1호·제2호의 소년에 대한 보호처분이 계속 중일 때에 사건 본인이 행위 당시 10세 미만으로 밝혀진 경우 또는 제4조 제1항 제3호의 소년에 대한 보호처분이 계속 중일 때에 사건 본인이 처분 당시 10세 미만으로 밝혀진 경우에는 소년부 판사는 결정으로써 그 보호처분을 취소하여야 한다.

정답 | ③

54

현행 「소년법」에 규정된 보호처분 중 그 기간을 연장할 수 있는 것을 모두 고른 것은? 사법시험 15

> ㉠ 보호관찰관의 장기보호관찰
> ㉡ 「아동복지법」에 따른 아동복지시설이나 그 밖의 소년보호시설에 감호위탁
> ㉢ 보호자 또는 보호자를 대신하여 소년을 보호할 수 있는 자에게 감호위탁
> ㉣ 「보호소년 등의 처우에 관한 법률」에 따른 소년의료보호시설에 위탁

① ㉠, ㉡
② ㉠, ㉢
③ ㉠, ㉡, ㉢
④ ㉡, ㉢, ㉣
⑤ ㉠, ㉡, ㉢, ㉣

해설 ㉠ 보호관찰관의 장기보호관찰기간은 2년으로 한다. 다만, 소년부 판사는 보호관찰관의 신청에 따라 결정으로써 1년의 범위에서 한 번에 한하여 그 기간을 연장할 수 있다(소년법 제33조 제3항).

㉡·㉢·㉣ 아동복지법에 따른 아동복지시설이나 그 밖의 소년보호시설에 감호위탁, 보호자 또는 보호자를 대신하여 소년을 보호할 수 있는 자에게 감호위탁, 「보호소년 등의 처우에 관한 법률」에 따른 소년의료보호시설에 위탁의 경우 그 기간은 6개월로 하되, 소년부 판사는 결정으로써 6개월의 범위에서 한 번에 한하여 그 기간을 연장할 수 있다(소년법 제33조 제1항).

정답 | ⑤

55

현행 소년법에 근거할 때, 소년에 대해 소년부 판사가 할 수 있는 결정으로 옳은 것은? 사법시험 14

① 10세 소년에 대한 수강명령
② 11세 소년에 대한 장기 소년원 송치
③ 12세 소년에 대한 사회봉사명령
④ 13세 소년에 대한 1개월 이내의 소년원 송치
⑤ 단기 보호관찰 중인 14세 소년에 대한 보호관찰 1년 연장

해설 ④ 1개월 이내의 소년의 송치에는 연령 제한이 없으므로 13세 소년에 대한 1개월 이내의 소년원 송치는 가능하다(소년법 제32조 제1항).

① 수강명령은 12세 이상의 소년에게만 할 수 있으므로 10세 소년에 대한 수강명령은 불가하다(소년법 제32조 제4항).

② 장기 소년원 송치는 12세 이상의 소년에게만 할 수 있으므로 11세 소년에 대한 장기 소년원 송치는 불가하다(소년법 제32조 제4항).

③ 사회봉사명령은 14세 이상의 소년에게만 할 수 있으므로 12세 소년에 대한 사회봉사명령은 불가하다(소년법 제32조 제4항).

⑤ 단기 보호관찰은 1년이며, 연장이 불가하다(소년법 제33조 제2항).

정답 | ④

56

소년보호사건의 심리에 관한 설명으로 옳지 않은 것은?

① 심리는 친절하고 온화하게 하여야 한다.

② 심리는 공개되지 아니하며, 당사자 외에는 누구도 참석할 수 없다.

③ 조사관·보호자 및 보조인은 심리에 관하여 의견을 진술할 수 있다.

④ 소년부판사는 직권 또는 본인·보호자 또는 보조인의 청구에 의하여 심리기일을 변경할 수 있다.

해설 ② 심리는 공개하지 아니한다. 다만 소년부판사는 적당하다고 인정하는 자에게 참석을 허가할 수 있다(소년법 제24조 제2항).

① 동법 제24조 제1항

③ 동법 제25조 제1항

④ 동법 제22조

정답 | ②

57

소년 형사사건절차와 소년 보호사건절차에 관한 내용으로 옳지 않은 것은? 사법시험 09

① 소년 형사사건의 경우 전문법칙이 적용된다.

② 소년 보호사건의 경우 진술거부권의 고지에 관한 규정이 있다.

③ 소년 형사사건의 경우 무죄재판을 받으면 형사보상법이 적용될 수 있다.

④ 소년 보호사건의 경우 심리를 공개하는 것이 원칙이다.

⑤ 소년 보호사건의 경우 소년부 판사는 검증, 압수 또는 수색을 할 수 있다.

해설 ④ 소년 보호사건의 경우 심리는 공개하지 아니한다. 다만 소년부 판사는 적당하다고 인정하는 자에게 참석을 허가할 수 있다(소년법 제24조 제2항). 즉 소년보호사건은 비공개를 원칙으로 한다.

② 소년법 제10조

정답 | ④

58

현행법상 소년사건에 관한 설명 중 옳지 않은 것은? 사법시험 11

① 소년보호사건과 소년형사사건은 심리 비공개가 원칙이다.

② 소년형사사건은 필요적 변호사건에 해당한다.

③ 소년보호사건은 가정법원 또는 지방법원의 소년부 단독판사가 담당한다.

④ 소년피의사건에 대하여는 검사의 결정전 조사제도가 인정되고 있다.

⑤ 소년부에서 심리가 결정된 사건은 당해 보호처분이 취소되더라도 다시 소년부에 송치할 수 없다.

해설 ① 소년보호사건의 심리는 비공개가 원칙이나(소년법 제24조 제2항). 소년형사사건의 심리에 관해서는 이와 같은 특칙규정이 없다.

② 형사소송법 제33조 제1항 제2호, 제283조

③ 소년법 제3조 제2항·제3항

④ 소년법 제49조의2

⑤ 소년법 제53조

정답 | ①

59 ★

다음 중 「소년법」상 소년형사사건에 대한 설명으로 가장 옳지 않은 것은? 해경간부 23

① 징역 또는 금고를 선고받은 소년에 대하여는 특별히 설치된 교도소 또는 일반 교도소 안에 특별히 분리된 장소에서 그 형을 집행한다. 다만, 소년이 형의 집행 중에 19세가 되면 일반 교도소에서 집행할 수 있다.

② 징역 또는 금고를 선고받은 소년에 대하여는 무기형에서 5년, 15년 유기형에는 3년, 부정기형에는 단기의 3분의 1이 경과하면 가석방을 허가할 수 있다.

③ 보호처분이 계속 중일 때 징역, 금고 또는 구류를 선고받은 소년에 대하여는 먼저 그 형을 집행한다.

④ 죄를 범할 당시 18세 미만인 소년에 대하여 사형 또는 무기형으로 처할 경우에는 15년의 유기징역으로 한다.

해설 ① 징역 또는 금고를 선고받은 소년에 대하여는 특별히 설치된 교도소 또는 일반 교도소 안에 특별히 분리된 장소에서 그 형을 집행한다. 다만, 소년이 형의 집행 중에 23세가 되면 일반 교도소에서 집행할 수 있다(소년법 제63조).

정답 | ①

60

소년 형사사건에 대한 설명으로 옳은 것은? (다툼이 있는 경우 판례에 의함) 보호7급 22

① 「소년법」 제60조 제1항에 정한 '소년'은 소년법 제2조에 정한 19세 미만인 자를 의미하는 것으로, 이에 해당하는지는 행위 시를 기준으로 판단하여야 한다.

② 소년에 대한 부정기형을 집행하는 기관의 장은 형의 단기가 지난 소년범의 행형(行刑) 성적이 양호하고 교정의 목적을 달성하였다고 인정되는 경우에는 관할 법원의 결정에 따라 그 형의 집행을 종료시킬 수 있다.

③ 15년 유기징역형을 선고받은 소년이 6년이 지나 가석방된 경우, 가석방된 후 그 처분이 취소되지 아니하고 9년이 경과한 때에 형의 집행을 종료한 것으로 한다.

④ 보호처분 당시 19세 이상인 것으로 밝혀진 경우를 제외하고는 「소년법」 제32조의 보호처분을 받은 소년에 대하여는 그 심리가 결정된 사건은 다시 공소를 제기하거나 소년부에 송치할 수 없다.

해설 ④ 제32조의 보호처분을 받은 소년에 대하여는 그 심리가 결정된 사건은 다시 공소를 제기하거나 소년부에 송치할 수 없다. 다만, 보호처분이 계속 중일 때에 사건 본인이 처분 당시 19세 이상인 것으로 밝혀져 소년부 판사가 결정으로써 그 보호처분을 취소하고 검찰청 검사에게 송치한 경우에는 공소를 제기할 수 있다(소년법 제53조).

① 소년법은 인격이 형성되는 과정에 있기에 그 개선가능성이 풍부하고 심신의 발육에 따르는 특수한 정신적 동요상태에 놓여 있는 소년의 특수성을 고려하여 소년의 건전한 성장을 돕기 위해 형사처분에 관한 특별조치로서 제60조 제1항에서 소년에 대하여 부정기형을 선고하도록 정하고 있다. 다만, 소년법 제60조 제1항에 정한 '소년'은 소년법 제2조에 정한 19세 미만인 자를 의미하는 것으로 이에 해당하는지는 사실심 판결 선고 시를 기준으로 판단하여야 하므로, 제1심에서 부정기형을 선고받은 피고인이 항소심 선고 이전에 19세에 도달하는 경우 정기형이 선고되어야 한다. 이 경우 피고인만이 항소하거나 피고인을 위하여 항소하였다면 형사소송법 제368조가 규정한 불이익변경금지원칙이 적용되어 항소심은 제1심 판결의 부정기형보다 무거운 정기형을 선고할 수 없다(대법원 2020.10.22. 2020도4140).

② 소년에 대한 부정기형을 집행하는 기관의 장은 형의 단기가 지난 소년범의 행형(行刑) 성적이 양호하고 교정의 목적을 달성하였다고 인정되는 경우에는 관할 검찰청 검사의 지휘에 따라 그 형의 집행을 종료시킬 수 있다(동법 제60조 제4항).

③ 징역 또는 금고를 선고받은 소년이 가석방된 후 그 처분이 취소되지 아니하고 가석방 전에 집행을 받은 기간과 같은 기간이 지난 경우에는 형의 집행을 종료한 것으로 한다(동법 제66조 본문). 따라서 가석방된 후 그 처분이 취소되지 아니하고 6년이 경과한 때에 형의 집행을 종료한 것으로 한다.

정답 | ④

61

「소년법」상 형사사건의 심판 등에 대한 설명으로 옳지 않은 것은? 보호7급 23

① 소년에 대한 부정기형을 집행하는 기관의 장은 형의 단기의 3분의 1이 지난 소년범의 행형 성적이 양호하고 교정의 목적을 달성하였다고 인정되는 경우에는 관할 검찰청 검사의 지휘에 따라 그 형의 집행을 종료시킬 수 있다.

② 무기징역을 선고받은 소년에 대하여는 5년의 기간이 지나면 가석방을 허가할 수 있다.

③ 징역 또는 금고를 선고받은 소년에 대하여는 특별히 설치된 교도소 또는 일반 교도소 안에 특별히 분리된 장소에서 그 형을 집행한다. 다만, 소년이 형의 집행 중에 23세가 되면 일반 교도소에서 집행할 수 있다.

④ 죄를 범할 당시 18세 미만인 소년에 대하여 사형 또는 무기형으로 처할 경우에는 15년의 유기징역으로 한다.

해설 ① 소년에 대한 부정기형을 집행하는 기관의 장은 형의 단기가 지난 소년범의 행형 성적이 양호하고 교정의 목적을 달성하였다고 인정되는 경우에는 관할 검찰청 검사의 지휘에 따라 그 형의 집행을 종료시킬 수 있다(소년법 제60조 제4항).

② 동법 제65조 제1호

③ 동법 제63조

④ 동법 제59조

소년법 제65조(가석방)

징역 또는 금고를 선고받은 소년에 대하여는 다음 각 호의 기간이 지나면 가석방(假釋放)을 허가할 수 있다.

1. 무기형의 경우에는 5년
2. 15년 유기형의 경우에는 3년
3. 부정기형의 경우에는 단기의 3분의 1

정답 | ①

62 ★

「소년법」상 소년 형사사건 처리절차에 관한 설명 중 옳지 않은 것은? 사법시험 13

① 검사는 소년에 대한 피의사건을 수사한 결과 보호처분에 해당하는 사유가 있다고 인정한 경우에는 사건을 관할 소년부에 송치하여야 한다.

② 소년부는 검사에 의하여 송치된 사건을 조사 또는 심리한 결과 그 동기와 죄질이 금고 이상의 형사처분을 할 필요가 있다고 인정할 때에는 결정으로써 해당 검찰청 검사에게 송치할 수 있다.

③ 소년에 대한 구속영장은 부득이한 경우가 아니면 발부하지 못하며, 소년을 구속하는 경우에는 특별한 사정이 없으면 다른 피의자나 피고인과 분리하여 수용하여야 한다.

④ 검사는 소년과 소년의 친권자·후견인 등 법정대리인이 동의하지 아니하더라도 소년에 대하여 범죄예방자원봉사위원의 선도를 조건으로 기소유예를 할 수 있다.

⑤ 소년부는 법원으로부터 송치받은 사건을 조사 또는 심리한 결과 사건의 본인이 19세 이상인 것으로 밝혀지면 결정으로써 송치한 법원에 사건을 다시 이송하여야 한다.

해설 ④ 검사는 소년과 소년의 친권자·후견인 등 법정대리인의 동의를 받아야 소년에 대하여 범죄예방자원봉사위원의 선도를 조건으로 기소유예를 할 수 있다(소년법 제49조의3).

① 소년법 제49조 제1항

② 동조 제2항

③ 소년법 제55조 제1항·제2항

⑤ 소년법 제7조 제2항

정답 | ④

63

소년법상 소년부 판사가 내릴 수 있는 보호처분의 내용으로 옳지 않은 것은? 교정9급 11

① 1개월 이내의 소년원 송치

② 소년분류심사원에서의 특별교육

③ 소년보호시설에 감호위탁

④ 보호관찰관의 장기보호관찰

해설 ② 소년부 판사가 내릴 수 있는 보호처분의 종류에 해당하지 않는다.

① 소년법 제32조 제1항 제8호

③ 동조 동항 제6호

④ 동조 동항 제5호

정답 | ②

64

소년법상 보호처분에 있어서 2호와 3호 처분을 바르게 연결한 것은?

	<2호>	<3호>
①	단기보호관찰	장기보호관찰
②	수강명령	사회봉사명령
③	사회봉사명령	단기보호관찰
④	보호자에게 감호위탁	수강명령

해설 ② 소년법 제32조 제1항

➤ **보호처분의 종류**

종류	내용	기간
제1호	보호자 또는 보호자를 대신하여 소년을 보호할 수 있는 자에게 감호 위탁	6개월(6개월 범위에서 한 번 연장)
제2호	수강명령(12세 이상만 가능)	100시간 이내
제3호	사회봉사명령(14세 이상만 가능)	200시간 이내
제4호	보호관찰관의 단기보호관찰	1년
제5호	보호관찰관의 장기보호관찰	2년(1년 범위에서 한 번 연장)
제6호	아동복지법에 따른 아동복지시설이나 그 밖의 소년보호시설에 감호 위탁	6개월(6개월 범위에서 한 번 연장)
제7호	병원, 요양소 또는 「보호소년 등의 처우에 관한 법률」에 따른 의료재활소년원에 위탁	6개월(6개월 범위에서 한 번 연장)
제8호	1개월 이내의 소년원 송치	
제9호	단기 소년원 송치	6개월 이내
제10호	장기 소년원 송치(12세 이상만 가능)	2년 이내

정답 | ②

65

다음의 괄호 안에 들어갈 기간을 옳게 묶어놓은 것은?

> 단기로 소년원에 송치된 소년의 보호기간은 (　)을 초과하지 못하며, 장기로 소년원에 송치된 소년의 보호기간은 (　)을 초과하지 못한다.

① 3개월, 6개월
② 6개월, 1년
③ 6개월, 2년
④ 1년, 2년

해설 ③ 소년법 제33조 제5항·제6항

정답 | ③

66

소년법에 대한 설명으로 옳지 않은 것은? 사법시험 10·13

① 범죄소년의 연령은 14세 이상 19세 미만, 촉법소년의 연령은 10세 이상 14세 미만이다.

② 수강명령은 12세 이상의 소년에게만, 장기 소년원송치는 14세 이상의 소년에게만 할 수 있다.

③ 법원이 소년에 대한 피고사건을 심리한 결과 보호처분에 해당할 사유를 인정하여 사건을 관할 소년부에 송치하였으나, 소년부가 사건을 심리한 결과 사건의 본인이 19세 이상인 것으로 밝혀지면 법원에 사건을 다시 이송해야 한다.

④ 수강명령은 100시간을, 사회봉사명령은 200시간을 초과할 수 없다.

⑤ 단기로 소년원에 송치된 소년의 보호기간은 6개월을, 장기로 소년원에 송치된 소년의 보호기간은 2년을 초과하지 못한다.

해설 ② 수강명령과 장기 소년원 송치 모두 12세 이상의 소년에게만 할 수 있다(소년법 제32조 제4항).
① 동법 제4조 제1항
③ 동법 제51조
④ 동법 제33조 제4항
⑤ 동법 제33조 제5항·제6항

정답 | ②

67

소년법상 보호처분에 관한 설명으로 옳지 않은 것은? 교정9급 10

① 사회봉사명령의 처분은 14세 이상의 소년에게만 할 수 있다.

② 보호자 또는 보호자를 대신하여 소년을 보호할 수 있는 자에게 감호위탁하는 경우 위탁기간은 6개월로 하되, 소년부 판사는 결정으로써 6개월의 범위에서 한 번에 한하여 그 기간을 연장할 수 있다.

③ 보호처분이 계속 중일 때에 사건 본인에 대하여 새로운 보호처분이 있었을 때에는 그 처분을 한 소년부 판사는 이전의 보호처분을 한 소년부에 조회하여 이전의 보호처분을 취소해야 한다.

④ 소년부 판사는 보호소년에게 수강명령처분을 할 수 있다.

해설 ③ 보호처분이 계속 중일 때에 사건 본인에 대하여 새로운 보호처분이 있었을 때에는 그 처분을 한 소년부 판사는 이전의 보호처분을 한 소년부에 조회하여 어느 하나의 보호처분을 취소하여야 한다(소년법 제40조).
① 동법 제32조 제3항
② 동법 제33조 제1항
④ 동법 제32조 제1항 제2호

정답 | ③

68

소년법상 보호처분에 대한 설명으로 옳은 것은? 교정9급 12

① 보호자 및 보호·복지시설 등에의 위탁은 최장 12개월까지 가능하다.
② 사회봉사명령과 수강명령은 14세 이상의 소년에게만 부과할 수 있다.
③ 단기로 소년원에 송치된 소년의 보호기간은 1년을 초과하지 못한다.
④ 단기보호관찰은 1회에 한하여 연장할 수 있으나, 장기보호관찰은 연장할 수 없다.

해설 ① 보호자 및 보호복지시설 등에의 위탁기간은 6개월로 하되, 소년부 판사는 결정으로써 6개월의 범위에서 한 번에 한하여 그 기간을 연장할 수 있으므로(소년법 제33조 제1항) 최장 12개월까지 가능하다는 표현은 옳다.
② 사회봉사명령은 14세 이상의 소년에게만 할 수 있고(동법 제32조 제3항), 수강명령은 12세 이상의 소년에게만 할 수 있다(동조 제4항).
③ 단기로 소년원에 송치된 소년의 보호기간은 6개월을 초과하지 못한다(소년법 제33조 제5항).
④ 단기보호관찰기간은 1년이며, 그 기간을 연장할 수 없다(소년법 제33조 제2항). 장기보호관찰기간은 2년으로 한다. 다만, 소년부 판사는 보호관찰관의 신청에 따라 결정으로써 1년의 범위에서 한 번에 한하여 그 기간을 연장할 수 있다(동조 제3항).

정답 | ①

69

소년법상 보호관찰관의 장기보호관찰처분을 받은 자의 보호처분기간 연장에 대한 설명으로 옳은 것은? 교정9급 15

① 소년부 판사는 소년에 대한 보호관찰기간을 연장할 수 없다.
② 소년부 판사는 소년의 신청에 따라 결정으로써 2년의 범위에서 한 번에 한하여 그 기간을 연장할 수 있다.
③ 소년부 판사는 보호관찰관의 신청에 따라 결정으로써 1년의 범위에서 한 번에 한하여 그 기간을 연장할 수 있다.
④ 소년부 판사는 보호관찰관의 신청에 따라 결정으로써 2년의 범위에서 한 번에 한하여 그 기간을 연장할 수 있다.

해설 ③ 소년부 판사는 보호관찰관의 신청에 따라 결정으로써 1년의 범위에서 한 번에 한하여 그 기간을 연장할 수 있다(소년법 제33조 제3항).

정답 | ③

70 ★

다음에서 설명하는 올린(L. E. Ohlin)의 보호관찰관 유형은? 교정7급 21

> 이 유형의 보호관찰관은 주로 직접적인 지원이나 강연 또는 칭찬과 꾸중 등 비공식적인 방법을 이용한다. 또한 보호관찰관은 사회의 보호, 즉 사회방위와 범죄자 개인의 개선·보호를 조화시키고자 하므로 역할갈등을 크게 겪는다.

① 처벌적 보호관찰관(punitive probation officer)
② 보호적 보호관찰관(protective probation officer)
③ 복지적 보호관찰관(welfare probation officer)
④ 수동적 보호관찰관(passive probation officer)

해설 보호적 보호관찰관 유형이다.

➤ 올린의 보호관찰관 유형

보호관찰관의 유형	주요 특징
처벌적 보호관찰관	위협과 처벌을 수단으로 범죄자를 사회에 동조하도록 강요하고 사회의 보호, 범죄자의 통제 그리고 범죄자에 대한 체계적 의심 등 강조
보호적 보호관찰관	사회와 범죄자의 보호 양자 사이를 망설이는 유형 주로 직접적인 지원이나 강연 또는 칭찬과 꾸중의 방법을 이용 사회와 범죄자의 입장을 번갈아 편들기 때문에 어정쩡한 입장에 처하기 쉬움
복지적 보호관찰관	자신의 목표를 범죄자에 대한 복지의 향상에 두고 범죄자의 능력과 한계를 고려하여 적응할 수 있도록 도움을 줌 범죄자의 개인적 적응 없이는 사회의 보호도 있을 수 없다고 믿음
수동적 보호관찰관	자신의 임무를 단지 최소한의 노력을 요하는 것으로 인식하는 사람

정답 | ②

71

보호관찰 대상자의 보호관찰 기간으로 옳지 않은 것은? 교정7급 21

① 「치료감호 등에 관한 법률」상 치료감호 가종료자 : 3년
② 「소년법」상 단기 보호관찰처분을 받은 자 : 1년
③ 「형법」상 보호관찰을 조건으로 형의 선고유예를 받은 자 : 1년
④ 「가정폭력범죄의 처벌 등에 관한 특례법」상 보호관찰처분을 받은 자 : 1년

해설 ④ 보호관찰처분을 받은 자의 보호관찰 기간은 6개월을 초과할 수 없다(가정폭력범죄의 처벌 등에 관한 특례법 제41조).

정답 | ④

72 ★

다음 설명에 해당하는 스미크라(Smykla)의 보호관찰 모형은? 교정7급 17

> 보호관찰관은 외부자원을 적극 활용하여 보호관찰대상자들이 다양하고 전문적인 사회적 서비스를 받을 수 있도록 사회기관에 위탁하는 것을 주요 일과로 삼고 있다.

① 프로그램모형(program model)
② 중재자모형(brokerage model)
③ 옹호모형(advocacy model)
④ 전통적모형(traditional model)

해설 스미크라(Smykla)는 보호관찰관의 기능과 자원의 활용이라는 측면에서 보호관찰을 모형화하고 있다.

- 전통적 모형
  보호관찰관이 지식인으로서 내부자원을 이용하여 지역적으로 균등배분된 대상자에 대해서 지도·감독에서 보도·원호에 이르기까지 다양한 기능을 수행하나 통제를 보다 중시하는 모형이다.
- 프로그램모형
  ① 보호관찰관은 전문가를 지향하나 목적수행을 위한 자원은 내부적으로 해결하려는 모형이다.
  ② 보호관찰관이 전문가로 기능하기 때문에 대상자를 분류하여 보호관찰관의 전문성에 따라 배정하게 된다.
  ③ 이 모형의 문제는 범죄자의 상당수는 특정한 한 가지 문제만으로 범죄자가 된 것은 아니며, 한 가지의 처우만을 필요로 하는 것도 아니라는 것이다.
- 옹호모형
  보호관찰관은 지식인으로서 외부자원을 적극 활용하여 대상자가 다양하고 전문적인 사회적 서비스를 제공받을 수 있도록 무작위로 배정된 대상자들을 사회기관에 위탁하는 것을 주된 임무로 한다.
- 중개모형
  보호관찰관은 전문가로서 자신의 전문성에 맞게 배정된 대상자에 대하여 사회자원의 개발과 중개의 방법으로 외부자원을 적극 활용하여 전문적인 보호관찰을 한다.

정답 | ③

73

보호관찰대상자와 그 보호관찰기간이 바르게 연결되지 않은 것은? 교정9급 15

① 형법상 보호관찰을 조건으로 형의 집행유예를 받은 자－집행을 유예한 기간이나 다만, 법원이 유예기간의 범위 내에서 보호관찰기간을 따로 정하는 경우에는 그 기간
② 특정 범죄자에 대한 보호관찰 및 전자장치 부착 등에 관한 법률상 강도범죄를 저지른 자로 강도범죄를 다시 범할 위험성이 있으며 금고 이상의 선고형에 해당하고 보호관찰명령의 청구가 이유 있다고 인정되는 자－2년 이상 5년 이하
③ 형법상 형의 선고를 유예하는 경우에 재범방지를 위하여 지도 및 원호가 필요한 자－1년
④ 소년법상 단기보호관찰 처분을 받은 자－2년

해설 ④ 단기보호관찰기간은 1년으로 한다(소년법 제33조 제2항).
① 형법 제62조의2 제2항
② 특정 범죄자에 대한 보호 관찰 및 전자장치 부착 등에 관한 법률 제21조의3
③ 형법 제59조의2

정답 | ④

74

다음 중 소년법상 10세 이상 12세 미만의 소년에 대하여 할 수 없는 보호처분으로 모두 묶인 것은?

㉠ 보호자에게 감호위탁	㉡ 수강명령
㉢ 사회봉사명령	㉣ 단기보호관찰
㉤ 장기보호관찰	㉥ 아동복지시설에 감호위탁
㉦ 병원, 요양소에 위탁	㉧ 1개월 이내 소년원 송치
㉨ 단기 소년원 송치	㉩ 장기 소년원 송치

① ㉡, ㉢, ㉤　② ㉡, ㉢, ㉩　③ ㉡, ㉤, ㉦
④ ㉢, ㉤, ㉩　⑤ ㉧, ㉨, ㉩

해설 ② 사회봉사명령은 14세 이상의 소년에게만 할 수 있으며(소년법 제32조 제3항), 수강명령과 장기소년원 송치는 12세 이상의 소년에게만 할 수 있다(동조 제4항).

정답 | ②

75

현행법상 소년보호사건처리에 관한 설명으로 옳은 것(O)과 옳지 않은 것(×)을 올바르게 묶은 것은?

사법시험 11

㉠ 소년보호사건에 있어서 보호자는 소년부 판사의 허락이 없어도 보조인을 선임할 수 있다.
㉡ 소년부 판사는 보호관찰관의 단기보호관찰 처분 시 14세 이상의 소년에 대하여 사회봉사를 동시에 명할 수 있다.
㉢ 소년의 보호처분은 그 소년의 장래의 신상에 어떠한 영향도 미치지 아니한다.
㉣ 보호처분의 계속 중에 징역형을 선고 받은 소년에 대하여는 먼저 징역형을 집행한다.
㉤ 보호처분의 계속 중에 새로운 보호처분의 선고를 받은 소년에 대하여는 어느 하나의 보호처분을 취소하여야 한다.

① ㉠(×), ㉡(○), ㉢(○), ㉣(×), ㉤(○)
② ㉠(×), ㉡(×), ㉢(○), ㉣(○), ㉤(○)
③ ㉠(○), ㉡(○), ㉢(×), ㉣(○), ㉤(×)
④ ㉠(×), ㉡(○), ㉢(○), ㉣(○), ㉤(○)
⑤ ㉠(○), ㉡(×), ㉢(×), ㉣(○), ㉤(×)

해설 [×] ㉠ 사건 본인이나 보호자는 소년부 판사의 허가를 받아 보조인을 선임할 수 있다(소년법 제17조 제1항).
[O] ㉡ 소년법 제32조 제2항
㉢ 소년법 제32조 제6항
㉣ 소년법 제64조
㉤ 소년법 제40조

정답 | ④

76

현행법상 소년보호사건에 관한 설명 중 옳은 것을 모두 고른 것은? 사법시험 13

> ㉠ 정당한 이유 없이 가출한 11세의 소년이 그의 성격에 비추어 앞으로 형벌 법령에 저촉되는 행위를 할 우려가 있는 경우 경찰서장은 직접 관할 소년부에 송치하여야 한다.
> ㉡ 사건 본인인 소년이 보호자를 보조인으로 선임하는 경우에는 소년부 판사의 허가를 받아야 한다.
> ㉢ 소년이 소년분류심사원에 위탁된 경우 보조인이 없을 때에는 법원은 변호사 등 적정한 자를 보조인으로 선정하여야 한다.
> ㉣ 소년부판사는 사건을 조사 또는 심리하는 데에 필요하다고 인정하면 소년의 감호에 관하여 결정으로써 소년분류심사원에 위탁할 수 있으며, 이 결정은 취소하거나 변경할 수 없다.
> ㉤ 소년부 판사는 사안이 가볍다는 이유로 심리를 개시하지 아니한다는 결정을 할 때에는 소년에게 훈계하거나 소년의 보호자에게 소년을 엄격히 관리하거나 교육하도록 고지할 수 있다.

① ㉠, ㉡
② ㉡, ㉣, ㉤
③ ㉠, ㉢, ㉤
④ ㉡, ㉢, ㉣
⑤ ㉢, ㉤

해설 [O] ㉠ 소년법 제4조 제2항
㉢ 소년법 제17조의2 제1항
㉤ 소년법 제19조 제2항

[×] ㉡ 사건 본인이나 보호자는 소년부 판사의 허가를 받아 보조인을 선임할 수 있는데(소년법 제17조 제1항) 보호자나 변호사를 보조인으로 선임하는 경우에는 소년부 판사의 허가를 받지 아니하여도 된다(동조 제2항).
㉣ 소년부 판사는 사건을 조사 또는 심리하는 데에 필요하다고 인정하여 소년의 감호에 관하여 결정으로써 소년분류심사원에 위탁할 수 있으며(소년법 제18조 제1항), 이 결정은 취소하거나 변경할 수 있다(동조 제6항).

정답 | ③

77 ★

「소년법」상 소년에 관한 형사사건에 대한 설명으로 옳지 않은 것은? 교정7급 15

① 단기 3년, 장기 6년의 징역형을 선고받은 소년에게는 1년이 지나면 가석방을 허가할 수 있다.

② 소년에 대한 형사사건의 심리는 다른 피의사건과 관련된 경우에는 그 절차를 병합하여야 한다.

③ 보호처분이 계속 중일 때에 징역, 금고 또는 구류를 선고받은 소년에 대하여는 먼저 그 형을 집행한다.

④ 징역 또는 금고를 선고받은 소년에 대하여는 특별히 설치된 교도소 또는 일반 교도소 안에 특별히 분리된 장소에서 그 형을 집행하나, 소년이 형의 집행 중에 23세가 되면 일반교도소에서 집행할 수 있다.

해설 ② 소년에 대한 형사사건의 심리는 다른 피의사건과 관련된 경우에도 심리에 지장이 없으면 그 절차를 분리하여야 한다(소년법 제57조).

① 부정기형을 선고받은 소년의 경우 단기의 3분의 1이 지나면 가석방을 허가할 수 있다(소년법 제65조). 따라서 단기인 3년의 3분의 1인 1년이 지나면 가석방을 허가할 수 있다.

③ 소년법 제64조

④ 소년법 제63조

정답 | ②

78

소년형사사건에 관한 설명으로 옳지 않은 것은? 사법시험 07 변형

① 징역 또는 금고를 선고받은 소년에 대하여는 특별히 설치된 교도소 또는 일반교도소 안에 특별히 분리된 장소에서 그 형을 집행한다.

② 가석방의 요건이 성인에 비해 완화되어 있다.

③ 소년이었을 때 범한 죄에 의하여 형을 선고받은 자가 그 집행을 종료하거나 면제받은 경우 자격에 관한 법령을 적용할 때에는 장래에 향하여 형의 선고를 받지 아니한 것으로 본다.

④ 장기 2년 이상의 유기형에 해당하는 죄를 범한 소년에게는 그 법정형의 범위에서 부정기형을 선고한다.

⑤ 20세 미만인 소년에 대해서는 노역장유치를 선고하지 못한다.

해설 ⑤ 형법상 벌금 또는 과료를 납입하지 않는 경우에는 노역장유치기간을 정하여 동시에 선고하여야 하나, 18세 미만인 소년에게는 이러한 환형처분을 하지 못한다(소년법 제62조).

① 동법 제63조

② 징역 또는 금고의 선고를 받은 소년에 대하여는 (ⅰ) 무기형의 경우에는 5년, (ⅱ) 15년 유기형의 경우에는 3년, (ⅲ) 부정기형의 경우에는 단기의 1/3의 기간이 지나면 가석방을 허가할 수 있는데(동법 제65조) 이는 성인범의 경우 무기형은 20년, 유기형은 형기의 1/3을 경과하도록 하고 있는 것에 비해 그 요건을 상대적으로 완화한 것이다.

③ 동법 제67조

④ 동법 제60조 제1항

정답 | ⑤

79

소년형사사건에 관한 설명 중 틀린 것을 모두 고른 것은?

㉠ 소년법상 형사처분의 대상은 12세 이상 19세 미만의 소년이다.
㉡ 형벌에 의한 제재라는 점에서 일반형사처분과 다르지 않으나, 그 대상이 소년이라는 점에서 절차상·심판상·행형상의 특칙이 적용된다.
㉢ 검사는 소년에 대한 피의사건을 조사한 결과 보호처분에 해당하는 사유가 있다고 인정한 경우에는 사건을 관할 소년부에 송치하여야 한다.
㉣ 소년부는 송치된 사건을 조사 또는 심리한 결과 그 동기와 죄질이 금고 이상의 형사처분을 할 필요가 있다고 인정할 때에는 결정으로써 해당 검찰청 검사에게 송치하여야 한다.

① ㉠, ㉡ ② ㉠, ㉣
③ ㉡, ㉢ ④ ㉢, ㉣

해설 [×] ㉠ 소년법상 형사처분의 대상은 14세 이상 19세 미만의 소년이다.
㉣ 송치하여야 한다. → 송치할 수 있다(소년법 제49조 제2항).
[○] ㉡·㉢ 동법 제49조 제1항

정답 | ②

80

소년형사사건의 절차상 특칙에 관한 설명으로 옳지 않은 것을 모두 고른 것은?

㉠ 소년부는 법원으로부터 송치받은 사건을 조사 또는 심리한 결과 사건의 본인이 19세 이상인 것으로 밝혀지면 결정으로써 해당 검찰청 검사에게 송치할 수 있다.
㉡ 소년에 대한 구속영장을 발부할 경우에는 해당 검찰청 검사의 의견을 고려하여야 한다.
㉢ 소년에 대한 형사사건의 심리는 친절하고 온화하게 하여야 한다.
㉣ 모든 소년형사사건은 필요적 변호사건이므로 소년에 대하여 변호인이 출석하지 아니한 때에는 법원은 직권으로 변호인을 선정하여야 한다.

① ㉠, ㉡ ② ㉠, ㉢
③ ㉡, ㉢ ④ ㉢, ㉣

해설 [×] ㉠ 소년부는 법원으로부터 송치받은 사건을 조사 또는 심리한 결과 사건의 본인이 19세 이상인 것으로 밝혀지면 결정으로써 송치한 법원에 다시 이송하여야 한다(소년법 제51조).
㉡ 소년에 대한 구속영장은 부득이한 경우가 아니면 발부하지 못한다(동법 제55조 제1항).
[○] ㉢ 소년법 제58조 제1항
㉣ 형사소송법 제33조, 제283조

정답 | ①

81

소년형사사건에 대한 설명으로 옳지 않은 것은? 교정9급 12

① 소년부는 검사로부터 송치된 보호처분사건을 조사 또는 심리한 결과 그 동기와 죄질이 금고 이상의 형사처분을 할 필요가 있다고 인정할 때에는 결정으로써 해당 검찰청 검사에게 송치할 수 있다.

② ①에 따라 검사에게 송치된 사건을 검사는 다시 소년부에 송치할 수 있다.

③ 검사는 소년 피의사건에 대하여 소년부 송치, 공소제기, 기소유예 등의 처분을 결정하기 위하여 필요하다고 인정하면 피의자의 주거지 또는 검찰청 소재지를 관할하는 보호관찰소의 장 등에게 피의자의 품행, 경력, 생활환경이나 그 밖에 필요한 사항에 관한 조사를 요구할 수 있다.

④ 법원은 소년에 대한 피의사건을 심리한 결과 보호처분에 해당할 사유가 있다고 인정하면 결정으로써 사건을 관할 소년부에 송치하여야 한다.

해설 ② 소년부는 검사로부터 송치된 사건을 조사 또는 심리한 결과 그 동기와 죄질이 금고 이상의 형사처분을 할 필요가 있다고 인정할 때에는 결정으로써 해당 검찰청 검사에게 송치할 수 있는데(소년법 제49조 제2항) 이렇게 송치한 사건은 다시 소년부에 송치할 수 없다(동조 제3항).

① 소년법 제49조 제2항

③ 소년법 제49조의2 제1항

④ 소년법 제50조

정답 | ②

82

현행 「소년법」상 소년에 대한 형사사건에 관한 설명 중 옳지 않은 것은? 사법시험 15

① 법원은 소년에 대한 형사사건에 관하여 필요한 사항을 조사하도록 조사관에게 위촉할 수 있다.

② 소년에 대한 형사사건의 심리는 다른 피의사건과 관련된 경우에도 심리에 지장이 없으면 그 절차를 분리하여야 한다.

③ 보호처분이 계속 중일 때에 징역, 금고 또는 구류를 선고받은 소년에 대하여는 먼저 그 형을 집행한다.

④ 소년이 법정형으로 장기 2년 이상의 유기형에 해당하는 죄를 범한 경우에는 그 형의 범위에서 장기와 단기를 정하여 선고하되, 장기는 5년, 단기는 2년을 초과하지 못한다.

⑤ 소년이었을 때 범한 죄에 의하여 형을 선고받은 자가 그 집행을 종료하거나 면제받은 경우 자격에 관한 법령을 적용할 때에는 장래에 향하여 형의 선고를 받지 아니한 것으로 본다.

해설 ④ 소년이 법정형으로 장기 2년 이상의 유기형에 해당하는 죄를 범한 경우에는 그 형의 범위에서 장기와 단기를 정하여 선고한다. 다만 장기는 10년, 단기는 5년을 초과하지 못한다(소년법 제60조 제1항).

① 소년법 제56조

② 소년법 제57조

③ 소년법 제64조

⑤ 소년법 제67조

정답 | ④

83 ★

소년사범에 대해 인정되고 있는 형사사건의 특칙에 관한 설명 중 옳은 것은? 사법시험 05

① 소년에 대한 형사사건의 심리는 다른 피의사건과 관련된 경우에는 그 절차를 병합하여야 한다.

② 일반형사사건은 사형, 무기, 3년 이상의 징역 또는 금고에 해당하는 사건이 필요적 변호사건으로 되어 있으나, 소년형사사건의 경우 사형, 무기, 1년 이상의 징역 또는 금고에 해당하는 사건으로 필요적 변호사건이 확대되어 있다.

③ 죄를 범할 당시 18세 미만인 소년에 대하여 사형 또는 무기형으로 처할 경우에는 10년의 유기징역으로 한다.

④ 18세 미만의 소년에게는 벌금 또는 과료를 납입하지 않을 경우에 대비한 환형처분을 선고하지 못한다.

⑤ 소년이 단기 2년 이상에 해당하는 범죄를 범한 때에는 장기 10년, 단기 5년을 넘지 않는 범위 내에서 부정기형을 선고할 수 있다.

해설 ④ 소년법 제62조

① 소년에 대한 형사사건의 심리는 다른 피의사건과 관련된 경우에도 심리에 지장이 없으면 그 절차를 분리하여야 한다(동법 제57조).

② 소년형사사건은 모두 필요적 변호사건이다(형사소송법 제33조 제1항 제2호).

③ 죄를 범할 당시 18세 미만인 소년에 대하여 사형 또는 무기형으로 처할 경우에는 15년의 유기징역으로 한다(동법 제59조).

⑤ 소년이 법정형으로 장기 2년 이상의 유기형에 해당하는 죄를 범한 경우에는 그 형의 범위에서 장기와 단기를 정하되, 장기는 10년, 단기는 5년을 초과하지 못한다(동법 제60조 제1항).

➤ 성인형사처분과 소년형사처분 요약비교

구분	성인형사처분	소년형사처분
형기	사형, 무기징역	15년의 유기징역
구속영장 발부	구속요건에 해당하면 발부	부득이한 경우가 아니면 발부 금지
환형처분	• 벌금 : 1일 이상 3년 이하 노역장 유치 • 과료 : 1일 이상 30일 미만 노역장 유치	18세 미만인 경우 환형처분 금지
자유형 집행장소	교도소 또는 구치소	특별히 설치된 교도소 또는 일반교도소 안에 특히 분리된 장소
가석방 요건	• 무기형 : 20년 • 유기형 : 1/3 경과	• 무기형 : 5년 • 15년의 유기형 : 3년 • 부정기형 : 단기의 1/3 경과
가석방 기간	• 무기형 : 10년 • 유기형 : 잔형기간(10년 초과 금지)	가석방 전에 집행 받은 기간과 동일한 기간

정답 | ④

84

「소년법」상 소년사범의 형 집행 및 가석방에 대한 설명으로 옳은 것은? 5급승진 15

① 소년에게 무기형을 선고할 때에는 15년의 유기징역으로 한다.
② 소년에게 2년 미만의 유기형을 선고하는 때에는 부정기형을 선고할 수 없다.
③ 소년에 대한 부정기형을 집행하는 기관의 장은 형의 단기가 지난 소년범의 행형성적이 양호하고 교정의 목적을 달성하였다고 인정되는 경우에는 교도관회의의 심의를 거쳐 그 형의 집행을 종료시킬 수 있다.
④ 소년이 부정기형을 선고받은 경우, 단기의 3분의 1을 경과한 때에는 가석방을 허가할 수 있다.
⑤ 소년이 가석방된 후 그 처분이 취소되지 아니하고 가석방심사위원회가 정한 가석방 기간을 경과한 때에는 형의 집행을 종료한 것으로 한다.

해설 ④ 소년법 제65조
① 죄를 범할 당시 18세 미만인 소년에 대하여 사형 또는 무기형으로 처할 경우에는 15년의 유기징역으로 한다(소년법 제59조).
② 소년이 법정형으로 장기 2년 이상의 유기형에 해당하는 죄를 범한 경우에는 그 형의 범위에서 장기와 단기를 정하여 선고한다. 다만 장기는 10년, 단기는 5년을 초과하지 못한다(소년법 제60조 제1항). 즉 부정기형 선고요건의 기준은 '법정형'인데 해당 지문은 '선고'라는 용어를 사용하고 있으므로 소년법 제60조 제1항에 부합하지 않는다.
③ 소년에 대한 부정기형을 집행하는 기관의 장은 형의 단기가 지난 소년범의 행형성적이 양호하고, 교정의 목적을 달성하였다고 인정되는 경우에는 관할 검찰청 검사의 지휘에 따라 그 형의 집행을 종료시킬 수 있다(소년법 제60조 제4항).
⑤ 징역 또는 금고를 선고 받은 소년이 가석방된 후 그 처분이 취소되지 아니하고, 가석방 전에 집행을 받은 기간과 같은 기간이 지난 경우에는 형의 집행을 종료한 것으로 한다(소년법 제66조 본문).

정답 | ④

85 ★

소년법상 형사처분에 관한 특칙으로 옳지 않은 것은? 교정7급 12 | 교정9급 11

① 죄를 범할 당시 18세 미만의 소년에 대하여 무기형으로 처할 경우에는 15년의 유기징역으로 한다.
② 소년에 대한 상대적 부정기형의 장기는 10년, 단기는 5년을 초과하지 못한다.
③ 보호처분이 계속 중일 때에 자유형의 선고를 받은 소년에 대하여는 보호처분을 먼저 행한다.
④ 15년의 유기자유형을 선고받은 소년의 경우에는 3년이 경과하여야 가석방을 허가할 수 있다.
⑤ 형의 집행이 끝난 후에는 자격에 관한 법령을 적용할 때에는 장래에 향하여 형의 선고를 받지 아니한 것으로 본다.

해설 ③ 보호처분이 계속 중일 때에 징역, 금고 또는 구류를 선고받은 소년에 대하여는 먼저 그 형을 집행한다(소년법 제64조).
① 동법 제59조
② 동법 제60조 제1항
④ 동법 제65조
⑤ 동법 제67조

정답 | ③

86

현행 「소년법」에 관한 설명 중 옳지 않은 것은? 사법시험 15

① 죄를 범할 당시 18세 미만인 소년에 대하여 사형 또는 무기형으로 처할 경우에는 10년의 유기징역으로 한다.

② 소년에 대한 구속영장은 부득이한 경우가 아니면 발부하지 못한다.

③ 검사가 보호처분에 해당하는 사유가 있다고 인정하여 관할 소년부에 송치한 사건에 대하여, 소년부가 조사 또는 심리한 결과 금고 이상의 형사처분을 할 필요가 있다고 인정할 때에는 해당 검찰청 검사에게 그 사건을 송치할 수 있지만, 검사는 이 사건을 다시 소년부에 송치할 수 없다.

④ 소년 보호사건의 심리 개시 결정이 있었던 때로부터 그 사건에 대한 보호처분의 결정이 확정될 때까지 공소시효는 그 진행이 정지된다.

⑤ 소년부판사는 죄를 범한 소년에 대하여 보호처분을 하는 경우에는 결정으로써 범죄에 제공된 물건을 몰수할 수 있다.

해설 ① 죄를 범할 당시 18세 미만인 소년에 대하여 사형 또는 무기형으로 처할 경우에는 15년의 유기징역으로 한다(소년법 제59조).

② 소년법 제55조 제1항

③ 소년법 제49조 제3항

④ 소년법 제54조

⑤ 소년법 제34조 제1항

정답 | ①

87

소년법상 형의 선고에 관한 설명 중 옳지 않은 것은? (다툼이 있으면 판례에 의함) 사법시험 11

① '소년'인지의 여부는 사실심 판결선고시를 기준으로 판단한다.

② 범행 당시 18세 미만인 소년에 대하여 사형 또는 무기형으로 처할 경우에는 15년의 유기징역으로 한다.

③ 법원은 집행유예 선고 시 부정기형을 선고할 수 있다.

④ 법원이 부정기형을 선고하는 경우 장기는 10년, 단기는 5년을 초과하지 못한다.

⑤ 18세 미만의 소년이 벌금 또는 과료를 선고받고 이를 납부하지 않더라도 노역장유치 선고를 하지 못한다.

해설 ③ 소년에게 형의 집행유예나 선고유예를 선고할 때에는 부정기형을 선고하지 못한다(소년법 제60조 제3항).

① 대판 2009.5.28, 2009도2682

② 소년법 제59조

④ 소년법 제60조 제1항

정답 | ③

88

소년사범에 대한 「소년법」상의 처우 및 그 효력에 대한 설명으로 옳은 것은? 5급승진 15

① 소년부 판사는 사건의 조사 또는 심리에 필요하다고 인정하는 경우 기일을 지정하여 사건 본인이나 보호자 또는 참고인을 소환할 수 있고, 이들이 정당한 이유 없이 소환에 응하지 아니하면 동행영장을 발부한다.

② 보호처분이 계속 중일 때에 징역, 금고 또는 구류를 선고받은 소년에 대하여는 먼저 그 형을 집행한다.

③ 소년부 판사는 보호관찰관의 신청에 따라 단기와 장기로 구분되는 보호관찰처분을 1년의 범위에서 한 번에 한하여 결정으로써 그 기간을 연장할 수 있다.

④ 「소년법」상의 소년에게는 「형법」 제70조의 노역장유치선고를 하지 못한다.

⑤ 소년이었을 때 범한 죄에 의하여 형을 선고받은 자가 그 집행을 종료하거나 면제받은 경우에는 장래에 향하여 그 형의 선고를 받지 아니한 것으로 본다.

해설 ② 소년법 제64조

① 소년부 판사는 사건의 조사 또는 심리에 필요하다고 인정하면 기일을 지정하여 사건 본인이나 보호자 또는 참고인을 소환할 수 있다(소년법 제13조 제1항). 사건 본인이나 보호자가 정당한 이유 없이 소환에 응하지 아니하면 소년부 판사는 동행영장을 발부할 수 있다(동조 제2항). 즉 참고인은 소환의 대상은 될 수 있으나, 동행영장 발부의 대상은 아니다.

③ 장기보호관찰처분은 연장이 가능하나, 단기보호관찰처분은 연장이 불가하다(소년법 제33조 제2항·제3항).

④ 형법상 벌금 또는 과료를 납입하지 않는 경우에는 노역장유치기간을 정하여 동시에 선고하여야 하나, 18세 미만의 소년에게는 노역장유치 선고를 하지 못한다(소년법 제62조 본문).

⑤ 소년이었을 때 범한 죄에 의하여 형을 선고받은 자가 그 집행을 종료하거나 면제받은 경우 자격에 관한 법령을 적용할 때에는 장래에 향하여 형의 선고를 받지 아니한 것으로 본다(소년법 제67조).

정답 | ②

89

소년형사사건과 관련된 설명으로 옳지 않은 것은? 사법시험 14

① 소년에 대한 변호인이 없는 때에는 법원은 직권으로 국선변호인을 선정해야 한다.

② 징역 또는 금고를 선고받은 소년에 대하여는 특별히 설치된 교도소 또는 일반 교도소 안에 특별히 분리된 장소에서 그 형을 집행한다.

③ 소년에게 형의 집행유예나 선고유예를 선고할 때에는 부정기형을 선고하지 못한다.

④ 부정기형을 선고받은 소년에 대하여는 단기의 2분의 1이 지나야 가석방을 허가할 수 있다.

⑤ 소년이 법정형으로 장기 2년 이상의 유기형에 해당하는 죄를 범한 경우에는 그 형의 범위에서 장기와 단기를 정하여 선고한다. 다만, 장기는 10년, 단기는 5년을 초과하지 못한다.

해설 ④ 2분의 1 → 3분의 1(소년법 제65조 제3호)

① 형사소송법 제33조 제1항 제2호

② 소년법 제63조

③ 소년법 제60조 제3항

⑤ 소년법 제60조 제1항

정답 | ④

90

「소년법」에 관한 설명 중 옳은 것을 모두 고른 것은? 사법시험 13

> ㉠ 소년부 판사의 소년 보호사건에 대한 심리 개시결정이 있었던 때로부터 그 사건에 대한 보호처분의 결정이 확정될 때까지 공소시효는 그 진행이 정지된다.
> ㉡ 사건 본인이나 보호자가 정당한 이유 없이 소환에 응하지 아니하면 소년부 판사는 동행영장을 발부할 수 있다.
> ㉢ 법원은 소년에 대한 피고사건을 심리한 결과 벌금 이하의 형에 해당하는 범죄이거나 보호처분에 해당할 사유가 있다고 인정할 때에만 결정으로써 사건을 관할 소년부에 송치할 수 있다.
> ㉣ 보호처분의 계속 중에 징역, 금고 또는 구류의 선고를 받은 소년에 대하여는 보호처분을 먼저 집행한다.

① ㉠, ㉡ ② ㉠, ㉢ ③ ㉠, ㉡, ㉢, ㉣
④ ㉡, ㉢ ⑤ ㉡, ㉢, ㉣

해설 [O] ㉠ 소년법 제54조
㉡ 소년법 제13조 제2항
[×] ㉢ 법원은 소년에 대한 피고사건을 심리한 결과 보호처분에 해당할 사유가 있다고 인정하면 결정으로써 사건을 관할 소년부에 송치하여야 한다(소년법 제50조).
㉣ 보호처분이 계속 중일 때에 징역·금고 또는 구류를 선고 받은 소년에 대하여는 먼저 그 형을 집행한다(소년법 제64조).

정답 | ①

91

현행법상 소년에 대한 보호처분 또는 형사처분에 관한 설명 중 옳지 않은 것은? 사법시험 08 변형

① 무기형의 선고를 받은 소년에 대하여는 10년이 지나야 가석방을 허가할 수 있다.
② 14세 이상의 소년에 대하여는 사회봉사를 명할 수 있다.
③ 징역 또는 금고를 선고받은 소년에 대하여는 특별히 설치된 교도소 또는 일반교도소 안에 특별히 분리된 장소에서 그 형을 집행한다.
④ 18세 미만인 소년에게는 원칙적으로 노역장유치를 선고하지 못한다.
⑤ 보호처분이 계속 중일 때에 징역, 금고 또는 구류를 선고받은 소년에 대하여는 먼저 그 형을 집행한다.

해설 ① 징역 또는 금고를 선고 받은 소년에 대하여는 (ⅰ) 무기형은 5년, (ⅱ) 15년의 유기형은 3년, (ⅲ) 부정기형은 단기의 1/3을 각각 지나면 가석방을 허가할 수 있다(소년법 제65조).
② 동법 제32조 제3항
③ 동법 제63조
④ 동법 제62조
⑤ 동법 제64조

정답 | ①

92

다음 설명 중 옳지 않은 것은? (다툼이 있는 경우에는 판례에 의함) 사법시험 13

① 「소년법」이 적용되는 '소년'이란 19세 미만인 사람을 말하므로 피고인이 「소년법」의 적용을 받으려면 사실심 판결선고시 19세 미만이어야 한다.

② 제1심에서 부정기형을 선고한 판결에 대한 항소심 계속 중 개정 「소년법」이 시행되었고, 항소심 판결선고시에는 이미 신법상 소년에 해당하지 않게 된 경우 항소심 법원은 피고인에 대하여 정기형을 선고하여야 한다.

③ 항소심 판결선고 당시 미성년자로서 부정기형을 선고받은 피고인이 상고심 계속 중에 성년이 되었다면 항소심의 부정기형 선고를 정기형으로 고쳐 선고해야 한다.

④ 소년범에 대하여 법정형 중에서 무기징역을 선택한 후 작량감경한 결과 유기징역을 선고하게 되었을 경우에는 피고인이 미성년자라 하더라도 부정기형을 선고할 수 없다.

⑤ 소년보호사건에서 항고제기기간 내에 항고이유를 제출하지 않은 항고인에게 항고법원이 별도로 항고이유 제출 기회를 부여하여야 하는 것은 아니다.

해설 ③ 항소심 판결선고 당시 미성년자로서 부정기형을 선고받은 피고인이 상고심 계속 중에 성년이 되었다 하더라도 항소심의 부정기형 선고를 정기형으로 고칠 수는 없다(대판 1990.11.27, 90도2225).

① 대판 2009.5.28, 2009도2682

② 대판 2008.10.23, 2008도8090

④ 대판 1988.5.24, 88도501

⑤ 대결 2008.8.12, 2007트13

정답 | ③

93

「소년법」상 항고에 대한 설명으로 옳지 않은 것은? 교정7급 18

① 항고를 제기할 수 있는 기간은 7일로 한다.

② 항고는 결정의 집행을 정지시키는 효력이 없다.

③ 보호처분의 변경 결정에 대해서는 항고할 수 없다.

④ 항고를 할 때에는 항고장을 원심 소년부에 제출하여야 한다.

해설 ③ 제32조에 따른 보호처분의 결정 및 제32조의2에 따른 부가처분 등의 결정 또는 제37조의 보호처분·부가처분 변경 결정이 다음 각 호의 어느 하나에 해당하면 사건 본인·보호자·보조인 또는 그 법정대리인은 관할 가정법원 또는 지방법원 본원 합의부에 항고할 수 있다(소년법 제43조 제1항).

① 동법 제43조 제2항

② 동법 제46조

④ 동법 제44조 제1항

정답 | ③

94

소년에 대한 형사처분의 내용으로 옳은 것은? 사법시험 12 | 교정7급 12

① 형사사건 심리 전에 소년이 분류심사원에 위탁된 기간은 소년부 판사의 재량에 의하여 판결 선고전 구금일수에 산입하지 아니할 수 있다.

② 법정형이 장기 2년 이상의 유기형에 해당하는 죄를 범한 경우 소년에 대한 상대적 부정기형의 장기는 10년, 단기는 5년을 초과하지 못한다.

③ 보호처분의 계속 중에 구류형의 선고를 받은 소년에 대하여는 먼저 그 보호처분을 집행한다.

④ 무기형을 선고받은 소년에 대해서는 3년이 경과하면 가석방을 허가할 수 있다.

⑤ 법원은 소년에 대한 형사피고사건을 심리한 결과 보호처분에 해당할 사유가 있다고 인정하면 결정으로 사건을 검사에게 이송하여야 한다.

해설 ② 소년법 제60조 제1항

① 소년부 판사가 사건을 조사 또는 심리하는 데에 필요하다고 인정하여 소년을 소년분류심사원에 위탁한 경우 그 위탁기간은 판결선고전 구금일수로 본다(동법 제61조).

③ 보호처분이 계속 중일 때에 징역·금고 또는 구류를 선고 받은 소년에 대하여는 먼저 그 형을 집행한다(동법 제64조).

④ 무기형을 선고받은 소년에 대해서는 5년이 경과하면 가석방을 허가할 수 있다(동법 제65조 제1호).

⑤ 법원은 소년에 대한 피고사건을 심리한 결과 보호처분에 해당할 사유가 있다고 인정하면 결정으로써 사건을 관할 소년부에 송치하여야 한다(동법 제50조).

정답 | ②

95

현행 「소년법」상 소년 보호사건에 관한 설명 중 옳지 않은 것은? 사법시험 15

① 소년보호사건은 가정법원소년부 또는 지방법원소년부에 속한다.

② 보호처분이 계속 중일 때에 사건 본인이 처분 당시 19세 이상인 것으로 밝혀진 경우에는 소년부 판사는 결정으로써 그 보호처분을 취소하여야 한다.

③ 소년보호사건의 심리와 처분 결정은 소년부 단독판사가 한다.

④ 소년부 판사의 보호처분 결정에 대한 항고는 결정의 집행을 정지시키는 효력이 있다.

⑤ 소년부 판사는 소년이 소년부 판사의 권고에 따라 피해자와 화해하였을 경우에는 보호처분을 결정할 때 이를 고려할 수 있다.

해설 ④ 보호처분의 결정은 고지와 동시에 집행력이 생기며, 결정에 대한 항고는 집행을 정지시키는 효력이 없다(소년법 제46조).

① 소년법 제3조 제2항

② 소년법 제38조 제1항

③ 소년법 제3조 제3항

⑤ 소년법 제25조의3 제3항

정답 | ④

96

소년법에 대한 설명으로 옳은 것은? 교정9급 15

① 소년이 소년분류심사원에 위탁되었는지 여부를 불문하고 보조인이 없을 때에는 법원은 국선보조인을 선정하여야 한다.

② 검사가 소년피의자에 대하여 선도조건부 기소유예를 하는 경우 소년의 법정대리인의 동의를 받으면 족하고 당사자인 소년의 동의는 요하지 아니한다.

③ 소년부 판사는 피해자 또는 그 법정대리인이 의견진술을 신청할 때에는 피해자나 그 법정대리인의 진술로 심리절차가 현저하게 지연될 우려가 있는 경우에도 심리기일에 의견을 진술할 기회를 주어야 한다.

④ 법원이 소년에 대한 피고사건을 심리한 결과 보호처분에 해당할 사유를 인정하여 사건을 관할 소년부에 송치하였으나, 소년부가 사건을 심리한 결과 사건의 본인이 19세 이상인 것으로 밝혀지면 결정으로써 송치한 법원에 사건을 다시 이송해야 한다.

해설 ④ 소년법 제51조

① 소년이 소년분류심사원에 위탁된 경우 보조인이 없을 때에는 법원은 변호사 등 적정한 자를 보조인으로 선정하여야 한다(소년법 제17조의2 제1항).

② 검사는 피의자에 대하여 다음에 해당하는 선도 등을 받게 하고, 피의사건에 대한 공소를 제기하지 아니할 수 있다. 이 경우 소년과 소년의 친권자·후견인 등 법정대리인의 동의를 받아야 한다(동법 제49조의3).

③ 소년부 판사는 피해자 또는 그 법정대리인·변호인·배우자·직계친족·형제자매가 의견진술을 신청할 때에는 피해자나 그 대리인 등에게 심리기일에 의견을 진술할 기회를 주어야 한다. 다만, 신청인의 진술로 심리절차가 현저하게 지연될 우려가 있는 경우에는 그러하지 아니하다(소년법 제25조의2).

정답 | ④

97

「소년법」상 항고에 대한 설명으로 옳은 것만을 모두 고른 것은? 5급승진 15

㉠ 가정법원 소년부의 보호처분결정에 대한 항고사건의 관할법원은 가정법원 또는 지방법원 본원합의부이다.
㉡ 보호처분의 결정에 대하여 보조인도 항고할 수 있으며, 항고를 할 때에는 7일 이내에 항고장을 원심 소년부에 제출하여야 한다.
㉢ 원심 소년부는 항고가 이유 없다고 인정할 때에는 결정으로써 항고를 기각할 수 있다.
㉣ 항고법원은 항고가 이유 있다고 인정한 경우에는 원결정을 취소한 후, 사건을 원심 소년부로 환송할 수 없고 다른 소년부로 이송하여야 한다.
㉤ 항고는 결정의 집행을 정지시키는 효력이 없다.
㉥ 항고법원이 사실을 오인했거나 법령을 위반하여 항고를 기각한 때에는 7일 이내에 대법원에 재항고할 수 있다.

① ㉠, ㉡, ㉤
② ㉠, ㉢, ㉣
③ ㉡, ㉢, ㉥
④ ㉡, ㉤, ㉥
⑤ ㉢, ㉣, ㉤

해설 [O] ㉠ 소년법 제43조 제1항
㉡ 소년법 제43조 제1항·제2항, 제44조 제1항
㉤ 소년법 제46조
[×] ㉢ 항고법원은 항고절차가 법률에 위반되거나 항고가 이유 없다고 인정한 경우에는 결정으로서 항고를 기각하여야 한다(소년법 제45조 제1항).
㉣ 항고법원은 항고가 이유가 있다고 인정한 경우에는 원결정을 취소하고, 사건을 원소년부에 환송하거나 다른 소년부에 이송하여야 한다(동조 제2항).
㉥ 항고를 기각하는 결정에 대하여는 그 결정이 법령에 위반되는 경우에만 대법원에 재항고를 할 수 있다(소년법 제47조 제1항).

정답 | ①

CHAPTER

03 보호소년 등의 처우에 관한 법률

01 ★

「보호소년 등의 처우에 관한 법률」의 내용으로 옳지 않은 것을 모두 고른 것은?

㉠ 소년원은 소년법 가정법원소년부 또는 지방법원소년부로부터 위탁되거나 송치된 소년을 수용하여 교정교육을 하는 것을 임무로 한다.
㉡ 소년원은 전문가 진단의 일환으로 법원소년부가 상담조사를 의뢰한 소년의 상담과 조사를 하는 임무를 수행한다.
㉢ 소년원장 또는 소년분류심사원장은 보호소년, 위탁소년 또는 유치소년을 처우할 때에 인권보호가 소홀하지 않도록 하여야 한다.
㉣ 위탁소년을 소년분류심사원에 수용할 때에는 법원소년부의 결정서에 의하여야 한다.

① ㉠, ㉡　　② ㉠, ㉢
③ ㉡, ㉢　　④ ㉢, ㉣

해설 [×] ㉡ 소년분류심사원의 임무에 해당한다(보호소년 등의 처우에 관한 법률 제3조).
㉢ 소년원장 또는 소년분류심사원장은 보호소년, 위탁소년 또는 유치소년을 처우할 때에 인권보호를 우선적으로 고려하여야 한다(동법 제2조).
[○] ㉠ 보호소년 등의 처우에 관한 법률 제3조 제1항
㉣ 동법 제7조 제1항

소년분류심사원의 임무
- 위탁소년의 수용과 분류심사
- 유치소년의 수용과 분류심사
- 법원소년부가 상담조사를 의뢰한 소년의 상담과 조사
- 소년 피의사건에 대하여 검사가 조사를 의뢰한 소년의 품행 및 환경 등의 조사
- 위 네 가지에 해당되지 아니하는 소년으로서 소년원장이나 보호관찰소장이 의뢰한 소년의 분류심사

정답 | ③

02 ★

「보호소년 등의 처우에 관한 법률」에 대한 설명으로 옳은 것은? 교정9급 22

① 보호소년등은 남성과 여성, 보호소년과 위탁소년 및 유치소년, 16세 미만인 자와 16세 이상인 자 등의 기준에 따라 분리수용한다.
② 보호소년등이 규율 위반행위를 하여 20일 이내의 기간 동안 지정된 실(室) 안에서 근신하는 징계를 받은 경우에는 그 기간 중 원내 봉사활동, 텔레비전 시청 제한, 단체 체육활동 정지, 공동행사 참가 정지가 함께 부과된다.
③ 보호장비는 징벌의 수단으로 사용되어서는 아니 된다.
④ 소년원 또는 소년분류심사원에서 보호소년등이 사용하는 목욕탕, 세면실 및 화장실에는 전자영상장비를 설치하여서는 아니 된다.

해설 ③ 보호소년 등의 처우에 관한 법률 제14조의2 제7항
① 보호소년등은 다음 각 호(제1호 : 남성과 여성, 제2호 : 보호소년, 위탁소년 및 유치소년)의 기준에 따라 분리수용한다(동법 제8조 제2항).
② 제1항 제7호(20일 이내의 근신)의 처분을 받은 보호소년등에게는 그 기간 중 같은 항 제4호부터 제6호(20일 이내의 텔레비전 시청 제한, 20일 이내의 단체 체육활동 정지, 20일 이내의 공동행사 참가 정지)까지의 처우 제한이 함께 부과된다. 그러나 원내 봉사활동은 포함되지 않는다.
④ 보호소년등이 사용하는 목욕탕, 세면실 및 화장실에 전자영상장비를 설치하여 운영하는 것은 자해등의 우려가 큰 때에만 할 수 있다. 이 경우 전자영상장비로 보호소년등을 감호할 때에는 여성인 보호소년등에 대해서는 여성인 소속 공무원만, 남성인 보호소년등에 대해서는 남성인 소속 공무원만이 참여하여야 한다(동법 제14조의3 제2항).

정답 | ③

03

「보호소년 등의 처우에 관한 법률」상 보호소년의 처우에 관한 사항으로 옳지 않은 것은?

① 소년원장은 법무부장관의 허가를 받아 보호소년을 이송할 수 있다.
② 보호소년, 위탁소년 또는 유치소년이 소년원이나 소년분류심사원을 이탈하였을 때에는 그 소속공무원이 재수용할 수 있다.
③ 소년원장은 보호소년이 포상을 받았다는 이유로 특별한 처우를 하여서는 아니 된다.
④ 징계는 당사자의 심신상황을 고려하여 교육적으로 하여야 한다.

해설 ③ 원장은 포상을 받은 보호소년 또는 위탁소년에게는 특별한 처우를 할 수 있다(보호소년 등의 처우에 관한 법률 제16조 제2항).
① 동법 제12조
② 동법 제14조 제2항
④ 동법 제15조 제7항

정답 | ③

04 ★

「보호소년 등의 처우에 관한 법률」상 옳은 것만을 모두 고르면? 교정7급 21

> ㉠ 신설하는 소년원 및 소년분류심사원은 수용정원이 150명 이상의 규모가 되도록 하여야 한다. 다만, 소년원 및 소년분류심사원의 기능·위치나 그 밖의 사정을 고려하여 그 규모를 축소할 수 있다.
> ㉡ 소년분류심사원장은 유치소년이 시설의 안전과 수용질서를 현저히 문란하게 하는 보호소년에 대한 교정교육을 위하여 유치기간을 연장할 필요가 있는 경우에는 유치 허가를 한 지방법원 판사 또는 소년분류심사원 소재지를 관할하는 법원소년부에 유치 허가의 취소에 관한 의견을 제시할 수 있다.
> ㉢ 20일 이내의 기간 동안 지정된 실(室) 안에서 근신하게 하는 징계는 14세 미만의 보호소년 등에게는 부과하지 못한다.
> ㉣ 출원하는 보호소년 등에 대한 사회정착지원의 기간은 6개월 이내로 하되, 6개월 이내의 범위에서 한 번에 한하여 그 기간을 연장할 수 있다.
> ㉤ 원장은 법원 또는 검찰의 조사·심리, 이송, 그 밖의 사유로 보호소년 등을 호송하는 경우, 소속 공무원으로 하여금 수갑, 포승이나 전자충격기를 사용하게 할 수 있다.

① ㉠, ㉡
② ㉢, ㉣
③ ㉠, ㉢, ㉣
④ ㉡, ㉣, ㉤

해설 ㉠ 신설하는 소년원 및 소년분류심사원은 수용정원이 150명 이내의 규모가 되도록 하여야 한다. 다만, 소년원 및 소년분류심사원의 기능·위치나 그 밖의 사정을 고려하여 그 규모를 증대할 수 있다(보호소년 등의 처우에 관한 법률 제6조 제1항).

㉡ 의견을 제시할 수 없다.

- 제9조(보호처분의 변경 등)

  ① 소년원장은 보호소년이 다음 각 호의 어느 하나에 해당하는 경우에는 소년원 소재지를 관할하는 법원소년부에 「소년법」 제37조에 따른 보호처분의 변경을 신청할 수 있다.

  1. 중환자로 판명되어 수용하기 위험하거나 장기간 치료가 필요하여 교정교육의 실효를 거두기가 어렵다고 판단되는 경우
  2. 심신의 장애가 현저하거나 임신 또는 출산(유산·사산한 경우를 포함한다), 그 밖의 사유로 특별한 보호가 필요한 경우
  3. 시설의 안전과 수용질서를 현저히 문란하게 하는 보호소년에 대한 교정교육을 위하여 보호기간을 연장할 필요가 있는 경우

  ② 소년분류심사원장은 위탁소년이 제1항 각 호의 어느 하나에 해당하는 경우에는 위탁 결정을 한 법원소년부에 「소년법」 제18조에 따른 임시조치의 취소, 변경 또는 연장에 관한 의견을 제시할 수 있다.

  ③ 소년분류심사원장은 유치소년이 제1항 제1호 또는 제2호에 해당하는 경우에는 유치 허가를 한 지방법원 판사 또는 소년분류심사원 소재지를 관할하는 법원소년부에 유치 허가의 취소에 관한 의견을 제시할 수 있다(3호는 의견제시 사항 아님).

㉢ 동법 제15조 제3항

㉣ 동법 제45조의2 제2항

㉤ 원장은 법원 또는 검찰의 조사·심리, 이송, 그 밖의 사유로 보호소년 등을 호송하는 경우에는 소속 공무원으로 하여금 수갑, 포승 또는 보호대를 사용하게 할 수 있다. 가스총이나 전자충격기는 사용하게 할 수 없다(동법 제14조의2 제2항 제2호).

보호소년 등에 대하여 수갑, 포승 또는 보호대 외에 가스총이나 전자충격기를 사용할 수 있는 경우(보호소년 등의 처우에 관한 법률 제14조의2 제2항) : 원장은 다음 각 호의 어느 하나에 해당하는 경우에는 소속 공무원으로 하여금 보호소년 등에 대하여 수갑, 포승 또는 보호대 외에 가스총이나 전자충격기를 사용하게 할 수 있다.

1. 이탈, 자살, 자해하거나 이탈, 자살, 자해하려고 하는 때
2. 다른 사람에게 위해를 가하거나 가하려고 하는 때
3. 위력으로 소속 공무원의 정당한 직무집행을 방해하는 때
4. 소년원·소년분류심사원의 설비·기구 등을 손괴하거나 손괴하려고 하는 때
5. 그 밖에 시설의 안전 또는 질서를 크게 해치는 행위를 하거나 하려고 하는 때

정답 | ②

05 ★

「보호소년 등의 처우에 관한 법률」상 보호소년의 처우에 관한 설명으로 틀린 것을 모두 고른 것은?

㉠ 보호장비의 종류로 수갑, 포승, 가스총을 규정하고 있다.
㉡ 소년원장은 자해·자살을 방지하기 위하여 수갑이나 포승을 사용할 수 있다.
㉢ 소년원장은 보호소년이 징계를 받은 경우 교정성적 점수를 뺄 수 있다.
㉣ 보호소년이 면회를 할 때에는 소속 공무원이 참석하여 일정한 지도를 할 수 있다.

① ㉠, ㉡
② ㉠, ㉢
③ ㉡, ㉢
④ ㉢, ㉣

해설 [×] ㉠ 보호장비의 종류로 수갑, 포승, 가스총, 전자충격기, 머리보호장비, 보호대(保護帶)를 규정하고 있다(보호소년 등의 처우에 관한 법률 제14조의2 제1항).
㉢ 뺄 수 있다 → 빼야 한다(동법 제15조 제2항).
[○] ㉡ 보호소년 등의 처우에 관한 법률 제14조의2 제2항
㉣ 동법 제18조 제2항

보호소년, 위탁소년 또는 유치소년에 대해 수갑이나 포승을 사용할 수 있는 경우
- 이탈·난동·폭행·자해·자살을 방지하기 위하여 필요한 경우
- 법원 또는 검찰의 조사·심리, 이송, 그 밖의 사유로 호송하는 경우
- 그 밖에 소년원·소년분류심사원의 안전이나 질서를 해칠 우려가 현저한 경우

보호소년, 위탁소년 또는 유치소년에 대해 수갑이나 포승 외에 가스총, 전자충격기를 사용할 수 있는 경우
- 도주·자살·자해하거나 도주·자살·자해하려고 하는 때
- 다른 사람에게 위해를 끼치거나 끼치려고 하는 때
- 위력으로 소속 공무원의 정당한 직무집행을 방해하는 때
- 소년원·소년분류심사원의 설비·기구 등을 손괴하거나 손괴하려고 하는 때
- 그 밖에 시설의 안전 또는 질서를 크게 해치는 행위를 하거나 하려고 하는 때

정답 | ②

06 ★

「보호소년 등의 처우에 관한 법률」에 대한 설명으로 옳지 않은 것은? 교정9급 14

① 보호소년 등을 소년원이나 소년분류심사원에 수용할 때에는 법원소년부의 결정서에 의하여야 한다.

② 보호소년 등이 소년원이나 소년분류심사원을 이탈하였을 때에는 그 소속 공무원이 재수용할 수 있다.

③ 보호소년 등은 그 처우에 대하여 불복할 때에는 법무부장관에게 문서로 청원할 수 있다.

④ 원장은 보호소년 등이 규율을 위반하였을 경우 훈계, 원내 봉사활동, 14세 이상인 자에게 지정된 실내에서 30일 이내의 기간 동안 근신하게 할 수 있다.

해설 ④ 원장은 보호소년 등이 규율을 위반하였을 때에는 훈계, 원내 봉사활동, 14세 이상인 자에게 지정된 실내에서 20일 이내의 기간 동안 근신하게 할 수 있다(보호소년 등의 처우에 관한 법률 제15조 제1항).

① 동법 제7조 제1항

② 동법 제14조 제2항

③ 동법 제11조

보호소년에 대한 징계의 종류

1. 훈계
2. 원내 봉사활동
3. 서면 사과
4. 20일 이내의 텔레비전 시청 제한
5. 20일 이내의 단체 체육활동 정지
6. 20일 이내의 공동행사 참가 정지
7. 20일 이내의 기간 동안 지정된 실(室) 안에서 근신하게 하는 것(14세 이상)

정답 | ④

07

소년원에서 12세의 보호소년이 규율을 위반하였을 경우 이에 대해 소년원장이 취한 조치로 옳은 것은? 교정9급 13

① 훈계하고 교정성적 점수를 감점하였다.

② 지정된 실내에서 15일 동안 근신하게 하였다.

③ 원외에서 7일 동안 봉사활동을 하게 하였다.

④ 보호소년의 임시퇴원 허가를 취소하고 직권으로 계속 수용하였다.

해설 ① 보호소년이 규율을 위반하였을 때 부과할 수 있는 징계는 (ⅰ) 훈계, (ⅱ) 원내 봉사활동, (ⅲ) 14세 이상인 자에게 지정된 실내에서 20일 이내의 기간 동안 근신하게 하는 것이다(보호소년 등의 처우에 관한 법률 제15조 제1항). 따라서 12세의 보호소년에 대해서 훈계는 가능하나, 원외 봉사활동, 근신, 임시퇴원 허가의 취소와 같은 조치는 할 수 없다.

정답 | ①

08

「보호소년 등의 처우에 관한 법률」상 보호소년의 외출허가사유가 아닌 것은?

① 직계존속이 위독하거나 사망하였을 때
② 형제자매가 사망하였을 때
③ 직계존속의 회갑 또는 형제자매의 혼례가 있을 때
④ 병역·학업·질병 등의 사유로 외출이 필요할 때

해설 ①·③·④ 보호소년 등의 처우에 관한 법률 제19조

보호소년의 외출허가사유
- 직계존속이 위독하거나 사망하였을 때
- 직계존속의 회갑 또는 형제자매의 혼례가 있을 때
- 천재지변이나 그 밖의 사유로 가정에 인명 또는 재산상의 중대한 피해가 발생하였을 때
- 병역, 학업, 질병 등의 사유로 외출이 필요할 때
- 그 밖에 교정교육상 특히 필요하다고 인정할 때

정답 | ②

09

현행법상 보호소년 등의 처우에 관한 설명으로 옳지 않은 것은? 사법시험 08 변형

① 소년분류심사원은 법원소년부로부터 위탁된 소년의 수용과 분류심사를 한다.
② 소년원을 이탈한 보호소년의 유류금품은 이탈한 날로부터 1년 이내에 본인이나 보호자 등이 반환 요청을 하지 아니하면 국고에 귀속하거나 폐기한다.
③ 보호소년을 소년분류심사원에 수용할 때에는 법원소년부의 결정서에 의하여야 한다.
④ 보호소년 등을 수용하는 경우 남자와 여자, 보호소년, 위탁소년 및 유치소년을 분리수용한다.
⑤ 소년원장은 미성년자인 보호소년의 친권자가 없는 때에는 그 보호소년을 위하여 직권으로 친권자의 직무를 행사할 수 있다.

해설 ⑤ 소년원장은 미성년자인 보호소년 등이 친권자나 후견인이 없거나, 있어도 그 권리를 행사할 수 없을 때에는 법원의 허가를 받아 그 보호소년 등을 위하여 친권자나 후견인의 직무를 행사할 수 있다(보호소년 등의 처우에 관한 법률 제23조).
① 동법 제3조 제2항
② 동법 제22조 제3항
③ 동법 제7조 제1항
④ 동법 제8조 제1항

정답 | ⑤

10

보호소년의 처우에 관한 설명으로 틀린 것을 모두 고른 것은?

㉠ 소년원장은 보호소년의 보호 및 교정교육에 지장이 있다고 인정되면 면회를 허가하지 않을 수 있다.
㉡ 보호소년이 보조인과 면회를 할 때에는 소속 공무원이 참석할 수 없다.
㉢ 소년원장은 보호소년의 보호 및 교정교육에 지장이 있다고 인정하는 경우에는 보호소년의 편지 내용을 검열할 수 있으나, 편지 왕래 자체를 제한할 수는 없다.
㉣ 소년원장은 보호소년이 갖고 있던 금전, 의류, 그 밖의 물품을 보관하는 경우에는 보호소년의 보호자 또는 보호소년이 지정하는 자에게 수령증을 내주어야 한다.

① ㉠, ㉡
② ㉠, ㉢
③ ㉡, ㉢
④ ㉢, ㉣

해설 [×] ㉢ 원장은 보호소년 등의 보호 및 교정교육에 지장이 있다고 인정되는 경우에는 보호소년 등의 편지 왕래를 제한할 수 있으며, 편지의 내용을 검열할 수 있다(보호소년 등의 처우에 관한 법률 제18조 제4항).
㉣ 원장은 보호소년이 갖고 있던 금전, 의류, 그 밖의 물품을 보관하는 경우에는 이를 안전하게 관리하고 보호소년에게 수령증을 내주어야 한다(동법 제22조 제1항).
[○] ㉠ 보호소년 등의 처우에 관한 법률 제18조 제1항
㉡ 동조 제3항

정답 | ④

11

「보호소년 등의 처우에 관한 법률」상 보호소년의 처우에 관한 설명으로 옳지 않은 것은?

교정7급 07 변형

① 12세 이상 14세 미만의 자와 14세 이상 16세 미만의 자는 각기 분리수용하여야 한다.
② 보호소년 등의 보호 및 교정교육에 지장이 있다고 인정되는 경우에는 보호소년 등의 편지 왕래를 제한할 수 있으며, 편지의 내용을 검열할 수 있다.
③ 보호소년의 직계존속의 회갑 또는 형제자매의 혼례가 있을 때에는 외출을 허가할 수 있다.
④ 14세 이상인 보호소년이 규율을 위반하였을 때에는 지정된 실내에서 20일 이내의 근신에 처할 수 있다.

해설 ① 보호소년 등은 (ⅰ) 남자와 여자, (ⅱ) 보호소년, 위탁소년 및 유치소년을 분리하여 수용한다(보호소년 등의 처우에 관한 법률 제8조 제1항).
② 동법 제18조 제4항
③ 동법 제19조
④ 동법 제15조 제1항

정답 | ①

12

「보호소년 등의 처우에 관한 법률」상 보호소년의 교정교육에 관한 설명으로 옳지 않은 것은?

① 법무부장관이 「교육기본법」 및 「초·중등교육법」에 관한 사항에 관하여 교육부장관의 권고를 받은 경우에는 정당한 사유를 제시하지 아니하는 한 이에 따라야 한다.

② 소년원학교에는 「초·중등교육법」상의 자격을 갖춘 교원을 두되, 교원은 일반직공무원으로 임용할 수 있다.

③ 보호소년이 소년원학교에 입교하면 「초·중등교육법」에 따라 입학·전학 또는 편입학한 것으로 본다.

④ 고용노동부장관이 보호소년의 직업능력개발훈련에 관하여 법무부장관에게 필요한 권고를 한 경우 정당한 사유를 제시하지 아니하는 한 이에 응하여야 한다.

해설 ④ 고용노동부장관은 보호소년의 직업능력개발훈련에 관하여 법무부장관에게 필요한 권고를 할 수 있다(보호소년 등의 처우에 관한 법률 제35조 제3항). 동 규정은 임의조항이므로 법무부장관은 고용노동부장관의 권고에 구속되지 않는다.

① 동법 제29조의2 제3항

② 동법 제30조 제1항

③ 동법 제31조 제1항

정답 | ④

13

「보호소년 등의 처우에 관한 법률」상 보호소년의 수용·보호에 대한 설명으로 옳지 않은 것은?

교정9급 19

① 소년원장은 미성년자인 보호소년이 친권자나 후견인이 없거나 있어도 그 권리를 행사할 수 없을 때에는 법원의 허가를 받아 적당한 자로 하여금 그 보호소년을 위하여 친권자나 후견인의 직무를 행사하게 하여야 한다.

② 소년원장은 공동으로 비행을 저지른 관계에 있는 사람의 편지인 경우 등 보호소년의 보호 및 교정교육에 지장이 있다고 인정되는 경우에는 보호소년의 편지 왕래를 제한할 수 있으며, 편지의 내용을 검사할 수 있다.

③ 보호소년이 사용하는 목욕탕, 세면실 및 화장실에 전자영상장비를 설치하여 운영하는 것은 이탈·난동·폭행·자해·자살, 그 밖에 보호소년의 생명·신체를 해치거나 시설의 안전 또는 질서를 해치는 행위의 우려가 큰 때에만 할 수 있다.

④ 소년원장은 분류수용, 교정교육상의 필요, 그 밖의 이유로 보호소년을 다른 소년원으로 이송하는 것이 적당하다고 인정하면 법무부장관의 허가를 받아 이송할 수 있다.

해설 ① 소년원장은 미성년자인 보호소년 등이 친권자나 후견인이 없거나 있어도 그 권리를 행사할 수 없을 때에는 법원의 허가를 받아 그 보호소년 등을 위하여 친권자나 후견인의 직무를 행사할 수 있다(보호소년 등의 처우에 관한 법률 제23조).

정답 | ①

14

소년원에 관한 설명 중 옳지 않은 것은? 사법시험 05 변형

① 소년원장은 일정한 경우에 보호소년 등의 편지 왕래를 제한할 수 있으며, 편지의 내용을 검열할 수 있다.

② 소년원의 임무는 가정법원 소년부 또는 지방법원 소년부로부터 위탁되거나 송치된 소년을 수용하여 교정교육을 행하는 것이다.

③ 소년원장은 보호소년이 22세에 달한 때에도 교정의 목적상 필요하다고 인정되는 경우에는 퇴원시키지 않을 수 있다.

④ 보호소년에게는 품행의 개선과 진보의 정도에 따라 점차 향상된 처우를 하여야 한다.

⑤ 소년원장은 보호소년이 직업능력개발훈련과정을 마쳤을 때에는 산업체에 통근취업하게 할 수 있다.

해설 ③ 소년원장은 보호소년이 22세가 되면 예외 없이 퇴원시켜야 한다(보호소년 등의 처우에 관한 법률 제43조 제1항).

① 동법 제18조 제4항

② 동법 제2조 제1항

④ 동법 제2조 제2항

⑤ 동법 제37조 제1항

정답 | ③

15

「보호소년 등의 처우에 관한 법률」상 수용과 보호 등에 대한 설명으로 옳지 않은 것은? 보호7급 23

① 소년원장은 분류수용, 교정교육상의 필요, 그 밖의 이유로 보호소년을 다른 소년원으로 이송하는 것이 적당하다고 인정하면 법무부장관의 허가를 받아 이송할 수 있다.

② 소년원장은 14세 미만의 보호소년에게는 20일 이내의 기간 동안 지정된 실(室) 안에서 근신하게 하는 징계를 할 수 없다.

③ 소년원장은 미성년자인 보호소년이 친권자나 후견인이 없거나 있어도 그 권리를 행사할 수 없을 때에는 법무부장관의 허가를 받아 그 보호소년을 위하여 친권자나 후견인의 직무를 행사할 수 있다.

④ 소년원장은 품행이 타인의 모범이 되는 보호소년에게 포상을 할 수 있고, 이에 따른 포상을 받은 보호소년에게는 특별한 처우를 할 수 있다.

해설 ③ 소년원장은 미성년자인 보호소년등이 친권자나 후견인이 없거나 있어도 그 권리를 행사할 수 없을 때에는 법원의 허가를 받아 그 보호소년등을 위하여 친권자나 후견인의 직무를 행사할 수 있다(보호소년 등의 처우에 관한 법률 제23조).

① 동법 제12조 제1항

② 20일 이내의 기간 동안 지정된 실(室) 안에서 근신하게 하는 것은 14세 미만의 보호소년등에게는 부과하지 못한다(동법 제15조 제3항).

④ 소년원장은 교정성적이 우수하거나 품행이 타인의 모범이 되는 보호소년 등에게 포상을 할 수 있다(동법 제16조 제1항). 포상을 받은 보호소년 등에게는 특별한 처우를 할 수 있다(동조 제2항).

정답 | ③

16

「보호소년 등의 처우에 관한 법률」이 보호소년에 대하여 수갑, 포승 또는 보호대 외에 가스총이나 전자충격기를 사용할 수 있는 경우로 명시하지 않은 것은? 보호7급 22

① 이탈·난동·폭행을 선동·선전하거나 하려고 하는 때
② 다른 사람에게 위해를 가하거나 가하려고 하는 때
③ 위력으로 소속 공무원의 정당한 직무집행을 방해하는 때
④ 소년원·소년분류심사원의 설비·기구 등을 손괴하거나 손괴하려고 하는 때

해설 ① 원장은 다음의 어느 하나에 해당하는 경우에는 소속 공무원으로 하여금 보호소년 등에 대하여 수갑, 포승 또는 보호대 외에 가스총이나 전자충격기를 사용하게 할 수 있다(보호소년 등의 처우에 관한 법률 제14조의2 제2항)

1. 이탈, 자살, 자해하거나 이탈, 자살, 자해하려고 하는 때
2. 다른 사람에게 위해를 가하거나 가하려고 하는 때
3. 위력으로 소속 공무원의 정당한 직무집행을 방해하는 때
4. 소년원·소년분류심사원의 설비·기구 등을 손괴하거나 손괴하려고 하는 때
5. 그 밖에 시설의 안전 또는 질서를 크게 해치는 행위를 하거나 하려고 하는 때

정답 | ①

17

「보호소년 등의 처우에 관한 법률」상 퇴원 등에 대한 설명으로 옳지 않은 것은? 보호7급 22

① 위탁소년 또는 유치소년의 소년분류심사원 퇴원은 법원소년부의 결정서에 의하여야 한다.
② 소년법 제32조 제1항 제8호의 보호처분을 받은 보호소년의 경우에 소년원장은 해당 보호소년이 교정성적이 양호하고 교정목적을 이루었다고 인정되면 보호관찰심사위원회에 퇴원을 신청하여야 한다.
③ 퇴원 또는 임시퇴원이 허가된 보호소년이 질병에 걸리거나 본인의 편익을 위하여 필요하면 본인의 신청에 의하여 계속 수용할 수 있다.
④ 출원하는 보호소년에 대한 사회정착 지원의 기간은 6개월 이내로 하되, 6개월 이내의 범위에서 한 번에 한하여 그 기간을 연장할 수 있다.

해설 ② 소년원장은 교정성적이 양호하며 교정의 목적을 이루었다고 인정되는 보호소년[「소년법」 제32조 제1항 제8호(1개월 이내의 소년원 송치)에 따라 송치된 보호소년은 제외한다]에 대하여는 보호관찰심사위원회에 퇴원을 신청하여야 한다(보호소년 등의 처우에 관한 법률 제43조 제3항)

① 동조 제4항
③ 동법 제46조 제1항
④ 동법 제45조의2 제2항

정답 | ②

18

다음 중 「보호소년 등의 처우에 관한 법률」상 보호소년의 출원에 관한 설명으로 옳지 않은 것은?

① 소년원장은 교정성적이 양호하며, 교정의 목적을 이루었다고 인정되는 보호소년에 대하여는 보호관찰심사위원회에 퇴원을 신청하여야 한다.

② 소년원장은 소년법상 수용상한기간에 도달한 보호소년은 보호관찰심사위원회에 퇴원을 신청해야 한다.

③ 보호소년의 임시퇴원을 위해서는 일차적으로 보호관찰심사위원회에 임시퇴원 신청절차를 거쳐야 한다.

④ 퇴원하는 보호소년 또는 위탁소년의 사후지도기간은 6개월 이내로 하되, 6개월 이내의 범위에서 한 번에 한하여 그 기간을 연장할 수 있다.

해설 ② 소년원장은 소년법상 수용상한기간에 도달한 보호소년은 즉시 퇴원시켜야 한다(보호소년 등의 처우에 관한 법률 제43조 제2항).
① 동조 제3항
③ 동법 제44조
④ 동법 제45조의2 제2항

정답 | ②

19

보호소년 또는 위탁소년의 출원에 관한 설명으로 옳지 않은 것을 모두 고른 것은?

㉠ 위탁소년 또는 유치소년의 소년분류심사원 퇴원은 법원소년부의 결정서에 의하여야 한다.
㉡ 보호소년의 보호자 등이 없거나 허가일부터 10일 이내에 보호자 등이 인수하지 아니하면 사회복지단체, 독지가, 그 밖의 적당한 자에게 인도할 수 있다.
㉢ 퇴원 또는 임시퇴원이 허가된 보호소년이 질병에 걸린 경우 본인이 신청하면 소년원에 계속 수용할 수 있으나, 본인의 편익을 이유로 신청한 경우에는 그러하지 아니하다.
㉣ 임시퇴원이 취소되어 재수용된 자는 임시퇴원 이전에 본인이 누리던 처우를 받는다.

① ㉠, ㉡　　② ㉠, ㉢
③ ㉡, ㉣　　④ ㉢, ㉣

해설 [×] ㉢ 퇴원 또는 임시퇴원이 허가된 보호소년이 질병에 걸리거나 본인의 편익을 위하여 필요하면 본인의 신청에 의하여 계속 수용할 수 있다(보호소년 등의 처우에 관한 법률 제46조 제1항).
㉣ 임시퇴원이 취소되어 재수용된 자는 새로 수용된 보호소년에 준하여 처우를 한다(동법 제48조 제3항).
[○] ㉠ 보호소년 등의 처우에 관한 법률 제43조 제4항
㉡ 동법 제45조 제2항

정답 | ④

20 ★

「보호관찰 등에 관한 법률」상 보호관찰소 소속 공무원이 보호관찰 대상자에 대한 정당한 직무집행 과정에서 도주방지, 항거억제, 자기 또는 타인의 생명·신체에 대한 위해방지를 위하여 필요하다고 인정되는 상당한 이유가 있을 때 사용할 수 있는 보호장구는? 교정7급 17

① 보호의자 ② 보호복

③ 머리보호장비 ④ 전자충격기

해설 ④ 포승, 수갑, 가스총, 전자충격기, 보호대가 이에 해당한다.

정답 | ④

부록 | 현행법상 보안처분 정리

법률	종류	내용
① 「치료감호 등에 관한 법률」	치료감호	• 심신장애인·정신성적장애인 성폭력범죄자 : 15년 • 약물중독자 : 2년 • 특정 살인범죄자 : 2년 범위 3회 연장 가능
	보호관찰	가종료·치료위탁 시 3년(연장 ×)
	치료명령	보호관찰 기간 내(선고유예자·집행유예자)
② 「보안관찰법」	보안관찰	기간 2년(제한 없이 갱신 가능)
③ 「보호관찰 등에 관한 법률」	보호관찰	선고유예, 집행유예, 가석방, 임시퇴원, 기타 다른 법령
	사회봉사·수강명령	집행유예, 소년법, 기타 다른 법령
④ 「형법」	보호관찰	선고유예, 집행유예, 가석방된 자
	사회봉사·수강명령	집행유예
⑤ 「소년법」	보호처분	• 보호자 또는 보호자를 대신하는 자에게 감호위탁(6월, 6월 이내 1차 연장 가능) • 수강명령(12세 이상, 100시간 이내) • 사회봉사명령(14세 이상, 200시간 이내) • 단기 보호관찰(1년, 연장 ×) • 장기 보호관찰(2년, 1년 범위 1차 연장 가능) • 아동복지시설이나 소년보호시설에 감호위탁(6월, 6월 이내 1차 연장 가능) • 병원, 요양소, 의료재활소년원에 위탁(6월, 6월 이내 1차 연장 가능) • 1개월 이내의 소년원 송치 • 단기 소년원 송치(6월 이내, 연장 ×) • 장기 소년원 송치(12세 이상, 2년 이내, 연장 ×) ※ 위탁 및 감호위탁(6월, 6월 이내 1차 연장 가능)
⑥ 「국가보안법」	감시·보도	공소보류자에 대한 감시·보도
⑦ 「성매매 알선 등 행위의 처벌에 관한 법률」	보호처분	보호처분기간 : 6월 사회봉사·수강명령 : 100시간 이내
⑧ 「가정폭력범죄의 처벌 등에 관한 특례법 」	보호처분	보호처분기간 : 6월 초과 안 됨 사회봉사·수강명령 : 200시간 이내
⑨ 「마약류관리에 관한 법률」	마약중독자의 치료보호	검사기간 1개월 이내, 치료보호기간 12월 이내
⑩ 「아동·청소년의 성보호에 관한 법률」	수강명령 또는 이수명령, 보호처분	수강명령 또는 성폭력 치료프로그램 이수명령 : 500시간 이내
⑪ 「전자장치 부착 등에 관한 법률」	전자장치 부착, 치료 프로그램 이수	• 1년 이상 30년 이하, 보호관찰 • 치료프로그램 이수명령 : 500시간 이내
⑫ 「성폭력범죄자의 성충동 약물치료에 관한 법률」	보호관찰, 성충동 약물치료	보호관찰, 약물 치료명령 : 15년 이내(19세 이상)
⑬ 「성폭력범죄의 처벌 등에 관한 특례법」	보호관찰, 수강(이수)	보호관찰, 수강 또는 이수명령 : 500시간 이내
⑭ 「스토킹범죄의 처벌 등에 관한 법률」	보호관찰, 수강(이수)	보호관찰, 수강 또는 이수명령 : 200시간 이내

MEMO

MEMO

MEMO

MEMO